INSCRIPTIONES GRAECAE
AD RES ROMANAS PERTINENTES

ACADEMIAE INSCRIPTIONUM ET
LITTERARUM HUMANIORUM (LUTETIAE
PARISIORUM) COLLECTAE ET EDITAE

EDENDUM CURAVIT
R. CAGNAT
AUXILIANTIBUS
J. TOUTAIN, P. JOVGVET
ET **G. LAFAYE**

TOMUS I (et II)
PARIS   1911

THE SCHOLAR'S REFERENCE EDITION
CHICAGO   MCMLXXV

INSCRIPTIONES GRAECAE
AD RES ROMANAS PERTINENTES

INSCRIPTIONES EUROPAE
(PRAETER GRAECIAM) ET AFRICAE

BRITANNIAE, GERMANIAE, GALLIAE, HISPANIAE,
ITALIAE, SICILIAE, SARDINIAE, MELITAE, PANNONIAE,
DACIAE, DALMATIAE, THRACIAE,
MOESIAE SUPERIORIS ET INFERIORIS, SARMATIAE,
BOSPORI; MAURETANIAE, NUMIDIAE, AFRICAE,
CRETAE, CYRENAICAE, AEGYPTI

TOMUS I (et II)
EDENDUM CURAVIT
R. CAGNAT
AUXILIANTIBUS
J. TOUTAIN ET P. JOVGVET

ARES PUBLISHERS INC.
CHICAGO   MCMLXXV

THE SCHOLAR'S REFERENCE EDITION
Reduced Reprint of the Paris 1906 to 1927 Edition
ARES PUBLISHERS INC.
150 E. Huron Street
Chicago, Illinois 60611

Printed in the United States of America
International Standard Book Number:
0-89005-073-2
Library of Congress Catalog Card Number:
75-7902

CONSPECTUS OPERIS

RECENSUS LOCORUM

TAM VETERUM QUAM RECENTIORUM

BRITANNIA

BRITANNIA

---

1. Eboraci, in lamella aenea. — *Insc. gr. Sic. et Ital.*, 2548.

5 Θεοῖς | τοῖς τοῦ ἡγε|μονικοῦ πραι|τωρίου ¹ Σκριϐ(ώνιος) ‖ Δημήτριος ².

1. Genius praetorii, Mars, Victoria, similesve dei. Cf. v. Domaszewski, *Die Religion des röm. Heeres*, p. 1 et sqq. — **2.** Eboraci legionem IX Hispanam usque ad Hadriani tempora, postea legionem VI Victricem tetendisse notum est. Cf. *C. I. L.*, VII, p. 61.

---

2. Uxelloduni. — *Insc. gr. Sic. et Ital.*, 2551.

Ἀσκληπιῷ | Α. Ἐγνάτιος | Πάστορ ἔθηκεν.

---

3. In urbe Lanchester. — *Insc. gr. Sic. et Ital.*, 2552; *C. I. L.*, VII, 431.

In antica :

[Aescula]|pio | T. Fl. Titianus | trib. | u. s. l. l. m.

In postica :

[Ἀσκληπ]ιῶι | [T.] Φλάου[ι]|ος Τιτιανὸ[ς] | χιλίαρ[χ]|ος ¹.

1. Praefuit cohorti I Fidae Vardullorum, si verum conjecit Hübner.

---

4. Corstopiti. — *Insc. gr. Sic. et Ital.*, 2553.

5 Ἀστ[άρ]της | βωμόν μ' | ἐσορᾷς · | Πούλχέρ μ' ‖ ἀνέθηκεν.

GERMANIA

GERMANIA

---

5. Loco qui dicitur Heidenstiefel, prope Confluentes. — *Insc. gr. Sic. et Ital.*, 2562.

Σώματος ἐν καμάτοις | μογεροῖς ψυχῆς τε πόνοισιν |
ἄχρ]ι τανηλεγέος θανά|του Τυχικός ποτε κάμνων, ‖
εὐξάμενος Λήνῳ ¹ προφυ|[γ]εῖν ² χαλέπ' ἄλ[γ]εα ³ νούσων |
Ἄρηι κρατερῷ δῶρον | τόδε θῆκε σαωθείς. ‖

C]orporis adque animi diros | sufferre labores |
Dum nequeo mortis pro|pe limina saepe uagando, ‖
Seruatus Tychicus diuino | Martis amore |
Hoc munus paruom pr[o] | magna dedico cura.

1. Lenum Martem tituli per has regiones inventi non pauci memorant; cf. *Korrespondenzblatt der westd. Zeitschr.*, 1888, p. 147 sqq. — 2. ΤΕΙΝ, lapis. — 3. ΑΛΤΕΛ, lapis.

---

6. In oppido Stockstadt ad Moenum. — *Insc. gr. Sic. et Ital.*, 2564.

Σωθεὶς ἐκ πολέμ[ου] | καὶ ἀμετρήτων μά|λα μόχθων
εὐξά|μενος ἀνέθηκα Γενί|ου εἰκόνα σεμνήν.

« Romani militis donarium, qui in ipso fortasse limitis castello quod in illo loco fuisse constat stationem habebat. » Kaibel.

---

7. Prope urbem Xanten, in operculo vasis plumbeo. — *Insc. gr. Sic. et Ital.*, 2577, 13.

Κυ. Λιχ(ίνιος) [Ἰ]ο[υσ]τεῖνος · νάρ(δινον) · ἐμ[ετ]οποιεῖ.

Ab initio leguntur medici cujusdam nomina, deinde medicamenti et nomen et vis.

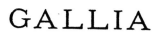

GALLIA

GALLIA

8. Antipoli. — *Insc. gr. Sic. et Ital.*, 2427; *C. I. L.*, XII, 174.

Ab uno latere :

Ὑπὲρ τῆς σωτηρ(ίας) | Μ. Ἰουλίου Λίγυος | ἐπιτρόπῳ [1] Καίσ(αρος) | Ἀγα-
5 θοκλῆς ‖ δοῦλος | εὐχ(ὴν) ἀπέ(δωκε) Πανί.

Ab altero :

Pro salute | M. Iulii Liguris | proc. Aug. | Agathocles [ser. Pani u. s.]

1. Corrige : ἐπιτρόπου.

---

9. Massiliae?, in manu aenea qua pro tessera utebantur. — Babelon, *Bronzes de la Bibl. nat.*, p. 461, fig. 1065.

Σύμβολον | πρὸς | Οὐελαυνίους [1].

1. Velauni, gens Alpina (Plin., *Hist. nat.*, III, 137).

---

10. Massiliae. — *Insc. gr. Sic. et Ital.*, 2433.

Τ. Πορκίῳ Πορκίου Αἰ|λιανοῦ ἐξοχωτάτου ἀνδρὸς [1] | καὶ προφήτου [2] υἱῷ Κυρείνᾳ |
5 Κορνηλιανῷ ἱερεῖ Λευκοθέας ‖ χειλιάρχῳ λεγ(εῶνος) ιε' Ἀπολλι[ν]αρ(ίας) | χει-
λ(ιάρχῳ) κοόρτ(ης) θ' Βαταο[ύ]ων | πραιφέκτ(ῳ) σπείρ(ας) β' Οὐλπ(ίας) Ὕρια [3] |
10 πραιφέκτ(ῳ) σπείρ(ας) δ' Γάλλων | πραιφέκτ(ῳ) σπείρ(ας) Δαρδάνων ‖ πραιφέκτ(ῳ)
ἐξπλωρ(ατόρων) Γερμανίας [4] | ἐπιτρόπῳ πρ[ειβ]άτης διὰ | Φλαμινίας Αἰμιλ(ίας)
Λιγυρίας | ἐπιτρόπῳ καὶ ἡγεμό[νι] | τῶν παραθαλασσ[ίων Ἄλπεων]...

1. Vir eminentissimus; quae praedicatio titulum adsignat saeculo tertio. — 2. Prophe-
tam Isidis Aelianum fuisse conjecit Jullian (*Bull. épig.*, 1886, p. 122 sqq.). — 3. Forsitan cohors II Ulpia Cypria (cf. *C. I. L.*, III, p. 868); nomen corruptum est. — 4. Militiae equestres ordine inverso recensentur, errore ejus qui titulum scripsit.

11. Massiliae. — *Insc. gr. Sic. et Ital.*, 2434.

Ἀθηνάδης | Διοσκουρίδου | γραμματικὸς | Ῥωμαικός [1].

1. Scil. romanarum litterarum magister.

12. Massiliae. — *Insc. gr. Sic. et Ital.*, 2454.

5   Τίτος Πομπήιος | Ἀπολλωνίδης | Τίτῳ Φλαουίωι | Νεικοστράτωι ‖ τῶι καθη-
γητῆι | μνήμης χάριν.

13. Avennione. — *Insc. gr. Sic. et Ital.*, 2480; *C. I. L.*, XII, 1038.

Οὐᾶλος Γα[β]ίνιος | χαῖρε. |

Vaalus Gabin[ius] | heic situs est.

« Vaalus mihi creditur viri nomen id ipsum quod in fluvio est *Vacalus*, gentilicio
praepositum more in peregrinis vocabulis vetusto. » Mommsen.

14. Vasione. — *Insc. gr. Sic. et Ital.*, 2482; *C. I. L.*, XII, 1277.

Εἰθυντῆρι [1] τύχης | Βήλῳ | Σέξστος θέτο βω|μὸν ‖
5   Τῶν ἐν Ἀπαμείᾳ | μνησάμενος | λογίων.

Belus | fortunae rector | mentisque magister, ‖
10   Ara gaudebit | quam dedit | et uoluit [2].

1. Pro εὐθυντῆρι. — 2. « Belus oraculis Sexto editis in aede Apameensi fortunam ad
mentem ejus ita erexerat ut ille dives factus aram quam poni deus jusserat posset
ponere. » Kaibel.

15. Viennae. — *Insc. gr. Sic. et Ital.*, 2490.

5   Ἐν[θ]άδε κῖ|τε Βασσ[ι]ανὴ | ἐλευθέρα Κα[σ]|σιανοῦ [1] ἀπὸ ‖ κώμης Ἀλγοι.....
ἔζησεν...

1. Βασσιανοῦ correxit Hirschfeld.

16. Aquis Sextiis. — *Insc. gr. Sic. et Ital.*, 2469.

Ῥουφείνης ἐμέθεν Πρόκλος πόσις ἐνθάδε κεῖται |
Μοιράων βουλῆσι λιπὼν βίον ἠδ' ἐμὲ χήρην. |

Τεῦξα δέ [τ]οι μέγα σῆμα περισκέπτῳ ἐνὶ χώρῳ|
θηητὸν πάντεσσι, θύρας δ' ἐπέθηκα φαεινάς,‖
εἴδωλ[ό]ν [τ'] ἐθέμην πανομοίιον σ[χ]ῆμα τ' ἔθηκα|
οἷον ἔχων ῥητῆρσι μετέπρεπες Αὐσονίοισι |
ἔν τ' αὐτοῖς ὑπάτοις κλέος ἔλλαβες ἔξοχον ἄλλων. |
'Αλλ' οὗτοι νόσφιν γε σέθεν ποτ[ὲ] κείσομαι αὐτή · ‖
ὡς πρὶν δ' ἐν [ζ]ωοῖσιν ὁμὸ[ς] δόμος ἄμμι τέτυκτο, |
ὡς καὶ τεθνειῶτας ὁμὴ σορὸς ἀμφι[καλύψει].

« Proculum Pontianum cos. a. 238 intellexit Franz. At haec conjectura omni funda-
mento carere videtur. Proclus rhetor fuit et ὕπατοι (v. 7) sunt aut homiines nobiles
intelligendi, aut, quod conjecit Mommsenus, Proclus aliquando in senatu verba fecisse
putandus est. » Kaibel. Cf. *Prosop. imp. rom.*, III, p. 84, n. 610.

---

17. Nemausi. — *Insc. gr. Sic. et Ital.*, 2495; *C. I. L.*, XII, 3232.

T. Iulio T. f. Vol. Dolabellae | IIII uir. ab aerar. pontif. | praef. uigil. et
armor. | sacra synhodos Neapoli [1] certamine quinquennali decr[euit].‖

Ψήφισμα τῆς ἱερᾶς θυμε[λιχ]ῆς 'Αδριανῆς συνόδου τῶν [περὶ τὸν] |
Αὐτοκράτορα Καίσαρα Τραιανὸν 'Αδριανὸν Σεβαστὸν νέον Διόνυ[σον] | συνα-
γωνιστῶν [1]. Ἐπεὶ Δολαβέλλ[α ἀν]ὴρ οὐ μόνον ἐν τῇ λαμπρο[τάτῃ πατρίδι] |
διά τε γένους δόξαν καὶ βίου ἐπιείχειαν [ἀλλὰ λ]όγῳ καὶ ψυχῆς μεγαλειό-
[τητι διενηνο|χ]ὼς, ὅτι διὰ τοῦ τοιούτου πάσῃ [ἐ]ν [τῇ ο]ἰκουμένῃ οὐκ
ἥκισ[τα...‖..] υσα γνώμη, τοιε...νημ...ι ἀνθ' ὧν καὶ πρότε[ρον ...|.. περὶ
τ]οῦ ἀνδρὸς ἐν[δοξοτ]άτου μαρτυρ[ίαν] ...|... τερο....ω τῆς Νεμαυσ[ίων
πόλεως] |.... Αὐγουστ.|..αρ.‖.[τῆς ἱερᾶς Τραιανῆς 'Α]δριανῆς | [συνόδου...]
ἔγραψα καὶ ἐσφρά[γισα]...

....[decre?]uit M. Gauio|.... [sa]crae synhod[i |..... ce]ntonarior.

Supplementa supra relata sunt Franzii. Alia temptavit Kaibel quae « sententiae magis
quam spatii rationibus apta esse » ipse fatetur.

1. Collegium artificum scenicorum. De his collegiis et quinquennalibus certaminibus
sub imperio romano cf. Foucart, *De collegiis scenicorum artificum*, p. 92 et sqq. Sacra
dicitur synhodus utpote antiquo Bacchi et novo principum patrocinio consecrata. —
2. Synagonistas nihil aliud esse verisimile est quam actores tragicos et comicos (Foucart,
op. cit., p. 8).

18. Nemausi. — *Insc. gr. Sic. et Ital.*, 2496.

[Ψήφισμα τῆς ἱερᾶς Θυ]μελικῆς ἐν Νεμαύσῳ τῶν ἀ[γωνιστῶν | τῶν περὶ τὸν Αὐτοκράτορα Νέρ]ουαν Τραιανὸν Καίσαρα Σεβαστὸν [συνόδου...

Supplementa dedit Kaibel.

---

19. Nemausi. — *Insc. gr. Sic. et Ital.*, 2497, 2498. Lapidis pars maxima periit.

Ψήφισμα [τῆς ... συνόδου κ. τ. λ. ¹] | Ἐπεὶ Λ. Σάμμιος [Μάτερνος ²
ἀ νὴρ ἐπισημ[ότατος πάντων τῶν ἐν τῇ λαμπροτάτῃ πατρίδι πώποτε] | γεγονότων
ἐν [τε πολυ ζήλοις? φιλοτειμ[ίαις.....] | καὶ αὐτὸς καὶ διὰ τοῦ υἱοῦ Σαμ[μίου.....‖
5 πᾶσαν σπουδὴν ἐνέδειξε]ν εἰς τὴν ἱερὰν σύνοδ[ον...... | ...τὰ ἄ]ριστα συμβου-
λεύων παρ[ὰ πάντα τὸν χρόνον... | ..... ἀνενλείπτως ὅσων ἂν δ[έηται ἡ σύνο-
10 δος]|... ησεν ἐν τε δια.....|.....ς ἐφιλοτειμ[ήθη].....‖.... [ψηφίσ]ματα καὶ......|
...ωδεο......

1. Cetera ut supra nᵒˢ 17, 18. — 2. Cf. *C. I. L.*, XII, 3183 : *L. Sammius Maternus... archiereus synhodi.*

---

20. Nemausi. — *Insc. gr. Sic. et Ital.*, 2500. Lapis periit.

....ιλια.....|... ις αυνουτη.....|... Θυμελικῆι συνό[δωι]...|... [Αὐτοκράτωρ
5 Καῖσ]αρ Τραιανὸς.....‖... ου συνο[δ....

Duo alia fragmenta titulorum similium (2501 et 2502) omisimus, utpote nimium mutila.

---

21. Nemausi. — *Insc. gr. Sic. et Ital.*, 2499. Lapis periit.

...λωι...|...ως κωμῳδοῦ π...|...ου χοραύλου παρ...|...ος Καισαρέως Τραλ-
5 λιανοῦ ...‖...κιος Ταρσεὺς κομ[ῳδὸς]...|... ἐν Ῥώμῃ ἱερᾶς συν[όδου]...|...
χοραύλης γ΄ Καπετ[ώλια ἐν Ῥώμῃ] ¹ ...|... υἱὸς ἄρχων συνό[δου]...|...
10 Τραλλιανὸς χορ[αύλης]...‖... σεβαστονείκη[ς] ²...

« Videtur aut titulus honorarius synodalis cujusdam aut, quod probabilius est, victo-
rum tabula fuisse. » Kaibel ².

1. Ab Augusti temporibus ad Domitianum, Tralliani, ut docent nummi, Τραλλιανοὶ Καισαρεῖς vel Καισαρεῖς nominari solent. (Cf. Le Bas-Wadd., *Insc. d'Asie Mineure*, 600 a, et
Buresch, *Ath. Mitth.*, XIX, 1894, p. 107.) Titulus ergo ad primum p. C. n. saeculum
referendus est. — 2. De ejus argumenti titulis cf. O. Liermann, *Analecta epigr. et ago-
nistica* (*Dissert. phil. Halenses*, X, 1889, p. 1 et sqq.).

22. Prope Moux ad montem Alaric, non longe a Carcasone. — *Insc. gr. Sic. et Ital.*, 2520.

.........ρων Θ[εῷ] | Λαρρασσῶνι ¹ | δῶρον.

1. Deum Larrasonem memorant duo tituli ibidem inventi. Cf. *C. I. L.*, XII, 5369, 5370.

---

23. Luguduni, ab utraque parte tituli sepulcralis Exomnii Paterniani quondam centurionis legionarii. — *Insc. gr. Sic. et Ital.*, 2526 ; *C. I. L.*, XIII, 1854.

A sinistra :

Χαῖρε Βενάγι | Χαῖρε εὐψύχι

A dextra :

Ὑγίαινε Βενάγι | Ὑγίαινε εὐψύχι.

« Benagius defuncti, ut videtur, nomen sodaliciarium ; mater superstes adloquitur defunctum, cui respondet ille. » Kaibel.

---

24. Luguduni, ab utraque parte tituli sepulcralis Perennii Quieti. — *Insc. gr. Sic. et Ital.*, 2527 ; *C. I. L.*, XIII, 1898.

A sinistra :

Χαῖρε | Νικάσι.

A dextra :

Ὑγείαινε | Νικάσι.

---

25. In vico Genay prope Trévoux. — *Insc. gr. Sic. et Ital.*, 2532 ; *C. I. L.*, XIII, 2448.

[Ἐν]θάδε κεῖται Θαῖμος ὁ καὶ Ἰο[υ]|λιανὸς Σαάδου· |
    [ἐ]σ[θ]λός τε πέφυκε καὶ ν[ή]δυ[μ]ος | Ἀθειληνὸς, ‖
5   βουλευτὴς πολί[τ]ης τε Κανωθαί[ω]ν ἐ[πὶ] | Συρίης | ¹
    [ὁ]ς πάτραν τε λειπὼν ἧκε τῷδ' ἐπὶ χώρῳ |
    [ἐς π]ρᾶσιν ἔχων ἐνπόρ[ιο]ν ἀγορασμῶν |
10   [μεστ]όν, ἐκ Ἀκου[ι]τανίης ὦδ' ἐπὶ Λουγου‖δούνοιο · |
    ὤλεσεν ἐπὶ [ξ]ενίης θανάτῳ μοῖρ[α] | κραταιή. |

15   Diis Manibus | Thaemi Iuliani Sati [fi]l. Syri ‖ de uico Athelani, decurion. |

[S]eptimiano[2] Canotha, nego|tiatori Luguduni et prou. | Aquitan<ac>ica Aui-
20 dius ‖ Agrippa[3] fratri pientissi|mo ob memoriam eius | faciendum curavit et | sub
ascia dedicauit.

1. Canotha, vulgo Canatha, civitas Syriae nota; Athila vicus inde non plus dimidia
hora distat. — 2. Decurionem Septimianum, propter nomen *Septimiae* civitati Canothae
inditum. — 3. Conjecit Henzen Avidium Agrippam ab Avidio Cassio qui legatus Syriae
pro praetore fuit sub Marco in gentem Avidiam receptum esse.

HISPANIA

HISPANIA

---

26. Malacae. — *Insc. gr. Sic. et Ital.*, 2540.

5 .....|ἀνέ]στη[σεν?...] | Κλώδι[ον........] | νον τ[ὸν...] ‖ πάτ[ρ]ωνα [καὶ προσ]-|
τάτην τοῦ [ἐν Μαλάκῃ] | Σύρων τε κα[ὶ .....] | νῶν ¹ [κ]οιν[οῦ.....] | Σιλουα-
10 νὸς ²....‖.... τὸν πάτρω[ν]α | [καὶ] εὐερ[γ]έτην.

1. Κα[ὶ ᾿Ασια]νῶν, Hübner. — **2.** ΚΟΙ.....ΙΑΤΟΡ traditur. Σιλουανὸς κο[υρ]άτ[ω]ρ, Kirchhoff.
— « At cum graeci collegii homines graece scriptum titulum posuerint, vix probabiliter ullum ejus collegii magistratum romano vocabulo appellatum esse statuas;
πάτρων enim illius aetatis hominibus non latinum sed graeci vocabuli instar est. »
Kaibel. — Σιλουανὸς κ[α]ὶ ..... ατορ, Mommsen.

---

27. Originis incertae, nunc Matriti in museo. — *Insc. gr. Sic. et Ital.*, 2543 : « Statua
Neptuni, cujus juxta crus sinistrum delphinus; in ore delphini scriptum legitur : »

Π. Λικίννιος | Πρεῖσκος | ἱερεὺς.... | [ἀνέθηκε ?]

ITALIA

ITALIA

ROMA

Huic capiti omnes titulos graecos inserere placuit quotquot ad religionem spectant, quanquam non pauci a Romanorum sacris alieni videntur. At quaecumque nobis Graecorum Graeculorumve in Urbe degentium memoriam servaverunt non extra res romanas esse nemo est qui non fateatur.

28. Romae, in foro, ad columnam Phocae. — *Insc. gr. Sic. et Ital.*, 937; *C. I. L.*, VI, 103.

Ἀπωσικάχοις | θεοῖς. | Ex óráculó.

Ibidem. — *Insc. gr. Sic. et Ital.*, 957; *C. I. L.*, VI, 106.

Ἀθάναι | ἀποτροπαίαι. | Ex óráculo.

---

29. Romae. — *Insc. gr. Sic. et Ital.*, 958.

Πατρίῳ .....ηνῳ [1] M. Αὐρ. | Ἀλέξανδρος φρουμ(εντάριος) λεγ(εῶνος) β' | Ἰταλιχ(ῆς) εὐξάμενος ἀνέθηκεν.

1. Π · ΑΤΡΙΩC · CΑΛΗΝΩ traditur. Latet nomen dei, quem patrium vocare videtur M. Aurelius Alexander. De Apolline Alseno quem colebant Thraces (Dumont, *Insc. de la Thrace*, 62 d), cogitavit Kaibel.

---

30. Romae. — *Insc. gr. Sic. et Ital.*, 959; *C. I. L.*, VI, 112.

Κῦρι | χαῖρε. | Deo Amabili [1] | sacr(um) ‖ Aelia Ehorte [2] | fecit.

1. « Glyconem deum intelligendum conjecit Mommsen. » Kaibel. — 2. Pro *Heorte*.

31. Romae, in via Portuensi. — *Insc. gr. Sic. et Ital.*, 960.

Ἀντινόωι | συνθρόνῳ | τῶν ἐν Αἰγύ|[πτωι θεῶν.....]

32. Romae, prope arcum Camilli. — *Insc. gr. Sic. et Ital.*, 961.

[Ἀντινόωι] | συνθρόνωι τῶν | ἐν Αἰγύπτωι θεῶν | Μ. Οὔλπιος Ἀπολλώνιος | προφήτης.

Antinoum in Aegypto inter deos relatum et collegio sex sacerdotum donatum fuisse notum est. Cf. *C. I. Gr.*, 4683 : τῶν ἐξ Ἀντινοέων ἱερο[ποι]ῶν.

33. Romae, extra portam Portuensem. — *Insc. gr. Sic. et Ital.*, 962.

Ὑπὲρ τῆς σωτηρίας | Αὐτοκράτορος | Καίσαρος Τραιανοῦ | Ἀδριανοῦ Σεβα-
5 στοῦ ‖ Λούκιος Λικίνιος | Ἑρμίας | Ἄρη θεῷ πατρῴῳ | ἐπηκόῳ ἀνέθηκεν, |
10 ἔτους εμυ΄ ¹ μηνὸς ‖ Ξανδικοῦ η΄.

1. Anno 445 : scil. anno p. C. n. 133, secundum aeram Seleucidarum, ut dicunt. — L. Licinium Hermiam Bosporanum fuisse asserit Kaibel « quod Ἄρης θεὸς πατρῷος inprimis convenit Bosporano homini »; at Ares in Asia non minus quam apud Bosporanos colebatur (Barclay V. Head, *Hist. num.*, p. 788, s. v. Ares). Adde quod annus ex Bosporanorum computatione 445 respondet anno p. C. n. 148 quo non Hadrianus sed Pius imperium obtinebat.

34. Romae, in vinea card. Carpensis. — *Insc. gr. Sic. et Ital.*, 963.

Θεᾷ ἐπηκόῳ | Ἀρτέμιδι | Αὐλίδι ¹ Σωτείρῃ | Αὐρ. Ἐλπινείκη·

1. Cognomen deae inauditum ; cf. Ἄρτεμις Ἰφιγένεια.

35. Romae, in Esquilino. — *Insc. gr. Sic. et Ital.*, 964.

Τὴν κυρίαν καὶ εὐεργέτιν θεὰν ἐπήκοον παρ|θέ[ν]ον [Ἄρτεμ]ιν Ἐφε]σίαν...

36. Romae. — *Insc. gr. Sic. et Ital.*, 965.

Ἀρτέμιδι ἐπηκό[ῳ.....] | Α. Σέριος Παρθενοπ[αῖος]...

37. Romae, in coenobio quod vocant S. Martini in montibus. — *Insc. gr. Sic. et Ital.*, 967.

a) Τῷ [σωτ]ῆρι Ἀσκληπιῷ σῶστρα καὶ | χαριστήρια Νικομήδης ἰατρός. |
Τὰν παιδὸς καλλίσταν | εἰκῶ τάνδε θεοῖο, ‖

5   Παιᾶνος κούρου ματρὸς | ἀπ᾽ ἀρτιτόκου, |
δαιδάλλων μερόπεσσιν | ἐμήσαο, σεῖο, Βόηθε, |

10   εὐπαλάμου σοφίης ‖ μνᾶμα καὶ ἐσσομένοις ˙
Θῆκε δ᾽ ὁμοῦ νούσων τε | κακῶν ζωάγρια Νικο-|
μήδης καὶ χειρῶν | δεῖγμα παλαιγενέων.

b) Τῷ βασιλεῖ Ἀσκληπιῷ σῶστρα καὶ [χα]ριστήρια | Νικομήδης Σμυρναῖος
ἰατρός. |

Οἷον ἐμαιώσαντο νέον τόκον | Εἰλείθυιαι ‖

5   ἐκ Φλεγύου κούρης Φοίβῳ | ἀκειρεκόμῃ, |
τοῖόν τοι, Παιὰν Ἀσκληπιὲ, | σεῖο Βόηθος ¹ |

10   χειρὸς ἄγαλμ᾽ ἀγαθῆς ‖ τεῦξεν ἑαῖς πραπίσιν ˙ |
νηῷ δ᾽ ἐν τῷδε ζωάγρια θῆκεν | ὁρᾶσθαι, |

15   πολλάκι σαῖς βουλαῖς ‖ νοῦσον ἀλευάμενος,
σὸς θεράπων, εὐχῆς ὀλίγη[ν] | δόσιν, οἷα θεοῖσιν |
ἄνδρες ἐφημέριοι τῶν[δε] | φέρουσι χάριν·

1. « Boethi nobilis artificis opus num vero fuerit statua Aesculapii infantis dubitari
potest. » Kaibel.

---

38. Romae, in base statuae Aesculapii prope theatrum Pompeii repertae. — *Insc. gr.
Sic. et Ital.*, 968.

[Ἀμφὶ λί]θῳ, σωτὴρ Ἀσκληπιὲ, | χρυσὸν ἔχευεν |
...νος ὑπὲρ τέχνων | Γιλουίου εὐξάμενος.

---

39. Romae. — *Notizie degli scavi*, 1896, p. 392; *Bullett. comun.*, 1896, p. 174, tav. VIII.

[Ἀ]σκληπιῷ [θεῷ] | μεγίστῳ [σ]ωτῆ[ρι] | εὐ[ε]ργέτῃ ὄνκον | σπληνὸς σωθεὶς ‖
5 ἀπὸ σῶν χιρῶν, | οὗ τόδε δ[ῖγ]μα ἀρ|[γ]ύρεον εὐχαριστ[ή]|ριον θεῷ, Νεοχάρ[ης]
Σ]εβαστο[ῦ ἀπελεύ|θ]ερος Ἰουλιαν[ός].

---

40. Romae, inter viam S. Clementis et viam Labicanam. — *Bullett. comun.*, 1892, p. 61.

5 Πούπλιος | Αἴλιος | Εἰσίδωρος | ἀνέθηκεν ‖ κυρίῳ | Ἀσκληπιῷ.

41. Romae. — *Insc. gr. Sic. et Ital.*, 966.

.... Αὐταῖς ταῖς ἡμέραις Γαίῳ τινὶ τυφλῷ ἐχρημάτισεν[1] ἐλθεῖν ἐπ[ὶ τὸ]
ἱε|ρὸν βῆμα καὶ προσκυνῆσαι, εἶ[τ]α ἀπὸ τοῦ δεξιοῦ ἐλθεῖν ἐπὶ τὸ ἀριστερὸν | καὶ
θεῖναι τοὺς πέντε δακτύλους ἐπάνω τοῦ βήματος καὶ ἆραι τὴν χεῖ|ρα καὶ ἐπιθεῖναι
5 ἐπὶ τοὺς ἰδίους ὀφθαλμούς, καὶ ὀρθὸν ἀνέβλεψε τοῦ ‖ δήμου παρεστῶτος καὶ
συνχαιρομένου, ὅτι ζῶσαι ἀρεταὶ[2] ἐγένοντο ἐπὶ τοῦ | Σεβαστοῦ ἡμῶν Ἀντω-
νείνου[3]. |

Λουκίῳ πλευρειτικῷ καὶ ἀφηλπισμένῳ ὑπὸ παντὸς ἀνθρώπου ἐχρη<σ>μά-
τι|σεν ὁ θεὸς[1] ἐλθεῖν καὶ ἐκ τοῦ τριβώμου ἆραι τέφραν καὶ μετ᾽ οἴνου ἀνα|φυ-
10 ρᾶσαι καὶ ἐπιθεῖναι ἐπὶ τὸ πλευρὸν, καὶ ἐσώθη καὶ δημοσίᾳ ηὐχαρίστησεν ‖ τῷ
θεῷ καὶ ὁ δῆμος συνεχάρη αὐτῷ |.

Αἷμα ἀναφέροντι Ἰουλιανῷ ἀφηλπισμένῳ ὑπὸ παντὸς ἀνθρώπου ἐχρη<σ>μά-
|τισεν ὁ θεὸς[1] ἐλθεῖν καὶ ἐκ τοῦ τριβώμου ἆραι κόκκους στροβίλου καὶ | φαγεῖν
μετὰ μέλιτος ἐπὶ τρεῖς ἡμέρας, καὶ ἐσώθη καὶ ἐλθὼν δημοσίᾳ | ηὐχαρίστησεν
ἔμπροσθεν τοῦ δήμου. ‖

15 Οὐαλερίῳ Ἄπρῳ στρατιώτῃ τυφλῷ ἐχρημάτισεν ὁ θεὸς ἐλθεῖν καὶ λαβεῖν αἷμα |
ἐξ ἀλεκτρυῶνος λευκοῦ μετὰ μέλιτος καὶ κολλύριο[ν] συντρῖψαι καὶ ἐπὶ | τρεῖς
ἡμέρας ἐπιχρεῖσαι ἐπὶ τοὺς ὀφθαλμούς, καὶ ἀνέβλεψεν καὶ ἐλήλυθεν καὶ ηὐχαρίστησεν δημοσίᾳ τῷ θεῷ.

1. Ἀσκληπιός. — **2.** Ἀρετή = vis divina, ut probavit S. Reinach, *Bull. de corr. hellén.*,
IX (1885), p. 261 et sqq.; cf. E. Preuner, *Ein delphisches Weihgeschenk*, 1900, p. 94 et
sqq. — **3.** Caracalla, ut videtur. Cf. tabulas similes, αἵ τοῦ Ἀσκληπιοῦ τὰ ἰάματα ἐγγεγραμμένα
ἔχουσι (Pausan., II, 36, 1), in Asclepio Epidaurio repertas (Dittenberger, *Syll. insc. gr.*,
ed. II, 802, 803).

---

42. Romae. Ad. S. Martinum in Montibus. — *Insc. gr. Sic. et Ital.*, 968 a (p. 695).

Εἰκόνα τήνδε [θεῷ][1] | νούσων παθέων τε | ἐλατῆρι |
5 ἄνθεσαν Ἀρζύγιοι[2], ‖ μακάρων τίοντες | ἀρωγόν.

1. Ἀσκληπιῷ. — **2.** Noti sunt duo Betitii Perpetui Arzygii (*C. I. L.*, VI, 1702; *Insc. gr.
Sic. et Ital.*, 1078 a (p. 697). De his et de signo Arzygii cf. Hülsen, *Notizie degli scavi*,
1888, p. 493 et sqq.

---

43. Romae, extra portam Portuensem. — *Insc. gr. Sic. et Ital.*, 969; *C. I. L.*, VI, 50.

Pro salute Imp. [Caes.........] | C. Licinius N[..... et Heliodorus] | Palmyrenus [aedem Belo.....] | constitu[erunt...].

Ἡλιόδωρος ὁ [Παλμυρηνὸς καὶ Γ. Λικίνιος Ν.........] | τὸν ναὸν Βή[λῳ].......... | Παλμυρην[ῷ ἀνέθηκαν.

---

44. Romae, ibidem sine dubio. — *Insc. gr. Sic. et Ital.*, 970; *C. I. L.*, VI, 51.

[Pro salute Imp. Caes............. | C. Licinius N..... et Heliodorus Palmyrenus | ae]dem Belo stat[uerunt.....]

['Η]λιόδω[ρος | ὁ Παλμυρην]ὸς καὶ Γ. Λικίνιος [Ν......... | τὸν ναὸν] Μαλαχ- βήλῳ θε[ῷ .....].........

---

45. Romae, in vinea card. Carpensis. — *Insc. gr. Sic. et Ital.*, 971. Titulus bilin- guis, graeco simul et palmyreno sermone scriptus.

Ἀγλιβώλῳ καὶ Μαλαχβήλῳ πατρῴοις θεοῖς | καὶ τὸ σίγνον ἀργυροῦν σὺν παντὶ κόζμῳ ἀνέθηκ(ε) | Τ. Αὐρ. Ἡλιόδωρος Ἀντιόχου Ἀδριανὸς Παλμυ- ρηνὸς [1] ἐκ τῶν ἰδίων ὑπὲρ | σωτηρίας αὐτοῦ καὶ τ(ῆς) συμβίου καὶ τ(ῶν) τέκνων, ἔτους ζμφ' [2] μηνὸς Περιτίου [3].

Palmyrena ita nobis interpretatus est Chabot :

Aglibolo et Malakbelo signum argenteum et ornamentum ejus e marsupio suo Yarhai filius Haliphi filii Yarhai filii Lichmach (filii) So'adu pro salute sua et salute filiorum suorum mense Chebath anni DXLVII.

1. Steph. Byz., s. v. Πάλμυρα · τὸ ἐθνικὸν Παλμυρηνός · οἱ δ' αὐτοὶ Ἀδριανοπολῖται μετωνο- μάσθησαν, ἐπικτισθείσης τῆς πόλεως ὑπὸ τοῦ αὐτοκράτορος. Inde Ἀδριανή, Πάλμυρα et Ἀδριανὸς Παλμυρηνός. — 2. Anno 547. — 3. Anno 235 p. C. n. secundum aeram Seleucidarum. E titulo palmyreno apparet mensem Peritium apud Palmyrenos mensi Chebath respondere.

---

46. Romae, extra portam Portuensem. — *Insc. gr. Sic. et Ital.*, 972.

Ἀστάρτη [1].

Θεοῖς πατρῴοις Βήλωι Ἰαριβώ[λωι [2].........] | ἀνέθηκαν Μακκαῖος Μαλῆ [2] τ[οῦ....... |

1. Nomen juxta caput muliebre, lapidi insculptum, adscriptum est. Supra θεοῖς πατρῴοις etc. legitur titulus palmyrenus quem ita legunt de Voguë (*Insc. semit.*, p. 64)

28 ITALIA Roma

et Chabot : «...... *et So'adu filius Thaime (filii) Lichmach obtulerunt.* » — 2. Notus est deus Palmyrenorum laribolus (*C. I. Gr.*, 4483, 4302). — 3. Cognomen Μαλὴ apud Palmyrenos non rarum est; cf. Waddington, *Insc. de Syrie*, 2385, 2603.

---

47. Romae, ibidem. — *Insc. gr. Sic. et Ital.*, 1035.

Ὑπὲρ σωτηρίας Αὐτοκράτορος Καῖσ]αρος Τίτου Αἰλίου Ἀδ[ριανοῦ....|
.... σὺν παντὶ κό]ζμῳ Κοίντος Ἰούλιος [1] [..........

1. « Non sine veri specie Levy (*Zeitschr. d. deutsch. morgenländ. Ges.*, XVIII, 108), Palmyreni hominis dedicationem esse putat; repertus enim titulus eodem loco quo tituli nos 43-46 Belo deo dicati, idemque etiam genus dicendi (σὺν παντὶ κόζμῳ, cf. n. 43). » Kaibel.

---

48. Romae. — *Insc. gr. Sic. et Ital.*, 973.

Ἔγλυψέν με σίδηρος, | ἐποίησαν δέ με χεῖρες | τέχνῃ πιθόμεναι. | Εἰμὶ δ᾽ ἄγαλμα Δίκης. |

---

49. Romae? — *Insc. gr. Sic. et Ital.*, 974.

5 Διονύσου | Σκιανθι [1]? | κατὰ πρόσταγμα | Μᾶρκος Πινάριος ‖ Πρόκλος καὶ | Ἀριστόβουλος | Ἀριστοβούλου.

1. Kaibel legit Σκι(ρτητοῦ) Ἀνθί(ου); Dionysos enim Ἄνθιος apud Pausaniam (I, 31, 4), Σκιρτητής in Anthologia Palatina (IX, 524) nuncupatur; cf. *C. I. Att.*, II, 631. At duo cognomina ita decurtata quis non miretur? — Franz vero (*C. I. Gr.*, 5959) censet legendum esse Σκιαδίου, et addit cognomen Σκιάδιος Dionyso attributum esse, propter τὸ θολῶδες σκιάδιον ἐν ᾧ Διόνυσος κάθηται (Hesychius, *Gloss.*, sub v. Σκιάς).

---

50. Romae, extra portam Caelimontanam. — *Insc. gr. Sic. et Ital.*, 975.

5 Θεῷ Διονύ|σῳ Σερβιλία | Οἰκονομί|α μετὰ τοῦ ▌ ἀνδρὸς | αὐτῆς | Καλλικρά|τους δῶρον | ἔθηκεν.

---

51. Romae. — *Insc. gr. Sic. et Ital.*, 976.

[Ὑπ]ὲρ σωτηρ]ίας καὶ νείκ[ης Αὐτοκράτορος Καίσαρος Μ. Αὐρηλίου |

Κομμόδου Ἀν]τωνείνου Φή[λικος Σεβαστοῦ ¹........ |.. καὶ το]ῦ δήμου Ῥω-
5 μα[ίων........ | ἔτει? δ]ωδεκάτῳ Διον[ύσῳ?.............. ‖ ..] Μ. Λουχχεῖος
[.............. | ....]ωρων ἐκ [τῶν ἰδίων?...]

1. Est Commodi cui primo cognomen Felicis datum fuit, aut Caracallae aut principum alicui qui post eos imperium obtinuerunt. Res in dubio maneat.

---

52. Romae. — *Insc. gr. Sic. et Ital.*, 977.

Διονύσου ἱερεῖς | θεοῖς τοῖς ἐπικειμέ|νοις ¹ καὶ σπείρῃ ἱερὰ ² | ἀνέθηκαν ‖
5 Τ. Αἴλιος Ἔρως, Οὐφεινία ³ Παυλεῖνα, | Γαμουρῆνα ⁴ Κοσμιάς, | Τ. Ἰούλιος
Μασκλίων.

1. Dii quorum imagines basi impositae erant. — 2. Cohors sacra cujus sodales erant
ii quorum nomina subscripta sunt. — 3-4. Ofinia, Camurena, quae gentilicia nomina
non inaudita (*C. I. L.*, IX, 2824, VI, 14309.)

---

53. Romae. — *Insc. gr. Sic. et Ital.*, n° 977 a (p. 695).

Πάνφιλος | Τυράννου | παράδοξος | Ἑκάτῃ ἐπη|κόῳ εὐχήν|.

---

54. Romae, in villa Albani herma. — *Insc. gr. Sic. et Ital.*, 978.

Ἑρμῆς. |
Lucri repertor atque sermonis dator |
Infa(n)s palaestram protulit Cyllenius. |
Ἄ[τ]τις ¹ τὸν Ἑρμῆν εἴσαθ · Ἑρμῆς δ' Ἀττίωι ‖
5 [οἶκον φυλάττ]οι? καὶ γένος φίλους θ' ἅμα |
.... Ἑρμῆ δ' ἐπ' ἄλειφα χε[ύ]σομαι |
φυλαττομένωι δῶμα τόδ' Ἀττιαδῶν |
..............ς Ἑρμῆς....... |

In latere sinistro leguntur alia quinque carmina latine concepta.

1. ΑΡΤΙΣ lapis.

---

55. Romae, prope plateam dictam S. Carlo ai Catinari. — *Insc. gr. Sic. et Ital.*, 978 a
(p. 695).

Ἀδριανὴ σύνοδός ¹ σε νέον θεὸν | Ἑρμάωνα |
[στήσαμεν ἀζόμενοι τὸν | καλὸν Ἀντίνοον, ‖

5   Νικίου ἱδρύσαντος, ὃν ἀρητῆρα | θέμεσθα |

σεῦ, μάκαρ, ἐς βιοτὴν πρέσθυν [2] | ὑποσχόμενον [3].

1. Plenius ἡ ἱερὰ θυμελιχὴ σύνοδος τῶν περὶ τὸν Αὐτοκράτορα Καίσαρα Τραιανὸν ᾿Αδριανὸν Σεβαστὸν νέον Διόνυσον συναγωνιστῶν : cf. supra n. 17 et sqq. — 2. Hic pro πρεσβευτήν, legatum, ut censet Mommsen. — 3. « Extremi distichi haec est sententia : quem nos sacerdotem creavimus tui numinis per vitam, cum simul legationem ad Caesarem se suscepturum pollicitus esset (qua scilicet legatione Caesari novi Antinoi honores nuntiarentur). » Kaibel.

---

56. Romae, in ecclesia S. Urbani. — *Insc. gr. Sic. et Ital.*, 979.

Ἑστίαι Διονύσου | ᾿Απρωνιανὸς ἱεροφάντης.

---

57. Romae. — *Insc. gr. Sic. et Ital.*, 980.

Ἑστίαι πατρῴᾳ [1] | Ἰούλιος | Μάιορ | ᾿Αντωνῖνος.

1. Vestae, deae patriae populi Romani.

---

58. Romae, ad S. Eusebium. — *Insc. gr. Sic. et Ital.*, 981.

Θεῷ Ζβερθούρδῳ [1] καὶ Ἰαμβαδούλῃ ἐπιφα|νηστάτοις Αὐρ. Διονύσιος στρα-τ(ιώτης) χῶρτις [2] | τοῦ πραιτ(ωρίου) ἑκατονταρχ(ίας) Φλωρεντίνου θέλων ἀνέθηκα.

1. Hunc eumdem esse atque Ζεὺς Ζβέλσουρδος, cujus nomen legitur in titulo Perinthio (Dumont, *Insc. de la Thrace*, 72 a), putant Lanciani et Kaibel, recte ut videtur. De deo, cf. Perdrizet, *Revue des études anciennes*, I, p. 23. — 2. Desideratur cohortis numerus.

---

59. Romae. — *Insc. gr. Sic. et Ital.*, 982.

Γναῖος Κλαύδιος Εὐτύχης θεῷ μεγάλῳ | Βροντ[ῶ]ντι [1] δῶρον ἀνέθηκεν.

1. Jupiter Tonans.

---

60. Romae. — *Insc. gr. Sic. et Ital.*, 983.

Θεῷ ἐπηκόῳ | [Βρ]οντῶντι Α..... | Πείσων εὐχ[ήν] [1].

1. Sive εὐ[χαριστήριον].

61. Romae, in Capitolio. — *Insc. gr. Sic. et Ital.*, 986; *C. I. L.*, I, 589 et VI, 372.

[Ab co]muni restitutei in maiorum leibert[atem] | [Lucei] Roma(m) Iouei Capitolino et poplo Romano u[irtutis], | beniuolentiae beneficique causa erga Lucios ab comu[ni]. |

5 [Λ]υκίων τὸ κοινὸν κομισάμενον τὴν πάτριον δημ[ο]‖κρατίαν ¹ τὴν Ῥώμην
Διὶ Καπετωλίωι καὶ τῶι δήμωι τῶ[ι] | Ῥωμαίων ἀρετῆς ἕνεκεν καὶ εὐνοίας
καὶ εὐεργεσίας | τῆς εἰς τὸ κοινὸν τὸ Λυκίων ².

1. De Lyciis a Romanis restitutis cf. Fougères, *De Lyciorum communi*, p. 17 et sqq. —
2. Mommsen conjecit hunc titulum positum esse post bellum Mithridaticum, tempore
quo legati populorum Asiaticorum Romam venerunt cum gratias agendi, tum foedera
confirmandi causa (Appianus, *Bel. civ.*, I, 102). — De hac inscriptione et sequentibus, a
regibus populisque Asiaticis in Capitolio positis, cf. Gatti, *Bull. comun.*, 1886, p. 403,
et sqq.; Hülsen, *Röm. Mittheil.*, 1889, p. 252 et sqq.

62-65. Romae, sub Capitolio. — *Insc. gr. Sic. et Ital.*, 987 et pp. 695-696, ad nn. 986
et 987 ; Dessau, *Insc. lat. sel.*, 30.

62. [Rex Metradates Pilopator et Pil]adelpus ¹ regus Metradati f. | [poplum
Romanum amicitiai e]t societatis ergo quae iam | [inter ipsum et Romanos opti-
n]et. Legati coirauerunt | [Nemanes Nemanei f. et Ma]hes Mahei f. ‖

5 [Βασιλεὺς Μιθραδάτης Φιλ]οπάτωρ καὶ Φιλάδελφος ¹ | [βασιλέως Μιθραδάτ]ου
τὸν δῆμον τὸν | [Ῥωμαίων φίλον καὶ] σύμμαχον αὐτοῦ | [γενόμενον εὐνοίας]
10 ἕνεκεν τῆς εἰς αὐτὸν, | [πρεσβευσάντων Ναιμ]άνους τοῦ Ναιμάνους ‖ [καὶ Μάου
τοῦ Μάου].

1. « Rex hic dictus Philopator et Philadelphus videtur idem esse, cujus extat nummus
argenteus (tetradrachma) cum inscriptione βασιλέως Μιθραδάτου Φιλοπάτορος καὶ Φιλαδέλφου
(Th. Reinach, *Revue de Numismatique*, 1887, p. 97 et suiv., 1888, p. 249 et suiv.). Sed
quis fuerit et quando vixerit, incertum. Reinach habet eum pro Mithradate, rege Ponti,
patre magni Mithradatis Eupatoris, licet ille alibi appelletur non Philopator et Philadelphus, sed Euergetes, praeterea perhibeatur fuisse filius non Mithradatis, sed Pharnacis.
Contra Mommsenus (*Zeitschrift für Numismatik*, XV, pp. 207 et suiv.) et inscriptionem
et nummum tribuit Mithradati Eupatoris filio, cui regnum Paphlagoniae detulerit
Sulla. » Dessau.

63. Ὁ δ[ῆμος] ὁ Ταβηνῶν ¹ φίλ[ος κ]αὶ σύμμαχος | Ῥω[μαί]ων.

1. Tabae, in Phrygia.

64. Του..... | ....ς |

Popul[us ....n | popul.......an

---

65. Populus Laodicensis af Lyco populum Romanum quei sibei | saluti fuit benefici ergo quae sibei | benigne fecit. ‖

5 Ὁ δῆμος ὁ Λαοδικέων τῶν πρὸς | τῶι Λύκωι τὸν δῆμον τὸν | Ῥωμαίων γεγονότα ἑα[υτῶι] | σωτῆρα καὶ εὐεργέτην | ἀρετῆς ἕνεκεν καὶ εὐνοί[ας] ‖

10 τῆς εἰς ἑαυτὸν [1].

[1]. Laodicea ad Lycum fluvium in Phrygia bello Mithridatico obsidionem erat perpessa (App. *Mithr.*, 20); jure ergo rege devicto populo Romano gratias egit.

---

66. Romae, in area Capitolina. — *Insc. Sic. et Ital.*, 988.

Ἡ πόλις ἡ .....ίων εὐεργετηθεῖσα τὰ μέγιστα ὑπὸ τοῦ δήμου | [τοῦ Ῥωμαίων φί]λου ὄντος καὶ συμμάχου χαριστήρια Διὶ Καπετω|[λίωι....., πρε]σ-ϐευσάντων Βαχχίου τοῦ Λαμπρίου, | [....τοῦ Δι]ονυσίου, Φαίδρου τοῦ Παυσανίου.

---

67. Romae. — Gatti, *Bullett. comun.*, 1890, p. 174-176.

[Διὶ Καπετωλίωι καὶ Ῥώμηι δήμου συ]μμάχου χάρ[ιν | ὑπὸ δήμου..... .... ἀπεδόθ]η. |

[Reuerentiae summae et amoris ma]xumi causa | [populus............ amicus s]ociusque su[is | legibus receptis dedit Ioui Capit]olino et Ro[mae. |

Supplementa in mera conjectura posita esse monet ipse auctor.

---

68. Romae, in atrio Vestae. — *Insc. gr. Sic. et Ital.*, 989.

.... Διὶ Καπετωλ[ίωι........ | ..... Ἰού]λιος Ἀριοϐαρζάν[ης........ | .... β]ασίλεως Ἀριοϐα[ρζάνου υἱός [1] ...]

[1]. Vel υἱωνός vel ἔγγονος. De hoc Julio Ariobarzane, vide *Prosop. imp. rom.*, I, p. 130-131, nn. 857-857 a. Videtur esse ex posteris Ariobarzanis illius, regis Artavazdis filii, regis Ariobarzanis nepotis, quem Augustus Medis regem dedit (*Res gestae divi Augusti*, XXXIII).

69. Romae, in Quirinali. — *Insc. gr. Sic. et Ital.*, 984.

5 Κατὰ κέλευ|σιν Θεοῦ Δολι|χηνοῦ [1] ἀνέστησα[ν] | ... Ἀθηνέου τοῦ ἱ‖εροῦ [2]
Μᾶρχος Οὔλ|πις καὶ ὁ υἱὸς Μᾶρ|χος Οὔλ|πις Ἀρτέ|μων.

1. Jupiter Dolichenus. — 2. ΚΑΤΑΘΗΝΕΟΥ traditur. « Fortasse [μετ'] Ἀθηναίου τοῦ ἱεροῦ,
i. e. cum Athenaeo quodam mysteriis initiato. » Kaibel. — Nec de lectione nec de
sensu constat.

---

70. Romae. — *Insc. gr. Sic. et Ital.*, 985; *C. I. L.*, VI, 420.

5 I. O. M. | Heliopolitano | Κομμόδῳ |, ἀνδρὶ βασιλικ[ωτάτῳ], ‖ ἀσπιστῇ
[τῆς] | οἰκουμ[ένης], | Imp. Caes. M. Aur. Commodo | Antonino Pio [Felici
10 Aug.] | Sarm. Germanic[o], ‖ trib. pot. X[I], imp. [VIII, cos. V, p. p.], | M.
Antonius M. f. Gal...... | Cl(audialis) Aug(ustalis)......... | Cistiber [1] dedic.,
15 V(rbis) c(onditae) [(anno) DCCCC]XXXIX, | Imp. Commodo [Antoni]no Pio ‖
Felice Aug. V M'. Acil. Gla[brione] | II cos., III k. Dec. [2].

1. De Cistiberibus cf. de Ruggiero, *Diz. epigr.*, s. v. — 2. Die xxix mensis Novembris
anni p. C. n. 186, biduo post Commodi diem imperii.

---

71. Romae. — *Insc. gr. Sic. et Ital.*, 990.

.............νους καθ' ὕπνον ἀνέθηκα Διεὶ Ξενίωι [1].

1. De Jove Xenio apud Graecos, cf. Perdrizet apud Saglio, *Dict. des antiq. gr. et rom.*,
s. v. *Juppiter*, V, p. 696.

---

72. Romae, in Esquiliis. — *Insc. gr. Sic. et Ital.*, 991.

Διὶ Ὀλυβρί[ῳ] [1] | τοῦ Κιλίκων | ἔθνους τῆς | λ(αμπροτάτης) μ(ητροπόλεως)
5 Ἀναζαρ‖βέων [2] Αὐρ. | Μᾶρχος στάτωρ [3] | εὐχῆς χάριν.

1. Confert Kaibel Ὀλυμβρον, quem inter deos et heroas Cilicum memorat Stephanus
Byzantius, s. v. Ἀδανα. — 2. Anazarbus, dein Caesarea, urbs Ciliciae ad radices montis
Tauri, meridiem versus, sita. Quum, testibus nummis, non ante Caracallam imperan-
tem Anazarbus μητρόπολις dicta fuerit (Babelon, *Inventaire de la collection Waddington*,
4120 et sqq.), titulus saeculo p. C. n. tertio assignandus est. — 3. Scil. de statoribus
Augusti.

3

73. — Romae, ad forum piscarium. — *Insc. gr. Sic. et Ital.*, 992; *C. I. L.*, VI, 427.

Διὶ πατρίῳ. | Ex óraculó.

---

74. Romae. — *Insc. gr. Sic. et Ital.*, 993.

Σὸς ζάκορος, | Πολιεῦ [1], | κούρους τρισσοὺς | ἀνέθηκα ‖

5   Μάξιμος Ἑλλάδιος | σὺν φιλ(ί)οισι π[ό]νοις.

Μεσσάλᾳ καὶ Γράτῳ [ὑπ(άτοις)], πρὸ ιδ᾽ καλ(ανδῶν) Αὐγούστ(ων) [2], ἐπεὶ | [ὁ] τόπος ἐδόθη παρὰ Κλωδίου | ὑπατικοῦ τῶν ἱερῶν ναῶ[ν] [3].

1. Ζεὺς Πολιεύς. — 2. Die xix mensis Julii anni p. C. n. 280. — 3. Filius sane alterius Clodi Pompeiani, et ipsius consularis aedium sacrarum anno 241; de quo vide *Prosop. imp. rom.*, I, p. 418, n. 927; nisi, ut vult Mommsen, Helladius loco usus est ad similem dedicationem quadraginta annis ante concesso.

---

75. Romae, inter curiam et basilicam Aemiliam. — *Insc. gr. Sic. et Ital.*, 994.

Διὶ ὑπάτωι.

---

76. Romae. — *Insc. gr. Sic. et Ital.*, 995.

Θεῶι Ὑψίστωι [1] εὐχὴν ἀνέθηκεν Κλαυδία Πίστη.

1. Ζεὺς Ὕψιστος, de quo cf. quae scripsit F. Cumont : *Hypsistos* (supplément à la *Revue de l'Instruction Publique en Belgique*, 1897).

---

77. Romae, in Esquiliis. — *Insc. gr. Sic. et Ital.*, 996.

5   Soli | inuicto Mithrae | T. Flauius Aug. lib. Hyginus | Ephebianus ‖ d. d. |

Ἡλίωι Μίθραι | T. Φλάουιος Ὑγεῖνος | διὰ Λολλίου Ῥούφου | πατρὸς ἰδίου [1].

1. « L'adjonction de ἰδίου est destinée à empêcher une confusion avec le grade mithriaque de *pater*. » F. Cumont (*Textes et monuments figurés relatifs aux mystères de Mithra*, II, p. 105-106, n. 66).

---

78. Romae. — *Insc. gr. Sic. et Ital.*, 997.

Ἡλίῳ ἀνικήτῳ [Μίθρᾳ] | Βάλβιλλος ἠουοκᾶτο[ς Σεβαστοῦ] [1] | ἐξ ὑδάτων

5   σωθείς............|...................... ‖ ἐπὶ Βάσσου ἱερέ[ω]ς....

1. Vel Σεβαστῶν : evocatus Augusti vel Augustorum.

79. Romae. — *Insc. gr. Sic. et Ital.*, 998.

Ἡλίῳ Μίθρᾳ | ἀστροβρόντ(ῳ) δαίμονι | Ναβάρδη | Εὔτυχος δῶρον.

1. Cf. *C. I. L.*, VI, 742 : *Invictus D(eus) Navarzes.* — Hunc titulum suspectum habent et Kaibel et F. Cumont (*Textes et monuments figurés relatifs aux mystères de Mithra*, II, p. 179, n. 585).

80. Romae. — *Insc. gr. Sic. et Ital.*, 999.

Ἡλίῳ | Μίθρᾳ | ἀνική|τῳ.

81. Romae, sub mithriaco quodam anaglypho. — *Insc. gr. Sic. et Ital.*, 1272.

Χρῆστος πατὴρ καὶ Γαῦρος ἐποίησαν [1].

1. Intellige : faciundum curaverunt, vel consecraverunt, ita ut Chrestus et Gaurus non artifices, sed alter pater sacrorum dei Mithrae, alter cultor ejusdem numinis fuerint. Cf. Löwy, *Inschr. griech. Bildhauer*, p. 302, n. 457; F. Cumont, *Textes et monuments figurés relatifs aux mystères de Mithra*, II, p. 100, n. 39.

82. Romae, in Esquiliis. — *Insc. gr. Sic. et Ital.*, 1000; *C. I. L.*, VI, 309.

> Herculi | defensori | Papirii.
> Ἡρακλεῖ | ἀλεξι|κάκωι | Παπείρι|οι.

Ibid. — *Insc. gr. Sic. et Ital.*, 1000; *C. I. L.*, VI, 310.

> Siluano | custodi | Papirii.
> Σιλβανῷ | φύλακι | Παπείριοι.

83. Romae. — *Insc. gr. Sic. et Ital.*, 1001.

Σωτῆρι | θεῷ | Ἡρακλῆτι | Πολλίω[ν] ε(ὐχῆς) ‖ ἔ(νεκεν) [1].

1. Vel ε(ὐχὴν) ἐ(ποίησεν) ut vult Franz (*C. I. Gr.*, 5988).

84. Ad villam Aldobrandini Frascatensem. — *Insc. gr. Sic. et Ital.*, 1003.

Ὦ Διὸς Ἀλκμήνης τε μεγασθενὲς | ὄβριμον αἷμα, |
ἴστορ ἀταρβήτων, Ἡράκλεες |, καμάτων, ‖

5

ἠνίδε τοι τόδ' ἄγαλμα φέρων | κρητῆρος ἀγητὸν |

θῆκα τεῶν ἀέθλων πλεῖον [εὖ]|γλυφέων, |

10

οὕς ποτ', ἄναξ, ἐτέλεσσας ὑπὲ[ρ]‖ φιάλους ἀδίκους τε |

ἄνδρας ἰδ' ὠμηστὰς θῆρας | ἐναιρόμενος · |

τῷ σε καὶ υἷα Δίκηι Κρονίδης | θετὸν ἐγγυάλιξε, ‖

15

εὖτέ μιν ὑβρισταὶ φῶτες ἄτ[ι]|μον ἄγον. |

Ἤπιος εὐμενέων τε πέλοις |, ἐπειή νύ μοι αἰεὶ |

20

εὐχομένωι τε πάρει χεῖρα ‖ θ' ὕπερθεν ἔχεις · |

καὶ δὴ νῦν μ' ἐσάωσας ἀμεί[βον]|τα κλυτὰ φῦλα |

Κελτῶν καὶ Λιγύων ἄστυ πρ[ὸς] | Αὐσόνιον ·‖

25

αὐτὸν ἀλεξητῆρα κακῶν | αὐτόν σε δοτῆρα |

παντοίης ἀρετῆς κληίζο|μεν, Ἡράκλεες.

---

85. Romae, in basi statuae cujusdam pueri Herculis clavam manu gestantis et leonis pelle induti. — *Insc. gr. Sic. et Ital.*, 1004.

Ἡλικίην παῖς εἰμι · βρέτας δ' ἐστήσατο | Φῆλιξ |

Ἡρακλέους εἰκῶ · οἶσθά με | καὶκ Προδίκου.

---

86. Romae. — *Insc. gr. Sic. et Ital.*, 1006.

5

Θεᾷ ἐπηκόῳ | Ἰσιτύχῃ [1] | Τίτος Φλάουι|ος Οὐιβιανὸς ‖ Ἀντίοχος εὐ|ξάμενος ἀνέ|θηκεν.

1. Cf. titulum Praenestinum (*C. I. L.*, XIV, 2867), ubi dedicantur statuae *Antonini August(i)*, *Apollinis*, *Isityches*, *Spei*... ; et quae adnotavit Dessau : « Isityche mihi numen creditur conflatum ex Iside et Fortuna. » Reperitur etiam Ἴσις Τύχη.

---

87. Romae. — *Insc. gr. Sic. et Ital.*, 1007.

[Ἴσιδι, Σεράπιδι, Ἀνούβιδι, Ἁρποκράτῃ, θεοῖς συν]ναίοις καὶ συμβώμοις [1],

[ὑπὲρ σωτηρίας καὶ νίκης Αὐτοκράτορος Καίσαρ]ος Κομμόδου Ἀντωνείνου |

[....................] ὑπὸ Κ. Τεινείου Ῥούφου [2].

1. Cf. *C. I. Gr.*, 2230. — **2.** Q. Tineius Rufus consul fuit anno p. C. n. 182; cf. *Prosop. imp. rom.*, III, p. 322, n. 169.

88. Romae. — *Insc. gr. et Ital.*, 1008.

Θεὰν Κόρην | Σαρδιανοῖς[1] | Λ. Αὐρ. Σάτυρος | ἀπελ(εύθερος) Σεβασ(τοῦ) ‖
5 ἀνέθηκεν.

1. Σαρδιανοί intellige collegium vel stationem hominum Sardibus oriundorum, qui Romae consistunt.

---

89. Romae. — *Insc. gr. Sic. et Ital.*, 1009.

5 Θεὰν Κόρην | Σαρδιανοῖς | Μᾶρκος | Αὐρήλιος ‖ Σύμφορος | Σεβαστοῦ |
[ἀπελεύθερος[1] ἀνέθηκεν].

1. Cf. *C. I. L.*, X, 1727 : *Aurelio Symphoro Aug. l.*, etc.

---

90. Romae. — *Insc. gr. Sic. et Ital.*, 1083.

Βάσσον Φαυστίνης[1] ἐσορᾷς | σπένδοντα Λυαίῳ[2].

1. Faustinae (servus). — 2. Lyaeo, i. e. Dionyso.

---

91. Romae, in basilica Julia. — *Insc. gr. Sic. et Ital.*, 1014.

[Σ]οὶ τόδε, συρικτά, ὑ[μνη]|πόλε, μείλιχε δαῖμο[ν], |
ἁγνὲ λοετροχόων κοί|ρανε Ναιάδων, ‖
5 δῶρον Ὑγεῖνος ἔτε[υ]ξ[ε]ν |, ἐν ἀργαλέης ἀπὸ νούσου |
αὐτὸς, ἄναξ, ὑγιῆ θήκαο προσ|πελ[ά]σ[α]ς · |
10 πᾶσι γὰρ [ἐν τεκέ]εσσιν ἐμοῖς ‖ ἀνα[φ]ανδὸν ἐπέστης, |
οὐκ ὄναρ, ἀλλὰ μέσους | ἤματος ἀμφὶ δρόμους.

---

92. Romae, in via Labicana. — Tomassetti, *Bullett. comun.*, 1892, p. 358, n. 7.

Μητρὶ Θεῶν | ἀγραρίᾳ[1] | ..αλλος ὁ καὶ | ..ωπος[2] ἀνέθη|[κεν ....] |.

1. Matri Deum agrorum et agricolarum fautrici; verbum ἀγραρία de latino sermone translatum est. — 2. [Γ]άλλος ὁ καὶ [Ἐσ]ωπος (= Αἴσωπος) supplet editor.

---

93. Romae, in loco ubi nunc est sacellum Apostolorum Simonis et Judae. — *Insc. gr. Sic. et Ital.*, 1020.

Μητρὶ θεῶν. |

Εἷς δεκαπέντε ἀνδρῶν [1], Φοίβου στεφανηφόρος ἱρεύς [2], |
Κρήσκης [3] ἠγάθεός τε Λεόντιος, ἔνσοφοι ἄνδρες, |
ὃς μὲν ἀπ' ἀντολίης, ὃς δ' ἄρ' ἀφ' ἑσπερίης, ‖
5 ὄργια συνρέξαντε θεᾶι παμμήτορι Ῥείηι |
χριοβόλου τελετῆς καὶ ταυροβόλοιο φερίστης |
αἵμασι μυστιπόλοις βωμὸν ὑπερτίθεσαν.

1. Unus ex quindecimviris sacris faciundis. — 2. Pontifex Solis. — 3. Cave ne hic Crescens, ἔνσοφος ἀνήρ, i. e. philosophus, idem sit atque Crescens ille philosophus Cynicus, christianis et Justino, christianorum defensori, tantopere infensus, Antonino Pio et M. Aurelio imperantibus.

---

94. Romae. — *Insc. gr. Sic. et Ital.*, 1012; *C. I. L.*, VI, 532.

Μεγάλη Νέμεσις ἡ | βασιλεύουσα τοῦ κόσμ(ου) |

5 Magna ultrix, regina Vrbis, | ex uisu ‖ Hermeś Aug. lib. uilicus | eiusdem
loci aram et | crateram cum basi bicapite | d. d.

---

95. Romae. — *Insc. gr. Sic. et Ital.*, 1013.

Νομίοις θεοῖς [1] | Ἰούλιος | Μαίορ | Ἀντωνῖνος [2].

1. Νόμιοι θεοί sunt dii pecorum pastorumque fautores, ut Apollo, Pan, caeterique. —
2. Cf. supra n. 57.

---

96. Romae. — *Insc. gr. Sic. et Ital.*, 1015.

Νουσολύτα, κλυτόμητι, φερέσ[6ιε, δέσποτα Παιὰν [1], |
σὴ δύναμις κακόεργον ἀναχρο[ύει .... |
ἀνθρώπων, τρομέει τε πάλιν [............. |
Ἄ̣δης τ' εὐρυθέμιλος, ὅταν ζωαλ[κέα χεῖρα ‖
5 ἀντανύσῃς, βιοδῶτα, φερεσσιπό[νοις μερόπεσσι. |
Νῦν οὖν πάντα δόμον γενέτα[ς τε καὶ ἀγλαὰ τέκνα |
σῶζε, μάκαρ Παιάν, ἀκεσώδυν[ε, δῶτορ ὑγείης. |
Πατρωίνου [2].

1. Est Aesculapius. — 2. De cognomine latino *Patruinus*, vide *Prosop. imp. rom.*, III, p. 16 n. 120, 162 n. 81, 269 n. 635, 372 n. 103 et 373 n. 104.

97. Romae, in Capitolio, sub statua triformis deae. — *Insc. gr. Sic. et Ital.*, 1017.

Δαίμονι Περσείη ¹ πολυμόρφῳ, μεισοπονήρῳ.

1. Persis filiae, Hecatae.

98. Romae, a tergo anaglyphi votivi. — *Insc. gr. Sic. et Ital.*, 1021.

Πάρος Σαβαζί|ῳ δῶρον.

99. Romae? in manu aenea; nunc Londini. — *Insc. gr. Sic. et Ital.*, 1022.

Ζουπόρας εὐξά|μενος ἀνέθη|κεν Σαβαζί|ῳ θεῷ ἐπηκόῳ ¹.

1. V. 4 ΕΑϹΕΝΚΟШШΚ est in aere. Restituit K. Keil (*Arch. Zeitung*, 1854, p. 517).

100. Romae, prope collegium Stratonicensium. — *Insc. gr. Sic. et Ital.*, 1023.

5 Διὶ Ἡλίῳ | μεγάλῳ | Σαράπιδι | καὶ τοῖς συννά|οις θεοῖς | ὑπὲρ σωτηρίας |
10 καὶ αἰωνίου | [διαμονῆς τῶν | κυρίων] ἡμῶν ‖ αὐτοκρατόρων | καὶ τοῦ σύνπαν|τος
15 αὐτῶν οἴκου | Κ. Αὐρήλιος | Ῥουφεῖνος ‖ σὺν τῇ γυναικὶ | καὶ τοῖς τέκνοις |
ἀνέθηκεν | ἐπ᾽ ἀγαθῷ.

101. Romae, in via Nationali. — *Insc. gr. Sic. et Ital.*, 1024.

Ὑπὲρ σωτηρίας Αὐτοκράτορος Μ. Αὐρηλίου Ἀντωνίνου | Μεγάλου Σεβ(ασ-
τοῦ) ¹ Διὶ Ἡλίῳ Μεγάλῳ Σαράπιδι | Γ. Ἀβίδιος Τροφιμιανὸς ἱερόδουλος πάσης
ἱερο|δουλίας εὐξάμενος ἀνέθηκα.

1. « Magnus Augustus ideo potissimum appellatur imperator ut magno Sarapidi adae-
quetur. Dessau praeterea de Alexandro Magno monuit, cui se Caracalla aequandum
putabat cujusque gesta in ore semper habuit (*Vita Antonini*, c. 2). » Kaibel.

102. Romae. — *Insc. gr. Sic. et Ital.*, 1025.

5 [Θε]ῷ μεγάλῳ [Σ]εράπιδι | Ἀρέλλιοι | [Σε]ουῆρος καὶ Φοῦσκος ¹ ‖ εὐχὴν
[ἐ]ποίησαν.

1. De Arelliis Severo et Fusco, vide *Prosop. imp. rom.*, I, p. 129, n. 841 et 843.

103. Romae. — *Insc. gr. Sic. et Ital.*, 1026.

Νηὸν [σιγα]|λόεντα Σαρά|πιδος ὑψιμέ|δοντος ‖
ἠδ᾽ αὐτὸν χρυ|σοῦ παμφανό|ωντα βολαῖς |
στήσαντο | ζάκορός τε ‖ Διόσκορος | ἠδὲ Κυρίλλου |
εὐνέτις, ἡ μα|κάρων μήπο|τε ληθομένη ‖
καὶ δύο τῆς αὐ|τῆς γενεῆς | ἕνα θέσμον | ἔχοντες |
οἷσι μέμηλε ‖ κλυτῆς ἔργα|νεωκορίης. |
Πρὸ Ϛ´ κ(αλανδῶν) | Ἀπριλίων, | Φαρμουθὶ α´, ‖ ὑπάτων τῶν | κυρίων
ἡμῶν | Διοκλητιανοῦ | Σεβ(αστοῦ) τὸ ζ´ καὶ | Μαξιμιανοῦ ‖ Σεβ(αστοῦ) τὸ
Ϛ´ ¹ · | τόπος ἐδόθη | ὑπὸ Βαλερίου | Κωμά[ζ]οντος | ὑπατικοῦ ‖ ἱερῶν ναῶν ².

1. Die xxvii mensis Martii anni 299 p. C. n. — 2. Valerius Comazon, consularis
aedium sacrarum, ex posteris videtur esse Valerii illius Comazontis Eutychiani, qui fuit
consul a. 220 et praefectus Urbi (*Prosop. imp. rom.*, III, p. 355-356, n. 42).

---

104. Romae, in atrio Vestae. — *Insc. gr. Sic. et Ital.*, 1027.

[Θεῷ ἐπ]ηκόῳ Σεράπιδ[ι........ | .....] Κε]ριᾶλις ῥαβδοῦχ[ος ¹ σὺν.....|
συμβίῳ καὶ Ἀρραν[ι........|.....] ἀνέθηκε[ν...

1. Scil. lictor.

---

105. Romae. — *Insc. gr. Sic. et Ital.*, 1028.

.... ἡ χάρις | [...........] καὶ ὁ μέγας Σάραπις · | ἐπ᾽ ἀγαθῷ σοι γένοιτο,
Νειλάγωγε · | .... καλή σου πᾶσα ὥρα, εὐεργέτα Σάραπι.

« Nilagogi cujusdam proscynema videtur esse. » Kaibel.

---

106. Romae, in pectore sphyngis e marmore Thebaïco. — *Insc. gr. Sic. et Ital.*, 1029.

Κατὰ κέλευσιν θεοῦ | Σεράπιδος Οὐίβιος | ἱερεὺς ἀνέθ(ηκεν).

---

107. Romae. — *Insc. gr. Sic. et Ital.*, 1030.

Ἀγαθῇ τύχῃ | Διὶ Ἡλίῳ μεγάλῳ | Σαράπιδι καὶ τοῖς | συννάοις θεοῖς

5 Στάτιος ‖ Κοδρᾶτος ὁ κράτιστος | νεωκόρος, ἐκ μεγάλων | κινδύνων πολλάκις |
10 σωθεὶς εὐχαριστῶν | ἀνέθηκα. ‖ Ἵλεώς σοι, | ἀλύπι. |
15 Τὸν ἐν Κανώϐῳ [1] | μετὰ τοῦ βωμισκαρί[ου] | Διόσκορος νεωκόρ[ος] ‖ τοῦ
μεγάλου Σαρ[άπιδος] | ἀνέθηκα. |

1. Intellige imaginem Sarapidis illius qui in Canopico templo colebatur; cf. *C. I. Gr.*, 4683.

---

108. Romae, in S. Stephano in Caco. — *Insc. gr. Sic. et Ital.*, 1031.

Διὶ Ἡλίῳ | μεγάλῳ | Σαράπιδι.

---

109. Romae. — *Insc. gr. Sic. et Ital.*, 1032.

5 Κατὰ κέ|λευσιν | Ἀπόλλ|ωνος ‖ τὴν πολύμο|ρφον καὶ μυριώνυμον π|ανε-
10 πίσκοπο|ν θεὸν [Σ]ε[λ]η|[ν]αίαν ‖ νειχαφό|ρον Σερϐ(ίλιος) | Ἀγαθεῖνος | προ-
φ|[ήτ]ης ἐποί|ησα.

---

110. Romae, in hortis Justinianis. — *Insc. gr. Sic. et Ital.*, 1033.

[Τύ]χῃ | οἴκου | Ποπλίων.

---

111. Romae in via Sacra, ante basilicam Constantinianam. — *Notizie degli scavi*, 1899, p. 292 : « Si è rinvenuta la parte inferiore di una statuetta muliebre, vestita di lungo chitone, poggiante sopra un plinto leggermente sgusciato, ove si legge la dedicazione : »

Ἰσμῆνος Ἰωήνου υἱὸς | Τιϐεριεὺς [1] τῇ στατιῶ|νι [2].

1. Tiberiade oriundus. — 2. Romae ad forum fuisse *stationes municipiorum* notum est (Suet. *Ner.*, 37 : *Salvidiano Orfito objectum est quod tabernas tres de domo sua circa forum civitatibus ad stationem locasset;* cf. Plin. *Hist. nat.*, XVI, 236). Quae stationes, si verum vidit Mommsen, loca erant civitatum exterarum et nationum civibus aut legatis attributa, unde si quid in foro videndum esset, commode spectarent (Cf. *Insc. gr. Sic. et Ital.*, 830). Vide etiam *Bullett. comun.*, 1900, p. 124 et sqq.

---

112. Romae. — *Insc. gr. Sic. et Ital.*, 1036.

5 ..... μῳ Δι|[ονύσῳ ?] Πᾶνα ? ἀ|[νέθηκ]εν, ὑπὲρ σω|[τηρί]ας Κειωνί|ας

Πλαυτίας [1] ἀ|δελφῆς αὐτοκρα|τόρων, Νέπως | ἀπελεύθερος.

1. Ceionia Plautia, soror L. Veri et M. Aureli imperatorum, de qua vide *Prosop. imp. rom.*, I, p. 331, n. 512.

---

113. Romae, prope S. Stephanum in Caco. — *Insc. gr. Sic. et Ital.*, 1039.

T. Aurelius Egatheus [1] Imp. Antonini | Aug. lib. a codicillis d. pos. |

T. Αὐρῆλις Ἡγάθεος [1] Ἀντ[ω]νίνου Σεβαστοῦ ἀπελεύθερος ἐπὶ τῶν | χοδιχίλλων δῶρον ἀνέθ(ηκεν).

1. De T. Aurelio Egatheo, cf. *Prosop. imp. rom.*, I, p. 205, n. 1242.

---

114. Romae. — *Insc. gr. Sic. et Ital.*, 1043.

Ὁ τόπος ἐδόθη ὑπὸ Κλωδίου | Πομπειανοῦ ὑπατικοῦ | ἐπὶ τῶν ναῶν, πρὸ
5 μιᾶς | νωνῶν Ἰουνίων ‖ Περεγρίνῳ καὶ Αἰμιλιανῷ | ὑπάτοις [1], | καθιερώθη
πρὸ... ἰδῶν Ἰουνίων | τοῖς αὐτοῖς ὑπάτοις [2] |, ἀρχιερατεύοντος Μάρχου ‖
10 Αὐρ. Διοσχόρου.

1. Die IV mensis Junii anni p. C. n. 244. De Clodio Pompeiano, consulari aedium sacrarum anno 244, cf. *Prosop. imp. rom.*, t. I, p. 418, n. 927, et supra n. 74. — 2. Inter diem VI et diem XII mensis Junii ejusdem anni.

Ex plumbeis devotionum tabellis, ad viam Appiam repertis et nuper a Richard Wünsch editis (*Sethianische Verfluchungstafeln aus Rom*, Leipzig, 1898), nonnullas excerpsimus, quae sermone et litteris graecis scriptae, nobis memoratu dignae prae aliis visae sunt. De ceteris Wünschianum libellum figuris ornatum et luculento commentario instructum adeas.

115. Romae. — R. Wünsch, *Sethianische Verfluchungstafeln*, n. 16, p. 14 et seq.

A. *Ab una parte.*

5 Εὐλάμων [1] κατέχι, | Οὔσιρι, Οὔσιρι | Ἀφι, Οὔσιρι | Μνε ‖ Φρι [2] |.

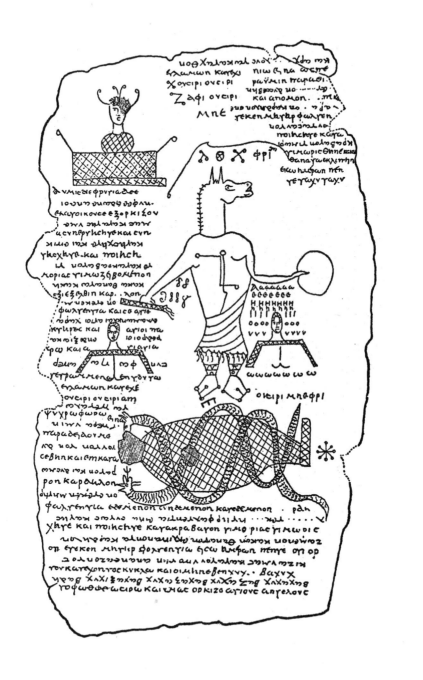

νιιτ δε... ...ριαϲϲθνλ... ϲιαυθα πεοικονοι και τοι
κουϲϲϲθορκ... ζαυμαϲ ζαυμαϲ και ρα και αν ρα εωϲκανεϲνι
αϲ και κυρα των αγιων εαθρηπιων υμων τυχωη επα
ϲτρα νιιη παραθιεϲμε τουτον ρον ανϲεθηλ και απο
...και ξαικατιρ... κον καθ λον οη ετρεκεν μηκηρ
φιλγευπα εϲεϲημον ϲιπαϲμενον και ϲα μενον καρ επον...
...ον ελιερλκιλκυε και κυρκιχυε και πεϲι οα... ...μα
τω... ...οη ρ... εϲ.... ...οη ρωη ταργγαρωη οικοη ρων ενθ θρηοι
και αλεθϲυκ κϲι ϲιποιοη νοθοη και ϲιϲωοιοη καρθιοη ονθ
...μηηρ φωγη επ ηγια και αϲπρα ονρος ωπλον επ υχρ
...καταψυχρεη εγε επαινχωηιζεγε μ... αρε ηγγε κ...
ναρε...ε επαηχωηιζεγε ϲηζωρι καταρας. οηρα
και ρηη ψυχηη και γο οϲτιλ και γονε ενναχ ονε κου ρ...
περα και γαϲϲαρκαϲ και ρην δυναμιν καρ αλκλου
...κοληι ην δϲ ϲιλ ληεϲυρφοηλλ... υγι οραιζο υλας
ελεκεν κρ... λον οι ρ... ...κρι ...
και η περαϲ αρειϲ θ εωη ηκφαη πεηγε υγι ορκιζο υλας
...κιχκ οαλυοχ... μιχ ...κιωϲον ... νηλαη λολκ...
οι μιη τεθ υνγ β αικνχ   Βαξυκνχ   Βαζυκχνχ: Βαυκαζευχνχ:
ζαπηγαζιχνχ βδληγο θ ωθ φεωϲιειρω κ ρε οτι υμ αϲ
νοιω... ...ιηχιχ ιηχ ευ χηχ ιπα ανο ρλι ... λε δε και αυτοη
εχαμοπαη και αυτονε παρεδ δουϲ και... ...αϲνηφωη...
λαι ιω ϲλουϲ ω ϲιη ϲω τωω ιλλη εμιλο ϲεφθ... ...χλολιαη...
γω γω μεγαλω γω ψυχω φωρωθη. εν. γηηχχυηχ
ι... αληικιτιλλι... και κατκατοι... κε... .ιο.
...ηεγε μυλονε ... ...κεϲαρκαϲ γη...
ηλικια καραλλοη ... ...υγιω φωχγε
...ρ... ...χ...ουεηπ ι ηλ...
χ... ...υχ... κα ωε ε γονε, υχ...
γηη... κ ι γ... λικιαη απα ανεχαρ...
...ω υχκ... ιουχηδκαρεηεχ...
...ρφ... ια απο γλεϲηφον ηκφαϲ αρεωϲ κ... ω
ε γε εχ... ε ανε εβαοηϲ. ελ ρη
ραχυ ραχυ

Λό(γος) · ὑμῖς δέε Φρυγια ³ δέε | Νυφεε Εἰδωνεα ⁴ νεοι|εκατοιχουσε ⁵,

10 ἐξορκίζο ὑ|μᾶς κατὰ τῆς ὑμε[τέ ‖ ⁶ εἴν]α συνεργήσητε καὶ συν|κατησχῆτε καὶ

15 ἐπικ[α|τησχῆτε καὶ ποιήση|τε κατὰ κράβατον τι|μορίας τιμωζειβόμενον |‖ ⁷ κακῷ

θανάτῳ, κακῇ | ἔξι ἐξελθῖν Κάρ[δη]λον | ὃν ἔτεκεν μ[ήτ|ηρ] Φωλγεντία · καὶ

20 σέ, ἅγιε | Εὐλάμων <χ> καὶ ἅγιοι χαρα‖κτῆρες ⁸ καὶ ἅγιοι πά|ρεδροι οἱ ἐν

δεξιῷ κα[ὶ ἀρι|στερῷ ⁹ καὶ ἀγιαγία | Συμφωνία ¹⁰, ἅπερ | γεγραμμένα ἐν

25 τούτῳ ‖ τῷ πετάλῳ [τῷ] | ψυχρωφώρῳ, εἴνα | [ὥ]σπερα ὑμῖν | παραδεί-

30 δουμε | τοῦτον τὸν δυ‖σεβῆν καὶ ἐπικατά|ρατον καὶ δύσμω|ρον Κάρδηλον |

35 ὃν ἔτεκεν μήτηρ | Φωλγεντία ἐδεμένον συνδεμένον κατεδεμένον [Κά]ρδη‖λ[ον ·

ὃν ἔ]τεκ[εν μ]ήτηρ Φωλγεντία, εἴνα οὕτως κατησ|χῆτε καὶ ποιήσητε κατὰ

κράβατον τιμορίας τιμωρισ|ζώμενον κακὸν θάνατον ἐκλιπάνοντα Κάρδηλον |

ὃν ἔτεκεν μήτηρ Φολγεντία εἴσω ἡμερῶν πέντε · ὅτι ὁρ|κίζω ὑμᾶς κατὰ τοῦ

40 ὑπὸ γῆν ἀνανεάζοντος ‖ τοῦ κατέχοντος κύκλα ¹¹ καὶ Οιμηνεβενχυχ · βαγυχ · |

βαχαχυχ · βαζαχυχ · βαχαζαχυχ · βαχαξιχυχ · βαδη|γοφωθφθωσιρω · καὶ

ὑμᾶς ὁρκίζο ἁγίους ἀγγέλους | καὶ ἀρχ[αγγέ]λους τῷ καταχθον|νίῳ εἴνα

45 ὥσπε[ρα ὑμῖν παραθί[θο|μ]ε τ[οῦτον τ]ὸν δυσσεβῆν | καὶ ἄνομον [καὶ ἐ]πικα|[τ]ά-

50 ρα[τ]ον Κάρδηλον ὃν ἔ[τεκεν μήτηρ Φωλγεν[τία, ‖ οὕτως αὐτὸν | ποιήσητε

55 κατὰ | κράβατον τιμωρίας | τιμωρισθῆνε κακῷ | θανάτῳ ἐκλιπῆν ‖ εἴσω ἡμερῶν

πέν|τε · ταχὺ ταχύ |.

B. *Ex averso latere.*

Ὑμῖς δέ[ε Φρυ]για ³ δέε Νυμφεε Εἰδωεα ⁴ νεοιχουσε κατοι|χουσε ⁵, ἐξορκίζο

ὑμᾶς κατὰ τῆς δυνάμεως τῆς ὑμετ[έ|ρ]ας καὶ κατὰ τῶν ἁγίων ἐνφερνίων ¹³

60 ὑμῶν ὑμῶν εἴνα ‖ [ὥ]σπερα ὑμῖν παραθίθομε τοῦτον τὸν δυσεβῆν καὶ ἄνο|-

μ[ον] καὶ ἐπικατάρατον Κάρδηλον ὃν ἔτεκεν μήτηρ | Φωλγεντία ἐδεμέμων ¹⁴

συνδεμένον κατεδεμένον, [εἴνα | αὐτ]ὸν συνεργήσητε καὶ κατησχῆτε καὶ παρα-

65 δ[ώσ]ητε | τῷ [καταχθονίῳ εἰς τ]ὸν τῶν ταρτάρων οἶκον τῶν ἐνφερνίον ¹³ ‖ τὸν

δυσεβῆν καὶ ἄνομον καὶ δύσμορον Κάρδηλον ὃν ἔτε|[κεν] μήτηρ Φωλγεντία καὶ

ὥσπερα οὗτος ωπιονεπι ¹⁵ ψυχρ[ός] | καταψυχρένετε ἐπανχωνίζετε μαρ[έ]νετε

χ[ατα]‖μαρέ[νε]τε ἐπανχωνίζετε συνζαρι καταραζι ¹⁶ ὄντα · | καὶ τὴν ψυχὴν

70 καὶ τὸ ὀστέα καὶ τοὺς μυαλοὺς καὶ τ[ὰ] ‖ νεῦρα καὶ τὰς σάρχας καὶ τὴν

δύναμιν Καρδήλου | [ὃν] ἔτεκεν μήτηρ Φωλγεντία ἀπὸ τῆς ἄρτι ὥρας | καὶ

ἡμέρας Ἄρεως εἴσω ἡμερῶν πέντε · ὅτι ὁρκίζω ὑμᾶς | κατὰ τοῦ ὑπὸ γῆν [ἀν]α-

νεάζοντος τοῦ κατέχοντος κύκλα ¹¹ καὶ | Οιμηνεβεχυχ · βαχυχ · βαχαχυχ ·

75 βαζυχυχ · βαχαζαχυχ · ‖ βαενχαζιχυχ · βαδηγοφθωθφθωσισιρω χρε · ὅτι
ὑμᾶς | ὁρκίζο ἁγ[ίους ἀν]γέλους καὶ ἀρχαγγέλους καὶ ἅγιον | Εὐλάμοναν ¹
καὶ ἁγίους παρέδρους ⁹ καὶ [ἁγί]α Συνφων[ία | ¹⁰ καὶ] ἁγίους χ[αρα]κτῆρες ⁸,
οὕσπερ γεγραμμένους ἐν τού|τῳ τῷ πετάλῳ τῷ ψυχρωφώρῳ, εἴν[α] συ[νκα]-
80 τησχῆτε ‖ [καὶ συνδήσητε] καὶ συ[νεργήσητε] καὶ καταψύξητε τ[ὴν] ἰσ|[χὺν]
τοὺς μυαλοὺς [τὰ νεῦρα] τὰς σάρκας τὴ[ν δύναμιν, ἐν | ἡλικίᾳ Κάρδηλον
[ὃν ἔτεκεν μ]ήτηρ Φωλγε[ντία...... | ....ρτ............ χ...ουσπ..να........
85 εν | χ.......υχ.... κα[τάσχ]ε[τ]ε τοὺς ...αχ............ ‖ την ...χ[α]ὶ τ[ὴν
ἡ]λικίαν απαδυσχαρ............| ....ενης Κάρδηλον [ὃν ἔτε]κεν μ[ή[τη]ρ
Φ[ωλγεντ]ία ἀπὸ τῆς σήμερον ἡμέρας Ἄρεως χ..ω | ε. τε σχ..ε εἴτε ἑδδό-
μης ..εω................. | ταχὺ ταχύ.

Ea igitur defixione devovetur privatus quadam, Cardelus, Fulgentiae filius.

1. De Eulamone, daemone ignoto, cf. Wünsch, *op. cit.*, p. 83. — 2. De Osiri Api, Osiri
Mneu-Phrè, cf. *ibid.*, p. 82 et seqq. — 3. Est deus Ephydrias, genius aquarum ut deus
Nymphaeus (*ibid.*, p. 81 et 86). — 4. Εἰδωνεα nomen ex hebraïco Adonaï et graeco Aidoneus
conflatum. — 5. Non intelliguntur nec intelligi debent. — 6. Deest versus unus, culpa
ejus qui tabellam exaravit : ραζ ὑμῶν δυνάμεως. — 7. Pro τιμωριζόμενον. — 8. Intelligere signa
mystica quorum vi daemones coguntur invocantis jussis parere, ut X, Z, Λ ; cf. tabellae
imaginem, et Wünsch, *op. cit.*, p. 98. — 9. Daemones qui dextram atque sinistram dei
Typhonis-Seth in ipsa tabella tenent et quorum nomina cujusque imagini subscripta
sunt, scil. Osiris Apis et Osiris Mneu; cf. *op. cit.*, p. 98. — 10. Gnostici et inter eos
Sethiani septem orbes (οὐρανούς) distinguebant quorum symphonia constabat mundus,
quibusque praesidebant totidem genii peculiares archontes dicti (καὶ τοὺς μὲν εἶναι εἰς τοὺς
ἑπτὰ οὐρανοὺς καθ' ἕνα οὐρανὸν ἕνα ἄρχοντα : Epiphan., p. 292 c), sive angeli aut archangeli. Cf.
op. cit., p. 77 et 109. — 11. Deus qui, in inferis, secundum orphicam et pythagoricam doc-
trinam, animas ad novam vitam revocat, τὰς ψυχὰς εἰς τὸ σῶμα καὶ πάλιν ἀπὸ τοῦ σώματος
ἀνάγων καὶ τοῦτο κύκλῳ πολλάκις (Olympiod. ad Platon., *Phaed.*, p. 70 c), ut vult dea Neces-
sitas quae hic eadem est ac Typhon-Seth, si verum vidit Wünsch (*op. cit.*, p. 95). —
13. Inferni. — 14. Ἐδεμένον. — 15. Non intelligitur. — 16. Non intelligitur nec intelligi
debet.

---

116. Romae. — R. Wünsch, *Sethianische Verfluchungstafeln*, p. 24 et sqq., n. 20.

A. *Ab una parte.*

[Λό(γος)] · ὑμῖς δέε [Φρυγια δέε Νυμφε]|αι Αἰδω[ν]αι [εἴνα] | [χ]ατασχῆτ[ε
5 Ἀρτέμιον] | ὃν καὶ Ὁσπ[ητον τὸν υἱ]‖ὸν Σαπήδας καὶ] | Εὐθύμι[ον ὃν καὶ
10 Μάξι]|μον ὃν καὶ Γίδαν | υἱὸν Πασχάσας · ἄμ[α] | καὶ Δομνῖνον ὃν καὶ ‖ [Θ]ώ-

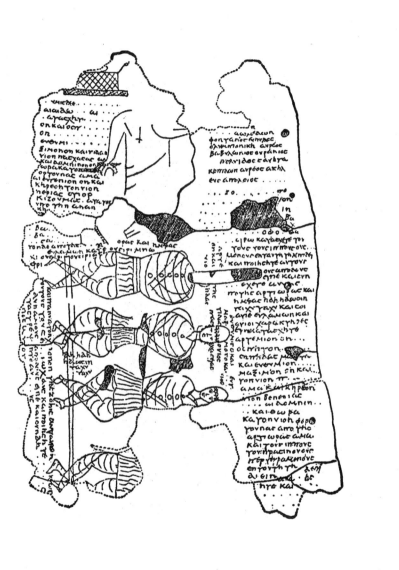

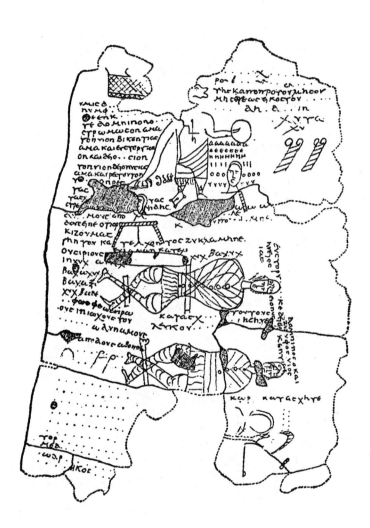

ραχα τὸν υἱὸν | [Φ]ορτούνας · ἅμα | [χ]αὶ Εὐγένιον ὃν χαὶ | Κήρεον τὸν υἱὸν |
15 [Βε]νερίας · ὅτι ὁρ‖χίζο ὑμᾶς [χ]ατὰ τοῦ | ὑπὸ τὴν Ἀνάν|χη[ν τοῦ κατέ-
20 χον]‖[τος χύχλα ¹ χαὶ Οιμη]|[νε]6α[ινχυχ · βαχυχ · βαξ‖χυχ] · βα[χαξιχυχ · βαδε-
γοφθο|ρω]σω[ρω · εἶνα χατησχῆτε] | τόνδε ἀπὸ τῆς [ἄρ]τι ὅρας χαὶ ἡμέρας · |
25 Εὐλάμων χατέ|χι, Οὖσιρι, Οὖσιρι Ἀγι‖ Φρι, | Οὖσιρι Μνω · | ἤδη ἤδη | ἤδωσιν ² · |
30 ταχὺ ‖ ταχύ | ....ν | [.... Λ]αωμέδων, | Φοντᾶνος, Εὔπολος, | Ὀλυμπιο-
35 νίχη, Αὔρεος, ‖ Βα6υλώνιος, Οὐράνιος, | Πολύιδος, Σαγήτα, | Κοπίδων, Αὔρεος,
40 Ἀχηλ|[λ]εὺς, Ἀπολέιος. [Ὅτι ὁρ]|[χί]ζο [ὑμᾶς χατὰ τοῦ ὑ]πὸ ‖ [τὴν Ἀνάνκην
τοῦ κατέ]χον|[τος χύχλα ⁴ χαὶ Οιμηνε6α]ιν|[χυχ · βαχυχ · βαχυχ] · βα|[χαζιχυχ ·
45 βαχαξιχυ]χ · | [βαδεγ]οφο[θφ]θω‖[σι]σιρω · χατάσχετε τού|τους τοὺς ἵππους
οὓς [γεγραμ]|μένους ἐν ταύτῃ τῇ λεπίδει | χαὶ ποιήσητε αὐτοὺς | [ἀδυνάμ]ους
50 ἀπόδους ‖ [ἀ6οηθήτους] εἶνε χαὶ συν|[χατ]έχετε αὐτ[οὺ]ς | [ἀ]πὸ τῆς ἄρτι ὥρας
55 χαὶ | ἡμέρας · ἤδη ἤδωσιν ² | ταχὺ ταχύ · χαὶ σοὶ ‖ ἅγιε Εὐλάμων χαὶ | ἅγιοι
60 χαραχτῆρες | εἶνα χατασχῆτε | Ἀρτέμιον ὃν [χαὶ] | Ὅσπητον [τὸν υἱὸν] ‖ Σαπή-
δας · μά[λισ]τα | χαὶ Εὐθύμιον [ὃν χαὶ] | Μάξιμον ὃν χαὶ [Γίδαν] | τὸν υἱὸν
65 Π[ασχασίας ·] | ἅμα [χαὶ Εὐγένιον] ‖ [ὃν] χαὶ Κήρεον | υἱὸν Βενερίας · | [ἅμα
70 χ]αὶ Δομνῖν[ον | ὃν] χαὶ Θώρα|χα τὸν υἱὸν Φορ‖τούνας ἀπὸ τῆς | ἄρτι ὥρας ·
75 ἅμα | χαὶ τοὺς ἵππους | τοῦ πρασίνου οὖσ|περ γεγραμένους ‖ ἐν τούτῃ τῇ λεπί|δι ·
εἶνα χα[τ]ησ[χ]|ῆτε χαὶ.......... | .... | χαὶ πάντα τὸν χρόνον τῆς
80 ζοῆς αὐτῶν.... ‖ τούτους τοὺς εἰ[ν]ιώχους χαὶ ποιήσητε [αὐτοὺ]ς | [ἀ]δυνάμους
ἀπόδους εἶνε χαὶ συνδή[σητε.....] | [χαταστρέψητε αὐ[τ]οὺς............ |

Protome Artemii.

85 Ἀρτέ[μιος | ὃν [χαὶ Ὅσ]πης ‖ υἱὸ[ς Σαπ]ήδας |

Protome Euthymii.

Εὐθύμις ὁ χαὶ | Μάξιμος ὁ χαὶ | Γίδας ὁ υἱὸς | Πασχασείας ‖

Protome Eugenii.

90 Εὐγ[ένιος | ὁ χαὶ Κήρεος] | υἱὸς Βενερίας | .... |

B. Ex averso latere :

95 Εὐλάμων χατέχι, ‖ Οὖσιρι, Οὖσ[ιρι Ἀγι | Μνω Φρι]. | Ὑμῖς δ[έε Φρυγια
100 δέε] | Νυμφ[εε Αἰδωναι] | [ν]εενχ[ωρω, χατασχῆ‖τε Δομνῖνον ὁ[ν χαὶ] | Στρω-

4

μῶσον · ἅμα | τὸν υἱὸν Βικεντίας · | ἅμα καὶ Εὐστόργιον | ὃν καὶ Δειο[νύ]σιον ‖
105 τὸν υἱὸν Δειονυσίας · | ἅμα καὶ Ῥεστοῦτον | τ[ὸν υἱ]ὸν Ῥεσ[τού]|τας · [εἶνα
110 κα]|τασ[χῆτε καὶ κα]τασ‖στρέ[ψητε καὶ σ]υνδήσ[ητε καὶ ποιήσητε ἀ]|δυνάμους
ἀπό|δους εἶνε · ὅτι ὁρ|κίζο ὑμᾶς κ[ατὰ τοῦ] ὑπὸ | γῆν τοῦ κατέχοντος ζύκλα
115 Μηνε[βα]‖ινγυχ · [β]αχυχ · [βαχαξι]χυχ · βαχυχ | βαχαχυχ | βαχαξι|χυχ ·
120 βαδεγο]φθωθφθωσειρω · |κατασχ[ῆτε] τούτους ‖ [τ]οὺς ἰνιώχους τοῦ | λευκοῦ [καὶ
125 ποι]ήσητε | [αὐτοὺς] ἀδυνάμους | ἀπόδους ἀβοηθή|[τους εἶνε]..... ‖ .... |
.... | τῆς <x> ἀπὸ πρότου μήσου [3] | <μήσου> ἕως εἰκοστοῦ [τετάρ|του ·
130 ἤ]δη [ἤ]δ[ωσ]ιν [2] · ‖ [τα]χὺ τα|χύ |

Protome Eustorgii.

Εὐστόργ[ιος ὁ] κὲ Δειο|νύσιος [υἱὸς Δ]ειονυσ|ίας ‖.

Protome Domnini.

135 Δομνῖνος ὁ καὶ | Ζύζυφος υἱὸς | Βι]κεντίας |.......... | .... |.

Ita devoventur octo agitatores, quibus nomina erant : Artemius qui et Hospes,
Sapedae filius ; — Euthymius, qui et Maximus, qui et Gidas, Paschasiae filius ; — Domninus, qui et Thorax, Fortunae filius ; — Eugenius, qui et Cereus, Veneriae filius ; —
Domninus qui et Stromosus ; — Domninus qui et Zizyphus, Vicentiae filius (fortasse,
ut vult Wünsch, idem ac Stromosus) ; — Eustorgius qui et Dionysius, Dionysiae
filius ; — Restutus, Restutae filius, — quattuor primi e prasina factione, alii quattuor ex
alba, cum equis Laomedonte, Fontano, Eupolo, Olympionica, Aureo, Babylonio, Uranio,
Polyeida, Sagitta, Cupidine, Aureo, Achille, Apuleo.

1. Cf. de hoc daemone et aliis notas tituli n. 115. — 2. Pro ἤδη, inani verbi sonitu. —
3. Ex primo missu usque ad vigesimum quartum.

---

117. Romae. — R. Wünsch, *Sethianische Verfluchungstafeln*, n. 49, p. 52 et seq.

In ima parte tabellae leguntur :

Ἐξορκίζω ὑμᾶς, ἅγιοι ἄγγελοι καὶ ἅγια ὀνόματα · | συνεπισχύσατε τῷ κατόχῳ
τούτῳ καὶ | δήσατε καταδήσατε ἐνποδίσατε ἀκο(ν)τίσατε κα|ταστρέψατε συν[ερ-
5 γή]σατε ὀλέσατε ἀποκτίνα‖τε συνκλάσατε Εὐχέριον τὸν ἡνίοχον καὶ ὅλους
τοὺς ἵ[ππους] | αὐτοῦ ἐν τῇ αὔριον ἡμέρᾳ ἐν τῷ ἱπ<ι>πικῷ Ῥώμης · μὴ
τὰς θύρας καλῶς..... | μὴ ὀξυμαχήσῃ μὴ παρέλθῃ μὴ πιάσῃ μὴ νικήσῃ μὴ
καλῶς κάμψῃ μὴ ἆθλα | λάβῃ μήτε πιάσας ἀπονικήσῃ μήτε ὀπίσοθεν ἀκολου-

θήσας παρέλθη, | ἀλλὰ συνπέσῃ συνδεθῇ συνκλασθῇ συρῇ ἀπὸ τ[ῆς] δυνάμεως
10 ὑμῶν ‖ προῖνὰς ὥρας καὶ ἀπάριστα · ἤδη ἤδη · ταχὺ ταχύ. |

Devovetur Eucherios agitator omnesque equi ejus.

---

118. Romae. — *Insc. gr. Sic. et Ital.*, 951 ; *C. I. L.*, I, 203 ; Viereck, *Sermo graecus*,
n. 17.

.... [quaeque hereditates] eis leiberisue eor[um obuenerunt, ut eas
habeant possideant fruanturque ; quaeque | ei leiberei posterei uxoresque eorum
ab altero persequentur, siue quid ab] eis leibereis postereis ux[oribusue eorum alii
persequentur, ut eis libereis postereis uxoribusue | eorum ius et potestas sit ;
seique domi legibus sueis velint iudi]cio certare seiue apud magistratus [nostros
Italicis iudicibus, seiue in ciuitate libera | aliqua earum, quae semper in amicitia
p(opuli) R(omani) manserunt, ubei uelint, utei ibei iudicium de eis rebus fiat. Sei
5 qua [iudicia de eis absentibus, postquam e patria profectei sunt, facta sunt, ‖ ea utei
in integrum restitu]antur et de integro iudicium ex s(enatus) c(onsulto) fiat. Sei quas
pecunias c[iuitates eorum publice debeant, in eas pecunias nei | quid dare debeant ;
magistrat]us nostri queiquomque Asiam Euboeam locabunt uectigalue Asiae
[Euboeae imponent, curent ne quid ei dare debeant. | Vtque Q. Lutatius, M.] Aemi-
lius co(n)s(ules) a(lter) a(mboue), s(ei) e(is) u(ideretur), eos in ameicorum formu-
lam re[fe]rundos curarent, eis[que tabulam aheneam amicitiae in Capitolio ponere |
sacrificiumque] facere liceret, munusque eis ex formula locum lautiaque q(uaes-
torem) urb(anum) eis locare mitte[reque iuberent. Seique de rebus sueis legatos
ad senatum | mittere legateiue u]eneire uellent, uti [e]is leibereis postereisque
eorum legatos uenire mittereque liceret; utei[que Q. Lutatius, M. Aemilius con-
10 sules alter amboue,] ‖ sei u(ideatur) e(is), litteras ad magistratus nostros, quei
Asiam Macedoniam provincias optinent, et ad magistratus eorum mitt[ant sena-
tum uelle] | aequom censere ea ita fierei i(ta) u(ti) e(is) e r(e)p(ublica) f(ideque)
s(ua) u(ideatur). C(ensuere).

Ἐπὶ ὑπάτων Κοίντου Λυτατίου Κοίντου υἱοῦ Κάτλου καὶ Μάρκου Αἰμ[ιλίου
Κοίντου υἱοῦ | Μάρκου υἱωνοῦ Λιπέδου[1], στρατηγοῦ δὲ κατὰ πόλιν καὶ ἐπὶ
τῶν ξένων Λευκίου Κορνηλίο[υ...... υἱοῦ] | Σισέννα, μηνὸς Μαΐου.

Κόιντος Λυτάτιος Κοίντου υἱὸς Κάτλος ὕπατος συγκλήτωι συνεβουλ[εύσατο], ‖
15 πρὸ ἡμερῶν ἕνδεκα καλανδῶν Ἰουνίων ἐν κομετίωι[2].

Γραφομένωι παρῆσαν Λεύκιος Φαβέριος Λευκίου υἱὸς Σεργίᾳ, Γάιο[ς.... Λευ-]‖
κίου υἱὸς Ποπλιλίᾳ, Κόιντος Πετίλλιος Τίτου υἱὸς Σεργίᾳ.

Περὶ ὧν Κόιντος Λυτάτιος Κοίντου υἱὸς Κάτλος ὕπατος λόγους ἐποιήσατο

Ἀ[σκληπιάδην] | Φιλίνου υἱὸν Κλαζομένιον, Πολύστρατον Πολυάρχου υἱὸν
Καρύστιον, Με[νί]σκον Εἰρηναίου τὸν γεγονότα Μενίσκον Θαργηλίου υἱὸν Μιλή-
[σιον] | ἐν τοῖς πλοίοις παραγεγονέναι τοῦ πολέμου τοῦ Ἰταλιχοῦ ἐ[ν]αρχομένου,
τούτους ἐργασίαν ἔπανδρον καὶ πιστὴν τοῖς δημοσίοις πράγμασιν τοῖς ἡμετέ-
ρ[οις παρεσχηκέ]|ναι, τούτους ἑαυτὸν κατὰ τὸ τῆς συγκλήτου δόγμα εἰς τὰς
πατρίδας ἀπολῦσαι βούλεσθαι, ἐὰν αὐτῷ φαίνηται, ὅπως ὑπὲρ τῶν καλῶς
20 πεπραγμένων ὑπ' αὐ[τῶν καὶ ἀνδρα]║γα[θη]μάτων εἰς τὰ δημόσια πράγματα
τὰ ἡμέτερα καταλογὴ αὐτῶν γένηται · περὶ τούτου τοῦ πράγματος οὕτως
ἔδοξεν · Ἀσκληπιάδην Φιλίνου υἱὸν Κλαζ[ομένιον,] | Πολύστρατον Πολυάρχου
υἱὸν Καρύστιον, Μενίσκον Εἰρηναίου υἱὸν Μιλήσιον τὸν γεγονότα Μενίσκον
ἄνωθεν δὲ Θαργηλίου, ἄνδρας καλοὺς καὶ ἀγαθοὺς καὶ φί[λους προσ]║αγορεῦσαι ·
τῇ[ν σ]ύ[ν]κλητον καὶ τὸν δῆμον τὸν Ῥωμαίων διαλανθάνειν τὴν τούτων ἐργασίαν καλ[ὴν] καὶ ἔπανδρον καὶ πιστὴν τοῖς δημοσίοις πράγμασιν τοῖς ἡμετέ-
ρο[ις γεγ]ονέναι, | δι' ἣν αἰτίαν τὴν σύνκλητον κρίνειν ὅπως οὗτοι τέχνα ἔχγονοί
τε αὐτῶν ἐν ταῖς ἑαυτῶν πατρίσιν ἀλειτούργητοι πάντων τῶν πραγμάτων καὶ
ἀνε[ίσ]φοροι ὦσιν · εἴ τινες εἰσφ[οραὶ ἐ]κ τῶν | ὑπαρχόντων αὐτῶν εἰσ-
πεπραγμέναι εἰσὶν μετὰ τὸ τούτους τῶν δημοσίων πραγμάτων τῶν ἡμετέρων χάριν ὁρμῆσαι, ὅπως αὗται αὐτοῖς ἀποδοθῶσιν ἀποκατασταθῶσιν · εἴ τέ
25 τινε[ς ║ ἀγροὶ οἰκίαι ὑπάρχοντα αὐτῶν πέπρανται μετὰ τὸ ἐκ τῆς πατρίδος
τῶν δημοσίων πραγμάτων τῶν ἡμετέρων χάριν ὁρμῆσαι, ὅπως ταῦτα πάντα
αὐτοῖς εἰς ἀκέραιον ἀποκαταστα|θῆι · εἴ τέ τις προθεσμία παρελήλυθεν, ἀφ'
οὗ ἐκ τῆς πατρίδος τῶν δημοσίων πραγμάτων τῶν ἡμετέρων χάριν ὥρμησαν,
μὴ τι τοῦτο τὸ πρᾶγμα αὐτοῖς βλαβερὸν γένηται | μηδέ τι αὐτοῖς διὰ ταύ-
την τὴν αἰτίαν ἔλασσον ὀφείληται μηδέ τι ἔλασσον αὐτοῖς μεταπορεύεσθαι
πράσσειν ἐξῇ, ὅσαι τε κληρονομία[ι] αὐτοῖς ἢ τοῖς τέκνοις αὐτῶν | παρεγένοντο,
ὅπως ταύτας ἔχωσιν διακατέχωσιν καρπεύωνται τέ · ὅσα τε ἂν αὐτοὶ τέχνα
ἔχγονοι γυναικέ[ς] τ[ε] αὐτῶν παρ' ἑτέρου μεταπορεύωνται, ἐάν τέ τι πα|ρ' αὐτῶν
τέχνων ἐχγόνων γυναικῶν τε αὐτῶν ἕτεροι μεταπορεύωνται, ὅπως τούτων τέχνων
30 (ἐχγόνων) γυναικῶν τε αὐτῶν ἐξουσία καὶ αἵρεσις (ᾖ), ἐάν τε ἐν ταῖς πα║τρίσιν
κατὰ τοὺς ἰδίους νόμους βούλωνται κρίνεσθαι ἢ ἐπὶ τῶν ἡμετέρων ἀρχόντων ἐπὶ
Ἰταλικῶν κριτῶν, ἐάν τε ἐπὶ πόλεως ἐλευθέρα[ς] τῶν διὰ τέλους | ἐν τῇ φιλίαι
τοῦ δήμου τῶν Ῥωμαίων μεμενηκυιῶν, οὗ ἂν προαιρῶνται, ὅπως ἐκεῖ τὸ κρ[ι]-
τήριον περὶ τούτων τῶν πραγμάτων γίνηται · εἴ τινα κριτήρια | περὶ αὐτῶν
ἀπόντων μετὰ τὸ ἐκ τῆς πατρίδος ὁρμῆσαι γεγονότα ἐστίν, ταῦτα ὅπως εἰς ἀκέ-

ραιον ἀποκατασταθῆι καὶ ἐξ ἀκεραίου κριτήριον κατὰ | τὸ τῆς συνκλήτου δόγμα
γένηται · εἴ τινα χρήματα αἱ πόλεις αὐτῶν δημοσίαι ὀφείλωσιν, μή τι εἰς ταῦτα
τὰ χρήματα δοῦναι ὀφείλωσιν · | ἄρχοντες ἡμέτεροι οἵτινες ἄν ποτε Ἀσίαν
Εὔβοιαν μισθῶσιν ἢ προσόδους Ἀσίαι Εὐβοίαι ἐπιτιθῶσιν φυλάξωνται μή τι οὗτοι
35 δοῦναι ὀφείλωσιν · ‖ ὅπως τε Κόιντος Λυτάτιος, Μᾶρκος Αἰμίλιος ὕπατοι, ὁ
ἕτερος ἢ ἀμφότεροι, ἐὰν αὐτ[οῖς φ]αίνηται, το[ύ]τους εἰς τὸ τῶν φίλων διάταγμα
ἀνενεχθ[ῆ]|ναι φροντίσωσιν · τούτοις τε πίνα(κα) χαλκοῦν φιλίας ἐν τῶι Καπε-
τωλίωι ἀναθεῖναι θυσίαν τε ποιῆσαι ἐ[ξῆι] · ξένιά τε αὐτοῖς κατὰ τὸ διάτα|γμα
τόπον παροχήν τε τὸν ταμίαν τὸν κατὰ πόλιν τούτοις μισθῶσαι ἀποστ[εῖ]λαί τε
κελεύσωσιν · ἐάν τε περὶ τῶν ἰδίων πραγμάτων | πρεσβευτὰς πρὸς τὴν σύνκλη-
τον ἀποστέλλειν αὐτοί τε παραγίνεσθαι προαιρῶνται, ὅπως αὐτοῖς τέκνοις ἐκγό-
νοις τε αὐτ[ῶν] | πρεσβευταῖς παραγίνεσθαι καὶ ἀποστέλλειν τε ἐξῆι · ὅπως τε
40 Κόιντος Λυτάτιος, Μᾶρκος Αἰμίλιος ὕπατοι, ὁ ἕτερος ἢ ἀμφότεροι, ‖ ἐὰν αὐτοῖς
φαίνηται, γράμματα πρὸς τοὺς ἄρχοντας τοὺς ἡμετέρους, οἵτινες Ἀσίαν Μακε-
δονίαν ἐπαρχείας διακατέχουσιν, | καὶ πρὸς τοὺς ἄρχοντας αὐτῶν ἀποστείλωσιν,
τὴν σύνκλητον θέλειν καὶ δίκαιον ἡγεῖσθαι ταῦτα οὕτω γίνεσθαι, | οὕτως ὡς ἂν
αὐτοῖς ἐκ τῶν δημοσίων πραγμάτων πίστεώς τε τῆς ἰδίας φα(ί)νηται. Ἔδοξεν. |
Ἀσκληπιάδου τοῦ Φιλίνου Κλαζομενίου, Πολυστράτου τοῦ Πολυάρκου |
Καρυστίου, Μενίσκου τοῦ Εἰρηνα[ίου Μ]ιλησίου.

1. Q. Lutatius Q. f. Catulus et M. Aemilius Q. f. M. n. Lepidus consules fuerunt anno
U. c. 676 = a. C. n. 78. — 2. Est dies xxii mensis Maii.

Hic habemus senatus consultum de Asclepiade Clazomenio, Polystrato Carystio et
Menisco Milesio in amicorum populi Romani formulam referendis, propter fortem et
fidelem operam reipublicae initio belli Italici navatam, anno 664 = 90. Graecus titulus
integer, exemplaris latini nonnisi extrema pars superest.

---

119. Romae. — *Insc. gr. Sic. et Ital.* 1049; *C. I. L.,* VI, 1230.

[Tib. Cla]ud[io Caes...... | ....] divi Iuli ['.........] |

['Η] πόλις τ[ῶν.....? | τ]ῶν εὐεργεσιῶ[ν ἕνεκεν ‖ τ]ῶν εἰς αὐτ[ὴν ἀνέθηκε?].

1. — « Literarum reliquiae v. 1. ad nomen videntur pertinere Claudii Augusti; v. 2
commemorata esse potest statua vel aedes vel forum divi Julii. » Henzen.

120. Romae, prope clivum portamque Salutarem, « non longe a loco ubi tituli Saluti populi Romani a Laodicensibus atque Ephesiis dedicati (*C. I. L.*, I, 587, 588) olim reperti sunt. » Iordan. — *Insc. gr. Sic. et Ital.*, 1030.

a) [Αὐτοκράτορα Καίσ]αρα | [Τ. Αἴλιον Ἀδριαν]ὸν | [Ἀντωνεῖνον Σεβαστὸν
5 Εὐ]σεβ[ῆ, | ἀρχιερέα μέγιστον, δημαρχικῆ]ς ἐξουσίας τὸ ‖ [ιγ' ¹, αὐτοκράτορα
τὸ β', ὕπατον τὸ] δ', π(ατέρα) π(ατρίδος) · |

b) Θεὰν | Φαυστεῖναν ². |

c) Φαυστεῖνα[ν] | Σεβαστὴν | Αὐρηλίου | Καίσαρος ³ · |

d) [Μ. Αὐρήλι]ον | [Καίσαρα, ὕπ]ατον | [τὸ β', δημαρ]χικῆς | ἐξο[υσίας] τὸ δ',
5 Αὐτο‖κράτορος Καίσαρος | Τ. Αἰλίου Ἀδριανοῦ Ἀντωνείνου | Σεβαστοῦ Εὐσεβοῦς
υἱὸν ·

5 e) Λ. Αἴλιον | Αὐρήλιον | Κόμμοδον | Αὐτοκράτορος Καίσαρος ‖ Τ. Αἰλίου
Ἀδριανοῦ | Ἀντωνείνου Σεβαστοῦ | Εὐσεβοῦς υἱὸν ⁴ · |

f) Πύθιον | Ἀπόλλωνα |

[Ἀ Δελφῶν πόλις ἀντὶ τᾶς εἰς θεὸν τὸν] Πύθιον ὁσιώτατος καὶ τᾶς εἰς αὐτὰν
εὐεργεσίας.

1. Inter diem decimum mensis Decembris anni p. C. n. 149 et nonum mensis Decembris anni 150. — 2. Faustina Senior, Antonini Pii uxor, quae anno p. C. n. 140 obiit et a senatu Diva facta est. — 3. Faustina Junior, M. Aurelii conjux, anno p. C. n. 147 Augusta dicta. — 4. L. Aelius Aurelius Commodus Verus, ab Antonino Pio adoptatus et Caesar factus, postea imperator cum M. Aurelio.

---

121. Romae, ad SS. Cosmam et Damianum. — *Insc. Sic. et Ital.*, 1051.

Αὐτοκράτορι Καίσαρι | [Θε]οῦ Ἀδριανοῦ υἱῷ [Θε]οῦ | Τραιανοῦ Παρθικοῦ
5 υἱωνῷ [Θε]οῦ | Νέρουα ἐκγόνῳ Τίτῳ Αἰλίῳ Ἀδριανῷ ‖ Ἀντωνείνῳ Σεβαστῷ
Εὐσεβεῖ, | ἀρχιερεῖ μεγίστῳ, δημαρχικῆς ἐξουσίας | τὸ γ' ¹, ὑπάτῳ τὸ γ', π(ατρὶ)
π(ατρίδος), τῷ εὐεργέτῃ καὶ | σωτῆρι Ἀδριανῆς Μοψουεστίας τῆς | Κιλικίας ἱερᾶς
10 καὶ ἐλευθέρας καὶ ἀσύλου ‖ καὶ αὐτονόμου καὶ φίλης καὶ συμμάχου | Ῥωμαίων ²
ἡ βουλὴ καὶ ὁ δῆμος διὰ τῆς | θείας αὐτοῦ δικαιοδοσίας βέβαια | τηρήσαντος
αὐτῇ τὰ ἐξ ἀρχῆς δίκαια. |

1. Anno p. C. n. 140. — 2. Mopsuestia, urbs Ciliciae ad Pyramum amnem sita, in nummis dicitur sive ἱερὰ καὶ αὐτόνομος, sive ἱερὰ καὶ ἄσυλος (Barclay V. Head, *Hist. num.*, p. 608), ejusque cives nuncupantur Ἀδριανοὶ Μοψεᾶται.

122. Romae, prope S. Stefanum in Caco. — *Insc. gr. Sic. et Ital.*, 1053.

[Αὐ]τοκράτορα Κ[αίσαρ]|α Θεοῦ Ἀδριαν[οῦ | εὐε]ργέτου ¹ υἱὸν Θ[εοῦ]] Τραια-
5 νοῦ υἱωνὸ[ν ‖ Θε]οῦ Νέρβα ἔκγονο[ν | Τίτ]ον Αἴλιον Ἀδρια|[νὸ]ν Ἀντωνεῖνον |
[Σεβ]αστὸν Εὐσεβῆ | [ἡ ἐξ] Ἀρείου Π[ά]γου [βουλή].....

1. Quot et quanta beneficia ab Hadriano imperatore acceperint Athenienses, nemo est
qui nesciat.

123. Romae. — *Insc. gr. Sic. et Ital.*, 1056.

M. Αἰλίῳ Αὐρηλίῳ Καίσα|ρι Τ. Αἰλίου Ἀδριανοῦ Ἀντωνε|ίνου Σεβα[σ]τοῦ
Ε[ὐσεβοῦς υἱῷ].......

124. Romae. — *Insc. gr. Sic. et Ital.*, 1057.

Τὸν κύριον | Κόμμοδον | Δόμνος καὶ Χόρηγος.

« Mommsenus cum de Domno et Chorego servorum nominibus dubitaret, δόμνον καὶ
χορηγὸν male graece pro domino ludorum dictum esse conjecit. » Kaibel.

125. Romae, ad S. Petrum in vinculis. — *Insc. gr. Sic. et Ital.*, 1058.

[Αὐτοκρ]άτορα Καίσαρα | [Θεοῦ Ἀντ]ωνείνου Εὐσεβ(οῦς) Γερμ(ανικοῦ) | [Σαρ-
(ματικοῦ) υἱὸν Θ]εοῦ Κομμόδου ἀδελφ(ὸν) | Θεοῦ Ἀντων]είνου Εὐσεβ(οῦς)
5 υἱωνὸν ‖ [Θεοῦ Ἀδριανο]ῦ ἔγγονον Θεοῦ Τραιανοῦ | [καὶ Θε]οῦ Νέρουα
ἀπόγονον | [Λ. Σεπτίμ]ιον Σεουῆρον | [Εὐσεβῆ Περτί]νακα Σεβ(αστὸν) Ἀρα-
10 βικὸν | [Ἀδιαβ(ηνικὸν), ἀρχι]ερ(έα) μέγιστ(ον), δημαρχικ(ῆς) ‖ [ἐξ]ουσίας τὸ δ' ¹,
αὐτο]κράτορα τὸ η', [ὕπ(ατον) τὸ β'], π(ατέρα) π(ατρίδος), | [Δημ]ήτριος | [Δη-
μη]τρίου.

1. Anno p. C. n. 196.

126. Romae, in pavimento basilicae Juliae. — *Insc. gr. Sic. et Ital.*, 1060.

[Αὐτοκρ]άτορα Καίσαρα Λ. Σεπτ[ίμιον Σεουῆρον | Εὐσεβῆ] Περτίνακα Σεβασ-
τὸν Ἀ[ραβικὸν? | Ἀδιαβηνικὸ]ν? σωτῆρα καὶ εὐε[ργέτην.......

127. Romae, ad viam Saoram. — *Insc. gr. Sic. et Ital.*, 1061.

Θεὸν Σεου[ῆρον] | Εὐσεϐ(ῆ), π(ατέρα) [π(ατρίδος)] | . . . . .

---

128. In ecclesia S. Caecilia « in Trastevere ». — *Notizie degli scavi*, 1900, p. 17. — Nobis ectypum misit D. Vaglieri.

['Υπὲρ σωτηρίας τῶν κυρίων ἡ]μῶν αὐτοκρατόρ(ων) Λ. Σε[πτιμίου Σεουή-ρου....| καὶ Μ.] Αὐρηλίου 'Αντωνε[ίνου...|...] καὶ 'Ιουλίας Σεϐασ[τῆς...|...]ειϐις ἰδίαν ἀρετ[ῆς ἕνεκεν....

---

129. Romae, in ruderibus thermarum Titi aut potius Trajani. — *Insc. gr. Sic. et Ital.*, 1062. Anticae ejusdem monumenti inscriptus est titulus latinus aevi posterioris « quem recte Mommsenus notat in locum Graeci tituli antiquioris substitutum ».

Ex latere :

'Αντωνείνῳ Σεϐ(αστῷ) τὸ β' | [Γέτα] Καίσαρι ὑπ(άτοις), | πρὸ ι' χαλ(αν-
5 δῶν) 'Απρειλ(ίων) ¹, | χουρατορεύοντος ‖ 'Αυρ. Πρωτέως | καὶ ἐπιμελουμένου |
Αὐρ. Τορχουάτου ².

1. Die XXIII mensis Martii anni p. C. n. 205. — 2. Aurelius Proteus erat curator ope-rum publicorum, Aurelius vero Torquatus operi faciendo praefuit.

---

130. Romae, ad S. Mariam afflictorum. — *Insc. gr. Sic. et Ital.*, 1063. Lapis periit.

[Αὐτοκράτορα Καίσαρα Μ. Αὐρήλιον 'Αντωνεῖνον | Εὐσεϐῆ Εὐτυχῆ Σεϐαστὸν
Παρθιχὸν Μέγιστον | Βριτανικὸν Μέγιστον Γερμανιχὸν Μέγιστον], | ἀρχιερέα
5 μέγ(ιστον), δημαρχιχῆς ἐξουσ[ίας τὸ ιζ'], ‖ αὐτοκράτορα τὸ γ', ὕπατ(ον) τὸ δ' ¹,
π(ατέρα) π(ατρίδος), ἀν[έστησεν | ἡ] Λαοδικέων τῶν πρὸς τῷ Λύκῳ νε[ωκόρων] |
πόλις, φιλοτειμησαμένων τὴν ἀν[άστασιν] | τοῦ ἀνδριάντος | Αἰλίου 'Αντιπάτρου
10 'Ρόδων[ος] ‖ Αἰλίου 'Αντιπάτρου Κολλήγα αὐτοῦ ².

1. Caracalla imp. III, cos IV dicitur anno p. C. n. 214 et sequentibus ; Trajanus autem anno 102. Quum vero utrique Laodicensium, qui imagine imperatoris erecta gloriantur, gentilicium nomen Aelius sit, verisimillimum est titulum recentiorem Hadriano esse. Caracallae ergo nomina in lacuna supplevimus. — 2. Dele αὐτοῦ, additum errore ejus qui lapidem vidit.

---

131. Romae, ad viam Sacram. — *Insc. gr. Sic. et Ital.*, 1064.

[Σωτηρίας ἕνεχ]εν τῆς τοῦ χυρίου [ἡμῶν | Αὐτοκράτορος Καίσα]ρος Μ. Αὐρη-

λίου [Σεουήρου | Ἀντωνεί]νου Σεβαστοῦ Εὐσεβοῦς [Εὐτυχοῦς | .... ¹]ς τὴν
5 στατιῶνα [τῶν ......] ......]ιανῶν ² φιλοσεβάστω[ν καὶ | φιλορωμ]αίων ἀνεγεί-
ρασα σὺν τῷ πα[ντὶ | κόσμῳ τῇ ἐ]αὐτῆς πατρίδι ἀνέθηκεν.

1. Desideratur nomen muliebre. — 2. Hic requiras nomen civitatis, cujus fuit haec
statio. De stationibus municipiorum in foro romano constitutis, cf. supra, n. 111.

---

132. Romae ad ecclesiam S. Hadriani. — Gatti, *Bullett. comun.*, 1899, p. 242. — Nobis
recognovit D. Vaglieri.

Στατιῶν | [τῶν Τυ]ριέων τῶν καὶ Κλαυδιοπολιτῶν ² Συρίᾳ | Παλε[σ]τείνῃ |
....μον.... τῇ πατρίδι.

1. Tyrios duas stationes civibus suis praebuisse, alteram Puteolis, alteram ἐν τῇ
βασιλίδι Ῥώμῃ jam notum erat. Cf. *Insc. gr. Sic. et Ital.*, 830. — 2. Ergo Tyrus urbs
Claudiopolis etiam dicebatur, ut et aliae civitates quae a Claudio imperatore civitate
donatae fuerunt. Cf. de Vit, *Onom.*, s. v.

---

133. Romae, ad viam Sacram. — *Insc. Sic. et Ital.*, 1066.

a) ....Ταρσέων......

b) [Αὐτοκ]ράτορα Καίσαρα Μ. Ἀντώνιον Γορδιαν[ὸν | Εὐσεβ]ῆ Εὐτυχῆ Σεβ(ασ-
τὸν), ὕπατον [τὸ] β´ ¹, τὸν εὐε[ργέτην | τῆς οἰκ]ουμένης, Γορδιανὴ Σεουηρι[ανὴ
Ἀλεξαν|δριανὴ] Ἀντωνειανιανὴ Ἀδριαν[ὴ Τάρσος, ἡ πρώτη | μεγίσ]τη καὶ καλ-
5 λίστη μ[ητρόπολις τῶν γ´ ἐπαρχειῶν] Κιλικίας Ἰ]σαυρία[ς Λυκαονίας ².....

1. Gordianus consul iterum fuit anno p. C. n. 241, interiit anno 244. Titulus igitur
positus est inter annos 241 et 244. — 2. De nominibus et titulis Tarsi, cf. Lebas et Waddington, *Insc. d'Asie Mineure*, 1480.

---

134. Romae, ad viam Nationalem. — *Insc. gr. Sic. et Ital.*, 1071.

Τίτ. Αἴλ. Ναίβ(ιον) Ἀντώνιον | Σεβῆρον ¹ | τὸν λαμπρότατον ὑπατικὸν ², |
5 τὸν εὐεργέτην, || Ἰούλιοι Ἰουλιανὸς φρ(ουμεντάριος) | καὶ Οὐαλεντεῖνος (κεντυ-
ρίων) | λεγ(εῶνος) ³ | κανδιδᾶτοι ⁴ αὐτοῦ, | τὸν ἐν πᾶσιν ἀληθῆ.

1. De T. Aelio Naevio Antonio Severo, cf. *C. I. L.*, VI, 1322, et *Prosop. imp. rom.*, I,
p. 20, n. 161. — 2. T. Aelius Naevius Antonius Severus consul fuit suffectus anno
incerto, post Hadrianum. — 3. Tacetur nomen numerusque legionis. — 4. Candidati
legionarii.

135. Romae. — *Insc. gr. Sic. et Ital.*, 1072.

M. Αὐρήλιον Παπίριον | Διονύσιον ¹ τὸν κράτιστον | καὶ ἐνδοξότατον ἔπαρχον
5 Αἰγύπτο[υ] | καὶ ἔπαρχον εὐθενίας, ἐπὶ βιβλειδίω[ν] ‖ καὶ διαγνώσεων τοῦ Σεβα-
στοῦ ², ἔπαρχ[ον] | ὀχημάτων καὶ δουκηνάριον ταχ[θέντα] | καὶ περὶ τὴν Φλαμι-
νίαν ἐπιτη[δείων] ³, | σύμβουλόν τε τοῦ Σεβαστοῦ ⁴ [καὶ χιλί|αρχ]ον λε[γεῶνος]...

1. De M. Aurelio Papirio Dionysio, vide *Prosop. imp. rom.*, I, p. 212, n. 1283. — 2. A
libellis et cognitionibus Augusti. — 3. Praefectum vehiculorum ducenarium ordinatum
et a copiis Augusti per viam Flaminiam. — 4. Consiliarium Augusti.

M. Aurelius Papirius Dionysius praefectus annonae fuit anno 189 p. C. n. Commodo
imperante; eodem anno interfectus est jussu ejusdem.

---

136. — Romae, in via Ostiensi. — *Insc. gr. Sic. et Ital.*, 1085.

Ἀρχιερεῖ Ἀλεξανδρείας | καὶ Αἰγύπτου πάσης Λευκίωι | Ἰουλίωι Οὐηστίνωι
5 καὶ ἐπισ|τάτηι τοῦ Μουσείου καὶ ἐπὶ τῶ‖ν ἐν Ῥώμηι βιβλιοθηκῶν Ῥωμαικῶν
τε | καὶ Ἑλληνικῶν καὶ ἐπὶ | τῆς παιδείας ¹ Ἀδριανοῦ τοῦ αὐτοκράτορος καὶ
ἐπισ|τολεῖ ² τοῦ αὐτοῦ αὐτοκράτορος....

1. Procurator a studiis. — 2. Ab epistulis.
De Julio Vestino, quem memorat Suidas s. v. Οὐεστῖνος, cf. *Prosop. imp. rom.*, II, p. 220,
n. 409.

---

137. Romae, in coemeterio Callisti. — *Insc. gr. Sic. et Ital.*, 1076; *C. I. L.*, VI, 3836.

.....Πομπ(ωνίω) Βάσσ[ω ¹ ... | ...] τοῦ γένους λαμ[προτάτου, | ὑπά]τ[ῳ] δὶς
5 ὠρδ(ιναρίω) ², ἐπά[ρχῳ] | Ῥώμης, προμαγ(ίστρῳ) π[οντίφικι] ³, ‖ ἐπανορθ(ώτῃ)
πάση[ς Ἰταλίας ⁴, | κόμ(ιτι) βα[σ]ιλ(έως) ⁵, ἀνθ(υπάτῳ) [........ | ..] Πομπ(ωνία)
Κρα[τ]ιδ[ία ἡ] | φίλαν[δρος τ]ῶν | π[ασῶν εὐε]ργε[σιῶν ἕνεκεν...?

1. De Pomponio Basso, vide *Prosop. imp. rom.*, III, p. 75, n. 527. — 2. Annis 258 et
271 p. C. n. — 3. Pontifex pro magister; cf. Borghesi, *Œuvres*, VII, p. 380 et seqq. —
4. Corrector totius Italiae. — 5. Comes imperatoris.

---

138. Romae. — *Insc. gr. Sic. Ital.*, 1078.

5   Λ. Φάβιον | Κείλωνα | τὸν λαμπρότατον, | ἔπαρχον Ῥώμης, ‖ ὕπατον τὸ β´ ¹, |

10 ἡ μητρόπολις | τῆς Γαλατίας | Ἀνκύρα | τὸν ἑαυτῆς ‖ προστάτην.

1. L. Fabius Cilo Septiminus Catinius Acilianus Lepidus Fulcinianus consul fuit anno 193 p. C. n., et iterum anno 204; de quo vide *Prosop. imp. rom.*, II, p. 45, n. 20.

139. Romae, in pavimento ecclesiae S. Laurentii in Lucina. — *Insc. gr. Sic. et Ital.*, 1077; *C. I. L.*, VI, 1508.

.... o L. f. Rufo pro[cos ¹.... ?] | ...... ni ² | [pa]trono; | Prusienses ab Hypio | patrono; | Prusais ab Olympo | patrono; Prusienses ab mare ³ | patrono; | Apameni | patrono ; | [Nicomedenses] | patrono.

...... ωι Λευκίου υἱῶ[ι] Ῥούφω[ι] ἀνθ[υπάτωι ¹.......] |

 .... νοι ² πάτρωνι καὶ | [εὐερ]γέτηι διὰ πρεσβευ|[τοῦ Ἀ]ρτεμιδώρου τοῦ ‖

5 [Ἀ]ρτεμιδώρου. |

 Προυσιεῖς ἀπὸ Ὑπίου πάτρωνι | καὶ εὐεργέτηι, πρεσβευόντων | Μενεμάχου τοῦ Κασσάνδρου, | Ἀριστονίκου Τιμοκράτους ‖.

10 Προυσαεῖς ἀπὸ Ὀλύμπου πάτρωνι | καὶ εὐεργέτηι, πρεσβεύοντος | Δημοφίλου Ἀσκληπιάδου |.

15 Προυσιεῖς ἀπὸ θαλάσσης ³ πάτρωνι καὶ εὐεργέτηι, πρεσ‖βεύοντος Ἀγρία τοῦ Ζωίλου. |

 Ἀπαμεῖς πάτρωνι καὶ εὐεργέτηι, | πρεσβεύοντος Μάρκου Αὐρηλίου | Νικομήδους [τ]οῦ Κλεοχάρο[υ]ς. |

20 Νικομηδεῖς π[άτρωνι καὶ] ‖ εὐεργέτηι, πρε[σβευοντ..] | Γλυ?........

1. Videtur esse C. Cadius Rufus, qui proconsul fuit Ponti et Bithyniae inter annos 43 et 48 p. C. n. ; de quo vide *Prosop. imp. rom.*, I, p. 243, n. 3. — 2. Franz (*C. I. Gr.*, 3894) restituit : [Astace]ni = Ἀστακηνοί. — 3. Prusa ἀπὸ θαλάσσης haud alia est atque Cius, urbs Bithyniae littori Propontidis apposita.

140. Romae, extra portam S. Pancratii. — *Insc. gr. Sic. et Ital.*, 1091.

Τὴν ἐπὶ πάσῃ ἀρετῇ σωφρο|σύνῃ τε καὶ σοφίᾳ διαπρέπου|σαν Ἰαλλίαν Βασσια-
5 νὴ(ν) βου[λὴ] | καὶ δῆμος τῆς λαμπρᾶς π[όλε]‖ως Ταυρομενειτῶν ἀνέ[στη]|σεν τὴν λαμπροτάτην ¹.

1. Feminam clarissimam ut in n° 141 κρατίστην = egregiam.

141. Romae. — *Insc. gr. Sic. et Ital.*, 1095.

Φουλβίαν Σατουρνῖνα[ν] | τὴν κρατίστην τοῦ λαμπ[ρ|ο]τάτου.......

142. Romae, in excubitorio cohortis septimae vigilum trans Tiberim. — *C. I. L.*, VI, 3008.

Αὐρέλιος Πλούταρ|χος κεντυρίᾳ | [Ἐρ]χλᾶνι χώ(ρ)τη σεπτίμᾳ βι[γ]λ|ῶν
5 Μαμι(ανῇ)¹ Σεβηρι(ανῇ) ‖ Ἀλεξανδρι(ανῇ) φήχι σεβα|χιάρια ² μέσι Μάρτι. |
Omn(i)a tota.

Intellige : Aurelius Plutarchus, centuria Herclani, cohorte VII vigilum Mamiana ¹
Severiana Alexandriana, feci sebaciaria ², mense Martio. Omnia tuta.

1. Mamiana = Mamaeana, de nomine Juliae Mamaeae. — 2. Sebaciaria, i. e. lumi-
nationes sebaceis sive facibus e sevo factae; cf. A. Capannari, *Bullet. comun.*, 1886,
p. 231 sqq.

---

143. Romae. — *Insc. gr. Sic. et Ital.*, 1082.

[Π.] Αἴλιος Πορχιανὸς | [ἱε]ρεὺς Σουκινιανῶν ¹ | [δ]εχουρίας γερούλων ² φρέαρ|
5 [εὑ]ρέτης ἰδίαις δαπάναις ‖ ἐποίησεν ³.

1. Qui sint Suciniani, omnino ignoratur. — 2. Hic mentio fit decuriae, i. e. corporis
gerulorum. — 3. Cf. *C. I. L.*, VI, 2179 : [*P. Aelius P*]*orcianus sacer(dos)* [*Sucin*]*ianus
putei inven*[*tor*] *suis impendis fecit*, et 2178, : *D. M. P. Aelio Porciano sacerdoti Suci-
niano q(ui) vix(it) annis* XXIII, *m(ensibus)* VII.

---

144. Romae, apud ecclesiam S. Mariae, in via lata. — *Insc. gr. Sic. et Ital.*, 1084.

Ἡ ἱερὰ τάξις τῶν Παιανιστῶν | τοῦ ἐν Ῥώμῃ Διὸς Ἡλίου | μεγάλου Σαρά-
5 πιδος καὶ θεῶν | Σεβαστῶν ἐτείμησαν Ἔμβην ‖ προφήτην, πατέρα τῆς προ|γε-
γραμμένης τάξεως, προτο|μῇ μαρμαρινῇ, ἡ ἀνατεθεῖσα ¹ | ἐν τῷ οἴκῳ τῶν Παια|-
10 νιστῶν τῇ πρ(ὸ) α΄ νωνῶν ‖ Μαίων ², ἥτις ἐστὶν κατὰ | Ἀλεξανδρεῖς Παχὼν
ια΄], ἐπὶ χουράτορος ³ Μετειλίου | Ἀμπλιάτου πρεσβυτέρου |, Σέξτῳ Ἐρουκίῳ
15 Κλάρῳ ‖ β΄ Γνέῳ Κλαυδίῳ | Σεβήρῳ ⁴ κως ⁵.

1. Sic, prava verborum constructione. — 2. Die sexta mensis Maii. — 3. Curator
collegii Paeanistarum fuit Metilius Ampliatus. — 4. Anno 146 p. C. n. — 5. Κως = cos,
scil. *co(n)s(ulibus)*.

---

145. Romae. In coemeterio S. Agnetis. — *Inscr. gr. Sic. et Ital.*, 1059 ; *C. I. L.*,
VI, 3770.

... φιλο]χύριοι οἱ [Παι]ανιστα[ὶ ?......... δεηθῆ]|ναι παρ' ὑμῶν, ὥστε ἐπι-
τρέψε ¹ ἣν ει[............ καὶ]|στεγάσαι τὰ ἐπικείμενα τῷ οἴκ[ῳ...... |

5   Seucrus Paeanistis : « Potestis, sicut in [...............su]‖pra cuneos fenestra-
rum extrux [...............]|so pedum quattuor. Scripsi V idu[s......]|.

[*Tres versus desunt.*] Ταῦτα, ἱερώτατοι αὐτοκράτορες, ἐν ε.....| τῆς..... ὑπ.....
μοι.... |

10   Imp. Caes. M. [Aurelius Antoninus...........] ‖ : Beneficium [a patre meo Diuo
Seuero datum confirmo ?] | Recognovi........

1. Scil. ἐπιτρέψαι. — 2. « Paeanistae Romae constituti ab imperatore Severo petunt ut
liceat sibi aedificium suum sive reficere sive exaedificare. Severus rescribit; postea
Caracalla beneficium confirmat. » Kaibel.

Hic compositos invenies titulos omnes, qui pertinent ad τὴν ξυστικὴν σύνοδον τῶν
περὶ Ἡρακλέα ἀθλητῶν. De qua vide S. Ricci, *La* ξυστικὴ σύνοδος *e la* curia athletarum *presso*
S. Pietro in vincoli, in *Bullett. comun.*, 1891, p. 185 sqq.

146. Romae, ad S. Petrum in vinculis. — *Inscr. gr. Sic. et Ital.*, 1055.

a) [Αὐ]τοκράτορι | [Καί]σαρι Τίτωι Αἰλίωι | Ἀδριανῶι | Ἀντωνείνωι Σεβασ-
5 τῶι‖ Εὐσεβεῖ | Μ. Οὔλπιος | Δομεστικὸς ¹ | ὁ ἀρχιερεὺς | τοῦ σύνπαντος ξυστοῦ
10 καὶ ‖ ἐπὶ βαλανείων Σεβαστοῦ. |

b) Ἀγαθῇ τύχηι. | Αὐτοκράτωρ Καῖσαρ Θεοῦ Ἀδριανοῦ υἱὸς | Θεοῦ Τραιανοῦ
Παρθικοῦ υἱωνὸς Θεοῦ Νέρουα | ἔγγονος Τίτος Αἴλιος Ἀδριανὸς Ἀντωνεῖνος ‖
15 Σεβαστὸς, ἀρχιερεὺς μέγιστος, δημαρχικῆς ἐξουσίας | τὸ ς´ ², αὐτοκράτωρ τὸ
β´, ὕπατος τὸ γ´, πατὴρ πατρίδος, συνόδῳ | ξυστικῇ τῶν περὶ τὸν Ἡρακλέα
ἀθλητῶν ἱερονεικῶν στεφα|νειτῶν χαίρειν· |

20   Ἐκέλευσα ὑμεῖν ἀποδειχθῆναι χωρίον ἐν ᾧ καὶ τὰ ἱερὰ κατα‖θήσεσθε καὶ
τὰ γράμματα πρὸς αὐταῖς ταῖς Θερμαῖς ταῖς ὑπὸ | τοῦ Θεοῦ πάππου μου γεγε-
νημέναις ³, ὅπου καὶ μάλιστα τοῖς | Καπιτωλείοις ⁴ συνέρχεσθε. Εὐτυχεῖτε.
Ἐπρέσβευεν | Οὔλπιος Δομεστικὸς ἐπὶ βαλανείων μου ⁵. | Ἐγράφη πρὸ ιζ´ καλ(αν-
δῶν) Ἰουν(ίων) ⁶ ἀπὸ Ῥώμης Τορχουάτῳ καὶ Ἡρώδῃ ὑπάτ(οις) ².

1. De M. Ulpio Domestico cf. titulos sequentes (praesertim n. 150) et *C. I. Gr.*, 5906.
— 2. Anno p. C. n. 143. — 3. Scil. ad thermas ab avo meo Divo Trajano conditas.
Thermae Trajani Titianis contiguae erant. — 4. Intellige ludos Capitolinos. — 5. Summus
ergo sacerdos synhodi ab imperatoribus curam balneorum accipere solebat. — 6. Die
xvi mensis Maii.

147. Romae, ibidem. — *Insc. gr. Sic. et Ital.*, 1052.

[Αὐτοκ]ράτορι Καίσαρι Τίτῳ Αἰλίῳ Ἀδριανῷ Ἀντωνείνῳ Σεβαστῷ Ε[ὐσε-
6]εῖ καὶ Μάρκῳ Αὐρηλίῳ Καίσαρι καὶ [τ]ῷ [σύμπαντι οἴκῳ?........... τῶν |
Ἐφεσί]ων τῆς πρώτης καὶ μεγίστης μητροπόλεως τῆς [Ἀ]σίας καὶ δὶς νε[ω]κόρου
τῶν Σεβαστῶν ¹ ναυκλήροις καὶ ἐ[μπόροις?.... Μ. Οὔλπιος Δομεστικὸς | περιο]-
δονε[ί]κης παράδοξος καὶ ἐπὶ βαλανείων Σεβαστῶν [ξυσ]τὸ[ν]? ἐκ θεμελίων σὺν
ἅπαντι τῷ περὶ αὐτὸν κόσμῳ καὶ τοῖς ἀγάλμ[ασιν......... ἔκτισεν?], | ἐπ[ὶ]
ὑπάτων Λουκίου Α[ἰ]λίου Αὐρηλίου Κομμόδου καὶ Τίτου | Σεξτίου Λατερανοῦ
πρὸ ιε′ καλ(αν)δῶν Φεβ(ρουαρίων) ².

1. Cf. *C. I. Gr.*, 2990, 2992. — 2. Die xviii mensis Januarii anni p. C. n. 154.

---

149. Romae, ibidem. — *Insc. gr. Sic. et Ital.*, 1054.

In antica :

5 Ἀγαθῇ τύχη. | Μ. Αἰλίωι | Αὐρηλίωι Καίσαρι | Τ. Αἰλίου Ἀδριανοῦ ‖ Ἀντω-
νείνου | Σεβαστοῦ Εὐσεβοῦς υἱῶι | Μ. Οὔλπιος Δομεστικὸς | ὁ ἀρχιερεὺς | τοῦ σύν-
10 παντος ξυστοῦ καὶ ‖ ἐπὶ βαλανείων Σεβαστῶν. |

In latere :

Ἀγαθῇ τύχη. | Αὐτοκράτωρ Καῖσαρ Θεοῦ Τραιανοῦ Παρθικοῦ υἱὸς | Θεοῦ
Νέρουα υἱωνὸς Τραιανὸς Ἀδριανὸς Σεβαστὸς, ἀρχιερεὺς | μέγιστος, δημαρχικῆς
5 ἐξουσίας τὸ ιη′ ¹, ὕπατος τὸ γ′, ‖ πατὴρ πατρίδος, συνόδῳ ξυστικῇ τῶν περὶ
τὸν | Ἡρακλέα ἀθλητῶν ἱερονεικῶν στεφανειτῶν χαίρειν · |

Καὶ τόπον ἔνθα βούλεσθε, κελεύσω δοθῆναι ὑμεῖν καὶ οἴκημα | ὡς τὰ
γράμματα ἀποτίθεσθαι τὰ κοινὰ καὶ εἰ τῶν διπλῶν τὴν | μεταποίησιν ἀνανκαίαν
10 νομίζετε ² τοῦτο ἐφ᾽ ὑμεῖν ἐστιν. ‖ Ἐπρέσβευεν Οὔλπιος Δομεστικός. Εὐτυχεῖτε. |
Προ γ′ νωνῶν Μαίων ³, ἀπὸ Ρώμης ⁴.

1. Est annus p. C. n. 134. — 2. Διπλαῖ seu δίπλωμα « in quo quid mutandum illi cen-
suerint non liquet ». — 3. Die v mensis Maii. — 4. « Epistulam Hadriani cur M. Aurelii
statuae subscribendam curaverit Domesticus nescio. » Kaibel.

---

150. — Romae, ibidem. — *Insc. gr. Sic. et Ital.*, 1109.

Ἡ ἱερὰ ξυστικὴ σύνοδος τῶν | περὶ τὸν Ἡρακλέα ἀπὸ καταλύσεως ¹ | ἐν τῇ

5 βασιλίδι Ῥώμῃ κατοικούντων ² | Μ. Οὔλπιον Δομεστικὸν διὰ βίου ξυστάρ‖χην
καὶ ἀρχιερέα τοῦ σύμπαντος ξυστοῦ, περιο|δονείκην παράδοξον, ἐπὶ βαλανείων
Σεβαστοῦ, | τὸν ἑαυτῶν προστάτην καὶ αὐτὸν πρεσβεύσαντα | καὶ αἰτησάμενον
τὸ τέμενος τῷ σύμπαντι ξυ|στῷ ³, τὴν τειμὴν ἀναθέντος Μεττίου Ἀμερίμνου ‖
10 ἐπὶ ἀρχόντων | Λ. Οὐεννίου Ἀγριππιανοῦ καὶ Μ. Μεττίου Ἀμερίμνου ⁴ · |

1. Scil. postquam dissoluta est synhodus. Antea Sardibus consistebat. — 2. Cf. supra
titulum n. 146. — 3. De ea legatione M. Ulpii Domestici, vide supra, ibidem et n. 149.
— 4. Scil. magistri collegii athletarum cultorum Herculis Romae morantium.

---

151. Romae, nunc Tusculi. — *Insc. gr. Sic. et Ital.*, 1110.

Μᾶρ. Οὔλπ(ιον) Φίρμον Δομεσ|τικὸν, ἀρχιερέα τοῦ σύνπαν|τος ξυστοῦ, διὰ
5 βίου ξυστάρ|χην καὶ ἐπὶ βαλανείων Σεβασ‖τῶν, υἱὸν Μάρ. Οὐλ(πίου) Δομεσ-
τικοῦ | Ἐφεσίου πανκρατιαστοῦ περι|οδονείκου παραδόξου, ἀρχιε|ρέως τοῦ σύν-
10 παντος ξυστοῦ, | διὰ βίου ξυστάρχου καὶ ἐπὶ ‖ βαλανείων Σεβαστῶν, κτίσ|του
τοῦ τεμένους καὶ | τῶν ἐν αὐτῷ ἀναθη|μάτων σὺν καὶ τοῖς θεοῖς ¹.

1. Cf. supra, n. 146 et seqq.

---

152. Romae, in foro Trajani. — *Insc. gr. Sic. et Ital.*, 1104.

Δημήτριος | ἀρχιερεὺς | [Δη]μήτριον Ἑρμοπολείτην, | Ἀλεξανδρέα, πανκρα-
5 τιαστὴν περιοδονείκην ‖, παλαιστὴν παράδοξον ἄλειπτον, | τὸν ἀρχιερέα τοῦ σύν-
παντος ξυστοῦ |, διὰ βίου ξυστάρχην καὶ ἐπὶ | βαλανείων Σεβ(αστῶν) τὸν πατέρα · |
10 Μ. Αὐρ. Ἀσκληπιάδης ὁ καὶ Ἑρμόδωρος, ‖ νεωκόρος τοῦ μεγάλου Σαράπιδος |,
Ἀλεξανδρεύς, Ἑρμοπολείτης, πανκρα|τιαστὴς περιοδονείκης ἄλειπτος | ἀσυνέ-
15 ξωστος ἀνέκκλητος, ξυστάρ|χης διὰ βίου, ὁ υἱός ‖ ὁ ἀρχιερεὺς τοῦ σύμπαντος
ξυστοῦ, διὰ βίου | ξυστάρχης καὶ ἐπὶ βαλανείων τοῦ Σεβαστοῦ.

---

153. Romae, ad S. Petrum in vinculis. — *Insc. gr. Sic. et Ital.*, 1102.

Μ. Αὐρηλίου Δημητρίου, ἀρχιερέως τοῦ σύνπαντος | ξυστοῦ, διὰ βίου ξυστάρ-
χου καὶ ἐπὶ βαλανείων τοῦ Σεβαστ[οῦ], | Ἀλεξανδρέως, Ἑρμοπολείτου, πανκρα-
5 τιαστοῦ περιοδονείχ[ου], | παλαιστοῦ παραδόξου υἱὸς Μᾶρχος Αὐρήλιος ‖ Ἀσκλη-
πιάδης ὁ καὶ Ἑρμόδωρος ὁ πρεσβύτατος τῶν νεω|κόρων τοῦ μεγάλου Σαρά-
πιδος ὁ ἀρχιερεὺς τοῦ σύνπαντος | ξυστοῦ, διὰ βίου ξυστάρχης καὶ ἐπὶ βαλανείων

τοῦ Σεβαστοῦ, Ἀλεξανδρεύς, Ἑρμοπολείτης, Ποτιολανὸς, Νεαπολείτης καὶ |
10 Ἡλεῖος καὶ Ἀθηναῖος βουλευτὴς καὶ ἄλλων πόλεων πολλῶν ‖ πολείτης καὶ
βουλευτής, πανκρατιαστὴς περιοδονείκης ἄλειπτος | ἀσυνέξωστος ἀνέκκλητος,
ὅσους ποτὲ ἀγῶνας ἀπεγραψάμην | πάντας νεικήσας · μήτε ἐκκαλεσάμενος μήτε
ἑτέρου κατ᾽ ἐμοῦ τολμή|σαντος ἐκκαλέσασθαι μήτε συστεφανωθεὶς μήτε ἐπεξελ-
θὼν μήτε παραι|τησάμενος μήτε ἀγῶνα παραλιπὼν μήτε κατὰ χάριν βασιλικὴν
15 ἀγῶνα ‖ ἔχων μηδὲ καινὸν ἀγῶνα νεικήσας ἀλλὰ πάντας οὕς ποτε ἀπεγρα|ψάμην
ἐν αὐτοῖς τοῖς σκάμμασιν στεφανωθεὶς καὶ ταῖς προπείραις | τούτων πάσαις δοκι-
μασθείς · ἀγωνισάμενος ἐν ἔθνεσιν τρισίν, Ἰταλίᾳ, | Ἑλλάδι, Ἀσίᾳ, νεικήσας
ἀγῶνας τοὺς ὑπογεγραμμένους πάντας πανκρα|τίου · Ὀλύμπια τὰ ἐν Πείσῃ σμ´
20 ὀλυμπιάδι [1], Πύθια ἐν Δελφοῖς, Ἴσθμια δίς, ‖ Νέμεα δίς, τὸ δεύτερον στήσας
τοὺς ἀνταγωνιστάς, καὶ τὴν ἀσπίδα Ἥρας ἐ[ν Ἄρ|γε]ι [2], Καπετώλια ἐν Ῥώμῃ
δίς [3], τὸ δεύτερον μετὰ πρῶτον κλῆρον στήσας | τοὺς ἀνταγωνιστάς, Εὐσέβεια [4]
ἐν Ποτιόλοις δίς, τὸ δεύτερον μετὰ δεύτερον | κλῆρον στήσας τοὺς ἀνταγωνιστάς,
Σεβαστὰ ἐν Νεαπόλι [δίς], τὸ δεύτερον μετὰ | δεύτερον κλῆρον στήσας τοὺς ἀντα-
25 γωνιστάς, Ἄκτια ἐν Νεικοπόλι δίς, τὸ δεύ|τερον στήσας τοὺς ἀνταγωνιστάς,
Ἀθήνας ε´, Παναθήναια, Ὀλύμπεια, Πανελ|λήνια, Ἀδριάνια δίς, Ζμύρναν ε´,
κοινὰ Ἀσίας δίς, τὸ δεύτερον στήσας | τοὺς ἀνταγωνιστάς, ὁμοίως ἐν Ζμύρνῃ
Ὀλύμπια καὶ Ἀδριάνια Ὀλύμπια, [5] | Πέργαμον Αὐγούστεια τρίς, τὸ δεύτερον
ἐξ ἀρχῆς στήσας τοὺς ἀνταγωνιστ[ὰς], | τὸ τρίτον μετὰ πρῶτον κλῆρον στήσας
30 τοὺς ‖ ἀνταγωνιστάς, Ἔφεσον τρίς Ἀδριάνια, Ὀλύμ|πια, Βαρβίλληα [6], μετὰ
πρῶτον κλῆρον στήσας | τοὺς ἀνταγωνιστάς, Ἐπίδαυρον Ἀσκλήπεια, Ῥόδον |
Ἄλεια, Χρυσάνθινα ἐν Σάρδεσιν, καὶ θεματεί|τας πλείονας ἐν οἷς Εὐρύκλεια [7] ἐν
35 Λακεδαίμονι ‖ καὶ Μαντίνιαν καὶ ἄλλους · ἀθλήσας τὰ πάντα ἔτη | ἕξ, παυσά-
μενος τῆς ἀθλήσεως ἐτῶν ὤν κε´ [8] | διὰ τοὺς συνβάντας μοι κινδύνους καὶ
φθό|νους, καὶ μετὰ τὸ παύσασθαι μετὰ πλείονα χρόνον | ἀνανκασθεὶς ἐν τῇ
40 πατρίδι Ἀλεξανδρείᾳ καὶ νεικήσας ‖ Ὀλύμπια πανκράτιον | ὀλυμπιάδι ἕκτῃ [9].

1. Anno p. Chr. n. 181. — 2. In hoc ludo in honorem Junonis Argivae acto, victoris
praemium erat clypeus aeneus. — 3. Bina Capitolia vicit Asclepiades, annis 178 et 182
p. C. n. — 4. Εὐσέβεια sive ἀγῶνες Πίοι, certamen quinquennale a Pio in honorem patris
Hadriani institutum (Vita Pii, 27). — 5. Hic addendum est δίς sive post Ὀλύμπια sive post
Ἀδριάνια Ὀλύμπια; quinquies enim vicit Asclepiades Smyrnae. — 6. Barbillea sunt ludi a
Vespasiano imperatore Ephesiis concessi, in honorem Barbilli cujusdam astrologi, de quo
vide Dionem (LXVI, 9). Cf. C. I. Gr., 2810, 3208, 3675 et 5804; cf. etiam infra n. 162. —
7. Ludi in honorem C. Julii Euryclis qui, Augusti amicitia fretus, principatum Laconiae

obtinuit. — 7. Scil. anno aetatis XXV. — 8. « Vicit Asclepiades olympiadem CCXL, i. e. anno p. Chr. n. 181; itaque cum omnino sex annos (v. 36) certasse se dicat, Capitolia bina vicit (v. 21) annis 178 et 182; primum igitur ad certamen descendit aut 177 aut 178, certare desiit aut 182 aut 183. Itaque Olympias Alexandrina sexta (v. 38 sqq.) haud ita paucis annis (μετὰ πλείονα χρόνον) post a. 182 vel 183 acta est, quae epocha unde initium ceperit quaeritur. Qua de re a me rogatus Curtius Wachsmuth docte ac probabiliter hunc in modum argumentatus est : novam olympiadem ab novo aliquo deo Olympio repetendam esse ad similitudinem Olympiorum Smyrnae Athenis Cyzici in Hadriani Olympii honorem institutorum; Alexandrinam itaque olympiadem non posse ad alium imperatorem referri praeter Marcum Aurelium Alexandriae urbis benefactorem, probabiliter referri ad annum 176 quo anno ille ipse praesens rebellantes cives poena remissa magnis beneficiis ac honoribus cumulavit (*Vita Anton.*, 26); eodem igitur anno quo statuam imperatori grato animo cives posuissent (*C. I. L.*, III, 13) primam institutam esse olympiadem praesente Caesare. » Kaibel. — De his omnibus ludis cf. O Liermann, *Dissert. philol. Halenses* X (1889) p. 221 et seqq.

---

154. Romae, ibidem. — *Insc. gr. Sic. et Ital.*, 1103.

[Μ. Αὐρ. Ἀσκ]ληπιάδην Ἀλε[ξανδρέα, | παγκρατιασ]τὴν περιοδονείκη[ν, | πρεσβύτατο]ν νεωκόρον τοῦ μεγά[λου | Σαράπιδ]ος καὶ τῶν ἐν τῷ Μουσε[ίῳ ‖
5 σειτου]μένων ἀτελῶν φιλοσόφων¹, | [ἀρχιερέ]α τοῦ σύμπαντος ξυστοῦ, | [διὰ] βίου ξυστάρχην καὶ ἐπὶ | βαλανείων τοῦ Σεβαστοῦ ἡ σύνοδος.

1. De philosophis in Musaeo Alexandrino et eorum immunitatibus privilegiisque vide Mommsen, *Röm. Geschichte*, V³, p. 590; cf. *C. I. Gr.*, 4724 et 4748.

---

155. Romae, ibidem. — *Insc. gr. Sic. et Ital.*, 1105.

Ἡ ἱερὰ ξυστικὴ σύνοδος τῶ[ν | περ]ὶ τὸν Ἡρακλέα ἀπὸ καταλύσε[ως ¹ | ἐ]ν
5 τῆι βασιλίδι Ῥώμηι κατοικοῦντ[ων] | Μ. Αὐρήλιον Δημόστρατον Δαμᾶν ‖, Σαρδιανόν, Ἀλεξανδρέα, Ἀντινοέα, Ἀθηναῖον, | Ἐφέσιον, Σμυρναῖον, Περγαμηνόν, | Νεικομηδέα, Μιλήσιον, Λακεδαιμόνιον ², | ἀρχιερέα τοῦ σύνπαντος ξυστοῦ, διὰ
10 βίου | ξυστάρχην καὶ ἐπὶ βαλανείων Σεβαστῶν, ‖ πανκρατιαστὴν περιοδονείκην δὶς, | πύκτην ἄλειπτον παράδοξον.

1. Cf. supra, n. 150, not. 1. — 2. M. Aurelius Demostratus Damas civis erat in iis omnibus civitatibus : cf. supra n. 153 : Αὐρήλιος Ἀσκληπιάδης...... ἄλλων πόλεων πολλῶν πολίτης.

---

156. Romae, ibidem. — *Insc. gr. Sic. et Ital.*, 1107.

Ἀγαθῇ τύχῃ |. Ἡ ἱερὰ ξυστικὴ σύνοδος τῶν πε|ρὶ τὸν Ἡρακλέα ἀθλητῶν

5 ἀνέστη|σαν ἐν τῇ βασιλίδι Ῥώμῃ μνή▌μης χάριν Κλ(αύδιον) Ῥοῦφον τὸν καὶ
Ἀ|πολλώνιον Πεισαῖον δὶς περιο|δον(είκην) καὶ υἱὸν Κλ(αυδίου) Ἀπολλωνίου |
10 Ζμυρναίου, ὃς καὶ διάδοχος ἐγένε|το τοῦ ἰδίου πατρὸς, καὶ αὐτοῦ περιο▌δο-
(νείκο)υ ¹ τελείου ἀνδρῶν ἐν τοῖς σκάμμασιν, | τῆς ἀρχιερωσύνης τοῦ σύνπαν|τος
ξυστοῦ · ² οὗτος δὲ ἐγέ|νετο καὶ γένους ὑπατικῶν.

1. ΠΕΡΙΟΔΟΥ, lapis. — 2. Scil. heres patris in sacerdotio totius xysti.

---

157. Romae, in cippo cui insculpta est imago militis. — *Insc. gr. Sic. et Ital.*, 1108.

a) *In fronte, supra anaglyphum :*

5 ..... | Νεικήτης | τῷ γένι Κειλε[ος ?]. | Εὐτύχης Βειθυνὸς ▌ τεχνείτης ἐποίει |.

b) *In latere sinistro :*

5 ..... | [β]οηθὸ[ς | πρ]ὸς τοὺς | [π]ονηροὺς ▌ γείνετε | θεός · | ἐβοήθει .. | .... |
10-15 ος φίλος ▌ ...... | ..... καὶ | αὐτὸς συνδ|[ρο]μάδι Εὐο|δίη, ἣν εὔ▌χομε σώζε|σθε
πάντοτε. |

c) *In latere dextro :*

5 ..... | τρος αὐτοῦ Ν[εική]|της Ἡράκλειο[ς] ¹ |, προβιβασθεὶς καὶ ▌ αὐτὸς
ἄθλοις τοῖς | ἐν σταδίοις τ[ε]τεύ|χειν καὶ πρῶτον | στεφθεὶς στάδιν καὶ | αὐτὸς
10 δὲ δίαυλον ▌ Ἡελίου τε δρόμον | καὶ Μήνης τε Σελή|νης ἄθλα τελέσας | μεί-
15 ζονα θ' Ἡρακλέους συνείδησιν ἔ▌χων · ἀ[ρίσ]των γονέ|ων τὸ γένος καὶ πα|τρίδος
20 τε τύχης |, ὃς παιδίον ἐλθὼ[ν] | ἐν Ῥώμῃ τῇ κοσμ▌[οτ]ρόφῳ χάριν οἶδε | μεγίσ-
25 την, ἐν μεγάλῃ δόξῃ τε δραμὼ[ν ν]εικήσας Ῥωμα...|. τ' ἔτυχον. Καὶ ▌ [ν]ῦν
εἴμη προφή|της ὤν γε προεῖ|πα θεῶν ².

1. « Sodalis synodi Herculeae ». — 2. « Nicetae hoplitodromi laudes sunt, sed pauca
legi possunt ». Kaibel. — Sermonem pedestrem et poeticum modum imperite miscuit qui
hunc titulum scripsit.

---

158. Romae. — *Bullett. comun.*, 1891, p. 280.

Πυθοκλῆς ¹ | Ἠλεῖος | πένταθλος. [Πο]λυκλείτου [Ἀργεί]ου.

1. Pythocles, clarus athleta, victor Olympiae anno a. C. n. 452 (Grenfell and Hunt,
Oxyrhynch. papyri, II, p. 90, l. 14), cujus statuam sculpsit Polycletes major. Hanc statuam

vidit Pausanias (VI, 7) et basis etiamnunc inter Olympiacas exstat (Löwy, *Inschr.*
griech. Bildhauer, n. 91 et *Die Inschriften von Olympia,* n. 162 et 163). Ad cujus similitudinem eidem Pythocli Romae statua erecta fuisse videtur. (Cf. Visconti, *Bullett. comun.,*
loc. cit.)

---

159. Romae, ad portam S. Sebastiani. — *Insc. gr. Sic. et Ital.,* 1099.

Πόπλιος Σεξτί|λιος Ποπλίου | υἱὸς Δημήτριος | τραγῳδὸς ἀνίκητος.

---

160. Romae, ad viam Appiam infra novem coronarum imagines. — *Inse. gr. et*
Ital., 1111.

          a. Νικομήδειαν | διὰ πάντων. |[1]
          b. Κύζικον | κοινὴν | κωμῳδῶν. |
          c. Κύζικον | κωμῳδούς. |
          d. Πέργαμον | κιθαρῳδούς. |
          e. Κύζικον | κοινὴν | τραγῳδῶν. |
          f. Σμύρναν | τραγῳδούς.
          g. Νικομήδειαν | κιθαρῳδούς.
          h. Ῥώμην | τραγῳδούς.
          i. Πέργαμον | διὰ πάντων.

1. Scilicet in omnibus poeseos generibus.

---

161. Romae, intra quatuor coronarum imagines. — *Insc. gr. Sic. et Ital.,* 1112.

          a. Ὀλύμπια | ἐν Ἀθήναις | ἀνδρῶν | πάλην.
          b. Ἀλεξάνδρια | Σεβαστὰ | ἀνδρῶν πάλην.
          c. Τὴν ἐξ Ἄργους | ἀσπίδα[1] | τρίς.
          d. Περιοδο|νεί[κης] | δ[ίς]?

1. De hoc ludo, vide supra n. 153, not. 2.

---

162. Romae, intra quatuor coronarum imagines. — *Insc. gr. Sic. et Ital.,* 1113.

          a. Ἔφεσον | Ἀδριάνε|ια α΄.
          b. Ἔφεσον | Βαρβίλλει(α) | β΄.

c. Σάρδεις κοιν|ὸν Ἀσίας | α΄.

d. Σμύρ[ναν] | κοιν[ὸν Ἀσίας...]

e. [Πέργαμον | Αὐ]γούστεια ¹ | α΄.

1. Cf. supra n. 153 v. 28 : Πέργαμον Αὐγούστεια τρίς.

---

163. Romae, intra duarum coronarum imagines. — *Insc. gr. Sic. et Ital.*, 1114.

a. [Ν]εάπολιν | κωμῳδούς.

b. Ποτιόλους | κωμῳδούς.

---

164. Romae, intra duarum coronarum imagines. — *Insc. gr. Sic. et Ital.*, 1115.

a. Ἔφεσον | Ἐφέσεια | α΄.

b. .... | Πύθι(α) α΄.

---

165. Romae, intra coronam. — *Insc. gr. Sic. et Ital.*, 1116.

Πύθια | τὰ ἐν Δε(λ)φο|ῖς α΄.

---

166. Romae, intra coronam. — *Insc. gr. Sic. et Ital.*, 1117.

Σεβαστά ¹.

1. Scil. Augustalia.

---

167. Romae, prope S. Mariam de Pace. — *Insc. gr. Sic. et Ital.*, 1092; *C. I. L.*, VI, 10091.

In fronte :

5   Τὸν σοφὸν | ἐν ἀνδράσιν | Εἰωνικὸν ¹ | ἄνδρα μέ‖γιστον
     Κύιν|τον Ἰούλιον | Μείλητον | οἱ τεχνεῖται | ἀνέθηκαν. ‖

10   Q. Iulius Faen|tius alumnus | cum artefici|bus posuit.

In latere sinistro :

Κύιντος Ἰούλιος | Μείλητος | ζῶν καταειέρωσα | τῇ πρὸ ζ΄ καλ(ανδῶν)
Μαρτ(ίων) ².

1. Id est Ionicus, nisi nomen est. — 2. Die xxiii mensis Februarii. — De Q. Julio Mileto, vide Löwy, *Inschr. griech. Bildhauer*, n. 471, p. 307-308.

168. Romae. — *Insc. gr. Sic. et Ital.*, 1093.

Κυίντος Ἰούλιος
Μίλητος | προλιπὼν Ἀσίας Τρίπολιν | πατρίδαν πόλιν ἁγνὴν |
5 ἐνθάδε ἦλθα ἀγῶνα ἰδεῖν ‖ προκαθεζομένου βασι|λεύοντι Σεβήρῳ
καὶ πο|ρίσας βίον ἐκ καμάτων | ἰδίων
10 ταῦτα ἐποίησα | ἐγὼ ἀπάτην τοῖς ‖ ζῶσιν [1] ·
εὐφραίνεσθαι [2], | φίλοι, εἰς λαβύρινθον | ἀεί.
Μαρμαραρίων | τὸ γένος σῷζε, | Σέραπι. |
Ὁ τόπος λαβύρινθος.

1. Intellige : labyrinthi imaginem sculptam. — 2. Scil. εὐφραίνεσθε. — Ejusdem hominis est ac praecedens.

---

169. Romae, in statua quadam. — *Insc. gr. Sic. et Ital.*, 1230.

Μάαρχος | Κοσσούτιος | Μενέλαος | ἐποί|ει.

« Et litterarum genus et scribendi ratio eadem est ac in M. Cossutii Cerdonis titulis (*Insc. gr. Sic. et Ital.*, 1249) qui cum aetate imperatoria ineunte floruerit eodemque tempore etiam Menelaum fuisse, Stephani discipulum, sciamus, necessarium est ut eumdem esse credamus M. Cossutium Menelaum, collibertum fortasse M. Cossutii Cerdonis : cf. *Hermes*, XXII, p. 155. » Kaibel.

---

170. Romae, in statua duplici. — *Insc. gr. Sic. et Ital.*, 1251.

5 Μενέ|λαος | Στεφά|νου ‖ μαθη|τὴς | ἐποί|ει.

De Menelao, Stephani discipulo, cf. Helbig, *Führer durch die öffentlichen Sammlungen in Rom*, ed. II, n. 932.

---

171. Romae, in statua athletae cujusdam. — *Insc. gr. Sic. et Ital.*, 1261.

Στέφανος Πασιτέλους [1] | μαθητὴς ἐπόει.

1. De Stephano, Pasitelis discipulo, cf. Helbig, *Führer*, n. 786.

172. Romae, ad S. Stephanum in Caco, in base statuae aegyptiacae. — *Insc. gr. Sic. et Ital.*, 1264; *C. I. L.*, VI, 857.

a) In fronte :

Φ...... | ......ν... | ἀνέθηκεν.

b) In latere sinistro :

Φιδίας καὶ Ἀμμώνιος ἀμφότεροι | Φιδίου ἐποίουν [1]. |

c) In latere dextro :

[Locus] adsign. a Caelio ... | .... illiano Maximo, | [cur.] acd. sacr. [et oper.] pub. Ded. | ..... Sept. Quintillo et Prisco | cos [2].

1. Cf. Löwy, *Inschr. griech. Bildhauer*, p. 267, n. 382. — 2. Anno p. C. n. 159.

---

173. Romae, juxta portam Latinam. — *Insc. gr. Sic. et Ital.*, 1268, 1269, 1270, 1271.

Φλ. Ζήνων ἀρχιερεὺς καὶ διασηᵢ(μότατος) [1] Ἀφροδισιεὺς ἐποίει.

1. Scil., vir perfectissimus. Cf. de Flavio Zenone Löwy, *Inschr. griech. Bildhauer*, p. 257, n. 364.

---

174. Romae, ad viam *delle sette sale*, in basi statuae. — *Insc. gr. Sic. et Ital.*, 1273.

Φλ. Χρυσέρως Ἀφ[ροδισιεὺς ἐποίει].

Tria ejusdem tituli exemplaria, ibidem reperta sunt (*Insc. gr. Sic. et Ital.*, 1274, 1275, 1276). Cf. Visconti, in *Bullett. comun.*, 1886, p. 319, tab. XI.

---

175. Romae? in duabus columnis unius tabulae. — *Insc. gr. Sic. et Ital.*, 1297.

Col. II.

Post 27 versus ubi nonnulla memorantur ad res graecas pertinentia legitur :

Ἀφ' οὗ Γαλάται Ῥωμαίους νική[σαντες] | ἔσχον Ῥώμην ἔτη υα' [1]. ‖
[Ἀφ' οὗ...] ανεις.... |

Col. I.

..... | [Ἀφ' οὗ Σύλλας] ἐπὶ Μιθ[ρα|δατικὸν πόλ]εμον ἐξῆλ[θε | καὶ Σ]ωτὴρ

5 ὁ Φύσκων πα[ρ‖ῆν] τὸ δεύτερον καὶ κα[τελ]|θὼν εἰς Αἴγυπτον ἐβασίλε|υσεν ² ·
ἀφ᾽ οὗ ἔτη ργ᾽ ³.|

Ἀφ᾽ οὗ Μάριος Ὠστίαν καταλα|6όμενος καὶ ἀναγκάσας συν[θέσ]θαι, οὐκ
10 ἐμμείνας τῆι πίστει‖ Ὀκτάουιον ⁴ ἀπέκτεινεν, Σύλλας | δὲ ἐπὶ τῆ<ι>ς Ἀττικῆς
Ἀθήνας | ἐξεπολιόρκησεν ἔτη ρβ᾽ ⁵. |

15 Ἀφ᾽ οὗ Φιμβρίας Μιθραδάτου στ‖ρατόπεδον περὶ Κύζικον | ἐνίκησεν καὶ Ἴλιον
ἐξεπο|λιόρκησεν καὶ ὑπὸ Σύλλα | συνσχεθεὶς ἑαυτὸν ἀνεῖ|λεν καὶ Μιθραδάτης
20 πρὸς ‖ Σύλλαν συνθήκας ἐποιή|σατο καὶ Φιλοπάτωρ τὸ | δεύτερον εἰς Βιθυνίαν |
25 κατελθὼν ἐβασίλευσεν ⁶ καὶ | Ἀριοβαρζάνης εἰς Καππα‖δοκίαν κατήχθη ⁷ · ἀφ᾽
οὗ ἔτη ρ᾽ ⁸..|

Ἀφ᾽ οὗ Σύλλας Νωρβανὸν νικᾷ | περὶ Καπύην καὶ Μάριον τὸν | ὕπατον ⁹ ἐν
30 Πραενέστωι συν|κλείσας διαδιδράσκοντα ‖ ἀπέκτεινεν · ἀφ᾽ οὗ ἔτη ζη᾽ ¹⁰. |

[Ἀφ᾽] οὗ Σύλλας δικτάτωρ ἐγένετο | [ἔ]τη μέχρι τοῦδε ζζ᾽ ¹¹. |

[Ἀφ᾽] οὗ Σωτὴρ] ὁ Φύσκων ἐπι|κληθεὶς ἀπέθα]νεν ἔτη ζς᾽ ¹². ‖

35 [.....................] φιλα | [..........]

1. Anni 401. — 2. Hic Soter Physcon est Ptolemaeus Soter dictus, vel Philometor, vel
etiam Lathyros, qui regnum in Aegypto obtinuit primum ab anno ante C. n. 116 usque
ad annum 108, postea pulsus est Alexandria, dein rediit anno ante Chr. n. 88 et rex
denuo factus est. — 3. Anni 103. — 4. Cn. Octavius, consul anni U. C. 667, ante
C. n. 87. — 5. Anni 102. — 6. Nicomedes III Philopator, rex Bithyniae, amicus populi
Romani, regno pulsus erat a fratre Socrate, qui partes Mithradatis Eupatoris in Asia
tenebat. Mithridate victo apud Cheroneam et Orchomenum, et Sylla Asiam ingresso,
Philopator denuo regnum adeptus est. — 7. Eadem sors Ariobarzanis, Cappadociae regis,
fuit atque Nicomedis Philopatoris. Regno pulsus a Mithradate, in regnum revocatus
est a Romanis. — 8. Anni 100. — 9. C. Marius, C. Marii filius, consul fuit anno U. C.
672, ante C. n. 82 : eodem anno, Praeneste capta, interfectus est aut sibi ipsi mortem
conscivit. — 10. Anni 98. — 11. Anni 97. — 12. Anni 96. — Tabula scripta esse videtur
anno p. C. n. 15/16. Cf. Henzen, *Annali*, 1853, p. 83; *Rhein. Mus.*, IX (1854), p. 161.

---

176. Romae, in hemisphaerio vel solario. — *Insc. gr. Sic. et Ital.*, 1307.

Ἰανουάριος	Τοξ(ευτής)	Αἰγ(όκερως)	Δεκέμβριος
Φεβράριος	Σκο(ρπίος)	Ὑδρ(οχοεύς)	Νοέμβριο[ς]
[Μ]άρτιος	Ζυγ(ός)	Ἰχθ(ῦς)	Ὀκτώβρι[ος]
[Ἀπ]ρίλιος	Παρθ(ένος)	Κρεῖ(ος)	Σεπτέμβ[ριος]
[Μα]ῖος	Λέων	Ταῦρ(ος)	Αὔγο[υστος]
[Ἰούν]ιος	Καρκί(νος)	Δίδυμ(οι)	Ἰ[ούλιος].

177. Romae, in basi dodecagona. — *Insc. gr. Sic. et Ital.*, 1308.

a. Ori|ens. |	'Αφη|λιώ|της |	Sola|nus
b.	Καικί|ας |	Vul|tur|nus
c.	Βορέ|ας |	Aqui|lo
d. Sep|ten|trio |	'Απαρ|κ(τ)ίας ¹ |	Septen|trio
e.	Θρα|κίας |	Cir|cius
f.	'Ιάπυξ ² |	Cho|rus
g. Occi|dens |	Ζέφυ|ρος |	Fauo|nius
h.	Λίψ |	Afri|cus
i.	Λιβό|νοτος |	Austro|afri|cus
j. Meri|dies	Νό|τος |	Auster
k.	Εὐρό|νοτος |	Euro|aus|ter
l.	Εὖ|ρος |	Eu|rus

1. 'Απαρκτίας, seu ἀπὸ ἄρκτου ἄνεμος. — 2. Apud Plinium (*Hist. nat.*, II, 47), 'Ιάπυξ dicitur 'Αργεστής. De ventorum numero et nominibus apud Graecos Romanosque, cf. Plinium (loc. cit.).

---

178. Inter multos titulos qui graphio aut penicillo parietibus domus Gelotianae in Palatino monte inscripti usque ab nostram aetatem remanserunt (*Bullett. comun.*, 1893, p. 248 sqq.; 1894, p. 89 sqq.; 1895, p. 193 et sqq.) paucos elegimus prae caeteris memorabiles.

a) 'Αλεξαμενὸς fidelis (*op. cit.*, n. 74).

b) 'Αλεξαμενὸς σέβετε θεόν ¹ (129).

c) Βάσσος πυγίζον ² (99).

d) 'Ασκληπιοδότος ὁ Σκύθης (130).

e) Νεικάενσις 'Αφ(ρικανὸς) 'Αδρυμητῖνος (205).

f) Ζώσιμος Ἕλλην (215).

g) Μᾶρκος Αὖλιος ³ \| Ὄλυμπο[ς] η ⁴ VII \| βιγούλω[ν] Σεβη\|ριανὰ ⁵ φή(κι) ση\|βα\|κιάρια ⁶ (308 = *C. I. L.*, VI, 3050).

1. De hoc titulo notissimo cf. Kraus, *Realencyklopädie*, II, p. 774; Wünsch, *Sethianische Verfluchungstafeln*, p. 111 et sqq. — 2. Πυγίζον = πυγίζων, latine, paedicans. — 3. Αὖλιος pro Αὔλιος. — 4. Nota littera graeca H significari cohortem. — 5. Vigilum Severiana. — 6. Cf. supra n. 142, not. 2.

179. Romae, ad basilicam S. Pauli. — *Insc. gr. Sic. et Ital.*, 1315.

Ἕκτον ἐπ' εἰκοστῷ πλήσας ἔτος | Ἄβγαρος [1] ἔνθα |
ταρχύθη, μοιρῶν ὡς ἐπέκλωσε μίτος · |
ᾧ φθόνος ὡς ἄδικός τις ἀπέσβεσεν ‖ ἀρχόμενον φῶς, |
λυπήσας δὲ [2] γένος καὶ φιλίους ἑτάρους. |
Τύμβον δ' Ἀντωνῖνος ἐῷ θέτο | τοῦτον ἀδελφῷ · |
οἷσιν ὁ πρὶν βασιλεὺς Ἄβγαρος [3] ‖ ἦν γενέτης.

1. Est Severus Abgarus X, Edessenorum rex ultimus, qui, anno 216 p. C. n. a Severo
Antonino captus, Romam adductus est ibique interiit. — 2. Δὲ in τὸ corrigit Kaibel. —
3. « Abgarus pater, antea rex » est L. Aelius Septimius Abgarus IX, Edessenorum rex
ab anno p. C. n. 179 usque ad annum 214. Cf. *Prosop. imp. rom.*, I, p. 3 n. 7 et 8, et
Pauly-Wissowa, *Realencyclopädie* s. v. *Abgar*, n. 9 et 10.

180. Romae. — *Insc. gr. Sic. et Ital.*, 1325.

Ἀγρίππας Φο|ύσκου Φαινή|σιος [1] θεοσεβής.

1. Phaenesius, id est ex oppido Phaeno vel Phaena oriundus, in Idumaea sive Arabia
Petraea, inter Zoaram et Petram, sito : unde conjicias hunc Agrippam Fusci f., θεοσεβῆ,
Judaeum fuisse.

181. Romae, ad S. Stephanum in Caco. — *Insc. gr. Sic. et Ital.*, 1329.

Π. Αἴλιος | Ἀσκληπιά|δης κατὰ | δια‖θήκην [1].

1. Scil. ex testamento.

182. Romae, ad amphitheatrum. — *Insc. gr. Sic. et Ital.*, 1330.

Θ(εοῖς) κ(αταχθονίοις). | Τ. Αἴλιος | Ἀσκληπιάδης | Σεβαστοῦ ‖ ἀπελεύθε-
ρος | ἰατρὸς | λούδ(ου) ματ(ουτίνου) [1] | χειρ(ουργός).

1. Scil. medicus chirurgus ludi matutini quo praesertim bestiarii venatoresque pugnabant; cf. *C. I. L.*, VI, 10171, 10172.

183. Romae. — *Insc. gr. Sic. et Ital.*, 1343.

Ὁ πατὴρ | Αἰλίῳ Φαύστῳ | ἀγαθῷ ἥρωι | στεφανηφόρῳ.

184. Romae. — *Insc. gr. Sic. et Ital.*, 1348.

⁵ Θ(εοῖς) x(αταχθονίοις). | Αἰλία Βικτωρία ¹ | Αἰλίῳ Φιλο|κάλῳ θρεπτῷ ‖ ζήσαντι ἔτη ιε´ | μνήμης χάριν | ἐποίησε, γένος Τυρίῳ.

1. Sic lapis : Βικτωρῖνα corrigit Kaibel.

---

185. Romae. — *Insc. gr. Sic. et Ital.*, 1349 ; *C. I. L.*, VI, 10939.

Κ(αταχθονίοις) Θ(εοῖς). | Αἰλία Μάξιμα | Ζουλίαι Εἰρίνηνι | ματρι βενε με-ρεντι | φηκιτ ¹.

1. Id est matri bene merenti fecit.

---

186. Romae. — *Insc. gr. Sic. et Ital.*, 1452.

Αὐρήλιος Ἀφροδίσιος (σ)τρατι|ώτης πραιτωριανὸς Λουκίῳ | Αἰλιανῷ τῷ
⁵ κηδεστῇ μου τὴν | σορόν · καὶ βούλομαι μηδένα ἕτερον ‖ ἀνῦξαι · εἰ δέ τις
τολμήσει, δώσει προσ|τίμου τῷ ἱερωτάτῳ ταμιείῳ ¹ (δηνάρια) ͵ε´ ² καὶ τοῖς |
κληρονόμοις (δηνάρια) ͵ε´. Χαίρετε. |

1. Scil. fisco imperatoris. — 2. « Numerale utrubique non ε´ (quinque), sed ͵ε´ (quinque millia) scripsi, quae solita multa est. » Kaibel, jure quidem.

---

187. Romae. — *Insc. gr. Sic. et Ital.*, 1366.

[Hic iacet Ogygii Bacc]hi dei nota | [sacerd]os |
[Pastophorus] quae Deae Nilo|[tidis usq(ue) p]udica, ‖
⁵ [Nomine Ale]xandria, cui flos | [uixd]um (?) iuuentae, |
[Cum iam P]arcarum nota sustu|[lit] inuida Diti|.
[Ἐνθά]δε Ἀλεξάνδρια κόρη πρόπολος ¹ Διονύσου ‖
¹⁰ [π]αστοφόρος ² τε θεᾶς Νειλωτίδος Εἴσιδος ἁγνῆς |
εἴκοσι δὶς πληρώσασα χρόνο[υς ?] κεῖται λυκαβάντων.

1. Scil. sacerdos. — 2. De pastophoris Isidis, v. G. Lafaye, *Histoire du culte des divinités d'Alexandrie*, p. 146.

188. Romae, in via Appia. — *Insc. gr. Sic. et Ital.*, 1368.

Ἄλκηστις τοὔνομα | τῶι δ' ἐπὶ τύμβωι κεῖ|μαι σὺν θυγατρὶ Ἑρμιόνη | βιώσασα
5 δ' καὶ κ' ἔτος · πα‖τρὶς δ' ἐμοὶ ὑπάρχει Ἀσίη|θεν Ἀφροδισιάς · εὐσεβεί|ης
δὲ εἵνεκα, ἧς τοὔνομα | ἐκόσμησα, καὶ γέγονα Ἄλ|κηστις ἐκείνη ἡ πάλαι
10 φ‖λανδρος, ἣν καὶ θεοὶ καὶ βρο|τοὶ ἐμαρτύρησαν σω|φροσύνης εἵνεκα · τού|των
15 δ' ἐμοὶ μίζων μάρ‖τυς σύμβιος [1], ὃς καὶ εὐσεβίην πᾶσαν εἰς ἐμὲ | ἐξετέλεσσεν,
ὧι καὶ θε|οὶ ἀμοιβὰς καὶ τὰ δίκαια | τὰ ἡμέτερα ἀποδοῖεν. | Κλ. Μάξιμος
20 ἰδίαι ‖ συμβίωι καὶ θυγατρὶ | μνήμης εἵνεκα ἐποίει.

1. « Μείζων μάρτυς etsi fortasse explicari potest ita ut sit testis luculentior illis qui de
Alcestide testati sunt, tamen vereor ne scriptor voluerit τούτων δ' ἐμοὶ ζῶν μάρτυς σύμβιος. »
Kaibel.

---

189. Romae. — *Insc. gr. Sic. et Ital.*, 1369.

5 Αλλονια | Μαρκελα φη|χιτ μαριτο σου|ο βενε μερε(ν)τι Α‖λονιο Ζωτικο · | ανως
βιξιτ μιχ|ου | XXII.

Intellege : Allonia Marcella fecit marito suo bene merenti Alonio Zotico; annos vixit
mecum XXII.

---

190. Romae, ut videtur; nunc est Neapoli in museo. — *Insc. gr. Sic. et Ital.*, 1371.

5 Θεοῖς κατα|χθονίοις. Ἄλυ|ει πραγματευ|τῇ [1], ὃς ἔζησεν ‖ ἔτη με' συμ|βίῳ,
10 μεθ' οὗ | ἔζησα ἔτη δέκα, | Αὐρηλία Ῥηγεῖ|να μνήμης ‖ χάριν ἀνέθηκα.

1. Negotiator.

---

191. Romae. — *Insc. gr. Sic. et Ital.*, 1372.

5 Π. Ἀλφηνὸς | Μαρτιάλης | Λαοδικεὺς | τῆς Ἀσίας πα‖ρόδοις χαί|ρειν · πατὴρ
ἐ|ποίησε τῷ ἰδίῳ | τέκνῳ, ζήσαν|τι ἔτη θ'.

---

192. Romae. — *Insc. gr. Sic. et Ital.*, 1374.

Ὁ κλεινὸς ἶνις βασιλέως Ἀμαζάσπος [1] |
ὁ Μιθριδάτου βασιλέως κασίγνητος, |
ᾧ γαῖα πατρ[ὶ]ς Κασπίας παρὰ κλήθρας, |

     Ἴβηρ Ἴβηρος, ἐνθαδὶ τετάρχυται ‖

5   πόλιν παρ' ἱρήν [2], ἣν ἔδειμε Νικάτωρ |
     ἐλαιόθηλον ἀμφὶ Μυγδόνος νᾶμα · |
     θάν[ε]ν δ' ὀπαδὸς Αὐσόνων ἀγήτορι |
     μολὼν ἄναχ[τι Π]αρθικὴν ἐφ' ὑσμίνην [3], |
     πρίν περ παλά[ξ]αι χεῖρα δηίῳ λύθρωι, ‖

10   ἴφθιμον αἴαι χεῖρα δουρὶ κα[ὶ τ]όξω[ι] |
     καὶ φασγάνου κνώδοντι, πεζὸς ἱπ[πεύς τε ·]
     ὁ δ' αὐτὸς ἴσος παρθένοισιν αἰδοίαις.

1. De Amazaspo, cf. *Prosop. imp. rom.*, I, p. 52, n. 409. — 2. Nisibis, sive Antiochia Mygdonia. — 3. Pugnavit et cecidit Amazaspus, partes Romanorum amplexus in bello quod Trajanus contra Parthos anno 115-116 p. C. n. gessit. Verisimile est Amazaspi, primum ad Nisibim sepulti, ossa ex Mesopotamia Romam transvecta esse.

In via Appia tertio ab Urbe lapide, Herodem Atticum in honorem Anniae Regillae uxoris « luminis domus, cujus haec praedia fuerunt » (cf. n° 193), Triopeum constituisse notum est. Idem in eadem regione Cereri Faustinaeque, et Minervae Nemesique fana consacravit quorum in altero (qui hodie templum Dei Rediculi dicitur) uxoris heroum et statuam collocavit. Cf. Lanciani, *Pagan and christian Rom.*, p. 288 sqq. Ad quae pertinent quatuor inscriptiones quae infra transcriptae sunt. De Appia Regilla cf. *Prosop. imp. rom.*, I, p. 79, n. 557 ; de Claudio Attico Herode, *ibid.*, p. 351, n. 654.

193. *Insc. gr. Sic. et Ital.*, 1391 ; *C. I. L.*, VI, 1342.

Ἀννία Ρήγιλλα | Ἡρώδου γυνή, τὸ φῶς | τῆς οἰκίας, τίνος [1] ταῦ|τα τὰ χωρία γέγοναν. ‖

5   Annia Regilla, | H[e]rodis uxor, | lumen domus, | cuius haec praedia | fuerunt.

1. I. e. ἧς τινος.

---

194. *Insc. gr. Sic. et Ital.*, 1389.

A   Μαρχέλλου.|

     Δεῦρ' ἴτε, Θυβριάδες, νηὸν ποτὶ τόνδε, γυναῖκες, |

Ῥηγίλλης ἕδος ἀμφὶ θυοσκόα ἱρά φέρουσαι · |
ἡ δὲ πολυκτεάνων μὲν ἔην ἐξ Αἰνεαδάων, |

5   Ἀγχίσεω κλυτὸν αἷμα καὶ Ἰδαίης Ἀφροδίτης, |
γήματο δ' ἐς Μαραθῶνα · θεαὶ δέ μιν οὐρανιῶναι |
τίουσιν Δηώ τε νέη Δηώ τε παλαιή, |
τῇσί περ ἱερὸν εἶδος ἐυζώνοιο γυναικὸς |
ἀγχεῖται · αὐτὴ δὲ μεθ' ἡρώνῃσι νένασται |

10   ἐν μακάρων νήσοισιν, ἵνα Κρόνος ἐνβασιλεύει · |
τοῦτο γὰρ ἀντ' ἀγαθοῖο νόου εἴληχεν ἄποινον, |
ὡς οἱ Ζεὺς ᾤκτειρεν ὀδυρόμενον παρακοίτην, |
γήραι ἐν ἀζαλέωι χήρηι περικείμενον εὐνῆι, |
οὕνεκά οἱ παῖδας μὲν ἀμύμονος ἐκ μεγάροιο |

15   Ἅρπυιαι κλωθῶες ἀνηρείψαντο μέλαιναι |
ἡμίσεας πλεόνων · δοιὼ δ' ἔτι παῖδε λιπέσθην, |
νηπιάχω ἀγνώ τε, κακῶν ἔτι πάμπαν ἀπύστω, |
οἵην σφι νηλὴς κατὰ μητέρα πότμος ἔμαρψε, |
πρίν περ γηραιῆισι μιγήμεναι ἠλακάτῃσι · |

20   τῶι δὲ Ζεὺς ἐπίηρον ὀδυρομένωι ἀκόρητον |
καὶ βασιλεὺς Διὶ πατρὶ φυὴν καὶ μῆτιν ἐοικώς, |
Ζεὺς μὲν ἐς ὠκεανὸν θαλερὴν ἔστειλε γυναῖκα |
αὔρῃσι Ζεφύροιο κομιζέμεν Ἠλυσίῃσιν, |
αὐτὰρ ὁ ἀστερόεντα περὶ σφυρὰ παιδὶ πέδιλα |

25   δῶκεν ἔχειν, τὰ λέγουσι καὶ Ἑρμάωνα φορῆναι, |
ἦμος ὅτ' Αἰνείαν πολέμου ἐξῆγεν Ἀχαιῶν |
νύκτα διὰ δνοφερήν · ὁ δέ οἱ περὶ ποσσὶ σαωτὴρ |
παμφανόων ἐνέκειτο σελ[ηναίη]ς κύκλο[ς εὐ]ρ[ύς. |
Τὸν δὲ καὶ Αἰνεάδαι ποτ' ἐνερράψαντο πεδίλῳ |

30   [ἔμμεναι] Αὐσο[νίοις εὐ]ηγενέεσσι γέρα[τ]α. |
Οὔ μιν ὀνόσσηται καὶ Κεκροπίδην περ ἐόντα |
Τυρσηνῶν ἀρχαῖον ἐπισφύριον γέρας ἀνδρῶν, |
Ἕρσης ἐκγεγαῶτα καὶ Ἑρμέω, εἰ ἐτεὸν δὴ |
Κῆρυ[ξ] Ἡρώδεω πρόγονος Θησηιάδαο. |

35   Τοὔνεκα τειμήεις καὶ ἐπώνυμος, ἦ μὲν ἄνασσαν |
ἐς βουλὴν ἀγέρεσθαι, ἵνα πρωτόθρονες ἕδραι, |

Ἑλλάδι δ' οὔτε γένος βασιλεύτερος οὔτε τι φωνὴν |
Ἡρώδεω · γλῶσσαν δέ τέ μιν καλέουσιν Ἀθηνέων. |
Ἥ δὲ καὶ αὐτή περ καλλίσφυρος Αἰνειώνη ‖

40   καὶ Γανυμηδείη καὶ Δαρδάνιον γένος ἦην |
Τρωὸς Ἐριχθονίδαο · σὺ δ', ἰ φίλον, ἱερὰ ῥέξαι |
καὶ θῦσαι · θυέων ἀτὰρ οὐκ ἀέκοντος ἀνάγκη · |
ε[ὖ] δέ τοι εὐσεβέεσσι καὶ ἡρώων ἀλεγίζειν · |
οὐ μὲγ γὰρ θνητή, ἀτὰρ οὐδὲ θέαινα τέτυχται · ‖

45   τοὔνεχεν οὔτε νεὼν ἱερὸν λάχεν οὔτε τι τύμβον |
οὐδὲ γέρα θνητοῖς, ἀτὰρ οὐδὲ θεοῖσιν ὅμοια. |
Σῆμα [δέ] οἱ νηῶι ἴκελον δήμωι ἐν Ἀθήνης, |
ψυχὴ δὲ σκῆπτρον Ῥαδαμάνθυος ἀμφιπολεύει. |
Τοῦτο δὲ Φαυστείνηι κεχαρισμένον ἧσται ἄγαλμα ‖

50   δήμωι ἐνὶ Τριόπεω, ἵνα οἱ πάρος εὐρέες ἀγροὶ |
καὶ χορὸς ἡμερίδων καὶ ἐλαιήεντες ἄρουραι. |
Οὔ μ[ι]ν ἀτιμήσειε θεὴ βασίλεια γυναικῶν, |
ἀμφίπολον γεράων ἔμεναι καὶ ὀπάονα νύμφην · |
οὐδὲ γὰρ Ἰφιγένειαν ἐύθρονος Ἰοχέαιρα, ‖

55   οὐδ' Ἕρσην γοργῶπις ἀπητίμησεν Ἀθήνη, |
οὐδὲ μιν ἡρώηισι παλαιῆισιν μεδέουσα |
Καίσαρος ἰφθίμοιο παρόψεται ἔμπνια μήτηρ |
ἐς χορὸν ἐρχομένην προτεράων ἡμιθεάων, |
ἣ λάχεν Ἠλυσίηισι χοροστασίησιν ἀνάσσειν ‖

60   αὐτῆι τ' Ἀλκμήνη τε μάχαιρά τε Καδμειώνη. |

B   Πότνι' Ἀθηνάων ἐπιήρανε Τριτογένεια, |
ἥ τ' ἐπὶ ἔργα βροτῶν ὁράαις, Ῥαμνουσιὰς Οὖπι, |
γείτονες ἀγχίθυροι Ῥώμης ἑκατοντοπύλοιο, |
πείονα δὴ καὶ τόνδε, θεά, τειμήσατε χῶρον, ‖

5   δῆμον Δηφόιο φιλόξεινον Τριόπαο, |
τόφρα κε καὶ Τριόπειαι ἐν ἀθανάτοις ἀλέγησθον. |
Ὡς ὅτε καὶ Ῥαμνοῦντα καὶ εὐρυχόρους ἐς Ἀθήνας |
ἤλθετε, δώματα πατρὸς ἐριγδούποιο λιποῦσαι, |
ὡς τήνδε ῥώεσθε πολυστάφυλον κατ' ἀλωήν, ‖

10 λήιά τε σταχύων καὶ δένδρεα βοτρυόεντα |
   λειμώνων τε κόμας ἁπαλοτρεφέων ἐφέπουσαι. |
   Ὕμμι γὰρ Ἡρῴδης ἱερὴν ἀνὰ γαῖαν ἔηκε |
   τὴν ὅσσην περὶ τεῖχος ἐύτροχον ἐστεφάνωται, |
   ἀνδράσιν ὀψιγόνοισιν ἀκινήτην καὶ ἄσυλον ‖
15 ἔμμεναι · ἡ δ᾽ ἐπί οἱ ἐξ ἀθανάτοιο καρήνου |
   σμερδάλεον σίσασα λόφον κατένευσεν Ἀθήνη, |
   μή τωι νήποινον βῶλον μίαν ἢ ἕνα λᾶαν |
   ὀχλίσσαι, ἐπεὶ οὐ Μοιρέων ἀτρεῖες ἀνάγκαι, |
   ὅς κε θεῶν ἐδέεσσιν ἀλιτροσύνην ἀναθήῃ. ‖
20 Κλῦτε, περικτίονες καὶ γείτονες ἀγροιῶται, |
   ἱερὸς οὗτος ὁ χῶρος, ἀκίνητοι δὲ θέαιναι |
   καὶ πολυτίμητοι καὶ ὑποσχεῖν οὔας ἕτοιμαι · |
   μηδέ τις ἡμερίδων ὄρχους ἢ ἐ[π᾽] ἄλσεα δενδρέων |
   ἢ ποίην χιλῶι εὐαλδέι χλωρὰ θέουσαν ‖
25 δμωὴν κυανέου Ἀίδος [π]ήξειε μάκελλαν, |
   σῆμα νέον τεύχων ἠὲ πρότερον κεραΐζων · |
   οὐ θέμις ἀμφὶ νέκυσσι βαλεῖν ἰρόχθονα βῶλον, |
   πλὴν ὅ κεν αἵματος ἧισι καὶ ἐκ γένος ἐσσαμένο[ιο] · |
   κείνοις δ᾽ οὐκ ἀθέμιστον, ἐπεὶ τιμάορος ε[ἴ]στωρ · ‖
30 καὶ γὰρ Ἀθηναίη [ποτ᾽] Ἐριχθόνιον βασιλῆα |
   νηῶι ἐνκατέθηκε συνέστιον ἔμμεναι ἱρῶν. |
   Εἰ δέ τωι ἄκλυτα ταῦτα καὶ οὐκ ἐπιπείσεται αὐτοῖ[ς, |
   ἀλλ᾽ ἀποτιμήσ[ε]ι, μή οἱ νήτιτα γένηται, |
   ἀλλά μιν ἀπρόφατος Νέμεσις καὶ ῥόμβος ἀλάστωρ ‖
35 τίσονται, στυγερὴν δὲ κυλινδήσει κακότητα · |
   οὐδὲ γὰρ ἴφθιμον Τριόπεω μένος Αἰολίδαο |
   ὦναθ᾽, ὅτε νειὸν Δημήτερος ἐξαλάπαξεν. |
   Τῶι ἤτοι ποινὴν καὶ ἐπωνυμίην ἀλ[έ]ασθα[ι] |
   χώρου, μή τοι ἔπηται ἔπι Τρ[ι]όπειος Ἐρινύς. |

De his titulis cf. E. Q. Visconti, *Iscriz. gr. triopee ora Borghesiane* in libro dicto *Opere varie*, I, p. 237-362; Froehner, *Insc. gr. du Louvre*, p. 9-24; Kaibel, *Epigr. gr.*, 1046; Vidal-Lablache, *Hérode Atticus*, p. 5 et seq.; p. 74-77.

195. In columnis duabus positis in Triopei introitu. — *Insc. gr. Sic. et Ital.*, 1390.

A

ab una parte.

5-10 Οδενι | θεμι|τον με|ταχινε‖σαι εχ το | Τριοπιο | ho εστιν | επι το | τριτο ‖ εν τει |
15-20 hοδοι | τει Αππια | εν τοι | Ηεροδο ‖ αγροι · ο|γαρ λοι|ον τοι | χινεσαν|τι. Μαρ‖τυς
δαι|μον | Ενhοδια. |

ab altera parte.

25 Και hοι χιο|νες Δεμετρος ‖ χαι Κορες | αναθεμα | χαι χθονι|ον θεον χαι |

B

ab una parte.

5 Οδενι θε|μιτον με|ταχινεσαι | εχ το Τριο‖πιο ho εσ|τιν επι το|τριτο εν|τει hοδοι |
10-15 τει Αππιαι ‖ εν τοι Ηερο|δο αγροι · | ο γαρ λοι|ον τοι | χινεσαντι. ‖ Μαρτυς |
δαιμον | Ενhοδια. |

ab altera parte.

20 Και hοι χιονες | Δεμετρος χαι ‖ Κορες αναθεμα | χαι χθονι|ον θεον. |

De litterarum forma et de iis quae ad grammaticam spectant, cf. *C. I. Gr.*, 26 ; Vidal-Lablache, *Hérode Atticus*, p. 68 et suiv.

Sic lege : Οὐδενὶ θεμιτὸν μετακινῆσαι ἐκ τοῦ Τριοπίου, ὅ ἐστιν ἐπὶ τοῦ τρίτου ἐν τῇ ὁδῷ τῇ Ἀππίᾳ ἐν τῷ Ἡρῴδου ἀγρῷ · οὐ γὰρ λῶον τῷ κινήσαντι. Μάρτυς δαίμων Ἐνοδία.

Καὶ οἱ κιόνες Δήμητρος καὶ Κόρης ἀνάθημα καὶ χθονίων θεῶν.

---

196. *Insc. gr. Sic. et Ital.*, 1392.

Ἡρῴδης μνημεῖον καὶ | τοῦτο εἶναι τῆς αὐτοῦ | συμφορᾶς καὶ τῆς ἀρε|τῆς
5 τῆς γυναικός. ‖ Ἔστιν δὲ οὐ τάφος · τὸ | γὰρ σῶμα ἐν τῇ Ἑλλάδι | καὶ νῦν
10 παρὰ τῷ ἀνδρὶ | ἐστίν. Τὸν ἐκ ταύτης | παῖδα εἰς τοὺς Εὐπα‖τρίδας ἐν Ῥώμη
ἐνέγρα|ψεν Ἀντωνῖνος αὐτο|κράτωρ, Εὐσεβὴς ὑ|πὸ τῆς πατρίδος καὶ | πάντων
15 κληθείς, ‖ ἀνενεγκὼν εἰς τὴν | βουλὴν συνκλήτου | δόγματι.

Cf. Michaelis, *Anc. Marbles*, p. 27 ; — Vidal-Lablache, *Hérode Atticus*, p. 171-172.

197. Romae. — *Insc. gr. Sic. et Ital.*, 1401 ; *C. I. L.*, VI, 12006.

5   Αντονιο Ποτεολα|νο φιλιο δουκισιμ|ο 6εν μερτι Τ. Ατο|νιος Μαρινος π‖ατερ φηχιτ [1].

1. Lege : Antonio Puteolano filio dulcissimo ben(e) mer(en)ti T. A(n)tonius Marinus pater fecit.

198. Romae, ad S. Susannam. — *Insc. gr. Sic. et Ital.*, 1402.

5   Θ(εοῖς) x(αταχθονίοις). | Λ. Ἀντωι|νίῳ Ὑαχίν|θῳ, Λαοδιχεῖ ‖ τῆς Ἀσίας, στρα|τηγῷ, Ἀσίαρ|χη [1], Εὐτύχης | ἀπελεύθερος | μνίας χάριν.

1. L. Antonius Hyacinthus fuit praetor (στρατηγός) Laodiceae, et Asiarches, i. e. sacerdos Augusti provinciae Asiae.

199. Romae. — *Insc. gr. Sic. et Ital.*, 1408.

Ἀπρωνιά|δι χατοι|χομένη | Λαδιχηνῇ [1].

1. I. e. Λαοδιχηνῇ, Laodicensi.

200. Romae. — *Insc. gr. Sic. et Ital.*, 1413.

Δ(ις) Μ(ανι6υς). Μ. Ἀργεναίῳ [1] | Εὐτάχτῳ Λει6ε|ρᾶλις ὁ ἴδιος ἀ|δελφὸς τὴν
5 χαμά‖ραν μνείας χάριν | χαὶ εὐεργεσιῶν χαι | εὐνοίας πάσης, μέ|χρις θανάτου
10 εὐνοήσαντα, ἔτε|σιν ε΄ συνξενειτεύσαντα ‖ ἔθηχα τὸν ἀδελφὸν ἐτῶν ιδ΄. | Ταῦ[τα].

1. « Argenaeae gentis non repperi aliud exemplum » Kaibel.

201. Romae. — *Insc. gr. Sic. et Ital.*, 1419.

5 Γν. Ἀρρίωι | Στρατοχλεῖ | πλάστηι Ἀθηναίωι | Ἀρρία Ἀρτεμισία ‖ ἀνδρὶ τιμιωτάτ[ωι] | χαὶ ἑαυτῆι ἐποί[ει].

202. Romae. — *Insc. gr. Sic. et Ital.*, 1420.

Ἀρτεμὼ Λαχωνὶς | ἡ Σα6είνου σύν6ιος
ἔτεσιν | τοσούτοις — ιδ΄ — ἀλλὰ νῦν | εἰς τοὺς θεούς.

6

203. Romae, in vinea Cavalieri. — *Insc. gr. Sic. et Ital.*, 1424.

Ἀνέρες, οἱ πάρος Αὐσονίων | πέδον εἴχετε, ξεῖνοι, |
βαιὸν ἐπὶ τραφερῇ χθονὶ δερ|κόμενοι τόδε δῶμα ‖
5   ἀνδρὸς ὀπιζομένου Ζηνὸς | νόον αἰγιόχοιο, |
ὃς ποτ' ἔδειξε βροτῶν πολυ|πλάγκτοισιν πραπίδεσσιν |
10 ψυχὴν ἀθανάτην κἀγήραον ‖ ἐκ Διὸς αἴσης, |
μάρτυρα Φοῖβον ἀμύμ(ω)σιν | <ἐν> σελίδεσσι χαράξας. |
Οὐδ' ἄρα θνητὸς ἔην, ὑπ' ἀνάγ|κης δ' ὑψιμέδοντος ‖
15 τύμβῳ εἰναλέῳ πεπεδημέ|νος ἤνυσεν οἶμον · |
ἐκ ῥεθέων δ' ἅμα στείχων σε|μνὸν ἔβη Διὸς οἶκον, |
20 Λητοίδῃ καὶ Μούσαις βωμὸν ‖ ὑπ' ἠέρι τεύξας ·
εἰητὴρ δ' ἅμ' Ἀσκληπιάδης [1] μα|κάρων τρίβον ἧει, |
χρημοσύνην δ' ἔλιπεν πολυκή|ριον ἐν νεκύεσσιν.

1. Apud medicos aetate imperatoria nomen Asclepiades non rarum; cf. Pauly-Wissowa, *Realencyclopädie*, sub v. Asclepiades, n. 37-46. « Asclepiades hic fuit medicus, librumque scripsit de immortalitate animae. » Kaibel.

---

204. Romae. — *Insc. gr. Sic. et Ital.*, 1429.

Θ(εοῖς) [χ(αταχθονίοις)]. | Ἀσκληπιόδοτος | Μαρχιανοῦ Νιχο|μηδεὺς ζήσας ‖
5 ἔτη δέχα καὶ ἕν, | μῆνας δέχα, | ἡμέρας δέχα. |

---

205. Romae. — *Insc. gr. Sic. et Ital.*, 1430.

Θ(εοῖς) χ(αταχθονίοις). | Ἀσκληπιό[δοτο vel δωρο]|ς Θεοδώρ[ου Ν]|ειχομη-
5 δε[ὺς ζ]‖ήσας ἔτε(σι) ν'....... | οιρηγινστ.... μνημε[τ]ο[ν.]

« Versum sextum non expedio. Videtur nomen fuisse ejus qui posuit monumentum. » Kaibel.

---

206. Romae. — *Insc. gr. Sic. et Ital.*, 1432.

Τέρμα βίου τελέσας | παῖς [γ]άειος ἐνθάδε χεῖ|μαι,
ἀσχήσας [πάσης] εἶδος ὑπο|χρίσεως ·

5   ὀκτωκαίδεκ' ἔ‖τη ζήσας Ἀσκληπιόδω‖ρος,
γῆς ὢν πρόσθε γό‖νος μητέρα γαῖαν ἔχω.

« Asclepiodorus, ut mimus, servus erat, utque servus, nullius generis, sed terrae pro-
genies, terrenus filius.» Kaibel (*Epigr. gr.*, n. 606).

---

207. Romae. — *Insc. gr. Sic. et Ital.*, 1832.

Θ(εοῖς) κ(αταχθονίοις). | Μαργαρίτης πάλος πρῶτος | ἀσσεδαρίων [1], εἶτα
5 ἐπιστάτης, | Ἀταλάντῃ εἰδίᾳ ἀπελευθέρᾳ ‖ μηδὲν ὑπ' αὐτῆς λυπηθίς | μνίας
χάριν. Ἔζησε ἔτη | ιη', μῆνας β', ἡμέρας ιγ' · | εὐψύχι, Ἀταλάντη · ὅσα
γεννᾶτε τελευτᾷ.

1. Essedariorum. Essedarii gladiatores erant, qui pugnabant ex esseda. Quid significent verba πάλος πρῶτος, non plane liquet. De πάλῳ eruditi certant; cf. Bœckh, *C. I. Gr.*,
n. 2663 et Forcellini, *Lexicon*, sub v. Palus.

---

208. Romae. — *Insc. gr. Sic. et Ital.*, 1436.

Υἱὸς ἐγὼ γενόμην Ἀγαπωμενοῦ, ᾧ με μιγεῖσα |
Κουίντα τέχεν θαλερὴ Ῥηγίῳ ἐν διερῷ [1]. |
Ἐνδυκέως δὲ τρέφοντες Ἀτείμητόν με κάλεσαν · |
δῶρα δὲ Μουσάων καὶ βρέφος ὢν ἀγαπῶν ‖
5 δωδεκέτης ἦλθον Ῥώμην, φίλε, τῆς με καλύπτε[ι] |
ἥδε νέον βῶλος, πατρὶ λιπόντ' ἄχεα.

1. Rhegium urbs, ad fretum Siculum sita.

---

209. Romae. — *Insc. gr. Sic. et Ital.*, 1437.

Εἰς θρήνους ἐφύλαξας | Ἀτινίαν [1], ὦ<ι> κακὲ δαῖμον, |
οὐχ ὁσίως ποινὴν εὐσεβίης κατέθου · |
Ῥουστικὸν ἡγεμονῆα [2] πόσιν καὶ παῖδα τιθηνὸν ‖
5 Πομπήιον μαζῷ θελγόμενον γλυκερῷ, |
Μητέρα Ταρσογενῆ Πομπηίαν ἠδὲ Πούδεντας |
υἱὸν καὶ πάππον — φεῦ θανάτων ἀνίσων · |

πάππος μὲν γενεῆς προπάτωρ πέλεν, ἤίθεος δὲ |
ᾤχετ' ἔχων οὐδὲν πλὴν δακρύων πρὸ τάφου.

1. Atinia Pudentis et Pompeiae filia, Rustici uxor, Pudentis et Pompeii mater. — Cf.
Prosop. imp. rom., I, p. 177, n. 1099. — 2. Praeses provinciae alicujus; cf. *ibid.*, III,
p. 146, n. 156.

---

210. Romae. — *Insc. gr. Sic. et Ital.*, 1574.

5 Ἐπαφρόδειτος | Λουκίῳ Αὐδί|ῳ ʽ Καμερεί|νῳ ζήσαν‖τι ἔτη ξ'.

1. Αὔδιος respondere videtur gentilicio latino *Avidius;* nam ex titulo bilingui (*C. I.
L.*, III, 218 = Lebas-Waddington, 2806), patet gentilicio *Audius* respondere nomen
graecum Ὄδιος. Cf. *Prosop. imp. rom.*, I, p. 182, n. 1144.

---

211. Romae. — *Insc. gr. Sic. et Ital.*, 1443.

Αὐρήλιος | Ἀγαθίας | Σύρος μαρμαρά|ριος ʽ.

1. Scil. marmorarius.

---

212. Romae. — *Insc. gr. Sic. et Ital.*, 1449.

Κεῖμαι Αὐρήλιος Ἀντώ|νιος ὁ καὶ
ἱερεὺς τῶν τε | θεῶν πάντων, πρῶτον Βονα|δίης ʽ,
5 εἶτα Μητρὸς θεῶν καὶ Διο‖νύσου καὶ Ἡγεμόνος ² ·
τούτοις | ἐκτελέσας μυστήρια πάντοτε | σεμνῶς
νῦν ἔλιπον σεμνὸν | γλυχερὸν φάος ἠελίοιο ·
10 λοιπὸ|ν μύσται εἴτε φίλοι βιότητος ἑ‖κάστης
πάνθ' ὑπολανθάνετε τὰ | βίου συνεχῶς μυστήρια σεμνά, |
οὐδεὶς γὰρ δύναται μοιρ[ῶ]ν μί|τον ἐξαναλῦσαι · |
15 ἔζησον γὰρ ἐγὼ Ἀντώνιος οὗ‖τος ὁ σεμνὸς
ἔτεσιν ζ' ³, ἡμέραι|σιν ιϛ'. |

Ἐποίησαν Αὐρηλεία Ἀντωνεία καὶ Αὐ|ρήλιος Ὀνήσιμος γλυχυτάτῳ τέκνῳ |
μνήμης χάριν. ‖

20 Θ(εοῖς) χ(θονίοις).

1. I. e. Bonae deae. — 2. Hegemon nonnunquam dicitur deus Iacchos tanquam dux

pompae Eleusiniae (Roscher, *Lexikon der griech. und röm. Mythologie*, s. v. Hegemon Archegetes, n. 7). — 3. De puerili aetate Aurelii Antonii cf. Kaibel, *Epigr. gr.*, n. 587 et 588.

---

213. Romae. — *Insc. gr. Sic. et Ital.*, 1431.

M. Αὐρ. Ἀπολλώνιος [1] | ὁ καὶ Ὠριγένης, ἱππεὺς | Ῥωμαίων, τὸ κου-
6ούκλιν [2] | ἀπήρτισα.

1. Conferendus Aur. Apollonius quidam, procurator Augusti, cui cives et incolae Apolloniae in Pisidia statuam dedicaverunt (*Prosop. imp. rom.*, I, p. 196, n. 1209). — 2. Κου-
6ούκλιν, est cubiculum.

---

214. Romae. — *Insc. gr. Sic. et Ital.*, 1434.

Θ(εοῖς) κ(αταχθονίοις). | M. Αὐρ. Γρηγόριος Μέλας, | ἱππεὺς Ῥωμ(αίων), |
5 πολλοῖς τὴν ἑαυτοῦ μνή‖μης ἀξίαν χρηστότητα | καὶ καλοκάγαθίαν ἐν|δειξά-
μενος ἔζησεν | ἔτεσι μζ'.

---

215. Romae. — *Insc. gr. Sic. et Ital.*, 1433.

Πατὴρ [1] χαῖρε. |
5 D. M. s. | Aurel. Diogeneti | sacerdoti uene ‖ merenti fecit | Aurelia Caenis |
coiux con quem | vixit annis XXX.

1. Aurelius Diogenes fuit *pater* in Mithriacis mysteriis. Cf. Cumont, *Textes et monuments figurés relatifs au culte de Mithra*, n. 559 et p. 317.

---

216. Romae. — *Insc. gr. Sic. et Ital.*, 1462.

Αὐρήλιος Ἰα........ .....οντο ..... [ἐκ τῆς] | Κοίλης Συρίας [τ]οῦτον
τ[ὸν ....[1]] | ἐπόησα ἐ[μαυ]τῷ ἐκ τ[ῶ]ν [ἰδί|]ων μου καμάτ[ων]..?

1. ΟΥΤΟΝΤ...ΩΜΙ traditur.

---

217. Romae. — *Insc. gr. Sic. et Ital.*, 1464.

Αὐρήλιος Ἰσίδωρ[ος, ἱππεὺς] Ῥωμαίων, ζῶν [ἐποίησα] | ἐμαυτῷ καὶ Σαλ-
5 δίῃ....... | συμβίῳ μου τὸν αἰώ[νιον] ‖ οἶκον καὶ ἀπελευ[θέροις] | καὶ τοῖς
τούτων ἀπελε[υθέ|ρο]ις · εὐστάθι.

218. Romae. — *Insc. gr. Sic. et Ital.*, 1468.

Θ(εοῖς) χ(αταχθονίοις) | Μ. Αὐρηλίου | Κλεάνδρ|ου ἰατροῦ.

---

219. Romae. — *Insc. gr. Sic. et Ital.*, 1469.

Θ(εοῖς) χ(αταχθονίοις). | Μ. Αὐρηλίῳ Κράτῃ ἰατρῷ | Αἰλία Συντυχία συμ-
5 6ίῳ | γλυκυτάτῳ ‖ μνήας χάριν.

---

220. Romae. — *Insc. gr. Sic. et Ital.*, 1470.

5 Μ. Αὐρήλιος | Μακεδὼν | βετερανὸς | ἐνθάδε κεῖτε · ‖ μνείαν δέ μοι |
10 τήνδ[ε] ἠτέλεσ(αν) | υἰοὶ στοργῆς | χάριν | Αὐρήλιος Μη‖τρόδωρος καὶ Αὐρή-
λιος Ἄτταλος. |

---

221. Romae. — *Insc. gr. Sic. et Ital.*, 1471.

Θ(εοῖς) χ(αταχθονίοις). | Αὐρ. Νικίου | ἱππικοῦ τοῖς | <τοῖς> λιψάνοις ‖
5 ὁ ἀδελφὸς | Κρέων.

1. ΝΙΚΓΟΥ lapis.

---

222. Romae. — *Insc. gr. Sic. et Ital.*, 1472.

Θ(εοῖς) χ(αταχθονίοις). | Αὐρήλιος | Πάχορος, βασι|λεὺς μεγάλης Ἀρ‖με-
5 νίας [1], ἠγόρακα σαρ|χοφάγο(ν) Αὐρ. Μεριθά|τ[η] [2] ἀδελφῷ γλυκυ|τάτῳ,
10 ζήσαντι | σὺν ἐμοὶ ἔτη ‖ νς', μῆ(νας) β'.

1. De Aurelio Pacoro, Armeniae Majoris rege annis 161/163 p. C. n., cf. *Prosop. imp.
rom.*, III, p. 5, n. 22 (s. v. Pacorus). — 2. ΜΕΡΙΘΑΤΙ lapis.

---

223. Romae, in via Praenestina. — *Insc. gr. Sic. et Ital.*, 1474; *C. I. L.*, VI, 10049.

M. Aur. Polynices, nat(ione) uer|na, qui uixit ann. XXIX, mens. | IX, diebus V;
5 qui uicit palmas | n(umero) DCCXXXIX sic : in russeo n(umero) ‖ DCLV, in pra-
sino LV, in uene|to XII, in albo n(umero) XVII; prae|mia (sestertium) XXXX (mi-
lium) n(umero) III, (sestertium) XXX (milium) XXVI ; pu|ra n(umero) XI, octo-
iug(e) n(umero) VIII, dec(emiuge) n(umero) | VIIII, seiug(e) n(umero) III. ‖

10   M. Aur. Mollicius Tatianus | natione uerna qui uixit ann. | XX, mens. VIII, diebus VII; qui | uic(it) palmas n(umero) CXXV sic : in rus|seo LXXXVIIII, in 15 prasino XXIIII, ‖ in ueneto n(umero) V, in albo n(umero) VII |; praemia (sestertium) XXXX (milium) n(umero) II |.

> Θρέψε πάτρη 'Ρώμη κλυτὸς ἡνίοχος Πολυνείκης [1] |
> υἷε δύω Μακάριν [2] Τατιανόν τε κάσιν · |
20   [μοίρ]η δ' ἐν σταδίοισιν ἀγαλλομέν[ους κρατεροῖ]σ[ιν ‖
> ἥρ]πασεν ὠκυμόρους · τίς φθόν[ος............ |
> Θα]ρσεῖτον, δύο παῖδε, τεθνηχ[ότε καὶ Διὸς?] υἱώ · |
> [κοι]νὸν ἐπεὶ μερόπων πᾶσι μ[ένει τὸ τέλο]ς.

1. Polynices, nobilis auriga, pater est M. Aurelii Polynicis Macarii et M. Aurelii Mollicii Tatiani. — 2. Fratrum uterque duplici cognomine utebatur : quemadmodum Mollicio signum Tatianus, sic alteri Macarius additum erat.

---

224. Romae. — *Insc. Sic. et Ital.*, 1475.

5   Θ(εοῖς) (καταχθονίοις). | [Μ.] Αὐρήλιος | [Π]ρόκλος Νι|[κ]ομηδεὺς ‖ [ἐ]νθάδε κεῖ|ται · ἔζησεν ἔτη ξ'.

---

225. Romae, in S. Lucia prope Tiberim. — *Insc. gr. Sic. et Ital.*, 1477.

5   Εὐμέλι [1] ζήσαις. | Μ. Αὐρήλιον | Σατουρνεῖνον [2] | τὸν λαμπρότατ(ον) ‖ Σεπτίμιος | Ἑρμῆς | θρέψας. |

1. Eumelius, nomen sodaliciarium; cf. de Rossi, *Comment. in hon. Mommseni*, p. 705 et sqq. — 2. De M. Aurelio Saturnino, clarissimo viro, vide *Prosop. imp. rom.*, I, p. 214, n. 1300.

---

226. Romae. — *Insc. gr. Sic. et Ital.*, 1478.

5   Θ(εοῖς) κ(αταχθονίοις). | Μ. Αὐρη|λίῳ Σω|κράτη ἰατρῷ ‖ ἀρίστῳ Αὐρη|λία Εὐτυχία | συμβίῳ γλυκυ|τάτῳ μνίας | χάριν.

---

227. Romae, extra portam Piam. — *Insc. gr. Sic. et Ital.*, 1480.

Ἐνθάδε κ[εῖτε χ]ρηστὸς ἥρως, εὐσεβέστατος ἀνὴρ, Αὐρήλιος Φῆλιξ [πράξας στρατείας] | τρεῖς, κεντηνάριαν, δουκηναρίαν, καὶ τοὺς καθ' ὅλου λόγους ἐπ[ι-τροπεύσας ¹.] | Κεῖται δὲ σὺν αὐτῷ υἱὸς αὐτοῦ Αὐρήλιος Ἰοῦστος, γλυκὺ πνε[ῦμα?...] | καὶ ὅσιος, πράξας στρατείας τρεῖς, σεξαγηναρίας τρο[φῶν ²...

1. De Aurelio Felice, a tribus militiis, procuratore centenario, ducenario, et summa-rum rationum, cf. *Prosop. imp. rom.*, I, p. 205, n. 1247. — 2. De Aurelio Justo, a tribus militiis, procuratore sexagenario alimentorum..., cf. *ibid.*, p. 210, n. 1271.

228. Romae, in via Tiburtina. — *Insc. Sic. et Ital.*, 1487.

Αὐρ. Κύ[ρι]λλα[ν] τὴν | καὶ Ὑπερεχίαν | τὴ[ν] ἑαυτοῦ ἐκγό|νη[ν] Αὐρ.
5 Νεί‖κανδρος ὁ λαμ|πρό(τατος) ¹ δυστυχὴς | πάππος.

1. Vir clarissimus.

229. Romae. — *Insc. gr. Sic. et Ital.*, 1488.

Θ(εοῖς) κ(αταχθονίοις). | Αὐρηλία Προσόδῳ | Διοσκουρίδης ἀνὴρ | τῇ [ἑ]αυ-
5 τοῦ ¹ συνβίῳ ‖ χρηστοτάτῃ καὶ γλυκυτά|τῃ μνίας χάριν · | εὐψύχει, κυρία, |
10 καὶ δοί(η) σοι ὁ | Ὄσιρις τὸ ψυχρὸν ὕδωρ ‖ · ἐπόησε ἑαυτῷ | καὶ ἀπελευθέρων ἀπελευθέροις.

1. ΗΑΥΤΟΥ lapis.

230. Romae. — *Insc. gr. Sic. et Ital.*, 1490.

5 Αὐρηλίαι Τατίαι | Θυατιρηνῆι τῆι | σωφρονεστάτηι | γυναικὶ ‖ Παχούβιος | Φρόντων |.

In titulo quodam Thyatireno (*C. I. G.*, 3489) altera Aurelia Tatia occurrit, L. Aurelii Aristomenis conjux.

231. Romae. — *Insc. gr. Sic. et Ital.*, 1492.

Δ. M. σ. Ἀβρελιανα ¹ φιλια Ιυστι uixit αννος VIII μενσες IIII διες III.

1. Id est : Aureliana.

232. Romae. — *Insc. gr. Sic. et Ital.*, 1494.

Ἀφροδίσιος Δημητρίου ὁ καὶ | Ἐπαφρᾶς ἀγαλματοποιὸς | ἐνκαυστὴς ¹ καὶ
Ἱλάρα ἀπελε[υ]||θέρα καὶ Ἰούλιος Ἀντίοχος |.......................

1. De hoc Aphrodisio, ἀγαλματοποιῷ καὶ ἐγκαυστῇ, cf. Loewy, *Inschr. griech. Bildhauer*,
n. 551, p. 376-377. Fortasse idem est atque Aphrodisius Trallianus apud Plinium memoratus (*Hist. nat.*, XXXVI, 38).

---

233. Romae. — *Insc. gr. Sic. et Ital.*, 1500.

Νικαίης προλιπὼν | Βιθυνίδος ὢν ἔτι κοῦρος |
ἄστυ κλυτὸν, γαίην | ἦλθον ἐς Αὐσονίων · ||
5 Ῥώμῃ δ' ἐν ζαθέῃ ψήφο[υς] καὶ μέτρα διδάξα[ς] ¹,
μνῆμ' ἔλαχον Βασιλεὺ[ς], ἔργον ἐμῆς πραπίδο(ς) ².

1. Basileus Romae mathematicam professus est. — 2. « Intelligo : sepulchrum nactus
sum, quod mihi ex ingenio quaestu facto ipse comparavi. » Kaibel (*Epigr.*, 597).

---

234. Romae. — *Insc. gr. Sic. et Ital.*, 1503.

5 Θ(εοῖς) κ(αταχθονίοις) | Βασιλίου | Νέχον ¹ χά|ριν ἐπύη||σεν ² Μ. Αὐρ. | Διονῦ-
σις | ἀδελφῷ. | Ἰς ἐῶνα Βενετιανοὺς πρίν|χιπς ³.

1. Non intelligitur; νε(ι)κ(ῶ)ν proponit Haussoullier dubitans. — 2. Scil. ἐποίησεν. —
3. Ultima verba : Ἰς ἐῶνα βενετιανοὺς πρίνχιπς in margine inferiore lapidis scripta sunt.
Quid significent, latet. Dubium est utrum πρίνχιπς an πρίνχιπι legendum sit, utrum βενετιανοὺς an βενετιανοῦ σ(υστήματος). Kaibel ita interpretatur : semper Venetis, princeps, fave !

---

235. Romae. — *Insc. gr. Sic. et Ital.*, 1512.

D. M. s. |

Ἐνθάδε Γαιωνᾶς, ὃς Κίσ|τι6ερ ¹ ἦν ποτε Ῥώμης |
5 καὶ δείπνοις χρείνας || πολλὰ μετ' εὐφροσύνης, |
χ[ε]ῖμαι τῷ θανάτῳ | μηδὲν ὀφειλόμενος. |

Gaionas animula. |

1. De Cistiberibus, cf. supra n. 70.

236. Romae. — *Insc. gr. Sic. et Ital.*, 1515.

5　Θ(εοῖς) χ(αταχθονίοις). | Λουκίου Γε|λλίου Πετιχ|[ι]ανοῦ Τυνδα‖ρείτου τάφος | ἔτη βιώσαντος | κϛ΄ ὃν ἐχήδευσεν | ἀδελφὸς συνχαμών.

---

237. Romae. — *Insc. gr. Sic. et Ital.*, 1516.

Γεμελλο βενε μερεντι βισιτ ανος XL | χουν χοζου[γ]ε σουα αννις VIIII Ζουλια '.

1. Sic legendum : Gemello bene merenti (qui) vixit annis XL, cum conjuge sua annis IX, Julia (fecit).

---

238. Romae. — *Insc. gr. Sic. et Ital.*, 1525; — *C. I. L.*, VI, 9829.

Γλύχωνι διδασχάλωι. | C. B... Theaetetus et | C. B... Agaπtus et | B... Fellica
5　Glyconis ‖ patri pientissimo | libertis libertabusque | p. suis f.

---

239. Romae. — *Insc. gr. Sic. et Ital.*, 1529.

5　Ἐνθάδε χεῖτε | Δέδαλος ἐτῶν | χε΄ χοῦρος ἀνὴρ | ἀπείρατος Κύ‖πριδος ἀμερίης · | Φρόντων εἰατὴρ | ἐνωμοτωι ' ἀνέθηχεν.

1. Sic in lapide; Kaibel opinatur legendum esse αἰνομόρωι.

---

240. Romae. — *Insc. gr. Sic. et Ital.*, 1659; — *C. I. L.*, VI, 27361 a.

5　D. M.|Θησεὺς | Περγαμηνὸς | Δημητριανῷ ‖ υἱῷ | μνείας χάριν.

---

241. Romae. — *Insc. gr. Sic. et Ital.*, 1536.

Θ(εοῖς) χ(αταχθονίοις). | Δημητρίῳ χωμῳδῷ ' | ὃς ἔζησεν ἔτη χα΄, | μῆνες θ΄,
5　ἡμέρας ιδ΄. ‖ Εὐψύχει, Δημ[ή]τριε · | οὐδεὶς ἀθάνατος. | Μνήμης εἵνεχεν.

In parte aversa :

Amantissimo | filio Theodulo | mater contra | votum fecit.

1. An non idem atque Demetrius ille, comoediarum actor, Quintiliani aequalis? (*Instit. orat.*, XI, 3, § 178, 179; cf. Juven. *Satir.*, III, 99). Vide *Prosop. imp. rom.*, II, p. 6, n. 34.

242. Romae. — *Insc. gr. Sic. et Ital.*, 1612.

5   D. M. | Euresin enthade | ge catechi tha|natoeo lachusa(n) ‖ metera ten eu-
te|chnon ; eudemones | parhoditae [1].

     1. Titulus graecus, litterae latinae :

D(is) M(anibus).

Εὕρεσιν ἐνθάδε | γῇ κατέχι θα|νάτο[ι]ο λαχοῦσαν |
μητέρα τὴν εὔτε|χνον · εὐδέμονες, | παρόδῖται.

---

243. Romae. — *Bullett. comun.*, 1899, p. 161.

5   Θ(εοῖς) Δ(αίμοσιν). | Εὐτυχειανῷ ἀ|πελευθέρῳ τιμι|ωτάτῳ ᾿Αντώνιος ‖ ῎Ιϐηρος [1]
μνήμης | χάριν.

     1. Antonium Hiberum quemdam novimus, consulem anno 133 p. C. n. eumdemque
fortasse legatum pro praetore provinciae Moesiae inferioris. Cf. *Prosop. imp. rom.*, I,
p. 100, n. 667, 668.

---

244. Romae. — *Insc. gr. Sic. et Ital.*, 1618.

Κῆρυξ καὶ τάφος εἰμὶ | βροτοῦ πάρος ἀρχεχόροιο [1] |
Εὐτύχους αἰάζων χῆ|ρα μινυνθάδιον, ‖

5   ὃς θνητοῖς ψυχὴν πεί|σας ἐπὶ σώμασιν ἐλθεῖν |
τὴν αὐτοῦ μέλεος οὐκ ἀν|έπεισε μένειν [2]. |

     1. ᾿Αρχίχορος = choragus. — 2. « Sententia arguta parum bene expresse. Explicat
Wilamowitz : *is qui mortalibus corporibus animam (alienam) indidit suam tenere non
potuit*. Sed haec si recte intellego, non coryphaei sunt, sed chorodidascali vel poetae ;
intellego : *qui cum animos audientium curis distractos ad corpora revocaret, suum* (i. e. *suam
animam) ne manere quidem in corpore cogere posset*. » Kaibel (*Epigr.*, n. 603).

---

245. Romae. — *Insc. gr. Sic. et Ital.*, 1537 ; — *C. I. L.*, VI, 16843.

D. M. | Didio Taxiarche lib. fidelissimo |.

Τυτθὸν ἐμὸν παρὰ τύμϐον ἐπεὶ | μόλες, ὦ ξένε, βαιὸν
5   στῆσον ἴχνος ‖ παύροις γράμμασιν εἰσορόων · |
ζωὸς ἐὼν [Μούσαισιν ὁ]μείλεον | ἐν δέ τε παίδων
εὐγενέων ἱερῆς | ἦρξα διδασκαλίης · |

καὶ δὴ' καλεύμην Ταξιάρχης ἐν βροτοῖς · ‖
¹⁰ οὐ γὰρ ἐν ἐξαμέτροισιν ἥρμοσεν | τοὔνομ' ἐμόν.

---

246. Romae. — *Insc. gr. Sic. et Ital.*, 1561.

Θρέψε μ' Ἀλεξάνδρεια, μέτοικον ἔθ[αψε δὲ Ῥώμη,] |
αἱ κόσμου καὶ γῆς, ὦ ξένε, μη[τροπόλεις,] |
πάντων μὲν μακάρων ἀγνὴν λά[τριν · ἡ δὲ μ' ἐπαινὴ] |
γήραος ἐκ δολιχοῦ ῥύσατο Φ[ερσεφόνη.] ‖
⁵ Εἰ καὶ γηροκόμος με σοφὴ διέσω[σεν ἀδελφή,] |
ἀλλ' οὖν εὐσεβέων ἄσμενος α[ὖλιν ἔβην.] |
Τοιγὰρ, ἄνασσ', ἣν πρόσθε[ν] ὑπ' αἰ[θέρος ἤνεσας αὐγαῖς,] |
πὰρ ποσὶ σοῖς εὔφρων δ[έ]ξο Δ....

---

247. Romae. — *Insc. gr. Sic. et Ital.*, 1664.

⁵ Θεοῖς καταχ(θονίοις) |. Εἰδομενεῖ | κοιτωνείτῃ | Καίσαρος [1] ἐτῶν ‖ κε', βιώσαντι
¹⁰ τὸν | πάντα χρόνον | ἱλαρῶς, | Ἀμφήριστος | κοιτωνείτης Καίσ(αρος) [1]‖ συντρόφῳ
ἀγαθῷ |, εὐσεβεῖ περὶ θεοὺς | καὶ ἀνθρώπους, | ἐκ τοῦ ἰδίου | ἐποίησεν.

1. Idomeneus et Ampheristos erant ambo *cubicularii* vel *a cubiculo* Caesaris.

---

248. Romae, ad pontem Milvium. — *Insc. gr. Sic. et Ital.*, 1566.

⁵ Ἐλπιδηφόρῳ | ζήσαντι κα|λῶς ἔτη κδ' | μνήμης χά‖ριν Νείκων | ἐπόησεν · |
κολληγίου Σωζομέ|νου [1].

1. « Elpidephorus videtur ascriptus fuisse collegio funeraticio a Sozomeno quodam constituto, quanquam singulare est collegium ab uno aliquo homine cognominatum ; minime
persuasit de Rossi verba esse acclamantis (salvo collegio = κολληγίου σωζομένου) boni
ominis causa ad sodales superstites facta. » Kaibel.

---

249. Romae (?). — *Insc. gr. Sic. et Ital.*, 1569.

Ἐλπὶς ἔμοι γ' ὄνομ' ἐ[στ]ὶ | πατρὶς δ' Ἀσίης προὔχουσα |
Λαοδίκει' · ἔθανον δ' ἐκ[τω]|καιδεκέτις.

250. Romae. — *Insc. gr. Sic. et Ital.*, 1575. Periit.

5   Θ(εοῖς) κ(αταχθονίοις). | Ἔπαφρυς Κρ|ῆς Πολ(υ)ρήνι|ος ὁ καὶ Κισά̣|μις [1] ἐνθάδε
10 κ|τ̣μαι ἐτῶν κδ', | μηνῶν ι' · Ἀντιπόλιος [2] | πατήρ | <ἐποί̣ει> μνήμης | χάριν
ἐποίει.

1. Polyrrhenia et Cisamos, insulae Cretae urbes. — 2. Ἀντί[γ]ο[ν]ος proponit Haussoullier.

---

251. Romae. — *Insc. gr. Sic. et Ital.*, 1577.

5   Θ(εοῖς) κ(αταχθονίοις). | Ἐρασείνῳ οἰκέ|τῃ [1] τειμίῳ κα|τὰ κέλευσιν ‖ τῆς δεσ-
ποίνης | μνείας χάριν |, ζήσαντι κοσ|μίως ἔτη μ'. |

1. Οἰκέτης = servus domesticus.

---

252. Romae, in via *dei banchi vecchi*. — *Insc. gr. Sic. et Ital.*, 1589.

[? Μουσά]ων θεράπων, ἀνὴ[ρ | σ]οφὸς ἐνθάδε κεῖμαι |
[Ἑρ]μοκράτης, ἀγαθὸς | [γεν]εῇ [?], πάτρης ἀπὸ Τάρσ[ου] ‖
5   .... οἰσι λόγοις ταμιείῳ [1] ....

1. « Videtur sophista ille fuisse et apud Tarsenses quaestorio munere functus. » Kaibel.

---

253. Romae, ante portam S. Sebastiani. — *Insc. gr. Sic. et Ital.*, 1595; *C. I. L.*,
VI, 18175.

D. M.

Χρηστὸς τέθαπ|τ' Εὔβουλος ἐν|θάδε ξένος, ‖
5   ἑταῖρος ἀγα|θὸς, χρυσοχό|ος Κορίνθιος. |
10   Εὔβουλος μὲν ἔγω|γε, πατρὶς δέ μοί ‖ ἐστι Κόρινθος, |
καὶ προχοαῖς χαί|ρω ταῖς ἀπ' [ἐ]|μῶν ἑτάρων. |

15   T. Flauius ‖ Priscus et | Capito fece|runt.

---

254. Romae. — *Insc. gr. Sic. et Ital.*, 1598.

5   Θ(εοῖς) κ(αταχθονίοις). | Εὔδαμος | Κάστορος | Ἀφροδεισεύς · ‖ [χ]αῖρε. |

255. Romae, in Aventino. — *Insc. gr. Sic. et Ital.*, 1603.

— Στήλη μαρμαρέη, | τίνος εἶ τάφος ; | — Ὠκέος ἵππου.|

— Τίς δ' ὄνομα ; — Εὐθύδικος ‖ — Τί κλέος ; — Ἀθλοφόρος. |

— Ποσάκις ἐστέφθης δρόμον ; | — Πολλάκις [1]. — Τίς δ' ἔλαέν μιν ; |

— Κοίρανος [2]. — Ὦ τιμῆς | κρέσσ[ο]νος ‖ ἡμιθέων.

1. « Verum numerum cum versus non caperet, posuit poeta πολλάκις, quod si non metro, at numeris satisfacere videbatur. » Kaibel. — 2. Κοίρανος fuit auriga.

---

256. Romae. — *Insc. gr. Sic. et Ital.*, 1604.

[Εὐθυτ]όνῳ Τιβουρτ[ίνῳ [1]]. |

[Ἐνθάδε] κεῖμαι πᾶσι φίλ[οις στονα|χὰς κατα]λείψας,

ἐν κλειτῇ Ῥώμῃ | τοῖς Π]ρασίνοις<ν> ἀρέσας, ‖

[......] θαλερὸν στέφος Ἡρακλῆο[ς... |

....]οντα ἐνὶ στήθεσσι κά|λυψε τὸ πάνσοφο[ν ἦθος |

.....] νῦν μνησθῆτε [... | ... ἐπ]ίδιξις ἀ ζωὸς ζωο[ῖς

ἐπέ‖δειξα βρο]τοῖσι, μέμνησθε λό[γων | οὕς

...] ζωὸς ἔλεξα Εὐθύ|τονος · πᾶσιν ἔπ(ε)ισιν [2].

1. « Videtur epitaphium Euthytoni Tiburtini, qui omnibus amicus omnibusque placuisse dicitur, et athletarum certamine vicit..... Hortatur superstites ne immemores sint eorum quae ipse vivus vivis ἐπέδειξε, meminerintque quae locutus sit. » Kaibel (*Epigr.*, n. 724). — 2. Intellige ὁ θάνατος. Carminum divisio non satis liquet.

---

257. Romae, in coemeterio Priscillae. — *Insc. gr. Sic. et Ital.*, 1608.

Ευπορυς [1] | Ουρβικῳ φι|λιω βενε με|ρεντι φηχι.

1. Sic in lapide : EYΠOPVS. Lege : Euporus Urbico filio bene merenti feci.

---

258. Romae, in herma acephalo. — *Insc. gr. Sic. et Ital.*, 1627. — Periit.

Θ(εοῖς) κ(αταχθονίοις). |

Πατρὶς ἐμοὶ Ζήνω|νι μακαρτάτη ἔστ' Ἀφροδ‖[ι]σιάς ·

5   πολλὰ δε ἄστεα πισ[τὸς] ‖ ἐμαῖσι τέχναισι διελθὼν |

    καὶ τεύξας Ζήνωνι νέῳ | προτεθνηκότι παιδὶ |

    τύμβον καὶ στήλην καὶ | εἰκόνας αὐτὸς ἔγλυψα ‖

10 ταῖσιν ἐμαῖς παλάμαισι | τεχνασσάμενος κλυτὸν | ἔργον.

    [Ἔ]νθα φίλη ἀλό|χῳ Κλ[ε]ίνη καὶ παιδὶ | φίλοισ[ι]

15 τεῦξα τάφον, ‖ ζήσας [ἐτέ]ων κύκλα τε[τ|ρά]κι δέκα.

    Ἐνθάδε νῦν [κε]ίμεσθα ἄλ[αλ]οι | [ψυ]χὰς ὀλέσαντες,

20 κ[αὶ] πα[ῖς] καὶ ἄλοχος καὶ ἐ[γὼ] ‖ κ[λ]υτο<σ>εργὸς ὑπάρ[χων].

---

259. Romae. — *Insc. gr. Sic. et Ital.*, 1628.

5   Ζω[ί]λος ἡ|νιόχων π|ροφερέστ|ατος ἐνθάδε‖ κεῖται.

---

260. Romae. — *Insc. gr. Sic. et Ital.*, 1630.

Ζώσιμος | Νεικομηδεύς.

---

261. Romae, in columbario vineae Codiniorum. — *Insc. gr. Sic. et Ital.*, 1636; *C. I. L.*, VI, 5207.

a. Ἥδυχος [1] Εὐόδου | πρεσβευτὴς Φανα|γορειτῶν τῶν κα|τὰ Βοὸς πόρον. |

b. Ἄσπουργος Βιομ|άσου υἱὸς ἑρμηνε|ὺς [2] Σαρματῶν Βω|σπορανός.

1. Nomen Ἡδύκων non semel legitur in titulis bosporanis; cf. B. Latyschew. *Insc. orae sept. Ponti Euxini*, I, 189 et II, 434. — 2. I. e. interpres. — De Phanagoria et regno bosporano et Sarmatis sub imperio Romanorum, cf. Mommsen, *Röm. Geschichte*, V, ed. III, p. 289-294.

---

262. Romae. — *Insc. gr. Sic. et Ital.*, 1642.

    Θ(εοῖς) κ(αταχθονίοις) |

    Μήπω γευσάμενος ἥβης | ὤλισθον ἐς Ἅδου

5   δάκρυα | καὶ στοναχὰς λείψας αἰῶνι γο‖νεῦσιν

    δύσμορος, οὐδ' ἐνόησα | βροτῶν ψαῦσαι βιότοιο ·

    ἑπτὰ | μόνους λυκάβαντας δύω | καὶ μῆνας ἔζησα,

10 ὧν τρεῖς [1] | ἐξετέλουν Διονύσῳ ὄργια βά‖ζων ·
Ἡρόφιλον δ᾿ ἐκάλουν με | πατὴρ καὶ πότνια μήτηρ.
Ἔ|γνως, ὦ παροδεῖτα, τίς ἤμην · | οὐκ ἐγενήθην |.

1. « Intellige : tres menses » Kaibel (*Epigr.*, n. 587).

---

263. Romae. — *Insc. gr. Sic. et Ital.*, 1648.

[Ἐτῶν δ]εχοχτὼ μονογενῆ καὶ παρθένον |
[Θεοδο]σίαν ἔθαψε Δωρόθεος πατήρ, |
[ἣν μ]ελλόνυμφον Τύϐι μηνὸς εἰκάδι [1] |
[εἷλες, π]ονηρὲ δαῖμον, ὃς τὸν ἔμπαλιν ‖
5 [οἳ νόσ]τον οὐκ ἔχλωσας, ὥσπερ ἤλπισε. |
['Οκτω]καιδεχέτης, ἔτι παρθένος, οἰογένεια |
[Θεο]δοσία κεῖται Δωροθέου θυγάτηρ · |
[ἀλλ᾿ ὦ ν]ηλεόθυμε Χάρον, τί σε τόσσον ἐνηὴς |
[τέρ]ψε λιποῦσα πατρὶ πένθος ἀπειρέσιον ‖

10 Kalupso ann. XVIII. |

1. Dies xx mensis aegyptii Tubi respondet diei xv mensis Januarii.

---

264. Romae. — *Insc. gr. Sic. et Ital.*, 1652.

Βενε μερεντι φιλιε | Θεοδωρε χυε βιξιτ | μησις XI διης XVII...

Legendum : Bene merenti filiae Theodorae, quae vixit menses xi dies xvii.

---

265. Romae. — *Insc. gr. Sic. et Ital.*, 1655.

Θεοφίλου. Ουξωρ βενε μερεν|τι φηχιτ.

---

266. Romae. — *Insc. gr. Sic. et Ital.*, 1661.

5 Θ(εοῖς) χ(αταχθονίοις). | Ἰαμοὺρ Ἀσάμου | Σύρος Ἀσκαλω|νείτης Παλαι‖στείνη,
ἀδελ|φὸς Ἀντωνεί|νου, στρατιώ|της χόρ(τη)ς η᾿ πρ(αιτωρίας) [1].

1. Nota militem praetorianum nomine mere barbarico designatum.

267. Romae. — *Insc. gr. Sic. et Ital.*, 1674.

[Γάιος Ἰού]λιος Γαίου Φαϐ(ίᾳ) | [Ἀρταϐάσδη]ς [1] Ἀρταϐάσδου | [..... υ]ὶὸς,
βασιλέως | [Ἀριοϐαρζάν]ου [2] υἱωνὸς, ‖ ὃς ἔζησ]εν ἐνιαυτ(οὺς) λθ′. |

[C. Iulius C. f. Fab.] Artabasdes, | [Artabasdis fili]us, regis Ariobarzanis |
[nepos, qui uixi]t annos XXXVIIII.

1. De C. Julio C. f. Fab. Artabasde cf. *Prosop. imp. rom.*, I, p. 151, n. 959. —
2. Ariobarzanes avus, rex Mediae et Armeniae ab Augusto datus, memoratus in *Indice
rerum gestarum* (c. 33). Cf. *ibid.*, p. 130, n. 857.

---

268. Romae, in Esquilino. — *Insc. gr. Sic. et Ital.*, 1675.

Γ. Ἰουλίου | Βάσσου | ῥήτορος [1].

1. C. Julius Bassus rhetor, rhetoris Senecae aequalis; cf. *Prosop. imp. rom.*, II,
p. 171, n. 132.

---

269. Romae, extra portam Pincianam. — *Insc. gr. Sic. et Ital.*, 1680.

[Γάι]ος Ἰούλιος Θεμίσων | [Τρ]αλλιανὸς ἰατρὸς [1], | [Τι]ϐερίου Ἰουλίου Ἀρώγου |
[υἱ]ὸς Τραλλιανοῦ.

1. De medicis Trallianis Romae morantibus cf. O. Rayet, *Milet et le Golfe Latmique*,
p. 108 et seqq.

---

270. Romae. — *Insc. gr. Sic. et Ital.*, 1683.

Δαίμοσιν εὐσεϐέσιν Γαίου | Ἰουλίου Καρακουττίου |
ποίησεν Κασία, τῷ τειμίῳ | καὶ ἀξίῳ ἀνδρί · ‖
πᾶσι φίλος θνητοῖς εἴς τ᾽ ἀ|θανάτους δεισιδαίμων |
κοιμᾶται Καρακούττις | ἔχων μνήμην διὰ παντός, |
τέρψας σύνκλητον, ματρώ‖νας καὶ βασιλῆας, |
εὐφρανθεὶς ἐφ᾽ ὅσον Μοῖραι χρό|νον ὤρισαν αὐτῷ |
εὐσεϐίης ἕνεκεν δοξασθεὶς | καὶ μετὰ λήθην.

« Mimum fuisse hunc C. Julium Caracuttim vel Caracuttium ex vv. 9 et 10 optime
collegit Welcker, collatis Ovidii versibus, in *Trist.*, II, 501 :

Nubilis hos virgo matronaque virque puerque
Spectat et e magna parte senatus adest. »
Kaibel (*Epigr. gr.*, n. 607).

---

271. Romae. — *Insc. gr. Sic. et Ital.*, 1684.

5 Ἰουλίῳ Κνώσῳ [1] | σοφιστῇ | καὶ φίλῳ ἀγαθῷ | Φλ. Οὐάλης ‖ οὕτως βουλη-θέντι | ἐποίησεν. |

1. « *Cnosus* cognomen non magis mirum quam *Cnidus*, quod saepius invenitur. » Kaibel.

---

272. Romae. — *Insc. gr. Sic. et Ital.*, 1691.

5 Θ(εοῖς) x(αταχθονίοις). | Γ. Ἰουλίῳ | Σωσιβίῳ, | ζήσας ἔτη ιθ΄, ‖ ἡμέρας ιγ΄, |
10 ἐποίησεν | Πετρώνιος | Σερῆνος | πατὴρ ‖ Λακεδαιμό|νιος.

---

273. Romae. — *Insc. gr. Sic. et Ital.*, 1692.

Δις Μαν(ιβυς). | Γ. Ιουλιους Τ[ε]λεσφορος [1] | φηχετ ετ σιβι ετ σου|εις λειβερτεις
5 λειβερταβο|υσχε εωρυμ. Τερεντια Αχτη | φηχετ Τερεντιω Ανειχητω ετ λει|βερτω
ετ χονιουγει βενεμερεντει ετ σι|βι ετ σουεις λειβερτεις λειβερταβουσχ|ε εωρουμ.
10 Οχ μονομεντου ηδεφιχατου ‖ ες χομουνε [2] αβ Ιουνιω [3] Τελεσφορω ετ | Τερεντια
Αχτη.

1. Τιλεσφορος traditur. — 2. I. e : Hoc monumentum aedificatum est commune. Nota lapicidae errorem, qui eidem viro nomen gentilicium diversum scil. C. *Julium* Telesphorum (v. 2), et *Junium* Telesphorum (v. 10) attribuit.

---

274. Romae. — *Insc. gr. Sic. et Ital.*, 1698.

5 Θ(εοῖς) x(αταχθονίοις). | Ἰουλίᾳ | Ἀπολλωνίᾳ | μητρὶ ἱππι|κῶν [1] ὁ σύμβιος |
ἐποίησεν | μνείας χάριν.

1. Scil. matri filiorum qui ad equestrem dignitatem pervenerunt.

---

275. Romae, in via Tusculana. — *Insc. gr. Sic. et Ital.*, 1703; *C. I. L.*, VI, 20548.

Iuliae C. fil. Laudice et T. Fla[uio] | Aug. lib. Alcimo parentib. opti[mis] |
Flauia T. fil. Titiane fecit et sibi | libertis libertabusq. suis ‖

5

Οὐ δολιχὴ παρ' ὁδόν σε γραφὴ στηλεῖδος ἐρύξει ·|
στῆθι καὶ ἥτις ἐγὼν ἔνθα μαθὼν ἄπιθι · |
Λαυδίχη οὔνομά μοι, πατρὶς Σάμη, Ἄλχιμος ἀνήρ. |
Θῆλυ τέχος, μήτηρ καὶ τριχὶ γηραλέη, |
σὺν δὲ κασίγνητος καὶ ἀδελφεή, οὖσπερ ἄπαντας ‖

10

ἐς φάος ἠελίου κάλλιπον ὠκύμορος, |
οὐ πυρετοῖς φλεχθεῖσα, νόσων ἄτερ, οὐ μελεδώναις, |
....β]όρος δὲ ἀφάτως λαιμὸς ἔκλεισε πνοάς. |

V. 12 : « ἰχθυβόρος vel μηλοβόρος. » Kaibel.

---

276. Romae. — *Insc. gr. Sic. et Ital.*, 1705 ; *C. I. L.*, VI, 20616.

5   D. M. | Iulia Politice. | Doe se | Osiris ‖ to psycron | hydor.

Titulus graecus latinis litteris scriptus. Est : Δόη σε Ὄσιρις τὸ ψύχρον ὕδωρ.

---

277. Romae, ad portam S. Sebastiani. — *Insc. gr. Sic. et Ital.*, 1717.

Λούχιος Ἰούνιος | Εὐήμερος | ὀργανοποιὸς | ὧδε ἀναπάεται [1].

1. Sic lapis ; intellige : ἀναπαύεται, i. e. requiescit.

---

278. Romae. — *Notizie degli scavi*, 1892, p. 345.

Ἐνθάδε κεῖτε | Καίλιο[ς] Κυείντος Φιλοπάτωρ β', ἄρχων [1], ἐτῶν ι[γ'] [2], παῖς
ε[ὐφ]ραῖος [3].

1. Quae fuerit haec ἀρχὴ non liquet. — 2. IT Borsari. — 3. Sic Borsari ; [ὡ]ραῖος potius
legendum putat Haussoullier.

---

279. Romae. — *Insc. gr. Sic. et Ital.*, 1728.

Τῷδ' ἐνὶ τύμβῳ [ἐγὼ] κεῖμαι παίδων ὄχ' ἄριστο[ς] · |
οὔνομά μοι Κάλλιστος, ἔχω δὲ γένος Συρί[η]θεν, |
ἔνδεχ' ἔτη [τελέ]σας, δωδ[εκ]άτου δ' ἐπιβάς · |
μηδὲν ἐν ἀνθρώποισι [χ]αχὸν γνούς, μ[η]δὲ βι[αίου?] ‖

5

μιχροτάτου μύστης, ἀλλ' ἀκέραιος ἔτι, |

παιδείαισι καλαῖς καὶ γ[υμ]νασίοις παρεδρεύων |
ἔσχα τέλος ζωῆς, μοῖρα[ι μίτο]ν? ὡς ἐπέκλωσαν. |
Μνημεῖον τόδε μοι [π]οίσεν? θρέψασα γλυκεῖα |
Φαυστεῖνα μητρὸς πλεῖον ἐμοὶ φιλίη, ‖
10　ἡ καὶ ζῶντα φίλησεν ἀεὶ θανέοντά τ' ἔτεισε.

---

280. Romae, ad Quirinalem. — *Insc. gr. Sic. et Ital.*, 1732.

Κανπᾶς [1]. | Θ(εοῖς) κ(αταχθονίοις). Χαῖρε, παροδεῖτα. | Καλπουρνία Ζωτικὴ
5　Γ. Κ‖αλπ. Ζωτικῷ | συμβίῳ ἀσυ|νκρίτῳ, συ|μβιώσαντι | ἔτη κγ', μνεί‖ας χάριν.

1. « Κανπᾶς fortasse nomen sodaliciarium, i. e. *Campanus*. » Kaibel.

---

281. Romae. — *Insc. gr. Sic. et Ital.*, 1397; *C. I. L.*, VI, 11933.

5　Αντισθεια Πισ|τη φηκιτ μα|ρειτω μεω | Κανιω Κοδρα‖τω δυλκισσι|μω ετ
φειλι|αι Κλαυδειαι | Σαβειναι κα|ρισσιμε.

Titulus latinus graecis litteris scriptus. Lege : Antistia Piste fecit marito meo Canio
Quadrato dulcissimo et filiae Claudiae Sabinae carissimae.

---

282. Romae. — *Insc. gr. Sic. et Ital.*, 1750.

Κλαύδιος ἰητὴρ Ἀγαθήμερος [1] ἐνθάδε κεῖμαι, |
παντοίης δεδαὼς κραιπνὸν ἄκεσμα νόσου · |
ξυνὸν τοῦτο δ' ἐμοὶ καὶ Μυρτάλῃ εἶσα συνεύνωι
μνῆμα · μετ' εὐσεβέων δ' ἐσμὲν ἐν Ἠλυσίωι.

1. De Claudio Agathemero, qui fuit Persii poetae sodalis, cf. *Prosop. imp. rom.*, I,
p. 348, n. 633.

---

283. Romae, ad radices Capitolii. — *Insc. gr. Sic. et Ital.*, 1751.

5　Τι. Κλαυδίῳ | Ἀλκίμῳ ἰατρῷ | Καίσαρος [1] ἐποί|ησε Ρεστιτο‖ῦτα πάτρω|νι
καὶ καθηγ|ητῇ ἀγαθῷ καὶ ἀξίῳ · ἔζη ἔτη | πβ'.

1. I. e. medico Caesaris.

284. Romae, extra portam S. Joannis. — *Insc. gr. Sic. et Ital.*, 1733.

[Θ(εοῖς)] κ(αταχθονίοις). | Χαίρετε παροδεῖται. | Κλ. Ζόσιμος ἰατρὸς | Ἐφέσιος ‖
5 Κλ. Συνέργῳ ὑῷ | ἥρωι μνήμης χάριν, ἔτ(ων) κβ′.

285. Romae. — *Insc. gr. Sic. et Ital.*, 1757.

Κλαυδίωι Λακρίτωι | ἰατρῶι.

286. Romae, in via Ostiensi ad alterum ab Urbe lapidem. — *Insc. gr. Sic. et Ital.*, 1759.

Τιβερίωι Κλαυδίωι | Κουιρείναι | Μενεκράτει [1] ἰατρῶι | Καισάρων [2] καὶ
5 ἰδίας ‖ λογικῆς ἐναργοῦς | ἰατρικῆς κτίστηι ἐν | βιβλίοις ρνς′, δι᾽ ὧν | ἐτειμήθη
10 ὑπὸ τῶν ἐν|λογίμων πόλεων ψηφίσ‖μασιν ἐντελέσι, οἱ γνώριμοι | τῶι ἑαυτῶν
αἱρεσιάρχηι τὸ ἡρῷον.

1. De Tib. Claudio Menecrate cf. *Prosop. imp. rom.*, I, p. 388, n. 749. Idem esse
videtur atque Menecrates, a Galeno saepe memoratus, qui Tiberii vel Claudii imperatoris
medicus fuit. — 2. Scil. domus Augustae aut duorum Augustorum patris et deinde,
patre defuncto, filii.

287. Romae. — *Insc. gr. Sic. et Ital.*, 1761.

Τι Κλ. Ὀψίμῳ ἀπελ(ευθέρῳ) | Καίσ(αρος) Τι. Κλ. Βειτάλιος | Θρέψαντι ἀξίῳ |
ἐποίησεν. ‖
5-10 Θ(εοῖς) κατ(αχθονίοις). | Κλαυδία | Θαλλούσῃ | μητρὶ | ἐντείμῳ ‖ Τιβ. Κλ. |
Οὐιτάλιος | υἱὸς | ἐποίει.

Nota Tib. Claudium v. 2 Βειτάλιος, v. 11 Οὐιτάλιος dictum; utrumque respondet
cognomini Vitalis.

288. Romae. — *Insc. gr. Sic. et Ital.*, 1323.

Ἀγλαῒς Κλαυδία ἀπελευθ(έρα) | Βαλβίλ(λ)ου [1] ἔθηκεν τῷ ἰ|δί[ῳ] ἀνδρὶ
5 Ἡρακλε(ῖ) μνή|μης χάριν · ἔζησεν ἔ‖τη... μῆν(ας) [η ΄]. | Εἰς τὸ μνημῦν [2] Λαΐδος |
Εἰουλίας.

1. De Claudio Balbillo, praefecto Aegypti Neronis temporibus, cf. *Prosop. imp. rom.*,
I, p. 300, n. 662. — 2. Scil. μνημεῖον.

289. Romae. — *Insc. gr. Sic. et Ital.*, 1771.

Θ(εοῖς) κ(αταχθονίοις). | Κλ. Μαρινιανὴ ζῶσα τὸ | μνημῖον κατασκεύασεν ἑ|αυτῇ
5 καὶ τῷ γλυκυτάτῳ ‖ ἀνδρὶ Αὐρηλίῳ Πρόκλῳ | Νικομηδῖ, ζήσαντι ἔτη ξ΄, |
μεθ᾽ οὗ ἔζησα ἔτη ι΄, καὶ τοῖς ἀπελευ|θέροις καὶ τοῖς ἐξ αὐτῶν ἐσομένοις. | Ἲς
ὄψιν πόδες ι΄, ἰς πλευρὸν πόδες ια΄ [1].

1. I. e. in fronte pedes x, in latere (= in agro) pedes xi.

290. Romae, in via Appia ad S. Xystum. — *Insc. gr. Sic. et Ital.*, 1781; *C. I. L.*, I, 857;
VI, 8247.

Σέξστος Κλώδιος | Δεκόμου λιβερτινος · | αντι διον τερτιον νωναις [1].

1. Id est : ante diem tertium nonas.

291. Romae. — *Insc. gr. Sic. et Ital.*, 1782.

Κορελλία Αἴγλη | ἐτῶν κα΄ · ταυτά σοι | πεποίηκεν Διονυττᾶς ὁ σὸς ἀνὴρ ‖
5 τῇ ἀγαθωτάτῃ. Εὐψύχι | κυρία · δο(ίη) σοι Ὄσιρις | τὸ ψυχρὸν ὕδωρ |.

292. Romae. — *Insc. gr. Sic. et Ital.*, 1786.

Κορνούτου | ἰατροῦ | καὶ Ῥουφίνης | θυγατρός.

293. Romae. — *Insc. gr. Sic. et Ital.*, 1787.

Θ(εοῖς) κ(αταχθονίοις). |
Ἐνθάδε κεῖμε ἄναυδον, | ἄπνουν, ξένον ἐνθάδε κε[ῖμαι] |
5 παιδίον, ἐκπρολιπὼν γλυκε[ρὸν] ‖ φάος ἀελίοιο,
ζήσας μὲν λ[υκάβαν]|τας ἐγὼ δ[ύ]ο καὶ δύο μῆ[νας, |
........ἑβ]δομάδας δισσὰς μο[ῦ|νον τέ]λος ἔσχον ·
10 ἐκπρολιπὼ[ν | π]άτραν Σινώπην τῷδε πρόκε[ι ‖ μ]αι
τύμβῳ · ἐπὶ στήλης κεχαραγμέ|νον οὔνομα τοὐμὸν
Κορνουτίων · | κατάκειμε λιπὼν πένθος γονέο|ισι ·

τἀμὰ δὲ νηπιάχου δάκρυα πλῆ[σ'] Ἀχεροντίδα λίμνην.
10   Διόδωρ[ος θρε]‖πτῷ ἰδίῳ.

---

294. Romae. — *Insc. gr. Sic. et Ital.*, 1788.

. Κοσμᾶ ἰατροῦ.

---

295. Romae, ad portam S. Sebastiani. — *Insc. gr. Sic. et Ital.*, 1789.

Μ. Κοσσούτιος Φιλωτᾶς | ἱερατικὸς [1], ἀρχοντικός [2]. | Κοσσουτία |

1. Sacerdotalis. — 2. Duumviralis.

---

296. Romae. — *C. I. Gr. Sic. et Ital.*, 1790.

Γαι Κουριατι | Αθιχτι | φηχες Συρο|ς.

Titulus latinus, litterae graecae. Feces i. e. fecit.

---

297. Romae, ad viam Praenestinam. — *Insc. gr. Sic. et Ital.*, 1801.

Θεοῖς ὑποχθονίοις. | Ἐνθάδ' ἐγὼ κεῖμαι Λαυρέντιος, ᾧ τοὔνο|μα Αἰλιανὸς,
πρότερον βενεφ(ικιάριος) ἐπάρχου Αἰγύ|πτου [1] · νῦν δ' ἀδίκως θανέων κεῖμαι
5 ἐν τύμβῳ ‖ τῷδε, ὅπου λείψανά μου σπουδαῖοι κατέθεντο | φίλοι, Σωφρόνιός
τε ἅμα Τηβεννίῳ Βελενίῳ | τε, συνῆν δὲ καὶ Φλωρέντιος ἅμα Βερηκούνδῃ |,
ἥτις τόνδε τὸν τόπον ἔδωκεν, καλῶν φίλων | ἀρεον (?) [2] καὶ εὐσεβὲς ἔργον ἀξίῳ
10 μοι περιποιησά‖μενοι.

1. Beneficiarius praefecti Aegypti. — 2. Esse debuit ἄξιον, ita ut Laurentius haec dicat :
Optimis amicis dignum et pium opus (sepulchrum) mihi digno fecerunt. « Mommsenus
bonorum amicorum *aream* dici suspicatur, sed diffido. » Kaibel.

---

298. Romae, in vinea Amendola, ex monumento familiae C. Annii Pollionis. — *Insc.
gr. Sic. et Ital.*, 1813 ; *C. I. L.*, VI, 7408.

L. Lucilius Lupi l. Hiero | medicus.

[Εἰμὶ Λ]ύπου Ἱέρων πολύχους ἐμ πᾶσιν ἰητρὸς, |
[ἐλλογ]ίμου [1] πάσης εὐρέσεως κάτοχος.

1. Ita Kaibel; [Εὐδοκ]ίμου, Mommsen.

---

299. Romae. — *Insc. gr. Sic. et Ital.*, 1815.

Ἀσίδος ἀρχιερῆος ἀγ|ακλυτοῦ υἱέα Μίθρου |
Λούκιον ἀθλοθετῆρα πά|τρης Σμύρνης ἐρατινῆς [1], ‖
5   εὐγενί[δ]αν (?), σοφίαισι κεκασμένον, ἔξοχον ἀνδρῶν, |
Αὐσόνιον δάπεδον βωμ|ός θ' ὅδε σῆμά τε κρύπτει |.
10   Ὁ κεινήσας τὸν βωμὸν ‖ ἢ ἄλλο [τι] [2] τῶν ἐκ τοῦ τάφου | ἀποδώσει δήμῳ
Ῥωμαίων | δηνάρια πεντακ(ι)σχίλια. |

1. Lucius erat filius Mithrae cujusdam, qui fuit sacerdos Asiae; ipse ludos edidit Smyrnae, in patria sua; dein Romam venit, ubi diem obiit et sepultus est. — 2. ΑΛΛΟΝ lapis.

---

300. Romae. — *Insc. gr. Sic. et Ital.*, 1819.

Θ(εοῖς) κ(αταχθονίοις). |
Ὧδε Λύκα κεῖμαι · ἀπὸ | Κρήτης ἦ[λθα] δὶ ἄνδρα, |
5   καὶ ἡ βασιλὶς Ῥώμη ὦ‖δέ με ἐξέθετο.
....|..νω κεῖμα(ι) · ἄνδρα γὰρ ἐγδ|κομ..? [1]

1. Finis v. 6 et v. 7 non intelliguntur.

---

301. Romae. — *Notizie degli scavi*, 1899, p. 136.

Μαίνιος Ἐπίγονος | ἐπιστάτης [1] | Λικινίου Κορνούτου | συνκλητικοῦ [2].

1. Procurator seu vilicus. — 2. Idem forsitan atque C. Licinius Cornutus Gabinianus,
de quo cf. *Prosop. imp. rom.*, II, p. 275, n. 125.

---

302. Romae. — *Insc. gr. Sic. et Ital.*, 1824; *C. I. L.*, VI, 21812.

5   Memoriae | M. Maetiliani | Zosimi qui | vixit annis XXVIIII, ‖ mensibus X, die-
bus | viginti septem; | Seius Alexander | fratri rarissimo. Προκόπι [1], ταῦτα.

1. Προκόπιος, nomen sodaliciarium.

303. Romae. — *Insc. gr. Sic. et Ital.*, 1825.

Μακάριε Φάννα ¹ | Βοσπορεανὲ | χαῖρε.

1. Macarios, filius Phannae, quod nomen Φάννας in titulo prope Panticapaeum reperto legitur (B. Latyschew, *Insc. orae sept. Ponti Euxini*, II, 150).

304. Romae. — *Insc. gr. Sic. et Ital.*, 1834; *C. I. L.*, VI, 22176.

5   Μαρειτα Ασια | Κυιντω | Μαρειτω Λονγω | κοιογι ‖ βενεμερεντι | φηκιτ.

Titulus latinus litteris graecis scriptus : Marita Asia Quinto Marito Longo conjugi bene merenti fecit.

305. Romae. — *Insc. gr. Sic. et Ital.*, 1839.

Μνήμην τῆς ἰδίας γαμετῆς μετὰ μοῖραν ἄτρεπτον |
ἐν στέρνοισιν ἔχων ἴδιος πόσις ὢν ἔτι ζωός, |
ἥτις ἔφυ, στήλαις, παροδοιπόρε, τοῦθ' ὑπέγρα[ψ]α · |
πρῶτον μὲν τύπος ἦν αὐτῇ χρυσῆς Ἀφροδίτης, ‖
5   εἶχε δὲ καὶ ψυχὴν ἀφελῆ στέρνοισι μένουσαν · |
ἦν ἀγαθὴ, νομίμοις δὲ θ[ε]οῦ παρεγείνετο πᾶσιν. |
Οὐδὲν ὅλως παρέβαινε · χαρίζετο, λειπομένοισιν, |
δουλὶς ὑπάρχουσα στέφανον τὸν ἐλεύθερον ἔσχεν. |
Ζωοὺς τρεῖς ἐκύησε γόνους · μήτηρ ἐγενήθη ‖
10   δισσῶν ἀρρενικῶν, τὸ δὲ θῆλυ τρίτον κατιδοῦσα |
ἠοῦς ἐνδεκάτης ἔλιπε ψυχὴν ἀμερίμνως. |
Κάλλος δ' αὖ μετὰ μοῖραν Ἀμαζόνος ἔσχεν ἄπιστον, |
ὥστε νεκρᾶς πλέον ἢ ζώσης εἰς ἔρωτα φέρεσθαι. |
Εἰκοστὸν δὲ βιώσασαν ἀφελῶς ἐνιαυτὸν ‖
15   Μαρχίαν [τ]ὴν Ἑλίκην ζοφερὸς τάφος ἔνθα καλύπτει.

« Christianae originis olim ego (*Epigr. gr.*, 727), rectius Judaïcae doctrinae (v. 6-8) vestigia deprehendit Gomperz, *Zeitschrift für österreich. Gymnas.*, 1878, p. 438. » Kaibel.

306. Romae. — *Insc. gr. Sic. et Ital.*, 1848.

Μένανδρος | Ἱεραπολείτης [1] | πρὸς Μέανδρον | ποταμόν.

1. Hierapoli oriundus, quae urbs Phrygiae ad Maeandrum sita erat.

307. Romae, in via Nomentana. — *Insc. gr. Sic. et Ital.*, 1857.

Εὐφρανθεὶς συνεχῶς, γελάσας παίξας τε, τρυφήσας |
καὶ ψυχὴν ἱλαρῶς πάντων τέρψας ἐν ἀοιδαῖς, |
οὐδένα λυπήσας, οὐ λοίδορα ῥήματα πέμψας, |
ἀλλὰ φίλος Μουσῶν, Βρομίου [1] Παφίης [2] τε βιώσας, ‖
5   ἐξ Ἀσίης ἐλθὼν Ἰταλῇ χθονὶ ἐνθάδε κεῖμαι |
ἐν φθιμένοις νέος ὤν, τοὔνομα Μηνόφιλος.

1. I. e. Bacchi. — 2. I. e. Veneris.

308. Romae. — *Insc. gr. Sic. et Ital.*, 1859.

5   Θ(εοῖς) κ(αταχθονίοις). | Μινουχία | Σικελὴ, χρησ|τὴ καὶ ἄμεμπτος, ‖ κεῖται
ἐνθάδε | ζήσασα ἔτη | κε΄. Εὐοδίων | συμβίῳ ἐποί|ησεν.

« Et Minucia cum nomine tum natione Sicula fuit, et Euodio vir Siculus : inde formula
Sicula χρηστὴ καὶ ἄμεμπτος explicanda. » Kaibel.

309. Romae. — *Insc. gr. Sic. et Ital.*, 1864. Lapis periit.

    Ταρσέα Μουσαῖον φ[θ]ίμενον | κατεδέξατο γαῖα |
Ἰταλί[η]ς · [1] αἰαῖ, ποῖ πόθεν | ἧκε θανεῖν.

1. ΙΤΑΛΙΣ traditur.

310. Romae, ad portam Flaminiam. — *Insc. gr. Sic. et Ital.*, 1865.

Θ(εοῖς) κ(αταχθονίοις) . | Μυρόπνουι νάνῳ | χοραύλῃ.

In lapide anaglypho expressus est nanus, capite crasso, cruribus incurvis, utraque
manu tibias tenens.

311. Romae. — *Insc. gr. Sic. et Ital.*, 1874 a.

5 Θ(εοῖς) κ(αταχθονίοις) . | Νείκη ἡ καὶ | Μαρκελλεῖνα | 'Απάμισσα [1] | ἐτῶν λε΄.
Εὐγένης . | Ἐν τοῖς κυρίου | Κέλσου χωρί|οις ἐνθάδε | [κεῖνται vel κείμεθα].

1. Apamaea oriunda.

---

312. Romae, ad viam Latinam. — *Insc. gr. Sic. et Ital.*, 1878.

Θ(εοῖς) κ(αταχθονίοις). | Νεικίας 'Ονησιφόρου | τοῦ Νεικίου, Ξάνθιος | τῆς
5 Λυκίας, ἀρχιερασάμε||νος τῶν Σεβαστῶν [1] καὶ | πρ[ε]σβεύσας [2] ἐκ τρίτου ὑ|πὲρ τῆς
10 πατρίδος · [3] Μ. | Αὐρήλιος 'Αγησίλαος | τῷ συνπολείτῃ μνή||μης χάριν ἐποίησεν.

1. Sacerdos Augustorum provinciae Lyciae. — 2. ΠΡΟΣΒΕΥΣΑΣ, lapis. — 3. Legatus
patriae suae ad Augustos, loco tertio.

---

313. Romae. — *Insc. gr. Sic. et Ital.*, 1879.

Θ(εοῖς) κ(αταχθονίοις). |
Στήλην ἔθηκαν | Νικομήδει συνγε|νεῖς,
5 ὃς ἦν ἄριστος || ἰητρὸς, ἐν ζωοῖς | ὅτ᾽ ἦν,
πολλούς τε | σώσας φαρμά|κοις ἀνωδύνοις |
10 ἀνώδυνον τὸ σῶ||μα νῦν ἔχει θανών · |
εὐψυχῶ Νικομήδης, | ὅστις οὐκ ἤμην καὶ ἐγενό|μην, οὐκ εἰμὶ καὶ οὐ λυ|ποῦ-
15 μαι [1], ζήσας ἔτη μδ΄ || καὶ ἡμέρας κγ΄.

1. Latine : non fui, fui, non sum, non curo ; de qua formula aliisque similibus
cf. R. Cagnat, *Cours d'épigraphie latine*, (ed. III), p. 262.

---

314. Romae. — *Insc. gr. Sic. et Ital.*, 1883.

Τίς ἦν σ᾽ ὁ θρέψας; — Ἦν Κίλιξ 'Αθήναιος. |
— Χρηστὸν τὸ θρέμμα · τίς καλῆι; — Νουμήνιος. |
— Πόσων δ᾽ ἔθνῃσκες τῶν ἐτῶν; — Δὶς εἴκοσιν. |
— Ἐχρῆν σ᾽ ἔτι ζῆν. — 'Αλλὰ καὶ θανεῖν ἐχρῆν. ||
5 — Γενναῖά σου καὶ χαῖρε — Καὶ σύγ᾽, ὦ ξένε · |
σοὶ γὰρ μέτεστιν ἔτι χαρᾶς, ἡμῖν δ᾽ ἅλις.

315. Romae, in sepulcreto Esquilino. — *Insc. gr. Sic. et Ital.*, 1884.

Νύμφων Ἰρίνα | Μασσαλιῶτα | χαῖρε.

---

316. Romae. — *Insc. gr. Sic. et Ital.*, 1887.

Ξένων Ἀρχ[ύτα]? | Τυνδαρῖτ[α] | φιλόσοφε χαῖρ[ε].

---

317. Romae. — *Insc. gr. Sic. et Ital.*, 1890.

Θεοῖς καταχθονίοις. |
Ἐνθάδ᾽ ἐγὼ κεῖμαι Ὀλυμπία ἐτῶν | κϛ´,
Ἕλλην μὲν τὸ γένος, πατρὶς δέ μοι ἦτον | Ἀπάμεα ·
οὐδένα λοιπήσασα
ου μεικροῦ ψυχὴν, οὐ μεγάλου ‖ κραδίην. |
Στήλην δ᾽, ἣν ἐπύησα κατὰ χθόνα δάκρυσι θερμοῖς, |
παρθένον ἣν ἔλαβον, Σωτᾶς Ὀλυμπιάδι πεπόικα.
Στοργὴ | γὰρ μεγάλη τῶν ἀμφοτέρων διέμεινεν,
ὡς ὅπου φῶς | τὸ γλυκὺν παρέμεινε ἀκτεῖσι ἐπιλάμπ[ο]ν ¹,
ἡδὺν ἀπὸ | στόματος καὶ γλυκὺν ὡς μελίτιν.
Ταύτην τὴν στή‖λην ἐπύησα Σωτᾶς σε φιλήσας.
Ψυχῇ διψώσῃ | ψυχρὸν ὕδωρ μεταδ[ό]ς ² · |
ἀδελφὸς ταύτης ἐπέγραψεν.

1. ΕΠΙΛΑΜΠΩΝ, lapis. — 2. ΜΕΤΑΔΕΣ.

---

318. Romae, extra portam Latinam. — *Insc. gr. Sic. et Ital.*, 1898.

Ὀνήσιμε Ἰλιεῦ | χαῖρε.

---

319. Romae, inter portam S. Laurentii et portam Majorem. — *Insc. gr. Sic. et Ital.*, 1900.

Θ(εοῖς) κ(αταχθονίοις). | Ὀρτησεῖνος ¹ ἐνθάδε κεῖ|ται, γενόμενος μὲν ἀνὴρ ἄρι|στος, ἰατρὸς δὲ τὴν τέχνην, ἐν ‖ λόγοις φιλοσόφοις καὶ ἤθει θαυ|μαστός, βιώσας ἔτη νβ´, μῆνας | ϛ´, ἡμέρας ιγ´. Σὺν ἐμοὶ δὲ τῇ συν|βίῳ ἐβίωσεν ἔτη

10 ιθ', παρὰ ἡμέ|ρας ζ'. Ἐποίησα Φλαβία Φῆστα ‖ τῷ ἐμαυτῆς ἀγαθῷ ἀνδρὶ | μετὰ τῶν θυγατέρων μνή|μης χάριν.

1. Kaibel legit Ὀρτησει[α]νός = Hortensianus, dubitans.

---

320. Romae, extra portam Flaminiam. — *Insc. gr. Sic. et Ital.*, 1901.

5 Θ(εοῖς) κ(αταχθονίοις). | Γ. Ὁστίλιος | Ἀγαθόπους Νει|καεὺς ἐνταῦθα ‖ κεῖμαι Κλ. Εὐτυχί|ας τυμβευθεὶς | χερὶ, ζήσας ἔτη λβ', | προνοούσης τοῦ | μνήματος
10 Ἰουλί|ας Ἰταλικῆς. Ὅς δὲ | ἄν σκυλῇ, μ[ή]τε [1] αὐ|τῷ θάλασσα πλω|τὴ μηδὲ γῆ βατή. |

1. ΜΕΤΕ traditur.

---

321. Romae. — *Insc. gr. Sic. et Ital.*, 1904.

Ὅς ἄν εἰς τοῦτο τὸ ἡρῷον ἔξω τοῦ γένους θῇ, | δώσει τῷ φίσκῳ δηνάρια μ(υριάδας) β' [1]. ...... [2]? Μάκρᾳ | Γ. Οὐαλέριος Διᾶς πατὴρ ἐπέγραψε.

1. I. e., denariorum viginti millia. — 2. CIЄNTH, traditur.

---

322. Romae. — *Insc. gr. Sic. et Ital.*, 1906.

5 Οὐαλερία Ὀλυμ|πιὰς | Οὐαλερίου Μενάνδρ|ου θυγάτηρ Ἀσιανή ‖ πόλεως Λαοδικεί|ας [1], ζήσασα ἔτη | ιβ'.

1. Laodicea ad Lycum.

---

323. Romae, ad aedem S. Eusebii. — *Insc. gr. Sic. et Ital.*, 1907.

Οὐαρία Μάρκου ἐξελε[υ]|θέρα Δαίου [1], χαῖρε.

1. « Varia, M. Varii liberta, Daii uxor. » Kaibel.

---

324. Romae. — *Insc. gr. Sic. et Ital.*, 1913.

Τοῦτο τὸ μνημεῖον | πεπόηχεν Μ. Οὔλπιος | Ἥρων Ἀλεξανδρεὺς | ἑαυτῷ

5 καὶ Φλαουίαι ‖ Δόξῃ συμβίωι καὶ | Φλαουίωι Τελεσείνῳ υἱῷ | αὐτῆς [καὶ ἀπελ]ευ-
θέροις | καὶ ἀπελ[ευθέραι]ς καὶ τῶν μετα|ξὺ [το]ύτων ¹. |

1. I. e., τῶν μετὰ τούτους sive posterorum.

---

325. Romae, extra portam S. Johannis. — *Insc. gr. Sic. et Ital.*, 1915; *C. I. L.*, VI,
29152.

Τὸν Χαρίτων με γέμοντ᾽ ἐσορᾷς | κλεινὸν Χαρίτωνα
μοῖραν ἀνα|πλήσαντ᾽ Αὐσονίῃ ἐνὶ γῇ.
5   Τίκτε | δὲ Σαρδονίη με [πε]ρίρρυτος, ἐν δ᾽ ἄ‖ρα Τάρσῳ
πίστιν ἔχον ταβούλης | χρήματος Αὐσονίου ¹.
᾽Αλλ᾽ ἄρ᾽ ἐσαθρή|σας φωτὸς δέκα τρὶς λυκάβαντας |
πρὸς πέντε, φθίμενος τήνδ᾽ ἐπίκειμαι κόνι|ν. ‖

10 D. M. | M. Vlpio Augg. lib. Charitoni | Vlpia Charitine fratri dulc[i]s|simo, qui
15 uixit annis XXXV, dieb. | XVIIII et P. Aelius Augg. lib. Africanus ‖ cognato
bene merenti feceʀunt | et sibi et suis lib. lib. posterisq. | eorum. H. m. d.
m. a. ².

1. M. Ulpius Charito, Trajani imperatoris libertus, natus est in Sardinia, tabularius fuit
Tarsi in provincia Cilicia, et Romae diem obiit. — 2. H(uic) m(onumento) d(olus) m(alus)
a(besto).

---

326. Romae. — *Insc. gr. Sic. et Ital.*, 1926.

Θ(εοῖς) κ(αταχθονίοις). | Παπίας Διοδώρου | Σαρδιανὸς ¹ ζῶν ἑαυτῷ ἐποίησεν ‖
5 καὶ Μ. Τιτίῳ Ἰανουαρίῳ | υἱῷ, ὃς ἔζησεν ἔτη ιη´, καὶ ἀπελευθέραις καὶ ἀπε|-
λευθέροις ἑαυτῶν.

1. Sardibus, in Lydia, oriundus.

---

327. Romae. — *Insc. gr. Sic. et Ital.*, 1928.

5   Παπειρίῳ Ἡρακλεί|τῳ Λαρανδεῖ ¹ σοφι|στῇ ᾽Απολλώνι|ος καὶ Νέων ‖ τῷ
χρηστῷ πάτρωνι.

1. Larandae natus, in Lycaonia.

328. Romae, ad viam Latinam, intra splendidum monumentum, in zophoro aediculae fastigiatae. — *Insc. gr. Sic. et Ital.*, 1934 d.

Πάτρωνος ἰ[α]τροῦ.

E titulis non paucis qui ejusdem monumenti parietibus sculpti aut picti fuerant, hunc referre satis habemus. De aliis et de ipso sepulcro cf. Secchi, *Monumenti inediti d'un antico sepolcro di famiglia greca scoperto in Roma* et quae disseruit Kaibel, *op. cit.*, 1934.

---

329. Romae. — *Insc. gr. Sic. et Ital.*, 1937.

Θ(εοῖς) x(αταχθονίοις) |.
5   Τὴν σεμνῶς | ζήσασαν ἀμώ|μητόν τε σύνευ‖νον
     Παυλεῖναν | φθιμένην ἐννεακ[α]ί|δεx· ἐτῶν
     Ἀνδρόνιχος | ἰητρὸς ἀνὴρ μνημήι|α τίνων
10   τήνδε πανυ‖στατίην [στήσα]το μαρ|τυ[ρίην].....

---

330. Romae. — *Insc. gr. Sic. et Ital.*, 1342.

Π. Α(ἴλιος) Φαίδιμος Παύ|λῃ συνβίῳ τὴν | χοῦπαν [1] σὺν τῷ τί|τλῳ xαὶ τοῖς
5 περὶ αὐ‖τὴν ἀναλώμασιν [2], | μνεία[ς] χάριν, ζησά|[ση]......

1. Cupa vel cupula, quoddam sepulcri genus, de quo disseruit Joh. Schmidt : *Philologus*, XLVII (1888) p. 163 et seqq. — 2. Cum titulo et impensis.

---

331. Romae. — *Insc. gr. Sic. et Ital.*, 1944.

Πινίτας | Νιχομάχου | Σαλάνιος [1].

1. « Fortasse Σαλα[μί]νιος. » Kaibel. Salamine oriundus.

---

332. Romae, ad viam Appiam. — *Insc. gr. Sic. et Ital.*, 1946.

5   Γ. Πλεινίωι | Εὐτύχωι | χωμῳδῶι | Γ. Πλείνιος ‖ Ζώσιμος [1] συντρόφῳ xαὶ |
ἀπελευθέρωι | τειμιωτάτωι.

1. Hunc C. Plinium Zosimum non diversum esse a Zosimo, C. Plinii Caecilii Secundi liberto (*Epist.*, V, 19), opinatur Borghesi, Mommsen negat; cf. *Prosop. imp. rom.*, III, p. 52, n. 375.

333. Romae. — *Insc. gr. Sic. et Ital.*, 1931.

Θ(εοῖς) χ(αταχθονίοις). |
Ἐνθάδε χεῖται | ἀνὴρ πολλῶν ἀντά|ξιος ἄλλων ‖
5   Πομπῆιος Διοκλῆς, | τέρματ᾽ ἔχων | σοφίης.

« Diocles, ni fallor, medicus fuit, quod docte Homerico versu (*Iliad.*, XI, 514) signifi-
cavit. » Kaibel.

---

334. Romae. — *Insc. gr. Sic. et Ital.*, 1932.

Δ(ις) Μ(ανιδυς) | Γν. Πομπει Ισμηνι | Ἰουλία Τύχη | ουιρω βενε μερεντι. |

Titulum latinum graecis litteris scriptum, sic lege : D(is) M(anibus) Cn. Pompei
Ismeni; Julia Tyche viro bene merenti.

---

335. Romae, ad viam Appiam. — *Insc. gr. Sic. et Ital.*, 1936.

Θ(εοῖς) χ(αταχθονίοις). |
Πωντιανοῦ παῖς | χεῖτ᾽ ἐνθάδε | Βαρβαριανός, ‖
5   τόν ποτ᾽ Ἄμαστρις ¹ | ἔθρεψε νέον δ᾽ | ἥρπαξεν ὁ δαίμων |.

1. Amastris seu Sesamus, oppidum Bithyniae.

---

336. Romae. — *Insc. gr. Sic. et Ital.*, 1960.

Ἐνθάδε χεῖμαι δάμαρ ὑπάτου ἥρωος ἀγαυοῦ |
Ἀρρίου ¹ μου φιλίου, τῷδε μιγεῖσα μόνῳ · |
ἦν δὲ κὲ<ν> ἐκ προγόνων ποτὲ τοὔνομα Πουδλιανή ² μοι |
(Σκιπιάδαι δ᾽ ἔπελον εὐγενίη τ᾽ ἔπρεπον), ‖
5   γηρείαις αὐτὴ τὸν ἄπαντα χρόνον μείνασα |,
κώκυμόρων τεκέων πένθει τακομένη · |
ἐμ βιότῳ δὲ πόνον πουλὺν δ᾽ ἀνέτλην μογέουσ[α], |
Μούσαισιν μοῦνον τὴν φρένα θελγομένη. |

1. Arrios complures novimus consules. — 2. Aut Oscia Modesta Cornelia Publiana,
avia M Flavii Arrii Oscii Honorati, ut vult Dessau (*Prosop. imp. rom.*, II, p. 439, n. 104),
aut Seia Modesta V[ale]ria... Cornelia Patruina Publiana, quam tituli africani nuper
inventi uxorem fuisse nos docuerunt C. Arrii Calpurnii Longini consulis. Cf. Ed. Groag,
Wiener Studien, 1900, p. 141 et seqq.

337. Romae, ad S. Balbinam. — *Insc. gr. Sic. et Ital.*, 1962.

'Ὥδ' ἔθανεν Πούπλιος | Μακεδών, ὃν ἐδέξατο | 'Ρώμη ·
δεξαμένη 'Ρώμη | ὥδ' ἔλιπεν τὸ φάος
5 ζήσας ‖ ἔτη λε'. | Μαρκία σύνβιος | μνήμης ἕνεκεν ἐπέγραψα.

338. Romae. — *Insc. gr. Sic. et Ital.*, 1966.

Πρείμα τῇ ἰδίᾳ γυναι|κὶ Λεοντᾶς Τιβερίου | 'Ιουλίου Κέλσου Πολε|μαιανοῦ [1]
5 δοῦλος ‖ κοσμίως καὶ ἀμέν|πτως συνζησάσῃ | αὐτῷ ἔτη δέκα τὸ | μνημεῖον τοῦτο
10 ἐκ τῶν | ἰδίων ἐποίησε · ‖ τοῦτο τὸ μνημεῖον ἔχει | εἴσοδον καὶ ἔξοδον.

1. — Ti. Julius Celsus Polemaeanus consul fuit suffectus anno p. C. n. 92 : de quo
cf. *Prosop. imp. rom.*, II, p. 186, n. 176.

339. Romae, in via Appia, prope sepulchretum libertorum Liviae Augustae. — *Insc.*
gr. Sic. et Ital., 1970.

'Εννεακαι|δεκάμηνος | ἐγὼ κεῖμαι | παρὰ τύμβῳ, ‖
5 ὃν ποιεῖ πα|τὴρ Πρόκλος | Συρίης ἀπὸ | γαίης ·
10 οὔνο|μα δέ ἐστι Πρό‖κλα, γαία πατρὶς | ᾗ παράκειμαι.

340. Romae, extra portam S. Pancratii Transtiberinam. — *Insc. gr. Sic. et Ital.*, 1976.

'Ρου[φειν.....?] |
'Ρουφείνου τάφος οὗτος, ὃν 'Αστέριόν ποτ' ἔκληζον, |
ὃς προλιπὼν 'Ρώμης δάπεδον, Νείλου πόλιν ἐλθὼν |
καὶ προκοπαῖς λάμψας, πολλοῖσι δὲ πολλὰ παρασχών, ‖
5 μηδένα λυπήσας, ἀλλ' εἰς τὸ δίκαιον ἀθρήσας, |
Μοιρῶν οὐκ ἔφυγεν τρισσῶν μίτον, ἀλλὰ νεκρωθεὶς |
τὴν ψυχὴν ἀπέδωκεν ἐς ἀέρα, σῶμα δὲ πρὸς γῆν. |
'Αλλὰ καὶ εὐσεβίης ἔσχεν κρίσιν ἐν φθιμένοισιν, |
καὶ πάλιν εἶδε τὸ φῶς νεκρὸς ὢν καὶ πόντον ἔπλευσε ‖
10 καὶ χώρης ἰδίης ἐπέβη · σὺν παισὶ δὲ κεῖται, |
ὧν οὐκ εἶδε τέλος θανάτου · πρῶτος γὰρ ἔθνῃσκε. |
'Η δὲ τέχνων δισσῶν μήτηρ, σεμν(ὴ) ἠδὲ φίλανδρος, |

καὶ πέλαγος διέπλευσε καὶ ἤγαγε σῶμα βυθοῖσιν |
καὶ καμάτους ὑπέμεινε καὶ ἐν θρήνοις διέμεινε ‖
15 καὶ τύμβῳ κατέθηκε καὶ αἰῶσιν παρέδωκε |
Δαμοστρατείας ταῦτα τῆς φιλανδρίας.

« Rufini Romani Nilopoli defuncti corpus sepultum rursus erutum Damostrata uxor in patriam reduxit; epigramma paullo post filiis duobus mortuis insculpendum curavit eadem » Kaibel.

---

341. Romae, ad viam Latinam. — *Insc. gr. Sic. et Ital.*, 1980.

5 Θεοῖς μνή|μασι. Ῥώμη | καλῶς βιωσά|σῃ Ἀπολλινᾶ‖ρις σύμβιος.

---

342. Romae, extra portam Flaminiam. — *Insc. gr. Sic. et Ital.*, 1989.

Θ(εοῖς) κ(αταχθονίοις). | Λ. Π. Σατορνεῖνος | ετ Αἰ. Ἡλιὰς ετ | Π. Α. Διογένης ‖
5 κομπαραουηρουντ | σιβι ετ σουεις.

Titulus latinus graecis litteris scriptus. Sic lege : L. P..... Saturninus et Ae(lia) Helias et P. Ae(lius) Diogenes comparaverunt sibi et suis.

---

343. Romae, extra portam Capenam, in sarcophago. — *Inscr. gr. Sic. et Ital.*, 1990.

Σατορνεῖνος ἐγὼ κιχλήσκομαι · ἐκ | δέ με παιδὸς |
εἰς Διονύσου ἄγαλμ᾽ ἔθεσαν [1] μήτηρ | τε πατήρ τε.

1. « Parentes, cum in vivis esset, puerum Dionysi specie indutum in aliquo dei fano posuerant, ideoque personati Bacchi imaginem etiam sarcophago mortui insculpendam curaverunt. » Kaibel (*Epigr. gr.*, 705).

---

344. Romae, in Esquiliis. — *Insc. gr. Sic. et Ital.*, 1702.

Ἰουλία<ς> Κρισπεῖνα ἀνδρὶ γλυκυτάτῳ | καὶ σοφιστῇ, | ᾧ οὔνομα ἦν
Σέκκιος Τρόφιμος, γένει Σιδήτης [1], | καλὸν βίον καὶ ἀμέμπτως βιώσας μετ᾽
5 ἐμοῦ ‖ ἔτη δυοκαίδεκα · αὐτὸς δὲ ἀποδοὺς τὸ | δάνειον τῆς ζόης ὀγδοηκοστὸν
ἑκκτο[ν] | ὧδε κεῖται οἴκῳ ἐωνίῳ παραλημφθε[ὶς] | ὑπὸ θεῶν καταχθονίων.

1. I. e. oriundus Side, quae est Pamphyliae urbs.

345. Romae. — *Insc. gr. Sic. et Ital.*, 1997.

Εὐψύχι Σεχοῦνδα · οὐ|δὶς ἀθάνατος · Ῥηγιτᾶνα [1].

1. Secunda Regio Lepido oriunda erat ut vidit Franz.

---

346. Romae, ad viam Flaminiam, in sarcophago. — *Insc. gr. Sic. et Ital.*, 2000.

M. Σεμπρώνιος Νεικοκράτης, | ἤμην ποτὲ μουσικὸς ἀνὴρ | ποιητὴς καὶ
5 κιθαριστὴς | μάλιστα δὲ καὶ συνοδείτης · ‖ πολλὰ βυθοῖσι καμών, | ὁδηπορίες
δ' ἀτονήσας, |

ἔνπορος εὐμόρφων γενόμην, | φίλοι, μετέπειτα γυναικῶν. |
10 Πνεῦμα λαβὼν δάνος οὐρανόθεν ‖ τελέσας χρόνον αὖτ' ἀπέδωκα, |
καὶ μετὰ τὸν θάνατον | Μοῦσαί μου τὸ σῶμα κρατοῦσιν.

« Fuit Sempronius sacrae synodi sodalis, ejus fortasse quam Τραιανὴν Ἁδριανήν appellatam Romae fuisse scimus; postea, cum non jam lucri quidquam faceret ex studiis musicis, ad magis lucrosa se convertit negotia. Denique, quas a puero adamaverat, Musae eo potiuntur eumque tumulo tegunt » Kaibel (*Epigr. gr.*, 613).

---

347. Romae, duobus a porta S. Pauli chilometris. — *Insc. gr. Sic. et Ital.*, 2003.

Θεοῖς καταχτονίοις (sic). | Γ. Σεπτίμιος Ἡράκλειτος ἐποίη|σεν ἑαυτῷ καὶ
5 Αὐφιδίᾳ Καπετωλίνῃ | συμβίῳ καὶ ἀπελευθέροις καὶ τοῖς ‖ μετ' αὐτοὺς ἐσομένοις
καὶ κληρο|νόμοις ἑαυτοῦ καὶ τοῖς ἐξ αὐτῶν | ἐσομένοις καὶ Σατορνίνῳ Ἀβα|-
10 σκάντου Κλαυδιανῷ Σμυρναίῳ | καὶ τοῖς ἐξ αὐτοῦ ἐσομένοις καὶ ‖ Λουκίῳ Κατιλίῳ
Χρυσέρωτι μα|θητῇ [1] καὶ Μ. Γαβίῳ Δίῳ καὶ τοῖς | [ἐξ] αὐτῶν ἐσομένοις · τά δὲ |
15 [λοι]πά, Ἡράκλειτε, εὔφραινε | [θυμ]ὸν ἀφθόνως · τὸ γάρ ποτε ‖ [δεῖ]ν σε θανεῖν
μοίραις | [μ]εμέληται.

1. Quam artem Heraclitus exercuerit tacet. Aut sophistam aut medicum fuisse opinatur Kaibel.

---

348. Romae. — *Insc. gr. Sic. et Ital.*, 2008.

5 [Εὐ]ψύχι τέ|κνον Σερῆ|νε [ἄ]ω[ρ]ε [?] ἐτ|ῶν δ', μηνῶ‖ν η', ἡμερῶν ιθ' · | Φουσ-
10 χῖνος προ|βοκάτωρ [2] Καίσα|ρος πατὴρ καὶ Ταών | μήτηρ Αἰγυπτίοι ἐποί‖ησαν
[λ]οιπο[ύ]μενοι [3].

1. ΛΩΓΕ traditur. — 2. Provocatores erant genus quoddam gladiatorum. Fuscinus ad familiam gladiatoriam Augusti pertinebat. — 3. ΑΟΙΠΟΝΜΕΝΟΙ traditur.

349. Romae. — *Insc. gr. Sic. et Ital.*, 1558.

Δόμνα Σιδήτη | υἱῷ ζήσαντι ἔτ(η) | κ΄, υἱῷ πραγματευ|τοῦ [1] Περεγρείνου, ‖
5 μνίας χάρ(ιν) ἐποίησεν.

1. I. e., negotiatoris.

350-352. Romae, ad viam Salariam. — *Insc. gr. Sic. et Ital.*, 2012.

Deis Manibus sacrum. | Q. Sulpicio Q. f. Cla. Maximo domo Roma uix. ann. XI
m. V. d. XII. | Hic tertio certaminis lustro [1] inter graecos poetas duos et L | pro-
5 fessus fauorem, quem ob teneram aetatem excitauerat, ‖ in admirationem ingenio
suo perduxit et cum honore discessit [2]; uersus | extemporales eo subiecti sunt
ne parent(es) adfectib(us) suis indulsisse videant(ur). | Q. Sulpicius Eugramus et
Licinia Ianuaria parent(es) infelicissim(i) f(ilio) piissim(o) fec(erunt) et sib(i)
p(osterisque) suis ¦.

10 Κ. Σουλπικίου | Μαξίμου καίριον · ‖ τίσιν ἂν λόγοις | χρήσαιτο Ζεὺς | ἐπι-
τιμῶν Ἡλίῳ | ὅτι τὸ ἄρμα ἔδωκε | Φαέθοντι. ‖

15   Ἡμετέρου κόσμοι|ο φαεσφόρον ἁρμε|λατῆρα
     οὐχ ἕτε|ρον πλὴν σεῖο θεοὶ | ποίησαν ἄνακτες · ‖
20   τίπτε κακόφρονα θῆ|κες ἐφ᾽ ἁψίδεσσιν Ὀ|λύμπου
     υἱέα καὶ | πώλων ἄφατον τά|χος ἐγγυάλιξας, ‖
25   ἡμετέρην οὐδ᾽ ὅσ|σον ὑποδείσας ἐπα|ρωγήν;
     οὐ τάδε πιστὰ | θεοῖς σέο δήνεα · ποῖ Φα|έθοντος
30   εὐσταθὲς ‖ ἄρμα φορεῖτο; τί σου | πυρὸς ἀκ[α]μάτοιο |
     φλὸξ ἄχρι καὶ θρόνον | ἦλθεν ἐμὸν καὶ ἐπ᾽ εὐ|ρέα κόσμον;
35   μίγνυτο ‖ καὶ κύκλοισιν ὑπερ|μενὲς ἄχθος ἀπ᾽ εἴ|λης ·
     Ὠκεανὸς γέρας | αὐτὸς (vel γέρα καὐτὸς) ἐς οὐρανὸν ἠέρ|ταζε ·
40   τίς ποταμῶν ‖ οὐ πᾶσαν ἀνεξηραί|νετο πηγήν;
     καὶ σπό|ρος ἐς Δήμητρα κα|ταίθετο, καί τις ἄπλ[α]|τον ‖
45   ἀζαλέην ἔκλαυσε παρὰ | δρεπάναισι γεωργὸς, |
     σπείρων εἰς ἀχάριστα | μάτην θ᾽ ὑπὸ κυφὸν ἄρο|τρον
50   ταῦρον ὑποζεύ‖ξας ὑπό τ᾽ ἀστέρα βουλυ|τοῖο
     κάμψας ἄρρενα γυῖα σὺν ἀχθεινοῖσι βόεσ|σι.
55   Γαῖα δ᾽ ὑπέστενε πᾶσα | κακόφρονος εἴνεκα ‖ κούρου ·
     καὶ τότ᾽ ἐγὼ πυ|ρὶ φέγγος ἀπέσβεσα. | Μηκέτι παιδὸς |

60 μύρεο λυγρὸν ὄλε[θ]ρον, | ἑοῦ δ' ἔχε φροντίδα κόσ‖μου,
     μή ποτε χειρὸς ἐμῆς | φλογερώτερον ἔγχος ἀθροί|σῃς.
     Γίνωσκ' οὐρανίοιο | Διὸς νόον · οὐ μὰ γὰρ αὐτὴν
65 Ῥεί‖ην ἄλλο τ[ι τ]οῦδε κακώτερον | ἴδεν Ὄλυμπος · |
     κόσμος ἐμὸς σὴ πίστις ἔφυ με|γακύδεος ἔργου.
70 Οἰχέσθω τὰ | πάροιθε, τὰ δ' ὕστερα φροντί‖δι κεῦθε ·
     οὐ σὸς ἔφυ · πώ|λων γὰρ ἀπείριτον [ο]ὐ σθένος | ἔγνω,
     ῥυτήρων οὐδ' ἔσχε | πολυφραδὲς ἔργον ἀνύσσαι. |
75 Ἔρχεο νῦν, πάλι κόσμον ἐποί‖χεο, μὴ τεὸν εὖ[χ]ος
     ἀλλο|τρίαις παλάμαισι πόρηι|ς ἀμενηνὰ πονήσας · |
80 μούνῳ σοὶ πυρόεντος | ἐπειγομένῳ κύκλοιο ‖
     ἀντολίη καὶ πᾶσα καλὸς | δρόμος ἔπλετο δυσμή · |
     σοὶ τόδε πιστὸν ἔδωκε | φέρειν νόος ἄφθιτον εὖχος. |
85 Φείδεο γῆς καὶ παντὸς ἀρι‖πρεπέος κόσμοιο,
     ἴσχε δρό|μον μεσάταισιν ἐπ' ἀψίδεσ|σιν Ὀλύμπου ·
     ταῦτα πρέ|ποντα θεοῖς, ταῦτ' ἄρχια · μαί|εο, δαῖμον,
90 μιλίχιον πά‖λι φέγγος · ὁ σὸς παῖς ὤλεσε | πουλύ ·
     καὶ τὸν ἀπειρέσιον | μέγαν οὐρανὸν αὐτὸς [δ]εῦε, |
     ἥμισυ μὲν γαίης νέρθεν, | τὸ δ' ὕπερθε τανύσσας · ‖
95 οὕτω γὰρ πρέψει ἐτεὸν φάος | Οὐρανίδαισι,
     καὶ φωτῶν | ἀκάκωτος ἀεὶ λειφθήσε|ται εὐχήι,
100 πρηυμενῇ | δ' ἕξεις Ζηνὸς νόον · ἢν δ' ἐτέ‖ρη τις |
     λείπηται σέο | φροντὶς ἀταρβέ|ος, ἴστορες αὐτοὶ |
105 ἀστέρες, ὡς πυ[ρό]‖εντος ἐμοῦ μ[έ]|νος αἶψα κεραυνο[ῦ] |
     ὠκύτερον πώ|λων .....δέ|μας ....

351.

Ἐπιγράμματα. |

     Μοῦνος ἀπ' αἰῶνος δυοκαίδεκα παῖς ἐνιαυτῶν |
        Μάξιμος ἐξ ἀέθλων εἰς Ἀίδην ἔμολον · |
     νοῦσος καὶ κάματός με διώλεσαν · οὔτε γὰρ ἠοῦς, ‖
5   οὐκ ὄρφνης Μουσέων ἐκτὸς ἔθηκα φρένα. |
     Λίσσομαι ἀλλὰ στῆθι δεδουπότος εἵνεκα κούρου, |

ὄφρα μάθῃς σχεδίου γράμματος εὐεπίην, |
εὐφήμου καὶ λέξον ἀπὸ στόματος τόδε μοῦνον |
δακρύσας · « εἴης χῶρον ἐς Ἠλύσιον · ‖
10   ζωούσας ἔλιπες γὰρ ἀηδόνας, ἃς Ἀϊδωνεὺς |
οὐδέποθ᾿ αἱρήσει τῇ φθονερῇ παλάμῃ. »

352.

Βαιὸν μὲν τόδε σῆμα, τὸ δὲ κλέος οὐρανὸν ἵκει, |
    Μάξιμε, Πιεριδῶν ἐξέο³ λειπομένων, |
νώνυμον οὐδέ σε Μοῖρα κατέκτανε νηλεόθυμος, |
    ἀλλ᾿ ἔλιπεν λήθης ἄμμορον εὐεπίην. ‖
5 Οὔτις ἀδακρύτοισι τεὸν παρὰ τύμβον ἀμείβων |
    ὀφθαλμοῖς σχεδίου δέρξεται εὐστιχίην. |
Ἄρχιον ἐς δόλιχον τόδε σοι κλέος · οὐ γὰρ ἀπευθὴς |
    κείσεαι οὐτιδανοῖς (ε)ἰδόμενος νέκυσι, |
10 πουλὺ δὲ καὶ χρυσοῖο καὶ ἠλέκτροιο φαεινοῦ ‖
    ἔ(σ)σετ᾿ ἀεὶ κρέσσων ἣν ἔλιπες σελίδα.

1. Quum certamen vel ludum Capitolinum imperator Domitianus anno p. C. n. 86 condiderit, tertium lustrum a. 94 actum est. — 2. Ex his verbis recte Henzen collegit Q. Sulpicium Maximum non victorem e certamine discessisse. — 3. I. e. ἐκ σέο.

De titulo cf. C. L. Visconti, *Il sepolcro del fanciullo Q. Sulpicio Massimo;* Henzen, in *Bullett. dell᾿ Instit.*, 1871, p. 98 et seqq. ; Kaibel, *Epigr. gr.*, 618.

---

353. Romae. — *Insc. gr. Sic. et Ital.*, 2023.

Ἐνθάδε κεῖται | Σύμφορος Σικε(λὸς) | Πανορμίτης.

---

354. Romae, ad viam Tiburtinam. — *Insc. gr. Sic. et Ital.*, 2030.

Θεοῖς καταχθονίοις. | Σωτηρίχῳ λυριστῇ ἐτῶν | λϚ´ ἡμίσου Λοῦκις | Πομ-
5 πώνις Σωτήριχος¹ ‖ πατὴρ ἐποίησε · εὐψύγι.

1. Lucius Pomponius Soterichus.

355. Romae, in via Appia. — *Insc. gr. Sic. et Ital.*, 2042.

5   Δ(ις) Μ(ανιбυς). | Τιτίαι Ἐλπίδι Μαρ|κους Τιτιους Ζηνο|6ιους κοιουγι βενε‖μερεντι φηκιτ.

Titulus latinus graecis litteris scriptus. Sic lege : D(is) M(anibus). Titiae Elpidi Marcus Titius Zenobius conjugi bene merenti fecit.

---

356. Romae. — *Insc. gr. Sic. et Ital.*, 2045.

Τρόφιμος βουκόλος.

---

357. Romae, juxta aedem Sanctae Virginis in Minerva. — *Insc. gr. Sic. et Ital.*, 2047.

5   Ἐνθάδ|ε κεῖται | Τρύφων | Λα(ο)δικ(ε)ὺς ‖ τῆς πρὸς | Λύκον.

---

358. Romae, in Esquiliis, in Statiliorum sepulcreto. — *Insc. gr. Sic. et Ital.*, 2050.

Τύραννος κωμῳδὸς | ἔζησεν ἔτη ιη΄. |
5   Τῆς εἰς ἐν φιλίης | Χρυσέρως καὶ παι‖δὸς ἀρετῆς
         τήνδ᾽ ἐπὶ τῷ μνή|μης εἵνεχ᾽ ἔθηκε Πάρον.

« Chryseros Tyranno filio amoris simul ac virtutis ergo posuit monumentum Pario lapide factum. » Kaibel.

---

359. Romae, trans Tiberim. — *Insc. gr. Sic. et Ital.*, 2057.

5   Θ(εοῖς) κ(αταχθονίοις). | Φαυστίνῳ τε|λευτήσαντι, πραγ|ματευτῇ [1], Θεόφι‖λος σύνδουλος | ἐποίησεν μνή|μης χάριν.

1. Πραγματευτής, id est, ut Mommsen opinatur, servus actor.

---

360. Romae. — *Insc. gr. Sic. et Ital.*, 2064.

Σεμνὴν Πηνελόπην ὁ πάλαι βίος, ἔσχε δὲ καὶ νῦν
σεμνὴν Φηλικίταν [1] οὐ τάχα μιοτέρην · |
βουλομένης δὲ θανεῖν ἀνδρὸς προτέρην σφετέροιο
ἔκλυες, ὦ δαίμων, πολλάκις εὐχομένης |.

Τοιγάρτοι καὶ ἐμεῖο δικαιοτέρην ὅπ' ἄκουτον
εὐχομένου, Πλούτων, | ἣν εἰς Ἀίδαο περήσω,
εὑρεῖν τὴν ἰδίαν Φηλικίταν παρὰ σοί. ‖
5 Κλαύδιος ἰητὴρ Ἀγαθεῖνος τήνδε ἀνέθηκεν
εἰκόνα Φηλικίτας, μάρτυρα σωφροσύνης.

1. l. e. Felicitas.

---

361. Romae. — *Insc. gr. Sic. et Ital.*, 2068.

Θ(εοῖς) χ(αταχθονίοις). |
Ἤμην ὡς ἤμην φωνὴν καὶ πνεῦμα καὶ εἶδος, |
ἀρτιτόκου φωτὸς | ψυχίον ἔνδοθ' ἔχ[ω]ν, ‖
5 αἴσιος ἐμ φιλότητι καὶ ὄλβιος ἐμ πραπίδεσσι, |
μηδὲν ἄγαν φρονέων, θνητὰ δὲ πάνθ' ὁρόω[ν]. |
Ἦλθον, ἀπῆλθον ἄμεμπτος, ἃ μὴ θέμις οὐκ ἐδό|κευσα, |
εἴτ' ἤμην πρότερον, εἴτε χρόνοις ἔσομαι · ‖
10 παιδεύθην, παίδευσα, κύτος κόσμοιο πέδη|σα, |
θείας ἐξ ἀθανάτων φωτὶ φράσας ἀρετὰς · |
Κεύθι γαῖα φίλη με · τί δ' ἁγνὸν ὅμως ὄνο|μ'; ἤμην ‖
15 πᾶσι Φίλητος ἀνήρ, τῆς Λυκίης Λιμύ|ρων '.

1. Philetus oriundus erat Limyra apud Lycios. — « Epitaphium est ludimagistri disciplinae, ut videtur, Pythagoricae. » Kaibel (*Epigr. gr.*, 615).

---

362. Romae. — *Insc. gr. Sic. et Ital.*, 2088.

5 Φλάουιος | Τέρπνος | κιθαρωιδὸς ¹ | Ἀλεξανδρε‖ὺς ἐτῶν κς', | ἄφθορος.

1. Fuerunt qui hunc Flavium Terpnum non diversum esse putaverunt a Terpno citharista, quem Nero dilexit (de quo cf. *Prosop. imp. rom.*, III, p. 306, n. 84) ; at verisimillimum est eum ante Vespasiani tempora manumissum esse.

---

363. Romae. — *Insc. gr. Sic. et Ital.*, 2090.

Φαβία Αἰλία Φαβιανὴ Φαβίῳ Ὀνήτορι τῷ ἰδίῳ | χαίρειν. | Τόπον ὃν παρεκά-
5 λεσεν ἐν τοῖς κήποις μου |, ἵνα οἰκοδομήσῃς μνημάριον ἐκεῖ, συνκε‖χωρηκέναι μέ
σοι καὶ ἐπ[ιτ]ετροφέναι ¹ οἰκο|δομῆσαί σε, ἵνα διὰ παντός σοι ἀνῆκεν, τού|τοις

τοῖς <τοῖς> γράμμασί μου, οἷς ὑπέγραψα | τῇ πρὸ ι′ καλανδῶν Αὐγούστων Κλ.

10 Ἰουλια|νῷ τὸ β′ καὶ Βρυττίῳ Κρισπίνῳ ὑπάτοις², ‖ δῆλόν σοι ποιῶ · οὐ μηδεμίαν ἀμφισβήτη|σίν σέ ποτε ἕξειν ἐξ αὐτῶν τῶν γραμ|μάτων μου δῆλόν ἐστιν, σοὶ δὲ διαφέρειν | τὸν τόπον τοῦ μέτρου τοῦ... οἰκοδομῆσαι³. | Ἐρρῶσ[θαί] σε εὔχομε. Ἔρρωσο.

1. ΕΠΠΕΤΡΟΦΕΝΑΙ, lapis. — 2. Die xxiii mensis Julii anni p. C. n. 224. — 3. ΟΙΚΟΔΟΜΗΣΑϹ lapis.

---

364. Romae. — *Insc. gr. Sic. et Ital.*, 2098.

Φλαουία Σερουάνδα¹ ἡ καὶ | Ἀγριππεῖνα, πανάρετε, | εὐψύχι μετὰ τοῦ Ὀσείριδος.

1. I. e. Flavia Servanda.

---

365. Romae. — *Insc. gr. Sic. et Ital.*, 2100.

Φλαβιανῶι ἥρωι πατὴρ | Δῶρος τόδε σῆμα, |
ἓξ ἐπὶ τοῖς δέκ᾽ ἔτη | μοῦνα βιωσαμένωι · ‖
5 Μοῖρα γὰρ Αἰολίδος με | πάτρης ἀπάνευθε | Μυρίνης,
θάψε τε | καὶ Μουσῶν εὐνι|ν ἔθηκ᾽ ἀρετῆς.

---

366. Romae. — *Insc. gr. Sic. et Ital.*, 2104.

Θ(εοῖς) κ(αταχθονίοις). |
Ἔν τε φίλοισι φίλοιο καὶ ἰη|τῆρος ἀρίστου |
5 παιδείης θ᾽ ἱερῆς ἐγγύθεν ‖ ἀψαμένου |
σῶμ᾽ Ἀσκληπι[άδα]ο καὶ υἱέος | ἐνθάδε Βήρου, |
10 ὡς ἐπέτελλε φίλοις, εἰς ὅ|δε τύμβος ἔχει. ‖
Λ. Φοντείῳ Φόρτι Ἀσκληπιά|δῃ, τῷ γένει Ἐφέσιον, | βιώσαντι ἔτεσιν μ′, |
15 μησὶν β′, ἡμέρ(αις) κε′, ὥρ(αις) ζ′, | Ἐγνατία Βρισηὶς σύμβιος ‖ μνήμης χάριν.

---

367. Romae. — *Insc. gr. Sic. et Ital.*, 2111 ; — *C. I. L.*, VI, 18487.

Τὴν Διὸς ἀμφίπολόν με Χελειδόνα, τὴν ἐπὶ βωμοῖς |
σπένδειν ἀθανάτων γρηῢν ἐπισταμέναν, |

εὔτεχνον, ἀστονάχητον ἔχει τάφος · οὐ γὰρ ἀμαυρῶς |
δαίμονες ἡμετέρην ἔβλεπον εὐσεβίην. ‖

5 Dis Manibus Chelidonis sa[crum]. | Floria Chelidon | Floriae P. f. Festae; | uixit
10 annis LXXV. | In agr(um) p(edes) XIV, in fr(ontem) p(edes) XII. ‖ H(oc) m(onu-
mentum) h(eredes) n(on) s(equitur).

« Chelido videtur peregrini alicujus Jovis sacris in Urbe praefuisse. » Kaibel.

---

368. Romae. — *Insc. gr. Sic. et Ital.*, 2124.

Ἱστορίας δείξας | καὶ χειρσὶν ἄπαντα | λαλήσας,
ἔμπειρος Βρομίοιο | σοφῆς ἱερῆς τε χορείας,
5 συνπάσχων ‖ κείνοις [οἷσ]περ ¹ κεινεῖτο προσώποις, |
κοσμήσας π[ᾶ]σαν θυμέλην διδαχαῖς | πολυδόξοις
οὗτος ὁ παιδίας | θαλερῆς ἐνκώμια λίψας |
10 κεῖτε δ[ὴ] ² γήρᾳ βεβαρη[μέ]νος · ³ ‖ οὐκ ἔθανεν γάρ,
ζώσης | εὐρυχόροιο τέχνης | ἀρεταῖσι μαθητῶν.

1. ΚΕΙΝΟΙCΠΕΡ lapis. — 2. ΔΕ lapis. — 3. ΒΕΒΑΡΗΝΟC lapis.
« Est pantomimi epitaphium » Kaibel (*Epigr. gr.*, 608).

---

369. Romae, ad radices Quirinalis. — *Insc. gr. Sic. et Ital.*, 2143.

Ἐν ζωοῖς ἀρέσα[ντα......] | βιώσαντα ἐτῶ[ν.........] | κοιτῶνος ἔχων
5 [........] | Σεβαστοῦ μεγάλου [¹..........] ‖ κασιγνήτοιο...

1. Erat defunctus a cubiculo vel cubicularius Augusti.

---

870. Romae. — *Insc. gr. Sic. et Ital.*, 1528.

.... | ἀπελεύθε|ρος καὶ Γρα|φικὸς ¹ ἐπ|οίησαν.

1. Mommsen legit ἀπελεύθερος καὶ γραφικός, i. e. libertus et notarius; at Graphicus etiam
pro nomine virili haberi potest.

LATIUM

371. Fidenis. — *Insc. gr. Sic. et Ital.*, 1346.

5   Αἰλίᾳ | Καικι[λ]ίᾳ | Φιλίππῃ τῇ | κρατίστῃ ¹, γλυκυτάτῃ ‖ τεκούσῃ, |
Σέριος Αὐγουρεῖνος | ὁ κράτιστος ¹.

1. Κράτιστος, κρατίστη, egregius, egregia. — De Aelia Caecilia cf. *Prosop. imp. Rom.*, I,
p. 23, n. 190.

---

372. Ficuleae. — *Insc. gr. Sic. et Ital.*, 1686.

5   [Θ(εοῖς)] κ(αταχθονίοις). | Ἰούλιος | Μενέμαχος | Σωτηρίχῳ ‖ βεστιαρίῳ ¹ |
μνήμης χάριν.

1. Vestiarius vel bestiarius.

---

373. Prope Ficuleam. — *Insc. gr. Sic. et Ital.*, 1794.

[Τ]ὴν στήλην, παροδεῖτα, διελθὼν γνώσῃ [τίς εἰμι?] |
καὶ πῶς μοι βεβίωται καὶ πῶς ἀνέλυσα μαθήσ[ῃ]. |
[Ἐ]σπειράν με γονεῖς παρ' Αἰγύπτοιο δ' ἀρούραις |
[ἐ]ν κώμηι Ἱεραπενθεβυλείη · νομὸς ἡ Ξόις ¹. ‖
5   .... Ἀλεξάνδρι[α......] ε πατράσσιν |

· ·

[κ]αὶ ἐν στρατιᾶι [πα]νημερίῳ (?) μετέπιτα θελήσας, |
[κ]αὶ κόσμον κεχ[ράτ]ευκα, σχεδὸν εἴποιμι παρ' αὐτὸ, |
οὐ πόλεμόν π[οτ]ε εἰδὼν, οὐ χεῖρα φόνοισι μιάνας, |
[Κ]ρόνιος ὁ καὶ Ἀρτεμίδωρος Εὐόδιος ἐνθάδε κεῖμαι ‖
[ἑ]ξηκονταέτης, γυναῖκά τε μηδαμοῦ γήμας, |
μήτε δίκην εἶπας, μήτ' ὅρκον δούς ποτ' ὁμοίῳ · |
εὐτυχίην δὲ βίου ταύτην νόμισον, παροδεῖτα. |
Σεράμμων ² ἐνθάδε κεῖμαι Ἀλεξανδρεύς, πολλὰ μογήσας |

ἐν βιότῳ περιὼν, λήθῃ, πλάνῃ, ἐλπίδι διώκων ‖

15　　　. . . . . τοῦτο γένωμαι ὃ βλέπις.

1. Xoïs urbs a Strabone abscribitur nomo Sebennytico (XVII, 1, 19), cujus nomi caput esse Ptolemaeus asserit (IV, 4, 50). — 2. Serammon omnino diversus est a Cronio qui et Artemidorus Euodius.

---

374. Tibure. — *Insc. gr. Sic. et Ital.*, 1123; *C. I. L.*, XIV, 3533.

In antica :

Ἀγαθῶι | δαίμονι.

In parte aversa :

Agathodaemoni | sacrum. | E u(oto) s(uscepto).

---

375. Tibure, in tabula marmorea utrinque inscripta. — *Insc. gr. Sic. et Ital.*, 1124.

Ab una parte :

5　Τῇ κυρίᾳ Ἀρτέμι|δι εὐχὴν ἐποίη|σεν Παχχία Λουχί|ου θυγάτηρ Σεχον‖δεῖνα ὑπὲρ αὐτῆς | καὶ Ποστουμίλλης | θυγατρός. |

Ab altera :

10　Τῇ κυρίᾳ | Ἀρτέμιδι εὐχὴν ‖ ἐποίησεν Παχχία | Σεχονδεῖνα ὑπὲρ | σωτηρίας Μάρχου | καὶ Φαδίλλης [1].

1. Marci Aurelii Antonini imperatoris et Fadillae ejus filiae.

---

376. Tibure. — *Insc. gr. Sic. et Ital.*, 1125.

Ἀσκληπιῷ θ[εῷ] σωτῆρι. | Λ. Μινίχιος Νατάλιος | ὕπατος [1] ἀνθύπατος Λι-
5　βύης, ‖ αὔγουρ, πρεσβευτὴς καὶ | ἀντιστράτηγος Σεβαστοῦ | Μυσίας τῆς κάτω | τὸν ναὸν καὶ τὸν βωμὸν | ἀνέθηκεν.

1. Quo anno L. Minicius Natalis consul fuerit nescimus; sed, quum Africae proconsulatum egerit anno p. C. n. 139, consulatum gessisse videtur circa annum p. C. n. 127. De quo cf. *Prosop. imp. rom.*, II, p. 379, n. 440, et Pallu de Lessert, *Fastes des provinces africaines*, I, p. 190 et seq.

377. Praeneste. — *Insc. gr. Sic. et Ital.*, 1127; *C. I. L.*, XIV, 2901.

Domus C. Valeri Hermaisci templum | Sarapis schola Faustiniana fecit; C. | Va-
5 lerius Hermaiscus | dedic. idib. Dec. ‖ Barbaro et Regulo cos [1]. |

Γ. Βαλέριος Ἑρμαίσκος ἐποί[ησεν | τὸ] Σαραπεῖον Διὶ Ἡλίῳ μεγάλῳ | Σαρά-
π[ιδι κα]ὶ τοῖς συννάοις θεοῖς.

1. Anno p. C. n. 157.

378. Praeneste. — *Insc. gr. Sic. et Ital.*, 1302.

*In opere musivo quod Nili crescentis imaginem referre et Hadriani imperatoris in
Aegyptum adventum memorare putant, supra vel infra vel juxta varias animalium figuras,
leguntur haec.*

Σφιγγία	Ἔνυδρις [7]	Λύγξ
Κροκόττας [1]	Ἄρχ[τ]ος	Κροκοδιλοπάρδαλις [9]
Ἡ? ὀνοκενταύρα [2]	Τίγρις	Ῥινόκερως
Θώαντες [3]	Κ[α]μηλο[π]άρδαλι[ς] [8]	Χοιροπίθηκ(ος)
Ξιφι.... [4]	Λέαινα	[Κ]έφαλος?
Κῆπ[ον] [5]	Κροκόδιλος χερσαῖος	[Τρ]αγέλαφ[ος] [10]
[Ν]αβοῦς [6]	Σαῦ[ρ]ος....	

1. Plin., *Hist. nat.*, VIII, 107 : « (Hyaenae) coitu leaena aethiopica parit corocottam. »
— 2. Aelian., *Hist. anim.*, XVII, 9. — 3. I. e. θῶες. — 4. Fortasse ξιφίας, quod nomen apro
adscriptum legitur in gemma (*C. I. Gr.*, 7287). Figura tamen videtur hippopotami. —
5. Seu κῆφον : « Effigie lupi, pardorum maculis ». Plin., *Hist. nat.*, VIII, 70. — 6. *Ibid.*, 69,
ubi asserit Plinius nabum et camelopardalin unum atque idem animal esse, alio nomine
nuncupatum, non recte. — 7. I. e. lutra. — 8. Apud Gallos, *girafe.* — 9. Animal ignotum. — 10. Ita restituit Kaibel dubitans ; traditur ΑΓΕΛΑΡΥ : « Eadem specie (ac cervi),
barba tantum et armorum villo distans » Plin. (*Hist. nat.*, VIII, 120).

379. In agro Praenestino. — *Insc. gr. Sic. et Ital.*, 1601.

Θ(εοῖς) χ(αταχθονίοις). |
Πατρίδος ἐκ Ζμύρνης βρο|τοί μ᾽ Εὐθαλέα καλέεσκον |
5   εἵνεκ᾽ ἐμῆς ὥρης καὶ ‖ μεγέθους ἐρατοῦ · |
ἀλλά με μοῖρ᾽ ὀλοὴ πρὶν ἰού|λοις πλῆσαι παρειάς, |
ἥρπασε πὰρ φιλίων οὕς | τροφέας ἐκάλουν.

380. Portu. — *Insc. gr. Sic. et Ital.*, 917.

Ὑπὲρ σωτηρίας καὶ ἐπανόδου ¹ | καὶ αἰδίου διαμονῆς τῶν κυρίων | αὐτοκράτο-
ρ(ων) Σεουήρου καὶ Ἀντωνίνου | καὶ Ἰουλίας Σεβ(αστῆς) καὶ τοῦ σύνπαντος ‖
5 αὐτῶν οἴκου καὶ ὑπὲρ εὐπλοίας | παντὸς τοῦ στόλου τὴν Ἀδράστιαν ² | σὺν τῷ
10 περὶ αὐτὴν κόσμῳ | Γ. Οὐαλέριος Σερῆνος νεωκόρος | τοῦ μεγάλου Σαράπιδος, ‖ ὁ
ἐπιμελητὴς παντὸς τοῦ | Ἀλεξανδρείνου στόλου ³ |, ἐπὶ Κλ. Ἰουλιανοῦ ἐπάρχου |
εὐθενείας ⁴.

1. Anno 200 Severus Aegyptum e Syria adiit, qua perlustrata anno 201 in Syriam
reversus est. — 2. De dea Adrastia cf. Roscher, *Lexicon der gr. und röm. Mythologie*, s.
v. et Pauly-Wissowa, *Realencyclopädie*, s. v. — 3. De C. Valerio Sereno, curatore (?) classis Alexandrinae, cf. *Prosop. imp. rom.*, III, p. 377, n. 131. — 4. Claudius Julianus praefectus annonae anno p. C. n. 201; cf. *ibid.*, I, p. 382, n. 723.

381. Portu. — *Insc. gr. Sic. et Ital.*, 916. — In columna marmorea :

Διὶ Ἡλίῳ μεγάλῳ | Σ[αρ]άπιδι καὶ τοῖς | συ[ν]νάοις θεοῖς | τὸν θεοφιλέστατον ‖
5 πά[ππ]ον Μ. Αὐρ. | Σαρ[α]πίων παλαιστὴς | παράδοξος σὺν τῷ | πατρὶ Μ. Αὐρ.
10 Δη[μ]ητρίῳ | τῷ [κα]ὶ [Ἁ]ρποκρα[τ]ίωνι, ‖ βο[υ]λευτῇ τῆς λαμ|προτάτης πόλεως |
15 τῶν Ἀλεξανδρέων | εὐξάμενοι καὶ εὖ | τυχόντες ἀνεθήκα‖μεν ἐπ' ἀγαθῷ. |

Sub columna, in corona :

Χρυ|σάν|θινα ¹.

1. Chrysanthina, ludi qui Sardibus celebrabantur.

382. Portu. — *Insc. gr. Sic. et Ital.*, 924.

Μ. Αὐρ. Δομνῖ[νος ?.......] | βουλευτὴς ἀ[νέθηκεν ?....] | τοὺς πατρίους
[θεούς ?........]

383. Portu. — *Insc. gr. Sic. et Ital.*, 923.

..... ναύκληρος ὑπὲρ τῆς τῶν κυρίω|ν σωτηρίας καὶ τοῦ λαμπ[ροτάτου ¹........]| |
θεῷ ἀνέθηκα.

1. Cf. (*Insc. gr. Sic. et Ital.* 879) titulum sepulchralem Elpidii cujusdam naucleri
Συμμάχων τῶν λαμπροτάτων.

384. Portu. — *Insc. gr. Sic. et Ital.*, 919.

5 Σερῆνος | Ξιφίδιος ¹ | ὁ κράτιστος ² | νεωκόρος ‖ ἐκ τῶν ἰδίων | ἀνέθηκα.

1. Videtur esse idem atque C. Valerius Serenus, curator classis Alexandrinae, de quo cf. supra n. 380. — 2. Dubium est utrum ὁ κράτιστος = vir egregius, an legendum sit : ὁ κράτιστος νεωκόρος, i. e. egregius neocorus.

385. Portu. — *Insc. gr. Sic. et Ital.*, 925.

Ἀγνῆς εὐσέμνοιο σπείρης ¹ Τραιανησίων ² οἵδε |
ἱερεῖς ἱερειά τε θεοῦ μεγάλου Διωνύσου. |
Λ. Σούλλιος Λ[ε]ωνίδης καὶ (vacat) | καὶ Ἰουλία Ῥουφεῖνα, ἐπὶ παραστάτῃ ³
Σεκούνδῳ.

1. I. e. collegii; cf. supra n. 52. — 2. Trajanenses memorantur in titulo Ostiensi (*C. I. L.*, XIV, 4). — 3. Praepositus seu magister collegii.

386. Portu. — *Insc. gr. Sic. et Ital.*, 922.

Ὑπὲρ ὑγίας καὶ νίκης Αὐτοκ[ράτορος Καίσαρος Μ. Αὐρηλίου Ἀντωνίνου....] |
καὶ Ἰουλίας Σεβαστῆς μητρ[ὸς Σεβαστοῦ καὶ στρατοπέδων] | Φηλικίσσιμος
εὐξάμ[ενος ἀνέθηκεν.....]

887. Portu. — *Insc. gr. Sic. et Ital.*, 926.

Ἀγα[θ]ῇ τύχῃ. | Αὐτοκράτορα Καίσαρα | Μ. Ἀντώνιον | Γορδιανὸν Εὐσεβῆ ‖
5 Εὐτυχῆ Σεβαστὸν | τὸν θεοφιλέστατον | κοσμοκράτορα ἡ πόλις ˙| ἡ τῶν Γαζαίων ¹
ιο ἱερὰ καὶ | ἄσυλος καὶ αὐτόνομος, ‖ πιστὴ [καὶ] εὐσεβής, λαμπρὰ | καὶ μεγάλη, ἐξ
ἐνχ[ε]λ[ε]ύσεως ¹ τοῦ πατρίου θεοῦ ² | τὸν ἑαυτῆς εὐεργέτην, | διὰ Τιβ. Κλ. Παπει-
15 ρίου ‖ ἐπιμελητοῦ τοῦ ἱεροῦ.

1. Gaza, urbs Palaestinae notissima. — 2. Gazae deus patrius, Marnas; cujus templum *Marneion* dictum, a scriptoribus christianis memoratum est. Verisimile est propter ejus dei cultum Gazam ἱερὰν dictam esse. De deo Marno cf. De Saulcy, *Numismatique de la Terre Sainte*, p. 209; Barclay V. Head, *Hist. num.*, p. 680-681.

388. Portu. — *Insc. gr. Sic. et Ital.*, 949.

5   Κλαύδιος | Ἰωσῆς ἄρ|χων ¹ ἔζη|σεν ἔτη ‖ λε΄.

1. Ἄρχων scilicet synagogae Judaïcae, ut vult J. B. de Rossi, qui titulum aetati imperatoris Claudii tribuit (*Bull. di archeol. crist.*, IV, 1866, p. 40).

389. Ostiae. — *Insc. gr. Sic. et Ital.*, 914.

In antica :

[Ὑπὲρ] σωτη[ρίας] |.... Μάρκου Αὐρηλίου | Σεουήρου Ἀλεξάνδρου | Εὐτυχοῦς
5 Εὐσεβοῦς Σεβ(αστοῦ) ‖ καὶ Ἰουλίας [Μαμαίας] | Σεβαστῆς μητρὸς Σεβ(αστοῦ) |
10 Διὶ Ἡλίῳ | μεγάλῳ Σαράπιδι | καὶ τοῖς συννάοις ‖ θεοῖς | Μ. Αὐρήλιος Ἥρων |
15 νεωκόρος τοῦ ἐν | Πόρτῳ Σαράπιδος, ἐπὶ | Λαργινίῳ Βειταλίωνι ‖ ἀρχιυπηρέτῃ ¹
καὶ κα|μεινευτῇ ² καὶ Αὐρηλίῳ | Ἐςήβῳ καὶ Σ[α]λωνίῳ Θε[ο]|δότῳ ἱεροφώνοις ³ |
20 καὶ καμεινευταῖ[ς ² κ]αὶ ? ‖ τῇ ἱεροδουλείᾳ ⁴, ἀνέ|θηκεν ἐπ᾽ ἀγαθῷ. |

In latere :

Ἐπ᾽ ἀγαθῷ · | ἐπὶ | Γρανίου Ῥωμα[νοῦ ?]

1. Supremus dei minister. — 2. Καμεινευταὶ sacrum ignem curabant. — 3. Ἱερόφωνοι
dicebantur ii qui fatidica responsa dei tradebant. — 4. Tacetur nomen hierodulae. —
De hoc titulo cf. Lanciani, in *Bullett. dell' Instit.*, 1868, p. 237 ; G. Lafaye, *Histoire du
culte des divinités d'Alexandrie*, p. 133 et seq.

390. Ostiae. — *Insc. gr. Sic. et Ital.*, 915 ; *C. I. L.* XIV, 47.

Διὶ Ἡλίῳ μεγάλῳ | Σαράπιδι καὶ τοῖς συννάοις | θεοῖς τὸ κρηπίδειον, λαμπάδα |
5 ἀργυρᾶν, βωμοὺς τρεῖς, πολύλυχνον, ‖ θυμιατήριον ἔνπυρον, | βάθρα δύο |
10 Λ. Κάσσιος | Εὐτύχης, | νεωκόρος τοῦ μεγάλου ‖ Σαράπιδος, | ὑπὲρ εὐχα-
ριστίας | ἀνέθηκεν ἐπ᾽ ἀγαθῷ. |

15 Permissu | C. Nasenni ‖ Marcelli | pontificis Volcani ¹ | aedium sacrarum |
20 Q. Lolli Rufi Chrysidiani | et M. Aemili Vitalis ‖ Crepereiani Π uir.

1. De sacris et sacerdotibus Volcani Ostiensis cf. *C. I. L.*, XIV, p. 5.

391. Ostiae. — *Insc. gr. Sic. et Ital.*, 920.

Σερῆνος [1] νεοχόρος ἀνέθηκεν.

1. Cf. supra n. 384; adde *Insc. gr. Sic. et Ital.*, 921, originis non satis certae, ubi legitur :

Σερῆνος | ὁ πρεσβύτατος | νεωκόρος ἀνέθηκα.

---

392. Ostiae. — *Insc. gr. Sic. et Ital.*, 918.

Ὑπὲρ σωτηρίας καὶ διαμονῆς | τοῦ κυρίου αὐτοκράτορος | Κομμόδου Σεβαστοῦ [1] | οἱ ναύκληροι [2] τοῦ πορευτικοῦ Ἀλεξανδρείνου στόλου [3].

1. Nomina Commodi erasa, postea in litura reposita sunt. — 2. Ναύκληροι = navicularii. — 3. Classis oneraria, per quam Aegyptium frumentum Ostiam vehebatur, jam supra memorata (n. 380); aliud est Alexandrina classis, quae Ægyptum tuebatur.

---

393. Ostiae. — *Insc. gr. Sic. et Ital.*, 933. Periit lapis.

Εὐτυχεῖτε. |

5   Μάγνης ἐκ | Φρυγίης [1]. Σκυ|θίη δέ με παρ‖θένος Αἴπη [2]

ἔ|τρεφ' ἐλαιηρῶι | Μανθίωι ἐν πε|δίωι [3],

10   παλίσκι|ον λιπόντα Μα‖γνήτων πόλιν. |

Εὐπλοεῖτε.

1. Immo ex Ionia. — 2. Sensus paulo obscurior. Pro ΑΙΠΗ nonnulli inter priores editores conjecerunt ΔΓΝΗ. Quod si probaveris, scribere poteris σκυθίη Παρθένος ἁγνή, nempe Ἄρτεμις Λευκοφρυηνὴ quam urbis patronam Magnetes colebant. — 3. Planities non longe ab oppido sita; cf. *Die Inschr. von Magnesia am Maeander*, 1900, n. 17, v. 48 : χ[α]ὶ Ἀμυνθίου αἰπὺ ῥέεθρον.

---

394. Ostiae. — *Insc. gr. Sic. et Ital.*, 928.

5   D. M. | Ἔλεις [1] Μοσχιαν|ὸς βετρᾶνος ἐ|πύ<ε>ησεν [2] Ἐλείῳ ‖ πατρεὶ βετρά|νῳ μνία(ν) Μοσχ|ιανῷ.

1. I. e. Αἲλις = Αἴλιος = Aelius. — 2. Ἐποίησεν.

---

395. In agro Tusculano. — *Insc. gr. Sic. et Ital.*, 1120.

Φήμηι εὐαγγέλωι.

396. Haud procul a Tusculo. — *Insc. gr. Sic. et Ital.*, 1860.

Θ(εοῖς) x(αταχθονίοις). |
Σμυρναῖος Μοσχιανὸς | ἐπεὶ θάνον ἐνθάδε | κεῖμαι,
κωμῳδὸς καὶ ‖ τοῦτο διαικρίνει γε | τὸ σῆμα [1].
Μαρχιανὸς | δέ μ' ἔθαψε καὶ ἐκήδευ|σεν, ὀδεῖται,
μήτε νέ|χυν προλιπὼν μητ' ἐν ‖ ζωοῖς ἔτ' ἐόντα · |
νοσφισθεὶς βιότου | δὲ τέλος καὶ μοῖραν | ἔπλησα.

1. « Σῆμα fortasse πρόσωπον κωμικόν in sepulcro exsculptum. » Kaibel.

---

397. Prope Lanuvium, in ruderibus villae Antonini Pii. — *Inscr. gr. Sic. et Ital.*, 1249.
— Uterque titulus inscriptus est truncis, quibus innitebantur duae Panis imagines plane aequales.

a) Μάαρχος | Κοσσού|τιος | Μαάρχου ‖ ἀπελεύ|θερος | Κέρδων [1] | ἐποίει.
b) Μαάρχος | Κοσσού|τιος | Κέρδων [1] ‖ ἐποίει.

1. De M. Cossutio Cerdone, cf. Mommsen, in *Eph. epigr.*, I, p. 286; Löwy, *Inschr. griech. Bildhauer*, n. 376.

---

398. Sub monte Albano. — *Inscr. gr. Sic. et Ital.*, 1118.

Διὶ Κεραυνίωι [1].

1. Jupiter Tonans vel Fulgurator.

---

399. In vico Genzano. — *Inscr. gr. Sic. et Ital.*, 1122; *C. I. L.*, XIV, 2109.

A. Terentio A. f. Varr(oni) | Murenae [1] | Ptolemaiei Cyrenens(es) [2] | patrono ‖
διὰ πρεσβευτῶν | Ἰτθαλλάμονος τοῦ Ἀπελλᾶ, | Σίμωνος τοῦ Σίμωνος.

1. Consul anno 731 = 23 a. C. n. (cf. Henzen, *Bullett. dell' Inst.*, 1848, p. 75, et *Prosop. imp. rom.*, III, p. 303, n. 74). Titulum Augusto antiquiorem judicabat Borghesi et Murenam pro consulis ejusdem patre, anno 711 a triumviris proscripto, habebat (*Œuv.*, VII, p. 489). — 2. I. e. cives urbis Ptolemaïdis in Cyrenaïca.

---

400. Albae, in cippo utrinque inscripto. — *Inscr. gr. Sic. et Ital.*, 1584.

a. Ἑρμίαι | Βαργυλιήτηι [1] | Λ. Ἀτείλιος | Καισειλιανὸς ‖ φίλωι καὶ | τροφίμωι.

5 b. Λ. Κλαυδίωι | Διοδώρωι | Λ. Ἀτείλιος | Καισειλιανὸς ‖ φίλωι καὶ | τροφίμωι | εὐσεβεστάτωι | καὶ γλυκυτάτωι.

1. Bargylia, urbs Cariae.

---

401. Nemore, in area Artemisii. — *Insc. gr. Sic. et Ital.*, 1121; *C. I. L.*, XIV, 2218.

C. Salluio C. f. Nasoni leg. pro pr. [1] | Mysei Ab[b]aitae et Epict[ete]s [2], | quod eos bello Mithrida[ti]s | conseruauit, uirtutis ergo. ‖

5 Γ[αί]ωι Σαλλουίωι Γαίου υἱῶι Νάσωνι [1] | πρεσβευτῇ καὶ ἀντιστρατήγωι Μυσοὶ | Ἀββαιεῖται καὶ Ἐπικτητεῖς [2], ὅτι αὐτοὺς | ἐν τῶι πολέμωι τῶι Μιθριδάτους | διετήρησεν, ἀνδρήας ἕνεκεν.

1. Circa annum 72 p. C. n. Naso videtur in Asia vices gessisse L. Luculli proconsulis; cf. Th. Reinach, *Rev. de philol.*, 1890, p. 148 et *Mithridate Eupator*, p. 329. — 2. Populi Mysiae memorati a Strabone (XII, 8, §§ 11 et 12; XIII, 4, § 4).

REGIO I

402. Velitris. — *Insc. gr. Sic. et Ital.*, 911 ; *C. I. L.*, X, 6569.

In sinistra frontis parte :

Sex. Vario Marcello | proc. aquar. c̅ ¹, proc. prou. Brit(anniae) c̅c̅ ², proc. rationis |
priuat. c̅c̅c̅ ³, uice praef(ectorum) pr(aetorio) et Vrbi functo, | c. u., praef. aerari
5 militaris, leg. leg. ɪ̅ɪ̅ɪ̅ Aug., ‖ praesidi prouinciae Numidiae, | Iulia Soaemias
Bassiana c. f. cum filis | marito et patri amantissimo ⁴.

In dextra frontis parte :

Σέξτῳ Οὐαρίῳ Μαρχέλλῳ | ἐπιτροπεύσαντι ὑδάτων, ἐπιπροπεύσαντι ἐπαρχείου |
Βριτανγείας, ἐπιτροπεύσαντι λόγων πρειϐάτης, πιστευ|θέντι τὰ μέρη τῶν ἐπάρχων
5 τοῦ πραιτωρίου καὶ Ῥώμης, ‖ λαμπροτάτῳ ἀνδρί, ἐπάρχῳ ἐραρίου στρατιωτι-
κοῦ, | ἡγεμόνι λεγειῶνος γ΄ Αὐγούστης, ἄρξαντι ἐπαρχείου Νουμιδίας | Ἰουλία
Σςαιμιὰς Βασσιανὴ σὺν τοῖς τέχνοις τῷ προσ|φιλεστάτῳ ἀνδρὶ καὶ γλυκυτάτῳ
πατρί.

1. Centenario. — 2. Ducenario. — 3. Trecenario. — 4. De Sex. Vario Marcello, patre
imperatoris Elagabali, cf. *Prosop. imp. rom.*, III, p. 386, n. 192; Pallu de Lessert, *Fastes
des provinces africaines*, I, p. 417 et sqq.

---

403. Velitris. — *Insc. gr. Sic. et Ital.*, 912. Periit.

Δ(ις) Μ(ανιϐυς). | Σπιριτ. Β. | Φλαϐιαι Αλϐιναι | Λ. Π. φιλιαι κομμενδατο ‖
5 χινερες | αρχα χονδο. | Α. Β. Κ. Φ΄ Λ΄ Δ΄.

Titulus latinus litteris graecis; pleraque non plane intelliguntur : *D(is) M(anibus).
Spirit(ibus) b(onis)? Flaviae Albinae L. P.? filiae cum mandato? cineres arca condo.*
Ultimi versus litterae quid significent omnino nos fugit.

---

404. Sorae. — *Insc. gr. Sic. et Ital.*, 905.

Θ(εοῖς) κ(αταχθονίοις). | Κεῖτε ὧδε Ἀϐιδία Ἀγριππῖνα ἐχδημήσασα | δύσιν καὶ

5 ἀνατολὴν [1], καλῶς βιώσασα, μη|δενὶ μηδὲν ὀφείλουσα. Κελεύ[ω] τοὺς ‖ ἀπελευ-
θέρους μου καὶ εἴ τις ἕτερος | ἄλλος, μὴ ἐξὸν αὐτῷ εἶνε μήτε | ....

1. I. e., postquam et Occidentis et Orientis partes peragravit.

---

405. Ad Lirim, in oppido nunc dicto Ponte Corvo. — *Insc. gr. Sic. et Ital.*, 904;
C. I. L., X, 5385.

5 Εὐχὴ | Ἡρακλῇ Θαλλοφόρῳ [1] | ἱερῷ εὐακούστῳ · | Λ. Κορνήλιος Λ. Κορνη‖λίου
Πρειμιγενίου | υἱὸς Παλ(ατίνᾳ) Τερεντιανὸς | καὶ Λήμνιος ἀπελεύθερος | ἐποίησαν. |

10 Herculi Pacifero ‖ inuicto sancto | sacr. | uoto suscepto | L. Cornelius L. f. |
15 Pal. Terentianus ‖ et Lemnius libertus | merito libentes | fecerunt.

1. Ramum olivae ferenti, hinc Pacifero.

---

406. Caietae, in fragmento columnae duodecim angulorum, **quorum quinque muro**
inserti legi nequeunt. — *Insc. gr. Sic. et Ital.*, 906; *C. I. L.*, X, 6119.

   a. Λίψ. | Afri|cus.
   b. Λιβό|νοτος. | Austro|africus.
   c. Νό|τος. | Aus|ter.
   d. [Εὐρό]|νοτος. | Euro|auster.
   e. Εὖ|ρος. | Eu|rus.
   f. [Ἀπηλ]ιώ|της. | [S]ola|nus *sive* [Subs]olanus.
   g. [Κ]α[ι|κί]ας?, [Vultur]|nus.

---

407. Suessae Auruncae. — *Insc. gr. Sic. et Ital.*, 888.

Τὸν πάσης ἀρε|τῆς εἰδήμονα φῶτα | Φίλιππον
πρέσβυν Εἰαο|νίης ἐμπέραμον σοφίης, ‖
5 Αὐσονίων ὑπάτου πατέρα κλυ|τὸν Ἀντιγόνοιο [1]
Θρέψε Μακη|δονίη, δέξατο δὲ Ἰταλίη.

1. Antigonum ab imperatore Antonino Severi filio inter praetorios adlectum esse
adnotat Klebs (*Prosop. imp. rom.*, I, p. 81, n. 573). Consulatu postea eum functum esse
hoc titulo monemur.

408. Sinuessae. — *Insc. gr. Sic. et Ital.*, 889.

'Ιουνίωρος '. |
'Ακταῖς τὴν ὅμορον Σινυητίσιν 'Αφρογένειαν, ² |
ξεῖνε, πάλιν πελάγους βλέψον ἀνερχομένην · |
ναοί μοι στίλβουσιν ὑπ' ἠόνος, ἥν ποτε κόλποις ‖
Δρούσου ³ καὶ γαμετῆς θρέψεν ἄθυρμα δόμος. |
'Εκ δὲ τρόπων πειθώ τε καὶ εἵμερον ἔσπασε κείνης |
πᾶς τόπος, εἰς ἱλαρὴν ἄρτιο[ς] εὐφροσύνην.|
Βάκχου γὰρ κλισίαις ⁴ με συνέστιον ἐστεφάνωσεν, |
εἰς ἐμὲ τὸν κυλίκων ὄνκο[ν] ἐφελκομένη ‖.
Πηγαὶ δ' αὖ περὶ πέζαν ἀναβλύζουσι λοετρῶν ⁵, |
παῖς ἐμὸς ἃς καίει σὺν πυρὶ νηχόμενος. |
Μή με μάτην, ξεῖνοι, παροδεύετε, γειτνιόωσαν |
πόντῳ καὶ Νύμφαις Κύπριδα καὶ Βρομίωι.

1. Est nomen poetae qui haec carmina finxit, Veneris statuae subscripta. Hunc Juniorem Kaibel habet pro Lucilio Juniore Senecae amico; Rubensohn vero negat (*Jahrbüch. für class. Philolog.*, 1889, p. 774 sqq.). Cf. *Prosop. imp. rom.*, II, p. 232 n. 464ª. — 2. Venerem. — 3. Drusus major, Antoniae, vel Drusus minor, Liviae maritus. — 4. Intellige tabernas vinarias. — 5. Thermae.

---

409. Capuae. — *Insc. gr. Sic. et Ital.*, 882; *C. I. L.*, X, 3812.

Δεσποίνη Νεμέσει | καὶ συννάοισι θεοῖσιν |
'Αρριανὸς ' βωμὸν | τόνδε καθειδρύσατο. ‖
Iustitiae, Nemesi, | Fatis quam uouerat aram |
Numina sancta colens | Cammarius ' posuit.

1. « Nota hominem in graeco epigrammate justo cognomine usum esse, in latino, signo. » Mommsen.

---

410. In Aenaria insula. — *Insc. gr. Sic. et Ital.*, 891.

'Ηλίῳ | Μίθρᾳ | ἀνικήτῳ.

411. In Aenaria insula. — *Insc. gr. Sic. et Ital.*, 892.

Μ[έ]νιππος ἰατρὸς Ὑπαλπῖνος [1] Νύμφαις |
Νιτρώδεσι καὶ Ἀπόλλωνι ε[ὐ]χὴν ἀνέθηκεν.

1. « Menippum putat Mommsenus certa sede nulla per Transpadanam artem exercuisse, nam loci indicationem neque origini neque domicilio enuntiando aptam esse. » Kaibel. Cf. *C. I. L.*, X, ad n. 6786.

---

412. In Aenaria insula. — *Insc. gr. Sic. et Ital.*, 893; *C. I. L.*, X, 6797.

In antica :

L. Rantius L. f. Tro. Lymphieis [1] (*sic*).

Λεύκιος Ῥάντιος Λευκίου | υἱὸς Νύμφαις.

1. I. e. Nymphis.

---

413. In Caprea insula. — *Insc. gr. Sic. et Ital.*, 897.

..... Σεβαστῶι.... [.... Φού]λουιος Ἀπε[λλῆς?......] | [........ ἀγορα]νομή-
σαντε[ς.....

« Scripta fuerunt sub statua Augusti cujusdam, quam duo vel tres homines ἀγορανομήσαντες..... dedicaverunt. » Kaibel.

---

414. Cumis vel Miseni. — *Insc. gr. Sic. et Ital.*, 873 ; *C. I. L.*, X, 3336.

5   Deo | Magno | et Fato | Bono ‖ Val. Valens [1] | u. p. praefect. | classis Mis. |
P. V. Gordianae [2] | uotum soluit. ‖

10   Θεῷ Μεγίστῳ καὶ Καλῇ Μοίρᾳ | Οὐάλης [1]
ἀρχὴν λαχὼν ἔπαρ|χον Μεισηνῶν στόλου
ἔστη|σα βωμὸν ἐκτελῶν εὐχὴν | ἐμήν.

1. De Valerio Valente, viro perfectissimo, praefecto vigilum vices agente praefectorum praetorio inter annos 241-244, cf. Borghesi, *Œuvr.*, X, p. 129 et *Prosop. imp. rom.*, III, p. 378-379, n. 147. — 2. Quum Gordianus imperium adeptus sit anno 238, titulus post eum annum exaratus est.

415. Cumis, in lamina plumbea, cui insculpta sunt mystica signa. — *Insc. gr. Sic. et Ital.*, 872.

Ὀ[ρφν]αία ὀφιοφόρ<ι>ος, γλώ[σσ]|ης τούτῳ σ[ε] ὑπ' ἐμὸν δεσμ[ὸν ἄγω?]¹. |
5 Δαίμονες καὶ πνεύματα οἱ ἐν τῷ [τό]|πῳ τούτῳ θηλυκῶν καὶ ἀρρενικ[ῶν], ‖ ἐξορκίζω
ὑμᾶς τὸ ἅγιον ὄνομ[α] · | Ερηκισ[ι]θφη Αραρ Αραχαραρα Ηρθισ.... ²| Ἰαὼ Βέζεβυθ
Λαναβις Αφλαν |.......... τὸν Ἅιδην τινάξω · ὁ τῶν ὅλων βασιλεὺς, ἐξεγέρ-
10 θητι.... ‖ ὁ τῶν φθιμένων βασιλεὺς, ἐξα[νάστηθι] | μετὰ τῶν καταχθονίων θεῶν ·
ταῦτα γὰρ | γείνεται διὰ Οὐαλερίαν Κοδράτιλλαν, | ἣν ἔτεκεν Οὐαλερία Εὔνοια,
15 ἣν ἔσπει|ρε Οὐαλέριος Μυστικός, ὡς [σ]αφῶς ἀγγέ[λλω] ‖ πᾶσι ἔχθιστα [τὰ ὑπὸ]
σκότος κατεπραγμ[ένα?]. | ....φορμα .... μενορσε... | ..μεν... διακόψ[ω....
τὴ]ν ὀργὴν τὴν | [... τῶν ἔνερθε]ν θε[ῶ]ν ³ τήν [τε..π]αρὰ τοῖς | ἐν φωτὶ [φ]ίλοι[ς
20 εἰ]ς μεῖσος, εἰς χ[ό]‖λον θεῶν, εἰς [ὀργὴν?] ἐλ[θ]έτω | ἡ? Οὐαλερία Κοδράτιλλα,
ἣν ἔτεκεν | Β[α]λερία Εὔνοια, ἣν ἔ[σπ]ειρε Βαλέριος | Μυστικός · μεισε[ίτω]
25 αὐτὴν, λήθην | αὐτῆς λαβέτω Βετρούβιος ‖ Φῆ[λ]ιξ, ὃν ἔτεκεν Βετρούβια Μαξί-
μιλ[λα |, ὃ]ν ἔσπει[ρε Βετρού]βιος Εὐέλπιστος |............ Τυφῶν |........ βάρ-
30 βαρα....|.. δότε εἰς μ[εῖ]‖σος Βετρουβίῳ Φήλικι, ὃν ἔ[τεκ]ε Βε|τρουβία Μαξί-
μιλλα, ὃν ἔσπειρ[ε Βε]τρού|βιος Εὐέλπιστος, εἰς μεῖσος ἐλθεῖν | καὶ λήθην λαβεῖν
35 τῶν πόθων | Οὐαλερία[ς] Κοδρατίλλης, ἣν ἔσ[π]ειρε ‖ Βα[λέριος] Μυ[στι]κός, ἣν
ἔτεκεν Βαλερία | [Εὔνοια ..... ὑ]ποκατέχετε ὑμεῖς | [αὐτὴν.... ταῖς ἐ]σχάταις
τειμωρίαις | [καὶ ποιναῖ]ς ὅτι πρώτη ἠθέτησ[ε | τὴν πίστιν? πρὸς Φ]ήλικα τὸν
40 ἑαυτῆς ἄνδρα ‖ [.......... κ]αὶ ἀκού[σ]ατε ὑμ[εῖς......

1. Ita Franz in *C. I. Gr.*, 5858 *b*. — 2. De his formulis vel nominibus cf. R. Wünsch, *Sethianische Verflüchungstafeln aus Rom*, pp. 45 et 81. — 3. Ita, in *C. I. Gr.*, *loc. cit.*

---

416. Baiis. — *Insc. gr. Sic. et Ital.*, 879.

Ἐλπίδιος ναύ|κληρος Συμμά|χων τῶν λαμπ|ροτάτων ἐνθ‖άδε κῖται.

« Aut collegium vel societas Symmachorum dicitur, cujus Elpidius ναύκληρος fuit, aut, quod Mommseno videtur, Symmachorum virorum clarissimorum Elpidius servus dicitur navi praefectus. » Kaibel.

---

417. Ad Baias. — *Insc. gr. Sic. et Ital.*, 880.

Θ(εοῖς) κ(αταχθονίοις). Ἱέρων ¹ | Μάρκου κυβερ|νήτης ² Νικομη|δεὺς, ζήσας
5 ἔτη ‖ ξε'. Διονῦσις Ἱέ|ρωνος υἱὸς αὐ|τοῦ ἔθαψα ἐκ τῶν | ἰδίων.

1. Sic legit Henzen; in lapide Ο·ΚΙΚΕΡΩΝ. — 2. I. e., gubernator navis.

418. Puteolis. — *Insc. gr. Sic. et Ital.*, 829.

['Α]γαθῆι τύ[χ]ηι. Ζεὺς σω[τήρ] |. Ἡ Κιβυρατῶν πόλις [1] ἄποικος Λ[ακεδαι-
μονίων [2] καὶ] | συγγενὶς ᾿Αθηναίων καὶ φι[λορώμαιος [3] καὶ] | αὐτὴ τοῦ κοινοῦ τῆς
5 Ἑλλάδος [4] [ἐν ταῖς μάλιστα] ‖ ἐνδόξοις οὖσα καὶ μεγάλαις [τῆς ᾿Ασίας πόλε]|σιν
διά τε τὸ γένος Ἑλληνι[κὸν καὶ διὰ τὴν] | πρὸς Ῥωμαίους ἐκ παλαιοῦ φι[λίαν
καὶ εὔνοι]|αν καὶ διὰ τὸ εὐξῆσθαι τειμαῖ[ς μεγάλαις ὑπὸ] | Θεοῦ ᾿Αδριανοῦ ἀνέθηκε
10 τῆι [..........δό‖γμα τ[οῦ] Πανελληνίου [5] ἐνγρα[...

1. Cibyra, urbs in confinio Phrygiae et Lyciae sita. — 2. Restituit Ad. Wilhelm, *Arch.
epigr. Mittheil.*, XX (1897), p. 78, collato titulo Oenoandis reperto (Benndorf, *Reisen in
Lykien*, II, p. 180 et seqq.). Quo docemur Cibyram urbem a Lacedaemoniis Amycla et
Cleandro conditam esse. Cf. etiam Benndorf, *Arch. epigr. Mittheil.*, ibid., p. 79. —
3. Vel φιλόκαισαρ vel φιλοσέβαστος ut vidit W. Drexler, *Jahrb. für class. Philol.*, 1894, p. 329.
— 4. Hoc κοινὸν τῆς Ἑλλάδος nihil aliud est atque τὸ Πανελλήνιον, ab Hadriano imperatore
institutum, de quo cf. P. Guiraud, *Les Assemblées provinciales*, p. 47. — 5. Cur hic titulus
Puteolis positus fuerit, nos fugit.

---

419. Puteolis. — *Insc. gr. Sic. et Ital.*, 831; *C. I. L.*, X, 1601.

[S]acerdos siliginius [1] ...... | Tyros m[etropolis ....] | foede[rata [2] ......]. | Τύρας
5 ἱερὰ καὶ ἄσυλος κ[αὶ αὐτόνομος μητρό]‖πολις [3] Φοινείκης [καὶ τῶν κατὰ Κοίλην
Συρίαν [4]] | πόλεων | [Θ]εῷ ἁγίῳ.......

1. Haec verba videntur posterius addita fuisse. — Sacerdos siliginius is erat forsitan
qui accipiebat deo offerendos panes siliginios, i. e. e siligine, tritici laudatissimo genere,
factos. — 2. « Foederata urbs Tyrus alibi quod sciam non dicitur. » Mommsen. — 3. Cf.
infra n. 421. — 4. Haec supplementa Haussoullier nobis suppeditavit deprompta ex
titulo adhuc inedito quem Didymis reperit.

---

420. Puteolis. — *Notizie degli scavi*, 1891, p. 167. Nunc Michigan, in museo. Ectypum
benigne misit Walter Dennison.

᾿Επὶ ὑπάτων Λουκίου Καισε [1]....... | καὶ Τυρίοις ἔτους σδ´ μηνὸς ᾿Αρ[τεμ]|ι-
5 σίου ια´ [2] κατέπλευσεν ἀ[πὸ] | Τύρου εἰς Ποτι[ό]λοις Θεὸς [᾿Ηλ]‖ιο[ς] Σαρεπτη-
νὸ[ς] [3] ἤγαγεν [δὲ] | ᾿Ηλεὶμ [4] κατ᾿ ἐπιτολήν.... |
Pro salute Imp. Domitiani [Aug. [5]....;] | l(ocus) c(oncessus) [d(ecreto) [1].....

1. V. 1 et 7, litteris paulo minoribus exarati sunt. — 2. Dies xi mensis Artemisii est
dies xxix mensis Maii; annus 204 aerae Tyriorum respondet anno p. C. n. 79 (cf. Pauly-

Wissowa, *Realencyclopädie*, s. v. Aera, I, p. 647). At eo anno ordinarium consulatum egerunt Vespasianus VIIII, Titus VII; nec suffectos consules ullos fasti memorant. — 3. Vel ιος Ἀρεπτηνός. Σαρεπτηνὸς proposuit Am. Hauvette : urbs Sarapta inter Tyrum et Sidonem sita erat. Areptam vicum nullum novimus; Arefa memoratur in Phaenicia (*Notit. Dignit. Or.*, XXXII, 39). Cf. etiam Ἀρεμθηνὸς in titulo lectionis certae apud Clermont-Ganneau, *Rec. d'arch. orient.*, I, 93. De Aremtha nihil scimus. — 4. Nomen viri. — 5. Anno 79 Domitianus nondum praenomen imperatoris acceperat, quod habuit demum, patre mortuo, anno 81 (Gsell, *Essai sur le règne de Domitien*, p. 30). Fieri potest ut titulus biennio aut triennio postquam res advenerat exaratus sit.

---

421. Puteolis. — *Inscr. gr. Sic. et Ital.*, 830.

Ἐπιστολὴ γραφεῖσα τῇ πόλει | Τυρίων, τῆς ἱερᾶς καὶ ἀσύλου καὶ αὐτονόμου μητροπόλεως Φοινείκης καὶ ἄλλων πόλε|ων καὶ ναυαρχίδος. Ἄρχουσι, βουλῇ καὶ δήμῳ [1] τῆς κυρίας πατρίδος οἱ ἐν | Ποτιόλοις κατοικοῦντες χαίρειν. ‖

5   Διὰ τοὺς θεοὺς καὶ τὴν τοῦ κυρίου ἡμῶν αὐτοκράτορος [2] τύχην εἰ καί τις ἄλλη στατί|ων ἐστὶν ἐν Ποτιόλοις, [ὡ]ς οἱ πλείους ὑμῶν ἴσασι, καὶ [ἡ] ἡμετέρα ἐστὶν καὶ κόσμῳ καὶ | μεγέθει τῶν ἄλλων διαφέρουσα · [3] ταύτης πάλαι μὲν ἐπεμελοῦντο οἱ ἐν Ποτιόλοις κα|τοικοῦντες Τύριοι <οι> πολλοὶ ὄντες καὶ πλούσιοι · νῦν δὲ εἰς ὀλίγους ἡμᾶς περιέστη τὸν | ἀριθμόν, καὶ ἀναλίσκοντες εἴς τε θυσίας καὶ θρησκείας 10 τῶν πατρίων ἡμῶν θεῶν ἐνθά‖δε ἀφωσιωμένων ἐν ναοῖς, οὐκ εὐτονοῦμεν τὸν μισθὸν τῆς στατίωνος παρέχειν κα|τ' ἔτος δηναρίων σν', μάλιστα ᾗ καὶ τὰ ἀναλώματα εἰς τὸν ἀγῶνα τὸν ἐν Ποτιόλοις τῆς βουθουσίας [4] | ἡμεῖν προσετέθη. Δεόμεθα οὖν προνοῆσαι ὑμᾶς τοῦ διαμένειν ἀεὶ τὴν στατίωνα · διαμεν|εῖ δέ, ἐὰν πρόνοιαν τῶν κατ' ἔτος διδομένων εἰς τὴν μίσθωσιν δηναρίων σν' ποιήσασθε · τὰ γὰρ ἔτε|ρα ἀναλώματα καὶ τὰ γεινόμενα εἰς ἐπισκευὴν τῆς στατίωνος εἰς τὰς ἱερὰς ἡμέρας 15 τοῦ ‖ κυρίου αὐτοκράτορος συνπεσούσης ἑαυτοῖς ἐλογισάμεθα, ἵνα μὴ τὴν πόλιν βαρῶμεν. | Ὑπομιμνήσκομεν δὲ ὑμᾶς, ὅτι οὐδεμία πρόσοδος γείνεται οὔτε παρὰ ναυκλήρων | οὔτε παρὰ ἐμπόρων τῇ ἐνθάδε στατίωνι ὡς ἐν τῇ <βασιδι> βασιλίδι Ῥώμῃ. Παρακαλοῦμεν | οὖν καὶ δεόμεθα ὑμῶν τῆς τύχης φροντίσα[ι] τε (καὶ) τοῦ πράγματος. Ἐγράφη ἐν Ποτι|όλοις πρὸ ι' καλανδῶν Αὐγούστων Γάλλῳ καὶ Φλάκκῳ Κορνηλιανῷ ὑπάτοιν [5]. ‖

20   Ἀπὸ ἄκτων βουλῆς ἀχθείσης κα' Δίου τοῦ ἔτους τ' [6], ἐφημεροῦντος [7] Γ. Οὐαλερίου | Καλλικράτους Παυσανίου προέδρου. |

Ἀνεγνώσθη ἐπιστολὴ Τυρίων στατιωναρίων ἀναδοθεῖσα ὑπὸ Λάχητος | ἑνὸς αὐτῶν, ἐν ᾗ ἠξίο[υ]ν πρόνοιαν ποιήσασθαι αὐτοῖς δηναρίων σν' · (ἀναλίσκειν γὰρ)

εἴς τε θυσίας | καὶ θρησκείας τῶν πατρίων ἡμῶν θεῶν ἐκεῖ ἀφωσιωμένων ἐν
25 ναοῖς, ‖ καὶ μὴ εὐτονεῖν τὸν μισθὸν τῆς στατίωνος παρέχειν κατ' ἔτος δηναρίων
[σν'], | καὶ τὰ ἀναλώματα εἰς τὸν ἀγῶνα τὸν ἐν Ποτιώλοις τῆς βουθυσίας αὐ|τοῖς
προστεθῆναι · τῶν γὰρ ἑτέρων ἀναλωμάτων (καὶ τῶν) γεινομένων εἰς ἐπι|σκευὴν
τῆς στατίωνος εἰς τὰς ἱερὰς ἡμέρας τοῦ κυρίου αὐτοκράτορος σ[υν]|πεσούσης
30 αὐτοῖς ἐλογίσαντο, ἵνα μὴ τὴν πόλιν βαρῶσιν · καὶ ὑπεμίμνη‖σκον ὅτι οὐδεμία
πρόσοδος γείνεται αὐτοῖς οὔτε παρὰ ναυκλήρων οὔτε | παρὰ ἐμπόρων ὡς ἐν τῇ
βασιλίδι Ῥώμῃ. Μεθ' ἣν ἀνάγνωσιν Φιλοκλῆς Διο|δώρου εἶπεν · Οἱ ἐν Ῥώμῃ
στατιωνάριοι ἔθος εἶχον ἀεί ποτε ἐξ ὧν αὐτοὶ λαμ|βάνουσιν παρέχειν τοῖς ἐν
Ποτιόλοις δηναρίους σν' · ἀξιοῦσι καὶ νῦν οἱ ἐν Ποτιόλοις | στατιωνάριοι αὐτὰ
35 ταῦτα αὐτοῖς τηρεῖσθαι ἢ εἰ μὴ βούλονται οἱ ἐν Ῥώμῃ αὐ‖τοῖς παρέχειν, αὐτοὶ
ἀναδέχονται τὰς δύο στατίωνας ἐπὶ τῇ αὐτῇ αἱρέσι. Ἐ|πεφώνησαν · Καλῶς
εἶπεν Φιλοκλῆς · δίκαια ἀξιῶσι οἱ ἐν Ποτιόλοις · ἀεὶ | οὕτως ἐγείνετο καὶ νῦν
οὕτως γεινέσθω · τοῦτο τῇ πόλει συμφέρει · φυλαχθή|τω ἡ συνήθεια. Ἀνεγνώσθη
40 πιττάκιον δοθὲν τὸ 8 ὑπὸ? Λάχητος Πρειμογε‖νείας καὶ Ἀγαθόποδος υἱοῦ αὐτοῦ
Τυρίων στατιωναρίων στατίωνος Τυρια|κῆς τῆς ἐν κολωνίᾳ Σεβαστῇ Ποτιόλοις,
ἐν ᾧ ἐδήλουν παρέχειν τὴν ἡμετέραν | πατρίδα στατίωνας δύο, τὴν μὲν ἐν τῇ
βασιλίδι Ῥώμῃ, [τὴν δὲ......

1. In lapide ΔΗΜΩΚΑΙ, lapicidae errore. — 2. M. Aurelii Antonini. — 3. De stationibus,
quas sive Romae sive Puteolis instituerant urbes nonnullae, cf. supra n. 111; adde quae
nuper disseruit L. Cantarelli, *Le Stationes municipiorum*, in *Bullett. comun.*, 1900, p. 124
et sqq. — 4. De Buthysiae agone, fere nihil est quod sciamus. — 5. Die xxiii mensis Julii
anni 174 p. C. n. — 6. Die xxi mensis Tyrii, cui Δίος nomen erat, anni 300 aerae Tyriae;
qui annus optime respondet anno 174 p. C. n. Dies est octava mensis Decembris. —
7. ΕΦΗΜΕΡΘΟΝΤΟΣ in lapide : lege ἐφημερεύοντος. — 8. Sic in lapide, forsan legendum :
πιττάκιον τὸ δοθέν..... Πιττάκιον est tabella cerata.

---

422. Puteolis, in lamina plumbea. — *Insc. gr. Sic. et Ital.*, 859.

Supra, arae imago leviter incisa, cui inscriptae sunt litterae mysticae. Ad dextram arae :

Σεωθη ? | Σαβαωθ | Σαβαωθ [1].

Infra aram :

Ἅγιον ὄν|[ο]μα.
Ἰαώ, Ἤλ, Μιχαὴλ, Νεφθώ [1]. | Γάϊος Στάλκιος Λειβεράριος [2] ὃν | ἔτεκεν

5 Φιλίστα γένοι|το ἐχθρὸς Λολλίας 'Ρουφείνης, ‖ γένοιτο ἐχθρὸς [3] Ἄπλου, γένοιτο ἐκ|θρὸς [2] Εὐτύχου, γένοιτο ἐχθρὸς [3] | Κέλερος, γένοιτο ἐχθρὸς [3] 'Ρούφου, | γένοιτο 10 ἐχθρὸς [2] τῆς οἰκίας ὅλης | 'Ρουφείνης, γένο[ι]το ἐχθ[ρ]ὸς Πολυβίου, ‖ γένοιτο ἐχ[θ]ρὸς Ἀμωμίδος, γένοιτο ἐκ[θρὸς] [3] | Θήβης.....

1. Haec nomina sunt ex hebraïca lingua decerpta. — 2. Intellige Stlaccius Liberalis. — 3. Ita pro ἔχθρος.

---

423. Puteolis. — *Insc. gr. Sic. et Ital.*, 833.

[Αὐτοκράτορα Καίσαρα [1], Θ]εοῦ Μ. Α[ὐρηλίου υἱὸν, Θεοῦ Ἀντωνείν]ου υἱω[νὸν, Θεοῦ Ἀδριανοῦ ἔγγονον, Θεοῦ] Τραιανο[ῦ ἀπόγονον.....

1. Est. L. Septimius Severus.

---

424. Puteolis? — *Insc. gr. Sic. et Ital.*, 841.

Ἐνειπέα Σα|κέρδωτος ναύ|κληρον Κωρυκι|ώτην [1] ἐτῶν κβ΄.

1. Enipeus, Sacerdotis filius, navicularius, Coryco, ex urbe Ciliciae, oriundus erat.

---

425. Puteolis. — *Insc. gr. Sic. et Ital.*, 854.

Σείλιον Πονπηίου Κωρυκιώτης ναύκληρος [1].

1. Cf. supra n. 424.

---

426. Puteolis. — *Inscr. gr. Sic. et Ital.*, 838.

5 Αὐρήλιος Φιλο|κύριος Περγαῖ|ος [1] Αὐρ. Ἀντιό|χῳ Περγαίῳ [1] ‖ γλ[υ]κυτάτῳ ἀπε|λευθ[έ]ρ(ῳ) μνήμης χάριν.

1. Perga oriundus, quae urbs Pamphyliae erat.

---

427. Puteolis. — *Inscr. gr. Sic. et Ital.*, 837.

Σεουηριανὸς Ἀσκληπιόδοτος | τῇ γ[λ]υκυτάτῃ συμβίῳ Αὐρ. Φλαουίᾳ | Ἀρρίᾳ Νεικομηδίσσῃ [1] μνήμης χάριν ζη(σάσῃ) ἔτ(η) ιε΄.

1. Nicomediae nata.

428. Puteolis. — *Insc. gr. Sic. et Ital.*, 844.

5   Αορηλις Οσπιτιανος | Ιολιος Σερηνος | Ιολιε Ζοσκορουτι | κουε βειξιτ αννις ‖ XVIII,
διης VI, βενε<ν> | μερεντι ποσουερ.

Titulus latinus graecis litteris scriptus. Lege : Aurelius Hospitianus, Julius Serenus
Juliae Dioscor[e]ti (?), quae vixit annis xvIII, dies vi, bene merenti posuer(unt).

---

429. Neapoli. — *Insc. gr. Sic. et Ital.*, 714.

Τιβέριος Ἰούλιος Τάρσος Διοσκούροις [1] | καὶ τῆι πόλει τὸν ναὸν καὶ τὰ ἐν τῶι
ναῶι. | Πελάγων Σεβαστοῦ ἀπελεύθερος καὶ | ἐπίτροπος συντελέσας ἐκ τῶν ἰδίων
καθιέρωσεν.

1. Dioscurorum sacra Neapoli antiquitus recepta fuisse quidam opinantur. Cf. Kaibel,
op. cit., p. 192.

---

430. Neapoli. — *Insc. gr. Sic. et Ital.*, 716.

5   Ἥβωνι | ἐπιφανεστάτωι θεῶι [1] | Γ. Ἰούνιος | Ἀκύλας Νε‖ώτερος στρα|τευσά-
10 μενος [2], | ἐπιτροπεύσας, | δημαρχήσας [3], ‖ λαυχελαρχήσας [4].

1. Dionysius Hebon, proprius Neapolitanorum deus. Cf. Macrob, *Saturn.*, I, 18, 9 :
*Liberi patris simulacra partim puerili aetate, partim juvenis fingunt; praeterea barbata
specie, senili quoque..... ut in Campania Neapolitani celebrant,* Ἥβωνα *cognominantes.*
Cf. Roscher, *Lex. der gr. und röm. Mythol.*, I, p. 1871. — 2. A militiis, ut vult Mommsen.
— 3. Demarchus, summus apud Neapolitanos magistratus. — 4. Quod sit λαυχελαρχία,
incertum est. Hanc sacerdotiis adnumerandam esse opinatur Mommsen (*C. I. L.*, X,
p. 172; Beloch, *Campanien*, p. 47); Kaibel « cum nec ipsum vocabulum quod ἀρχήν significat, neque usus ejus huic opinioni faveat » credere non potest (*Insc. gr. Sic. et Ital.*,
p. 191 et 192).

---

431. Neapoli. — *Insc. gr. Sic. et Ital.*, 719.

5   Ἴσιδι | Ἀπόλλωνα, Ὧρον, | Ἀρποκράτην | Μ. Ὄψιος Νάουιος ‖ Φαννιανὸς |
στρατηγὸς [1], ἔπαρχος | σείτου δόσεως δόγματι | συνκλήτου Ῥωμαίων [2], | ἀγο-
10 ρανόμος, ταμίας Πόν‖του Βειθυνίας, χειλίαρ(χος) λεγ(εῶνος) ε′ | Μακεδονικ(ῆς),
ἄρξας ι′ ἀνδρῶν | ἀρχὴν ἐπὶ Ῥώμης [3].

1. M. Opsium quemdam praetorem anno 28 p. C. n. memorat Tacitus (*Ann.*, IV, 68)

de quo vide *Prosop. imp. rom.*, II, p. 436, n. 81-82. — 2. Praefectus frumenti dandi ex senatusconsulto. — 3. Decemvir stlitibus judicandis.

---

432. Neapoli. — *Insc. gr. Sic. et Ital.*, 721.

M. Κοκκήιος Σε[βαστοῦ] | ἀπελεύθερος Καλ[.....] | σὺν τοῖς ἰδίοις τέκ[νοις] |
5 Τιτίῳ Ἀχιλείνῳ ‖ καὶ Φλαυίῳ Κρήσκεντι | τὸν σκύφον ἐκ λ(ιτρῶν) νς´ | οὐ(γγιῶν)
δ´ (καὶ) ἡμισείας ¹ | θεοῖς φρήτορσι Κυμαίων ².

1. « Quamvis immane videatur scyphi pondus, tamen aliter explicari nequit. » Kaibel.
— 2. Omnes cives Neapoli in phretrias distributos fuisse notum est (cf. Beloch, *Campanien*, p. 41); quarum una Κυμαίων nomine designabatur. Singulis phretriis sui dii, φρήτριοι vel φρήτορες, erant.

---

433. Neapoli. — *Insc. gr. Sic. et Ital.*, 723.

[Θε]οῖς Σεβ(αστοῖς) καὶ θεοῖς φρητρίοις ¹ Θεωτάδαι ².

1. Cf. n. 432. — 2. Phretriaci unius e Neapolitanis phretriis.

---

434. Neapoli. — *Insc. gr. Sic. et Ital.*, 728.

Κλαύδιον Καίσαρα Σεβαστὸν | θεοῖς φρητρίοις | Νάουιος Ἄττος | ἀποκαταστα-
5 θεὶς ὑπὸ αὐτοῦ ‖ εἰς τὴν πατρίδα.

---

435. Neapoli. — *Insc. gr. Sic. et Ital.*, 729; *C. I. L.*, X, 1481.

[Αὐτοκράτωρ] Τίτος Καῖσα[ρ | Θεοῦ Οὐεσπασιανοῦ υἱὸς Ο]ὐεσπασιανὸς
Σεβαστὸς | [ἀρχιερεὺς μέγιστος, δημαρχ]ικῆς ἐξουσίας τὸ ι´, | [αὐτοκράτωρ τὸ
5 ιε´?, πατὴρ πατρίδ]ος, ὕπατος τὸ η´ ¹, τειμητής, ‖ [ἐν Νέαι πόλει δημαρχήσας,
ἀγων]οθετήσας τὸ γ´, γυμνασιαρχήσας | ² .... [ὑπὸ σεισμῶν σ]υμπεσόντα ³
ἀποκατέστησεν. |

[Imp. Titus Caesar diui Vespasia]ni f. Vespasianus Aug. | [pontifex max., trib. potest. X, imp. XV?], cos. VIII, censor, p. p. | ..... [terrae mo]tibus conlapsa restituit.

1. Inter kalendas Julias anni 80 et kalendas Julias anni 81. — 2. Quae officia municipalia in titulo latino non enuntiantur. — 3. Terrae motus ad Vesuvii eruptionem perti-

nere adnotat Mommsen quae Pompeios et Herculanum evertit. Ipsi Neapoli montem non
pepercisse testatur Statius (*Silv.*, IV, 8, 5) : *Insani solatur damna Vesevi.*

---

436. Neapoli. — *Insc. gr. Sic. et Ital.*, 730.

Τῇ θειοτάτῃ καὶ εὐσεβεσ|τάτῃ Σεβαστῇ [1] | φρ..... | ευμειδαι [2].

1. Quidam propter laudes sanctitatis et pietatis hunc titulum Helenae Augustae tri-
buunt; negant alii, inter quos Mommsen « quod publicus sermonis graeci usus non ad
illa tempora pertinuisse videtur ». — 2. Lectio incerta; alii ΕΥΗΡΕ. Fortasse hic fuit
nomen phretriae alicujus.

---

437. Neapoli. — *Insc. gr. Sic. et Ital.*, 734.

....τῆς ἀναστάσεως? ἐπ]ιμεληθέντων | Πανέρωτος? κα[ὶ] | Συβάριδος? |
Ἀντ[ω]νίας Σεβαστῆς (δούλων).

Versuum divisio incerta.

---

438. Neapoli. — *Insc. gr. Sic. et Ital.*, 743.

5 Λ. Κλαύδιον | Ἀρριανὸν | ὕπατον [1] | τὸν εὐεργέτην ‖ Κρητόνδαι [2].

1. Consul anni incerti; cf. *Prosop. imp. rom.*, I, p. 350, n. 645-646. — 2. Una ex phretriis Neapolitanis.

---

439. Neapoli. — *Insc. gr. Sic. et Ital.*, 744. Periit.

Λ. Κρεπερ[έ]?ιον [1] Πρόκλον | ὕπατον [2], ἀνθύπατον, τὸν ἴδιον | εὐεργέτην
Ἀρτεμίσιοι φρήτορες | ἀμοιβῆς χάριν.

1. Exempla dissentiunt; ΚΡΕΠΕΛΛΙΟΝ, aut ΚΡΕΠΕΡΛΙΟΝ aut ΚΡΕΠΕΡΕΙΟΥ traditur. —
2. Suffectus; annus ignoratur. Cf. *Prosop. imp. rom.*, I, p. 480, n. 1286.

---

440. Neapoli. — *Insc. gr. Sic. et Ital.*, 750.

..... [πρεσβε]υτῇ ἀντιστρατήγῳ ἐπαρχείας | [Μακε]δονίας, ἀνθυπάτῳ ἐπαρ-
χ[εία]ς [1] | Ναρβωνησίας, ἀγ[ω]ν[ο]θέτῃ | ἡ πόλις.

1. Traditur ΕΠΑΡΧΗΣ.

441. Neapoli. — *Insc. gr. Sic. et Ital.*, 731.

....νιανωι | [πρεσβευτῆι ἀντιστρατήγωι? ἐν Π]αννονίαι | .... ταμιεύσαντι |
5 ..... ιεν αἰρε[θ]έντι ǁ ..... [ε]ύσαντι | .... [ἄρξ]αν[τ]α? ἱππέων [1].

1. « Ex Mommseni conjectura, i. e. *sevirum equitum romanorum*. » Kaibel.

---

442. Neapoli. — *Insc. gr. Sic. et Ital.*, 737.

Δόγματι βουλῆ[ς καὶ δήμου Νέας πόλεως] | Π. Αἴλιον Ἀντιγενίδα[ν Νεικο-
μηδέα καὶ Νεαπο]|λίτην, δημαρχήσαντα [καὶ λαυχελαρχήσαντα, διὰ βίου] | ἀρχιε-
5 ρέα ἱερᾶς συνόδου θυ[μελικῆς τῶν περὶ τὸν Διόνυσον τεχνιτῶν], ǁ πρῶτον καὶ
μόνον ἀπ᾽ αἰῶνος νεικήσαντα το[ὺς ὑπογεγραμμένους] | ἀγῶνας οὕσπερ καὶ
μόνους ἠγωνίσατο ἄλειπτος · Ῥώμην β᾽, Νεά[ν πόλιν] | γ᾽ καὶ τὸν διὰ πάντων,
καὶ Ποτιόλους τὰ πρῶτα διατεθέντα ὑπὸ [τοῦ] | κυρίου αὐτοκράτορος Ἀντωνεί-
νου Εὐσέβεια [2] καὶ ὁμοίως τὰ ἑξῆς · ἔχει δ[ὲ] | καὶ τὰ ἐν Νεικομηδείᾳ τῇ ἑαυτοῦ
10 πατρίδι ἐπιλεγόμενα Ἀσκλήπεια, τῷ αὐ[τῷ] ǁ ἀγῶνι πυθαύλας, χοραύλας · ἐπαύ-
σατο δὲ ἐτῶν λε᾽, αὐλήσας δήμῳ Ῥωμ[αί]ων ἔτεσιν εἴκοσι.

Supplementa quae dedit Kaibel recepimus.

1. Collegium artificum scenicorum; cf. supra n. 17. — 2. Ludi in honorem Hadriani
ab Antonino Pio instituti. Cf. *Vita Had.*, 27. « *Templum ei apud Puteolos constituit et
quinquennale certamen*, et Artemidor., *Oneirocr.*, I, 28 : τὰ ἐν Ἰταλίᾳ ἀχθέντα ὑπὸ βασιλέως
Ἀντωνίνου ἐπὶ τῷ πατρὶ Ἀδριανῷ. Vide etiam supra n. 153.

---

443. Neapoli. — *Insc. gr. Sic. et Ital.*, 738.

Μᾶρ. Αὐρήλιος Ἀρτεμίδω|ρος Σεττηνὸς [1] ἀνὴρ παλαισ|τὴς ζήσας ἔτη κς᾽,
μῆνες θ᾽, | νεικήσας ἀγῶνας ·

Circa, in coronis sex :

a) Κύζικον, | κοινὰ Ἀσί|ας παί|δων ·

b) Πέργαμον, | Τραιάνεια | ἀγενείων ·

c) Κομμό|δεια ἐν Κα|ππαδοκεί|ᾳ ἀγενεί|ων ·

d) Κύζικον, | Κομμόδει|α ἀγενεί|ων ·

e) Νεικαί|αν, Κομμό|δεια ἱεράν ·

f) Ἀὐγούστει|α ἐν Περ|γάμῳ ἱε|ράν.

1. Settae, ἐν μεθορίοις Μυσίας καὶ Λυδίας καὶ Φρυγίας (Ptolem., V, 2).

444. Neapoli. — *Insc. gr. Sic. et Ital.,* 739.

In parte tabulae superiore :

M. Αὐρ. Ἑρμαγόρας Μάγνης | (ἀπὸ) Σιπύλου, παλαιστής, ξυ|στάρχης Ἀκτίων
5 καὶ Μομψου|εστίας καὶ Μαγνησίας τῆς πα‖τρίδος, πρωτελληνοδίκης [1] | Ὀλυμπίων
ἐν Ἐφέσῳ καὶ ἐν | Σμύρνῃ, νεικήσας ἱεροὺς ἀγῶ|νας κθ′ καὶ θεματικοὺς ρκζ′ [2] |.
Ὀλύμπια ἐν Πείσῃ ἱερὰν, ἄλλας ἱερὰς ιη′.

Infra, in coronis septem et decem :

a) Ἄκτια | β′ ·
b) Νέμεια | γ′ ·
c) Ἀσπίδα | β′ ·
d) Ἴσθμια | β′ ·
e) Παναθή|ναια | β′ ·
f) Πανελλή|νια | β′ ·
g) Ὀλύμπεια | α′ ·
h) Ἀδριάνεια | ἐν Ἀθήναις | β′ ·
i) Ποτιόλους | β′ ·

j) Κοινὸν | Ἀσίας ἐν | Σμύρνῃ | α′ ·
k) Ὀλύμπια | ἐν Σμύρνῃ | α′ ·
l) Ὀλύμπια | ἐν Ἐφέσῳ | α′ ·
m) Ἀδριάνεια | ἐν Ἐφέσῳ | α′ ·
n) Βαρβίλληα | ἐν Ἐφέσῳ | α′ ·
o) Αὐγούστεια | ἐν Περγάμῳ | γ′ ·
p) Τραιάνεια | ἐν Περγάμῳ | α′ ·
q) Ἄλεια | ἐν Ῥόδῳ | β′ ·

« Enumerantur victoriae sacrae in certaminibus coronariis partae XXIX; accedunt praeterea Olympica una, sacrae aliae non nominatae XVIII... Tabula posita videtur ante
Commodiorum ludorum, quorum nullam Hermagoras victoriam rettulit, institutionem,
et post Eusebios ludos Puteolanos ab Antonino institutos. » Kaibel.

1. Ἑλληνοδίκης, judex in ludis sacris Olympiis, πρωτελληνοδίκης, praeses eorum. Nota
etiam in iis ludis qui Ephesi et Smyrnae ad instar Olympiorum instituti erant, titulum
ἑλληνοδίκης fuisse usitatum. — 2. θεματικοὶ dicebantur ludi in quibus praemium victoribus
decernebatur, non corona; alii autem ἱεροί et στεφανῖται.

---

445. Neapoli. — *Insc. gr. Sic. et Ital.,* 746.

T. Φλάουιος Ἀρτεμιδώρου | υἱὸς Κυρείνᾳ Ἀρτεμίδωρος | Ἀδανεὺς ὁ καὶ
5 Ἀντιοχεὺς ἀπὸ | Δάφνης [1], νεικήσας τὸν ἀγῶνα τῶν ‖ μεγάλων Καπετωλείων
τὸν πρώτως ἀχθέντα [2] | ἀνδρῶν παγκράτιον, Ὀλύμπια β′, Πύθια β′, Νέμεια β′, |
Ἄκτια, Νέαν πόλιν ἀνδρῶν παγκράτιον, Ἴσθμια ἀγε|νείων παγκράτιον, κοινὸν
10 Ἀσίας ἐν Ζμύρνῃ [3] ἀγενεί|ων παγκράτιον καὶ τῇ ἑξῆς πενταετηρίδι ἀνδρῶν ‖
πάλην καὶ παγκράτιον καὶ πάλι ἀνδρῶν παγκράτιον | πρῶτος ἀνθρώπων, κοινὸν

Ἀσ(ίας) ἐν Περγάμῳ ³ ἀνδρῶν πανκράτιον, ἐν Ἐφέσῳ Βαλβίλληα ⁴ παίδω[ν |
παγκρά]τι[ον κα]ὶ πάλι κατὰ τὸ ἑξῆς ἀνδρῶν πανκρά|[τιον], ἐν Ἀλεξανδρείᾳ τὸν
15 ἱερὸν πενταετη‖[ρικὸν], κοινὸν Συρίας, Κιλικίας, Φοινείκης ⁵ ἐν Ἀν|τιοχείᾳ β΄
ἀνδρῶν πανκράτιον, Ἐφεσ[ον], Τράλ|[λεις] δ΄, Σάρδεις ε΄, Λαυδίκειαν ε΄,.. |
[τὴ]ν ἐξ Ἄργους ἀσπίδα ⁶ καὶ ἄλλους [π]εν[ταετη|ριχ]οὺς ἀγῶνας ιδ΄........ ‖
20 Ἀρτεμίδωρον Ἀθηνοδώρου Λ?... [ἐπι|μελ]ηθέντος Ἀθηνοδώρ[ου.....

1. Civis duarum civitatium, Adanae in Cilicia et Antiochiae illius cujus Daphne suburbium erat. — 2. Ludos Capitolinos instituit Domitianus anno p. C. n. 86. Cf. Gsell, *Essai
sur le règne de l'empereur Domitien*, p. 123. — 3. Communi Asiae, quotannis mutata sede,
omnes primores provinciae civitates vicissim addictas esse notum est. — 4. Cf. supra
n. 153, not. 6. — 5. Nota trium provinciarum legatos, Syriae, Ciliciae, Phoeniciae, in
unum concilium eo tempore convenisse. — 6. Cf. supra n. 153, not. 2. Hunc titulum et
sequentem tractavit Henzen, *Annali*, 1865, p. 97 et sqq.

---

446. Neapoli. — *Insc. gr. Sic. et. Ital.*, 747.

Ἀγαθῆι τύχηι. | Ἡ φιλοσέβαστος καὶ φιλορώμα[ιος [Ἀλε]|ξανδρέων περι-
πολιστικὴ εὐσεβὴ[ς σύνοδος] | ἐτίμησεν Τ. Φλάουιον Κυρ(είνᾳ) Ἀρχίβιον τὸν
5 [.......] ‖ Ἀλεξανδρέα, ἀρχιερέα διὰ βίου τοῦ σύμπ[αντος ξυστοῦ,] | παραδοξο-
νίκην, νικήσαντα τὴν σκ΄ ὀλυ[μπιάδα κα]ὶ τὴν σκα΄ ὀλυμπιάδα ἀνδρῶν παγκρά-
τ[ιον καὶ ἐν Ῥώμηι τὰ μεγάλα Καπετώλεια τὴν τρίτην [πενταετηρίδα] | ἀγενείων
10 παγκράτιον στεφανωθέντα κα[ὶ τὴν τετάρτην] ‖ ἀνδρῶν παγκράτιον νικήσαντα
καὶ τὴν πέμπ[την ἀνδρῶν] | παγκράτιον στεφανωθέντα καὶ τὴν ἕκτην ὁ[μοίως
ἀνδρῶν] | παγκράτιον στεφανωθέντα πρῶτον ἀνθρώπω[ν · τὰ ἐν...] ¹ Ἡράκλεια
ἐπινίκια ² Αὐτοκράτορος Νέρουα Τραιανοῦ Κ[αίσαρος Σεβαστοῦ] | Γερμανιχοῦ
15 Δαχιχοῦ ³ στεφανωθέντα ἀνδρῶν παγκρά[τιον · Πύθια ἀγενείων] ‖ παγκράτιον καὶ
τῆι ἑξῆς πυθιάδι ἀνδρῶν πάλην καὶ π[αγκράτιον καὶ τῆι] | ἑξῆς ἀνδρῶν παγκράτιον
πρῶτον ἀνθρώπων · Νέμεια π[αίδων παγκράτιον] | καὶ τρὶς κατὰ τὸ ἑξῆς ἀνδρῶν
παγκράτιον πρῶτον ἀν[θρώπων · Ἴσθμια(?)] | ἀνδρῶν παγκράτιον · Ἄκτια ἀγε-
νείων πάλη(ν) παγκράτ[ιον καὶ..... κατὰ] | τὸ ἑξῆς ἀνδρῶν παγκράτιον πρῶτον
20 ἀνθρώπων · Νέαν π[όλιν ἀγενείων] ‖ παγκράτιον καὶ δὶς κατὰ τὸ ἑξῆς ἀνδρῶν
παγκράτιον · [...... ἀγενεί]|ων πάλην παγκράτιον καὶ δὶς κατὰ τὸ ἑξῆς ἀνδρῶν
πάλην παγκρ[άτιον,.......] | ἀνδρῶν παγκράτιον πρῶτον ἀνθρώπων · τὰ ἐν Ἐφέσωι
Βαλβίλλεια ⁴ [ἀνδρῶν πάλην πυγ]|μὴν παγκράτιον πρῶτον ἀνθρώπων καὶ τὸν ἐν
Ἀντιοχείαι ἱερὸν πεν[ταετηρικὸν ἀγῶνα] | Ἀκτιακῶν παίδων παγκράτι[ο]ν καὶ τῆι

25 ἑξῆς πενταετηρίδι ἀγεν[είων πάλην καὶ πυγ]‖μὴν καὶ τῆι ἑξῆς ἀνδρῶν παγκράτιον
καὶ τῆι ἑξῆς ὁμοίως ἀνδ[ρῶν παγκράτιον] | πρῶτον ἀνθρώπων · Σμύρναν κοινὸν
Ἀσίας ἀγενείων πά[λην παγκράτιον] | καὶ τὸν ἐν Ἀλεξανδρείαι ἱερὸν πενταετη-
ριχὸν ἀγῶνα Ἀχ[τιαχῶν ἀγενείων] | παγκράτιον καὶ μετὰ μίαν πενταετηρίδα
ἀνδρῶν πα[γκράτιον] | καὶ τῆι ἑξῆς ὁμοίως ἀνδρῶν παγκράτιον καὶ τῆι ἐ[ξῆς...]‖
30 ἀνδρῶν πάλην παγκράτιον πρῶτον ἀνθρώπων · ἔχε[ι δὲ καὶ τὴν ἐξ] | Ἄργους
ἀσπίδα [5] καὶ ἄλλους πλείστους πενταετηριχ[οὺς ἀγῶνας] | παίδων, ἀγενείων,
ἀνδρῶν πάλας καὶ παγκράτια.

« Vicit T. Flavius Archibius Alexandrinus olympiadas Eleas duas 220 et 221 (an. p.
Chr. 101 et 105), Capitolinas quattuor (an. 94, 98, 102, 106) et primam quidem imberbis,
reliquas tres vir factus. Itaque aetatem virilem ingressus est inter annos 94 et 98. »
Kaibel.

1. Τὰ ἐν Ἰασῶι proponit idem dubitans, collato titulo edito in *Bull. de corr. hellén.*, V
(1881), p. 230, n. 20. — 2. Ludi, ut videtur in honorem victoriae alicujus a Trajano instituti. — 3. Quum Trajanus Dacicus non Parthicus nuncupetur, titulus ante annum 116
exaratus est. — 4. Supra, n. 153. not. 6. — 5. Supra, *ibid.*, not. 2.

---

447. Neapoli. — *Insc. gr. Sic. et Ital.*, 754.

..... Ἀπολλώνιος Ἀμμ(ωνίου) Ἀλε[ξανδρεύς..] | Σεβ [1] · κρίσ(εως) πανκρ(α-
5 τιαστάς) · | Σεραπίων Ποπλίου Ἀλε[ξανδρεὺς] | ἀποβάτας · ‖ Α. Ποστούμ(ιος)
Ἰσίδωρ(ος) Ἀλε[ξανδρεὺς] | [Σεβ.] κρίσεως πεντ(άθλους) [1].

1. « Est catalogi fragmentum quo ei enumerantur qui ludos Neapolitanos (fortasse
Augustales quinquennales) vicerunt. Itaque non potest v. 2 ipsorum ludorum nomen
Σεβ(αστὰ) suppleri; pertinet hoc potius ad genetivum κρίσεως, velut Σεβαστοῦ vel Σεβαστῆς
κρίσεως, ut de praemio ab ipso imperatore sive constituto sive distributo cogitaverim. »
Kaibel. Cf. titulum similem, nisi pars est ejusdem catalogi : *Insc. gr. Sic. et Ital.*, 755.

---

448. Neapoli. — *Notizie degli scavi,* 1890, p. 90; G. Civitelli, *Atti della reale Accad. di
Napoli,* XVII (1896), pars II, n. 3, p. 57.

[Ἐνείχων ἐπὶ] Φλάκκου..... [ἀγωνοθετοῦντος | Ἰταλι]κῶν Ῥωμαί[ων Σεβα-
στῶν ἰσολυμ(πίων)] [1], δημαρχοῦν[τος [2] δὲ......... |
a) Μουσιχὸν.....................]

5   b) Ἱππικὸν · | συνωρίδι πώλ[ων] | Δ. Οὐαλέριος · | χέλητι πώλων ‖ Τ. Φλάβιος
Ῥουφεῖνος · | συνωρίδι πώλων | [..Οὐ]αλέριος Παυλεῖνο[ς] · | συνωρίδι [τ]ελείων |
. . . . . . [Π]αυλεῖνος.
c) [Γυμνικὸν. . . . .]

Restituit Civitelli, *loc. cit.*

1. His nominibus designabantur ludi in Augusti honorem Neapoli quinto quoque anno
acti (Strab., V, 7); de quibus cf. Beloch, *Campanien*, p. 58 et Civitelli, *loc. cit.*, p. 55 et
suiv. (*Il ginnasio di Napoli ed i ludi Augustali*). — 2. Desideratur nomen demarchi.

---

449. Neapoli. — *Inscr. gr. Sic. et Ital.*, 748.

    Τ. Φλαβίωι Τ. υἱῶι | Εὐάνθηι, νικήσαντι | Ἰταλικὰ Ῥωμαῖα Σεβαστὰ |
Ἰσολύμπια ¹ τῆς μγ´ ‖ Ἰταλίδος ² παίδων | πολιτικῶν ³ δίαυλον, | ἀναθέντι ἐν τῆι
5 φρητρίαι ⁴ | ἀνδριάντας Διοσκούρων | σὺν Τ. Φλαβίωι Ζωσίμωι ‖ ἀδελφῶι τῷ
10 αὐτῷ ἀγῶνι | τάγμα νικήσαντι καὶ | βραβῖον λαβόντι, | Εὐμηλεῖδαι φρήτορες |
ἀμοιβῆς χαρίν.

In altero latere :

    Σεουήρωι καὶ Ἑρεννιαν(ῶι) ὑπάτ(οις) ⁵ | πρὸ ε´ εἰδῶν Μαρτίων ⁶ | Τ. Φλάβιος
Ζώσιμος καὶ | Φλαβία Φορτουνᾶτα γονεῖς ‖ χαρισάμενοι λυχνίας μετὰ | λύχνων
5 καὶ βωμοὺς Διοσκούρ(οις) | αὖθις καθιέρωσαν.

Infra in corona :

Σεβαστά ¹

1. Hic agitur de ludis Augustalibus Neapoli institutis anno U. c. 752 (= 2 a. C. n.),
de quibus vide Beurlier, *Essai sur le culte rendu aux empereurs romains*, p. 161 et n. 6.
— 2. Quadragesimae tertiae Italidis. Quum ludi Augustales Neapolitani quinquennales
essent, quadragesima tertia Italis anno p. C. n. 170 respondet. — 3. Intellige : inter
liberos civium Neapolitanorum. — 4. De phretriis Neapolitanis, cf. supra n. 432 et seqq.
— 5. Anno p. C. n. 171. — 6. Est undecima dies mensis Martii.

---

450. Neapoli. — *Inscr. gr. Sic. et Ital.*, 757; *C. I. L.*, X, 1489.

    Ψ(ήφισμα) · | ια´ πρὸ καλ(ανδῶν) Ἀπρειλίων ¹ | γραφ(ομένων) παρῆσ(αν) Φού-
5 λουιος | Πρέβος, Λούκιος Πούδης, Νεαπολ(ιτανὸς) ‖ Ποῦλχερ · περὶ οὗ προσανή-

νεγκεν | τοῖς ἐν προσκλήτῳ Κορνήλιος | Κερεᾶλις ὁ ἄρχων, περὶ τούτου τοῦ |
10 πράγματος οὕτως εὐηρέστησεν · | Λικινίῳ Πωλλίωνι ἀνδρὶ τοῦ ‖ ἡμετέρ(ου)
τάγματος πατρός τε | βουλευτοῦ ἐπιεικῶς καὶ ἀξίως | τῆς πόλεως ἀναγραφ(ευόν-
τος) ² τόπον | εἰς κηδ(είαν) δίδοσθαι, ὃν ἂν οἱ προσ|ήκοντες αὐτοῦ ἕλωνται ἐκτὸς ‖
15 τῶν ἱερῶν ἢ μεμισθ(ωμένων) τόπων, | λιβ(ανωτοῦ) τε λ(ίτρας) κ' εἰς παρα-
μυθ(ίαν) τῶν γονέων ³.

C. Licinius Proclus et Meclonia | C. f. Secundilla parentes. L(ocus) d(atus)
d(ecreto) d(ecurionum).

1. Die vicesima secunda mensis Martii. Annus non indicatur. Sed quum Fulvius
Probus, Lucius Pudens, Cornelius Cerealis in simili de Tettia Casta decreto anni
p. C. n. 71 (v. infra, n. 453) occurrant, Licinio Pollioni honores eodem fere tempore
decretos esse recte conjicias. — 2. Ἀνα(γε)γραφ(ευκότι) Kaibel; cf. infra n. 453 : *scribae
publico Neapolitanorum;* ἀναγραφ(ευόντος), Mommsen, ad patrem referens. — 3. Parentibus
librae viginti turis mittuntur pro solacio, i. e., quae in funere crementur. Cf. de hoc
genere decretorum (παραμυθητικὸν ψήφισμα) : K. Buresch, *Die griechischen Trostbeschlüsse*
(*Rhein. Museum*, XLIX (1894) p. 424 et sqq.)

---

451. Neapoli. — *Inscr. gr. Sic. et Ital.*, 758; *C. I. L.*, X, 1490.

Ὀκτάουιος Καπράριος Ὀκταουίωι | Καπραρίωι υἱῶι εὐσεβεστάτωι κατὰ τὸ τῆς |
βουλῆς ψήφισμα · ι' πρὸ καλαν(δῶν) Ἰανουαρίων ¹, | γραφομένων παρῆσαν Πετρώ-
5 νιος Σκάπλας, Μαννεῖος ‖ Πρεῖσκος, Ποππαῖος Σεουῆρος · περὶ οὗ προσανήνεγκαν
τῆι | βουλῆι Πάκχιος Κάληδος καὶ Οὐείβιος Πολλίων οἱ ἄρχοντες, περὶ | τούτου
τοῦ πράγματος οὕτως ἔδοξεν · παντὶ μὲν πολείτηι | συνάχθεσθαι δεῖν ἐπὶ τέκνου
τελευτῆι, μάλιστα δὲ Ὀκταουίωι Καπρα|ρίωι ἀνδρὶ ἀξιολόγωι, βιοῦντι ἐπ(ι)εικῶς
καὶ ἀγορανομήσαντι σεμνῶς, ἀποβα‖λόντι υἱὸν Καπράριον νεώτερον, μεμαρτυρη-
μένον ὑφ' ἡμῶν διά τε τὴν τῶν τρόπων κοσμιότητα καὶ διὰ τὴν ὁμοίαν τῶι
10 πατρὶ ‖ ἐπιτελεσθεῖσαν αὐτῶι ἀγορανομίαν · παραμυθεῖσθαι οὖν αὐτὸν | δημοσίαι
καὶ δίδοσθαι τόπον εἰς κηδείαν ὃν ἂν ὁ πατὴρ αὐτοῦ ἕληται. | (Locus) d(atus)
p(ublice) d(ecreto) d(ecurionum).

1. Die vicesima tertia mensis Decembris. Annus non indicatur; sed, cum Poppaeus
Severus in simili de Tettia Casta decreto anni p. C. n. 71 (infra n. 453) inter testes
occurrat, eodem fere tempore honores Octavio Caprario decretos fuisse verisimile
videtur.

452. Neapoli. — *Notizie degli scavi*, 1891, p. 236; *Monumenti antichi*, I, p. 553 et seq.

P. Plotio P. f. Pal. Faustino, | scribae publico Neapolitan. | aedilicio, Plotia
Nome uxor.

Ἐπὶ ὑπάτων Λ. Ἀχειλίου Στράβωνος | καὶ Σέξτου Νερανίου Καπίτωνος ¹,
δημαρ|χοῦντος Ἐρεννίου Μνηστῆρος, ιη΄ πρὸ καλ(ανδῶν) | Ὀκτωβρίων ² · γρα-
5 φομένων παρῆσαν ‖ Ἰούλιος Ἀπολλινάρις, Δομίτιος Ἀσιατικὸς, | Ἰούλιος Πρόκλος
Ἀρτ[εμίδωρος ?] · | περὶ οὗ προσανήνεγκεν τοῖς ἐν προσκλήτῳ | Ἰούλιος Λειουεια-
10 νὸς ὁ ἀντάρχων ³, περὶ τούτου | τοῦ πράγματος οὕτως εὐηρέστησεν ⁴, εἰση‖γου-
μένων τὴν γνώμην τῶν ἐν προσκλήτ(ῳ) · | καὶ συνπαθίας χάριν καὶ μνήμης
ὀφειλομέ|νης τοῖς σεμνῶς βιώσασι τῆς ἐκ τῶν ζώντων | τειμῆς, ἡ μόνη παραμυθία
15 τοῦ βίου τὴν ὑστά|την ἡμέραν παρηγοροῦσά (ἐστι), μάλισθ᾽ ὅταν τις ‖ μετὰ τῆς
τῶν τρόπων ἐπ(ι)εικείας καὶ τὴν ἐπὶ | τῆς πατρίδος φιλοτειμίαν κατὰ τὸ δυνατὸν |
παράσχῃ, ὥσπερ καὶ Πλ[ώτιος] | Φαυστεῖνος κεράσας τῇ [τῶν τρό]‖πων χρηστό-
20 τητι καὶ τ[ὴν τῶν πραγμά]‖των πεπιστευμένω[ν φιλοτιμίαν ?] |, φθονερῷ δαίμονι
συν[τυχὼν ?] | τῶν πεπειρακότων κ[ατὰ τὸ δυνα]‖τὸν μαρτυρίας ἄξιός [ἐστι ·
25 συμπαθοῦν]|τες ? εἰς τὸ κῆδος αὐτ[οῦ λιβανωτοῦ λ(ίτρας)]‖ ι΄ ⁴ ἀποστέλλειν
ἐγν[ώκαμεν καὶ ἐξοδία]|ζειν ἐπ(ι)τρέποντ[ες... εἰς κη]‖δείαν δίδομεν [τόπον ὃν ἂν
οἱ προσήκον]|τες αὐτοῦ ἕλ(ω)ν[ται ἐκτὸς τῶν ἱερῶν] | ἢ μεμισθ(ω)μέ[νων τόπων..]
30 μήκους ποδῶν.... ‖ καὶ πλάτους π[οδῶν.......] | ρόμενοι τὸ τη....| μηδὲ τῶν κα...

1. Sogliano (*Monum. antichi*, I, p. 558 et seq.) vult L. Acilium Strabonem et Sex. Nera-
nium Capitonem consules suffectos esse anni 71 p. C. n., inde a kalendis Septembribus.
— 2. Die decima quarta mensis Septembris. — 3. Praefectus juri dicundo pro duumviris.
— 4. Cf. n. 450, not. 3.

---

453. Neapoli. — *Inscr. gr. Sic. et Ital.*, 760.

Τεττίαι Κάσται ἱερείαι τ[οῦ.....] | ¹ τῶν γυναικῶν οἴκου διὰ βίου ψη[φίσματα] · |
ἐπὶ ὑπάτων Καίσαρος Σεβαστοῦ υἱοῦ Δομιτι[ανοῦ καὶ Γαίου] | Οὐαλερίου Φήστου
5 ιδ΄ Ληναιῶνος ² · γραφ[ομένων παρῆσαν] ‖ Λούκιος Φροῦγι, Κορνήλιος Κεριᾶλις,
Ἰούνιος...... · | περὶ οὗ προσανήνεγκεν τοῖς ἐν προσκλήτωι Τρανκουίλλιος
Ῥοῦφος ὁ ἀντάρχων ³, περὶ τού[του τοῦ πράγματος οὕτως εὐηρέστησεν ·] | τὴν
γνώμην ἀπάντων ὁμολογοῦντας κοινὴν εἶναι λύπην τὴν πρόμοιρον Τεττίας Κά[στας
τελευτήν, γυναικὸς φιλοτιμησαμέ‖νης εἴς τε τὴν τῶν ἀπάντων εὐσέβειαν καὶ
εἰς τὴν τῆς πατρίδος εὔνοιαν, ἀργυρῶν ἀνδριάντων ἀνε[κλείπτους ἀναστάσεις

τοῖς θεοῖς ποιη]|σαμένης πρὸς τὸ μεγαλοψύχως εὐεργετῆσαι τὴν πόλιν, τιμᾶν
10 ἀνδριάντι καὶ ἀσπίδι ἐγγ[εγραμμένηι Τεττίαν Κάσταν καὶ θάπτειν αὐτὴν] ‖ δαπάνη
μὲν δημοσίαι, ἐπιμελείᾳ δὲ τῶν προσηκόντων, οὓς δυσχερές ἐστιν παραμυθή-
σασθαι ἰδί[αι.......... καὶ τό]|πον εἰς κηδείαν δίδοσθαι καὶ εἰς ταῦτα ἐξοδιάζειν.

Ἐπὶ ὑπάτων Καίσαρος Σεβαστοῦ [υἱοῦ Δομιτιανοῦ καὶ Γ. Οὐαλερίου Φήστου...
πρὸ καλ(ανδῶν)] | Ἰουλίων · γραφομένων παρῆσαν Γράνιος Ῥοῦφος, Λούκιος
Πούδης, Ποππαΐ[ος Σεουῆρος?] · | περὶ οὗ προσανήνεγκεν τοῖς ἐν προσκλήτωι
Φούλβιος Πρόβος ὁ ἄρχων, περὶ τούτου τοῦ πρ[άγματος οὕτως εὐηρέστησεν · τὴν
μὲν εἰς τὸν ἀνδριάντα] | δημοσίαν δαπάνην, ἣν ἡ βουλὴ συμπαθοῦσα ἐψηφίσατο
15 Τεττίᾳ Κάστᾳ, εὖ [ἔχειν · ἄξιον δὲ καὶ ἐπαινέσαι αὐτὴν καὶ στεφανῶσαι] ‖ χρυσῶι
στεφάνῳ μαρτυροῦντας αὐτῆς τῶι βίωι δημοσίωι ἐπαίνωι...........

[Ἐπὶ] | ὑπάτων Λουκίου Φλαουίου Φιμβρία καὶ Ἀτειλίου Βαρβάρου [4].........·
γραφομένων παρῆσαν] | Ἀρίστων Βύκκου, Λουΐλλιος Ἀρριανός, Οὐέρριος
Λειβ[εράλις........... · | περ]ὶ οὗ προσανήνεγκεν τοῖς ἐν προσκλήτωι Ἰούλιος
Λειουεια[ν]ὸ[ς ὁ ......[5], περὶ τούτου τοῦ πράγματος οὕτως εὐηρέστησεν · |
Τεττ]ίᾳ τόπον εἰς κηδείαν ἀπὸ τοῦ τείχους ἐν μετώπωι μέχρι [............ ‖
20 ..]κοντα ἐξοικοδομεῖν ἐπιτρέπειν καὶ ἀπὸ τῆς στ[ήλης εἰς....... πανταχόσε ἄλλῳ
μηδενὶ κηδείαν | ἐπὶ] τῶι αὐτῆι τόπῳ δίδοσθαι. | .. Δομίτιοι Λέπιδ[ος καὶ........] |
τῆι μητρὶ καὶ Λ. Δομ[ίτιος...... τῆι γυναικὶ ἐποίησαν.]

1. Franz supplet τ[οῦ ἱεροῦ] (*C. I. Gr.*, 5838). — 2. Ex titulis (*C. I. L.*, III, p. 850
et 851) patet Domitianum et C. Valerium Festum non ante kalendas Maias anni 71 p. C.
n. consulatum una egisse (cf. Klein, *Fasti consulares*, 71 p. C. n.); unde sequitur
mensem Λεναιῶνα non eumdem Neapoli esse atque in nonnullis graecis urbibus, ubi
Januario exeunti et Februario ineunti respondebat (S. Reinach, *Traité d'épigraphie
grecque*, p. 488-489). Hoc primum decretum factum est inter kalendas Maias et mensem
Junium exeuntem. — 3. Praefectus juri dicundo pro duumviris. — 4. L. Flavius Fimbria
et C. Atilius Barbarus consulatum jam agebant ante diem quartum decimum kal.
Augustas (*C. I. L.*, I, 773). — 5. Utrum ἄρχων an ἀντάρχων Julius Livianus tunc fuerit,
latet.

---

454. Neapoli. — *Inscr. gr. Sic. et Ital.*, 791.

Θεοῖς κατα[χθονίοις]. | Κλαυδίᾳ Ἀντων[ίνη] | συμβίῳ γλυκυτά[τη] | Τιβέριος
5 Κλαύδιος Κυρίνᾳ ‖ Αὐρηλιανὸς Πτολεμαῖος | χιλίαρχος λεγιῶνος | ζ' Γεμεί-
ναις [1].

1. Tribunus legionis VII Geminae.

455. Neapoli. — *Inscr. gr. Sic. et Ital.*, 794; *C. I. L.*, X, 1504.

M. Cominio M. f. Mae(cia tribu) Verecundo | Quinta Dia filio piissimo. |

Ἐπὶ ὑπάτων Γ. Οὐειψτανοῦ Ἀπρωνιανοῦ καὶ Γ. Φοντείου | Καπίτ(ωνος) ¹.

1. Anno p. C. n. 59.

---

456. Neapoli. — *Inscr. gr. Sic. et Ital.*, 803; *C. I. L.*, X, 1494.

Τρειναχρία γαῖα με λοχεύσατο, τοὔνομα Οὐήραν |
σωφροσύνης βιότῳ κῦδος ἐνειχαμένην. |
Κουρίδιος δὲ πόσις κρύψε χθονὶ τῇδε καλύψας |
δαχρυχέων ἐπ' ἐμοὶ συχνὸν ἀπὸ βλεφάρων, ‖
5　　κηδεύσας ἀρετῆσ' ἀντάξιον ἡμετέρησιν, |
ἡλικίης ἐτέων εἴκοσι καὶ τετόρων. |
Ὦ θνητῶν ὀλίγος τε βίος καὶ ἄφευχτος ἀνάγχη, |
ὥς με τάχος βιότου νόσφισε καὶ γαμέτου. |

Cornelianus scriba coniugi | incomparabili contra uotum.

---

457. Neapoli. — *Inscr. gr. Sic. et Ital.*, 809; *C. I. L.*, X, 1497.

D. Seruili D. l. Apolloni | medici Seruilia D. l. | Ambrosia fecit patrono | suo et sibi et suis.

Ὧδ' Ἐπάφου γέννημα, σοφοῖς ἐπ(ι)είχελος ἀνήρ |
χεῖμαι, Ῥωμαίων σπέρμα πολυχτεάνων, ¹ |
χληζόμενος Δέχμος Σερουίλιος, εἰς ἔτη ἐλθών |
ἐννέα που δεχάδων καὶ τρία, ὡς ἔλεγον. |

1. « Apollonius D. Servilio et patrono et patre usus esse videtur et matre natus Aegyptia : Ἐπάφου γέννημα, quamquam non bene σπέρμα et γέννημα inter se opposita sunt. » Kaibel.

---

458. Pompeiis. — *Inscr. gr. Sic. et Ital.*, 701.

Γάιος Ἰούλιος Ἡφαιστίωνος | υἱὸς Ἡφαιστίων, ἱερατεύσας | τοῦ πολιτεύμα-

5 τος τῶν Φρυ|γῶν ¹, ἀνέθηκε Δία Φρύγιον, ‖ ἔτους κζ' ² Καίσαρ(ος), Φαρμου(θὶ) ³ Σεβαστῇ ⁴.

1. Sacerdotio functus publico apud Phrygas. Nota hic πολίτευμα pro ἔθνος usurpari. — 2. Anno 27 Caesaris, sive U. c. 751 = 3 a. C. n. — 3. Φαρμουθί, mensis aegyptius Aprili fere respondens. — 4. Σεβαστὴ ἡμέρα = prima mensis dies, quae appellatio apud Aegyptios et Asiaticos in usu erat.

---

459. Pompeiis. — *Inscr. gr. Sic. et Ital.*, 702.

Τερεντία Παραμόνη ἱέρεια | Δήμητρος Θεσμοφόρου.

---

460. Pompeiis, in columna, litteris scariphicatis. — Sogliano, *Notizie degli scavi*, 1896, p. 429.

Ἐμνήσθη Θεόφιλος Βερόης ἐπ' ἀγαθῷ παρὰ τῇ κυρίᾳ ¹.

1. Domina Isis.

---

461. Aeclani. — *Inscr. gr. Sic. et Ital.*, 689.

Γ. Σάλουιος Ἀττικιανὸς | ἀρχίατρος ¹ πόλεως ἀνάθημα | θεῶι Ἀσκληπιῶι.

1. Medicus publicus. De archiatris cf. quae disseruit R. Briau, *L'archiatrie romaine*, p. 53 et seq, et apud Daremberg et Saglio, *Dict. des antiq.*, s. v.; Liebenam, *Städteverwaltung*, p. 101.

---

462. Salerni. — *Inscr. gr. Sic. et Ital.*, 694 a (p. 689).

Γεοργικῷ συνβίῳ γλυκυ|τάτῳ Πεδία μνίας χάρ[ιν]. | Ἐπέγραψα αὐτὸς ἑαυτῷ | 5 τὸ μνημῖον · ζῶν ἠγόρασεν ‖ γένους ἐκ γένους ¹, | ἀπελευθέροις, δούλοις.

1. Intellige : (τοῖς) γένους ἐκ γένους, posteris suis.

---

463. Surrenti. — *Inscr. gr. Sic. et Ital.*, 698.

5 Δε. Μ. | Αυρηλιους | Ινπετρατους |β. κ. Μ. βεισ. ανο. ‖ ν', μησες ζ', δει. η', | κοζους Ιμβεια Ειρηνα μαριτο βενε|μερεντι φη|χετ.

Titulus latinus graecis litteris inscriptus. Lege : De(is) M(anibus). Aurelius Impetratus v(eteranus) c(lassis) M(isenensis) vix(it) a(n)no(s) L, me(n)ses VII, di(es) VIII, conjux Imbia? Irene marito bene merenti fecit.

464. Venusiae. — *Inscr. gr. Sic. et Ital.*, 688.

5   Ἡλίῳ | Μίθρᾳ | ὑπὲρ σωτηρίας | Βριττίου Πραῖ⸗ξεντος ¹ Σάγαρις οἰκο|νόμος ².

1. Bruttios Praesentes complures novimus, de quibus vide *Prosop. imp rom.*, I, p. 241, n. 136-143. — Idem Venusiae alterum titulum posuit, latine conceptum : (*C. I. L.*, IX, 425) *Mercurio invicto pro Praesentis salute Sagaris actor.*

---

465. Brundisii. — *Inscr. gr. Sic. et Ital.*, 680.

... Οὐάλεντι | [π]ρ(αιφέκτῳ) χώρ(της) α′ | [Ν]ουμιδῶν ¹ | [ἐκ] Πέργ(ης) τῆς ‖
5 [Π]αμφυλίας | [Ἀθ]ηνόδωρος | [τ]ῷ πάτρωνι | [μνήμ]ης χάριν.

1. Cohors I Flavia Numidarum in Lycia Pamphylia tendebat (*C. I. L.*, III. p. 1993 : Dipl. LXXVI, anni p. C. n. 178).

---

466. Brundisii. — *Inscr. gr. Sic. et Ital.*, 674; *C. I. L.*, IX, 48. Lapis periit.

Εὐκρατίδας Πεισιδάμου | Ῥόδιος | φιλόσοφος Ἐπικούρειος, | τὸν τόπον τῆς
5 Βρενδεσίνων ¹ βουλῆς ‖ εἰς ταφὴν ψηφισαμένης.

Eucratidas Pisidami f. Rhodius | philosophus Epicurius | l(oco) p(ublice) d(ato) d(ecreto) d(ecurionum).

1. Ita Kaibel, secutus apographum quod fecit Vallambert; Mommsen (*C. I. L.*, IX, 48) Βρουντισίνων accepit ex apographo Ligorii. Traditur etiam ab aliis Βρουνδεσίνων.

---

467. Tarenti. — *Notizie degli scavi*, 1896, p. 541, n. 6.

A. Titinius A. f. [Di]anae | aidicolam uotum | dedit meretod.

Αὖλος Τιτίνιος Αὔλω | ὑὸς Ἀρτάμιτι εὐχὰν | ναίσκον ἀπέδωκε.

---

468. Regii. — *Inscr. gr. Sic. et Ital.*, 612; Dittenberger, *Sylloge* (ed. altera), I, n. 323.

Ἐπὶ πρυτάνιος Νικάνδρου τοῦ Νικοδάμου, βουλᾶς προστατέοντος Σωσιπόλιος τοῦ Δαματρίου Χίω ¹ (?), Ἱππίου ² δυοδεκάται, ἔδοξε τᾶι ἁλίᾳ | καθάπερ τᾶι ἐσκλήτωι ³ καὶ τᾶι βουλᾶι · ἐπεὶ ὁ στραταγὸς ⁴ τῶν Ῥωμαίων Γναῖος Αὐφίδιος Τίτου υἱὸς ⁵ εὔνους ὑπάρχει τᾶι ἀμᾷ πόλει, ἄξιος φαινόμενος | τᾶς αὐτοῦ καλο-

κἀγαθίας, δεδόχθαι Γναῖον Αὐφίδιον Τίτου υἱὸν στραταγὸν Ῥωμαίων στεφανῶσαι
ἐν τῷ ἀγῶνι τοῖς πρώτοις Ἀθανίοις ⁶ ἐλαία(ς) στεφά|νῳ καὶ πρόξενον καὶ εὐεργέταν
ποιῆσαι τοῦ δάμου τῶν Ῥηγίνων καὶ ἐγγόνους αὐτοῦ εὐνοίας ἕνεκεν ἃς ἔχων
5 διατελεῖ εἰς τὸν δᾶμον τῶν Ῥηγ⫴νων · τὰν δὲ βουλὰν τὸ ἁλίασμα κολαψαμέναν
εἰς χαλκώματα δισσὰ τὸ μὲν ἀναθέμειν εἰς τὸ βουλευτήριον, τὸ δὲ ἀποστεῖλαι
Γναίῳ Αὐφιδίῳ.

1. Locus obscurus; alii hic latere nomen loci, in quo contio habita esset; alii
Sosipolidis cognomen, per compendium scriptum, rati sunt. In lapide, XIΩ. — 2. Hippios,
mensis appellatio apud Reginos usitati. — 3. Ἔσκλητος, secundum Dittenberger, contio
minor erat, ad quam rogationes a senatu ferri debebant, priusquam totius populi
suffragiis subjicerentur. — 4. Praetor. — 5. Cn. Aufidios complures novimus, at quorum nullus Titum patrem habebat. — 6. Ἀθάνια, festa in honorem Palladis celebrata.

---

469. Regii. — *Inscr. gr. Sic. et Ital.*, 617.

Πρύτανις ἐκ τοῦ ἰδίου καὶ ἄρχων πεντα|ετηρικὸς ¹ Σεξ. Νουμώνιος Σέξ. υ(ἰὸς)
Ματοῦρος. | Συνπρυτάνεις Κ. Ὀρτώριος Κ. υ(ἰὸς) Βάλβιλλος, Μ. Πε[τρ]ώ|νιος
5 Μ. υ(ἰὸς) Ποῦλχερ, Μ. Κορνήλιος Μ. υ(ἰὸς) Μαρτιᾶλις. ‖ Ἱεροσκόποι Μάνιος
Κορνήλιος Οὐῆρος, Γ. Ἀντώνιος | θύτης ². Ἱεροσαλπιστὴς Γ. Ἰούλιος Ῥηγῖνος.
Ἱεροκῆ(ρυξ) | Γ. Καλπούρνιος Οὐῆρος. Ἱεροπαρέκτης Κ. Καικίλιος | Ῥηγῖνος.
Ταμίας Μελίφθονγος Ματούρου. Σπονδαύλης | Νατᾶλις. Καπναύγης Ἕλικων
Ματούρου. Μά[γι]ρος Ζώσιμος.

1. Quatuorvir quinquennalis. — 2. Mommsen negat θύτης cognomen esse; hoc verbo
significari opinatur C. Antonium simul haruspicis locum obtinuisse et victimarii.

---

470. Regii. — *Inscr. gr. Sic. et Ital.*, 618.

[Πρύτ]ανις καὶ ἄρχων ἐκ τῶν ἰδίων Γ. Ποπίλλιος | .. [υἱὸς Ἰ]ουλιανός. Συνπρυ-
τάνεις Γ. Ποπίλλιος Γ. υ(ἰὸς) Φρε[χουεντ]εῖνος, Τ. Βέττιος Δομιτιανός. Μάντις
5 Γ. Νουμώ|[νιος Κε]ρεάλης. Ἱεροκῆρυξ Γ. Ἰούλιος Συντροφιανός. ‖ [Σπονδαύ]λης
Κτῆτος. Καπναῦγαι Βρύανθος, Φησ| [..........]ς, Ἐπιτύγχανος Ἰουλιανοῦ.

Cf. titulos similes sed omnino mutilos nn. 619, 620.

471. Regii. — *Inscr. gr. Sic. et Ital.*, 626 ; *C. I. L.*, X, 11.

D. M. Fabia Sperata Sallustis ¹ Agathocles o cae Rodios ² ἀτοῖς ἐπόησαν.

1. Lege : Sallustius. — 2. Verba graeca litteris latinis scripta : ὁ καὶ Ρόδιος.

---

472. Vibone sive Valentiae. — *Inscr. gr. Sic. et Ital.*, 634.

..... τοῖ]ς ἀπελευ|[θέροις. Εἴ τις] ἀνύξει, δώ|[σει πρόσ]τειμον τῷ τα|[μιείῳ
5 σεστ]έρτια τριάκον|τα.

---

473. In agro Atinate. — *Inscr. gr. Sic. et Ital.*, 666 ; *C. I. L.*, I, 1256; X, 388.

L. Manneius Q. ¹ medic|[us] ueiuos fecit, φύσει δὲ | Μενεκράτης Δημη|τρίου ²
5 Τραλλιανός, ‖ φυσικὸς οἰνοδότης ³, | ζῶν ἐποίησεν. | Maxsuma Sadria S. f. | bona,
proba, frugei salue.

1. Intellige : Q. libertus. — 2. Hic vir de patre servo, Demetrio nomine, natus primum
Menecrates vocabatur; post libertatem L. Manneius. — 3. Hujus medendi generis
inventorem fuisse Asclepiadem Prusiacum notum est. Cf. Rayet, *Milet et le golfe
Latmique*, p. 108.

---

474. Curibus. — *Inscr. gr. Sic. et Ital.*, 2239.

Σαβεῖναν Σεβασ|[τὴν, Αὐτοκράτορος Καίσαρος, Θεοῦ] Αὐτοκράτορος Τρα|-
[ιανοῦ Παρθικοῦ υἱοῦ ...., Τραιανοῦ Ἀδριανοῦ Σεβαστοῦ γυναῖκα...

---

475. Auximi Picenorum. — *Inscr. gr. Sic. et Ital.*, 2244; *C. I. L.*, IX, 5824.

5, 10 Ioui | Soli | Serapi. | Διὶ ‖ Ἡλίωι | Σεράπιδι | C. Oppius | Irenion | u. s. ‖ l. m.

---

476. Arimini. — *Inscr. gr. Sic. et Ital.*, 2234.

.... M. Aὐρ. Μᾶρχος | Σεβ(αστοῦ) ἀπελεύ|θερος μνή|μης χάριν.

---

477. Pisis, aut Florentiae, ubi nunc extat, in sarcophago. — *Inscr. gr. Sic. et Ital.*,
2273.

Ἀχιλλεὺς Ἐπαφρᾶ τῇ | ἰδίᾳ γυναικὶ Γεμινίᾳ | Μυρτάλῃ μνήμης | τελευταίας

5 χάριν ‖ τὴν σορόν, ἐφ' ᾧ μηδέ|να μήτε πωλῆσαι, | μήτε θεῖναι ἐξουσίαν | ἔχειν,
10 πλὴν εἰ μή τι | αὐτὸς ὁ Ἀχιλλεὺς ‖ πάθοι τι ἀνθρώπι|νον · εἰ δέ τις | ἐκβάλῃ τὴν
15 Μυρ|τάλην, δώσει | τῷ φίσκῳ ‖ (δηνάρια), βφ'. |

---

478. Augustae Taurinorum. — *Inscr. gr. Sic. et Ital.*, 2278.

Κοίντω[ι Γλιτίωι Ποπλίου υἱῶι Στελλατίναι] | Ἀτειλίω[ι Ἀγρικόλαι [1] .....
.... | .... ἡ πόλις τῶν ....] | καὶ φίλη, πιστὴ καὶ συγγενὶς
5 κα[ὶ ἄποικος?] ‖ τῶν ἀνεικήτων Ῥωμαίων | πάτρωνι.

1. De Q. Glitio P. f. Stell. Atilio Agricola, qui fuit consul iterum anno p. C. n. 103,
et praefectus Urbi sub Trajano vide *Prosop. imp. rom.*, II, p. 119, n. 114. Tituli ejusdem
hominis satis multi Taurinis reperti sunt : *C. I. L.*, V, 6974-6987.

---

479. Ad Trevisam. — *Inscr. gr. Sic. et Ital.*, 2323.

Κλαυδιανὸν πύκτην | λεντιάριοι [1] ἐνθάδε ἔ|θηκαν
5   τειμῶντες | καὶ νῦν εἰκόνι καὶ στε‖φάνοις.

1. Lintearii collegiati.

---

480. Ferrarae. — *Inscr. gr. Sic. et Ital.*, 2318.

Σωσανη φιλιη ματηρ ϭηνη μηρηντι φηχι. ϐιχ. υν [1] μησιϐος XVIII.

Titulus latinus graecis litteris scriptus. Lege : Sosanae filiae mater bene merenti feci(t)
Vix(it) [a]n(no)? me(n)sibus XVIII.

1. ΒΙΧϮΥΝ traditur.

---

481. Aquileiae. — *Inscr. gr. Sic. et Ital.*, 2340.

5 Αὐρήλιος Ἀρτε|μίδωρο[ς] στρα|τιώτης Αὐρ. | Ἐπικτήτῳ ‖ στρατιώτῃ |
λεγιῶνος | οὐνδεκίμης | Κλαυδίας μή|σωρι [1], μνήμης ‖ χάριν.

1. Aurelio Epicteto militi legionis undecimae Claudiae me(n)sori.

482. Aquileiae. — *Inscr. gr. Sic. et Ital.,* 2343.

5   Θ(εοῖς) χ(αταχθονίοις). Σεργίῳ | Ἑστιαίῳ | Σερουιλίου | Φαβιανοῦ ‖ ὑπατιχοῦ [1] |
φίλῳ χαὶ ἰατρῷ | Οὐιψανία | Ὁστιλία | ἐποίησεν.

1. De M. Servilio Fabiano Maximo, viro consulari, cf. *Prosop. imp. rom.,* III, p. 226,
n. 415.

---

483. Polae. — *Inscr. gr. Sic. et Ital.,* 2386.

5   Κλαυδία Καλ|λιχράτεια | χαὶ Κορνήλι|ος Διαδουμε‖νὸς ἐξ ἐπιταγῆς | θεοῦ [1] τὸν
βω|μὸν ἀνέθη|χαν.

1. Ex imperio, ex jussu dei.

SICILIA

SICILIA

484; Messanae. — *Inscr. gr. Sic. et Ital.*, 402.

Αἰλίῳ Ἀδριανῷ | Ἀντωνείνωι | Σεβαστῷ Εὐσεβεῖ | π(ατρὶ) π(ατρίδος).

Iu fronte ejusdem lapidis inscriptus est titulus, temporis incerti, Ἀσκληπιῷ καὶ Ὑγιείᾳ dedicatus.

---

485. Messanae. — *Inscr. gr. Sic. et Ital.*, 408.

Ἰούλιος Διαδου|μενὸς Ἰουλίου | Κουαδράτου [1] ἀπε|λεύθερος.

1. Forsitan idem atque A. Julius Quadratus, consul suffectus anno 93, consul iterum ordinarius anno 105. De quo vide *Prosopogr. imp. rom.*, II, p. 209-210, n. **338.**

---

486. Messanae. — *Inscr. gr. Sic. et Ital.*, 419.

Οὔλπιος Νικήφορος Ἀντιοχεὺς | Κοίλης Συρίας τῆς πρὸς Δάφνην [1] ἔμπορος | Τυχαίων [2] ἐνθάδε ..... [3].

1. I. e. oriundus Antiochia, quae est in Coele Syria, prope illud celeberrimum suburbium cui Daphne nomen erat. Cf. n. 445. — 2. Forsitan, mercator apud Tychaeos sive incolas vici Syracusani, cui nomen erat Tyche vel Tycha. — 3. .... ΙΗΓΑΠΟΑΙΘΑϹ lapis.

---

487. Messanae. — *Inscr. gr. Sic. et Ital.*, 413.

Σέξτος Πομ|πήιος Φοῖβος | ἀπὸ Ῥώμης | ἐνθάδε κεῖται.

---

488. Messanae. — *Inscr. gr. Sic. et Ital.*, 403.

Ἀγριππεί|νῳ μου|σικῷ μν|ημόσυ|νον.

489. Tauromenii. — *Inscr. gr. Sic. et Ital.*, 435.

Γάϊος Κλαύδιος | Μαάρχου υἱὸς Μαάρχελλος [1]..

1. Videtur is C. Claudius M. f. Marcellus esse, qui anno U. c. 676 (a. C. n. 78) pro praetore Siciliae fuit; cf. Cicero, *Verr.*, act. sec., II, 3 et 21; III, 16.

---

490. Centuripis. — *Inscr. gr. Sic. et Ital.*, 575. Lapis videtur periisse.

5 ᾿Απόλλωνι | ῾Ηράκ(λ)ειος | ᾿Αριστοφύλου | δεχυρεύσας [1] ‖ ἐκ τῶν ἰδίων.

1. I. e. forsitan inter decuriones-allectus, aut si cum Mommseno conjicias δεκατεύσας, ex decumano.

---

491. Catanae. — *Inscr. gr.Sic. et Ital.*, 502.

　　　　Εὐσεβέων κλυτὸν | ἄστυ πανόλβιον | ἄνδρα ἀνέθηκε, |
5　　　　Ζωσυμιανείδην ‖ ἀγωνοθετῆρα | Σεβῆρον, |
　　　　ὄφρα καὶ ἐσ(σ)ομένοισι....... βρο[τοῖσιν].

---

492. Syracusis. — *Inscr. gr. Sic. et Ital.*, 19.

᾿Ενθάδε κεῖτε | ᾿Αγαλματὶς καὶ | Τριανὸς (?) δοῦλου (sic) | Σοφίας λαμπρ(οτά-
5 της) [1] ‖ γυναικός?...

1. Clarissimae.

---

493. Syracusis. — *Inscr. gr. Sic. et Ital.*, 24.

5 Δεχομία | Συρίσκα | πανδόκια [1] | χρηστὰ ‖ χαῖρε.

1. Πανδόκια pro πανδοκεύτρια, i. e. copa.

---

494. Syracusis. — *Inscr. gr. Sic et Ital.*, 54.

Φρετηνσία [1] Στατία Σκρειβωνία | ἔζησεν ἀμέμπτως καὶ σεμνῶς | ἔτη λγ´, μῆν(ας) η´, ἡμέρ(ας) κδ´.

1. Agnomen, ut videtur, loco praenominis usurpatum; latine Fretensis, a freto Siculo.

495. Loco qui nunc dicitur Buscemi, prope Syracusas. — Orsi et Halbherr, *Notizie degli scavi*, 1899, p. 458, n. 3.

Ἐπὶ ὑπάτων Γ. Κεστί|ου, Μ. Σερουιλίου Νω|νιανοῦ ¹, ἀμφιπόλου ² δὲ | ἐν
5 Συρακούσαις Λ. Βαλερί|ου Ἀραβικοῦ, τᾶν δὲ Παί|δων ³ Λ. Βηβηίου Κλάδου, |
10 ἱερείας δὲ Κλωδίας Πόλ|λας, μηνὸς Πανάμου | ⁴ ςκ ⁵, παρεγένοντο πρὸς ‖ τὰς
Παῖδας μετὰ Αὐλί[ας] | Τίτου Θυγατέρα[ς] ⁶ Φαβί[α] | Σφονγέος ἡ μήτηρ καὶ
15 Φα[βίλ]|λα θυγάτηρ καὶ Ἀπία [καὶ] | τριακάδι ⁷ Εὐφράνω[ρ] ‖ καὶ εὐχα-
ρισ[τ]οῦ[ν]τες Ἀ[πόλ]|λωνι καὶ Παῖδε[σσι... | ....

1. Est annus p. C. n. 35. — 2. De amphipolo Syracusano, cf. *Notizie degli scavi, loc. cit.*, p. 467 et seq. — 3. De his numinibus, vide *Notizie, ibid.*, p. 455 et seq. — 4. Nescimus cui mensi responderit Syracusis mensis Panamus. — 5. I. e. κς′ = 26. — 6. ΘΥΓΑΤΕΡΑΙ esse in lapide testatur Halbherr, qui addit : « Sarebbe un genetivo metaplastico dal nominativo volgare θυγατέρα. » Possis quoque aut corrigere θυγατέρ[ος], aut legere : μετὰ Αὐλί[αν] Τίτου Θυγατέρα vel etiam Αὐλί[ας] θυγατέρας = filias. Res incerta manet. — 7. I. e. die trigesimo, ut monuit Haussoullier.

---

496. Loco qui nunc dicitur Buscemi, prope Syracusas. — Orsi, *Notizie degli scavi*, 1899, p. 462, n. 10.

.... Χαρ.... Παίδεσι καὶ | Αμ...... | Ἐπὶ ἀμφι[πόλου ἐν Συρακούσαις] | Μι....
5 [ἀμφιπόλου] δὲ ‖ τᾶν Παίδων.......ιας, | οἱ παρα[γενόμενοι]..... | ... πάντ[ες]
10 μηνὸς | Ἀπελλαίου ¹ τρίτᾳ | Λ. Μάρκις ² Λόγγος, ‖ Λ. Σέππις ³ Κανακίων, | Κ.
Ἄμπιους Κρήσκης, | Αἰμίλις ⁴ Σελλάφης, | Κ....ωτιανος, | Γ....χρατος, ‖
15 Γο.....ίμητος.

Vide n. 495.

1. Nescimus cui mensi responderit Syracusis mensis Apellaeus. — 2. Marcius. — 3. Seppius. — 4. Aemilius.

---

497. Acris. — *Inscr. gr. Sic. et Ital.*, 235.

Ἄλφ(ιος) Κλώδις ¹ ἐτελεύτησεν πρὸ η′ εἰδ(ῶν) | Νοβεμ(βρίων) ἡμέρ(ᾳ) Ἡλίου,
υἱὸς Λουκίου καὶ | Καικειλίας τῶν κειμένων ἰς τὸν πυ(λῶνα)? ἰσερχομένων ἰς
δεξιά, ἄρξας τὴν δευτέ|ραν ἀρχὴν ² καὶ πρεσβίας πρεσβεύσας πρὸς ‖ βασιλέα ³ καὶ
5 γ′ παραπονπῆς ⁴? ἔζησ(εν) ἔτη λα′, μῆνες ι′, ἡμέ(ραι) κα′.

1. Claudius. — 2. Quid sit haec δευτέρα ἀρχὴ non liquet. — 3. Intellige imperatorem.
— 4. Dicitur παραπομπῆς, is qui comitatur aliquem praesidii vel honoris causa; unde fieri

potest ut Alfius Claudius ter electus fuerit ad comitandos sive legatos sive praesidem provinciae iter facientes. Mommsen παραποντίας, i. e. transmarinas legationes, fortasse legendum esse opinatur, contra solitum verbi sensum.

---

498. Prope Selinuntem. — *Inscr. gr. Sic. et Ital.,* 272.

Θεοῖς καταχ(θονίοις). | Μαρκία Καίσαρος δ(ούλη) | ἔζησεν ἔτη λε΄, | Μύστις
5 θυγατρὶ ‖ ἰδίᾳ μνήμης χάριν.

---

499. Lilybaei. — *Inscr. gr. Sic. et Ital.,* 277; *C. I. L.,* X. 7240. Lapis periit.

Οἱ δεχορίωνες | Μ. Οὐαλέριον Διογνήτου | Μῆγα [1] υἱὸν Χόρτωνα | εὐεργέταν.

Ordo et populus ciuit. Lilybit. | patrono perpetuo.

1. De lectione cognominis non constat.

---

500. Lilybaei. — *Inscr. gr. Sic. et Ital.,* 278.

5 .. Φλάουιον... | φιλόσο[φον | ἀ]πὸ κολωνείας / [Φλ]αουίας Αἰτ...‖ ..ς Κωνστα[ν-
10 τίας] [1] | φιλήμς[να] | οἱ Λιλυ[βαῖοι] | πο[λίτην?] | .... ‖ .... |
  [Π]ᾶσι μόνο[ς..... | .... Λι]λυβαίων
  [ἄνδ]ρα σοφὸν....... | .... κλέος ἀν[δρῶν]?....

A latere :

...........|φιλόσο[φον?..] | ἡ πόλ[ις?...]

1. Quae sit haec colonia *Flavia Aet......* Constantia non liquet, eo magis quod mutilus titulus valde corruptus esse videtur.

---

501. Ad montem Erycem. — *Inscr. gr. Sic. et Ital.,* 282; *C. I. L.,* X, ad n. 7258 (pag. 747-750).

Ἐπὶ ταμία Λευκίου Καικιλίου | Λευκίου υἱοῦ Μετέλλου [1] | Πασίων Δεχκίου
Σεισυρίων | Ἐγεσταῖος χιλιαρχήσας [2].

1. Hunc eumdem esse atque L. Caecilium Metellum, filium L. Metelli praetoris Siciliae anno U. c. 685 (a. C. n. 69), noti ex Verrinis, et ipsum tribunum plebis anno U. c. 705 (a. C. n. 49), opinatur Mommsen (*C. I. L.,* X, p. 750). — 2. Tribunus eorum ducentorum

militum, quos Diodorus (IV, 83) ait jussu senatus romani aedem Veneris Erycinae custo-
dire. « Praefuisse iis tribunum militum tituli tres ostendunt, sed duo certe eorum eum
appellant nomine graeco praeter consuetudinem. Quid subsit, explicat lex coloniae Gene-
tivae (c. CIII), ubi duoviro ejus coloniae armatos educenti ad fines tuendos eive quem is
armatis praefecerit *idem jus eademque animadversio* tribuitur *uti tribuno militum populi
Romani in exercitu populi Romani est*. Videntur igitur ducenti illi milites cum ipso duce
ex Sicilia scripti esse, et dux pro tribuno fuisse, quod deinde Graeci ore rotundo, ut
solebant, paullo inflatius extulerunt ». Mommsen (*loc. citat.*)

Nota hic quaestoris, non praetoris nomen inscriptum esse. Res forsan ita se habet,
quod praesertim quaestoris erat templum Veneris Erycinae thesaurosque ibi reconditos
curare. Quum autem in Sicilia duo quaestores essent, quorum alter Lilybaei, alter
Syracusis sedem haberet, inde sequitur L. Caecilium Metellum, Lilybaei quaestorem
fuisse.

---

502. Drepani. — *Inscr. gr. Sic. et Ital.*, 283, 284.

5   [Γ. Ἀσίννι]ον ¹ | Νεικόμαχο[ν] | Ἰουλιανὸν ², | λαμπρότατον, ‖ ὕπατον ³ |,
10 ἀνθύπατον | Ἀσίας | δικαιώτατον, | Ἀσίννιος ‖ Ἀμίαντος | ἐπίτροπος ⁴ | τὸν
δεσπότη[ν].

15   [Γ. Ἀσίννιον | Ν]εικόμ[αχον ‖ Ἰ]ουλιανὸ[ν] | ὕπατον | Εὐτυχίω[ν] ἐπί-
τροπο[ς].

1. Nomen gentile supplevit Klebs ex nomine procuratoris Asinii Amianti (*Prosop. imp.
rom.*, I, p. 163). — 2. De eo, cf. Klebs, *loc. cit.* — 3. Consul suffectus anno incerto tertii
p. C. n. saeculi ut monuit Borghesi (*Œuvres*, V, p. 447) ; cf. Waddington, *Fastes des
provinces asiatiques*, p. 381, n. 180. — 4. Procurator seu vilicus.

---

503. Panormi, in museo. — *Inscr. gr. Sic. et Ital.*, 297 ; *C. I. L.*, X, 7296.

5   Στῆλαι | ἐνθάδε τυποῦνται καὶ | χαράσσονται | ναοῖς ἱεροῖς ‖ σὺν ἐνεργείαις |
δημοσίαις.

5   Tituli | heic | ordinantur et | sculpuntur ‖ aidibus sacreis | cum operum | pu-
blicorum.

Lapidis origo est incerta; hunc Siciliae attribuit Mommsen « quod bilinguis est. »
Omnes qui de eo egerunt antiquum esse credunt, sed marmorarii ineptiam mirantur :
« Marmorarius, ait Mommsen (ad *C. I. L.*, *loc. cit.*) hic utriusque linguae infantiam
prae se fert : nam ἐνέργεια de opere publico non magis recte dicitur quam recte se
habet genitivus post *cum* praepositionem. » Suspicatur Foucart titulum saeculo fere
octavo decimo factum fuisse ad recentioris cujusdam marmorarii graeci, in Sicilia con-
sistentis, tabernam commendandam.

504. Thermis Himeraeis. — *Inscr. gr. Sic. et Ital.*, 315.

[Π.] Κορνήλι[ος Ποπλίου υἱὸς Σκιπίων Ἀφρι|κα]νὸς ὕπατος ἐ[πανακομισά-
μενος ἐκ Καρχηδό|ν]ος τοὺς ἐξ Ἱμέρ[ας συληθέντας ἀνδριάντας] | Ἱμεραίο[ις
Θερμιτανοῖς...]

« Mommsenus vidit titulum subscriptum fuisse marmoreis quibusdam aeneisve ima-
ginibus, quas multas anno a. C. n. 409, Himera eversa, a Carthaginiensibus direptas,
P. Cornelius Scipio Aemilianus post Carthaginis excidium Thermitanis restituit » Kaibel.
Cf. Cicero, *Verr.* act. sec., II, 35.

---

505. Thermis Himeraeis. — *Inscr. gr. Sic. et Ital.*, 339.

5   [Αὐρη]λία | [Σπ]αρτειαν[ὴ | Λι]λυβαῖτις ¹ | [ἔζη]σεν ἔτη ‖ κϛ'.

1. I. e. oriunda Lilybaeo.

---

506. Thermis Himeraeis. — *Inscr. gr. Sic. et Ital.*, 336.

Γάιε Σηίε | Πτολεμαῖε | Σαμαρεῦ ¹ | χαῖρε.

1. Σαμαρεὺς idem videtur qui alias Σαμαρίτης vel Σαμαριτανός dici solet; intellige :
oriundus Samaria Sebaste.

---

507. Halaesae. — *Inscr. gr. Sic. et Ital.*, 355.

5   Θεοῖς πᾶσι. | Οἱ στρατ[ευσ]άμενοι | ἐν Ἔ[ρυκ]ι | ἐκ [τ]ῶν [ἐτ]οίμων ‖ τῶν.....
       ει|μέν[ων?]..... .... | Ἡράκλειον [Δ]ισοδώρου | Κα........ | χιλιαρχήσαν[τα] ἐν
10   Ἔρυκι ‖ [εὐ]ν[οίας? ἐν]εκεν.

De his militibus et tribuno in Eryce monte agentibus, vide supra n° 501.

---

508. Halaesae. — *Inscr. gr. Sic. et Ital.*, 356.

Γάιον Οὐεργίλιον Γαίου υἱὸν Βάλβον ¹ | ἀντιταμίαν [ὁ] δᾶμος τῶν Ἁλαισίνων |
εὐνοίας ἕνεκεν.

1. Notus est C. Vergilius quidam pro praetore in Sicilia anno U. c. 694 (a. C. n. 60)
quem memoravit non semel Cicero (*pro Planc.* 40, 95; *Ad Q. fr.* I, 2, 2 § 7; *ad. fam.*, II,
19. 2), at quo cognomine usus fuerit nescimus.

509. Haluntii. — *Inscr. gr. Sic. et Ital.*, 367.

Τὸ μουνιχίπιον τῶν | Ἀλοντίνων Γναῖον | Πολλιηνὸν Εὐμαρέα | υἰὸν εὐεργ[ε]-
5 τ[ῶν] ἀπό‖γονον εὐνοία[ς ἕ]νεκ[ε]ν.

---

510. Loco incerto in Sicilia. — *Inscr. gr. Sic. et Ital.*, 466.

.... ζητησον?.... | [ἐνθ]άδε κεῖμε νήπι|[ος ὠκύμο]ρος, Ἐφέσου μεγά|[λης δὲ
5 πολ]είτης? πατρὸς δέ ‖ [ἐστιν ὄνομ]α Ἀχιλλεύς, Στρατο|[νίκη δέ μ]ου μήτηρ ·
μοῖρα δ᾽ ἔδω|[κε μοι ὦ]δε θανεῖν, ἐκκέδεκα | [ἔτη ζή]σας · κεῖμαι δὲ νῦν | [λείπων
10 φάος] ἠελίοιο. Μνῆμα δὲ μοι ‖ ...... Αἴλις Ἀχιλλεὺς [1] πατήρ.

1. An is, qui fuit rationalis Septimii Severi anno p. C. n. 193? Cf. *Prosop. imp. rom.*,
I, p. 12, n. 102.

SARDINIA

ET

MELITA INSULA

SARDINIA ET MELITA

INSULA

---

511. Prope vicum Pauli Gerrei in Sardinia, in basi columnae aereae. — *Inscr. gr. Sic. et Ital.*, 608; *C. I. L.*, X, 7856; *C. I. Sem.*, Pars I, t. I, 14.

Titulus trilinguis, graeco, latino et punico simul sermone conceptus.

Ἀσκληπιῶι Μήρρη ἀνάθεμα βωμὸν ἔστη|σε Κλέων ὁ ἐπὶ τῶν ἁλῶν [1] κατὰ πρόσταγμα [2].

Cleon salari(us) soc(iorum) s(eruus) [1] Aescolapio Merre **donum** dedit lubens merito merente.

1. I. e. servus eorum sociorum qui conduxerant salinas et ipse praepositus salinis. — 2. Latine, ex imperio (dei).

Sermone latino sic vertendus est titulus punicus : Domino Esmuno Merre. Altare aereum, pondo librarum centum, quod vovit Cleon (servus sociorum), curans salinas; audivit vocem ejus, sanavit eum. Anno sufetum Himilcati et Abdesmuni filii Himilci.

---

512. Melitae. — *Inscr. gr. Sic. et Ital.*, 601.

Λ. Κα[στρί]κιος Κυρ(είνᾳ) Προύδης ἱππεὺς Ῥωμ(αίων), πρῶτος Μελιταίων [1] | καὶ πάτρων [2], ἄρξας καὶ ἀμφιπολεύσας Θεῷ Αὐγούστῳ [3]......

1. Cf. *C. I. L.*, X, 7495 : [munic]ipi Mel(itensium) primus omni[um...], et *Acta Apostolorum*, 28, 7, ubi Publius ille, qui Melitae Paulum apostolum hospitio excepit dicitur πρῶτος τῆς νήσου. — 2. Patronus. — 3. Flamen Divi Augusti.

INSTRUMENTUM ITALIAE
SICILIAE, SARDINIAE

A. AMPHORAE

513. Pompeiis, in amphora, atramento scriptum. — *C. I. L.*, IV, 2560.

5 Ύ [1] .. | Ταμπίου | Φλαουιανοῦ [2] | Πομπείου ‖ Σιλουανοῦ [3] | β΄ [4].

1. Forte legendum est ὕ[πάτ] = ὑπάτων, quanquam saepius reperitur Ἐπὶ ὑπάτων. — 2. De L. Tampio Flaviano cf. *Prosop. imp. rom.*, III, p. 294, n. 5. — 3. De M. Pompeio Silvano, cf. *ibid.*, p. 71, n. 495. — 4. L. Tampius Flavianus et M. Pompeius Silvanus videntur consules suffecti fuisse circa annum p. C. n. 74; de quorum altero consulatu vide Henzen, in *Bull. dell' Inst.*, 1862, p. 217.

---

514. Pompeiis, in amphora atramento scriptum. — *Notizie degli scavi*, 1891, p. 134, n. 4.

Καιονίῳ Κομόδῳ | ὑπά(τῳ) [1]

1. Anno p. C. n. 78.

---

515. Loco dicto Boscoreale, in amphora, atramento scriptum. — *Notizie degli scavi*, 1899, p. 16.

Thettalisco. | Μυρτείτης [1] ἐξ οἴνου [2] | Vipstani Cosmi.

1. Lege Μυρτίτης = μυρρινίτης οἶνος, vinum myrta redolens. — 2. De vino, vel potius, de cella vinaria.

516. Pompeiis, in amphora. — *Notizie degli scavi,* 1897, p. 271.

In collo :

Κορνελίου

In ventre, ab una parte :

Corneliu.

Ab altera parte :

Leuc. | uet. [1] | C..T. C

1. Leuc(ovinum) vet(us).

De titulis hujus generis cf. *C. I. L.,* IV, p. 171 et seq.

B. TEGULAE

517. Puteolis. — *Inscr. gr. Sic. et Ital.,* 2404, 2.

Ex figlinis Domit. Domitia[n.]. | C. Caluisi Mnester. | Καλβεισι. |

De figlinis Domitianis cf. H. Dressel, *C. I. L.,* XV, 1, p. 45 et seq.

C. VASCULA CRETACEA

518. Romae, in vasculo cretaceo, effigie M. Aurelii imperatoris ornato. — *Inscr. gr. Sic. et Ital.,* 2406, 5.

Αὐτ. M. ’Αντωνεῖνος Σεβ.

519. Romae, in vasculo cretaceo, capitibus M. Aurelii et L. Veri imperatorum ornato. — *Inscr. gr. Sic. et Ital.,* 2406, 6.

[Αὐτ. M. ’Αντων]εῖνος [καὶ Λ.] Οὐῆρος.

520. Tuderi (nunc Todi), in dolio. — *Inscr. gr. Sic. et Ital.*, 2406, 63.

K. Οὐί6(ιος) Γάλλ(ου) ἀπελ(εύθερος) καὶ Στέφ(ανος) [1].

1. Nisi legas K. Οὐί6. Γάλλ(ος) ἀπελ. Καίσ(αρος) τές ?

D. VASCULA PLUMBEA

521. Faleriis, in vasculo plumbeo. — *Inscr. gr. Sic. et Ital.*, 2411.

Ab una parte :

Φλ. Τερ|τιανοῦ ἀ|γορανό|μου.

Ab altera :

S[l]

1. Legunt : Borghesi, *Op.* VIII, p. 140 : s(emis) vel s(emissis); Matranga, in *Rev. arch.*, IX (1853), p. 647 : s(extarius).

E. TESSERAE

522. Romae, in tessera ex osse. — *Inscr. gr. Sic. et Ital.*, 2414, 43.

Νερώνε(ι)α [1].

1. De ludis Neronianis, vide Friedlaender, *Sittengeschichte* (ed. VI), II, p. 480-481.

F. MASSAE PLUMBAE

523. Romae, in massa plumbea, capite Severi Alexandri imperatoris ornata. — *Inscr. gr. Sic. et Ital.*, 2416, 15.

Αὐτ. K(αῖσαρ) M. Αὐρ. Σε6(ῆρος) Ἀλέξανδρος.

G. PONDERA

524. Inter Antium et Circeios, prope ostium Asturae in pondere plumbeo. — *Inscr. gr. Sic. et Ital.*, 2417, 2; Ruggiero, *Catal. mus. Kircher*, I, p. 58, n. 191.

In uno latere :

5   Ἔτους δι΄ [1], | ὑπατεύον|τος Τ. Ἰου(λίου) Κλα|τίου Σεου‖ήρου [2], Ἰτα|λικόν.

In altero :

5   Ἀγορανο|μοῦντος | Μενεσθέ|ως Χρηστ‖οῦ, δίλειτρον [3].

1. Anno quartodecimo Severi Alexandri imperatoris, i. e. p. C. n. 235. — **2.** De T. Julio Clatio Severo, consule ignoto, cf. *Prosop. imp. rom.*, t. II, p. 187, n. 183, ubi conjecit Dessau forsitan legendum esse : *T. I. Uclatius Severus;* at gentilicium Uclatius ignotum est; Clatios plurimos in titulis habemus. — **3.** *Bilibra italica.*

---

525. Pondus aeneum in Italia emptum, nunc in museo Britannico. — *Inscr. gr. Sic. et Ital.*, 2417, 3.

Θεοῖς Σεβαστοῖς καὶ τῷ δάμῳ, | ἀγορανομούντων Τι. Κλωδίου Ῥούφου καὶ Τερτίου Βεκιλίου.

---

526. Loco Italiae incerto, in pondere aeneo. — *Inscr. gr. Sic. et Ital.*, 2417, 11.

Οὐ(γκίαι) γ΄. Μᾶρκος.

---

527. Loco Italiae incerto, in ponderibus duobus. — *Inscr. gr. Sic. et Ital.*, 2417, 20.

Τριούγκιον Ἰταλικόν.

H. SUPELLEX VARIA

528. Florentiae, in lamina aenea. — *Inscr. gr. Sic. et Ital.*, 2419, 1.

M. Ἀγρίππας ὕπατος τρίτον [1].

1. Anno a. C. n. 27.

I. COLUMNARUM NOTAE

529. Romae, sub columna Antonina. — *Inscr. gr. Sic. et Ital.*, 2421, 1.

Διοσκούρου. | Ἔτει θ′ [1] Τραιανοῦ...... | δύο ἀνά πόδες [2] ν′. | [Ἀριστ]είδου ἀρχιτέκτου [3].

1. Annus nonus Trajani more aegyptiaco numerabatur ab die XXIX mensis Augusti anni 105 ad diem XXVIII ejusdem mensis anni 106. — 2. Corr. πόδας. — « Aristidam non ipsius columnae 'artificem vel architectum esse ipse locus probat quo titulus inscriptus est; fuit potius redemptor lapicidinarum e quibus columna excisa erat. Dioscurum credunt Aegypti praefectum fuisse, neque videtur nomen ab initio casu secundo positum aliter explicari posse » Kaibel.

530. Romae, sub pede columnae cujusdam. — *Inscr. gr. Sic. et Ital.*, 2421, 2.

Ἐπὶ Λούπωι [1] ἐπάρχωι | Αἰγύπτου διὰ Ἡρακλείδου | ἀρχιτέκτονος.

1. Ti. Julius Lupus, praefectus Aegypto annis p. C. n. 71-72, aut M. Rutilius Lupus, praefectus Aegypto annis p. C. n. 115-117; de quibus cf. *Prosop. imp. rom.*, II, p. 199, n. 263 et III, p. 149, n. 173.

PANNONIA,

DACIA, DALMATIA

PANNONIA

---

531. Brigetione. — *C. I. L.*, III, 11034.

5   D. M. | Epaphro|dito alumno | suo T. S[t]a[til]ius Solo ‖ p. p. leg. I Ad. P. F. | et Postumia | Flora. | Ἐπαφρόδειτε ἥρως | χρηστὲ χαῖρε.

---

532. Brigetione, in sarcophago. — *C. I..L.*, III, 4327.

In operculo :

Παλμυρὶ [1] εὐψύχει μετὰ πατρός.

In arca :

D. M. | M. Val. Valeriani ⊃ leg. | IIII Fl. uixit an. XLII | et M. Val. Vlpio eq.
5 pu‖bl. fil. uixit an. VIII simu|l conditis, Vlpia Para|tiane marito et filio | et Vlpia Valeria filia | heredes f. c.

« Non omnino constat operculum ad arcam pertinere; plerique tamen testantur ».
C. I. L., *loc. cit.*

1. Παλμυρίς, nomen muliebre.

---

533. Brigetione? — *Arch. Ertesetö*, 1891, p. 236.

Μεμορια Ιυδατι πατιρ. Μεμορια Κασετε Ευλ...

Titulus latinus graecis litteris scriptus.

---

534. Loco nunc dicto Tolna (Altinum ad Danuvium?) — *Arch. Koslemeniek*, 1864, p. 47.

5   Θεοῖς Σωτῆρσ|ιν Ἀσκληπιῷ κα|ὶ Ὑγιε(ίᾳ) Λούκιος | Οὐαλέριος Ὀ‖νήσιμ[ος...|
..... | χαριστήρι(ο)ν ἀ|νέθηκεν.

535. Poetovione. — *C. I. L.*, III, 4075.

Εὐστάθι [1] ταῦτα qui | uixit ann. II. m. VIII. d. | VIII. Αὐρήλιοι Δημήτ|ρις καὶ
5 Φηλικίτας γο|νεῖς υἱῷ γνησίῳ.

1. Nomen virile, Εὐστάθιος.

---

536. Incerto loco Pannoniae Inferioris. — *C. I. L.*, III, 10611; cf. *Arch. Ertesitő,*
1891, p. 232.

Μημορια Ανεστασιο ετ Δηχουσανι | ετ Βηνειμι ετ Φειλειω | νοστρω. | Εις θεως.

5 Bone memoriae | Cl. Maximillae | q(uae) uixit ann. XXV | et Dom. Domnio|ni
qui d(e)f(unctus) est in | Retia conjugi ei|us q(ui) u(ixit) ann. XXXVII | Aur.
10 Vrbana et In|genua sorori bene ‖ merenti.

Titulus graecis litteris scriptus est judaïcus, et recentior videtur quam titulus latinus.
Infra et supra titulum graecum insculptum est judaïcum illud candelabrum septemplex.
Intellige : Memoria Anastasio et Decusani et Beneimi et Pheileio (aut filio) nostro. Εἰς
θεός !

DACIA

---

537. Loco nunc dicto Alsó-Ilosvac, in parte septentrionali Daciae. — *C. I. L.*, III, 786.

Ἀσκληπι(ῷ) | καὶ Ὑγείᾳ | Κοίντος.....

Ibidem titulus latinus est repertus : *Aesculapio Hy[giae]* | *C. Iul. Atianus praef. eq. ob resti[tutam sibi valetudinem ?]*

---

538. Alburno Majore, in urceo. — *C. I. Gr.*, 6814.

5   Εἴλε|ως μοι | ὁ Σέραπις | καὶ οἱ θεοὶ ‖ πάντες.

---

539. Alburno majore. — *C. I. L.*, III, p. 933.

[Γάιος Τίτῳ χαίρειν . Τῶν χρημάτων, ἅ μοι παρεγγυῆσαι ὑπισχνοῦ εἰς τὴν ἡμέραν τὴν ...., ὠνήν σοι ἀποδώσειν εἰς τὴν δ' χαλάνδας Ὀκτωβρίας ὑπισ-χνοῦμαι τῶν τόσων δηνάρια....] καὶ τῶν λοιπῶν κ'.... γων δηνάρια κγ' κ[αὶ] | τούτων ἑκατοστὴ[ν τίσει]ν ἀπὸ τῆς | προγεγραμμένης ἡμέρας εἰς [τὴν δ'] κ(αλάν-
5   δας) Ὀκ[τω]|6ρίας · ἐὰν δὲ μὴ ἀποδῶ σ[οι εἰς] τὴν ἡ‖μέραν ὡρισμένη[ν], ἀπο-δώσω ὡ[ς] | παρίον [1] ἔτι δηνάρια κε'. Ἐγένετο εἰς [Ἄλ]6[ουρ]|νον μεγάλην.

Cautio graece scripta, fortasse crediti. In principio quod deest restituit Detlefsen.

1. Hesychius : παρίον · πιστὸν, κάτοχον, i. e. pignus.

---

540. Apuli. — *C. I. L.*, III, 7766 a.

5   Ἀθηνᾷ | κατὰ ἐπι|ταγὴν ἀ|νέθηκε ‖ Ὀκ. Πριστ. [1]

1. Lege Ὀκ(τάουιος) Πριστ(ῖνος).

541. Apuli. — *C. I. Gr.*, 6815; *C. I. L.*, III, 7740 a.

Κυρίῳ Ἀσκλη|πιῷ καὶ Ὑγίῃ | θεοῖς ἐπηκόοις [1] | Μᾱρ(κος) Μέμμ(ιος) Λόν‖γος βενεφ(ικιάριος) εὐχῆς | χάριν ἀνέθηκεν.

1. Sic *C. I. L.*, ἐπικουρίοις, *C. I. Gr.*

---

542. Apuli. — *C. I. L.*, III, 1107.

Soli inuic|to uotum. | Ἡλίῳ ἀνικήτῳ | εὐχὴν ἀνέθη‖κεν | Ἀ. Βεδ. Ἀλ. λαθ.

Nomina ejus qui uotum posuit : *A(ulus) Bed(ius)*, id est Vedius; in fine ΑΛ · ΛΑΘ traditur.

---

543. Apuli. — *C. I. L.*, III, 7766.

Ἐξ ἐπιτ|αγῆς Μη|τρὸς Τρο|κλιμμηνῆ‖ς [1].

1. Numen adhuc ignotum.

---

544. Apuli. — *C. I. L.*, III, 7782.

Αὐρήλις Στέφανος θεῷ Μίθρᾳ εὐχαριστήρι[ο]ν.

---

545. Apuli. — *C. I. L.*, III, 7762.

Ζευ [1] Σαρ|δενδην|ῷ [2] Ροῦρος | Ἀντιπά‖τρου εὐ|χὴν ἀνέθ(ηκεν).

1. « Ζευ pro Διί positum esse videtur. » Domaszewski. — 2. Nomen ignotum.

---

546. Sarmizegethuzae. — *C. I. Gr.*, 6813.

Ἀσκληπιῷ καὶ | Ὑγιείᾳ θεοῖς | φιλανθρώποις | Ἄξιος Αἰλιαν[ὸς] ‖ ὁ νεώτερος [1] | εὐ|χαριστήριον. | Ἰόνιος [2].

1. De Axio Aeliano Juniore, filio Q. Axii Aeliani procuratoris provinciae Daciae Apulensis sub Maximino et Maximo, cf. *Prosop. imp. rom.*, I, p. 222, n. 1355. — 2. Signum Axii Aeliani; cf. *C. I. L.*, III, 1423.

DALMATIA

547. Seniae. — *C. I. L.*, III, 10033.

Αυρηλιους Διονυσιους Ιουδεους Τιβε[ρ]ιηνσις αν xxxx, φι[λ]ιωρουν τριουν πατερ.

Titulus latinus graecis litteris scriptus : Aurelius Dionysius Judaeus Tiberiensis (Tiberiade oriundus) an(norum) XXXX, filiorum trium pater.

548. Seniae. — *C. I. L.*, III, 15094.

Δ(ις) Μ(ανιβυς). | Μ. Κλαύδιος | Μαρκειανὸς | Μ. Κλαυδείου Στρα|τονείχου | υἱὸς Νεικομηδεὺς [1] | ζήσας ἔτη ις´ ἐνθάδε | κεῖμαι.

1. Nicomedia oriundus.

549. Salonae. — *Bullett. di archeol. e storia dalmata*, XXIII (1900), p. 114, n. 2763.

..... Ἀπολλό[δωρος ·
ἔστι δέ] | μοι Λιβύ[η πα]|τρὶς μα...|σιν δεξαμένη.....

550. Salonae. — *Bullett. di archeol. e storia dalmata*, XXIV (1901), p. 52, n. 2860.

Ἐνθάδε κῖτε Αὐρ. | Ματθέου [υἱὸς Ἀ]σκαλ[ωνίτης [1]...

1. Ascalone, Judeae urbe, oriundus.

551. Salonae. — *Bullett. di archeol. e storia dalmata*, VII (1884), p. 166, n. 35.

Φιλο[ξένω] | Παπίου ἀνθρ|ώπω ἀγαθοτάτ[ω] | Τρόφιμος και Κουί[ν]|τιλλα
ἀπελεύθερ[οι] | καὶ κληρονόμοι [1] αὐ|τοῦ ὑπὲρ τῆς εὐσε|βείας ἐποίησαν | θρέψαντι.

1. Liberti et heredes.

552. Salonae. — *Bullett. di archeol. e storia dalmata,* XXI (1898), p. 207; *C. I. L.*, III, 14695ι

5   Φλ. Ζήνωνι | ἡμερίτῳ | στόλου Μει|σηνῶν ¹, βιο‖λόγῳ ², ζήσ(αντι) | ἔτη οε´, Ζή|νων ὑὸς πατρὶ | εὐσεϐεῖ.

1. Emerito classis Misenatium. — 2. « Biologos non ad classem referendus est; videtur idem esse quod mimus » *C. I. L.*

---

553. In urbe Perasto. — *Arch. epigr. Mittheil.,* IX (1885), p. 27, n. 43 a.

5   Μουχία Ἐπίχτη|σις Ποτιολαν[ῷ] ¹ | ἰδίῳ ἀνδρὶ καὶ | ἑαυτῇ κατεσκεύ‖ασεν μνη- μεῖον ε[ἰς] | ὃ εἴ τις βαλεῖ ἄλ|[λ]ο σῶμα δώσει | εἰς τὴν πόλιν | δηνάρια φ´.

Hunc titulum perhibent nonnulli ex Asia in Dalmatiam translatum, cf. *Jahreshefte der Oesterr. arch. Institutes,* II (1899), *Beiblatt,* p. 104.

1. Ποτιολανο, lapis.

---

554. Issae. — *C. I. L.*, III, 3076.

5   [L.] Pontius Cn. f. | Mircurio | dedit. | Λεύχιος ‖ Πόντιος | Γναίου ὑὸς | Ἑρμᾶι δῶρον.

---

555. Issae, in tessera eburnea. — *Bullett. di archeol. e storia dalmata,* XX (1897), p. 11.

XV. | Πολυδεύχ(ης). Ιέ.

---

556. Corcyrae Nigrae. — *Arch. epigr. Mittheil.,* VIII (1884), p. 87.

5   Θ(εοῖς) [καταχθονίοις]. | Μαρχέλλῳ | Ἐπιφανεῖ | τῆς Κιλιχί‖ας Μηνό|φιλος | ὁ υἱὸς | μνήμης | χάριν.

1. Epiphaneia, urbe Ciliciae, oriundus.

MOESIA SUPERIOR

ET

MOESIA INFERIOR

MOESIA SUPERIOR

---

557. Scupis. — A. Evans, *Antiquarian researches in Illyricum*, in *Archaeologia*, XLIX, p. 101 et 120-121, fig. 57.

Fragmentum tituli graeci mutili, quem A. Evans Διὶ dedicatum putat « from its having an eagle relief on its side ».

..... ιππο... | εὐχήν. | Γερόντιος ἐποίησε. |

Infra, ut videtur :

Felix.

MOESIA INFERIOR

---

558. Vlasko-selo, sub Haemo monte. — *C. I. L.*, III, 13718.

5 'Αγαθ[ῆ] τύχ[η]. | I. O. M. Rector., | Iunoni Regin., | Miner., Victor., ‖ Volk., Mercur., | Fatis Diuinis | Aur. Pudens | strat. cos. v. l. p.

---

559. Loco nunc dicto Mezdra, ad viam romanam Oesco Serdicam ducentem, in sinistra ripa fluvii Isker hodie nuncupati. — *Arch. epigr. Mittheil.*, XV (1892), p. 205, n. 7.

5 'Αγαθῆι τύ[χηι]. | Τὸν μέγισ[τον] | καὶ θειότατο[ν] | αὐτοκράτο[ρα] ‖ M. Αὐ[ρήλιον Σεου]]ῆρον 'Αλέξανδρον?] | Σεβ(αστὸν), ἡγεμ[ονεύ]]οντος τῆ[ς,
10 Θρᾳκῶν] | ἐπαρχείας [.. Σα]‖τορνείνου [1] π[ρεσβ(ευτοῦ)] | ἀντισ(τρατήγου), ἡ λα[μ-προτά]]τη Σέρδ[ω]ν [2] π[όλις. | Εὐτυχ[ῶς].

1. De M. Ulpio Senecione Saturnino, leg. Aug. pr. pr. prov. Thraciae, cf. *Prosop. imp. rom.*, III, p. 452, n. 568. — 2. Lectio certa.

Lapis ille repertus est loco nunc dicto Mezdra, sub Haemo monte septentrionem versus sito, in ea regione cui eruditorum consensu inditum est nomen Moesiae Inferioris. (Cf. *C. I. L.*, Tab. IV, Hh.) Unde sequitur, aut lapidem Serdica in locum nunc dictum Mezdra nescimus quo tempore allatum, aut imperatoris statuam hic a Serdicensibus in sacello quodam erectam et dedicatam, aut etiam fines provinciarum Moesiae Inferioris et Thraciae multo magis septentrionem versus directos esse, quam vulgo creditur. Quum adhuc sub judice lis sit, nobis satius visum est hunc titulum inter titulos Moesiae Inferioris suo loco ponere.

---

560. Kamenec, inter Oescum et Nicopolim. — *Arch. epigr. Mittheil.*, XVII (1894), p. 176.

'Αγαθ[ῆ] τύχη. | Διὶ 'Οκκολην[ῷ] [1] εὐχαριστήριο[ν] Γ. 'Αντώνιος Δωνᾶτος.

1. Idem cognomen occurrit forsitan in titulo a Kanitz edito (*Donau-Bulgarien*, III, p. 341); aliunde non notum est.

561. Prope Trajani fauces, in Haemo monte. — *Arch. epigr. Mittheil.*, XV (1892), p. 96, n. 17.

```
    .... στάτωρ [φυλά]|ξας ἀμέμ[πτως] | τὴν στατι[ῶνα] | τὸ ἄγαλμ(α) ἔ[στη-
5  σεν] ‖ εὐτυχῶς.
```

Est titulus votivus statoris cujusdam militis, in statione degentis prope fauces per quos via a Nicopoli ad Philippopolim tendebat.

---

562. Nicopoli ad Istrum. — Dobrusky, *Matériaux d'archéologie bulgare,* V (1901), p. 27, fig. 17. Imaginem photographicam nobiscum benigne communicavit Dobrusky.

```
    Ἀγαθῇ τύχῃ. | Διεὶ καὶ Ἥρᾳ καὶ | Ἀθηνᾷ ὑπὲρ τῆς τῶν | αὐτοκρατόρων
5  τύ‖χης καὶ διαμονῆς ὑ|μνῳδοὶ ¹ πρεσβύτε|ροι, χοροστατοῦντος | Θεαγένου, ἐκ τῶν
10 ἰδί|ων ἀνέστησαν ..‖... ...νης...
```

1. De hymnodis cf. Th. Reinach, in Daremberg et Saglio, *Dictionnaire des antiquités,* s. v.

---

563. Nicopoli ad Istrum. — *Arch. epigr. Mittheil.,* X (1886), p. 242, n. 7; Dobrusky, *Matériaux d'archéologie bulgare,* V, p. 28, fig. 18. Imaginem photographicam habuimus.

```
5  [Ἀγαθ]ῆι τύχηι. | Διὶ Κεραυνίῳ | εὐχαριστοῦσα | ἡ πόλις ἀνέστησεν ‖ πρὸ ις′
   κ(αλανδῶν) Αὐγούστω(ν) | Μαξίμῳ κὲ Πατέρνῳ ὑπ(άτοις) ¹.
```

1. Die XVII mensis Julii anni 233 p. C. n.

---

564. Nicopoli ad Istrum. — *Arch. epigr. Mittheil.,* X (1886), p. 242, n. 9.

```
   Διὶ Ὀλυμπίῳ καὶ Ἥρᾳ καὶ Ἀθηνᾷ | Τ[ιb.] Κλ. Πρεισκεῖνος ἀργυροταμίας ¹
   καὶ γ′ ἄρ|ξαντα τὴν α′ ἀρχὴν ² τὰ ἀγάλματα ὑπὲρ τῆς πόλεως | ἐκ τῶν ἰδίων
   ἀνέστησα.
```

1. De argyrotamiis, cf. Paris, in *Bull. de Corr. hellén.,* X (1886), p. 373 et seq.; Ruggiero, *Dizion. epigr.,* s. v. *Calendarium.* — 2. Tib. Claudius Priscinus, ut videtur, quaestor vel curator calendarii et ter duumvir in civitate sua fuerat. Corrige : ἄρξας.

---

565. Nicopoli ad Istrum. — *Arch. epigr. Mittheil.,* t. XV (1891), p. 220.

```
   Ἀγαθῆι τύχηι. | Διὶ Ὀλυμπίωι καὶ Ἥραι Ζυγίᾳ ¹ | καὶ Ἀθηνᾷ Πολιάδι
```

5 Λοῦκας | Ζένωνος Νεικαιεὺς καὶ ‖ Νικοπολείτης ² ὑμνῳδοῖς | φιλοσεβάστοις ³ τὸν
βω|μὸν ἐκ τῶν ἰδίων ἀνέθηκεν.

1. Junoni Jugae vel Jugali vel Pronubae. — 2. Ut videtur, Nicaea oriundus, Nicopoli
incola aut civis. — 3. Cf. n. 563.

---

566. Nicopoli ad Istrum. — Dobrusky, *Matériaux d'archéologie bulgare*, V (1901), p. 60.

I. O. M. | pro s(alute) Imp. uic(ani) | Trullens(es) ¹ per | mag(istros) P. Ael.
5 At‖talum et T. A. Secu[n]|dum. Ἀγαθοκλῆς ἐποί|ει.

1. Docet titulus latinus quidam (C. I. L., III, 14409), vicum Trullensium situm fuisse
in valle fluminis Oesci, ab Nicopoli occidentem versus.

---

567. Nicopoli ad Istrum. — Dobrusky, *Matériaux d'archéologie bulgare*, IV (1899),
p. 42 ; Cumont, *Textes et monuments figurés relatifs aux mystères de Mithra*, II, p. 489,
n. 131 bis, fig. 423.

5 Ἀγαθῆι τύχη. Ἡλίῳ | Μίθρᾳ | θεῷ | ἐπηκόῳ ‖ Αὐρ. | Μᾶρχος | γναφεὺς ¹ | τὸ
10-15 στήλιον | σὺν τῇ ‖ ζωγραφίᾳ ² | κατεσκεύ|ασεν | ἐκ τῶν | ἰδίων ‖ εὐχαρισ|τήριον.

1. Fullo. — 2. Anaglyphum pictum, de quo cf. Cumont, *loc. cit.*, et p. 429, n. 223 a.

---

568. Nicopoli ad Istrum. — *Arch. epigr. Mittheil.*, XVII (1894), p. 180, n. 25.

Ἀγαθῆι τύχηι. | Θεοῖς Ὁσίωι καὶ Δικαίωι ¹ κατὰ ἐπιταγὴν ὀ|νείρου ἡ βουλὴ
5 καὶ ὁ ‖ δῆμος Οὐλπ(ίας) Νεικοπό|λεως τῆς πρὸς Ἴστρον | τὸν βωμὸν ἀνέστησεν |
ἐπὶ συναρχ(ίας) Φήλεικος Μουκα|πόρεος ².

1. Θεὸς Ὅσιος καὶ Δίκαιος nonnunquam memoratur titulis in Asia Minore repertis ;
cf. Nordtmann, in *Athen. Mittheil.*, X (1885), p. 11 sq., et Ramsay, in *Journ. of hellen.
studies*, V (1884), p. 253. Quem deum Puchstein vult eumdem esse atque Mithram
(Puchstein, *Reise*, p. 341); cf. Cumont (*Textes et monuments figurés relatifs aux mystères
de Mithra*, II, p. 172, n. 548). Nota hic non unum deum Ὅσιος καὶ δίκαιος, sed duos
significari : Θεὸν Ὅσιον et Θεὸν Δίκαιον. — 2. Felice Mucaporis filio praeeunte collegio
magistratum Nicopolitanorum. De synarchia, v. Liebenam, *Städteverw.*, p. 246; Is.
Lévy, *Études sur la vie municipale de l'Asie-Mineure*, in *Revue des Études grecques*,
1899, p. 268 et sq.

569. Nicopoli ad Istrum. — Dobrusky, *Matériaux d'archéologie bulgare*, V (1901), p. 15, n. 1.

Ἀγαθῆι τύχηι. | Λούκιον Αἴλιον Καίσα|ρα Αὐτοκράτορος Τραι|ανοῦ Ἀδριανοῦ
5 Καὶ∥σαρος Σεβαστοῦ υἱὸν | Θεοῦ Τραιανοῦ Παρθι|κοῦ υἱωνὸν Θεοῦ Νέρ|ουα
10 ἔκγονον, δημαρ|χικῆς ἐξουσίας, ὕπατον ∥ τὸ β΄, ἡ βουλὴ καὶ ὁ δῆ|μος Οὐλπίας
Νεικοπό|λεως τῆς πρὸς Ἴστρῳ.

1. Anno 137 p. C. n., quo iterum consulatum egit L. Aelius Caesar; kalendis Januariis anni 138 periit. Cf. de eo *Prosop. imp. rom.*, I, p. 326, n. 503.

---

570. Nicopoli ad Istrum. — Dobrusky, *Matériaux d'archéologie bulgare*, V (1901), p. 17, n. 4. Imaginem photographicam nobiscum communicavit Dobrusky.

... Καίσ]αρος [1] καὶ Φαυστεί[νης [2] κ]αὶ τῶν παίδων καὶ τῶν | ....υ
τοῦ Σεβαστοῦ [3] ἀν[έστ]ησεν ἐκ τῶν ἰδίων.

1. M. Aelius Aurelius Verus Caesar adoptatus ab imperatore Antonino Pio anno p. C. n. 138. — 2. Faustina Junior uxor M. Aelii Aurelii Veri Caesaris. — 3. Imperator Antoninus Pius.

---

571. Nicopoli ad Istrum. — Dobrusky, *Matériaux d'archéologie bulgare*, V (1901), p. 16, n. 2.

[Ἀγαθῆι τύχηι]. | Αὐρήλιον Οὐῆρον Καίσαρα | Αὐτοκράτορος Καίσαρος
5 Τ. Αἰλίου | Ἀδριανοῦ Ἀντωνείνου Σεβαστοῦ Εὐ∥σεβοῦς, ἀρχιερέως μεγίστου,
δημαρ|χικῆς ἐξουσίας τὸ κβ΄, ὑπάτου τὸ δ΄, | πατρὸς πατρίδος [1], υἱὸν, ἡ βουλὴ
καὶ ὁ δῆμος | Οὐλπίας Νεικοπόλεως πρὸς Ἴστρον | ἀνέστησεν.

1. Anno 159 p. C. n.

---

572. Nicopoli ad Istrum. — Dobrusky, *Matériaux d'archéologie bulgare*, V (1901), p. 16, n. 3.

Ἀγαθῆι τύχηι. | Λούκιον Αἴλιον Κέμμοδον [1] | Αὐτοκράτορος Καίσαρος Τίτου
5 Αἰλίου | [Ἀδριανοῦ Ἀντωνείνου Σεβαστοῦ υἱὸν ∥ .....

1. L. Aelius Commodus qui postea L. Aurelius Verus Aug. appellatus fuit. Titulus positus est ante annum 161, quo in imperii consortium a fratre M. Aurelio vocatus est.

573. Nicopoli ad Istrum. — Dobrusky, *Matériaux d'archéologie bulgare*, V (1901), p. 22, n. 11. Imaginem photographicam habuimus.

Ἀγαθῆι τύχηι. | Ὑπὲρ τῆς τοῦ κυρίου Αὐτοκράτορος Καίσαρ(ος) Μ. Αὐρ. [Κομμόδου] Ἀντ[ω]νείνου Σε(βαστοῦ) Γερμ(ανικοῦ) Σαρμ(ατικοῦ), Βρεταν(νικοῦ), ἀρ[χιερέω]ς μεγίστου, [δ]ημαρχικῆς ἐξουσίας τὸ.. | [αὐτοκράτορος] τὸ.., ὑπάτου τὸ δ΄¹, πατρὸς πατρίδος, τύχης καὶ νίκης [κ]αὶ αἰωνίου διαμονῆς καὶ τοῦ σύμπαντος [αὐτοῦ οἴ]κου ἱε[ρ]ᾶς τε συγκλήτου καὶ δήμου Ῥωμ[αίων, | ἡγ(ε-μονευόντων) τῆς ἐπαρχείας τ]οῦ λαμπροτάτου ἡγεμόνος Ἰουλίου Κάστου ² πρεσβ(ευτοῦ) Σεβ(αστοῦ) ἀντισ(τρατήγου) καὶ τοῦ κρατίστου ἐπιτρ[όπου] τοῦ
5 Σεβ(αστοῦ) Κλ. [Κ]ηνσωρείνου, ἡ Νικοπολειτῶν ‖ [πρὸς Ἴστρον πόλις τὸν] περίπατον κατεσκεύασεν ἐκ τῶν ἰδίων προσόδων, ἡγεμονεύοντος τῆς ἐπαρχείας Ἰου[λίου Κάσ]του καὶ ἀποιερώσαντος αὐ[τὸν.....

1. Anno 184 vel 185 p. C. n. Commodus consul V fuit anno 186, Britannici cognomen anno 184 accepit. Restituendum igitur : δημαρχικῆς ἐξουσίας το θ΄ vel ι΄, αὐτοκράτορος τὸ ς΄ vel ζ΄, ὑπάτου τὸ δ΄. — 2. De hoc viro cf. *Prosop. imp. rom.*, II, p. 186, n. 170.

---

574. Nicopoli ad Istrum. — Dobrusky, *Matériaux d'archéologie en Bulgarie*, V (1901), p. 18, n. 7.

Ἀγαθῆι τύχηι. | Ἰουλίαν Σεβαστὴν ¹ μητέρα κ[ά]στρων | ἡ βουλὴ καὶ ὁ
5 δῆμος Νειχοπολειτῶν πρὸς | Ἴστρῳ πόλεω[ς] ἀνέστησεν ‖ εὐτυχῶς.

1. Julia Domna, L. Septimi Severi conjux, Caracallae et Getae mater.

---

575. Nicopoli ad Istrum. — Dobrusky, *Matériaux d'archéologie en Bulgarie*, V (1901), p. 6. Imaginem photographicam nobiscum benigne communicavit Dobrusky.

Ἀγαθῆι τύχηι. | Ἰουλίαν Δόμναν θεὰν Σεβ(αστὴν), μητέ|ρα κάστρων, Αὐτο-
5 κράτορος Λ. Σεπτιμί|ου Σευήρου Περτίνακος Σεβ(αστοῦ) Εὐσεβοῦς ‖ Παρθικοῦ Βρεταννικοῦ Ἀραβικοῦ Ἀδιαβη|νικοῦ, ἀρχιερέως μεγίστου, δημαρχικῆς ἐ|ξου-.σίας τὸ ς΄ ¹, αὐτοκράτορος το ια΄, ὑπά|του τὸ η΄ ², πατρὸς πατρίδος, γυναῖκα
10 κ(αὶ) | Αὐτοκράτορος Καίσαρος Μάρκου Αὐρηλ[ίου Ἀντωνίνου ‖ Σεβ(αστοῦ) κ]αὶ [Λ. Σεπτιμίου Γέτα Καίσαρος] μητέρα, ὑπα|τεύοντος τῆς ἐπαρχείας Γ. Ὀουεινίου Τερτύλ|λου ³ πρεσβ(ευτοῦ) Σεβ(αστῶν) ἀντιστρ(ατήγου), ἡ ἱερω-

τάτη βουλὴ | κ(αὶ) ὁ κράτιστος δῆμος Οὐλπίας Νικοπόλε|ως τῆς πρὸς Ἴστρον ἀνέστησεν.

1. Anno p. C. n. 198. Ejus anni mense Julio C. Ovinium Tertullum Moesiae Inferiori jam praefuisse docemur titulo recentius invento (*C. I. L.*, III, 14428). — 2. ΥΠΑΤΟΥ ΤΟ Η lapis. Lectio est certissima. At anno 198 Septimius Severus bis tantum consulatum adeptus erat; tertium iniit anno 202; nec unquam postea gessit consulatum. Erravit ergo quadratarius. Omnia plana fient dummodo interpretemur non ὑπάτου τὸ τ,' sed ὑπάτου τὸ δεύτερον, quanquam in titulis graecis, ut aequum est, semper littera B more graeco, non numerus II iterationem significat. Cognomina imperatoris item perturbavit quadratarius. Ante annum 199 Severus vocabatur *Parthicus Arabicus, Parthicus Adiabenicus;* postea non *Parthicus* sed *Parthicus Maximus* dici solebat; nec ante annum 210 cognomen Britannicus ei est inditum. — De C. Ovinio Tertullo cf. *Prosop. imp. rom.*, II, p. 443, n. 127.

---

576. Nicopoli ad Istrum. — Dobrusky, *Matériaux d'archéologie en Bulgarie*, V (1901), p. 19, n. 9. Imaginem photographicam benigne misit Dobrusky.

Ἀγαθῆι τύχηι. | Ἰουλίαν Δόμναν θεὰν Σεβαστὴν, μητέρα κάστρων, Αὐτοκράτορος Λ. Σεπτιμίου Σευήρου Περτίνακος Σεβαστοῦ | Εὐσεβοῦς Παρθικοῦ Βρετανικοῦ Ἀραβικοῦ Ἀδιαβηνικοῦ, ἀρχιερέως μεγίστου, δημαρχικῆς ἐξουσίας τὸ ϛ΄ | αὐτοκράτορος τὸ ια΄, ὑπάτου τὸ η΄, πατρὸς πατρίδος γυναῖκα καὶ Αὐτο
5 κράτορος Καίσαρος Μ. Αὐρηλίου ‖ Ἀντωνίνου Σεβαστοῦ καὶ [Λ. Σεπτιμίου Γέτα Καίσαρος] μητέρα, ὑπατεύοντος τῆς ἐπαρχείας Γ. Ὀουεινίου Τερτύ[λλου πρ]εσβ(ευτοῦ) Σεβ(αστῶν) ἀντιστρατήγου, ἡ ἱερωτάτη βουλὴ καὶ ὁ κράτιστος δῆμος Οὐλπίας Νεικο|[πόλεως τῆς πρὸς Ἴστρον ἀνέστησεν.]

Idem titulus atque n. 575; cf. quae annotavimus.

---

577. Nicopoli ad Istrum. — Dobrusky, *Matériaux d'archéologie en Bulgarie*, V (1901), p. 17, n. 5. Imaginem misit Dobrusky.

Ἰουλίαν Δόμναν θεὰν Σεβ(άστην), μη|τέρα Αὐτοκράτορος Καίσ(αρος) Μ. Αὐρ. | Σευήρου Ἀντωνείνου Εὐσεβ(οῦς) Σεβ(αστοῦ) | Παρθι(κοῦ) Μεγ(ίστου) Βρυτ(αννικοῦ) Μεγ(ίστου) [1] καὶ μητέρα ‖ ἱερῶν στρατευμάτων καὶ συνκλή|του καὶ δήμου
5 Ῥωμαίων, Μ. Ἰού|νιος Λουκιανὸς ἀρχ(ι)ερατικὸς [2] | καὶ Οὐλπία Ἀγριππεῖνα ἀρχ(ι)ε|ρατικὴ [3] σύμβιος αὐτοῦ ἐκ τῶν ἰ|δίων ἀνέστησαν.

1. Titulus positus est post diem III ante kal. Martias anni 212, quo P. Septimius Geta

occisus est, sed ante exeuntem annum 213, quo Caracalla Germanicum cognomen accepit. — 2. Sacerdotalis provinciae Moesiae Inferioris. — 3. Ut conjux sacerdotis ipsa ἀρχιέρεια vocabatur, ita post peractum a marito legitimum honoris tempus ἀρχιερατική dicebatur.

---

578. Nicopoli ad Istrum. — Dobrusky, *Matériaux d'archéologie en Bulgarie*, V (1901), p. 18, n. 7. Imaginem photographicam habuimus.

Ἰουλίαν Δόμναν θεὰ[ν Σεβ(αστὴν) Αὐτο]|κράτορος Καίσαρος [Μ. Αὐρ. Σευήρου] | Ἀντωνείνου Εὐσεβ(οῦς) [Σεβ(αστοῦ) ἀρχιερέως)] | μεγ(ίστου) [1] καὶ
5 μητέρα ἱερ[ῶν στρατευμάτων] ‖ καὶ συγκλήτου...

1. Titulus positus post diem III ante kal. Martias anni 212, quo P. Septimius Geta a fratre occisus est.

---

579. Nicopoli ad Istrum. — Dobrusky, *Matériaux d'archéologie en Bulgarie*, V (1901), p. 19, n. 8.

[Ἀγαθῆι τύχηι. | Αὐτοκράτορα Καίσα]ρα Μᾶρκον Αὐρήλιον Σεβῆρον | [Θεοῦ Ἀντω]νείνου ἔκγονον Θεοῦ Σεβήρου [υἱὸν [1] | ἡ βουλὴ καὶ ὁ δῆμος Νεικοπολειτ]ῶν πρὸς Ἴστρῳ πόλεως ἀνέστησεν.

1. M. Aurelius (Antoninus) Severus, sive Caracalla.

---

580. Nicopoli ad Istrum. — Dobrusky, *Matériaux d'archéologie en Bulgarie*, V (1901), p. 20, n. 10.

Ἀγαθῆι τύχηι. | Τὸν μέγιστον κ(αὶ) θειότατον αὐτοκράτο|ρα Καίσαρα Μᾶρκον
5 Ἀντώνιον Γορδιανὸν | Εὐσεβῆ Εὐτυχῆ Σεβαστὸν, ἡ βουλὴ κ(αὶ) ὁ ‖ δῆμος τῆς λαμπροτάτης Νεικοπολειτῶν | πρὸς Εἴστρῳ πόλεως, ὑπατεύοντος τῆς ἐπαρ|χίου........[1] πρεσβ(ευτοῦ) Σεβ(αστοῦ) ἀν|τιστρατήγου, ἐπὶ συναρχίας [2] Ἰουλίου
10 Ἰουλι[α]|νοῦ ἀρχιερατικοῦ κ(αὶ) πρώτου ἄρχοντος, ἐπιμε‖λουμένου Ποπλίου Αἰλίου Μηνιανοῦ | ἀρχιερέως [3] φιλοτίμου. Εὐτυχῶς.

1. Nomen legati erasum est; restitue nomina vel Tullii Menophili, qui praefuit Moesiae Inferiori inter annos 238 et 241, de quo cf. *Prosop. imp. rom.*, III, p. 341, n. 281, vel Prosii aut P. Rosii Tertulliani, de quo vide titulum insequentem. — 2. De synarchia, vide supra n. 568. — 3. Nota eodem titulo nominari sacerdotalem et sacerdotem provinciae.

581. Nicopoli ad Istrum. — *Arch. epigr. Mittheil.*, XVII (1894), p. 181.

.... Αὐτ(οκράτορα) [Καίσαρα] Μ. ['Αντών(ιον) Γ]ορδι|αν[ὸν καὶ Σα]6ι-
5 νί[αν Τ]ρανγ||κ[υλλεῖνα]ν Σ[ε6(αστὴν) Αὐγ]ούσταν | [ἡ] βου[λὴ καὶ] ὁ ἱερώτατος |
10 [δῆμος Νεικ]οπολειτῶν | [Οὐλπίας Νεικοπ]όλεως | [ἀνέστησα]ν εὐτυχῶς, || [ὑ]πα-
τεύο[ντ]ος Προσίου Τερτ|[υλ]λιανοῦ [1] πρε[σ]6(ευτοῦ) [ἀν]τιστ[ρατήγου].

1. In lapide **ΠΡΟΣΙΟΥ**, Prosii, vel P. Rosii; hic primum novimus gentilicium nomen
hujus legati, quem nonnulli haud jure credebant eumdem esse atque M. Ulpium Tertul-
lianum Aquilam; cf. *Prosop. imp. rom.*, III, p. 306, n. 89 et p. 463, n. 572.

---

582. Nicopoli ad Istrum. — *Arch. epigr. Mittheil.*, XV (1892), p. 211, n. 86.

Τὸν γῆς καὶ θαλάσσης δε[σ]|πότην | .... Εὐτ(υχῆ) Σε6(αστὸν) | [Γ]ε[τ]ι-
5 κὸν? Μέγιστον Παρθικὸν || Μέγιστον[1] ἡ κρατίστη βουλὴ | καὶ ὁ ἱερώτατος δῆμος |
τῆς Νεικοπολειτ[ῶ]ν [πρὸ]ς Ἴσ|τρον πόλεως ἀνέστ<αν>ησαν [2] | εὐτυχῶς, ὑπα-
10 τεύ(οντος) || Κλ. Ἀγ(ίου) Ν[ατ]αλιανοῦ | πρεσ6(ευτοῦ) Σε66. ἀντιστρ(ατήγου) [2], |
ἐπ[ι]μελουμένου Ἀσκλη|πιοδ[ώρ]ου Ἀσκληπι|άδου ἀρχιερατικοῦ [3].

1. Videtur esse Aurelianus, Gothicus Maximus anno 270 vel 271, Parthicus Maximus
anno 271 vel 272. At nomina Aureliani raro rasuram passa sunt. [M. Αὐρήλιον Πρόβον]
proponit Frankfurter dubitans (*Register zu den arch. epigr. Mittheil.*, p. 125). — 2. De eo
legato, aliunde ignoto, cf. *Prosop. imp. rom.*, I, p. 347, n. 629. — 3. Sacerdotalis provinciae.

---

583. Nicopoli ad Istrum. — *Arch. epigr. Mittheil.*, XV (1892), p. 215, n. 96.

Ἀγαθ[ῆι] τύχη[ι]. | Τὸν θεῶν ἐνφανέστατον [Κ]αί[σ]α[ρα.] | ....
ἡ Νικοπολειτῶν [πόλις?]..., | ἐπιμελουμένο[υ] Οὐ[λ]π[ι]ανοῦ ἀρχ(ι)ερέως το...

---

584. Nicopoli ad Istrum. — Dobrusky, *Matériaux d'archéologie en Bulgarie*, V (1901),
p. 23, n. 12.

Ἀγαθῆι τύχη[ι] | .... [πα]τρὸς πατρίδος, ἀνθυπάτου, | [ἡγεμονεύοντος
τῆς] ἐπαρχείας Τ. Σουελλ[ίου] Μαρκιανοῦ [1] πρεσ6ευτοῦ Σε6αστοῦ ἀντιστρα-
τήγου].

1. T. Suellius Marcianus Moesiae Inferiori praefuit Commodo imperante. Cf. *Prosop.
imp. rom.*, III, p. 277, n. 690.

585. Nicopoli ad Istrum. — Dobrusky, *Matériaux d'archéologie en Bulgarie*, V (1901), p. 39, n. 35.

..... Ὀνησίων Διομήδου ἀγορανομήσας καὶ εἰ[ρηναρχήσας | τῇ ἑαυτοῦ] συνδίῳ Καλεικρατείᾳ Μαρχειανοῦ φιλότειμος | αὐτοῖς μνείας χάριν τοῦτο ἔργον.

1. Onesion, Diomedis f., aedilis et irenarcha fuit Nicopoli, si Dobrusky apte titulum restituit. Hic primum habemus irenarchae exemplum extra Aegyptum vel Asiam minorem. Cf. R. Cagnat, ap. Saglio, *Dict. des Antiquités*, s. v. *Irenarcha*, et Hirschfeld, *Sitzungsber. der Akad. zu Berlin*, 1891, p. 869.

---

586. Nicopoli ad Istrum. — Dobrusky, *Matériaux d'archéologie en Bulgarie*, V (1901), p. 35, n. 30.

Θεοῖς καταχθονείοις. | Αὐρ. Σαβαστιανῷ ἱππο|ιατρῷ ¹ καὶ Αὐρ. Σαβῖνα, ἡ |
5 καὶ Νίνης ², Αὐ(ρηλία) Σαβῖνα ‖ μήτηρ ζῶσα τοῖς τέχν|οις μνήμις χάριν ἔθη|κεν ·
μετὰ δὲ τὴν ταφὴν τούτων εἴ τις εἰς τὸν | τόπον ἴδι(ο)ν νεχρὸν θή|σι, δώσι ἰς τὸ
10 ταμῖον ³ δηνάρια δισχίλια πεντακόσια ‖ καὶ ἅμα τῇ πόλι ⁴ δηνάρια δισχίλια πεντακόσια. | Χαίροις παρο|δῖτα.

1. Veterinarius. — 2. Signum Aureliae Sabinae. — 3. Aerario publico imperii romani. — 4. Arcae publicae Nicopolitanorum.

---

587. Nicopoli ad Istrum. — Dobrusky, *Matériaux d'archéologie bulgare*, V (1901), p. 37, n. 31, fig. 30.

Θ(εοῖς) [χ(αταχθονίοις)]. | Γ. Κορνήλιος Ἰοῦ[στος?] | Νεικομηδεὺς ζῶν | καὶ
5 φρονῶν τὴν [πυραμί]δαν? σὺν τῷ ὑποχ[ειμένῳ] | γράδῳ ¹ ἑαυτῷ χα[ὶ τῷ ἀ]|δελφῷ
10 ἑαυτοῦ [Κορ]|νηλίῳ Πολλίω[νι, ζήσαν]|τι ἔτη ξ' καὶ τῇ.... ...[ἑαυ]‖τοῦ Οὐαλερίᾳ
[ζησάσῃ ἔτη ...] | καὶ Κορνηλίᾳ ....[τῇ] | συνδίῳ ζώ[σῃ καὶ φρονούσῃ]. |
Χαῖρε, πα[ροδεῖτα].

1. Est, ut videtur, « pyramida cum subjectis gradibus ». Γραδῳ = grado pro gradu; verbum latinum litteris græcis scriptum.

---

588. Prope Nicopolim ad Istrum. — *Arch. epigr. Mittheil.*, XIV (1891), p. 154, n. 37.

In sepulcro quod paravit quidam Ἀφροδείσιος πραγμα[τ]εύτης Οὐλπίου Ἀππιανοῦ *post 15 versus legitur :*

εἴ τις δὲ τολμ[ή]|σ[ε]ι, δώσ(ει) τῷ ἱερωτάτῳ τ|αμίῳ Ἀττικὰ(ς) ¹ πεντα-
20 κι|σχιλίας καὶ τῇ πόλ(ε)ι ‖ ἅμα τοσαῦτα.

1. Atticas (drachmas).

---

589. Prope Nicopolim, loco nunc dicto Ialar. — Kanitz, *Donau-Bulgarien*, ed. II, t. III,
p. 435, n. 19; *Arch. epigr. Mittheil.*, XV (1892), p. 216, n. 99.

Κ. Ἰούλ(ιος) ...ης? βουλ(ευτὴς) καὶ ἱερεὺς Ῥώμ[ης ζῶ]ν καὶ φρονῶν ἑαυ-
[τοῦ] | καὶ τοῦ πατρὸς καὶ μητρὸς μν(ε)ίας χάριν ἐποίησ[εν].

---

590. Prope vicum nunc dictum Ieni-Nikup, *Arch. epigr. Mittheil.*, X (1886), p. 242,
n. 8; cf. XV (1892), p. 214, n. 92.

Θ(εοῖς) κ(αταχθονίοις). | Γάιος Βιάνορος Νεικαεὺς | δόμο, τέκτων, πολείτης
5 φυλῆς | Καπιτωλείνης ¹, ζήσας καλῶς ‖ ἔτη ἑ6δομήκοντα [ζ]ῶν κὲ φρο[νῶν...

1. Domo Nicaea et phylae Capitolinae adscriptus, faber lignarius.

---

591. Loco nunc dicto Gostilica, ad Iatrum flumen, haud longe Nicopoli. — *Arch. epigr.*
Mittheil., XVII (1894), p. 188.

Ἀγαθῆι τύχη[ι. | Τὸν γ]ῆ[ς x]α[ὶ] θαλάσ[σ]ης καὶ πά[σης | οἰκουμένης δε]σπό-
5 [τ]ην | [Αὐτ. Καίσ.] Αὐρηλιανὸν ‖ [Εὐσεϐῆ Εὐτυχ]ῆ Σεϐ(αστὸν) ἡ κρατί[στη |
βουλὴ καὶ ὁ ἱερώτατος δῆμος | τῆς Νεικοπ]ο[λει]τῶ[ν πόλεως, | ὑπ]α[τε]ύον[τ]ο[ς
10 τῆς] ἐπα[ρχείας] | το[ῦ] δια[σημ]οτάτου Αὐρ. ¹...... ... ‖ εὐτυχῶς | ἐν ἐμ[π]ορίῳ
[Ν]εικο(πολειτῶν) Δουροτέλις (?) ².

1. Nomen legati incertum. Traditur : ΑΥΡΓΕΒΑΓ; praeses hactenus ignotus. —
2. Aureliani statua erecta fuit, non intra moenia ipsius Nicopolis, sed in emporio urbis,
Douroteli (?) ad Iatrum, cujus locum nunc obtinet Bulgaricus pagus, Gostilica nun-
cupatus.

---

592. Prope urbem Tirnovo. — *Arch. epigr. Mittheil.*, XIV (1891), p. 153, n. 36.

Ἀγαθῆι τύχηι. Ἀπόλλωνι Αὐλαριοχῷ ¹ θεῷ ἐπηκόῳ | Στράτων Στράτωνος
ἄρξας τῶν ἐν τοῖς σ[ι]δ[η]ρεί[οι]|ς Ἑλλήνων τῶν ἐ[πὶ τ]ῆς Ἀντωνείνου βασι-

5 λείας ² | ὑπὲρ τ[ῆ]ς ἑαυτοῦ καὶ τῶν ἰδίων [κα]ὶ τῶν ἐργαστῶν [σ]ω[τ][ηρίας] καὶ [ε]ὐε[ρ]γεσ[ία]ς εὐξάμενος τὸν [β]ωμὸν | ἀν[έθη]κα.

1. Dei cognomen aliunde ignotum. — 2. Straton Stratonis (filius) qui praefuit Graecis in ferrariis operantibus, Antonino imperante; de quibus ferrariis cf. *Arch. epigr. Mittheil.*, X (1886), p. 79 et sq.

---

593. Loco dicto Polikraste prope Tirnovo. — *Arch. epigr. Mittheil.*, X (1886), p. 243; Dumont-Homolle, *Mél. d'archéol. et d'épigr.*, p. 364, n. 62³³.

... M............... ἐπ[ι]|φανέστατον καὶ Εὐσ(εβῆ) | Σεβ(αστὸν), ὑπατεύοντος
5 ἐ|παρχίας Οὐιττεννίου ‖ Ἰουβενίου ¹ ἀντ[ι]στρ(ατήγου) |, ἐπιμελουμένου | Ἰουλίου Εὐτυχοῦς ἀρχιερατικοῦ, ἐκ τῶν | ἰδίων ἀνέστησε ὑπὲρ φι|λοτιμίας.

1. Hic Vitennius Juvenis? auctore Homolle (*op. cit.*, p. 343, n. 60) non alius est atque L. Vettius Juvenis (Λ. Οὐέττιος Ἰούβενς), leg. prov. Thraciae, quem novimus titulo apud Philippopolim reperto; addit Homolle fieri posse ut titulus supra relatus, intra fines Moesiae extans, ex Thracia in vicum Polikraste adductus sit. Quam opinionem nobis non probavit. Alter enim *Vitennius*, alter L. *Vettius* appellatur. Moesiam Inferiorem Vitennius rexit tertio, ut videtur, saeculo, sub imperatore aliquo damnatae memoriae. Cf. *Prosop. imp. rom.*, III, p. 454, n. 516.

---

594. Loco nunc dicto Aboba, triginta fere millibus passuum a Marcianopoli inter occidentem et septentrionem. — Kanitz, *Donau-Bulgarien*, ed. II, t. III, p. 353, n. 41.

[Αὐτο]κράτορι Τίτωι Καίσαρι Σεβα[στῶι | Αὐτοκράτορ]ος Οὐεσπασιανοῦ υἱῶι, ἀρχιερ[εῖ μεγίστωι, | δη]μαρχικῆς ἐ[ξ]ουσίας ¹, Ἡρακλέων [...|...] ἱερεὺς ἐκ
5 τῶν ἰδίων τὸν ἀνδριά[ντα ‖ ἀνέ]στησεν, | δο[ὺ]ς καὶ νομὸν πολείταισι.

1. Inter calendas Julias anni p. Chr. n. 71 et calendas Januarias anni p. Chr. n. 72.

---

595. In vico nunc dicto Aptaat vel Ablat, tredecim millibus a Tropaeo Trajani meridiem versus. Juxta titulum lapidi incisum est anaglyphum deae Eponae. — Dobrusky, *Matériaux d'archéol. en Bulgarie*, V (1901), p. 66, n. 67.

Θεὰν ἐπήκοον [Ἐπόνην] | Αἴλιος Παυλίν[ου ἀνέθηκεν].

596. Prope Tropaeum Trajani. — *Arch. epigr. Mittheil.*, XVII (1894), p. 113, n. 59.

5 .... ¹ μα|γίστρατος ² ‖ ἀνέστησ[ε] | τὸν θε[.]ν.....

1. Primi versus sic in lapide : ΚΑΡΔΙϹΘΑΞ | ΘΓΙΟΔΕΙΑΞ | ΔΙΡΝΑΙϹ ΜΑ|ΓΙϹ-ΤΡΑΤΟϹ.....? — 2. Forte *magister* (vici); cf. infra, n. 599.

---

597. Prope Cium. — *Arch. epigr. Mittheil.*, XIV (1891), p. 20, n. 45. Ectypum habuimus.

Φλάβιον Παννόνιον τὸ[ν] | κράτιστον ¹ Αὐρ. Θεόδ[ω]|ρος Θεοδώρου τὸν [ἑ]αυτοῦ
5 εὐεργέτ[ην] | τειμῆς χάρι[ν] ‖ δ(όγματι) β(ουλῆς), δ(ήμου).

1. Virum egregium.

---

598. Tyrae. — *C. I. L.*, III, 781; cf. p. 1009.

[Exemplum epistulae ad Tertullum].

[Misimus tibi epistulam ad Heraclitum, unde intelleges quid statuerimus de immunitate, quam Tyrani sibi concessam esse contendunt. Quam licet admittere non soleamus nisi | privile]gii auct[oritate perpensa et origine immu]nitatis inspecta, quod [usu receptum esse qua]|qua ratione videbatur, cum iusta [modera-
5 ti]|one seruauimus, ut neque ipsi con[suetudi]|ne diuturna pellerentur et in poster[um] | decreta ciuium adsumendorum consi[liis] praesidis prouinciae c. u, perpenderentu[r].

Exemplum epistulae ad Heraclitum ¹. | Quamquam Tyranorum ciuitas origi-
10 nem ‖ dati beneficii non ostendat nec facile quae | per errorem aut licentiam usurpata sunt prae|scriptione temporis confirmentur, tamen | quoniam Diui Antonini parentis nostri ² litte|ras, sed et fratrum imperatorum ³ cogitamus,
15 item ‖ Antonii Hiberi grauissimi praesidis ⁴, quod attinet | ad ipsos Tyranos quique ab iis secundum leges | eorum in numerum ciuium adsumpti sunt ex pri|stino more nihil mutari uolumus. Retineant | igitur quaqua ratione quaesitam
20 sive possessam ‖ priuilegii causam in promercalibus quoque re|bus, quas tamen pristino more professionibus | ad discernenda munifica mercimoniorum eden|das esse meminerint. Sed cum Illyrici ⁵ fructum | per ambitionem deminui non
25 oporteat, sciant ‖ eos qui posthac fuerint adsumpti fructum | immunitatis ⁶ ita demum habituros, si eos legatus | et amicus noster u. c. jure ciuitatis dignos esse de|creto pronuntiauerit, quos credimus satis a|bundequae sibi consultum, si grati
30 fuerint, exi‖stimaturos, quod origine beneficii non quaesita dignos honore ciues fieri praeceperimus.

Ὀουίνιος Τέρτυλλος[7] ἄρχουσι, βουλῇ, δή|μῳ Τυρανῶν χαίρειν. | Ἀντίγραφον
35 τῶν θείων γραμμάτων πεμ‖φθέντων μοι ὑπὸ τῶν κυρίων ἡμῶν ἀνει|κήτων καὶ
εὐτυχεστάτων αὐτοκρατόρων[8] | τούτοις μου τοῖς γράμμασιν προέταξα, δ|πως
40 γνόντες τὴν θείαν εἰς ὑμᾶς μεγαλο|δωρίαν τῇ μεγαλῇ αὐτῶν τύχῃ εὐχαριστή‖σητε.
Ἐρρῶσθαι ὑμᾶς καὶ εὐτυχεῖν πολ|λοῖς ἔτεσιν εὔχομαι.

Ἀπεδόθη πρὸ | ιγ΄ χαλανδῶν Μαρτίων[9], Ληνεῶνος η΄[10]. | Ἀνεστάθη ἐπὶ Μου-
45 χιανοῦ καὶ Φαβιανοῦ | ὑπάτων[11], ἐν τῷ εμρ΄ ἔτει[12], ‖ ἀρχῆς Π. Αἰλίου Καλ-
πουρνίου.

1. De Heraclito, procuratore, ut videtur, portorii Illyrici, cf. *Prosop. imp. rom.*, III,
p. 135, n. 62. — 2. T. Aelii Hadriani Antonini Pii. — 3. M. Aurelii Antonini et L. Veri.
— 4. De Antonio Hibero, praeside provinciae Moesiae inferioris, cf. *Pros. imp. rom.*, I,
p. 100, n. 667. — 5. Portorium Illyrici, de quo cf. R. Cagnat, *Étude historique sur les
impôts indirects chez les Romains*, p. 20 et seq., et von Domaszewski, *Arch. epigr. Mittheil.*,
XIII (1890), p. 126 et seq. — 6. De portorii immunitate, cf. R. Cagnat, *op. cit.*, p. 120
et sq. — 7. C. Ovinius Tertullus legatus pr. pr. Moesiae Inferioris Severo et Caracalla
imperantibus: *Prosop. imp. rom.*, II, p. 443, n. 127. — 8. L. Septimius Severus et M. Aurelius Antoninus (Caracalla). — 9. Die tertio decimo ante kal. Martias, i. e., die XVII mensis
Februarii. — 10. Octavo die mensis Lenaeonis, secundum calendarium quo uti solebant Ionii, inter quos Milesii, unde Tyra colonia originem duxit (cf. *C. I. L.*, III. p. 148).
— 11. Anno p. C. n. 201. — 12. Anno 145; unde fit ut annus p. C. n. 201 respondeat
anno 145 aerae Tyranae; Tyranorum ergo aerae incipium fuit annus p. C. n. 56.

---

599. Istropoli. — *Arch. epigr. Mittheil.*, XI (1887), p. 69, n. 142.

5 Διονύσιος καὶ Ἡ|ρόδωρος οἱ | Σατυρίωνος | καὶ Ἀρτεμίδωρ‖ος Διονυσίου | τὸ
10 ἔργον τοῦ | ἀβιτωρίου[1] κατ|εσκεύασαν ἐκ | τῶν ἰδίων τῇ κώ‖μῃ ὑπὲρ μαγισ-
τράτ|ης[2].

1. Abitorium, germanice *Abtritt* (*Register zu den Arch. epigr. Mittheil.*, p. 178), i. e.
sive latrina publica, sive forica aut taberna foro vicina. — 2. Hic agitur de magisterio vici.

---

600. Tomis. — *Arch. epigr. Mittheil.*, VI (1882), p. 21, n. 41. Ectypum habuimus.

5 Ἀγαθῆι τύχη(ι). | Ἡ βουλὴ καὶ ὁ | [δ]ῆμος τῆς μη|[τ]ροπόλεως Τό‖[με]ως
Πό(πλιον) Αἴλιον | [Ἀν]τώνιον Ζωί|[λο]ν τὸν ἀρχιε|[ρέα][1] καὶ ἱερέα Δ|[ημήτ]ρος,
τειμῆς ἕνε(κεν).

1. Sacerdotem provinciae Moesiae Inferioris.

601. Inter Tomos et Callatim. — *Arch. epigr. Mittheil.*, XIV (1891), p. 37, n. 95.

Ροῦφον Πρίσκου ἱερατεύσαντα θεῷ Δο|λοχηνῷ ἔτη π(έντε)?, Ἰουλιανὸς
Ἀλεξάνδρ|ου τὸν<ον> συνιερέα ἐν ἰδίῳ τόπῳ, | μνήμης χάριν.

---

602. Tomis. — *Arch. epigr. Mittheil.*, VI (1882), p. 22, n. 45. Ectypum habuimus.

Ἀγαθῆι τύχηι. | Ἡ βουλὴ καὶ ὁ δῆμος | τῆς μητροπόλεως | Τόμεως Σοσσίαν
5 Ἀ‖ρρικανὰν γυναῖκα | Κυήτου [1] ἱερασαμέ|νην Μητρὶ θεῶν, | θυγατέρα Γ. Ἰουλίου
10 Ἀ|ρρικανοῦ, ὑπερβα‖λομένην τὰς πρὸ ἑ|αυτῆς καὶ ἐπικοσμή|σασαν τὴν θεὸν
ἀνα|θήμασιν χρυσέοις, | τειμῆς χάριν.

1. Legendum Κυ(ι)ήτου = Quieti, latinum cognomen.

---

603. Tomis. — *Arch. epigr. Mittheil.*, VIII (1884), p. 8, n. 21. Ectypum habuimus.

5 ... Σατύρου, | Νουμήνιος Διο|σκουρίδου καὶ Μᾶ[ρ]|κος Ῥούφου τοῦ αὐ‖τοῦ καὶ
ἄρξαν|τος καὶ ἱερατεύ[σ]|αντος Πλούτων[ι] | καὶ Δήμητρι καὶ | θεᾷ Κόρῃ, Μᾶρκος
10 Μά[ρ‖κ]ου νεώτερος ἀν[ε|θ]έμην ἐκ τῶν ἰδ[ί|ων] ὁ κα(ὶ) ἱερεὺς [γενόμενος]...

---

604. Tomis. — Allard, *La Bulgarie orientale*, p. 283.

Θεῷ μεγάλῳ Σαράπ[ιδι καὶ] τοῖς συννάοις θεοῖς [καὶ τῷ αὐ]τοκράτορι Τ. Αἰλίῳ
Ἀδριαν[ῷ Ἀ]ντωνείνῳ Σεβαστῷ Εὐσεβ[εῖ] καὶ Μ. Αὐρηλίῳ Οὐήρῳ Καίσαρι
Καρπίων Ἀνουβίωνος τῷ οἴκῳ τῶν Ἀλεξανδρέων [1] | τὸν βωμὸν ἐκ τῶν ἰδίων
ἀνέθηκεν ἔτους κγ′ [2], Φαρμουθὶ α′ [3], ἐπὶ ἱερέων [Κ]ορνούτου τοῦ καὶ Σαραπίωνος,
[Πολύ]μνου τοῦ καὶ Λογγείνου.

1. Collegium negotiatorum Alexandrinorum in civitate Tomitana morantium ; cf.
Mommsen, *Röm. Gesch.*, V, p. 284. — 2. Anno XXIII, secundum Aegyptiorum compu-
tationem, principatus T. Aelii Hadriani Antonini Pii. — 3. Die xxix mensis Martii,
anno p. C. n. 160.

---

605. Tomis. — *Arch. epigr. Mittheil.*, XI (1887), p. 50, n. 61. Ectypum habuimus.

[Ὑπὲρ Αὐτ. Νέρο]υα Τραιανοῦ | [Σεβασ]τοῦ σωτηρίας | .....μης καὶ Τ. Φλ.
5 Τ. | [υἱὸς Καπίτ]ων δήμῳ ‖ [Τομειτῶν ἀφιέρ]ωσαν.

Supplementa non satis certa sunt.

606. Tomis. — *C. I. L.*, III, 7539, cf. 12493. Ectypum benigne nobiscum communicavit Tocilesco.

[Imp. Caesari Diui Traiani Pa]rthici | [fil. Diui Neruae nepot. Traian]o Hadria|[no Aug. pont. max. trib.] pot. IIII cos. [I]II¹, resp. Tomita|[norum dedicante ....
Arto]rio leg. Aug. pr. pr. |

5　[Αὐτοκρ. Καίσ. Θεοῦ Τραιανοῦ] Παρθικοῦ υἱῷ Θεοῦ | [Νέρουα υἱωνῷ Ἀδριανῷ Σεβαστῷ], ἀρχιερεῖ μεγίστῳ, δη||[μαρχικῆς ἐξουσίας τὸ δ΄, ὑπάτῳ τὸ [γ΄], βουλή, δῆμος Τομειτῶν | [ἀνέθηκεν · Ἀ]ρτώριος πρεσβευτὴς τοῦ | [Σεβαστοῦ καὶ ἀντιστρά]τηγος καθιέρωσεν.

1. Anno p. C. n. 120. Nomen legati aliunde non notus est.

---

607. Tomis. — *Arch. epigr. Mittheil.*, XIX (1896), p. 97, n. 45.

5　Αὐτοκρά[το]|ρι Καίσαρι ......|α<ι>νῷ ¹ Σεβα[σ]|τῷ Ἐλε[υ]θ[ερί]|ῳ Ὀλυμ-π[ίῳ | σ]ωτῆρι | [χα]ριστή[ρ|ιο]ν.

1. Scilicet Hadrianus, cui nonnunquam attributa sunt cognomina Ἐλευθέριος, Ὀλύμπιος.

---

608. Tomis. — *Arch. epigr. Mittheil.*, VI (1882), p. 21, n. 42. Ectypum habuimus.

Ἀγαθῆι τύχ[ηι. | Β]ουλή, δῆμος τῆς | μητροπόλεως | Τόμεως Π. Αἴλιον ||
5　Γάιον ἄρξαντα ἐπι|φανῶς, ἐκδικήσαντα ¹ | πιστῶς, πρεσβεύσαν|τα εἰς Ῥώμην
10　παρὰ | τὸν θειότατον αὐτ||[οκ]ράτορα Τ. Αἴλιον Ἀδρι|[α]νὸν Ἀντωνεῖνον | [δ]απά-ναις ἰδίαις.

1. Ἔκδικος, defensor civitatis. Cf. Liebenam, *Städteverwalt.*, p. 303.

---

609. Tomis. — Tocilesco, *Fouilles et recherches en Roumanie*, p. 218, fig. 102 et 102ᵃ.

a) [Αὐτοκράτορι Τίτῳ Αἰλίῳ] Ἀδριανῷ Ἀντωνείνῳ Εὐσεβεῖ Σε[βαστ]ῷ καὶ [Μάρκῳ Αὐρηλ]ίῳ Κ[αίσαρι.....

b) Φ]ουφικίου Κοι[ντιανοῦ ¹.....

c) ....ος Θεόδω[ρος.....

d) ..... εν ἀγόρασας κα[ὶ....

e) τ]ὸν τόπον.

f) ιων...

g) λου μο...

Fragmenta ejusdem, ut videtur, tituli.

1. Sic restituit Tocilesco. Fuficius Quintianus est omnino ignotus; at Fuficium alium habemus, cognomine Cornutum qui fuit legatus pro praetore Pannoniae Superioris, inter annos 138 et 148 p. C. n.; cf. *Prosop. imp. rom.*, II, p. 89, n. 387. Fortasse hic restituendum Κο[ρνούτου].

---

610. Tomis. — *Arch. epigr. Mittheil.*, XIV (1890), p. 93.

5   ᾿Αγαθῆι τύχηι. | Τὸν υἱὸν τοῦ αὐτοκρά|τορος Μ. Αὐρή|λιον Οὐῆρον Καίσα‖ρα [1]
   ὁ οἶκος τῶν ἐν Τό|μει ναυκλήρων [2], ἀνα|στήσαντος τὸν ἀνδ|ριάντα ἐκ τῶν ἰδίων |
10   Τίτου Τίτου ‖ νεωτέρου.

1. M. Aurelium Verum Caesarem, postea imperatorem, filium Antonini Pii adoptivum. — 2. Corpus naviculariorum.

---

611. Tomis. — Tocilesco, *Fouilles et recherches en Roumanie*, p. 221, fig. 104.

[᾿Αγαθῆ] τύχη. [῾Υπὲρ τῆς τῶν αὐτοκρατόρων Μάρκου] Αὐρηλίου ᾿Αντονείνου καὶ Λουκίου Αὐρηλίου | [Οὐήρου [1] τύχης τε καὶ νείκης καὶ αἰωνίου δια]μονῆς ἱερᾶς τε συνκλή[του...] | .... ι. νειχ...

1. Inter annos p. C. n. 161 et 169.

---

612. Tomis. — *C. I. L.*, III, 7540. Ectypum nobiscum communicavit Tocilesco.

[Imp. Caes. Diui M. Antonini Pii Germ. Sarm. fil. Diui Commodi fratri Diui Antonini Pii nep. Diui Hadriani pron. D]iui Traiani Part[hici abnep. Diui Neruae adn., | L. Septimio Seuero Pio Pertinaci Augusto Arabico Adiabenico Parthico Maximo, pont. max., trib. pot.] VIIII [1], imp. XI, cos. II, [p. p. procos. et | Imp. Caes. L. Septimii Seu[er]i Pii Pertinacis Aug. Arab. Adiab. Parth. Max. fil. Diui M. Antonini Pii Germ. Sarm. nep. Diui] Antonini Pii pro[nep. Diui Hadriani abn.. | Diui Traiani Part]hici et Diui [Neruae adnep. M. Aurelio Antonino Pio Fel. Aug. trib. pot. IV [2], procos. et P. Septimio Getae nob. Caes. Aug. Seueri

5 Aug. fil. Antonini A]ug. fratri et Iulia[e Domnae Aug. matri ‖ castr. et Aug]g.
Imperat[oris L. Septimii Seueri Aug. coniugi res publica Tomitanorum per C.
Ouinium Tertullum leg. Au]gg. pr. pr.

[Αὐτοκρ. Καίσ.] Θεοῦ Μ. ['Αντωνείνου Εὐσεβοῦς Γερμ. Σαρματ. υἱὸν Θεοῦ
Κομμόδου ἀδελφὸν Θεοῦ 'Αντωνείνου Εὐσεβοῦς υἱωνὸν Θε]οῦ 'Αδριανοῦ ἔκ[γονον
Θεοῦ Τραιανοῦ Παρθικοῦ καὶ | Θεοῦ Νέρουα ἀπόγονον, Λ. Σεπτίμιον Σεουῆρον
Εὐσεβῆ Περτίνακα Σεβ. 'Αραβ. 'Αδιαβ. Παρθ. Μέγιστον, ἀρχιερέα μέγιστον,
δημαρχικῆς ἐξουσίας θ' ¹, αὐτοκ]ράτορα ια', ὕπ[ατον β', π(ατέρα) π(ατρίδος)
ἀνθύπατον καὶ | Αὐτοκρ. Καίσ. Λ. Σεπτιμίου Σεουήρου Εὐσεβοῦς Περτίνακος
Σεβ. 'Αραβ. 'Αδιαβ. Παρθ. μεγίστου υἱὸν Θεοῦ Μ. 'Αντωνείνου Εὐσεβοῦς Γερμ.
Σαρμα]τικ. υἱωνὸν Θε[οῦ 'Αντωνείνου Εὐσεβοῦς ἔκγονον | Θεοῦ 'Αδριανοῦ ἀπό-
γονον Μ. Αὐρήλιον 'Αντωνεῖνον Εὐσεβῆ Εὐτυχῆ Σεβ., δημαρχικῆς ἐξουσίας δ' ¹,
καὶ Π. Σεπτίμιον Γέταν Καισ. Σεβασ]τὸν υἱὸν τοῦ [αὐτοκράτορος καὶ 'Ιουλίαν
10 Δόμναν ‖ μητέρα στρατοπέδων καὶ Σεβαστῶν, γυναῖκα τοῦ αὐτοκρ. Λ. Σεπτιμίου Σεουήρου Σεβ. ἡ βουλὴ καὶ ὁ δῆμος Τομειτῶν ἀνέθηκεν · Γ. 'Οουίνιος
Τερτούλλος πρεσβευτὴς Σεβαστῶν καὶ ἀντιστράτηγος καθιέρωσεν.]

1. Est annus p. C. n. 201. — 2. De Ovinio Tertullo, cf. *Pros. imp. rom.*, II, p. 443,
n. 127 et supra n. 598.

---

613. Tomis. — *Arch. epigr. Mittheil.*, XI (1887), p. 47, n. 59.

[....... Σεπτιμίου Σεουήρου] Περτί|[νακος Σεβαστοῦ 'Αραβικοῦ 'Αδι]αβηνι-
κοῦ | [Παρθικοῦ Μεγίστου ¹ κ]αὶ αἰωνίου δια|[μονῆς Μάρχου Αὐρη]λίου 'Αντω-
5 νείνου ‖ [Σεβαστοῦ καὶ Π. Σεπτ. Γέτα] Καίσαρος καὶ | [συνπάσης οἰκία]ς
Αὐγούστης καὶ ἱερᾶς | [συγκλήτου καὶ ἱ]ερῶν στρατευμάτων | [καὶ δήμου
10 'Ρωμ]αίων καὶ βουλῆς καὶ δή|[μου τῆς μητροπό]λεως Τόμεως ‖ .... ὁ
καὶ Λέων πρ|.......

1. Inter annos 199 et 210 p. C. n.

---

614. Tomis. — *Arch. epigr. Mittheil.*, XI (1887), p. 44, n. 57.

'Αγαθῆι τύχηι. | Ὑπὲρ τῆς τῶν θειοτάτων αὐτοκρατό|ρων τύχης τε καὶ νείκης
5 καὶ αἰωνίου | διαμονῆς Λ. Σεπτιμίου Σεουήρου Περ‖τίνακος καὶ Μ. Αὐ[ρηλίο]υ
'Αντωνείνου | Π[αρθι]κῶν Μηδ[ικῶν ¹ Βριταν]νικῶν ² | [καὶ Π. Σεπτιμίου

Γέτα ἐπιφανεστάτου | Καίσαρος] καὶ τῆς [μητρὸς Ἰου]|λίας Αὐγούσ-
10 της καὶ τοῦ σύν[παντος αὐ]|τῶν οἴκου καὶ ὑπὲρ τοῦ διέποντος [τ]ὴ[ν] | ἐπαρ-
χείον ὑπατικοῦ Ὀουινίου Τερτύλ|λου, τῶν ἡμεῖν τ[ὴ]ν δωρεὰν δεδωκότων.

T. Φλ. Σαλλούστιος. Νάνας Θεάδωνος μήτηρ δενδροφόρων.

T. Φλ. Σαλδιανός. Π. Αἰλία Ὀλυμπ[ία] ἀρχιραβ<β>δουχῖσα⁴.

15 || Πολλίων Πολλίωνος ἱερεύς. *Sequuntur nomina 11.*

Ἀχιλλεὺς Ἀχιλλᾶ πατήρ.
Ἀλέξανδρος Ἧδει ἀρχιδενδροφόρος.
Ἀλέξανδρος Ἀλεξάνδρου ἀρχιδενδροφόρος ³.
Sequuntur nomina 19.

1. Medicus cognomen insolitum est tam Severo quam Caracallae. — 2. Traditur
ᴺΝΙΚΩΝ; at eo tempore quo Ovinius Tertullus Moesiae Inferiori praeerat (200-201 : cf.
Prosop. imp. rom., II, p. 403, n. 127) Severus et Caracalla nondum Britannici dicti
erant, quo cognomine non ante annum 210 usi sunt. Aut erravit quadratarius aut fuit in
lapide ''ΝΙΚΩΝ i. e. [Ἀδιαβ]ηνικῶν. — 3. Nomina subscripta sunt sociorum Matris
Magnae. De patribus et matribus in collegiis cf. Waltzing, *Corporations professionnelles
chez les Romains*, I, p. 446. — 4. Princeps cannophorarum, ut videtur.

---

615. Tomis. — Tocilesco, *Fouilles et recherches en Roumanie*, p. 221, fig. 103.

Ἀγαθῇ τύχῃ. | Ὑπὲρ τῆς τοῦ κυρίου Αὐτοκράτορος Καίσαρος Μ. Ἀντωνί(ν)ου |
[Αὐρη]λίου Εὐσ(εβοῦς) Εὐτ(υχοῦς) Σεβ(αστοῦ) ¹ τύχης τε καὶ νείχης καὶ αἰωνίου |
[διαμονῆς].....

1. Est Caracalla, quum nulli principi ante Commodum indita fuerint cognomina
Pius Felix.

---

616. Tomis. — *Arch. epigr. Mittheil.*, XVII (1894), p. 92, n. 23.

[Αὐτοκράτορα Καίσαρα Λουκίου | Σεπτιμίο]υ Σευήρου Π[ερτίνακος | Ἀρα-
5 βικο]ῦ Ἀδιαβη[νικοῦ υἱὸν | Θεοῦ Μ]άρκου [Ἀντωνείνου || Εὐσεβοῦς υἱ]ωνὸ[ν Θεοῦ
Ἀντωνείνου | ἔκγονον καὶ Θεοῦ Τραιανοῦ Παρθικ]οῦ κ[αὶ Θεοῦ Νέρουα | ἀπόγο-
νον] Μᾶρ[κον Αὐρήλιον ¹.....

1. I. e. Caracalla.

617. Tomis. — *Arch. epigr. Mittheil.*, VI (1882), p. 18, n. 37. Ectypum habuimus.

5 Ἀγαθῆι τύχηι. | Τὸν θεοφιλέστα|τον αὐτοκράτορα | Γάιον Οὐαλέριον ‖ Διοκλη-
τιανὸν | Εὐσεβῆ Εὐτυχῆ | Σεβαστὸν | βουλή, δῆμος | Τομειτῶν.

---

618. Tomis. — *Arch. epigr. Mittheil.*, XI (1887), p. 52, n. 72.

.... ἀρχ]ιερεῖ μεγίστῳ δημαρ[χικῆς ἐξουσίας] ....:..... | Τομειτῶν.......

---

619. Tomis. — *C. I. L.*, III, 14214 [27].

Heroi sacrum. | T. Claudius Mu|casius u. s. l. m. | Ἡρῶι κατα [1]. Τι. ‖
5 Κλαύδιος Μου|κάσιος εὐξάμε|νος καθιερῶσεν.

1. Tocilesco supplet κατα(χθονίῳ).

---

620. Tomis. — *Arch. epigr. Mittheil.*, VIII (1884), p. 11, n. 25. Ectypum habuimus.

.... | τε καὶ ἴδια ὅσα π[αρεγένετο πα]|ρὰ τῆς τύχης κ[αὶ τοῦ αὐτο]|κράτορος
5 ἡ[μῖν, δίδομεν Ἀσκλη]‖πιῷ Δήμη[τρι........] μάρτυ[ρες......

---

621. Tomis. — *Arch. epigr. Mittheil.*, XI (1887), p. 41, n. 54. Ectypum habuimus.

Τύχ[η ἀγαθῇ]. | Ὑπὲρ θεᾶς Ἀγριπ[πείνας [1]] ..... | ..ενος. εκτηπα...| ...
5 τιχῆς, ἐπιμε[λουμένου... ‖ ..... Ἀντ]ωνίου Ἀρχ..... [ἱερέως | Σαράπιδ]ος καὶ
Ἰσιδ[ος..... | δι]αχειμεν [....... .... | .... πα]τρίδα φιλ?... ...... | ..... Θεοῖς
10 ... ‖ ... [ἐκ] τῶν [ἰδιῶν κατέσθησεν].

1. Est Agrippina, imperatoris Claudii uxor, Neronis mater.

---

622. Tomis. — *Arch. epigr. Mittheil.*, VIII (1884), p. 20, n. 60. Ectypum habuimus.

Τ[ύχᾳ ἀγαθᾷ]. | Ἀ βουλὰ κ[αὶ ὁ δᾶμος] | τᾶς θεοκτίστ[ου Ἡρα]κλείας [1]
5 ἐτείμασ[αν τὸν] ‖ ἑαυτᾶς πάτρωνα κ[αὶ εὐ]εργέταν Τ. Φλ. Παλατείνᾳ [Λογγῖ]νον
Κ. Μάρκιον Τούρβω[να] [2] ὕπατον, πρεσβ(ευτὰν) Σεβ(αστοῦ) καὶ ἀ[ντιστράτηγον |

5 ἐ]παρχείας Μυσίας τῆς κ[άτω], ‖ ἐπιμελητὰν τόπων κα[ὶ ἔργων] | δημοσίων ³,
πρεσβ(ευτὰν) καὶ ἀντ[ιστράτηγον] | Γαλλίας Λυγδωνησίας, π[ρεσβ(ευτὰν)] |
10 λεγ(εῶνος) α' Βοηθοῦ, στρατηγὸν, ἀ[γοράνομον], | ταμίαν Λ. Καίσαρος... ‖ .....
[ἔπαρχον εἴ]|λης γ' ἱππέων Ῥωμαίων ⁴, [χιλίαρχον] | σπείρης α' Γερμάνω[ν ⁵,
ἐπι]|μελητὰν πρεσβευτὰν τᾶς ἰδί[ας πόλεως ⁶, Φιλο|τ]είμου Ἱππονείχου καὶ
15 Ἡρα[κλείδου καὶ] ‖ Λευδίχου καὶ Διονυσίου ⁷.....

1. Heraclea in Chersoneso. — 2. De T. Flavio Longino Q. Marcio Turbone, legato
Moesiae Inferioris anno 155, cf. *Prosop. imp. rom.*, II, p. 70, n. 199. — 3. Curator
locorum operumque publicorum. — 4. [Sevir] turmae tertiae equitum romanorum. —
5. Praefectus cohortis primae Germanorum. — 6. Curator civitatis lato clavo nondum
accepto. — 7. Sunt, ut Hirschfeld opinatur, nomina Heracleensium civium qui monumentum Tomis erigendum curaverunt.

---

623. Tomis. — *Arch. epigr. Mittheil.*, VIII (1884), p. 22, n. 61. — Ectypum habuimus.

Ἀγαθῆι τύχηι. | Πόπλ. Αἴλ. Ἀμμώνιον ¹ τὸν κράτισ|τον ἐπίτροπον τοῦ
5 Σεβ(αστοῦ) ², πράξαν|τα τὴν ἐπαρχείαν πιστῶς, ἔπαρχον ‖ χώρτης Ἑσπάνων ³,
τριβοῦνον | χώρτης α' Γερμάνων, ἡγησάμενον | στρατιωτικοῦ ἐν παρατάξει
10 Ἀρ|μενιαχῇ στρατιωτῶν ἐπαρ|χείας Καππαδόκων ⁴, ἔπαρ‖χον ἄλης α' Φλ(αουίας)
Γετούλων ⁵, | ἡγησάμενον στρατιωτι|κοῦ τῆς ἐπαρχείας ταύ|της ⁶, ἔπαρχον
15 κλάσσης | Φλ(αουίας) Μυσικῆς Γορδιανῆς, ‖ Κατυλλεῖνος ἀπελεύθε|ρος τοῦ κυρίου
αὐτο|κράτορος Μ. Ἀντ(ωνίου) Γορ|διανοῦ Σε(βαστοῦ), λιβρά|ριος, τὸν ἑαυτοῦ ‖
20 πραιπόσιτον.

1. De P. Aelio Ammonio, aequali Gordiani imperantis, cf. *Pros. imp. rom.*, I, p. 13,
n. 107. — 2. Procurator Augusti. — 3. Praefectus cohortis Hispanorum. — 4. Praepositus
vexillationibus Cappadocianis in expeditione Armeniaca. — 5. Praefectus alae Flaviae
Gaetulorum. — 6. Praepositus vexillationibus in provincia (Moesia Inferiore). — 7. Praefectus classis Flaviae Moesicae Gordianae.

---

624. Tomis. — *Arch. epigr. Mittheil.*, VIII (1884), p. 24, n. 63.

... [Ἀ]ννίῳ Σουπέρῳ ζήσαντι ἔτη κζ', υ[ἱῷ | σημαι]αφόρου λεγ(εῶνος) ιγ'
Διδύμης ¹, κατεσκεύασε | [τ]αύτην τὴν πύαλον · κληρονόμος οὐ μ[εθέξει αὐτῆς ·
5 ἐὰν δέ τις | τολμήσῃ] εἰς αὐτὴν ἕτερόν τινα καταθέσθαι δώσε[ι.....τῇ] ‖ πόλει.....

1. Annius Superus erat filius signiferi cujusdam legionis XIII Geminae.

14

625. Tomis. — *C. I. L.*, III, 7545.

5 Γ. Ἀντώνιος | Φρώντων | ουετ(ρανὸς) λεγι(ῶνος) ιγ´ | Διδύμης τὸ σύν‖ξενδρον
10 καὶ | τὸ μνημῖον | ζῶν ἑαυτῷ καὶ | τοῖς ἰδίοις | ἐξήρτισεν. ‖ C. Antonius | Fronto
15 uete(ranus) | leg. XIII Gem. | ex b(eneficiario) cos. lucum | et sepulchrum ‖ uius
sibi et suis | exornauit. | Saluc.

---

626. Tomis. — *Arch. epigr. Mittheil.*, VIII (1884), p. 17, n. 49.

5 [Πο]ῦπ[λι]ς Κορ‖[ν]ῆλις Καλπουρ|νις εἰδίῳ | ἀδελφῷ Που‖πλείῳ Κορνηλ|[ί]ῳ
Μαξίμῳ βε‖[τεδάν]ῳ? *vel* βε‖[νεφιχιαρί]ῳ.

---

627. Tomis. — *Arch. epigr. Mittheil.*, VI (1882), p. 27, n. 54.

Εὐφροσύνη συμβίῳ | τειμιωτάτῃ | Καστρήσιος Ἰουλίου | Φρόντωνος πρειμο-
5 πε‖λαρίου πραγματευτῆς [1] κατεσκεύασεν | ζησάσῃ ἔτη κε´. |
10 Πραγματευτὴς | ζῶν ἑαυτῷ τε καὶ | τῇ συμβίῳ ἑαυτοῦ ‖ Εὐφροσύνη ζησά|σῃ
ἔτη κε´.

1. Habes alium « Juli Frontonis actorem » in titulo Polensi : *C. I. L.*, V, 90; cf. *Prosop. imp. rom.*, II, p. 193, n. 218.

---

628. Tomis. — *C. I. L.*, III, 7532.

D. M. | Val. Valens uet(eranus) [classis] | Fl(auiae) Mo(e)si(ca)e me[moriam feci |
5 ui]uo meo mi(hi) et.. ‖.. me cojugi m[eae]... |
... [τὴν γλυκυ]τάτην σύνβιον. [Ὃς ἄν | ἄλλο]ν τιν´ ἀντέθῃ νε[κρὸν | ἢ πωλ]ή-
σει, [τ]ίν[ῃ] τῷ φίσκῳ δ[ηνάρια...

---

629. Tomis. — *C. I. L.*, III, 7549.

· D. M. | Val. Felix princeps offi|ci presidis uixit an. XLV. | Aurel. Aemilia
5 bene meri‖to conpari uirginio posuit. | Vale, uiator. |
Οὐαλ(έριος) Φῆλιξ πρίνκιψ ὀφηκίου | ἡγεμόνος ζήσας ἔτη με´ · | Αὐρελ. Ἐμιλία
10 τῷ ἀειμνήστῳ ‖ ἀνδρὶ παρθενικῷ τὴν στήλην ἀν[έ]|θηκεν. Χαῖρε, παροδεῖτα.

630. Tomis. — *Pandora*, 1ᵉʳ juin 1868.

Ἀγαθῇ τύχῃ. | Κατὰ τὰ δόξαντα τῇ κρατίστῃ | βουλῇ καὶ τῷ λαμπροτάτῳ
5 δήμῳ τῆς λαμ|προτάτης μητροπόλεως καὶ ‖ α΄ ¹ τοῦ εὐωνύμου ² Πόντου Τόμεως
τὸν | ποντάρχην ³ Πρείσκιον | Ἀννιαν[ὸ]ν | ἄρξαντα τοῦ κοινοῦ τῶ[ν] Ἑλλήνων
10 καὶ τῆς μητρο|πόλεως τὴν α΄ ἀρχὴν ⁴ ἁγνῶς καὶ ἀρχιερασά‖μενον, τὴν δι'
ὅπλων καὶ κυνηγε[σ]ιῶν ἐνδόξως | φιλοτειμίαν μὴ διαλιπόντα, ἀλλὰ καὶ βου|-
λευτὴν καὶ τῶν πρωτευόντων Φλαβίας Νέας | πόλεως ⁵, καὶ τὴν ἀρχίερειαν
15 σύμβιον αὐτοῦ | Ἰουλίαν Ἀπολαύστην, ‖ πάσης τειμῆς χά[ρ]ειν.

1. I. e. πρώτης. — 2. Εὐώνομος = ἀριστερός; ὁ Εὐώνομος Πόντος est ὁ ἐξ εὐωνόμου χειρὸς Πόντος
id est, ea Pontici littoris pars quae jacet a sinistra, si per Bospori ostia in Pontum
Euxinum penetraveris. Cf. Perrot, *Mémoires d'archéologie*, p. 450; Behrendt Pick, *Die
antiken Münzen von Dacien und Moesien*, p. 67 et sq. — 3. De pontarchis, cf. J. Toutain,
Les Pontarques de la Mésie inférieure, in *Mémoires de la Société des Antiquaires de France*,
t. LXII. — 4. Lege τὴν πρώτην ἀρχήν. — 5. Videtur esse Neapolis Syriae; cf. infra, n. 631.

---

631. Tomis. — *Pandora*, 1ᵉʳ juin 1868.

Ἀγαθῆι τύχηι. | Κατὰ τὰ δόξαντα τῇ κρατίστῃ | βουλῇ καὶ τῷ λαμπροτάτῳ
5 δήμῳ | τῆς [λ]αμπροτάτης μητροπόλε‖ως Τόμεως Αὐρήλιον Πρείσκι|ον Ἰσίδωρον
τὸν ποντάρχην ¹ | καὶ ἄρξαντα τὴν πρώτην | ἀρχὴν ἁγνῶς καὶ ἀμέμπτως καὶ
10 ἀρχι|ερασάμενον, τὴν δι' ὅπλων καὶ ‖ κυνηγεσιῶν φιλοδόξως φιλοτειμί|αν ἐφεξῆς
ἡμερῶν ἓξ μὴ διαλιπόντα, | καὶ τὴν ἀρχίερειαν σύνβιον αὐτοῦ | Οὐλπίαν
15 Ματρῶναν, | πάσης τειμῆς καὶ ἀρετῆς χάριν, τὸν ‖ καὶ βουλευτὴν καὶ τῶν
πρωτευόντων τῆς | λαμπροτάτης Φλαουίας Νέας Πόλε|ως ² καὶ Ἀντιπατρίδος.

1. De pontarchis, cf. supra, n. 630. — 2. Est Neapolis Syriae, sicut in titulo praecedenti.

---

632. Tomis. — *Arch. epigr. Mittheil.*, VI (1882), p. 22, n. 44. — Ectypum habuimus.

5 Ἀγαθῆι τύχηι. | Ἡ βουλὴ καὶ ὁ δῆ|μος Τ. Κομίνιον | Κλαυδιανὸν ▌ Ἑρμά-
10 φιλον τὸν | σοφιστὴν καὶ | ἀγωνοθέτην | ἀρετῆς χάριν | τὸν ποντάρχην ¹ ▌ τῆς
Ἑξαπόλεως ² | καὶ ἀρχιερέα καὶ ἱερέα | τῶν β΄ αὐτοκρατόρων.

1. De pontarchis cf. supra, n. 630. — 2. De Hexapoli hac Pontica vide Mommsen, *Hist.
rom.*, t. X, p. 74 et sq.; J. Toutain, *Les Pontarques de la Mésie inférieure*, in *Mémoires
de la Société des Antiquaires de France*, t. LXII.

633. Tomis. — *Arch. epigr. Mittheil.*, XI (1887), p. 43, n. 56. — Ectypum habuimus.

['Η βουλὴ καὶ ὁ] δῆμος τῆς [μητρο|πόλεως Τόμ]εως τὸν φιλάδε[λφον | Ἄττα-
5 λ]ον Εὐμένους, ἀδελφὸ[ν | Κομινίου Κλαυδιανοῦ Ἑρμαφίλου ‖ ποντάρχο[υ] ¹,
ἄρξαντα τὴν πρώτην | ἀρχὴν ἐπισήμως, ἀγορανομήσα[ν]|τα ὑγιῶς, πανηγυριαρ-
χήσαντα τῆς | θυμελικῆς συνό[δ]ου ² φιλοτείμως, | ταμιεύσαντα πιστῶς...... ‖
10 δήμου...

1. De pontarchis, vide supra. — 2. De hac sacra synhodo cf. n. 17.

634. Tomis. — Perrot, *Mémoires d'archéologie*, p. 447.

['Αγαθ]ῇ τύχῃ. | [Τ]ὸν ποντάρχην καὶ ἄρ[ξαν]|τα τῆς Ἑξαπό[λ]εως | [τὸν] υἱὸν
5 τοῦ Πόντου καὶ ‖ [π]ρῶτον ἀγωνοθέτην | Θεοῦ Ἀντινόου Τ. Φλά|ουιον Ποσειδώ-
10 νιον | υἱὸν Φαίδρου τοῦ ποντάρ|χου καὶ υἱοῦ τῆς πόλε‖ως, φυλὴ Ἀργαδέων | τὸν
ἑαυτῆς προστάτην.

De pontarchis et Hexapoli Pontica, cf. n. 630 et seq.

635. Tomis. — *Arch. epigr. Mittheil.*, VI (1882), p. 29, n. 59.

Θρέψε — Διονυσόδωρος — | ποντάρχης ¹ παῖδας ἵνα | πάτρῃ καταλείψῃ |
5 ἐκ γαμετῆς Ἰουλίας ἀρχιερείης μεγακύδου, |
διαδόχους ἀνθ' αὑτοῦ, | ὡς θέμις ἦν, βιότῳ, |
ἀλλὰ νεμεσσήθη · κατῆλ|θαν γῆς ὑπένερθε, ‖
10 Ἰοῦλις Διονυσόδωρος, | Λεοντιανὸς καὶ Διονυσὶς, |
καὶ θυγάτηρ Ἀγριππεῖνα τά|χος λείψασα τὸν ἄνδρα |
ὦ μοίρας ἀπαθοῦς · τό[x]ους | ....

1. De pontarchis, v. supra. Versus facere sibi visus est is qui scripsit.

636. Tomis. — Tocilesco, *Fouilles et recherches en Roumanie*, p. 224, fig. 107. — *Rev. des Études grecques*, 1899, p. 390; 1900, p. 503; 1901, p. 138 et sq.

Σπείρατο μὲν Συρίης με Νε[ή]|πολις εὐρυάγυια, |
πλείονα δ' αὖ πάτρης | ἐστεφάνωσε Τομεύς, ‖
5 ἥ μ' ἄλλων μερόπων | πλέον εἴσιδε κοσμηθέντα |

χρυσείοις στεφάνοις | πορφυραίοις τε πέπλοις ¹. |

10   Δὶς γὰρ ἐποντάρχησα ‖ καὶ Ἄραιως ² ἆθλα ἐτέλεσα, |

τρὶς τελέσας ἀρχὴν | καὶ πόλιν οὐχ ὑβρίσας. |

Ταῦτα δ᾽ ἅπαντα ἀν[ύ]σας | φθόνῳ πληγεὶς νεμεσήθ[ην] ‖

15   ἀλλὰ θεῶν βουλαῖς εἶχον | ψυχαί με μαράντα |

Ἀρεως ἀθλητῆρες οἱ ἐμοὶ | σταδίοισι δαμέντες |

20   μνήμην κἂν θανάτῳ ‖ τοῦτο φέρουσι γέρας.

1. De his insignibus cf. F. Cumont in *Revue des Études grecques*, 1901, p. 138 et sq. —
2. Lege : Ἄρεως.

---

637. Prope vicum nunc dictum Hirsova. — *Arch. epigr. Mittheil.*, VIII (1884), p. 4,
n. 9.

|.... ἡ βουλὴ] καὶ ὁ δῆμος | [τῆς μητροπό]λεως τοῦ Πόντου | Τόμεως.

---

638. Tomis. — *Arch. epigr. Mittheil.*, XIV (1891), p. 28, n. 57.

Ἀγαθῇ τύχῃ.... | Σπεῖρα Ῥωμαίω[ν...... ¹] | ἱερέα Βειτάλιον ..... | εἰκόσι
5 καὶ ἀνδριᾶσ[ι ... τειμῆς] ‖ χάριν.

1. Est sacra quaedam cohors; cf. supra (n. 52) titulum urbanum.

---

639. Tomis. — *Arch. epigr. Mittheil.*, XVII (1894), p. 93, n. 26.

Αὐρήλιον Εὐτυχιανὸν | Διογένου[ς] τὸν ἱππικὸν | ἄρξαντα καὶ ἀγορανομή|-
5 σαντα ¹ τὸν ἥρωα ‖ Στατιλία Ἐλπιδία σύμβιο[ς] | καὶ Αὐρ. Μούσικις υἱὸς | μνή-
μης χάριν.

1. Duumviralis, aedilicius erat Aurelius Eutychianus.

---

640. Tomis. — *Arch. epigr. Mittheil.*, XVII (1894), p. 91, n. 21. Cf. Perrot, *Mémoires
d'archéologie*, p. 185.

[Ἀγαθῇ τύχῃ. | Ἡ βουλὴ καὶ ὁ δῆμος | τῆς μητροπόλεως | Τόμεως Ἀφρικα]-

5 νὸν Κυ[τῆ]τον στρα‖τευσάμενον ἐνδό|ξως καὶ ἀγορανομή|σαντα ἐπιφανῶς | καὶ
10 ὑπερβαλόμενον | τοὺς πρὸ ἑα[υ]τοῦ τειμῆ[ς] ‖ χάριν · ἀνεστησέν | τε τὸν ἀνδριάντα
Σοσ|σία Ἀφρικ(ανὴ) ' ἡ γυνὴ αὐτοῦ.

1. De Sossia Africana cf. supra titulum n. 602.

---

641. Tomis. — *Arch. epigr. Mittheil.*, VI (1882), p. 24, n. 47.

5 [Τύχηι ἀγ]αθῆι. | Λ[ικίννιο]ν Κυρείνᾳ | ..... Οὐαλέρι|ο[ν].... Εὔπο ..‖...
[Φλ]άου<υ>ιον (?) ἐφή|6ους τῶν προηγου|μένων.....

---

642. Tomis. — *Arch. epigr. Mittheil.*, VI (1882), p. 22, n. 43.

5 Ἀγαθῆ τύχη. | Αὐρ. Εὐτυχὶς | ἀπελεύθερος | Αὐρ. Διονυσίου ‖ τοῦ καὶ |
10 Αἱμονίου | ποιήσας τὸ | μνῆμα ἀνέ|θηκα τὴν ‖ στηλεῖδα. | Χαῖρε, παροδεῖ|τα.

---

643. Tomis. — *Arch. epigr. Mittheil.*, VI (1882), p. 27, n. 55. Ectypum habuimus.

....ωτης τῆ π[ε]ν[θερᾷ καὶ] | τῆ ἰδίᾳ γυναικὶ | μνείας χάριν Iuni|ae Dometiae
5 et Iuni‖ae Nicae ζῶν φρονῶν | [ἐμα]υτῷ κατεσκεύ|[ασα. Χαῖρε, φ]ίλε.

---

644. Tomis. — *Arch. epigr. Mittheil.*, XIX (1896), p. 96, n. 43.

..... f]rater [ejus fecit.] | Μητροδώ[ρῳ.......] | τοῦ Ἰουλίου....... | ἀπελευ-
5 θέ[ρῳ, ἔζησεν] ‖ ἔτεσι κε'. Ἑρμ[ῆς? ἀδελ]|φὸς αὐτοῦ [.....ζ]|ῶν ἐποίη[σε.
Χαῖρε] | παροδ[εῖτα].

---

645. Tomis. — Tocilesco, *Fouilles et recherches en Roumanie*, p. 222-224, fig. 106.

Ῥουφεῖνα Ἰάσονος Θεοκρίτῳ Θε|οκρίτου υἱῷ τὴν στήλην ἀνέστη|σεν ναυκλήρῳ
5 τῷ καὶ Βασιλεῖ | ζήσαντι ἔτη κϛ', μῆνας θ'. ‖ Χαίρετε.

646. Tomis. — Tocilesco, *Fouilles et recherches en Roumanie*, p. 227, fig. 108.

Protome gladiatoris.

5 Σκίρτος Δακῆσις, | ἐλεύθ(ερος) Παρμῶ(νος) | .... | .... ‖ .... |
.. ἐλθὼν | ..... ἐν πόλει τὸν | τάφον οἶκον ἔχω..... |

Pleraeque litterae non leguntur.

---

647. Tomis. — *C. I. L.*, III, 7568.

[... Ser. Sulpi]|cius Festus uix. an. [XXVII], | fratres duo h. s. s. | Parentes
pientissimi f. c. ‖

5 Θεοῖς καταχθονίοις. | Σερ. Σουλπίκιος Πρεισχεῖνος | ἔζησ' ἔτη λ' καὶ Σερ.
10 Σουλπ[ί]|κιος Φῆστος ἔζησ' ἔτη κζ' ἀδ[ελ]|φοὶ ὧδε ἐτάφησαν · γονεῖς ‖ εὐσε-
βέστατοι ποιῆ[σαι] προεῖδ[ον].

---

648. Tomis. — Perrot, *Exploration de la Galatie*, p. 68.

5 Τειμοχρά|της Ἀλεξάν|δρου, γένι Νικ|ομηδεὺς, ‖ ὁ κὲ Τομίτης, | φυλῆς |
10 Ῥωμέων, ζήσας ἐπι|τείμως ἐν τῇ Τόμι, ζ|ῶν κὲ φρονῶν, ἑαυ‖τῷ κὲ τῇ γυνεχὶ
ἑαυ|τοῦ Ὀλπίᾳ Κάστᾳ κὲ | τῷ υἱεῷ ἑαυτοῦ Οὐλ|πίῳ Μαρτίνῳ, φυλῆ|ς Ῥωμέων
15 φι‖λοτε(ί)μ[ω]ν [1] ...... πόλε|ως, τὴν στηλεῖδα κ[α]|τεσχέβασα σὺν τ|ῷ τόπῳ
20 τῷ περιωρισ[μέ]|νῳ, ὃ ἐστί μοι κοινόν ‖ μοι πρὸς Καλείνι|κον Στροφῇ. Χ[ε]ρε, |
παροδεῖτα.

1. Sic Perrot interpretatur; in lapide φιλότεμον.

---

649. Callati. — *Arch. epigr. Mittheil.*, VIII (1884), p. 3, n. 5.

..... Καί]σαρι [1] καὶ Λουκίῳ Α[ὐρη]λίῳ [Κομ]μόδῳ [2] .....

1. M. Aurelius Caesar. — 2. L. Aelius Aurelius Commodus Verus, qui postea una cum
M. Aurelio principatum egit.

---

650. Callati. — *Arch. epigr. Mittheil.*, XIX (1896), p. 107, n. 60.

Ὑπὲρ τῶν κυρίων αὐτοκρατό[ρων Σεπτιμίου Σεουήρου καὶ Αὐρηλίου Ἀν]|τω-

νε[ί]νου Σεβαστῶν 'Αραβικ[ῶν 'Αδιαβηνικῶν καὶ Γέτα Καίσαρος] | υἱοῦ τοῦ
αὐτοκράτορος Σεπ[τιμίου Σεουήρου]..... | νίκης καὶ αἰωνίου δια[μονῆς ....] ‖
5 καὶ τοῦ σύνπαντο[ς] αὐτῶ]ν οἴκου.....] ὀνόματος.....

---

651. Callati. — *Arch. epigr. Mittheil.,* VI (1882), p. 7, n. 13.

[Θ]εοῖς Π[ατρῴοις? | ...] 'Αντων[είνῳ | ..... Σεβ]αστῷ καὶ....., | προνοο[υ-
5 μένου? ‖ Οὐ]αλερίο[υ..... | ... π]ονταρχή[σαντος...

---

652. Callati. — *Arch. epigr. Mittheil.,* VI (1882), p. 10, n. 17.

.... πρεσ]βευτὴς Σεβαστῶν .... | .... ἔμαθον δεῖν τοὺς.... | .... συνλαμ-
5 βανομέ[νους?... | ... τῶν ἑκατοντάρχ[ων ¹ ... ‖ ..... μηδὲ ἐν τῇ χώρᾳ... | ....
πόλει παρόντι | ...

Est, ut videtur, fragmentum valde mutilum epistulae praesidis provinciae, legati
Augustorum pro praetore.

1. Centuriones.

---

653. Callati. — *Arch. epig. Mittheil.,* XIX (1896), p. 108, n. 63.

.... κὸν Μό[δεστον χειλίαρχον] | λεγ(ιῶνος) α' Βο[ηθοῦ ¹ καὶ λεγ(εῶνος)..
Νεικη]|φόρου ², τ[αμίαν ἀντιστράτηγον] | καὶ τῷ αὐ[τῷ χρόνῳ πρεσβευτὴν] ‖
5 ἀνθυπά[του ³ ἐπαρχείας 'Ασίας?], | στρατηγὸ[ν ⁴, πρεσβευτὴν λεγ(εῶνος) ..] |
Νεικηφόρου ⁵, ἐπιμελητὴν ὁδοῦ] | Φλαμηνί[ας ⁶...

1. Legio ι Adjutrix. — 2. Sive [Κεραυνο]φόρου. — 3. Legatus proconsulis. — 4. Praetor.
— 5. Legio VI Victrix ou XX Valeria Victrix. — 6. Curator viae Flaminiae.

---

654. Callati. — *Arch. epigr. Mittheil.,* XIX (1896), p. 108, n. 62.

Ὁ δῆμος............] Ποπλίῳ Οὐινικί[ῳ ¹ .... ὁ]παταγῷ ² τῷ
πάτρ[ωνι?

1. Bormann vult eum P. Vinicium eumdem esse atque P. Vinicium M. f., qui consulatum egit anno U. c. 755=2 p. C., de quo vide *Prosop. imp. rom.*, III, p. 436, n. 446. —
2. Idem Bormann censet hoc verbo, adhuc ignoto, significari P. Vinicium exercitui
cuidam praefuisse consulari potestate.

655. Callati. — *Arch. epigr. Mittheil.*, VIII (1884), p. 3, n. 6.

5 Ἀγαθῇ τύχῃ. | Βουλὴ δῆμος | Καλλατιανῶν | Πούπλιον Φλάου‖[ιον.......

---

656. Callati. — *Arch. epigr. Mittheil.*, XI (1887), p. 33, n. 32. — Ectypum habuimus.

.... Μ]ονιανίου . | ['Επὶ ἱερέως 'Α]πόλλωνος 'Αγυέος¹ τοῦ | .... Πετα-
5 γειτνίου² νουμη‖[νίαι, ἔδοξε Καλλα]τιανῶν τᾶι βουλᾶι καὶ ‖ [τῶι δάμωι, οἱ στρα-
τη]γοὶ καὶ σύνεδροι³ εἶπα[ν] · | ἐπειδή..... Μ]ονιάνιος στρατη[γὸς].... | ....
ας κεντορίας⁴ .....|........... σταθεὶς σ...|......λιου....

Supplementa addidit is qui descripsit Tocilescu.

1. Apollo Ἀγυεύς est Apollo ἐνόδιος, i. e. in viis, de quo vide Pauly-Wissowa, *Realencyclopädie*, s. v. *Agyieus*. — 2. Petageitnius erat mensis quo utebantur nonnullae Doricae
civitates, Chalcis, Cos, Calymnos, Rhodus; cui anni parti responderit, incertum est. —
3. Duumviri et decuriones vel βουλευταί. — 4. Hic agitur fortasse de quadam Callatianorum agrorum divisione, cui praefuit Monianius duumvir et ob quam de Callatianis
civibus optime meritus est.

---

657. — Callati. — *Arch. epigr. Mittheil.*, XIX (1896), p. 103 et sq., n. 59. — *C. I. L.*,
III, 14214³³. — Tocilesco, *Fouilles et recherches archéologiques en Roumanie*, p. 113-115.

A. .... a lapide¹ septimo decimo itinere recto ad lapide]m octa[u]um de[ci-
mum p. II̅; a lapide octauo decimo | itinere recto ad lapidem no]num decimum
qui [est in flexu inter.....; | a lapide nono d]ecimo dextrorsum² [itinere recto
ad lapidem uicensimum p. II̅; | a lapide uicensimo itin]ere recto ad lapidem
5 u[icensimum et primum p. I̅; a lapide uicensimo ‖ et primo itinere recto] ad lapi-
dem uicensim[um et secundum, qui est in flexu inter | Asbolodina et Sardes³],
p. II̅CCCC; a lapide uicen[simo et secundo sinistrorsum⁴ itinere | recto ad lapi-
dem uicensi]mum et tertium p. II̅; a l[apide uicensimo et tertio itinere recto | ad
lapidem quartum et uicensi]mum p. II̅; a lapid[e quarto et uicensimo itinere
recto | ad lapidem uicensimum et quin]tum p. [II̅......

B. ....ἐπὶ λίθον¹ δωδέκατον, ὅς ἐστιν ἐν καμπῇ μετ]αξὺ κώμης Κε.......
... | ...ση ἀπὸ Καλλάτιδος [..... · | ἀπὸ λίθου τρισχαιδεκάτου ἐπ' εὐθεῖαν ὀρθὴν
ἐπὶ [λίθον | τεσσαρακαιδέκατον ποδ. ,β · ἀπὸ λίθου τεσσαρακαιδέκατου ἐπ' εὐθεῖ]αν
5 ὀρθὴν ἐπὶ λίθον [π]εντ[εκαι‖δέκατον ποδ. ,β · ἀπὸ λίθου πεντεκαιδεκάτου ἐπὶ
λίθον ἑκκαιδέκατον, ὅς ἐ]στιν ἐν καμπῇ μεταξὺ Οὐαλ[.....|.......... · ἀπὸ λίθου
ἑκ]καιδεκάτου ἐξ ἀριστερῶν¹ ἐπ' εὐθ[εῖ]αν ὀρθὴν ἐπὶ λίθον ἑπτακαιδέκατον ποδ.

‚β · ἀπὸ λίθου ἑπτακαιδεκάτου ἐπ' ε]ὐθεῖαν ὀρθὴν ἐπὶ λίθον ὀκτωκαιδέκα||[τον
ποδ. ‚β(?) · ἀπὸ λίθου ὀκτωκαιδεκάτου ἐπ' εὐθεῖαν ὀρθὴν ἐπὶ λίθον ἐννεα]καιδέκα-
τον, ὅς ἐστιν ἐν καμπῇ μετ[α]ξὺ........ · ἀπὸ λίθου ἐννεακαιδεκάτου ἐκ δεξιῶ]ν ²
10 ἐπ' εὐθεῖαν ὀρθὴν ἐπὶ λίθον εἰκοστὸν || [ποδ. ‚β · ἀπὸ λίθου εἰκοστοῦ ἐπ' εὐθεῖαν
ὀρθὴν ἐπὶ λίθον εἰκοστόπρωτο]ν ποδ. ‚α · ἀπὸ λίθου εἰκοστοπρώτου | [ἐπ' εὐθεῖαν
ὀρθὴν ἐπὶ λίθον εἰκοστὸν δεύτερον, ὅς ἐστιν ἐν καμπῇ μετα]ξὺ Ἀσβολοδεινῶν καὶ
Σάρδεων ³, π|[οδ. ‚βυ · ἀπὸ λίθου εἰκοστοῦ δευτέρου ἐξ ἀριστερῶν ⁴ ἐπ' εὐθεῖαν
ὀρθὴν ἐπὶ λ]ίθον εἰκοστὸν τρίτον ποδ. ‚β · ἀπὸ λί|[θου εἰκοστοῦ τρίτου ἐπ' εὐθεῖαν
ὀρθὴν ἐπὶ λίθον εἰκοστὸν τέταρτον ποδ.] ‚β · ἀπὸ λίθου εἰκοστοῦ τετάρτου |
[ἐπ' εὐθεῖαν ὀρθὴν ἐπὶ λίθον εἰκοστον πέμπτον ποδ. ‚β.....

Fragmenta tituli bilinguis, quo minutissime describuntur fines sive inter territoria
Callatidis et alterius civitatis (cf. *C. I. L.*, III, 5787), sive inter agrum publicum et
agros privatos.

1. Lapides, λίθοι = termini. — 2. Ab hoc lapide fines dextrorsum directi erant. —
3. Sunt nomina vicorum vel pagorum Callatianorum civitati attributorum. — 4. Ab hoc
lapide fines sinistrorsum flexi erant.

---

658. Odessi. — *C. I. Gr.*, 2056 c.

5 Ἀγαθῇ τύχῃ. | Ἡρόσοδον Φαρνά|γου ἄρξαντα τῆς πό|λεως καὶ ἄρξαντα || τοῦ
κοινοῦ τῆς | Πενταπόλεως ¹ καὶ | τειμηθέντα ὑπὸ | τοῦ κοινοῦ τῆς Πεν|τα-
πόλεως.....

1. De hac Pentapoli illiusque communi cf. J. Toutain, *Notes sur les Pontarques de la
Mésie Inférieure*, in *Mémoires de la Société des Antiquaires de France*, t. LXII.

---

659. Odessi. — *C. I. Gr.*, 2056 g.

Ὑπὲρ τῆς Αὐτοκράτορος | Τιβερίου Καίσαρος, Θεοῦ | Σεβαστοῦ υἱοῦ, θεοῦ
5 Σεβα|στοῦ τύχης, κτ[ί]στου τοῦ || καινοῦ περιβόλου ¹, [Ἀ]πολλώ|νιος Ἀπολλω-
ν[ί]ου τοῦ Προ|μαθίωνος [τὴν] σχοινίαν | τὴν μεταξὺ τῶν δύο πύρ|γων ² οἰκοδο-
10 μήσας καὶ στε||γάσας ἐκ τῶν ἰδίων θεοῖς | πᾶσι καὶ τῷ [δήμῳ?]

1. « Περίβολος est murus oppidum cingens » (*C. I. Gr.*, loc. cit.). — 2. Quid sit σχοινία
latet; est forsitan περιβόλου pars quaedam inter duas turres, quam partem aedificandam
et muniendam curavit Apollonius.

660. Odessi. — *Arch. epig. Mittheil.*, XVII (1894), p. 203, n. 82.

5 Πεῖαν Ἀπολλοδώ|ρου τὴν ἀρχιέρει|αν, γυναῖκα δὲ | [τοῦ πο]ντάρχου ¹ ‖ [Διο-
ν]υσίου Ἀγα‖[θ..... ἡ β]ουλή.......

1. In lapide ΙΤΑΡΧΟΥ, supplet editor [πολ]ιτάρχου. Haud minus probabilis videtur lectio
[πο]ντάρχου.

---

661. Odessi. — *C. I. L.*, III, 14458¹.

[D. M.] et memoriae Antistiae Firmi|ne coiugi rarissime quae uixit | mecum
ann. XXIII, Malius Secundus | bf. cos. maritus fecit me poni. ‖

5 Εἴ τις ἐν τούτῳ τῷ ἡρῴῳ ὅπου κεῖτε | ἡ προγεγραμμένη θελήσι ἄλλον ἕτερον
θεῖναι, δώσι τῷ ταμίῳ δηνάρια ͵βφ' | καὶ τῇ Ὀδεσσειτῶν πόλι δηνάρια ͵βφ'.

---

662. Dionysopoli. — Latyschew, *Journal (russe) du ministère de l'Instruction publique*,
1896, p. 1 et sq.; Dittenberger, *Sylloge* ¹, p. 547, n. 342.

.... αι πλι .... | .... τὸν δ[ὲ] ἔλαβε ..... | ..... ος Θεοδώρου καὶ ει..... |
5 ....αν τοῖς ἰδίοις δαπανήμασ[ι....... ‖ μετ]ὰ τῶν συναποδ[ή]μων αἰτήσ[ας
ἀσφάλειαν | ἐπορεύθη εἰς] Ἀργέδα[υ]ον ¹ πρὸς τὸν πατέρα [τοῦ βασιλέως |
Βυρεβίστα ² · παραγε]νόμενος δὲ καὶ συντυχὼν α[ὑτῶι | τὴν μὲν εὔνοια]ν τὴν
ἀπ' αὐτοῦ κατεκτήσατο τῇ [πόλει, | τῆς δὲ δαπάνης ἀπέλ]υσεν τὸν δῆμον.
10 Ἱερεύς τε γενόμ[ενος ‖ θεοῦ Διὸς μεγ]άλου τάς τε πομπὰς καὶ τὰς θυσί[α]ς
ἐπε|τέλεσεν εὐσεβ]ῶς καὶ τοῖς πολίταις μετέδωκε[ν τῶν | χρεῶν ³ · τῷ τε
Σαρ]άπει λαχὼν ἱερεὺς ὁμοίως τοῖς δ[α]π[ανή|μασιν ἀνεστράφ]η καλῶς τε καὶ
φιλαγάθως · τοῦ τε ἐπων[ύμου | τῆς πόλεως Διον]ύσου ⁴ οὐκ ἔχοντος [ἱε]ρῆ ἀφ'
15 ἐτῶν πλ[η]ό[νων, ‖ ἐπικληθεὶς ὑπ]ὸ τῶν πολιτῶν ἐπέδωκεν ἑαυτὸν [καὶ κα|τὰ
τὴν Γαΐου Ἀ]ντωνίου ⁵ παραχειμασίαν ἀ[ν]αλ[αβὼν | τὸν στέφανο]ν τοῦ θεοῦ
τάς τε πομπ[ὰ]ς καὶ θυσίας [ἐπε|τέλεσε καλῶ]ς καὶ μεγαλομερῶς καὶ τοῖς
20 πολίταις [μετέ|δωκε τῶν χρε]ῶ(ν) ἀφθόνως · θεῶν τε [τῶ]ν ἐν Σαμοθρά[κη ‖ τὸν
στέφαν]ον ἀνειληφὼς διὰ βίου τάς τε πομπὰς χ[αὶ | τὰς θυσίας] ἐπιτελεῖ ὑπέρ
τε τῶν μυστῶν καὶ τῆς [πό|λεως · νεωστ]ί τε τοῦ βασιλέως Βυρεβίστα πρώτου
καὶ [με|γίστου γεγ]ονότος τῶν ἐπὶ Θράκης βασιλέων καὶ πᾶσ[αν | τήν τε πέρα]ν
25 τοῦ ποταμοῦ καὶ τὴν ἐπὶ τάδε κατεισχη‖[κότος παραγε]νόμενος καὶ πρὸς τοῦτον

ἐν τῇ πρώτῃ καὶ μ[ε]γίστῃ βασιλ(ε)]ίᾳ τὰ βέλτιστα κατεργάζεται τῇ πατρίδι
λέ[[γων ἀεὶ καὶ] συνβουλεύων τὰ κράτιστα καὶ τὴν εὔνοιαν τοῦ [βα|σιλέω]ς πρὸς
τὴν τ[ῆ]ς πόλεως σωτη[ρί]αν προσπαραμ[υ|θού]μενος, ἔν τε τοῖς λοιποῖς ἅπασιν
30 ἀφειδῶς ἑαυτὸ[ν ‖ ἐπιδ]ιδοὺς εἰς τὰς τῆς πόλεως πρεσβήας, καὶ κινδύνους
ἐπ[ι|δ]εχόμενος [ἀό]κνως πρὸς τὸ πάντως τι κατεργάζεσ[θαι | τ]ῇ πατρίδι συμ-
φέρον. Πρός τε Γναῖον Πομπήιον Γναίο[υ] υἱ[ὸ]ν [7], αὐτοκρά[τ]ορα Ῥωμαῖον,
ἀποσταλεὶς ὑπὸ βασιλέως Βυραβέ[[σ]τα πρεσβ[ευτ]ὴς, καὶ συντυχὼν αὐτῷ τῆς
35 Μακεδονίας ἐν το[ῖς ‖ π]ερ[ὶ Ἡρά]κλιαν τὴν ἐπὶ [τ]οῦ Λύκου [8], οὐ μόνον τοὺς
ὑπὲρ τοῦ βα[σι|λ]έως χρηματισμοὺς διέθετο τὴν εὔνοιαν τὴν Ῥωμαίων πα[ρ]|α-
γόμενος τῷ βασιλεῖ, ἀ[λ]λὰ καὶ περὶ τῆς πατρίδος τοὺς καλλίστου[ς | δ]ιέθετο
χρηματισμούς, καθόλου δὲ κατὰ πᾶσαν περίστασιν κ[αι|ρ]ῶν ψυχῇ καὶ σ[ώ]ματι
40 παραβαλλόμενος καὶ δαπάναις χρώμ[ε]‖νος ταῖς ἐκ τοῦ βίου [9] τινὰ δὲ καὶ
τῶν πο[λι]τικῶν [χ]ορ[ηγί]ων σωματ[ο|π]οιῶν παρ' ἑαυτοῦ, τὴν μεγίστην
ἐνδείκνυτ[αι] σπουδὴν εἰς τὴν [ὑ]|πὲρ τῆς πατρίδος σωτηρίαν · ἵνα οὖν καὶ ὁ
δῆμος φαίνηται τιμῶ[ν] | τοὺς [καλ]οὺ[ς καὶ ἀγ[α]θοὺς ἄνδρας καὶ ἑαυτὸν
εὐεργετοῦντας, δε[δό]χθαι τῇ] βουλῇ καὶ τ[ῷ] δήμῳ, ἐπηνῆσθαι μὲν ἐπὶ τούτοις
45 Ἀχ[ορ]νίων[α] [10] ‖ Δι[ονυσ]ίου καὶ στεφ[α]νωθῆναι [α]ὐτὸν [ἐ]ν τοῖς Διονυσίοις
χρ[υσῷ | σ]τ[ε]φά[ν]ῳ καὶ εἰκόνι χαλκῇ, στεφανοῦσ[θα]ι δὲ αὐτὸν καὶ εἰς τὸν
[λοι|πὸ]ν χρ[όν]ον καθ' ἕκαστον ἔτος ἐν τοῖς Διονυσίοις χρυσῷ στε[φά|νῳ],
δε[δό]σθαι δὲ αὐτῷ καὶ εἰς ἀνάστασιν ἀνδρι[ά]ντος τό|πον τὸν ἐπιφανέστ[α]τον
τῆ[ς] ἀγορᾶς.

Est decretum senatus populique Dionysopolitanorum, in honorem civis cujusdam cui
nomen erat Acornion Dionysii f., ut patet ex vers. 44-45.

1. Eadem urbs haec esse videtur atque Ἀργίδαυα, quam Ptolemaeus commemorat
inter praecipuas Dacorum urbes (III, 8, 4). — 2. Burebista, rex Dacorum vel Getarum
temporibus Divi Caesaris et Augusti; de quo cf. Strabonem, VII, 3, § 5 et 11. — 3. I. e.
sacris peractis, victimarum membra civibus distribuenda curavit. — 4. Intellige : urbs
Dionysopolis. — 5. Hic agitur de C. Antonio, qui consulatum egit una cum M. Tullio
Cicerone et dein proconsul fuit Macedoniae, ubi bellum gessit contra barbaros illi
provinciae ınnximos. (Liv., Epit., CIII ; Julius Obsequens, 123 ; Dio Cassius, XXXVIII,
10, 2.) — 6. Strabo (loc. cit.) refert regem Burebistam ultra flumen Istrum transisse
et ita praedavisse, ut Caesar et Octavianus bellum adversus Getas parare coacti sint.
— 7. Cn. Pompeius Magnus, qui anno 49 a. C. n. imperator a militibus appellatus
est post res prospere contra Caesarem apud Dyrrachium gestas. — 8. Intellige Heracleam in Lyncestide, ad viam Egnatiam. — 9. I. e. ex re familiari sua. — 10. Cf. titulum
Tomitanum editum in Arch. epigr. Mittheil., VI (1882), p. 19, n. 39, v. 14.

663. Dionysopoli. — *Arch. epigr. Mittheil.*, X (1886), p. 184.

['Αγαθῆι] τύχηι. | [Ουἰτρ]άσιον Πολλίωνα [1] | [πρεσβε]υτὴν καὶ [ἀν]τιστρά-
5 τη||[γον] Σεβαστοῦ Καίσαρ[ος, ‖ εὐε]ργέτην βουλὴ δῆμο[ς | Διον]υσοπολιτῶν.

1. T. Pomponius Proculus Vitrasius Pollio, consul iterum anno p. C. n. 176, de quo
cf. *Prosop. imp. rom.*, III, p. 78, n. 558.

664. Dionysopoli, in loco nunc dicto Junuscilar, a Balcik septentrionem versus —
Arch. epigr. Mittheil., XVII (1894), p. 210, n. 102.

... τὸν] ἀσύνκριτον ἀρχιερέα καὶ ἱε[ρέα θεῶν] | δώδεκα καὶ γυμνασιάρχην
και[νῶν ἀγώ]|νων φιλότειμον καὶ ἄρξαντα τῆς πα[τρίδος] | ἀγνῶς καὶ πρεσβεύ-
5 σαντα παρὰ Θε[ὸν] ‖ Ἀντωνεῖνον [1] εἰς τὴν βασιλίδα Ῥώμ[η]ν | καὶ ἐν ἐπιδόσει
χρημάτων ἄρξαντα τὴν π[ρώ]|την ἀρχὴν καὶ εὐεργέτην τῆς πόλεως, [δόν]|τα
καὶ διανομὰς τῇ κρατίστῃ βουλῇ [2] [ἐπὶ] | ἀναστάσει τοῦ ἀνδριάντος, Μ. Αὐ[ρή-
10 λιον] ‖ Δημήτριον Διογένους βουλὴ [τῶν Διονυ]|σοπολειτῶν τειμῆς [χάριν].

1. Sive T. Aelius Antoninus Pius, sive M. Aurelius Antoninus (Caracalla). — 2. Decu-
rionibus sportulas vel divisiones dedit.

665. Marcianopoli. — *C. I. L.*, III, 761.

D. M. | C. Val. Alexander ui|uus sibi fecit sepulcrum | et hic situs est. ‖
5 Γ. Οὐαλέριος Ἀλέξανδρος ζῶν | τὸ μνιμεῖον ἑαυτῷ κατεσκεύασεν.

INSTRUMENTUM MOESIAE

666. Mensa mensuraria reperta in pago nunc dicto Kosovo, haud longe Nicopoli ad Istrum inter occidentem et septentrionem. — *C. I. L.*, III, 12415.

In parte superiore lapidis :

foramen   *foramen*

Ἡμεῖνα   Ξέστης ἐληρ(ός)

foramen   *foramen*

Ἡμεῖνα   Ξέστης οἴν(ου)

foramen   *foramen*

Σημόδι(ο)ν   Μόδ(ιος)

In latere.

[..... gymnas]iarcha em|pori Piretensium | de suo posuit.

De hac mensa cf. von Domaszewski, *Das Σήκωμα von Kosovo in Bulgarien* in *Arch. epigr. Mittheil.*, XV (1892), p. 145 et sqq.

---

667. Tomis, in tessera fictili. — *Arch. epigr. Mittheil.*, VI (1882), p. 36, n. 77.

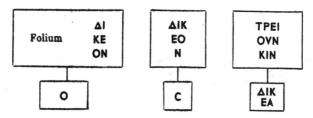

Videtur esse una ex iis formis quibus ad fabricanda pondera utebantur. Lege : δίκαιον τριούνκιον.

---

668. Tomis, in pondere plumbeo. — *Arch. epigr. Mittheil.*, XIV (1891), p. 3, n. 5.

Ab una parte :

Διο|ῦν|κιν

Ab altera :

Ἰτα|λι|κόν.

THRACIA

THRACIA

---

669. Pautaliae, in miliario. — Dobrusky, *Matériaux d'archéologie bulgare*, IV (1899), p. 103-104.

['Αγαθῆι τύχηι. | Ὑπὲρ τῆς τοῦ ὁσιοτάτου | αὐτοκράτορος Καίσαρος | Μ. Αὐρη-
5 λίου Σεουήρου ‖ Ἀλεξάνδρου] τύχης τε | καὶ νείκης καὶ αἰω|νίου διαμονῆς,
10 ἡγε|μονεύοντος τῆς | Θρᾳκῶν ἐπαρχε‖ίας Ῥουτιλλ(ίου) | Κρισπείνου [1], πρεσβ(ευ-
τοῦ) | Σεβ(αστοῦ) καὶ ἀντιστρα|τήγου, ἡ Παυτα|λεωτῶν πόλις τὸ ‖ μειλι(ο)ν
15 ἀνέστησεν. Εὐτυχῶς.

1. Rutilius Crispinus qui fuit praepositus vexillationibus Palmyrae morantibus tempore quo Alexander in Oriente degebat memoratur etiam in titulo invento prope Hadriano-polim et infra relato (n. 772). De eo viro cf. *Prosop. imp. rom.*, III, p. 147, n. 166.

---

670. Pautaliae. — Dobrusky, *Matériaux d'archéologie bulgare*, IV (1899), p. 102, fig. 52.

['Αγαθῆι τύχηι. | Ὑπὲρ τῆς τοῦ ὁσιοτάτου αὐτοκράτορος | Καίσαρος Μ. Αὐρη-
5 λίου Ἀντωνίνου [1]] | τύχης τε καὶ νείκης καὶ ‖ αἰωνίου διαμονῆς, ἡγε|μονεύοντος
τῆς Θρᾳκῶν | αἰπαρχείας Λ. Πρωσίου | Ῥουφίνου [2] πρε(σ)β(ευτοῦ) Σεββα|στῶν [3]
10 ἀντιστρατήγου, ‖ τὸ μειλι(ο)ν ἡ Παυταλεω|τῶν πόλις. | Εὐτυχῶς.

1. Elagabalus, cujus nomine sine dubio erasa erant ut infra (n. 687). — 2. De hoc legato Thraciae cf. *Prosop. imp. rom.*, III, p. 139, n. 111/112 et Dobrusky, *loc. cit.*, p. 103. Idem L. Prosius Rufinus nominatur *C. I. L.*, III, 12338, 12339. — 3. Macrinus et Elaga-balus; item in titulo latino (*C. I. L.*, III, 12339) legitur: *leg.* AVGG·PR·PR.

---

671. Pautaliae. — Dumont-Homolle, p. 321 H[1] :

... τὴν] | θεοφιλεστ[άτην Αὐγο]|ύστην? Ἐρεν[νίαν Ἐτρο]|υσκίλλα[ν] [1]... ἡ
λα‖[μ]προτάτη Παυταλεωτῶν | πόλις.....

1. Herennia Etruscilla, uxor imperatoris Decii Trajani Aug.

672. In vico nunc dicto Volujak, haud procul Serdica inter septentrionem et occidentem. — *Arch. epigr. Mittheil.*, XIV (1891), p. 155-156, n. 40; — Dumont-Homolle, p. 563, Q².

Ἀγαθῆι τύχηι. | Ὑπὲρ ἰγίας καὶ σω|τηρείας καὶ νίκης | τοῦ κυρίου ἡμῶν
5 Μ. Ἀν(τωνίου) ‖ Γορδιανοῦ Εὐτυχοῦς | Εὐσεβ(οῦς) Σεβ(αστοῦ) καὶ τῆς ἐ[χ]|φι-
10 λεστάτης Αὐγούστης | Φαβουρίας Σαβινίας | Τραγκυλλίνης ¹, ἡγεμο‖νεύοντος τῆς
Θρᾳ|κῶν ἐπαρχ[είας] | Πομπωνίου [Ἀν]τεσ|[τι]α[ν]οῦ ² [πρεσ]|β(ευτοῦ) Σεβ(αστοῦ)
15 ἀ[ντ]ισ[τρατήγου] ‖ ... ἡ ³ [Π]αυταλεω|τῶν πόλις τὸ μίλιον. | Εὐτυχῶς.

1. Sic, pro Φουρίας. Furia Sabinia Tranquillina. — 2. Traditur //ΤΕΣΠΑ///ΟΥ. Cognomen legati valde incertum; legatus ipse adhuc ignotus. — 3. Traditur ΓΗΗ.

---

673. Pautaliae. — Dobrusky, *Matériaux d'archéologie bulgare*, IV (1899), p. 111, n. 18.

5 Ἀγαθῇ τύχηι. | Τὸν κράτιστον | ἐπίτροπον | τῶν Σεβ(αστῶν) Αὐρ. ‖ Ἀπολλώ-
10 νιον ¹ | Αὐρ. Ἡρώδης ὁ Πο|σιδωνίου δοῦλ(ος) | τὸν ἑαυτοῦ πά|τρωνα. ‖ Εὐτυχῶς.

1. Idem fortasse atque Aurelius Apollonius procurator Aug., Apolloniae in Pisidia honoratus (infra t. III, n. 317), de quo cf. etiam *Prosop. imp. rom.*, I, p. 196, n. 1209.

---

674. Ad vicum nunc dictum Djumar-Bala, triginta circiter millibus passuum a Pautalia inter meridiem et orientem. — *Athen. Mittheil.*, XVI (1891), p. 267 et sq. — *C. I. L.*, III, 12336.

Bona Fortuna. | Fuluio Pio et [P]o[n]tio Proculo cons. XVII kal. Jan. ¹ descriptum [e]t reco[g]nitum factum | [e]x [li]bro [li]bellorum rescript[o]rum a domino n(ostro) Imp. Ca[e]s. M. Antonio Gordiano Pio Felice Aug. | [e]t propo[s]it[o]rum [R]oma[e] in portic[u the]rmarum Tr[a]ianarum in ue[r]ba [q(uae)] i(nfra) s(cripta)
5 s(unt); ‖ dat(um) per Aure(lium) Purrum mil(item) coh(ortis) X pr(aetoriae) [P(iae)] F(elicis) G]ordiana[e o] Proculi con[ui]canu[m] et con[p]ossess[o]rem. |

Αὐτοκράτορι Καίσαρι Μ. Ἀντωνίῳ Γορδιανῷ | Εὐσεβεῖ Εὐτυχεῖ Σεβ(αστῷ)
- [δ]έησις παρὰ κωμητῶν | Σκαπτοπαρήνων τῶν καὶ Γρησειτῶν ². Ἐν τοῖς | εὐτυ-
5 χεστάτοις καὶ αἰωνίοις σου καιροῖς ‖ κατοικεῖσθαι καὶ βελτιοῦσθαι τὰς κώμας |
ἥπερ ἀναστάτους γίγνεσθαι τοὺς ἐνοικοῦν|τας πολλάκις ἀντέγραψας · ἔστιν γε καὶ
ἐπὶ | τῇ τῶν ἀνθρώπων σωτηρίᾳ τὸ τοιοῦτο καὶ | ἐπὶ τοῦ ἱερωτάτου σου ταμείου
10 ὠφελείᾳ. ‖ [Δι'] ὅπερ καὶ αὐτοὶ ἔννομον ἱκεσίαν τῇ θειότητί | σου προσκομίσομεν,
εὐχόμενοι ἱλέως ἐπι|νεῦσαι ἡμεῖν δεομένοις τὸν τρόπον τοῦτον. | Οἰκοῦμεν καὶ

κεχτήμεθα ἐν τῇ προγεγραμμένῃ | κώμῃ οὔσῃ εὐεπεράστῳ διὰ τὸ ἔχειν ὑδάτων ‖
15 θερμῶν χρῆσιν καὶ κεῖσθαι μέσον δύο | στρατοπέδων τῶν ὄντων ἐν τῇ σῇ Θράκῃ,
καὶ | ἐφ' οὗ μὲν τὸ πάλλαι οἱ κατοικοῦντες ἀόχλητοι | καὶ ἀδειάσειστοι ἔμενον,
20 ἀνενδεῶς | τούς τε φόρους καὶ τὰ λοιπὰ ἐπι‖τάγματα συνετέλουν, ἐπεὶ δὲ κατὰ
καιροὺς εἰς | βίαν προχωρεῖν τινες καὶ βιάζεσθαι | ἤρξαντο, τηνικαῦτα ἐλαττοῦσ-
θαι | καὶ ἡ κώμη ἤρξατο. Ἀπό γε μειλίων | δύο τῆς κώμης ἡμῶν πανηγύρεως ‖
25 ἐπιτελουμένης διαβοήτου οἱ ἐκεῖσε | τῆς πανηγύρεως εἵνεκεν ἐπιδημοῦν|τες ἡμέρας
πέντε καὶ δέκα ἐν τῷ | τόπῳ τῆς πανηγύρεως οὐ καταμέ|νουσιν, ἀλλ' ἀπολιμπά-
30 νοντες ἐπέρ‖χονται εἰς τὴν ἡμετέραν κώμην | καὶ ἀναγκάζουσιν ἡμᾶς ξενίας |
αὐτοῖς παρέχειν καὶ ἕτερα πλεῖστα εἰς | ἀνάλημψιν αὐτῶν ἄνευ ἀργυρίου χο|ρη-
35 γεῖν. Πρὸς δὲ τούτοις καὶ στρατιῶται ‖ ἀλλαχοῦ πεμπόμενοι καταλιμπά|νοντες
τὰς ἰδίας ὁδοὺς πρὸς ἡμᾶς πα|ραγείνονται καὶ ὁμοίως κατεπείγουσιν | παρέχειν
40 αὐτοῖς τὰς ξενίας καὶ τὰ ἐπι|τήδια μηδεμίαν τιμὴν καταβαλόντες. ‖ Ἐπιδημοῦσι
δὲ ὡς ἐπὶ τὸ πλεῖστον | διὰ τὴν τῶν ὑδάτων χρῆσιν οἵ τε ἡγού|μενοι τῆς ἐπαρχίας
ἀλλὰ καὶ οἱ ἐπί|τροποί σου. Καὶ τὰς μὲν ἐξουσίας συ|νεχέστατα δεχόμεθα κατὰ
45 τὸ ἀναγκαῖον, ‖ τοὺς δε λοιποὺς ὑποφέρειν μὴ δυνάμε|νοι ἐνετύχομεν πλειστάκις
τοῖς ἡγε|μόσι τῆς Θράκης, οἵτινες ἀκολούθως | ταῖς θείαις ἐντολαῖς ἐκέλευσαν
50 ἀοχλή|τους ἡμᾶς εἶναι, ἐδηλώσαμεν γὰρ μη‖κέτι ἡμᾶς δύνασθαι ὑπομένειν, ἀλ|λὰ
καὶ νοῦν ἔχειν ἐνκαταλιπεῖν καὶ τοὺς | πατρῴους θεμελίους διὰ τὴν τῶν | ἐπερχο-
55 μένων ἡμεῖν βίαν, καὶ γὰρ | ὡς ἀληθῶς ἀπὸ πολλῶν οἰκοδεσπο‖τῶν εἰς ἐλαχίστους
κατεληλύθα|μεν. Καὶ χρόνῳ μέν τινι ἴσχυσεν | τὰ προστάγματα τῶν ἡγουμέ-
60 νων | καὶ οὐδεὶς ἡμεῖν ἐνόχλησεν | οὔτε ξενίας [ὀνό]ματι, ‖ οὔτε παροχῆς ἐπιτη-
δείων, | προϊόντων δὲ | τῶν χρόνων πάλιν | ἐτόλμησαν ἐπιφύεσθαι | ἡμεῖν πλεῖστοι
65 ὅσοι ‖ [τ]ῆς ἰδιωτίας ἡμῶν | καταφρονοῦντες. Ἐπεὶ | οὖν οὐκέτι δυνάμεθα |
70 φέρειν τὰ βάρη καὶ | ὡς ἀληθῶς κινδυνεύομεν ‖ ὅπερ οἱ λοιποὶ [τό]δε καὶ | ἡμεῖς
προλιπεῖν τοὺς | προγονικοὺς θεμελίους, τούτου | χάριν δεόμεθά σου, ἀνίκητε |
75 Σεβαστέ, ὅπως διὰ θείας σου | ἀντιγραφῆς κελεύσῃ[ς] | ἕκαστον τὴν ἰδίαν πορεύεσ-
θαι | ὁδὸν καὶ μὴ ἀπολιμπάνοντας | αὐτοὺς τὰς ἄλλας κώμας ἐφ' ἡμᾶς | ἔρχεσθαι,
80 μηδὲ καταναγκάζειν ‖ ἡμᾶς χορηγεῖν αὐτοῖς προῖκα τὰ | ἐπιτήδια ἀλλὰ μηδὲ
ξενίαν αὐτοῖς | παρέχειν, οἷς μὴ ἔστιν ἀνάγκη, ὅτι | γὰρ οἱ ἡγούμενοι πλεο-
85 νάκις ἐκέ|λευσαν μὴ ἄλλοις παρέχεσθαι ξε‖νίαν εἰ μὴ τοῖς ὑπὸ τῶν ἡγουμέ|νων
καὶ ἐπιτρόπων πεμ|πομένοις εἰς ὑπηρεσίαν · ἐάν γε | βαρώμεθα, φευξόμεθα ἀπὸ
90 τῶν | οἰκείων καὶ μεγίστην ζημίαν τὸ ‖ ταμεῖον περιβληθήσεται, ἵνα | ἐλεη-
θέντες διὰ τὴν θείαν σου | πρόνοιαν καὶ μείναντες ἐν | τοῖς ἰδίοις τούς τε ἱερούς

95 φόρους | καὶ τὰ λοιπὰ τελέσματα παρέχειν ‖ δυνησόμεθα. Συμβήσεται δὲ |
τοῦτο ἡμεῖν ἐν τοῖς εὐτυχεστά|τοις σου καιροῖς ἐὰν κελεύσῃς | τὰ θεῖά σου γράμ-
100 ματα ἐν στή|λῃ ἀναγραφέντα δημοσίᾳ προ|κεῖσθαι, ἵνα τούτου τυχόντες | τῇ τύχῃ
σου χάριν ὁμολογεῖν | δυνησόμεθα, ὡς καὶ νῦν κα[ταρ]|ώμενοί σου ποιοῦμεν |.

105 Διογένης ὁ Τύριος ὁ π[ραγμα]τικὸς ἀπὸ θείας φιλανθρω|πίας ἐπὶ τὴν ἔντευξιν
ταύ|την ἐλήλυθεν · δοκεῖ δέ | μοι θεῶν τις προνοήσασθαι | τῆς παρούσης ἀξιώ-
110 σεως. ‖ Τὸ γὰρ τὸν θειότατον αὐτο|κράτορα περὶ τουτῶν πέμ|ψαι τὴν ἰδίαν γνῶσιν
115 ἐπί | σε ὅτι δεήσῃ φθάσαντα | περὶ τούτου καὶ προγράμ|μασιν καὶ διατάγμασιν |
δεδωκέναι, τοῦτο | ἐμοὶ δοκεῖ | τῆς ἀγαθῆς τύχης | ἔργον εἶναι. ‖

120 [Ἔστι δὲ ἥδε ἡ] ἀξίωσις. | Ἡ κώμη ἡ τοῦ | βοηθουμένου | στρατιώτου | [ἐστὶν]
125 ἐν ‖ τῷ καλλίστῳ | τῆς πολειτίας | τῆς ἡμετέρας τῶν | Παυταλιωτῶν | πόλεως
130 κειμένη, ‖ καλῶς μὲν τῶν | ὀρῶν καὶ τῶν | πεδίων ἔχουσα, | πρὸς δὲ τούτοις | καὶ
135 θερμῶν‖ ὑδάτων λουτρὰ | οὐ μόνον | πρὸς τρυφὴν | ἀλλὰ καὶ ὑγείαν | καὶ θερα-
140 πείαν ‖ σωμάτων ἐπιτηδειότατα, | πλησίον δὲ καὶ πανήγυρις | πολλάκις μὲν ἐν τῷ
145 ἔτει | συναγομένη, περὶ δὲ καλ(ένδας) | ὀκτωμβρίας καὶ εἰς πέντε ‖ καὶ δέκα ἡμερῶν
ἀγομένη. | Συμβέβηκεν τοίνυν τὰ δοκοῦν|τα τῆς κώμης ταύτης πλεον|εκτήματα
150 τῷ χρόνῳ περι|εληλυθέναι αὐτῆς εἰς ἔλλαμ|πτώματα · διὰ γὰρ τὰς | προσειρη-
μένας ταύτας | προφάσεις πολλοὶ πολλά|κις στρατιῶται ἐνεπιδη|μοῦντες ταῖς τε
155 ἐπιξενώ|σεσι καὶ ταῖς βαρήσεσιν | ἐνοχλοῦσι τὴν κώμην · | διὰ ταύτας τὰς αἰτίας
160 πρό|τερον αὐτὴν καὶ πλουσι(ω)|τέραν καὶ πολυάνθρωπον ‖ [μᾶλλον] οὖσαν νῦν εἰς
ἐσχά|την ἀπορίαν ἐληλυθέναι · | ἐπεὶ τούτων ἐδεήθη|σαν πολλάκις καὶ τῶν ἡγου|-
165 μένων, ἀλλὰ καὶ μέχρις τι|νός ἴσχυσεν αὐτῶν τὰ | προστάγματα, μετὰ δὲ | ταῦτα
170 κατωλιγωρήθη | διὰ τὴν συνήθειαν τῆς | τοιαύτης ἐνοχλήσεως · ‖ διὰ τοῦτο
ἀναγκαίως κατ|έφυγον ἐπὶ τὸν θειότατον | [αὐτοκράτορα].

Imp. Caesar M. Antonius Gordianu[s Pius] Felix Au[g. ui]kanis [p]er Pyrrum
mil(item) con[pos]ses|sorem : id genus quaerellae praecibus intentum an[te] ius-
titia pr[aesi]dis | poti[us s]uper his quae adlegabuntur instructa discin[ge qu]am
rescripto principali | certam formam reportare debeas. Rescripsi. Recognoui.
Signa.

1. Dies xvi mensis Decembris anno 238 p. C. n. — 2. Vicus Scaptoparenus qui et
Gresites attributus erat Pautaliae civitati; cf. v. 125-130.

« Totius negotii ordinem Mommsenus enucleavit hunc : Scaptopareni Romanorum ac
potissimum militum superbia et arrogantia multifariam pressi sumptibusque exhausti
precibus adierunt imperatorem per Aurelium Pyrrhum vicanum suum qui in praetorio
militabat (vers 1-104). Sed princeps rescripto per Pyrrhum ad vicanos dato respondit

tales querellas non statim ad se ipsum deferendas esse, sed prius praesidem provinciae adeundum, qui eas accurate examinaret. Hoc responsum ipsius principis signatione ejusque qui ei a libellis erat subscriptione munitum lapidi incidebatur et in porticu thermarum Trajanarum publice proponebatur. Inde die 16 mensis Decembris ann. 238 Pyrrhus apographum faciendum ejusque fidem testibus confirmandam curavit, quod exemplum ad vicanos quorum causam ille egerat relatum cum ipsis precibus huic lapidi incisum est. Quod quoniam non cognoverat de ipsa causa princeps, sed rem ad praesidem rejecerat, hunc jam a Scaptoparenis aditum esse consentaneum est. Atque ad ea quae cum hoc magistratu agebantur manifesto referendi sunt versus 105-171, etsi eorum ratio et argumentum difficultates quasdam habet. »

---

675. Serdicae. — Dobrusky, *Matériaux d'archéologie bulgare,* IV (1899), p. 38. Cumont, *Textes et monuments relatifs à Mithra,* II, p. 229, n. 221; p. 271, n. 123, fig. 115.

Supra, mithriacum sacrificium.

Θεῷ 'Ανεικήτῳ ¹ δῶ[ρον?]. | Γ. Ἰούλ. Μάξιμος ὑπὲρ ἑαυτοῦ καὶ τῶν [τέκνων].

1. Deus invictus Mithra.

---

676. Serdicae. — Dobrusky, *Matériaux d'archéologie bulgare,* V (1901), p. 80, fig. 54.

5   'Αγαθῆι τύχηι. | Τῷ κυρίῳ.καὶ | προστάτῃ 'Ασκληπιῷ Κουλ‖κουσσηνῶι Αὐρ. Τάρσας | Βάσσου β'. | Εὐτυχῶς, | 'Αμαζόνι ¹. |

1. Amazonius, signum viri.

---

677. Prope vicum nunc dictum Sorlyik, haud longe Sofia. — Domaszewski, *Arch. epigr. Mittheil.,* X (1886), p. 239-240, n. 4; — Dumont-Homolle, p. 317 Q¹.

Ἥρᾳ Σονκητηνῇ Τι. Κλαύδι[ος] | Κυρείνᾳ Θεόπομπος Θεοπόμ[που] | στρατη-
5 γὸς ¹ 'Αστικῆς περὶ Π[έ]|ρινθον, Σηλητικῆς ὀρεινῆς, Δενθ[ε‖λ]ητικῆς πε[δια]-
σί[α]ς ², χαριστήριον.

1. Aetate romana Thracia divisa est in strategias (Marquardt, *Organis. de l'empire romain,* II, p. 201); cf. Plin., *Hist. Nat.,* IV, 40: Ptolem., III, 11, § 8 sq. — 2. Astike ad Perinthum, Seletike, Dentheletike, regiones vel strategiae in **Thracia**; Seletike et Denthelike partes occidentales provinciae obtinebant, ad Serdicam.

678. Inter Serdicam et Danuvium, in vico nunc dicto Golemo-Malovo. — Domaszewsky, *Arch. epigr. Mittheil.*, X (1886), p. 239, n. 3; XIV (1891), p. 160, n. 53; Dumont-Homolle, p. 313 L.

Ἀγαθῆι τύ[χηι]. Αὐρ. Μεστρια[νὸς] | στρατ(ιώτης) λε[γ](ιῶνος) β΄ Ιτ[α]-
5 (λιχῆς) | χυρίῳ Σαβαζίῳ ἐ[χ] | προνοίας εὐχαρισ[τή]⫿ριον ἔστησε[ν].

---

679. Serdicae. — Dobrusky, *Matériaux d'archéologie bulgare*, V (1901), p. 82.

5 Ἀγαθῆ τύχηι. | Ἐπηχόῳ θεῷ | Σεβαζίῳ Μητρι|χῷ [1] Αὐρ. Ἀστιχὸς ‖ Φειλίου
βοηθὸς | χορνιχουλαρί[ων] [2] εὐξάμενος ἀνέστησ(εν) | εὐτυχῶς.

1. Cognomen Sabazii adhuc inauditum, ei inditum utpote filio Matris Deorum. —
2. Latine : adjutor corniculariorum (*C. I. L.*, III, 2052), vel officii corniculariorum (*Ibid.*, 1471, 3543).

---

680. In vico nunc dicto Negovan, haud procul Serdica. — Skorpil, *Arch. epigr. Mittheil.*, XVII (1894), p. 220, n. 124.

Ἀνέθηχα χατ᾽ εὐχὴν τῆς | θεοῦ τὸ ἄγαλμα ἀρε|τῆς ἵνεχα, ὑπάτῳ | Σαβείνῳ τὸ
5 β΄ χαὶ Οὐενού⫿στῳ [1].

1. Anno 240 p. C. n.

---

681. Nunc Sofiae, loco incerto repertus. — Dobrusky, *Arch. epigr. Mittheil.*, XVIII (1895), p. 112, n. 19; *Matériaux d'archéologie bulgare*, I (1894), p. 32.

Θεοῖς ἐπηχόοις Διὶ χ(αὶ) Ἥρᾳ | Ἀλααιβριηνοῖς [1] διὰ ἱερέος | Αὐξάνοντος
5 Ἑρμογένους | τὸ χοινὸν τῶ[ν] Διοσχόρων [2]. ‖ Εὐτυχῶς.

1. Cognomen divinum adhuc ignotum. — 2. Idem forsitan atque τὸ χοινὸν τῶν Διοσ-
χουριαστῶν, collegium cultorum Castoris et Pollucis.

---

682. In vico nunc dicto Dolistovo, haud longe Serdica. — Dobrusky, *Arch. epigr. Mittheil.*, XVIII (1895), p. 108, n. 8.

5 Οἴχῳ | θείῳ [1] χὲ τοῖς | Ὀλυμπίοις | θεοῖς οἱ ἱερ[ε]ῖς ‖ Διογένης Ἀλύπου, |
Οὐλ(πιος)_ Φιλοσεβά[στη]ς, | Κλαύ(διος) Ἄτταλος, | Φλα(ούιος) Ἀπολινάριος, |

10 Τάρσας Μεστιχένθου, ‖ Δύνας Ἑπταχόρου Π(όπλιος) Ἐλουίδιος ², | Ἀλέξανδρος
15 Ἀλεξάνδρου, | Δεῖος Δινέος, | Ἰουλιανὸς Καμορ....., | Ραισχήπορος, ‖ Ἀπολ-
λῶνις ο[ἰχ]ουρός?, | Ὀρφεὺς μαχελλάρις ³, | Ἑπτέξενις ἐπίσχοπος ⁴, | Μεστίχενθος
χάπηλος ⁵ | ἐπεὶ συναρχίας ⁶......

1. Domus divina Augusti vel Augustorum. — 2. Π. Ἐλουίδιος additum videtur post Δύνας
Ἑπταχόρου quum Dynas civitatem romanam adeptus est. — 3. Macellarius. — 4. Inspec-
tor; quid autem inspexerit, non liquet. — 5. Caupo. — 6. De synarchia cf. supra n. 568.

---

683. Serdicae. — Dobrusky, *Arch. epigr. Mittheil.*, XVIII (1895), p. 110, n. 14.

[Αὐτοχράτορα Καίσ]αρα Θεοῦ Ἀδρια[νοῦ υἱὸν Θεοῦ Τραιανοῦ | Παρθιχοῦ
υἱω]νὸν Θεοῦ Νερούα ἔγγ[ονον Τίτον Αἴλιον | Ἀδριανὸν Ἀντ]ωνεῖνον Εὐσεβῆ
Σεβ[αστὸν ἀρχιερέα | μέγιστον, δημαρχ]ιχῆς ἐξουσίας τὸ [ζ'] ¹, ὕ[πατον τὸ γ',
5 πατέρα πατρί[]δος, ἡ] βουλῆ χαὶ ὁ δῆμος [Σερδῶν, ἡγεμο]νεύοντος τῆς Θρ]αχῶν
ἐπαρχείας Μ. Α..... | [πρεσβ(ευτοῦ) Σεβ(αστοῦ) ἀντ]ιστρατηγοῦ ἐπὶ συν[αρχίας....

1. Σ lapis. Correxit Dobrusky. Anno p. C. n. 144.

---

684. Inter Philippopolim et Serdicam. — Frankfurter, *Arch. epigr. Mittheil.*, XIV (1891),
p. 151, n. 30. Dumont-Homolle, p. 562, G⁸.

.... Κομ]μόδου ¹ πρε[σβευτοῦ] ἀν[τιστρατήγου] διὰ ἐπιμελητοῦ...

1. Forsitan C. Julius Commodus, leg. Aug. pro praet. prov. Thraciae Pio imperante,
de quo cf. *Prosop. imp. rom.*, II, p. 187, n. 185, et infra n. 709.

---

685. Inter Philippopolim et Serdicam, in miliario. — Frankfurter, *Arch. epigr. Mittheil.*,
XIV (1891), p. 155, n. 39. — Dumont-Homolle, p. 563 Q².

[Ἀγαθῆι] τύχηι. | [Α]ὐτοχράτορα Καίσα|[ρα] Μ. Αὐρήλιον Ἀντο|νῖνον
5 Σεβαστὸν ἡ [λαμ]‖προτάτη Σ[ε]ρδῶν πό|λ]ις ἡγεμονεύο[ντος] | τῆς Θραχῶν
10 ἐπα[ρχεί]|ας Κ. Σιχινίου Κλά[ρου ¹] | πρεσβ(ευτοῦ) Σεβ(αστοῦ) ἀντιστ[ρατή[γ]ου
ἀπὸ......

1. De Q. Sicinio Claro, leg. Aug. pr. praet. Thraciae sub Severo et Caracalla, cf. *Prosop.
imp. rom.*, III, p. 241, n. 494.

686. In vico nunc dicto Pirot. — Dumont-Homolle, p. 315 M.

Ὑπὲρ τῆς τοῦ ὁσιωτάτου | αὐτοκράτορος [Καίσαρος] | Μ. Αὐρ. ᾿Αντωνίνου |
5 τύχης τε καὶ νίκης καὶ ‖ αἰωνίου διαμονῆς, ἡγε|μονεύοντος τῆς Θρᾳ|κῶν αἰπαρ-
χίας Α..|πωσίου ῾Ρουφίνου ¹ ἡ [Σερ|δῶν πόλις].

1. Corrigendum Α. Πρωσίου Ρουφίνου; cf. titulum sequentem.

687. Inter Philippopolim et Serdicam, in miliario. — Frankfurter, *Arch. epigr. Mittheil.*,
XIV (1891), p. 156, n. 41. — Dumont-Homolle, p. 563 Q⁵.

᾿Αγαθῆι τύχηι. Ὑπ[ὲ]‖ρ τῆς τοῦ ὁσιοτάτου | αὐτοκράτορος [Καίσ(αρος)
5 Μ. | Αὐρ. ᾿Αντωνίνου τύχης τε ¹] ‖ καὶ νείκης καὶ αἰωνίο[υ] | διαμον[ῆ]ς,
ἡγεμονεύον|τος τῆς Θρᾳκῶν ἐπαρ|χείας ᾿Α. Πρωσίου Ρου[φί]|νου ² πρεσβ(ευτοῦ)
10 Σε[β(αστοῦ) ἀ]ντιστ‖ρατηγοῦ τὸ μείλιο[ν] ἀ|νέστησε[ν] ἡ Σερδῶν π|όλις.

1. Nomina Elagabali erasa sunt. — 2. De A. vel potius L. Prosio Rufino cf. supra,
n. 670, item titulum n. 686.

688. Serdicae. — Domaszewski, *Arch. epigr. Mittheil.*, X (1886), p. 241, n. 5; Dumont-
Homolle, p. 312 A.

[᾿Αγαθῇ τύχῃ. | Ὑπὲρ τῆς τοῦ αὐτοκρά]το[ρ]ο[ς | Μ. Αὐρ. Σεουήρου
5 ᾿Αλεξάνδρου | Σ]εβ(αστοῦ) [τύ]χης τ[ε] καὶ νείκης καὶ αἰ‖ωνίου [δ]ι[α]μονῆς
ἡγεμονεύον|[τος] τῆς λαμπροτ[ά]της Θρᾳκῶν | [ἐπαρχείας Ρου]τιλίου Πούδεν|[τος
Κρισπείνου ¹ π]ρεσβ(ευτοῦ) Σεβ(αστοῦ) ἀντι|[στ]ρατήγο[υ ἡ Σ]ερδῶν πόλις
10 ἀ[νέ‖στ]η[σε τ]ὸ μ[ε]ίλιον.

1. Restituit Frankfurter (*Register zu den Arch. epigr. Mittheil.*, p. 145) collato titulis
supra n. 669 et infra n. 719.

689. In vico nunc dicto Pirot. — Domaszewski, *Arch. epigr. Mittheil.*, X (1886), p. 238;
Dumont-Homolle, p. 316 N.

5 Κορνηλίαν | Παῦλαν Αὐ|γοῦσταν ¹ ἡ Σ[ερ]|δῶν πόλι[ς] ‖ ἐπὶ [Μ.] Αὐρ. |
῾Ηρώδου | καὶ Πρόκλου.

1. Uxor imperatoris Bassiani, Elagabali dicti.

690. Serdicae. — Dobrusky, *Matériaux d'archéologie bulgare*, IV (1899), p. 110.

. . . . ανω [ὑπὲρ τῆς | . . . . Σε]ουήρου [. . . . . | . . . .] Σεβ(αστοῦ) ὑγείας |
5 καὶ σύνπαντος] οἴκου καὶ ἱε[ρᾶς ‖ . . . . . . βουλ]ῆς τε καὶ δή|μου | . . . . .ων ἀργι[ε-
ρεῦς | τῆς Σερδῶν πό]λεως. . . . . | . . . .σινκυ. . . | . . . . .ιτω. . . . .

691. Serdicae. — Dumont-Homolle, p. 315 K.

['Αγ]α[θῆι] τύχηι. | [Κυ]ρ[ίο]ις αὐτο[κράτ]|ο[ρσι Γ.] Ἰουλίῳ [Οὐήρῳ |
5 Μαξ]ι[μ]είνῳ [καὶ Γ. ‖ Ι]ου[λ]ίῳ [Ο]ὐή[ρῳ Μαξί|μῳ Κα]ί[σ]αρι [τὸ μεί|λι]ο[ν],
10 ἡγ[εμονεύο|ντος] το[ῦ λ]αμπρο[τάτου | . . .]πονίου [. . . . . . ‖ . . '] ἡ λαμπρο[τάτη |
Σ]ερδ[ῶ]ν [πόλις].

1. Potest esse, ut volunt editores, Pomponius Julianus, de quo cf. *Prosop. imp. rom.*,
III, p. 77, n. 543. Sed quum ipsi fateantur titulum male descriptum esse, potius legenda
sunt nomina [Σι]μονίου [Ἰουλιανοῦ], qui fuit legatus pro praet. prov. Thraciae Maximino
et Maximo principibus; de quo vide titulum insequentem.

692. In vico Dragoman. — Skorpil, *Arch. epigr. Mittheil.*, XV (1892), p. 92, n. 3.

. . . Μα]ξίμῳ Καίσ[αρι ἡγεμονεύ]|οντος τῆς Θρᾳ[κῶν ἐ]|παρχίας τοῦ λα[νπρο]|-
5 τάτου Σιμωνίο[υ Ἰουλι]‖ανοῦ ' ἡ λανπρο[τάτη] | Σερδίων πόλις τ[ὸ μείλι]|ον
[ἀ]νεστησεν. | Εὐτυχ[ῶς].

1. De D. Simonio Juliano cf. *Prosop. imp. rom.*, III, p. 248, n. 529. Eum sub Maximino
Arabiae praefuisse nos docent miliaria duo nuper reperta inter Bostram et Philadelphiam
(*Bull. arch. du Comité, Comptes rendus des séances*, Novemb., p. IX).

693. In vico nunc dicto German. — Frankfurter, *Arch. epigr. Mittheil.*, XIV (1891),
p. 157. — Dumont-Homolle, p. 564 Qⁱ. Divisio versuum non indicatur.

. . . . . . ἡγεμονεύοντος τοῦ λαμπροτάτου Ἰουλιανοῦ πρεσβευτοῦ [Σεβ(αστοῦ)
ἀντιστρατήγου] ἡ Σερδῶν πόλις ἀνέστησεν τὸ μείλιον.

694. Inter Philippopolim et Serdicam. — Frankfurter, *Arch. epigr. Mittheil.*, XIV (1891),
p. 157, n. 42, XV (1892), p. 92, n. 4. — Dumont-Homolle, p. 564 Qⁱ.

['Αγαθῇ τύχῃ. | Ὑπὲρ ὑγιείας καὶ σω]|τηρίας [κ]αὶ νε[ίκης καὶ] | ἰωνίου

5 [δ]ια[μ]ονῆ|k τοῦ [με]γί[στ]ου καὶ θ|ειοτάτο[υ] αὐ[τοκρ]άτ|ορος Καίσ[αρος] |
10 [Μ]άρχ[ου Ἀ[ντωνίου] | Γορδια[νοῦ, ἡγεμον]|ϊεύοντος τῆ[ς Θρᾳκ]|ῶν ἐπα[ρχ]εία[ς...

---

695. In vico nunc dicto Dragoman. — Skorpil, *Arch. epigr. Mittheil.*, XV (1892), p. 91, n. 2.

Ἀγαθῇ τύχῃ. | Ὑπ[ὲρ ὑγ]ιείας καὶ σ[ωτ]η|ρείας καὶ ἐ[ων]ίου [δ]|ιαμονῆς τοῦ
5 μεγ⫴ϲτου καὶ θειοτά|του αὐτοκράτορος | Μ. Ἰο[υ]λίου Φιλίππου | Σεϐ(αστοῦ) καὶ
10 Μαρκ[ε]ίας | Ὠτακιλίας Σευήρας ‖ Σ[ε]ϐ(αστῆς), ἡγεμονεύ[ο]ντος | Θρᾳκῶν ἐπ[α]ρ-
χεί[ας.|......] πρεσ[ϐευτοῦ...

---

696. Inter Philippopolim et Serdicam. — Frankfurter, *Arch. epigr. Mittheil.*, XIV (1891), p. 151, n. 27. — Dumont-Homolle, p. 561 G⁵.

Ἀγ[αθῇ τύχῃ.] | Αὐτοκράτο[ρα Καίσαρα] | Γαλλ(ι)ηνὸν Ἐ[ὐσεϐῆ Εὐτυχῆ
5 Σεϐαστὸν, Οὐαλερια]|νοῦ Σεϐασ[τοῦ......... υἱὸν], ‖ Ἰουλιαν[ὸς?.........] ἀντὶ
τοῦ ἐρ.....

---

697. Serdicae. — Dobrusky, *Matériaux d'archéologie bulgare*, IV (1899), p. 109.

Τὴν θεοφιλεστάτην Αὐγ(οῦσταν) Κορ(νηλίαν) Σα|λωνεῖναν ¹ Σεϐ(αστὴν) Φλ. |
5 Αἰθάλης καὶ Κα|λανδίων καὶ Διογένης ἀνέ[στησαν ‖ ......

1. Uxor imperatoris Gallieni.

---

698. Serdicae. — Dobrusky, *Arch. epigr. Mittheil.*, XVIII (1895), p. 111, n. 16.

Ἀγαθῇι [τύχῃι]. | Βάσσος Μοχα[πόρευς ἱε]|ρεὺς καὶ πρῶτος [ἄρχων καὶ εἰ]|ρη-
5 νάρχης καὶ σι[τάρχης γενό‖μενος τῆς ἰδίας [πόλεως, τὸ] | ἡρωεῖον καὶ τὸ[ν
βωμὸν] | ζῶν ἑαυτῷ κατε[σκεύασεν]. | Βελλιχίῳ Τορχ[ουάτῳ Τηϐα|νι]ανῷ τὸ
β' ¹ κ[αὶ.....

1. Novimus C. Bellicium Torquatum Tebanianum consulem anno 124 p. C. n. cum M'
Acilio Glabrione, C. Bellicium Torquatum consulem anno 143, C. Bellicium Torquatum
consulem anno 148; sed nullus eorum dicitur consulatum bis egisse (de Ruggiero, *Dizion.
epigr.*, II, p. 960). Restituit Frankfurter (*Register zu den Arch. epigr. Mittheil.*, p. 169),
κ[αὶ Ἀκιλίῳ Γλαϐρίωνι] dubitans. Res est valde incerta.

699. Serdicae. — Kubitschek, *Arch. epigr. Mittheil.*, XVII (1894), p. 50, n. 3.

5　..... Μαρ]χια|νὴ ἑαυτ[ῇ] καὶ | τῷ ἀνδρὶ Α[ὐρ. Δ]ιογέ|νει ἐκ τῶν ἰδίων. ‖ Εἰ δέ
τις ἄλλος | τεθείη, δώσει. [τῇ] | πόλει μὲν... | κα[ὶ τῷ ταμ]εί[ῳ] δηνάρια μ(ύρια)?|
Χαῖρε, παροδεῖτα.

700. Bessaparae. — Dumont-Homolle, p. 325, n. 13.

D. M. | Iu[lii] Iu[li]ani mil(itis) [c]oh(ortis) [III] pr(aetoriae) | Ant(oninianae)
5　P(iae) V(indicis), c(enturiae) Felicis, Aur(elius) Muc[i|anu]s fratri ‖ pientissimo.

Αὐρ. Μουχιανὸς πρετωριανὸς κώ[ρ]της | τρίτης πρετωρίου, κεντ[ο]υρείας |
Φήλικος, ἔστησα στήλην [᾽Ιουλίου] ᾽Ιουλια[νοῦ] ἀδελ|φοῦ, τῆς αὐτῆς κεντουρείας
10　πρετωριανοῦ · ‖ ἔζησεν ἔτη τριάκςντα, [ἐστρα]τεύσατο [δ]υ[ώδεκα?]

701. Bessaparae. — Dumont-Homolle, p. 327, n. 15.

Imago viri coronam et gladium tenentis :

Βίκτωρ Σκευᾶς ἐνθάδε κεῖμαι, | πατρὶς δέ μου Θεσσαλονίκη · |
ἔκτινέ με δαίμων, οὐχ ὁ ἐπίορκος | Πίννας.
5　Μηκέτι καυχάσθω · ‖ ἔσχον ἐγὼ σύνοπλο[ν] | Πολυνείκην,
ὃς κτείνας Πίνναν | ἐξεδίκησεν ἐμέ ·
κα[ὶ] Θάλλος | προέστη τοῦ μνημείου ἐξ ὧν κατέ[λι]πεν.

Loquitur gladiator quidam.

702. In vico nunc dicto Hadžili, haud longe Philippopoli occidentem versus. —
Dobrusky, *Arch. epigr. Mittheil.*, XVIII (1895), p. 112, n. 21 ; *Matériaux d'archéologie bulgare*, II (1895), p. 12, n. 11.

Sex fragmenta tituli mutili quorum haec tantum referre satis erit.

Ὑπὲρ τῶν αὐτοκρατ[όρων ..|..]ων Λουχ. Σεπτιμ[ίου Σεουήρου | Εὐσεβ]οῦς
5　Σεβ(αστοῦ)[... ¹ | π]ατ[ρὸς] πατρίδος [καὶ Μ. Αὐρηλίου ‖ ᾽Αντω]νείνου
Αὐγ[ούστου πατρὸς | πατρί]δος ᾽Αραβικ[ῶν ᾽Αδιαθηνιχῶν δεσποτῶν] | τῆς
οἰκου[μένης] ...|..... ².

1. Traditur СЕВТОПΑ. — 2. Traditur v. 8 : .... ОΝΥСС.

703. In vico nunc dicto Voden, haud longe Philippopoli meridiem versus. — Dobrusky, *Matériaux d'archéologie bulgare*, IV (1899), p. 119, n. 27.

᾽Αδριάνος Δημ[η]‖τριανὸς καὶ ᾽Α[σκλη]‖πιάδης τὸν βω[μὸν] | καὶ τὸ ἄγαλμα
5 [ἐκ] ‖ τῶν ἰδίων ¹ ἀνέ[στη]σαν Διὶ Καπιτωλίῳ. [Εὐ]|τυχῶς.

---

704. In vico nunc dicto Aklami, non longe Philippopoli. — Dumont-Homolle, p. 232, n. 28; Dobrusky, *Matériaux d'archéologie bulgare*, V (1901), p. 89, n. 102. — Imaginem photographicam nobiscum communicavit Dobrusky.

Deo Μηδυζει ¹ mensam | C. Minutius Laetus uet(e)ran(us) | leg. VII C. P. F. ²
5 pro se et suis | u. s. l. m. ‖ Imp. Vespasiano VII cos. ³ | ᾽Αντιοχέος τῆς πρὸς
Δάφνην ⁴ | τόδε δῶρον.

1. De hoc deo cf. Roscher, *Lexik. der griech. und röm. Mythologie*, s. v. *Medyzis.* — 2. Legio septima Claudia Pia Fidelis. — 3. Anno p. C. n. 76. — 4. I. e. oriundus Antiochia ad Daphnen.

---

705. In vico nunc dicto Papazli. — Skorpil, *Arch. epigr. Mittheil.*, XVII (1894), p. 221, n. 126. — Dumont-Homolle, p. 343, n. 59.

[Ὑπ]ὲρ τῆς τῶν Σε[6]α[σ|τ]ῶν διαμονῆς κ[αὶ | τ]οῦ σύνπαντος αὐτ[ῶ]‖ν οἴκου
5 καὶ ἱερᾶς συ[ν]‖κλ[ή]του καὶ δήμου Ρ|ωμαίων Ἕλληνες | Βειθυνοὶ ¹ Χρῆστος
10 Δ|έ[κμ]ου καὶ Μίκκαλο|ς Παπίου καὶ ᾽Αντ[ίφ]‖ιλος [Χ]ρυσίππου | ἐπιμελητεύ-
15 σα|ντες τῆς κατασκ|ευῆς τῶν ναῶν | τὸν βωμὸν καὶ τὸ ‖ ἄγαλμα Μητρὶ θε|ῶν
ἐκ τῶν ἰδίων ἀφι[έρωσαν].

1. Sunt homines Graeci, Bithynia oriundi, qui vitam in Thracia degebant.

---

706. In vico nunc dicto Voden. — Dobrusky, *Matériaux d'archéologie bulgare*, IV (1899), p. 145.

῎Αγαθῆι [τύχηι]. | Νύμφαις καὶ ᾽Αφροδείτῃ Τ. Φλ. [Κ]υρείνᾳ ¹ Βειθύκενθος
Ἐσβένε|ιος καὶ Κλ. Μοντᾶνα ἡ γυνὴ αὐτοῦ τὴν πηγὴν ποιήσαντες ἀφιέρωσαν.

1. BYPEINA traditur.

707. Philippopoli. — Dobrusky, *Matériaux d'archéologie en Bulgarie*, IV, p. 76.

Ἀγαθῇ τύχῃ. | Λ. Αὐρ. Ῥοῦφος Ῥούφου τοῦ | Θρακάρχου [1] τὸν Πύθιον [2] τῇ μητροπόλει. | Εὐτυχῶς.

1. Nomen adhuc inauditum; sed commune vel κοῖνον Thraciae memoratur in rescripto quodam Pii imperatoris (*Digest.*, XLIX, 1, 1), item in nonnullis nummis (Mionnet, I, p. 417, n. 349 et sq.; Suppl., II, p. 467, n. 1570 et sq. — 2. Est imago Apollinis Pythii; cf. Dobrusky, *loc. cit.*

---

708. Philippopoli. — Dumont-Homolle, p. 348, n. 61a6. Imaginem photographicam nobiscum communicavit Dobrusky.

.... νὸν Καίσαρα Σε|βαστὸν, Γερμανι|κὸν Δακικὸν [1], | Τι. Κλαύδιος
5 Πολέ‖μαρχος ἀρχιερεύς.

1. Trajanus, ut videtur.

---

709. In vico nunc dicto Stanimaka, haud procul a Philippopoli. — Dobrusky, *Arch. epigr. Mittheil.*, XVIII (1895), p. 114, n. 26.

Ἀγαθῆι τύχηι. | Ἐπὶ αὐτοκράτορος Τ. Αἰλίου Ἀδρι|ανοῦ Ἀντωνείνου Καί-
5 σαρος Σεβ(αστοῦ) | Εὐσεβοῦς, ἡγεμονεύοντος τῆς ‖ Θρακῶν ἐπαρχείας Γ. Ἰουλίου | Κομόδου [1] πρεσβ(ευτοῦ) Σεβ(αστοῦ) ἀντιστρα|τήγου, ὅροι Κορτοκοπίων φύλης | Ῥοδοπήιδος τεθέντες [2] ὑπὸ Φλ. | Σκέλητος κριτοῦ καὶ ὁροθέτου [3].

1. De C. Julio Commodo, leg. Aug. pro praet. prov. Thraciae, cf. *Prosop. imp. rom.*, II, p. 187, n. 185. — 2. Hic agitur de terminis positis inter Cortocopios tribui Rhodopensi attributos et alterum populum ejusdem regionis. — 3. Fl. Skeles, tanquam arbiter inter Cortocopios et vicinum populum, terminos ponendos curavit.

---

710. Philippopoli. — Dumont-Homolle, p. 340, n. 57. — Kubitschek, *Arch. epigr. Mittheil.*, XVII (1894), p. 52.

Ἀγαθῇ τύχη. | Ὑπὲρ τῆς τῶν αὐτοκρατόρω[ν νίκης] καὶ αἰωνίου διαμονῆς
Μ. Αὐ|ρ[η]λίου Ἀντ[ω]νεί[νου] καὶ Λ. Αὐρηλίου Οὐήρου Ἀρ[μ]ενιακῶν [1]
5 Φιλίσκος | κα[ὶ Γ]άιος οἱ Μάρκ[ου...] [2] ἀνέθηκ[αν Ἀρτ]εμεισιάδι με[τὰ ἱε‖ρ[ω]-

σύνην, ἐκδικοῦντος Ἀλφείου [Π]οσειδωνίου ², ἐπιμελ[η]|τεύοντος Φλαουίου Εὐδαί|-μονος τοῦ καὶ Φλαουιανοῦ.

1. Inter annos p. C. n. 163 et 166. — 2. Dumont-Homolle ita restituunt : τῇ φυλῇ τὰ ἱερά. — 3. Alfius Posidonius ἔκδικος erat. De quo cf. Am. Hauvette apud Saglio, *Dict. des Antiq.*, s. v. et Liebenam, *Städteverw.*, p. 303.

---

711. Philippopoli. — Bormann, *Arch. epigr. Mittheil.*, XIX (1896), p. 234, n. 5.

Ἀγαθῇ τύχῃ. | Ὑπὲρ τῆς τῶν αὐτοκρ[ατό]ρ[ων α]ἰ[ω[νίου διαμονῆς Μ. Αὐ[ρηλίου...

---

712. Philippopoli. — Dumont-Homolle, p. 338, n. 52 ; — *C. I. L.*, III, 7409. — Imaginem photographicam nobiscum communicavit Dobrusky.

Imp. Caesar M. Aurelius Antoninus [Aug. Germanicus], | imp. V, cos. III ¹ p(ater) p(atriae) murum ciuitati Philippopoli [dedit. C. Pantuleius Gra]ptiacus ² leg. Aug. pr. pr. faciundum cura[uit. Ἡ μητρόπολις] | τῆς Θράκης Φιλιππόπολις 5 ἐκδοθέντων] ‖ αὐτῇ χρημάτων ὑπὸ τοῦ θειο[τάτου Μ. Αὐ]|ρηλίου Ἀντωνείνου Σεβ(αστοῦ) Γερμανικοῦ [..... ἡγου]|μένου τοῦ ἔθνους Παντουλείου Γρα[πτιακοῦ] ².

1. Ann. p. C. n. 172. — De C. Pantuleio Graptiaco, leg. Aug. pr. pr. prov. Thraciae, cf. *Prosop. imp. rom.*, III, p. 9, n. 71.

---

713. Philippopoli. — Dobrusky, *Matériaux d'archéologie bulgare*, IV (1899), p. 105.

Αὐτοκράτορα [Καίσαρα | Μ. Αὐρ. Κ]όμ[μοδον ¹] | Σεβ(αστὸν), τὸ(ν) τῆς 5 οἰκουμ[ένης δε]|σπότην, ἡγεμονε[ύοντος] ‖ τῆς Θρακῶν ἐπαρχείας [Καικιλί]|ου Σερου[ε]ι<λι>λιανοῦ ², πρεσβ(ευτοῦ) [Σεβ(αστοῦ) ἀντι]|στρατήγου, ἐπὶ συναρ-χ[ίας Ἀλεξάνδ]|ρου Βείθυος, α´ ἄ[ρχοντος] ³.

1. Nomina erasa, ut videtur. — 2. De Caecilio Serviliano, leg. Aug. pro pr. prov. Thraciae, cf. *Prosop. imp. rom.*, I, p. 253, n. 62. — 3. I. e. πρώτου ἄρχοντος.

---

714. Philippopoli. — Dobrusky, *Matériaux d'archéologie bulgare*, V (1901), p. 72, n. 80.

Ἀγα[θῆι τύχηι]. | Ὑπὲρ τῆς τοῦ αὐτ[οκράτορος Καίσαρος Λ. Σεπτιμίου] |

Σεουήρου Περτίν[αχος καὶ Αὐτοκράτορος Καίσαρος Μ. Αὐρ. Ἀντω]|νίνου Σεβ[αστῶν τύχης καὶ νείχης...

---

715. Philippopoli. — Dumont-Homolle, p. 341, n. 57 *f*.

Ἀγαθῇ [τύχῃ.] | Ὑπὲρ τῶν κυρίων αὐτοκρ[ατόρων Λ. Σεπτιμίου | Σεουήρου] Περτίν[αχος]...

---

716. Philippopoli. — Dobrusky, *Matériaux d'archéologie bulgare*, IV (1899), p. 94.

Ἀγαθῇ τύχῃ. | Ὑπὲρ τῶν κυρίων αὐτοκρατόρων Λ. Σεπτιμίου | Σεουήρου Περτίναχος.......

---

717. Philippopoli. — Dobrusky, *Matériaux d'archéologie bulgare*, V (1901), p. 70, n. 77.

Ἀγαθῆι τύχηι. Ὑπὲρ ὑγείας καὶ νείχης Μ. Αὐρ. Ἀντωνείνου, κατὰ κέλευσιν τοῦ λαμπροτάτου ὑπατιχοῦ Κ. Ἀτρίου Κλονίου [1], τέχνης βυ[ρ]σ[έων [2]...

1. De Q. Atrio Clonio cf. *Prosop. imp. rom.*, I, p. 177, n. 1103. — 2. Est corpus coriariorum. Restituendum forsitan : τέχνης βυρσέων [δῶρον..... .

---

718. Philippopoli. — Dobrusky, *Matériaux d'archéologie bulgare*, IV (1899), p. 104.

[Ὑπὲρ αὐτοκρά]τορος Μ. Αὐρηλίου Ἀντωνείνου καὶ............ | [Ἰουλίας Δόμ]νης [1] Σεβ(αστῆς) καὶ τοῦ σύνπαντος οἴκου [αὐτῶν καὶ ἱερᾶς συνκλήτου καὶ δήμου Ῥωμα]|ίων καὶ βουλῆς καὶ δήμου Φιλοπποπολ[ειτῶν, ἡγεμονεύοντος τῆς
5 ἐπαρχείας ....]|ου Πούδεντος [2], ἐκδικοῦν[τος.........] τῆς .... ‖ λεινου... ρμο.....|....ιμνα.....

1. Juliae Domnae nomina vacuo spatio complendo non sufficiunt. — 2. Ρουτειλί]ου restituit Dobrusky. At Rutilius Pudens Alexandro principe provinciam rexit. Cf. titulum sequentem.

---

719. Philippopoli. — Dobrusky, *Matériaux d'archéologie bulgare*, IV (1899), p. 101.

Ἀγαθῆι τύχηι. | Αὐτοκράτορι Μ. [Αὐρ. Σεουήρω | Ἀλεξάνδρω] [1] Εὐτυχεῖ

5 Εὐσεβεῖ | Σεβ(αστῷ) ἡ λαμπροτάτη τῆς Θραχῶν ‖ ἐπαρχείας μητρόπολις Φιλιππό|πολις νεωχόρος, ἡγεμονεύο|ντος Ρουτειλ(ίου) Πούδεντος Κρισπ[είνου] ²...

1. Nomina erasa. — 2. De Rutilio Pudente Crispino, cf. supra n. 669 et 688.

---

720. Philippopoli. — Dobrusky, *Matériaux d'archéologie bulgare,* fasc. IV (1899), p. 100.

[... ἡ λαμπροτάτη τῆς] Θραχῶν [ἐπαρχείας μητρόπολις] Φιλιππόπο[λις, | ἡγεμο]νεύοντος Ρο[υτειλίου] | Πο[ύδεντος] Κρισπείνου ¹.

1. De hoc legato cf. supra n. 669, 688, 719.

---

721. In vico nunc dicto Hissar, non longe Philippopoli. — Dobrusky, *Matériaux d'archéologie bulgare,* V (1901), p. 90, n. 103. Cf. Dumont-Homolle, p. 331, n. 26.

['Αγαθ]ῆ τύχηι. | [Εἰς αἰ]ῶνα τὸν κύριον | [Σευῆρ(ον) 'Α]λέξανδρον | [χ]ω-
5 μαρχία Ζηρινο[υ‖λη]νὴ χαὶ χω[μ]αρχία ¹ Ζη‖[ρ]οϐαστηνὴ εὐχαρι|στοῦμεν διὰ
10 χω[μη]:τῶν | Βρεντοπάρων χαὶ | Μωσυνηνῶν, εὐχαρι‖στοῦμεν Αὐρηλί[ῳ] | Καρ-
δένθῃ Βειθυνιχο[ῦ] | γενομένῳ φυλάρχῳ ² | φυλῆς Ἑϐρηΐδος | ἄρξαντι ἐν ἡμεῖν
15 ἀγν‖ῶς χαὶ ἐπιειχῶς χατὰ τοὺς | νόμους χαὶ ἀπὸ |.....

1. In lapide ΚΩΚΑΡΧΙΑ, errore lapicidae. Κωμαρχία videtur esse quasi conventus nonnullorum vicorum, cui inditum erat nomen vici maximi. — 2. Vici in Thracia distributi erant per tribus, quarum unicuique praepositus erat φύλαρχος.

---

722. Geren, prope Philippopolim. — Dobrusky, *Matériaux d'archéologie bulgare,* IV (1899), p. 105; Dumont-Homolle, p. 345, n. 60.

'Αγαθῆι τύχηι. | Αὐτοχράτορα Καίσαρα | Δέχιον Καίλιον Καλϐεῖνον | Βαλ-
5 ϐε(ῖ)νον ¹ Εὐτυχῆ Εὐσεϐῆ ‖ Σεϐαστὸν, Μέγιστον Μέγισ[τον] ², | ἡ λαμπροτάτη
μητρόπο|λις Φιλιππόπολις τὸν τῆς | οἰχουμένης δε[σ]π[ό]την, ὑπατε(ύ)|οντος τῆς
10 Θραχῶν ἐπαρχείας Λ. ‖ Οὐεττίου Ἰουϐένως ³, ἐχ τῶν ὑπε|τείων ⁴ χρημάτων.
Εὐτυχῶς.

1. Anno p. C. n. 238. — 2. Ita Dobrusky. Μέγιστον ἱερέα, Dumont sequens duo apographa quae fecit Scordelis. — 3. Ita Dobrusky. Cognomen Scordelis descripsit ita : IOYBENC. De hoc legato Aug. cf. *Prosop. imp. rom.,* III, p. 413, n. 332, et p. 454, n. 516 et quae diximus supra ad n. 593, p. 200. — 4. Y..ΣΕ.ΗΟ..Ν Scordelis.

723. Philippopoli. — Millingen, Ἐφημ. ἀρχεολ., 1873/74, p. 168 et 169; **Scorpil**, *Arch. epigr. Mittheil.*, X (1886), p. 206; inde Dumont-Homolle, p. 346, n. 61ᵃ¹.

[Ἀγαθ]ῇ τύχ[η]. | Αὐτοκ[ρ]άτορι Καίσα[ρι] Μ. [Ἀντω]|νίῳ Γορδιανῷ Εὐτυχ[εῖ
5 Εὐσεβεῖ] | Σεβαστῷ καὶ τὴν θεοφιλ[εστάτην Αὐ]|γοῦ[στ]αν ¹ γυναῖκα αὐτοῦ Φου-
[ρίαν] | Σαβινιανὴν Τρανκυλλεῖναν, ἡ[γεμο].νεύοντος τῆς Θρᾳκῶν ἐπαρχ[ε]ία[ς] |
Πον[τ(ίου)] Μα[γ]ιανοῦ ² πρεσβ(ευτοῦ) Σεβ(αστοῦ) ἀντι[στρα]|τήγου ἡ λανπ[ρ]ο-
10 τάτη Θρᾳκῶν μη[τρό]|πολις [Φιλι]ππόπολις. | Εὐτυχῶς.

1. αὐ ΓΟΥΠΑΝ, Millingen. — 2. ΠΟΝΙΜΑΤΙΑΝΟΥ Millingen, ΠΟΝΙΜΑΠΑΝΟΥ Scorpil. Correxit ΠΟΝΠΜΑΓΙΑΝΟΥ Dessau, ex conjectura in *Prosop. imp. rom.*, III, p. 73,
n. 513. Res in incerto manet.

---

724. In vico nunc dicto Hissardjik, haud procul Philippopoli. — Dumont-Homolle,
p. 323, n. 3.

Ἀ[γ]αθῆι τύχηι. | [Αὐτοκράτορι] Καίσαρι Μ. Ἀντονίῳ | Γορδιανῷ Εὐσεβεῖ
Εὐτυχεῖ] Σεβαστῷ ἡγεμονεύοντος | [τῆς Θρᾳκῶν ἐπ]αρχείας Κ. Ἀτίου Κέλε-
5 ρ[ος ¹ ‖ πρεσβ(ευτοῦ) Σεβαστοῦ καὶ ἀ]ντιστρατήγου ἡ λαμπροτάτη | [τῆς Θρᾳκῶν
ἐπαρ]χείας μητρόπολις Φιλιπ|[πόπολις ἀνέσ]τησεν τὸ μείλιον. — | Γ.

1. Dumont-Homolle legunt Κατίου Κέλερος; idem legatus dicitur Catius Celer in *Prosop.
imp. rom.*, I, p. 321, n. 470, haud recte. Patet enim ex titulis infra edendis n. 725 et 757,
hunc virum fuisse Q. Atium vel Attium Celerem, non Catium Celerem.

---

725. In vico nunc dicto Karataïr, prope Philippopolim. — Dobrusky, *Matériaux d'archéologie bulgare*, V (1901), p. 74.

Ἀγαθῆι τύχηι. | Αὐτοκράτορι Καίσαρι Μ. Ἀντωνίῳ | Γορδιανῷ Εὐτυχεῖ
5 Σεβαστῷ, ἡγεμονεύ|οντος τῆς Θρᾳκῶν ἐπαρχείας Ἀτίου Κέ|λερος ¹ πρεσβευτοῦ
ἀντιστρατήγου ἡ λαμ|προτάτη τῆς Θρᾳκῶν ἐπαρχείας μητρόπολις | Φιλιππόπολις
ἀνέστησεν τὸ μείλιον. — | Ιϛ΄.

1. De (Q.) Atio Celere cf. titulum praecedentem.

---

726. Philippopoli. — Dobrusky, *Matériaux d'archéologie bulgare*, V (1901), p. 72, n. 79.

[Ὑπὲρ τῆς τῶν μεγίστων αὐτοκρατόρων........] νείχης καὶ αἰωνίου [διαμονῆς

καὶ τ]οῦ σύνπαντος αὐτῶν οἴκου | .... [ναὸν Ἀφρο]δείτης (?) ἐκ τῶν
ἰδίων κατεσκεύ[ασεν ἐπὶ............] τίου[1] τοῦ λαμπροτάτου ὑπάτου.

1. Nomen T. Aelii Neratii vel Oneratii, legati Aug. pr. pr. prov. Thraciae sub Severo,
dubitans restituit Dobrusky; de quo cf. *Prosop. imp. rom.*, I, p. 20, n. 162.

---

727. Philippopoli. — Dumont-Homolle, p. 340, n. 57[b]; Kubitschek, *Arch. epigr. Mittheil.*, XVII (1894), p. 51.

[Ἀγαθῇ] τύχῃ | ....ήου τοῦ ὑπατικοῦ τὸν | [υἱὸν Πολλίω]να[1] φυλὴ
Κενδρισεῖς.

1. Dumont-Homolle : τῶν [ἑαυτῆς εὐεργέτην καὶ πάτρω]να.

---

728. In vico Hissar, haud longe Philippopoli. — Dobrusky, *Matériaux d'archéologie bulgare*, III (1896), p. 35-36.

5 Ἀγαθῆι τύχηι. | Κωμαρχίας[1] Εἰ|τριζηνῆς | κωμῆται Ἐπρι⌠ζηνοὶ[2] καὶ
10 κω|μῆται Γειζαγ|ρηνοὶ καὶ κω|μῆται Βυδεχυ|ρηνοὶ εὐχαρι⌠στοῦσιν Αἰμιλίῳ Βείθυι
15 φυλαρ|χήσαντι κατὰ | τοὺς νόμους | ἀγνῶς καὶ ἀ⌠[μέμπτως?]

1. Cf. supra n. 721, not. 1. — 2. Ita Dobrusky. Forsitan corrigendum sive Ἐπριζηνῆς,
sive Εἰτριζηνοί.

---

729. Philippopoli. — Dumont-Homolle, p. 340, n. 55.

Ἀγαθῇ τύχῃ. | Τιβ. Κλαύδιον Πασίνουν Μουχιανοῦ | ἡ ἱερὰ γερουσία τὸν
5 ἑαυτῆς ἔκδικον. | Εὐτυχεῖτε. ‖ Ταμιεύοντος Γλα(ύ)χου? Θάλλου.

---

730. Philippopoli. — Dumont-Homolle, p. 336, n. 44.

[Ἀγαθῆι τύχηι. Ἐγδι]κο[ῦντος] Ἀλφίου [Π]ο[σειδωνίου] | Ἄκτιος Μαξίμου
τοὺς κλυντῆρας κατεσκ[εύασεν σὺν τοῖς ὑποθέ]|μασιν ἐκ τῶν ἰδίων φυλῇ Ἀρτεμι-
σιάδι ἀντὶ [τῆς πολιτείας, ἐπι]|μελητεύοντος Φλαβίου Εὐδαίμονος [τοῦ καὶ
Φλαβιανοῦ].

Cf. supra titulum n. 710.

731. Philippopoli. — Dumont-Homolle, p. 335-336, n. 42.

.....αρχην Κλ..... | [τῇ]ς λαμπροτά[της μητρο|πόλ]εως Φιλιπ[ποπόλε|ως,
5 ἀδ]ελφὸν Γ..... ‖ [... τ]οῦ συγκλη[τικοῦ]... Versus duo evanidi... | τὸ χυνηγῶν |
10 [χο]ιν[ὸν ¹ ἢ] λα[μπ‖ροτάτη] φυλὴ ἡ .... | [ἐ]τίμησεν. | [Ἐπιμελου]μένου
Ἀσχλ[ηπιάδου τοῦ] Μενέφρον[ος].

1. Corpus venatorum.

---

732. Philippopoli. — Dumont-Homolle, p. 334-335, n. 37.

[Ἐπι]μελητεύοντος Μαξίμου Σουσίωνος, γραμματ‖[εύ]οντος Αὔλου Λυχίου
Φροντίνου, τὸ χοινὸν τῶν ἐ[πὶ | Θραίχης Ἑλλή]νων ¹ κατεσχεύασεν. | Συναγό-
5 μεν[οι ‖ δέ εἰσιν οἴδε · Ἡ]ραχλιανὸς, Φλαβιανὸς, Εὐτυχῆ[ς | ..... Ἀπελ]λιχῶν,
Ἀπολλόδωρο[ς, | ...... Φιλά]ρετος, Φιλίσχος, Πωλίων, Πρόχλος.

1. Corpus Graecorum in Thracia degentium.

---

733. Philippopoli. — *C. I. L.*, III, 7410.

[Dis] Manibus. | [Ti. Claudio] Palatina M[artiali, | qui uixit ann.....] mensi-
5 bus VII, dieb[us..... | Ti. Claudius Pri]migenianus fratri ‖ [et Siluia Primigenia]
mater filio pientissimo.

[Θεοῖς χ]αταχθονίοις. | [Τιβερίῳ Κλαυδίῳ] Παλατίνᾳ Μαρτιάλι ζή|[σαντι
ἔτη....., μῆνας ζ΄, ἡμ]έρας..., Τιβέριος Κλαύ|[διος Πριμιγενιανὸς] χαὶ Σιλουία
5 Πριμιγενί[α]. ‖ Χαῖρε, παροδεῖτα.

---

734. Philippopoli. — Seure, *Bull. de corr. hellén.*, XXV (1901), p. 311, n. 4; Dobrusky,
Matériaux d'archéologie bulgare, V (1901), p. 72, n. 81.

Μ. Οὔλπιος Φίλιππος τοῦ Ἑρμογένους ¹ στρατευσάμε|νος βφ ² τὴν σορὸν
κατεσχεύασεν.

1. Φιλίππου Ἑρμογένους, Seure. — 2. βφ = bf = beneficiarius.

785. Philippopoli. — Dumont-Homolle, p. 341, n. 57ᶜ.

Ἐρέννιος Ἡραχλιανὸς γερου|σιαστὴς Φιλιπποπολείτης ¹ ἐκ | τῶν ἰδίων ἑαυτῷ
5 καὶ τῇ συμβί|ῳ ἑαυτοῦ Κλεοπάτρᾳ Ἀθηνοδώ∥ρου κατεσκεύασε τὴν σο|ρὸν σὺν τῷ
γρά[δ]ῳ ἀνεξοδία|στον. Ὃς ἂν δὲ πωλήσι, δώσι τῷ φί|σκῳ δηνάρια....

1. Decurio Philippopolitanus.

---

786. Philippopoli. — Dumont-Homolle, p. 341, n. 57 ᵈ.

..... | .... [ἐ]α[υτῇ]ι καὶ | τ[ῷ] ἀν[δρὶ Γ]αί[ῳ] | ἐ[ποίησ]εν [ἐ]κ τ[ῶν] ἰδ[ίων]. ∥
5 Εἰ δέ τι]ς τ]ολμ[ήσει | τ]εθ[ῆναι ἕτερον] | πτ[ῶ]μα..... [δώσει τῷ τα]μείῳ
δηνάρια μ΄. | Χαῖρ[ε, π]αρωδεῖτα.

---

787. In vico nunc dicto Karaorman, procul Philippopoli orientem versus. — Dobrusky,
Matériaux d'archéologie bulgare, IV (1899), p. 63.

Διὶ Μεγίστῳ Δολιχηνῷ. | Ὑπὲρ σωτηρίας καὶ νείκης τῶν κυρίων αὐτόκρα-
τόρων | Κάστωρ καὶ Ἀχύλας καὶ Κάστωρ καὶ Πολυδεύκης κατὰ | κέλευσιν τοῦ
θεοῦ οἱ ἱερεῖς ἀνέθηκαν.

---

788. In vico nunc dicta Omurovo, inter Philippopolim et Trajanam Augustam. —
Dobrusky, *Matériaux d'archéologie bulgare*, IV (1899), p. 117, n. 24.

[Ἀγ]αθῇ τύχῃ. | [Κ]ωμῆτε ¹ Ζυλου|ζηνὺ Αὐρηλίῳ Μο|υκιανῷ Εἰουλιανοῦ ²
5 π∥ρητωριανῷ ³. Ἐλαβ|εν εὐχαριστήρια | παρὰ κωμητῶν.

1. Lege κωμῆται Ζυλουζηνοί. — 2. I. e. Ἰουλιανοῦ. — 3. Profecto Aurelius hic Mucianus
praetorianus optime de vicanis vici illius meritus erat, quemadmodum Aur. Purrus,
miles coh. X praetorianae de vicanis Scaptoparenis; de quibus v. supra n. 674.

---

789. In vico nunc dicti Meritchily, procul Philippopoli orientem versus. — Dobrusky,
Matériaux d'archéologie bulgare, IV (1899), p. 115, n. 22.

5 Ροῦφος Ρουφι|νιανὸς, στρατι|ώτης πραιτωρ|ιανὸς, Ἐπτησύ∥κῳ Δορζίνθο|υ
μητρὶ, μνή|μης χά|ριν.

740. In vico nunc dicto Sliven. — Dobrusky, *Matériaux d'archéologie bulgare*, V (1901), p. 86, fig. 57.

Ἀ[γαθῇ τύ]χῃ. | Θεῷ Ἀπόλλωνι Γε|νιαχῷ Ἐστραχεηνῷ ¹ | Ἄττιος Τερτια-
5 νὸς, ‖ [β]ουλευτὴς Τραιανέων ², | [ἀν]έστησεν ὑπὲρ ἑαυτοῦ | [καὶ τῆς σ]υνβίου
Ῥηγείνης | [καὶ τῶν] τέχνων. Εὐτυχῶς.

1. Cognomina dei adhuc ignota. — 2. Decurio Trajanae Augustae.

---

741. In vico nunc dicto Ali-pacha Karasura. — Seure, *Bull. de corr. hellén.*, XXII (1898), p. 522, n. 12. — Dobrusky, *Matériaux d'archéologie bulgare*, IV (1899), p. 98-99, n. 2 et fig. 51.

Ἀγαθῆι τύχηι. | Αὐτοχράτορι Λ. Σεπτι|μίῳ Σεουήρῳ Περτίνακι Ἀρα|6ιχῷ
5 Ἀδιαβηνικῷ Παρθι‖κῷ Μεγίστῳ χ(αὶ) Μ. Αὐρ. Ἀντωνεί|νῳ Σε6(αστοῖς) χ(αὶ)
10 Πουπλίῳ Σεπτι|μίῳ Γέτᾳ Καίσαρι ¹ ἡ Τραιανέ|ων πόλις μείλιον | ιη΄, ‖ ἡγεμο-
νεύοντος τῆς ἐπαρ|χείας Γ. Καικίνα Λάργου | πρεσβ(ευτοῦ) Σε6(αστῶν) ἀντι-
στρατήγου.

1. Inter annos 199 et 210 p. C. n. — 2. De C. Caecina Largo, leg. Aug. pr. pr. prov. Thraciae, cf. *Prosop. imp. rom.*, I, p. 256, n. 76.

---

742. In vico nunc dicto Ali-pacha-Karasura, inter Philippopolim et Trajanam Augustam. — Dobrusky, *Matériaux d'archéologie bulgare*, IV (1899), p. 116, n. 23. — Seure, *Bull. de corr. hellén.*, XXV (1901), p. 320, n. 20.

[Τ]ὸν πάλε στρατιώτην, [νῦν] ἐντείμως βιότοι[ο] |
τέρμα ἐὸν πλήσαντα παῖς διεδέξατ᾽ ὁμοίως, |
ζηλώσας στρατιῆς ἐλπίδα τὴν γονέων, |
τοῦ χάριν ἄνστησαν ἀμφοτέρῳ τοχέας. ‖
5 Πατρὶ μὲν οὖν ἐστὶν οὔνομα Διοφάνης, |
κεδνὴν δὲ καλεοῦσιν μητέρα Κανδιδέαν, |
αὐτὸν δ᾽ ἐμ μέσσοισιν Οὐαλεντεῖνον, μ᾽ ἐσορᾶτε.

---

743. Trajanae Augustae. — Dumont-Homolle, p. 353, n. 61ᵐ.

Ἀγαθῆι τύχηι. | Αὐρ. Ἀσκληπιόδοτος | ὁ καὶ Φαλακρίων, ἱε|ρεὺς Διὸς

5 Καπετω‖λ]ίου καὶ γερουσιαστὴ[ς] ¹ | τὸν βωμὸν σὺν τῇ τρα|πέζῃ καὶ κονιατικοῖς |
καὶ ταῖς ζωγραφίαις | ἐκ τῶν ἰδίων ἐποέ‖η]σα. | Εὐτυχῶς.

1. Decurio.

744. In loco nunc dicto Kespetli, haud procul Trajana Augusta. — Dobrusky, *Arch. epigr. Mittheil.*, XVIII (1895), p. 119, n. 36.

Ἀγαθῆι τύχ[ηι]. | Ἐπὶ αὐτοκράτορος Λ. Σεπτιμίου Σευήρου [καὶ Μ. Αὐρη-
λίου Αντω]|νίνου Καίσαρος ὑπάτων ¹, Διὶ Σεβαζίῳ Αρσε......... ναὸν (?) |
5 κατασκευασθέντα ἐπὶ βασιλέως Θρ[ακῶν ..... καὶ ὑ]‖πὸ τοῦ μακροῦ χρ[ό]νου
διαφθαρέντ[α...

1. Anno p. C. n. 202.

745. Trajanae Augustae. — Dumont-Homolle, p. 349, n. 61ᵉ.

Ἀγαθῆι τύχηι. | Τὸν θειότατον καὶ μέγιστον Αὐτοκράτορα Καί|σαρ[α]
5 Μ. Αὐρήλ(ιον) Κόμμοδον ‖ Ἀντωνεῖνον Σεβαστὸν | Γερμανικὸν Σαρμ[ατικὸν] |
Βρ[ι]ταννικὸν, ἀρχιερέα | μέγιστον, δημ(αρχικῆς) ἐξο(υσίας) τὸ ιϛ΄, αὐτο|κράτορα
10 τὸ ι΄, ὕπατον τὸ ε΄ ¹, ‖ π(ατέρα) π(ατρίδος), ἡγεμονεύοντος τῆς Θρ[ακῶν] |
ἐπαρχείας Καικ(ιλίου) Ματέρ[ν]ου ² | πρεσβ(ευτοῦ) Σεβ(αστοῦ) ἀντιστρατήγου, |
15 Ἀντίπατρος Ἀπολλωνίου | τοῦ ἀρχιερέως β΄ ³ κατὰ ὑπόσ‖χεσιν τοῦ πατρὸς ἐκ
τῶν ἰδί|ων ποιήσας ἀνέστησεν.

1. Anno p. C. n. 187. — 2. De Caecilio Materno, leg. Aug. pr. pr. prov. Thraciae,
cf. *Prosop. imp. rom.*, I, p. 250, n. 42. — 3. Apollonius, Antipatri pater, bis sacerdos
provinciae videtur fuisse.

746. Prope Trajanam Augustam. — Skorpil, *Arch. epigr. Mittheil.*, XV (1892), p. 104,
n. 42.

Ἀγαθῆι τύχηι. | Αὐτοκράτορα μέγιστον | Λ. Σεπτίμιον Σεου[ῆ]ρον | Περ-
5 τίνακα Εὐτυχῆ Εὐσεβῆ ‖ Ἀραβικὸν Ἀδιαβητικὸν ἡ ἱε|ρὰ βουλὴ κ[αὶ ὁ λα]μπρό-
τατος | [δ]ῆμος Τρ[αιανέ]ων, ἡγεμο|[ν]εύο[ντ]ος Στατειλίου Βαρ|βάρου ὑπάτου
10 ἀποδε‖δει[γμ]ένου ¹ ἐπ[ὶ] ξυναρχία(ς) Σεπτιμίου | [Α]ὐ[ρ]η[λ]ίου Βάσσου.

1. De T. Statilio Barbaro, leg. Aug. pr. pr. prov. Thraciae, cf. *Prosop. imp. rom.*, III,
p. 258, n. 591. Quo anno consulatum egerit, adhuc latet.

747. In vico nunc dicto Dalbiki, haud procul Trajana Augusta. — Dobrusky, *Arch. epigr. Mittheil.*, XVIII (1895), p. 118, n. 35.

.... [ἡγεμονεύοντος Στα]|τειλίου Βαρβάρου[1] | ὑπάτου ἀποδεδειγμένου [.....|
5 .... ἐ]|πὶ συναρχίας Σεπτ[ιμ]ίου Αὐ[ρ(ηλίου)] | Βάσσου.

1. Cf. titulum praecedentem.

---

748. Trajanae Augustae. — Dumont-Homolle, p. 356, n. 61[z1].

Ὑπὲρ τῆς τῶν μεγίστων καὶ θε|ιοτάτων αὐτοκρατόρων Λ. Σ|επτιμίου Σεουήρου
5 Περτίνα|κος κ(αὶ) Μ. Α[ὐρ.] Ἀντωνείνου Σεβ(αστοῦ) [καὶ] ‖ Ἰουλίας Δόμνης
μητρὸς κάσ|τρων νείκης καὶ αἰωνίου [διαμονῆς....

---

749. Trajanae Augustae. — Skorpil, *Arch. epigr. Mittheil.*, XV (1892), p. 100-101, n. 30.

Ἀγαθῆι τύχηι. | Αὐτοκράτορα Καίσα|[ρ]α Μ. Αὐρήλ(ι)ον Ἀντ[ων]εῖνον |
5 [Ε]ὐσεβῆ Εὐτυχῆ Σεβαστὸ[ν ‖ Π]αρθικὸν Βρεταννικὸ[ν | μ]έγιστον ἡ βουλὴ | [x]αὶ
ὁ δῆμος ὁ Τραιανέ[ων | ἐ]πιμελουμένου Τίτ(ου) Φλ(αουίου) | [Ἀ]πολλοδώρου α΄
ἄρχοντ[ος][1].

1. I. e. πρώτου ἄρχοντος.

---

750. Trajanae Augustae. — Skorpil, *Arch. epigr. Mittheil.*, XV (1892), p. 101, n. 31.

Ἀγαθῆι τύχηι. | [Τὸν] θεῖο<ιο>ν αὐ[το]κράτορα | [Μ. Α]ὐρ. Ἀντωνεῖνον
5 Αὔγουστον | ἡ Τραιανέων πόλις πρωταρ‖[χ]οῦντος Ἀρχία Ἀρχεδήμου.

---

751. Trajanae Augustae. — Dumont-Homolle, p. 355, n. 61ᵛ.

Ἀγαθῆι τύχη. | [Μη]τέρα κάστρων Ἰου(λίαν) Δόμναν | Σεβ(αστὴν) ἡ πόλις ἐπὶ
συ[ν]αρχίας Α.... | Δημητρίου Ἀπφ(ί)ου. Εὐτυχῶς.

---

752. Trajanae Augustae. — Dobrusky, *Arch. epigr. Mittheil.*, XVIII (1895), p. 117, n. 32.

[Ἀγα]θῆι τύχη[ι]. | [Αὐτοκρ]ά[τ]ορα Καίσαρα Μ. Αὐρήλιον] Σεβῆρον | Α[λι-

ξανͺὸρον ' Εὐτυχῆ Εὐσεϭῆ [Σεϭ]α(στὸν) | [ἡ] βουλὴ καὶ ὁ λαμπρότατο(ς) δῆμος ‖
5 [Τ]ραιανέων, ἐπιμελουμένου τῆς ἀναστά|[σε]ως [τοῦ] ἀνδριάν[τος...........]
Κέλερος .|....

1. Nomina Alexandri rasuram passa esse videntur.

---

753. In vico nunc dicto Akbunar. — Skorpil, *Arch. epigr. Mittheil.*, XV (1892), p. 108,
n. 63.

Ἀγαθῆι τύχηι. | Αὐτοκράτο[ρι Καίσαρι] | Μ. Αὐρ[η]λίῳ [Σεουήρῳ] ' Ἀλε-
5 ξάνδρῳ] Θε[οῦ 'Αντωνεῖ]ͺνου υῷ, Θεοῦ Σε[ο]υ[ή]ρου ἐγγ[όνῳ] | ἡ Τραιανέων
π]ὸλͺις [μ]ειλ[ιον].., | ἡγ(εμονεύοντος) τῆς Θ[ρ]α[κῶν.....

---

754. Trajanae Augustae. — Skorpil, *Arch. epigr. Mittheil.*, XV (1892), p. 101-102, n. 34.

..... μητρὸς Σεϭαστοῦ...] καὶ ἱερᾶς συνκλήτου κα[ὶ δήμ]ου Ῥωμαίων καὶ
ἱερῶν στρατε[υμάτων, ἡγεμονεύοντος] Θρακῶν ἐπαρχείας Μ. Ο[ὐλπίου] Σενεκίωνος
Σατορνείνου '.

1. De M. Ulpio Senecione Saturnino, leg. Aug. pr. pr. prov. Thraciae, cf. *Prosop. imp.
rom.*, III, p. 462, n. 568, et supra n. 559, unde forsitan concludere est hunc legatum
Thraciae praefuisse sub Severo Alexandro.

---

755. Trajanae Augustae. — Dumont-Homolle, p. 351, n. 61e2.

Ἀγαθῆ τύχῃ. | Τὸν μέγιστον καὶ θειότατον | καὶ θεοφιλέστατον Καίσαρα |
5 [Γ. Ἰούλιον Οὐῆρον Μαξι|μεῖνον αὐτοκρ[ά]το|ρα Σεϭα(στὸν) [Γερ|μαν]ικὸν
10 μέγιστον, | Δακικὸν μέγιστον, Σαρματικὸν | μέγιστον, [ἡ λαμπροτάτη] ‖ Τραια-
νέων πό[λις] | Εὐτυχῶς.

---

756. Trajanae Augustae. — Dumont-Homolle, p. 350, n. 61d.

5 Ἀγαθῆι τύχ[ηι]. | Τὸν μέγιστον καὶ | θειότατον αὐτο|κράτορα δεσπό‖την τῆς
οἰκουμένης | Μ. 'Αντώνιον Γορδια|νὸν Εὐσεϭῆ Εὐτυ|χῆ Σεϭ(αστὸν), ἡ ἱερ[ω]τά|τη
10 βουλὴ καὶ ὁ λαμͺπρότατος δῆμος Τρα[ι]|ανέων ἐκ τῶν Ὑπερπαι|όνων ', ἡγεμο-

5 νεύοντος | τῆς Θρακῶν ἐπαρχείας | Κ. Αττίου Κέλερος². ‖ Εὐτυχῶς. | Ἐπιμε-
λουμένου Αὐρ. | Κοίντου Κοίντου α᾽ ἀρχῆς.

1. Hyperpaeones vallem fluminis Tundja obtinebant, ab Haemo monte meridiem
versus; cf. Dumont-Homolle, p. 499. — 2. De Q. Attio Celere, cf. supra n. 724.

---

757. In vico nunc dicto Akbunar. — Skorpil, *Arch. epigr. Mittheil.*, XV (1892), p. 108,
n. 62.

Ἀγα[θῇ τύχ]η. | [Ὑπ]ὲρ ν[είκης καὶ αἰω]νίο[υ] δ[ια]‖[μο]ν[ῆ]ς [τ]οῦ [θειο-
5 τά]του [αὐ]το‖[κράτ]ορο[ς] Κ[αίσαρος] Μ. Ἰουλί[ου] ‖ [Φιλ]ίππου [Εὐτυχ]οῦς
Εὐσ[εβοῦς] | [Σεβ(αστοῦ) κ]α[ὶ τῆς θε]οφιλεσ[τάτης] | [Αὐ]γού[στης Μαρ]κίας
[Ὠ]τα[κειλίας] | [Σ]ευή[ρας, ἡγε]μονεύο[ντος] | [τῆς] Θρα[κῶν ἐ]παρχείας... ‖
10 [Ο]ὐιν[ί]ου Φ[αβ]ιανοῦ ¹ π[ρεσβ(ευτοῦ)] | [Σεβ(αστοῦ)] ἀντισ[τ]ρα[τ]ήγου ἡ λα[μ]-|
[προτάτ]η Τραιαν[έ]ω[ν] πόλις. | [Εὐ]τυχ[ῶ]ς.

1. Legatus adhuc ignotus.

---

758. Trajanae Augustae. — Skorpil, *Arch. epigr. Mittheil.*, XV (1892), p. 102, n. 36.

Ἀγαθῆι [τύχηι] | [Ὑπὲρ νείκης καὶ αἰωνίου διαμονῆς?] | τοῦ [αὐ]το[κρ]άτορος
5 [Καίσαρος | Μ. Ἰ]ο[υλίου Φιλ]ίππ[ου καὶ τοῦ αὐτοκράτορος] ‖ Καίσα[ρο]ς
Μ. [Ἰου]λίου [Φιλίππου καὶ] | τῆς γυναικὸς αὐτοῦ [Ὠτακιλίας Σεουήρας καὶ |
10 τοῦ] σύνπαντος αὐ[τῶν οἴκου.... | .... | ...Τραιανοπ]ολεῖται?... ‖
..... [ὑπο]γεγ[ρ]αμμένοι.

---

759. Trajanae Augustae. — Dumont-Homolle, p. 351, n. 61ᵉ³.

Τὸν μέγιστον καὶ θειότατον αὐτοκράτορα Πο. | Λικίνιον Γαλλιηνὸν Εὐτυχῆ,
Εὐσεβῆ Σεβ(αστὸν) τ[ὸν] | ἄρχοντα τῆς οἰκουμένης, ἄρξαντα δὲ καὶ τὴν
5 ἐ[πώ]νυμον ἀρχὴν ¹ ἐν τῇ λανπρᾷ καὶ ἐλευ(θέ)ρᾳ Τραιανέων π[όλει], ‖ ἡ βουλὴ
καὶ ὁ δῆμος, ἐπιμελουμένων τῆς ἀρχῆς [καὶ τῆς] | ἀναστάσεως τῶν ἀνδριάντων
Σεπτιμ(ίου) Μαρκιανοῦ | καὶ... Μαρκιανοῦ κρατίστων....

1. Videtur esse ἡ πρώτη ἀρχή.

760. Trajanae Augustae. — Dumont-Homolle, p. 351, n. 61ᶠ.

.... | δέσποιναν τῆς οἰ[κ]ουμένης, ἡγεμονε|ύοντος τῆς Θρακῶν | ἐπαρχείας
5 Φλ. Οὐλπ(ίου) 'Α▌..... είου ¹ πρ[ε]σβ(ευτοῦ) Σεβ(αστοῦ) | ἀντιστρατήγου, ἡ
ἱερω|τάτη βουλὴ καὶ [ὁ] | λαμπρότατος δῆμ[ος] | Τραιανέων...

1. De Fl. Ulpio A... eio, leg. Aug. pr. pr. provinciae Thraciae, saeculo, ut videtur
tertio, cf. *Prosop. imp. rom.*, II, p. 80, n. 271.

---

761. Trajanae Augustae. — Dumont-Homolle, p. 356, n. 61ᶻ.

'Αγαθῆι τύχηι. | Ο(ὔ)λ(πιον) Ποπ[ί]λιον [Ε]|ὐκράτους ἀρ[χ]|ιερέα κατὰ
5 δό▌[γ]μα τῆς γλυκυ|τάτης πατρίδος | οἱ παῖδες αὐτοῦ. | Εὐτυχῶς.

---

762. Trajanae Augustae. — Dumont-Homolle, p. 349, n. 61ᵇ.

5 'Αγαθῇ τύχη. | Τὸν φιλότιμον | ἀρχιερέα | δι' ὅπλων ▌ Μ. Αὐρ. | 'Απολλό-
10 δωρον | Δημοσθένους | τειμήσασα | ἡ πατρίς. ▌ Εὐτυχῶς.

---

763. Trajanae Augustae. — Dobrusky, *Arch. epigr. Mittheil.*, XVIII (1893), p. 118, n. 34.

... μπου υἱὸς Κυρείνᾳ Διό[|δ]ωρος ἥρως.

---

764. In vico nunc dicto Dinikly, inter Philippopolim et Hadrianopolim. — Dobrusky,
Matériaux d'archéologie bulgare, I (1894), p. 9.

Κυρίῳ 'Απόλλωνι | Γινκισηνῷ ¹ | Φλ. Οὐάλης στρατιώτης Δυσυρηνός ²
χαριστήριον.

1. Cognomen dei adhuc ignotum, a loco ignoto depromptum. — 2. Oriundus vel
Dusura, e vico ignoto, vel ex gente Dusurenorum item ignota.

---

765. In vico Dinikly. — Dobrusky, *Matériaux d'archéologie bulgare*, I (1894), p. 8.

'Απόλλωνι Γεικεσηνῷ εὐχαριστή<σ>|ριον ἀνέθηκεν Μουχιανὸς στρα|τιώτης.

Cf. titulum praecedentem.

766. Pizi. — G. Seure, *Bull. de corr. hellén.*, XXII (1898), p. 180 et sq., et pl. II; Dittenberger, *Sylloge insc. graec.* (ed. II), n. 932.

Ἀγαθῆι τύχηι. | Ὑπὲρ τῆς τῶν μεγίστων καὶ θειοτάτων αὐτοκρα|τόρων Λ. Σεπτιμίου Σευήρου Περτίνακος κ(αὶ) Μ. Αὐρη(λίου) | Ἀντωνείνου Σεβ(αστῶν)
5 κ(αὶ) Π. Σεπτ(ιμίου) Γέτα Καίσαρος κ(αὶ) ‖ Ἰουλίας Δόμνης μητρὸς κάστρων νείκης καὶ αἰωνίου | διαμονῆς καὶ τοῦ σύνπαντος αὐτῶν οἴκου καὶ ἱερᾶς συν|κλήτου καὶ δήμου τοῦ Ῥωμαίων καὶ ἱερῶν στρατευμάτων, | ἐκτίσθη κατὰ δωρεὰν τῶν κυρίων ἐμπόριον Πιζος, ἐπὶ | ὑπάτων τῶν κυρίων αὐτοκρατόρων
10 Λ. Σεπ(τιμίου) Σευήρου Περ‖τίνακος καὶ Μ. Αὐρ. Ἀντωνείνου Σεβ(αστῶν) [1], καὶ μετῴκισαν εἰς αὐτὸ | οἱ ὑποτεταγμένοι ·

Sequuntur, disposita per quattuor columnas, nomina novorum incolarum :

Columna prima : Κώμης Σκελαβρίης, decem nomina; — κώμης Στρατοπάρων, viginti nomina, quorum duobus addita sunt verba σὺν ἀδελφῷ ; — κώμης Κρασαλοπάρων, viginti et duo nomina, quorum duobus addita sunt verba σὺν ἀδελφῷ.

Columna secunda : Κώμης Σκέπτων, sex nomina, quorum unum erasum, alteri addita sunt verba σὺν ἀδελφῷ ; — κώμης Γελουπάρων, duodecim nomina; — κώμης Κουρπίδου, quinque nomina ; — κώμης Βασοπάρων, septuaginta et sex nomina, triginta et unum in fine columnae secundae, quadraginta quinque initio columnae tertiae, quorum unum erasum, tribus addita sunt verba σὺν ἀδελφῷ, aliud ita inscribitur : κληρ(ονόμοι) Ρουστίκου Βείθυος.

Columna tertia : post quadraginta quinque ultima nomina κώμης Βασοπάρων, legitur : κώμης Στρουνείδου, sex nomina; — κώμης Βουσιπάρων, unum nomen.

Columna quarta : Ὕπατοι οἰκήτορες, novem nomina.

Dein lapidi inscriptum est editum praesidis provinciae :

I Κ. Σικίννιος Κλᾶρος [2] | πρεσβ(ευτὴς) Σεβ(αστῶν) ἀντιστρά|τηγος λέγει · |
5 II Τῇ προόψει τῶν σταθμῶν ἠσθέ[ν]‖τες ϲ[ὶ κ]ύ[ρι]οι ἡμῶν μέγιστοι | καὶ θειότατοι αὐτοκράτορες | διὰ παντός τε τοῦ ἑαυτῶν αἰῶ|νος βουληθέντες ἐν τῇ αὐτῇ εὐπρε|-
10 πείᾳ διαμεῖναι τὴν αὐτῶν ‖ ἐπαρχείαν, προσέταξαν τὰ ὄν|τα ἐνπόρια ἐπιφανέστερα ὑπ[άρ]|ξαι, καὶ τὰ μὴ προτέρον ὄντα | [γ]ε[νέσθαι] · καὶ γέγονεν. | III, § 1 [Ἐ]πεὶ
15 οὖν δεῖ τὰ ἐκ θείας δωρε‖ᾶς ὁρμώμενα εὐτυχέστε|ρα εἶναι καὶ ἐκ τῆς τῶν ἐφε|στώ|των τάξεως, οὐκ ἐνπορι|[κ]οὺς δημότας, ἀλλὰ τοπάρ|χους βουλευτὰς [3] ἐκέλευσα ‖
20 [ἐκπέ]μπε[σθαι] εἰς ταῦτα τὰ | [ἐν]πόρια, δοὺς αὐ[τοῖς] καὶ δι᾿ ἐπιστο|[λῆς] σημαν-

[τῆρ]α καὶ δικαιοδοσίαν | [καὶ ἐντεῖλ]ας μὴ ὕβρει μηδὲ βίᾳ, | δικαιοσύνῃ δὲ καὶ
25 ἐπειχείᾳ ‖ [χρατ]εῖν⁴ τοὺς ἐνοικοῦντας καὶ | [μὴ μό]νον αὐτοὺς ταῦτα πράσσ‖[ειν,
ἀλλὰ κ]αὶ ἀπὸ τῶν ἄλλων τι ἄδικο(ν) | .... ζειν⁵ προηρημένων ἐρύε|σ[θαι ἐπ'
30 ἀδ]είας καὶ πολυπληθείας. ‖ § 2 Πρ[ὸς τ]οῦ εἶναι εὐδαιμονέστερα | ταῦτα ἐμπόρια
ἐπειθον μὲν ἄνδρα|ς [παρεπιδ]ημεῖν εὐδοκιμοῦντας [ἐκ] | τ[ῶν πέ]ριξ κωμῶν⁶, πεί-
35 θοντας δὲ | [ἄλλους] καὶ μετοικίζειν εἰς ταῦ‖[τα τὰ] ἐμπόρια, καὶ αὐτὸς δὲ προ|-
τ[ιθ]έ[μεν]ος καὶ τοὺς βουλομένους | ἐκ[ον]τὴν τοῦτο ποιεῖν ἕξοντας | θείας τύχης
40 τῶν Σεβαστῶν | μεγάλας δωρεάς, τουτέστιν ‖ πολειτικοῦ σεί[τ]ου [ἀν]εισφορίαν |
καὶ ἐπ[ιμελ]είας βουργαρίων⁷ καὶ | φρουρῶν καὶ ἀνγαρειῶν⁸ ἄνεσιν · | καὶ ταῦτα μὲν
45 περὶ τῆς τάξεως | τοπάρχου καὶ περὶ τῆς ἀλειτουρ‖[γησίας τῶ]ν ἐνοικούντων ἢ
ἐνοικη|[σόν]των. § 3 Περὶ δὲ τῶν οἰκοδομη|μάτων, ὅπως ἐπιμελείας τυν|χάνοντα
50 εἰς ἀεὶ διαμένοι, | κελεύω τοὺς τοπάρχους καὶ τοὺς ‖ ἐπι[στά]θμους στρατιώτας⁹ |
[π]α[ρ]ὰ τῶν ἐπιμελητῶν παραλα[ν|β]ά[νει]ν τὰ πραιτώρια καὶ τὰ βα|λανεῖα
55 πανταχόθεν ὁλόκλη|ρα, τουτέστιν ἐν τοῖς οἰκοδομικοῖς ‖ καὶ ἐν τοῖς λεπτουργικοῖς
καὶ ἐν | τοῖς χρηστικοῖς ¹⁰, παραδιδόντας | τοῖς μεθ' ἑαυτοὺς ἐγγράφ[ως], ὥσπερ |
60 παρ[α]λαμβάνουσιν. § 4 [Ὅπως δ]ὲ ἐπι|μελεστέρους αὐτοὺς παρασκευ‖άτω πρὸς
τὴν παρά[λημ]ψιν | καὶ τὴν π[αρά]δοσιν, [κελεύ]|ω ἀπὸ τοῦ χρόνου τῆς π[αρα-
65 λήμ|ψ]εως μέχρι τῆς παρ[αδός]εω[ς] | τὰ ὑπάρχοντα τῶν το[πάρ]χων | καὶ τῶν
ἀρχόντων οὓς ἐκέλευσα | τῷ ἰδίῳ κινδύνῳ αὐτοὺς προβάλ|λεσθαι, ὑπεύθυνα εἶναι
70 τῷ | δημοσίῳ τῶν πόλεων, πρὸς δὲ δ(ὴ) | εἰς ταῦτα τὰ ἐμπόρια εἰς τὸ ‖ [τετρα]-
πλάσιον τοῦ ἐνδεήσοντος.

Post edictum praesidis provinciae, in ima parte columnae quartae, legitur : Βασοπα-
ρῆνοι, dein duo nomina, quorum alteri addita sunt verba σὺν ἀδελφοῖς.

1. Anno p. C. n. 202. — 2. De Sicinio Claro cf. *Prosop. imp. rom.*, III, p. 241, n. 494.
— 3. Intellige : decuriones civitatis, cui emporium ita conditum attributum est. —
4. Ita supplevit Dittenberger; [διάγ]ειν, Seure. — 5. [παρασκευά]ζειν, Seure. — 6. Vici circa
siti sunt ii qui nominantur in quattuor tituli columnis. — 7. Burgarii, praepositi finibus
imperii protegendis. — 8. Angarii, praepositi cursui publico. — 9. Praepositi militum
mansionibus. — 10. Intellige : quod attinet ad aedificium ipsum cum ornamentis et
omnibus rebus quae ad usum domus necessariae sunt.

Hunc titulum egregie commentatus est G. Seure, in *Bull. de corr. hellén.*, XXII (1898),
p. 480 et sq., p. 522 et sq.; cf. quae adnotavit Dittenberger, *loc. cit.*

---

767. In loco nunc dicto Sliven, haud procul Hadrianopoli. — Dumont-Homolle, p. 568
(suppl. ad p. 363, n. 62²⁷).

Ἀγαθῆι τύχηι | [π]όλεως Οὐ[λ]πί[α]ς Ἀγχι[ά]λου<ς> | [Ο]ὐλ(πία) Ἀνε-

5 φελῄς (?) καὶ Ἡρωὶς καὶ Βα[x|χὶς] καὶ Τονζ[η]ὶ[ς] ἀνέθηκαν τὰ ‖ [π]ροχε[λευστὰ]
τῶν θεῶν ἀγάλ|[μ]ατα κατὰ χρηζμοὺς τοῦ | χυ[ρ]ί[ου Ἀπόλ]λωνος Κολο-
10 φω|νίου ¹, δι[ὰ ἐπιμ]ελητοῦ Τίτου | [Φ]λ[α]ουίου [Ν]εικήτου, διαδε‖[ξαμ]έ-
ν<ι>ου [τὴν] ἐπ[ιμ]ελείαν | [τ]ῶ[ν] νι....[ων] παρὰ τοῦ πα|τ[ρὸ]ς [Μάρ]χου
15 Φλ[α]ουίου | ..λλιχ...|ο[υ x]ατὰ τὸ τῆς [λα]μ[προ]τ[άτης] βουλῆς ‖ [δόγμα...

1. Ex oraculo Apollonis Colophonii.

---

768. Prope vicum nunc dictum Iambol, in orientalibus Thraciae partibus, haud procul Hadrianopoli. — Dumont-Homolle, p. 363, n. 62²⁵.

Ἀέρι ὀνοφερ[ῷ] κεχαλυ[μμ]ένον [ἤ] περᾷ | οἶκον |
δυ[σ]άντητ[ο]ν, [x]άνπτο[υ]σαν ἔθηκα |
παῖς Ἀπολινάριος Πέτραν ἐ[x] Ῥώμη[ς]. ‖
5   Εὐτυχῶς.

---

769. Mesembriae. — Dumont-Homolle, p. 460, n. 111ᵉ.

Ἀγαθῆι τύχηι. | Ἀγορανόμοι ¹ τῆς λαμπροτάτης Μεσαμ|6ριανῶν πόλεως Αὐρ.
5 Ἀσκληπιάδης Ἀ|σκληπιάδου καὶ Δημοσθένης Τατᾶ βουλευ‖ταὶ παρακαλοῦσιν
πάντας τοὺς κατερ|γαζομένους ² τὴν πόλιν ἔρχεσθαι καὶ | ἀπογράφεσθαι κατὰ τὸν
νόμον τῆς | πόλεως καὶ τὸ ἔθος. Εὐτυχῶς.

1. Aediles. — 2. Intellige : omnes qui agris operam dant.

---

770. Ad Aquas Calidas. — Dobrusky, *Matériaux d'archéologie bulgare*, IV (1899), p. 108;
C. I. L., III, 14207²⁵.

Imperator Cae[sar] diui Trai[a]n[i] | [P]art[hi]c[i fi]lius [diui] Neruae ne[pos] |
5 Traianus Hadrianus Augus[tus] | pontifex maximus, trib. pot. ‖ VIII ¹, cos. III, |
per Q. Tineium. Rufum leg. Aug. pr. pr. ².

[Aὐ]τοχρ[ά]τωρ Κα[τ]σ[α]ρ Θεοῦ Τραιαν|οῦ [Πα]ρθιχοῦ υἱὸς Θεοῦ Νέρουα
5 [υἱ]|ωνὸς Τ[ρ]α[ι]ανὸς Ἀδριανὸς Σε[6α]|στὸς, δημαρχιχῆς ἐξου[σί]‖ας το η' ¹,
ὕπατος τὸ γ'.

1. Anno p. C. n. 124. — 2. De Q. Tineio Rufo cf. *Prosop. imp. rom.*, III, p. 321,
n. 168.

771. Anchiali. — Jirecek, *Arch. epigr. Mittheil.*, X (1886), p. 172, n. 1, Dumont-Homolle, p. 464, n. 111°.

Αὐτοκράτορα Καίσαρα [Μ. Αὐρ. Ἀντ]ωνεῖνο[ν [1] Εὐσεβῆ Σεβασ]|τὸν Ἀραβικὸν Ἀδιαβηνικὸν Παρθικὸν Μέγ[ιστον [2] ἢ] | βουλὴ καὶ ὁ λαμπρότατος δῆμος Οὐλπια-νῶν Ἀγχ[ιαλέων διὰ [3]] | Φλ. Κλαυδιανοῦ.

1. Caracalla. — 2. Inter annos 211 et 213. — 3. Vel ἐπί.

---

772. Prope Hadrianopolim, in miliario. — Skorpil, *Arch. epigr. Mittheil.*, XV (1892), p. 109, n. 65.

Ἀγαθῆι τ[ύχηι]. | [Τῷ γ]ῆς καὶ θαλά[σ]σης | [καὶ π]αντὸς ἀνθρ[ω]π[ίνου] |
5 [γέν]ους δεσπότη.... ‖ Αὐτοκράτορ[ι Κ]αίσαρ[ι Μ(άρκῳ)] | Αὐρη(λίῳ) [Σ]ε[ου]-
ή[ρῳ Ἀλεξάνδρῳ] | Εὐτυχεῖ Εὐσεβεῖ Σεβ(αστῷ) [καὶ] | Αὐ[γ]ούστ[η τ]ῆ
10 μητρὶ τοῦ [Σεβ(αστοῦ)] | κ[α]ὶ [μη]τρὶ κάστρων Ἰουλίᾳ ‖ Μαμαίᾳ ἡ λα]μ-
προτάτη | [Ἀδρ]ιαν[ο]πολειτῶν πόλις | [τ]ὸ μ[εί]λιον | εὐ[τυ]χῶς, | Ῥο[υ]τιλίου
15 Κρι[σ]πε[ί]νου [1] ‖ [πρεσβ(ευτοῦ) Σ]εβ(αστοῦ) ἀ[ντιστρατ]ή[γ]ου. | — I[β]΄.

1. De Rutilio Crispino cf. *Prosop. imp. rom.*, III, p. 147, n. 166.

---

773. Hadrianopoli? — Dumont-Homolle, p. 439, n. 106ᵃ. — Gladiatoris imagini ad-scriptus est titulus.

[Ἐνθάδε] μυρμύλλων [1], Ζμύρνης | [κλέος, ὦ π]αρο[δ]εῖτα,
5 κεῖμ[ε], | θανὼν πυγ|μῆ προβο‖κάτορος [1] Ὑα|κίνθου,
10 ἐν|δεκα πυ|κτεύσας · | νείκην ‖ [δ᾽ ἀπ᾽ ἐμοῦ] λ[ά]βε(ν) οὐδὶς. |
[Μοῖρα δ᾽] ἐμοί κατέκλω‖[σε θανεῖ]ν, ἐπέπρωτο γὰρ | [οὕτως.]
[Κεῖμ]ε δ᾽ ἐν γέη Θρᾳκ‖[ῶν Ἀδριανοπ]ολειτῶν.
15 Χρή‖[στωι Ζμυρναίωι τῶ]ι ἀνδρὶ μνίας | [χάριν ἔστησεν.......

1. Murmyllo, provocator : genera gladiatorum.

---

774. Bergulis. — Kubitschek, *Arch. epigr. Mittheil.*, XVII (1894), p. 55, n. 2.

[Μά]ρια Κυίντα..... | ἐποίησα τὸ | [λα]τόμιν σὺν τῇ | στ]ήλλη τῷ γλυκυ‖
5 [τά]τῳ ἀνδρ[ί] μου Εὐ|[μή]λῳ μ[ν]είας χάριν. | [Εἰ]μὶ δὲ ἐξ Ὑγίας [19] · | [πρ]ὶν

10 φίλοπλος | [ἐν]θάδε κε[ῖ]με ἀλι..‖τος ἀλλὰ φιλη|[θε]ὶς ὑπὸ πάντων | [π]αρὰ τοιούτης ψυ[χῆ]ς. Χαῖρε, παροδεῖτα.

1. Υ[π]ίας correxit Kubitschek : locus ignotus.

---

775. Bizye. — Dumont-Homolle, p. 365, n. 62ª.

Βασιλεὺς Κότυς [1] βασιλέα Σαδάλαν | καὶ βασίλισσαν Πολεμοκράτειαν, τοὺς ἑαυτοῦ γονεῖς, | θεοῖς πατρώοις.

1. De Coty, rege Thraciae, cf. *Prosop. imp. rom.*, I, p. 476, n. 1268.

---

776. In Hellesponto repertus titulus. — Gurlitt, *Arch. epigr. Mittheil.*, II (1878), p. 7, n. 3.

Ποπλάρις [1] τῷ ἰδίῳ πα|τρὶ Γαλάτῃ μνείας | χάριν.

Supra est imago gladiatoris.

1. Cognomen latinum : *Popularis*.

---

777. Selymbriae. — Mommsen, *Eph. epigr.*, II, p. 256; Dumont-Homolle, p. 377, n. 62ᵉ.

5 Θεῶι ἁγίωι ὑψίστωι | ὑπὲρ τῆς Ῥοιμη|τάλκου [1] καὶ Πυθο|δωρίδος ἐκ τῶν κα‖τὰ τὸν Κοιλα[λ]ητικὸν | πόλεμον [2] κινδύνου | σωτηρίας εὐξάμενος | καὶ ἐπιτυχὼν 10 Γάιος | Ἰούλιος Πρόχ(λ)ος χαρι‖στ[ήρι]ον.

1. De Rhoemetalce, rege Thraciae, cf. *Prosop. imp. rom.*, III, p. 131, n. 51, ubi titulus dicitur Bizye repertus. — 2. De hoc Coelaletico bello cf. Tacitum, *Annal.*, III, 38 et seq.

---

778. Selymbriae. — Mordtmann, *Arch. epigr. Mittheil.*, VIII (1884), p. 205, n. 12. — Dumont-Homolle, p. 368, n. 67ᵇ⁷.

Ἀγαθῆι τύχηι. | Ὑπὲρ ὑγείας τῶν | κυρίων ἡμῶν αὐ|τοκρατόρων Γαίου ‖ 5 [Ἰ]ουλίου Μαξιμίνου | Σεβαστοῦ καὶ Γαί]|ου Ἰουλίου Οὐή[ρου Μαξίμου [1]...

1. Inter annos 235 et 238 p. C. n.

---

779. Selymbriae. — Von Calice, *Jahreshefte des öster. arch. Institutes*, IV (1901), p. 207.

Μᾶρκος Κίνκιος Νιγρεῖνο[ς], | στρατιώτης χώρτης ἑνδεκάτης ὀρ|6ανῆς [1], ἥρως ἀγαθοποιός.

1. Miles cohortis XI urbanae.

780. Inter Selymbriam et Heracleam. — Mordtmann, *Arch. epigr. Mittheil.*, VIII (1884), p. 214, n. 36.; Dumont-Homolle, p. 377, n. 62 f².

Αὐρ. Μαρχιανὸς ὁ χρ(άτιστος) ἔθηκα | τὴν σορὸν ἐμαυτῷ χαὶ τῇ γλυ|χυτάτῃ
5 μου συμβίῳ Αὐρ. Οὐαλερίᾳ · | εἰ δέ τις ἕτερον τολμήσει χαταθέσθαι, ‖ δώσει
τῇ πόλ(ε)ι δηναρίων μυ(ριάδας) β΄.

781. Heracleae-Perinthi. — Borghesi, *Œuv.*, III, p. 274; Dumont-Homolle, p. 381, n. 72ª.

Διὶ Ζβελσούρδῳ ¹. | Αὐτοχράτορι Καίσαρι Δομιτια|νῷ Σεβαστῷ Γερμανικῷ
τὸ ιδ΄ | ὑπάτῳ ², ἐπιτροπεύοντος Θράχης ‖ Κ. Οὐεττιδίου Βάσσου ³, Τι. Κλαύ|διος
Σεβαστοῦ ἀπελεύθερος | Ζηνᾶ, τριήραρχος χλάσσης Περιν|θίας ⁴, σὺν Κλαυδίοις
10 Τι. υἱοῖς Κυρείνᾳ | Μαξίμῳ, Σαβίνῳ, Λούπῳ, Φου‖τούρῳ, τέχνοις ἰδίοις, πρῶτος |
χαθιέρωσεν.

1. De hoc deo dixit Perdrizet, *Revue des Études anciennes*, I, p. 23 cf. supra, n. 58. —
2. Inter annos 88 et 90 p. C. : Domitianus enim consulatum quartum decimum anno 88,
quintum decimum anno 90 egit. — 3. Q. Vettidius Bassus procurator prov. Thraciae :
Prosop. imp. rom., III, p. 410, n. 316. — 4. Trierarchus classis Perinthiae, ejusdem profecto atque Ponticae; cf. Daremberg et Saglio, *Dict. des Antiquités*, s. v. *classis*, p. 1234.

782. Prope Perinthum. — Kalinka, *Arch. epigr. Mittheil.*, XIX (1896), p. 67.

In antica :

... ὁ] διοιχητὴς χα[ὶ | Μᾶ]ρχος Πομπήι[ος | Κ]ωμιχὸς χω... | ...ος τὸν
5 βω‖[μ]ὸν τῇ συναγω|[γ]ῇ τῶν χουρέω|[ν ¹ π]ερὶ ἀρχισυνάγ|[ωγ]ον ² Γ. Ἰούλιον |
10 [Ο]ὐάλεντα δῶ‖[ρ]ον ἀποχατέστη|[σα]ν χα[ὶ] τὸν τόπο[ν | παρεσχεύ]ασα[ν].

In postica :

Διὶ Λοφείτῃ ³ Ε[ὐ]|δίων Φιλλύδ[ου] | ἱερεὺς ⁴ νέοις [α]ὐ![ρα]ρίοις? δῶρον.

1. I. e. collegio tonsorum. — Ἀρχισυνάγωγος, magister collegii. — 3. Cognomen Jovis
adhuc ignotum. — 4. Sacerdos collegii, ut videtur, aurariorum.

783. Heracleae-Perinthi. — Dumont-Homolle, p. 384, n. 72ⁱ.

Ματιδίαν Σεβαστὴν ¹ | ἡ βουλὴ χαὶ ὁ δῆμος | ὁ Περινθίων.

1. Matidia Augusta, Ulpiae Marcianae Augustae, Trajani sororis, filia.

784. Heracleae-Perinthi. — *C. I. Gr.*, 2020; Dumont-Homolle, p. 388, n. 74ª.

Ἀγαθῆι τύχηι. | Αὐτοκράτορα Καίσαρα Θεοῦ Τραιανοῦ Παρ|θικοῦ υἱὸν Θεοῦ
Νερούα υἱωνὸν Τραιανὸν Ἀδρι|ανὸν Σεβαστὸν, δημαρχικῆς ἐξουσίας τὸ ι' ¹, ‖
5 ὕπατον τὸ γ'.

1. Anno p. C. n. 126.

---

785. Heracleae. — Kalinka, *Jahreshefte des österr. arch. Institutes*, I (1898), Beiblatt,
p. 10. — Cf. Dumont-Homolle, p. 379, n. 69 et seq.

[Αὐτοκράτορι Καίσαρι Ἀδριανῷ Σεβαστῷ] Ὀλυμπίῳ ¹ καὶ Ἐλευθερίωι καὶ
Σαβείνῃ Σεβαστῇ [τῇ νέᾳ Δήμ]ητ[ρι ·] διέποντος τὴν ἐπαρχείαν Ποπλίου | ['Ιουεν-
τίου Κέλσου Τίτου Αὐριδίου Οἰνίου Σευηριανοῦ] ² Λαρχία Γηπαιπυρὶς Λαρχίου
Ἀσιατικοῦ θυγάτηρ τὸ [ἱερὸν σὺν τῇ εἰκόνι Θεοῦ Καίσ]αρ[ος κα]ὶ τοῖς ἄλλοις
ἀγάλμασιν τοῖς ἀνακειμένοις ἐν αὐτῷ ἐξ ἐντολῆς καὶ ἀναλωμάτων | πάντων τοῦ
πατρὸς κατασκευάσασα ἀνέθηκε.

1. Ergo post annum 129 p. C., ante 138 quo Hadrianus decessit. — 2. De P. Juventio
Celso T. Aufidio Hoenio Severiano, praeside prov. Thraciae, cf. *Prosop. imp. rom.*, II.
p. 255, n. 590.

---

786. Perinthi-Heracleae. — *C. I. Gr.*, 2022; Dumont-Homolle, p. 388, n. 74ᵉ;
Kalinka, *Jahreshefte des österr. arch. Institutes*, I (1898), Beiblatt, p. 14.

Ἀγαθῆι τύχῃ· | Αὐτοκράτορα Καίσαρα | Λ. Σεπτίμιον Σεουῆρον | Εὐσεβῆ
5 Περτίνακα ‖ Σεβαστὸν Ἀραβικὸν | Ἀδιαβηνικὸν Παρθικὸ[ν] | Μέγιστον ¹ ἡ βουλὴ |
10 καὶ ὁ δῆμος τῶν | νεωκόρων ‖ Περινθίων.

1. Inter annos 199 et 210 p. Chr. n.

---

787. Heracleae-Perinthi. — Mommsen, *Eph. epigr.*, III, p. 236; Dumont-Homolle,
p. 382, n. 72ᵉ.

Ἀγαθῆ τύχη, | ὑπὲρ ὑγείας καὶ νίκης τοῦ κυρί[ου ἡμῶν αὐτοκράτορος κ(αὶ)
5 αἰωνίου | διαμονῆς Λουκίου Σεπτιμίου Σε‖ϐήρου Περτίνακος Ἀραβικοῦ Ἀδια|ϐε-
νικοῦ καὶ Μάρκου Αὐρηλίου Ἀντω|νίνου Καίσαρος ¹ καὶ τοῦ σύμ|παντος οἴκου

17

10 καὶ ἱερᾶς συγκλή|του καὶ δήμου Περινθίων νεωκέ|ρων, Μᾶρκος Ὥρου τὸν
τελαμῶνα² | τῷ Βακχείῳ Ἀσιανῶν³ ἐκ τῶν ἰδί|ων ὑπὲρ τῆς εἰς αὐτὸν ἀεὶ
15 τιμῆς | καὶ εὐνοίας ἀνέθηκεν, ἡγεμο|νεύοντος Στατιλίου Βαρβάρου, ‖ ἱερομνημο-
νοῦντος Πομπωνί|ου Ἰουστινιανοῦ καὶ ἀρχιμ(υ)στοῦν|τος Μαξίμου τοῦ Κλαυδίου,
ἱερα|τεύοντος Εὐτύχους Ἐπικτήτου⁴. | Εὐτυχεῖτε.

1. Inter annos 196, quo Caracalla Caesar factus est, et 198, quo Augustus. — 2. Intellige : lapidem cui titulus inscriptus est; cf. C. I. Gr., 2053 et 2056. — 3. Collegium cultorum dei Bacchi Asia oriundorum. — 4. Hieromnemon, archimysta, sacerdos collegii
cultorum Bacchi.

---

788. Heracleae-Perinthi. — Le Bas, 1664; Dumont-Homolle, p. 388, n. 74ᵈ.

Αὐτοκράτορα Καί|σαρα Γάιον Μέσιον | Κυίντον Δέκιον | Τραιανὸν¹ Εὐσεβῆ ‖
5 Εὐτυχῆ Σεβαστὸν | ἡ λαμπροτάτη δὶς | νεωκόρος Περινθίων | πόλις.

1. Inter annos 249 et 251 p. C. n.

---

789. Heracleae-Perinthi. — Mordtmann, *Arch. epigr. Mittheil.*, VIII (1884), p. 217,
n. 44; Dumont-Homolle, p. 391, n. 74ᵉ.

Ἀγαθῆι τύχηι. | Τὸν κτίστην καὶ σω|τῆρα τῆς οἰκουμένης | αὐτοκράτορα Καί-
5 σαρα ‖ Γ. Οὐαλ(έριον) Διοκλητιανὸν | Εὐσεβῆ Εὐτυχῆ Σ[ε]β(αστὸν)¹ | ἡ λαμπρὰ
10 Ἡρακλεω|τῶν πόλις ἀνέστησεν | ἡγεμονεύοντος τοῦ ‖ διασημοτάτου Δο|μιτίου
Δομνείνου². | Εὐτυχῶς.

1. Inter annos 293 et 305; cf. titulos insequentes. — 2. Vir aliunde ignotus.

---

790. Heracleae. — Mordtmann, *Arch. epigr. Mittheil.*, VIII (1884), p. 217-218, n. 46;
Dumont-Homolle, p. 392, n. 74ᵍ.

Ἀγαθῆι τύχηι. | Τὸν κτίστην καὶ σω|τῆρα τῆς οἰκουμένης | αὐτοκράτορα Καί-
5 σαρα ‖ Μ. Αὐρ. Οὐαλ(έριον) Μαξιμιανὸν | Εὐσεβῆ Εὐτυχῆ Σεβ(αστὸν) | ἡ λαμπρὰ
10 Ἡρακλεω|τῶν πόλις ἀνέστησεν | ἡγεμονεύοντος τοῦ ‖ διασημοτάτου Δο|μιτίου
Δομνείνου¹. | Εὐτυχῶς.

1. Cf. titulum praecedentem.

791. Heracleae. — Mordtmann, *Arch. epigr. Mittheil.*, VIII (1884), p. 217-218, n. 47; Dumont-Homolle, p. 392, n. 74ʳ.

Ἀγαθῆι τύχηι. | Τὸν ἐπιφανέστατον | Καίσαρα Γαλέριον Οὐαλ(έριον) | Μαξι-
5 μιανὸν Εὐσεβῆ ‖ Εὐτυχῆ Σεβαστὸν ἡ λαμ|πρὰ Ἡρακλεωτῶν πό|λις ἀνέστησεν
10 ἡγε|μονεύοντος τοῦ δι|ασημοτάτου Δο‖μιτίου Δομνείνου ¹. | Εὐτυχῶς.

1. Cf. nn. 789, 790, 792.

---

792. Heracleae. — Mordtmann, *Arch. epigr. Mittheil.*, VIII (1884), p. 217-218, n. 45; Dumont-Homolle, p. 391, n. 74ᴘ.

[Ἀγαθῆι] τύχηι. | Τὸν ἐπιφανέστατον | Καίσαρα Φλ. Οὐαλέριον | Κωνστάν-
5 τιον Εὐσε‖βῆ Εὐτυχῆ Σεβαστὸν | ἡ λαμπρὰ Ἡρακλεω|τῶν πόλις ἀνέστη|σεν
10 ἡγεμονεύον|τος τοῦ διασημοτά‖του Δομ(ιτίου) Δομνείνου ¹. | Εὐτυχῶς.

1. Cf. nn. 789-791. Ergo Domitius Domninus Thraciam rexit inter annum 293 quo Constantius et Galerius Caesares dicti sunt et annum 305 quo Dioclelianus se imperio abdicavit.

---

793. Heracleae-Perinthi. — Aristarchis, *Hellen. philol. syllog.*, II, p. 264; Dumont-Homolle, p. 378, n. 63.

Ῥεσκουπόρεως ¹ υἱὸν [ὁ] δῆμος καὶ οἱ σύνε|δροι τὸν ἑαυτῶν σωτῆρα καὶ εὐεργέτην.

1. Videtur esse Rhescuporis, rex Thraciae sub Augusti, dein Tiberii principatu; cf. *Prosop. imp. rom.*, III, p. 128, n. 42. Titulum initio mutilum esse non traditur.

---

794. Heracleae-Perinthi. — Mordtmann, *Arch. epigr. Mittheil.*, VIII (1884), p. 217, n. 43; Dumont-Homolle, p. 391, n. 74ⁿ.

5 .....ον | ¹ Π. Αἰ(λίου) Σεουηριαν[οῦ] ‖ Μαξίμου τοῦ λαμ|προτάτου ὑπατι-
10 κο[ῦ] | υἱὸν Πόπλιον Αἰλ. | Σεουηριανὸν | Μάξιμον ² ‖ Αὐρ. Χρῆστο[ς] |... [κατὰ
τὸ δόγμα τῆς βουλ]ῆς καὶ [τοῦ δήμου...

1. ... Ν | ΤΟΥ.. ΔΙΙΕΡΩΣΟΜ | ΣΥΛ....ΟΝ.. traditur. — 2. De P. Aelio Severiano Maximo patre cf. *Prosop. imp. rom.*, I, p. 23, n. 180; de filio, *ibid.*, n. 181.

795. Heracleae-Perinthi. — Dumont-Homolle, p. 381, n. 72ᵇ.

Ἡ βουλὴ καὶ ὁ δῆμος τῆς λαμπρο|τάτης Περινθίων πόλεως Στατεί|λιον Κριτωνιανὸν ¹ τὸν κράτιστον | ἐπίτροπον τ[ῶ]ν Σεβαστ[ῶ]ν ².

1. De Statilio Critoniano cf. *Prosop. imp. rom.*, III, p. 260, n. 596. — 2. Virum egregium, procuratorem Augustorum.

---

796. Heracleae-Perinthi. — Aristarchis, *Hellen. philol. syllog.*, II, p. 265; Dumont-Homolle, p. 378, n. 64.

   Μ. Οὔλπιον Σ[ε]|νεκίωνα Σατ[ουρ]|νεῖνον ¹ πρεσβ(ευτὴν) | Σεβ(αστοῦ) ἀντιστρά-
5 τη̣|γον τὸν τειμ[η]|τὴν ² καὶ ὑγιέστ|[α]τον ³ ἡ βουλὴ | διὰ ἄπασαν ἀρε|[τ]ὴν τὸν
10 ἑαυτῆς ‖ [εὐ]εργέτην.

1. De M. Ulpio Senecione Saturnino cf. *Prosop. imp. rom.*, III, p. 462, n. 568. — 2. M. Ulpius Senecio Saturninus videtur fuisse legatus Aug. pr. pr. ad census accipiendos. — 3. Ita traditur. Forsitan [ἐπι]στ[ά]τ[η]ν, vel tale quid, ut nos monet Haussoullier.

---

797. Heracleae-Perinthi. — Dumont-Homolle, p. 378, n. 64ᵃ.

   Τὸν λαμπρότατον καὶ ἁγνότατον | ἡγεμόνα Μ. Οὔλπιον [Σε]νεκίωνα Σα|τουρ-
5 νῖνον ¹, τὸν τῆς ὁμονοίας τῶν | πόλεων προστάτην, ἡ λαμπροτάτη ‖ μητρόπολις
τῆς Ἀσίας νεωκόρος | Κυζικηνῶν πόλις, διὰ τῆς περὶ αὐ|τὴν εὐεργεσίας, ἐπιμε-
λη̣.τος | τῆς ἀναστάσεως τοῦ ἀνδριάντος | Μ. Αὐρ. Ἀμεριμνου σειτοφύ-
10 λακος ² ‖ τῆς πόλεως.

1. Cf. titulum n. 799. — 2. Curatoris frumenti publici.

---

798. Heracleae-Perinthi. — Dumont-Homolle, p. 384, n. 72ᵏ.

   Ἡ πόλις | τὸν πρῶτον τῆς πόλεως | καὶ τῶν Ἑλλήνων ¹ Μ. Αὐρ. Θεμιστ|ο-
5 κλέα, ἱππικὸν ², γραμματέα μόνον, ‖ Ἐφεσί[ω]ν α΄ ³ καὶ Ἀσι[ά]ρχ(ην), Αὐρ.
Ἡρκλᾶς τὸν ἑαυτοῦ | συνήγορον καὶ προστάτην ⁴, ψ(ηφίσματι) β(ουλῆς).

1. Verisimile est multos homines Graecos Heracleae-Perinthi incolas fuisse sicut in aliis Thraciae urbibus, inter quos, simul atque inter cives, M. Aurelius Themistocles hic dicitur primas partes obtinuisse. — 2. Equitem romanum. — 3. Primum Ephesiorum. — 3. Defensorem et patronum.

799. Heracleae-Perinthi. — Dumont-Homolle, p. 384, n. 72ʰ.

Ὁ δῆμος | Πόπ[λ]ιον Κοσίνιον | Ποπ[λ]ίο[υ] υἱόν Καπίτωνα, ἀγορανομή-
σαντα ἐπιμελῶς.

---

800. Heracleae-Perinthi. — Le Bas, 1465; Dumont-Homolle, p. 389, n. 74ᵉ.

Ἀγαθῇ τύχῃ. | Ἡ βουλὴ καὶ ὁ δῆμος | ἐτείμησεν Πό(πλιον) Αἴλιον |
5 Ἀρποκρατίωνα τὸν καὶ ‖ Πρόχλον, τὸν τὸ Τύχαιον ¹ | κατασκευάσαντα,
Ἀλεξαν|δρεῖς οἱ πραγματευόμενοι | ἐν Περίνθῳ ² τὸν ἀνδριάντα | ἀνέστησαν
τειμῆς χάριν.

1. Templum deae Tyches vel Fortunae. — 2. Perinthi, quemadmodum Tomis, degebant Alexandrini negotiatores.

---

801. Heracleae-Perinthi. — Mommsen, *Eph. epigr.*, II, p. 252; Dumont-Homolle,
p. 377, n. 62ᶠ.

[Τι]βέριος Ἰ[ο]ύλιος [Τ]ουλ[λ]ος, στρατηγὸς Ἀστικῆς (τῆς) περὶ | Πέρινθον ¹,
εὐχαριστήριον.

1. Astike prope Perinthum una erat ex Thraciae strategiis.

---

802. Heracleae. — Mordtmann, *Arch. epigr. Mittheil.*, VIII (1884), p. 219, n. 49,
Dumont-Homolle, p. 392, n. 74ᵃ.

.... [νεικήσαντα ἱεροὺς ἀγῶνας τοὺς ὑπογεγραμμένους]....... ...λια,
Πύθια ἐν Χαρταγέννῃ, | Ἄκτια ἐν Περίνθῳ, Πύθια | ἐν Περίνθῳ, Πύθια ἐν
5 Φιλιπ|ποπόλει, ἱερὸν Κόρης ἰσο‖πύθιον ἐν Κυζίκῳ, ...|... Πύθια ἐν Τρωάδι,
Ἀλε|ξάνδρεια Ὀλύμπια ἐν Βεροίᾳ ¹, | Ἀδριανὰ Ὀλύμπια ἐν Κυζίκῳ, | Πύθια
10 ἐν Καλχαδόνι, κοινὰ ‖ Βειθυνίας ἐν Νεικομηδείᾳ.

1. Ex agonibus hoc titulo memoratis plerique jam noti sunt (cf. *C. I. Gr.*, Indices,
p. 42 et O. Liermann, *Anal. epigr. et agonist.*, p. 221 et seq.). Pythia Carthagine celebrata memorat Tertullianus (*Scorpiac.*, 6).

803. Heracleae.ˉ — Mordtmann, *Arch. epigr. Mittheil.*, VIII ˉ(1884), p. 222, n. 52 ; Dumont-Homolle, p. 393, n. 74ᵛ.

M. Ἀπούστιος Ἀγρίππας πραγματικὸς [1] ζήσας ἔτη μ´ · χαῖρε καὶ σύ.

1. Actor.

---

804. Heraclae-Perinthi. — Kalinka, *Jahreshefte des österr. arch. Institutes,* I (1898), Beiblatt, p. 109, n. 4.

Αὐρ. Ἐρασεῖνος Ἐρασείνου Περίνθιος | φυλῆς τετάρτης Εὐανθίδος [1] ζῶν καὶ
φρο|νῶν κατεσκεύασα τὸ ὑπόρυχτον ἐμαυ|τῷ καὶ τῇ γλυκυτάτῃ μου συνβίῳ
5 Κλαυδίᾳ Τιβερίᾳ Σωστράτᾳ Σωστράτου · ἐξὸν δέ μοι | ἔστω ζῶντι καταθέσθαι
ὃν ἂν βούλομαι · | μετὰ δὲ τὴν τελευτήν μου μηδενὶ ἐξὸν εἶ|ναι ἕτερόν τινα
10 ἐξωτικὸν τεθῆναι, ἐπεὶ | δώσει τῇ πόλει δηνάρια β´ καὶ τοῖς κληρονό||μοις μου
δηνάρια β´. Χαῖρε, παροδεῖτα.

1. Perinthi civitatis territorium per tribus divisum erat, quarum unicuique attributa
esse videntur et numerus et nomen ; cf. *Jahreshefte des österr. arch. Inst., ibid.,* n. 5 :
Περίνθιος φυλῆς Εὐανθίδος ; *ibid.,* p. 111, n. 7 : Περίνθιος φυλῆς β´ et supra, φυλὴ τετάρτη.

---

805. Heracleae-Perinthi. — Le Bas, 1468 ; Dumont-Homolle, p. 389, n. 74ʰ.

Βεττίδιος Εὐτυχιανός, Περίνθιος | βουλευτὴς [1], ἔθηκα τὴν σορὸν Αὐρ. |
5 Χρήστῳ. Ὃς δ´ ἂν τολμήσει ἕτερον | καταθέσθαι κατὰ αὐτὸν, || δώσει τῇ πόλει
δηνάρια ,βφ´.

1. I. e. decurio Perinthi.

---

806. Heracleae-Perinthi. — Mommsen, *Eph. epigr.,* III, p. 234, n. 7 ; Dumont-Homolle,
p. 396, n. 74ᶻ⁷.

*In sepulcro quod sibi et conjugi paravit Aurelia quaedam Asclepiodote,
post 8 versus legitur :*

10 ὃς ἂν δὲ ἕτερ[ο]ν, || [δ]ώσει τῷ τ(αμείῳ) δηνάρια φ´ [1] καὶ | τῇ πόλῃ δηνάρια
.φ´. | Χαῖρε, παροδεῖτα.

1. Cf. *Arch. epigr. Mittheil.,* VIII (1884), p. 223, n. 57, τῷ ταμείῳ καὶ τῇ πόλει ἑκάστῳ
δηνάρια ,βφ´ ; *Jahreshefte des österr. arch. Instit.,* I (1898), Beiblatt, p. 108, n. 3 : τῷ ταμείῳ
δηνάρια φ´.

807. Heracleae-Perinthi. — Aristarchis, *Hellen. philol. syllog.*, II, p. 263 ; Dumont-Homolle, p. 378, n. 65.

In sepulcro quod sibi et conjugi et liberis paravit Aurelius quidam Eutyches, Symphori f., Perinthius, post 6 versus legitur :

10 Εἰ δέ τις | τολμήσει ἕτερον | καταθέσθαι, δώσει ‖ τῇ πόλει δηνάρια φ' καὶ τῇ | τέχνῃ τῶν λιθουρ|γῶν ¹ δηνάρια φ'. Χαῖρε, πα|ροδεῖτα.

1. Corpus lapidariorum.

---

808. Heracleae-Perinthi. — *C. I. L.*, III, 7399.

Ti. Claudius Siluan(us) | uixit an. XXVI, d. IIII.

Τι(6ερίῳ) Κλαυδίῳ Σιλ6ανῷ | ὅστις ἔζησεν ἔτη κς', ἡ(μέρας) δ'.

---

809. Heracleae-Perinthi. — Mordtmann, *Arch. epigr. Mittheil.*, VIII (1884), p. 221, n. 51 ; Dumont-Homolle, p. 393, n. 74ᵘ.

Οὔνομά μοι πατρὸ[ς ἦν ¹....
καὶ πόλις Ἀργαίου...
Ῥωμουλὶς ἦν μοι σ[ύμ6ιος].... ²
οὔνεχα Ῥωμαίων ε...
Νῦν δέ με μοῖρα βρό[των...
ἔλλα6ε πρὶν τελ[έσαι...
Ἀλλ' ἄγε, μῆτερ ἀνασ...
πηγάς μοι γοερῶ[ν...

1. Traditur ΠΑΤΡΟΕΠ. Correxit Haussoullier. — 2. Traditur ΜΟΙΣΙΕ. Correxit idem.

---

810. Perinthi? — Egger, *Annali*, 1868, p. 133 et seq. ; Dumont-Homolle, p. 441, n. 110ᵇ.

Τὸν πρὸ πύλαις Ἥρωα, | τὸν ἄλκιμον ἐν τριόδοισιν, |
τὸν κλεινὸν ναέτου θῆκαν ἐρι|σθενέος
5 Κλαυδιανοῦ πρὸ δόμοισι ‖ σοφοτεχνήιες ἄνδρες ·
τεῦξαν ὁμῶς | γλυφικῆς ἀμφὶ καὶ εὐγραφίης
κλειτὸς | ὁ σὸς Καπίτων γλύψας, γράψας δὲ φίλος | σοι

Ἰανουάριος θεράπων, εἵνεκεν εὐσεβί|ης.

10   Ζώγρε[ι], δέσποτ' ἄναξ, τὸν σὸν ναετῆρα ‖ μεθ' ἡμῶν
Κλαυδιανὸν, Θρηκῶν πρῶτον | ἐν εὐσεβίῃ.
Ὀρφίτῳ καὶ Σοσ|σίῳ Πρείσκῳ ὑπάτοις, εἴδοις νοεμβρίοις ¹...

1. Die XIII mensis Novembris, anno p. C. n. 149.

---

811. Bisanthi. — P. Kerameus, *Hellen. philol. syllog.*, 1886, p. 90, n. 6; Dumont-Homolle, p. 409, n. 83¹.

In sepulcro quod sibi et conjugi et liberis paravit Zoilus quidam,
post 4 versus legitur :

Εἴ τις ἂν τολμήσει ἕτε|ρον καταθέσθαι, δώσει τῷ φίσ|κῳ δηνάρια ,αφ' καὶ τῷ
ἐνσορίῳ δηνάρια φ'.

---

812. Chorae. — Le Bas, 1457; Dumont-Homolle, p. 421, n. 89ᵃ.

[Ὑπὲρ νίκης....... αὐτοκρ|ατό]ρων [Οὐαλ(ερίου) Δ]|ιοκλητιανο[ῦ] | καὶ Μαξι-
5   μια[νοῦ] ‖ τῶ[ν] Σεβαστ[ῶν] | καὶ Κω[ν]σταντ[ίου] | καὶ Μαξιμι[ανοῦ] | τῶν
ἐπιφανε[στάτων] | Καισ[άρων ¹...

1. Inter annos 293 et 305 p. C. n.

---

813. Peristasi. — *C. I. Gr.*, 2018; Seure, *Bull. de corr. hellén.*, XXIV (1900), p. 166-167.

5   Ἐπὶ τῶν δε|σποτῶν ἡ|μῶν | Διοκλητιανοῦ ‖ κὲ Μαξιμιανοῦ | Σεβα(σ)τῶν κὲ |
10 τῶν ἐπιφα|νεστάτων | Κεσάρων ‖ Κωνσταντίου | κὲ Μαξιμια[νοῦ] ¹, | ἄγρου
Σε[ικ]ο | ...τηνῶν ὅρο[ς] ἕως ὧδε.

1. Inter annos 293 et 305.

---

814. Callipoli. — Le Bas, 1444; Dumont-Homolle, p. 430, n. 100ᶜ.

Αὐτοκράτορα Κ[αίσ]αρα Θεοῦ Τραι|ανοῦ Παρθικοῦ υἱὸν Θεοῦ Νερούα |
υ[ἱω]νὸν Τραιανὸν ['Αδρ]ιανὸν Σεβαστ[ὸ]ν, | ἀρχιερέα μέγιστο[ν, δ]ημαρχικῆς
5   ἐξου|σίας τὸ η' ¹, ὕπατο[ν τὸ γ'].

1. Ann. p. C. n. 124.

815. Callipoli. — Dumont-Homolle, p. 436, n. 100²⁴; Besset et Mendel, *Bull. de corr. hell.*, XXV (1901), p. 325, n. 2.

Ἡ βουλὴ καὶ ὁ δῆμος | Γ. Ἰούλιον Ἄβρου | υἱὸν Φαβίᾳ Ὕμνον, | γυμνα-
5 σιαρχήσαν‖τα ¹, ἐκ τῶν ἰδίων | ἐτείμησεν.

---

816. Callipoli. — Dumont-Homolle, p. 432, n. 100¹.

Ὁ δῆμος Λούκιον Φλάουιον Βαλώνιον Πολλίωνα | τὸν πρῶτον τῆς πόλεως,
εὐεργέτην πατρίδος | διὰ βίου καὶ πολλῶν καὶ μεγάλων ἀγαθῶν | α[ἴτι]ο[ν]
γεγονότα.

---

817. Callipoli. — Fontrier, *Bull. de corr. hellén.*, I (1877), p. 409-410; Dumont-Homolle,
p. 432, n. 100ᵐ.

Ἐπὶ ἱερέως Καίσ[αρ]ος... Λευκίου Φλαβίου | τὸ δεύτερον, οἱ διχτυαρχ[ή]σαν-
τε[ς] καὶ τε[λετ]|α[ρχ]ήσαντες ¹ ἐν τῶι Νε[ι]λαίωι — ἀρχωνοῦντος Πο|πλίου
5 Ἀουίου Λυσιμάχου · διχ[τ]υαρχούντων Ποπλίου Ἀουίου ‖ Λυσιμάχου, Ποπλίου
Ἀουίου Ποπλίου υἱοῦ Ποντιχοῦ, Μάρ|χου Ἀπιχίου Κουαδράτου, Ἐπαγάθου τοῦ
Ἀρτεμιδώρου, | Ποπλίου Ἀουίου Βείθυδος · | σκοπιαζόντων Ἐπαγάθου | τοῦ
10 Ἀρτεμιδώρου, Ποπλίου Ἀουίου Βείθυδος · ‖ [χ]υβερνών|των Σεχο[ύν]δου τοῦ
Ἀουίου Λυσιμάχου, Τυβελλίου Λ... | Λαίτου · | φελ[λ]οχαλαστοῦντος Το[γ γι-
15 λίου Κόσμου · ἐφη|μερεύοντος Κασσίου Δαμασίππου · ‖ ἀντιγραφομέν|ου
Σεχο[ύν]δου τοῦ Ἀουίου Λυσι[μάχ]ου · | λεμβαρχ[ούν]|των Ἀσχλη[πί]δου τοῦ
Ἀσχληπίδου, Ἑρμαίσχου τοῦ Ἀ|ουίου Λυσι[μάχ]ου, Εὐτύχου τοῦ Ἀουίου Βεί-
20 θυδος, ‖ Μενάν[δρου τοῦ] Λευκίου, Ἱλάρου τοῦ Ἀσχληπιάδου — | συνναῦται.

1. Plerisque eorum qui hunc titulum tractaverunt inter quos novissime M. Rostowzew
(*Geschichte der Staatspacht in der römischen Kaiserzeit*, p. 86 in *Philologus, Ergänzungs-
band*, IX, p. 414) οἱ διχτυαρχήσαντες καὶ τε[λων]αρχήσαντες συνναῦται sunt viri qui piscatum et
telonium quoddam conduxerant in ora Hellesponti. Foucart autem qui propter verba
ἐν Νειλαίῳ pro τε[λων]αρχήσαντες complevit τε[λετ]αρχήσαντες opinatur eos sociatos fuisse ad
sacra agenda in honorem Isidis (*Recherches sur l'origine et la nature des mystères d'Eleusis*, p. 37) : « La cérémonie est purement égyptienne. Elle a pour objet de représenter
Isis sur sa barque de papyrus, cherchant et repêchant les membres d'Osiris jetés dans
le Nil par Typhon; c'était la scène principale des mystères d'Isis. Le Nilaeum était une
pièce d'eau dans laquelle on avait versé un peu d'eau du Nil et qui simulait le lac sacré
sur lequel Hérodote vit représenter les malheurs d'Osiris. En tête du texte sont inscrits

ceux qui avaient joué un rôle principal : le chef du collège, ἀρχωνῶν; cinq chefs pour la
manœuvre des filets, δικτυαρχοῦντες; deux guetteurs, σκοπιάζοντες; deux pilotes, κυβερνῶντες;
un homme chargé de la mise à l'eau du filet, φελλοκαλαστῶν; un veilleur, ἐφημερεύων; cinq
patrons de chaloupe, λεμβαρχοῦντες; un contrôleur, ἀντιγραφόμενος. Bien entendu, c'est une
pêche simulée, faisant partie d'une fête d'initiation. »

---

818. Callipoli. — P. Kerameus, *Hellen. philol. syllog.*, 1886, p. 105 ; Dumont-Homolle,
p. 436, n. 100²².

T. Κλαυδίου Ἀνδρονείχου | Λαοδιχέος, | ἱστοριογράφου ¹.

1. T. Claudius Andronicus, Laodicea oriundus, historiarum scriptor.

---

819. Callipoli. — Mordtmann, *Athen. Mittheil.*, VI (1881), p. 259, n. 8 ; Dumont-
Homolle, p. 434, n. 100¹.

```
 5  Αὐρ. Κάρπος | ἑαυτῷ | χὲ τῇ [γ]υ|νεχί μου ‖ χὲ τοῖς τέ|χνοις. Εἰ δέ | τις
10  ἕτερος | βουλήθη | ἀν[οί]ξι, δώσει ‖ τῷ ἱερῷ τα|μείῳ <δώσει> | [δ]ηναρίων
15  μυ|ριάδες τρι[α]χο|σίας ‖ χὴ τῇ πόλει δη|ναρίων μυριάδες ἑχατόν.
```

---

820. Sesti. — Michel, *Rec. d'inscr. gr.*, 327 ; Dittenberger, *Orientis graeci inscr. selectae*,
n. 339.

Decretum civitatis Sesti in honorem Menantis cujusdam, Menetis filii, qui de patria
sua optime meritus est. Inter multa beneficia, quae in civitatem contulit, haec memorare
satis erit :

τὰς τε πρεσβείας ἀνεδέχετο προθύμως πρός τε τοὺς στρατηγοὺς τοὺς ἀποστελ-
λομένους ὑπὸ Ῥωμαίων εἰς τὴν Ἀσίαν ¹ χαὶ τοὺς πεμπομένους πρεσβευτὰς ἐν
αἷς ἐν οὐδενὶ καθυστέρησεν ὁ δῆμος ²...

1. L. Licinius Crassus Mucianus, M. Perperna, M. Aquillius, qui annis 132-129 a. C. n.
exercitibus Romanorum in Asia praefuerunt. — 2. Hic, auctore Dittenberger, videtur agi
de quinque legatis Romanis in Asiam missis, quo tempore Aristonicus bellum contra
Romanos inchoavit (Strab., XIV, 1, § 38). Foucart autem (*La formation de la province
romaine d'Asie* in *Mém. de l'Acad. des Inscr.*, XXXVII, p. 324, not. 2) animadvertit in
titulo primum legatorum, imperatorum vero nomina secundo loco posita esse ; quum
ergo primus ex iis, Crassus, in Asiam anno 132 demum venerit, eos legatos, qui ante
citati sunt, potius eos esse credit quos senatus ad constituendam provinciam cum M'
Aquilio miserat.

821. Sesti. — Hauvette, *Bull. de corr. hellén.*, IV (1880), p. 517; Dumont-Homolle, p. 455, n. 111ᶜ⁸.

Ὁ δῆμος | Ἰουλίαν Θεὰν Αὐτοκράτορος | Καίσαρος Θεοῦ υἱοῦ Σεβαστοῦ [1].
Ὁ δῆμος | Μᾶρκον | Ἄγριπ[παν].

1. Julia, Augusti filia, Agrippae uxor.

---

822. Coelae. — Le Bas, 1450; Dumont-Homolle, p. 448, n. 110ᶜ.

..... Κοιλανῶν πόλεως | τὸν πρώτως ἀχθέντα | παίδων πάλην, | ἐπιτροπεύον-
5 τος τῆς ‖ ἐπαρχείας Φλ. Εὐγενέτορος [1].

1. De Flavio Eugenitore cf. *Prosop. imp. rom.*, II, p. 68, n. 180.

---

823. Coelae. — Hauvette, *Bull. de corr. hellén.*, IV (1880), p. 514; Dumont-Homolle, p. 448, n. 110ᶜ².

In sepulcro quoa sibi et conjugi et liberis paravit quidam Catius Tiberius,
post 3 versus, legitur :

5 εἰ δέ τις ἀνύξας ἕτερον ‖ νεκρὸν βαλεῖ, δώσει τῷ φίσκῳ | δηνάρια ͵βφ΄ κὴ τῇ
Κοιλανῶν πόλει | δηνάρια ͵βφ΄.

---

824. Madyti. — Hauvette, *Bull. de corr. hellén.*, IV (1880), p. 507; Dumont-Homolle, p. 450, n. 111ᶜ¹. — Fragmenta duo ejusdem tituli.

A .....λοπου? [1] [π]ατρὸς ἐπι[τ]ρό[που Θράκης?] | πεμφθέντι ἐπὶ στρατολογίαν
ἀπὸ Ῥωμ[αίων], εἰς τὴν αὐτὴν ἐπαρχίαν [2], χειλιάρχῳ...
B .....ἐ[π]άρχ]ῳ εἴλ]ης β΄ Παννονίων, ἡγη|σα]μένῳ δεκαπόλεως τῆς ἐν
Συρίᾳ, τετει[μη]|μένῳ δώροις στρατιωτικοῖς πᾶσιν ἕν τε τ[ῷ | Δ]ακικῷ πολέμῳ...

1. Traditur ΛΛΟΙΙΟΙ. — 2. Missus in Thraciam ad dilectum agendum.

---

825. Madyti. — Alexoudis, *Hellen. philol. syllog.*, IV (1865-1870), p. 124, n. 3; Dumont-Homolle, p. 449, n. 111ᵃ.

5 Μουχιανὴ | Μουχίῳ Σού|σου πατρὶ ἰδ|ίῳ ἔθηκεν · ‖ ἐὰν δέ τις | ἕτερος ἀνοίξῃ
τὴν | σορόν, δώσει τῷ φίσκῳ δηνάρια ͵αφ΄.

826. Aeni. — Dumont-Homolle, p. 437, n. 103.

Αὐρήλιος, ναύκληρος ¹, θ[ε]ραπευτὴς τοῦ φιλαν|[θρ]ώπου θεοῦ Ἀσκληπιοῦ.
Τά σοι λεγόμενα ταῦτ[α · | Ὅτ]αν ἀποθάνῃς, οὐκ ἀπέθανες, ἡ δὲ ψυχή σου.......|
5 [ἀν]αχωρῆσαι, ἀνγεῖον....... ² ‖ ....ωσιν ἀπέλαβες τῆς ἀποδημί[ας]....|.....³.

1. I. e. navicularius. — 2. Traditur ΑΝΓΕΙΟΝΒΩΜΩΤΟΝΙΝΑΣΟ. — 3. V. 11, traditur... ΝΓΟΥΠΟΥΕΤΙ.

827. Aeni. — Deville, *Annuaire des études grecques,* 1873, p. 96, n. 2; Dumont-Homolle,
p. **438,** n. 105ᶜ.

5 [Ἀγαθῇ τ]ύχῃ..|............ανην | [Τραγκουλ]λεῖναν | [Σαβεῖν]αν ¹ Σεβα‖[στὴν
ἡ βο]υλὴ καὶ | [ὁ δῆμος] ὁ Αἰνίων.

1. Furia Tranquillina Sabina, conjux imp. M. Antonii Gordiani Aug.

828. In vico nunc dicto Dédé-Agatch. — Deville, *Annuaire des études grecques,* 1873,
p. 97, n. 5; Dumont-Homolle, p. 440, n. 110ª.

[Ἀγα]θῇ τύχῃ. | [Ὑπὲρ σωτηρίας] καὶ [νίκης | αὐτοκρατόρων Καισάρων]
5 Λ. | [Σεπτιμίου Σεουήρο]υ Περτίνα‖[κος καὶ Μ. Αὐρηλίου Ἀ]ντωνείνου | [Σεβασ-
τῶν καὶ Π. Σεπτιμίου Γέτα | Καίσαρος..... κ]αὶ Ἰουλία[ς | Δόμνας
10 Σεβαστῆς καὶ Πλαυτίλλας | καὶ σύμπαντος α]ὐτῶν οἴκου, ‖ [ἡγεμονεύοντ]ο[ς]
τῆς Θρακῶν ἐ|[παρχείας] Κ. [Σ]ικινίου [Κ]λάρου ¹ Πο| .... πόλεως
15 φυλή |....... [ἀρχο]μένη ἀπὸ ταύτης | τῆς στήλης τὰ [ἐξῆς μείλια γ' ‖ ....
σ]τήλης κ.....|........ωμαι|..... μα..ρι...| ..σ....

1. Cf. supra n. 766.

829. Maroneiae. — S. Reinach, *Bull. de corr. hellén.,* VIII (1884), p. 52, n. 46; Dumont-
Homolle, p. 445, n. 110ᵇ⁷.

Ὁ δ[ῆμος | βασι]λέα Θρᾳ[κ]ῶν Ῥοιμη[τάλκην ¹ | Κ]ότυος υἱὸν, τὸν | [Βιστ]ό-
νων ² εὐεργέτην.

1. Rhoemetalces III, Cotyis filius, de quo cf. *Prosop. imp. rom.,* III, p. 131, n. 52. —
2. Bistones, Thraciae populus.

830. Maroneiae. — Deville, *Annuaire des études grecques*, 1873, p. 96, n. 3 ; Dumont-Homolle, p. 445, n. 110ᵇ⁸.

5   Αὐτοκράτο|ρα Τραιανὸν | Ἀδριανὸν | Καίσαρα Σεϐ‖αστὸν, τὸν σω|τῆρα,
ὁ δῆμος.

---

831. Maroneiae. — S. Reinach, *Bull. de corr. hellén.*, V (1881), p. 93, n. 17; cf. VIII (1884), p. 51; Dumont-Homolle, p. 446, n. 110ᵇ¹⁷.

5   Ἀγαθῇ τύχῃ | Ἱερεὺς Διὸς | καὶ Ῥώμης, Δι|ονύσ<ι>ου καὶ ‖ Μάρωνος ¹, |
Αὐρ. Τάρσας | Μύρωνος.

1. De Marone deo, qui nonnunquam Dionysi filius dictus est, cf. Roscher, *Lex. der Mytholog.*, s. v. *Maron*.

---

832. Prope Abderam. — *C. I. L.*, III, 7378.

Ἥρωι Αὐλωνείτῃ ¹ θυσιασταὶ περὶ ἱερέα Ποπ(ί)λλιον Ζείπαν.
Heroi Aulonite ¹ cultores sub sacerd. Popil(lio) Zep[a].

1. Herōs, deus maxime apud Thracas veneratus; Aulonites, cognomen dei.

INSULAE MARIS THRACICI

THASUS

833. Thasi. — Miller, *Rev. arch.*, XXV (1873), p. 155.

Θεᾶι Ῥώμηι καὶ Αὐτοκράτορι Καίσαρ[ι Θεοῦ υἱῶι] | Θε[ῶι] Σεβαστῶι καὶ τῆι πόλ[ει τῆι Θασίων] | Εὔφρι[λ]λος Σατύρου καὶ Ἑκατ[αῖος.....] | τὸ μαρμάρινον 5 στρῶμα τοῦ ναο[ῦ · κατεσκεύασεν δ'] ‖ ἐκ τῶν ἐπιδεδομένων ὑπ' αὐ[τῶν δωρεῶν] | Θ[α]ρσήνωρ Ἡγησιπόλεως φιλόκαισαρ κ[αὶ φιλόπατρις [1]].

1. Cf. infra n. 836 ; φιλορωμαῖος. Miller.

---

834. Thasi. — Conze, *Reise auf den Inseln des thrakischen Meeres*, p. 18.

Πολιάδης Σωσίωνο[ς] υ(ἱ)ὸς τῆς γερουσίας καὶ ἀρχιερεύς [1]. Χαῖρε.

1. Sacerdos Romae et Augusti.

---

835. Thasi. — Miller, *Rev. arch.*, XXXVII (1879), p. 282.

A. Ὁ δῆμος | Ἰουλίαν Καίσαρος Σεβαστοῦ | θυγατέρα τὴν ἀ[πὸ] προγόνων [2] | εὐεργέτιν.

B. Ὁ δῆμος | Λειβίαν Δρού[σιλλαν τὴ]ν τοῦ Σεβαστοῦ Καίσαρος | γυναῖκα [2] 5 θεὰν εὐεργέτιν | Ἰουλίαν Μάρκου Ἀγ[ρ]ίππου θυγατέρα [3] ‖ ὁ δῆμος.

1. Julia Augusti filia. — 2. Traditur ΑΓΑΠΡΟΓΟΝΩΝ. — 3. Traditur ΔΡΟΥ MANTIN. — 4. Livia, conjux Augusti. Traditur ΓΥΝΑΙΚΑΝ. — 5. Julia, filia Juliae supra honoratae et Agrippae.

---

836. Thasi. — E. Jacobs, *Athen. Mittheil.*, XXII (1897), f. 131, ex codice Cyriaci Ancon., f. 15.

Ἡρακλέων Διοσκουρίδου φιλό|καισαρ καὶ φιλόπατρις, Δηλίων | Φιλίππου

5 φιλόκαισαρ καὶ φιλόπα|τρ[ις], Δηλίων Ἀντίφαντος φιλέ‖καισαρ καὶ φιλόπατρις,
Πανκρα|τιάδης Ἀπολλ(ω)νίου φιλόκαισαρ | καὶ φιλόπατρις, Φίλιππος Φιλίπ|που
10 φιλόκαισαρ καὶ φιλόπατρις, | Ἀντίπατρος Δημοσ(θ)ένους φιλέ‖καισαρ καὶ φιλόπα-
τρις, Πόπλιος | Τάδιος Σώσιμος φιλόκαισαρ καὶ | φιλόπατ[ρ]ις, Ἀρχέας Ἀριστο-
15 κρά|τους φιλόκαισαρ καὶ φιλόπατρις, | Φιλόφρων Ἑκαταίου φιλόκαισαρ ‖ καὶ
φιλόπατρις.

---

837. Thasi. — Miller, *Rev. arch.*, XXXVII (1879), p. 286.

[Κ]όρα[ξ] Μελησ[ιδή]μου.... | Ι.. ος Μελησιδήμο[υ | φιλ]οκαίσαρες καὶ φιλο-
πάτριδες, | Ἱπποκράτης Κτησιφῶντος.

---

838. Thasi. — Miller, *Rev. arch.*, XXVII (1874), p. 325.

Αὐρ. Φορτουνᾶτος Φορτουνάτου ευρας[1].... ευεργ[... ἔτε]|σιν ἑπτὰ, βενεφιχιά-
ριος δέ ἔτεσιν ἕνδεκα, προσφιλὴς, χαῖρε.

1. Ita Miller : EYPAϹ... Fuisse videtur potius ϹTPAT (στρατευσάμενος).

---

839. Thasi. — Miller, *Rev. arch.*, XXV (1873), p. 41.

Ῥουφῖνος Γερμα|νοῦ, οἰωνοσκόπος [1] | Ἄραψ πόλε[ω]ς ἐπιτι|μίας Κανώ[θα [2]]
5 Γερμα‖νῷ τῷ ὑ(ι)ῷ ζήσαντι | ἔτη κϛ′, μνήμης | χάριν.

1. Augur. — 2. Urbs Arabiae, prope Bostram.

---

840. Thasi. — Newton, *Greek inscr. on the British Museum*, 207.

A. [Ἐσ]σεδάριοι [1] · | ..... Ἑκαταίας [2] | ἐνίχα α′?, ἀπελύθη [3]. | Αἰγίπαν Ἑκα-
5 ταίας ‖ νι(κῶν) θ′, στε(φανῶν] αι′ [4].
B. Μορμίλλονε[ς] [5] · Τυνδάρεως Ἑκαταία[ς] | ἐνίχα γι′ [6], | ἀπελύθη. | ..... ‖
5 Ἑκατα[ίας ἐνίχα.....

1. Essedarii, genus gladiatorum. — 2. Ea cujus familia gladiatoria erat. — 3. Libe-
ratus est. — 4. Victoriarum IX, coronarum XI. — 5. Murmillones. — 6. TI lapis.

841. Thasi. — E. Jacobs, *Athen. Mittheil.*, XXII (1897), f. 133, ex codice Cyriaci Ancon., f. 16.

Θεοδώρα Ψλάκκου ἀνθοφορίσασα [1] | ἐτῶν π′ προσφιλής · μηδενὶ ἴσον [2] | εἶναι
5 εἰς τοῦτο τὸ σορεῖον ἀπο(θέσθαι) ἐτε|ρο[ν] πτῶμα ἢ δοῦναι πρόστειμον ‖ τῷ ἱερῷ
ταμείῳ δηνάρια ,βϟ′ καὶ τῇ | πόλει δηνάρια ,βϟ′.

1. Theodora Flacci f. fuit ἀνθοφόρος; de quo ritu, in sacris cereris, Proserpinae et aliarum etiam memorato cf. Pauly-Wissowa, *Realencyclopädie* et Daremberg-Saglio, *Dictionnaire des Antiquités,* sub v. *Anthesphoria.* — 2. Vel ἐξόν.

---

842. Thasi. — E. Jacobs, *Athen. Mittheil.,* XXII (1897), p. 135, ex codice Cyriaci Ancon., f. 16.

Post 3 versus :

5 εἰ δέ τις τολ▌μήσει ἕτερον ἀποτεθῆναι δώ|σε[ι] ἱερωτάτῳ ταμείῳ δηνάρια ,ε.

SAMOTHRACE

843. Lapis Constantinopoli inventus, quo allatus esse, forsitan Samothrace, videtur.
— Kalinka, *Jahreshefte des österr. arch. Institutes*, I (1898), p. 31-34. Cf. Hiller von Gär-
tringen, *ibid.* (Beiblatt), p. 89 et seq.

Κώιων ¹. | Ἀγ[ουμ]έ[ν]ου τοῦ στόλου παντὸς Αὔ|λου Τερε[ν]τίου Αὔ[λ]ου υἱοῦ
5 Οὐάρρωνος | πρεσβευτᾶ ², ν[α]υαρχοῦντος ³ Εὐδά‖μου τ[οῦ.......], τριηραρχοῦν-
τος ⁴ Κλε|ονίκου [τοῦ] Εὐ[κ]ά[ρ]που · τετρήρεως ⁵ ἅι ἐπ[ι|γ]ραφὰ......, [ἔργου
Πε]ισιστράτου το[ῦ | Ἀ]λιο[δ]ώρο[υ, κυβερνάτα]ς ⁶ Κα[ρκιμένη]ς Ἀριστ[ω|νύμου,
10 πρωρε[ὺς ⁷ Τίμ]ω[ν Γ]λαύ[κου, κελ]ευστὰ[ς ⁸ ‖ Ἀρι]στοκ[ράτης δὶς, πεν]τη-
κ[όνταρ]χ[ο]ς ⁹ Ἀγήσα[ν|δρ]ος Ἐ[ργοτέλο]υς, ἰατρὸς ¹⁰ ....νος Θευγένο[υ ·] |
ἐπιβάται ¹¹ | [Δ]αμόκριτος Ἐκφαν[τί]δα, Θ[ρ]ασύδαμος Θρασυμ[ά]|χου, Νικ[ο]-
15 κ[λῆς] Κ[λ]ε[ινία, Ἐπι]κ[ράτη]ς Τελεσικράτ[ου], ‖ Τιμό[θε]ος β΄, Ἀν[τίοχος
Εὐφά]ν[ο]υ, Νικ[αγ]όρας β΄ τοῦ | Θρασυάνδρ[ο]υ, [Ξ]ενοδ[όκ]ος Τιμοκράτου,
Ἡραγόρας | Πραξιφάντου, [Ξ]ενοδό[κος Ἐ]γχεκρατίδου, Νόσσων | Τιμοκλεῦς,
[Ξε]νότιμος [Κρά]τευς, Κα[λλ]ικράτης Ἀρισ[το|π]άππου, Νικαγόρ[α]ς [Δ]ιογέ-
20 [ν]ο[υ, Νι]κόμαχος β΄ τοῦ Ἀνα[ξί‖λ]α, Ἀντίγονος [Ἀντάν]δρου, Κ[α]λλικράτης
Χαριστ[ίου, | Εὔα]ινος Νικοκλεῦς, Π[ραξία]ς [Θε]υδά[μου, Ἀν[δ]ρότ[ιμος |
Με]νεκλεῦς.....

1. Intellige hunc titulum positum esse a Cois. — 2. A. Terentius A. f. Varro, legatus
L. Licinii Murenae qui Asiae praefuit annis 84-82 a. C. n. Cf. Foucart, *Rev. de philol.*,
1899, p. 268. — 3. Ναυαρχῶν, i. e., navarchus. — 4. Τριηραρχῶν, i. e. trierarchus. —
5. Τετρήρης, quadriremis. Deest nomen navis. — 6. Κυβερνήτης, qui navem regendam curat.
— 7. Πρωρεύς, proreta, is qui e prora speculatur mare. — 8. Κελευστής, qui remigibus
praeest. — 9. Πεντηκόνταρχος, qui res ad navem spectantes administrat. — 10. Ἰατρός,
medicus. — 11. Ἐπιβάται, milites classiarii.

---

844. Samothrace. — Kern, *Athen. Mittheil.*, XVIII (1893), p. 357; *C. I. L.*, III, 12322;
cf. Foucart, *Rev. de philol.*, XXIII (1899), p. 269.

A. *In antica.*

Κυζ[ικηνῶν].

Infra litterae evanidae inter quas legi potest nomen Seleucus.

B. *In postica, post quatuor versus mutilos vel erasos :*

Ἐπὶ..... ἱππάρχεω], ἐπὶ βασιλέως ¹ δὲ ἐν Σα|[μοθράκη....... παρῆσα]ν οἱ
στρατευσάμενοι | [ἐπὶ....... στρατ]ηγοῦ ἀνθυπάτου ² | .... κα]ὶ ³
5 ἄρχοντος Ἀνδρία καὶ τρ‖[ηραρχοῦντος..... μύστα]ι εὐσεβεῖς · | .... [κα]ὶ
Δαμαγόρας Ἡλίσχου.

Sequuntur nomina mystarum valde mutila. Dein :

5 Ἐπὶ βασι|λέως | Ἀριδήλου | τοῦ Φιλο|ξένου ‖ μύστας | εὐσεβὴς | Πυθαγό|ρας.

C. *In latere dextro :*

C. Cestius.

1. In insula Samothrace magistratus eponymi reges appellabantur. — 2. Initio v. 4. addit Foucart : Ῥωμχίων; at spatium deficere videtur. — 3. ΙΑΑΡΧΟΝΤΟΣ in *C. I. L.*, *loc. cit.*, errore typothetae.

---

845. Samothrace. — Th. Reinach, *Rev. des études grecques*, V (1892), p. 204.

[Ἡ π]ό[λις | Λεύ]κιον Ἰούλιον | [Κ]αίσαρα ¹ [σ]τρατη[γὸν | ἀ]νθ[ύπ]ατον ‖
5 [Ῥ]ωμαί[ω]ν.

1. L. Caesar cos. anno 90 a. C. n., praetor pro consule Macedoniae duobus aut tribus annis antea. Cf. Foucart, *Rev. de philol.*, XXIII (1899), p. 265.

---

846. Samothrace. — *C. I. L.*, III, 12320.

[Ἐπὶ β]ασιλέως ¹ Νουμηνίου | [Νο]υμη[νί]ου | [........o C. Marce[llo ² cos.?].

1. « Videtur fuisse aut [L. Paull]o C. Marcello cos, id est anno 50 aut [C. Lentul]o C. Marcello cos., id est anno 49. »

---

847. Samothrace. — *C. I. L.*, III, 7369; Benndorf, *Neue archäol. Untersuchungen auf Samothrake*, p. 92.

5 .... sa | C. Caes. ¹ | a(nte) d(iem) V. i(dus)... | Must[ai] ‖ T. Ofatulen[us] |
10 Sabinus | Tertia Dom|.......tuo? | T. Ofatulenus, ‖ A. Furius, | T. Ofatulenu[s], |

15 T. Ofatulenus S. | P. Curtius P. | Ἀντίγονος Τι. ‖ M. Baebius | Sabini | Philo-
musus, | Beitus Diodo[ri] | .

Ἀγορανομοῦν[τος.....

1. Anno 43 ante C. n., quo consulatum egerunt C. Vibius Pansa et, post A. Hirtii
mortem, C. Julius Caesar Octavianus.

---

848. Samothrace. — *C. I. L.*, III, 717.

Ἐπὶ βασιλέως Θα[λασ]σίων[ο]ς [τ]οῦ | Θαλασ[σ]ίωνος, | Sex. Pompeio et Sex.
5 Appuleio cos. | idibus septembri(bus) [1] mystes pius ‖ P. Sextius Lippinus Tarqui-
tianus Q. Macedon. f. et sum|mustae [2] pii pro piis.

1. Die 13 mensis Septembris anni 14 p. C. n. — 2. Graece σύμμυσται.

---

849. Samothrace. — *C. I. L.*, III, 7368; Conze, *Archäol. Untersuchungen auf Samothrake*, p. 39, tab. 71, n. 3.

[..... mysta]e pii..|.... Q. Clodius Longus...|... andrus Sapamoni....|..... i Fon-
5 tiscus.... ‖ [.....eis]dem cos...|..... [...id]us Maias |, [m]ystae pii..|..... |
10 μύσται Μαρω..... ‖ Ποσιδώνιος.|...... Στρατονείκη...|..... Ἀσπασίας..|.....
15 [A. Licinio Nerua Silia]no M. Attico Vesti|[no cos. [1].....] Ἐπόπτης Πυθόδω‖ρος
Δημοσ[ί]ου...

1. Ann. 65 p. C. n.

---

850. Samothrace. — Conze, Hauser et Niemann, *Archäol. Untersuch. auf Samothrake*,
I, p. 36.

5 Θεοῦ | Νέρουα υἱωνὸν | Θεοῦ Τραιανοῦ Παρθικοῦ | υἱὸν Τραιανὸν ‖ Ἀδριανὸν |
Σεβαστὸν Ἄριστον [1] δη|μαρχικῆς ἐξουσίας τὸ ις΄, | ὕπατον τὸ γ΄ [2], πατέρα
10 πατρίδος | ἡ βουλὴ καὶ ὁ δῆμος ὁ ‖ Σαμοθράκων ἐκ τῶν | ἱερῶν χρημάτων.

1. Cognomen *Optimus*, Trajani proprium, hic abusive Hadriano est attributum. —
2. Inter diem 9 Dec. anni 131 et 10 Dec. anni 132. Hadrianus discessit ab Aegypto circa
autumnum anni 131 unde, in Syria aliquantisper moratus, Italiam versus iter fecit; at,
cognito Judaeorum tumultu (anno 131 exeunte aut 132 incipiente) rursus in Asiam se
contulit (cf. Dürr, *Die Reisen des Kaisers Hadrian*, p. 66). Forsitan eo tempore aut iens
aut rediens Samothracem adiit. Cf. supra n. 829.

851. Samothrace. — O. Kern, *Athenische Mittheil.*, XVIII (1893), p. 367.

Ἐπὶ βασιλέως Ἀπολλοφάνου[ς] | τοῦ Διοδώρου | ἐφόπται [1] εὐσεβεῖς | Λεύχιος
5 Σικίνιος Μαάρκου ‖ Ῥωμαῖος | καὶ ἀκόλουθος [2] Σέλευκος · | μύσται εὐσεβεῖς |
10 Αὖλος Σικίνιος Λευχίου | Ῥωμαῖος Ἀθηνίων ‖ ...ριος Πέρσιος Κοίντου |
........λιος Λεωνίδης | ..... ὑπηρετιχοῦ | ..... σι.

1. Samothrace, sicut Eleusine, ἐπόπται vel ἐφόπται videntur esse initiati majoris gradus,
μύσται vero initiati minoris gradus. — 2. Ἀκόλουθος hic videtur esse servus vel libertus.

---

852. Samothrace. — *C. I. L.*, III, 715.

Ἐπὶ βασιλέως Ἰφικράτους το[ῦ.......] | Θεωροὶ Δαρδανέων | μύσται εὐσεβεῖς · |
5 Παυσανίας Διφίλου, ‖ Διονύσιος Σκοπίου, | Ἀντίοχος Σκοπίου, | ἀκόλουθος Παυ-
σανίου Ὅμιλος. | Mystai piei. | L. Veneilius L. f. Pollion Dionysios i. seb. [1] ‖
10 Q. Acorenos Q. l. Alexander.

1. « In **POΛΛION** latet fortasse Pomptina tribus, **ΔIONYSIOS · I · SEB** putarim a
praecedente nomine separandum esse et hoc esse nomen secundi mystae Dardanensis
εὐσεβοῖς repetitum a scriptore romano parum perito. » Mommsen. Cf. alios titulos similes
latine et graece scriptos quos hic memorare satis est : *C. I. L.*, III, 716 ; Th. Reinach,
Rev. des études grecques, V (1892), p. 199 sq.

SARMATIA, BOSPORUS

SARMATIA, BOSPORUS

---

853. In oppido Oczakov prope Olbiam. — Latyschev, *Inscr. Ponti Euxini*, I, n. 102; IV, p. 271-272.

Αὐτοκράτορι Καίσαρι θεῶι Θεοῦ υἱῶι Σε|βαστῶι [1], ἀρχιερεῖ μεγίστωι, πατρὶ πατρίδος | καὶ τοῦ σύμπαντος ἀ[νθρ]ώπων γένους, | καὶ Αὐτοκράτορι Σεβαστῶι
5 Θεοῦ υἱῶι Τι|βερίωι [2] Καίσαρι καὶ τῶι δήμωι Ἄβαβος | Καλλισθένους ἐκ τῶν ἰδίων ἀνέθη|κε τὴν στοάν.

1. Augustum, a Graecis jam vivum pro deo habitum esse notum est. — 2. Tiberius non recte Imperator Augustus dicitur, quum praenomen *Imp.* ipse recusaverit (Suet., *Tib.*, 26); cf. R. Cagnat, *Cours d'épigraphie latine*, 3ᵉ éd., p. 17, not. 2. Verisimillimum est Tiberium hic imperatorem et Augustum vocari, quod jam inde ab anno 4 p. C. n. ei collata erat tribunicia potestas. Titulus ergo positus videtur inter annos 4 et 14, quo diem obiit Augustus.

---

854. Olbiae. — Latyschev, I, n. 97.

Ἀγαθῇ [τ]ύ[χῃ]. | Θεοῖς πατρῴοις καὶ ὑπὲρ τῆς τοῦ [αὐτοκράτο|ρ]ος Λουκίου Σεπτιμίου Σευήρου Πε[ρτίνακος] | καὶ Μάρκου Αὐρηλίου Ἀντωνείνου Κα[ίσαρος
5 Σε|β]αστοῦ καὶ τοῦ σύνπαντος αὐτῶν οἴκ[ου αἰωνίου δι|α]μονῆς ἡ Ὀλβιοπολειτῶν πόλις τὸ βα[λανεῖον? ἀνέσ|τη]σεν σὺν καὶ τῇ σκουτλώσει ἐκ τῶν δημο[σίων καὶ | χα]θιέρωσ[ε]ν, διέποντος τὴν ἐπάρχειον [1] Κο[...........|...]ου, πατρὸς δὲ πόλεως
10 Καλλισθένου Κα[λλισθένου? ἐπὶ ∥ ἀρ]χόντων τῶν περὶ Καλλισθένην Δάδου [2] [..... ...|...]θένου, Μαρκιανοῦ Δομνιώνος, Ῥουφεί[νου Φιλαδ|έλφου, Κονκορδίου Ἄττα, ἀρχιτεκτονοῦν[τος ....|.......] Νεικομηδέ[ως] τοῦ καὶ Τομείτ[ου ....]ύτου.

1. Sic in lapide, pro ἐπάρχειαν; intellige provinciam Moesiam Inferiorem cui attributa

esse videtur Oibia Septimio Severo imperante; cf. Mommsen, *Hist. rom.* (trad. Cagnat et Toutain), X, p. 79. — 2. Callisthenes Dadi f. erat Olbiae archontum princeps.

---

855. Olbiae. — Latyschev, I, n. 109.

['Αγ]αθ[ῆι τύχη]ι. | [Αὐτοκρ]άτορα Σεβαστὸν Μ. Αὐρή|λιον 'Αντωνεῖνον
5 Αὔγουστον¹ | ἡ βουλὴ καὶ ὁ δῆμος ὁ 'Ολβι‖οπολειτῶν.
'Αγαθῆι [τ]ύχηι. | Σεπτί[μι]ον Γέταν² | Καίσαρα³ ἡ βουλὴ | καὶ ὁ δῆμος ὁ
10 'Ολβι‖οπολειτ[ῶ]ν.

1. Nota hic Caracallam vocari et Σεβαστόν et Αὔγουστον, errore vel ignorantia. — 2. Nomina Getae non rasuram passa sunt. — 3. Geta dictus est Caesar anno 198 p. C. n., Augustus anno 209; titulus ergo positus est inter annos 198 et 209.

---

856. Olbiae. — Latyschev, I, p. 222, n. 97¹.

[Τύχη] ἀγαθῆ. | [Θεοῖς πατρῴοις καὶ ὑπὲρ τῆς τοῦ Αὐ]τοκράτορος | [Καίσαρος
Σεουήρου 'Αλεξάν]δρου τύχης | [καὶ αἰωνίου διαμονῆς καὶ τῶν σ]τρατευμάτων ‖
5 [...........τ]ῆς πόλεως | .... καὶ εισι | .... Ποσειδονί|[ου ....]
ρου τοῦ | [........... τὴν] στοὰ[ν..‖.... ....

---

857. Olbiae. — Latyschev, I, n. 21.

Decretum senatus et populi Olbiopolitanorum in honorem Carzoazi, Attali filii, de quo inter multa alia in patriam et cives merita, haec dicuntur :

... καὶ (μέχρι) περάτων γῆς ἐμαρτυρήθη τοὺς ὑπὲρ φιλίας κινδύνους | μέχρι
Σεβαστῶν συμμαχία παραβολευσάμενος¹.

1. Carzoazus ad ipsos imperatores vel causas pro amicis dixit, vel legationem pro civibus suscepit.

---

858. Olbiae. — Latyschev, I, n. 33.

Fragmentum tituli valde mutilum. Videtur esse decretum senatus et populi Olbiopolitanorum in honorem viri cujusdam, qui optime de patria sua meritus erat. In fine, legi potest :

... [ἐπρέσβευε δὲ καὶ παρὰ τοὺς] | κυρίους [ἡμῶν ἀνεικήτους αὐτοκράτορας
ὑπὲρ] τοῦ ἀναβα.,...,

859. Olbiae. — Latyschev, I, n. 47.

Decretum populi Byzantiorum in honorem Orontae, Ababi f., Olbiopolitani. De quo Ababo hoc testimonium edunt Byzantii :

... Ὀρόντας Ὀλβιοπολείτας Ἀβάβου | υἱὸς, ἀνδρὸς οὐ μόνον τᾶς πατρίδος,
ἀλλὰ καὶ | σύνπαντος τοῦ Ποντικοῦ πρατιστεύσαντος | ἔθνεος καὶ μέχρι τᾶς τῶν
5 Σεβαστῶν γνώ‖σεως προκό[ψ]αντος ¹ .....

1. Cujus fama usque ad imperatores pervenit.

---

860. Chersonesi. — Latyschev, IV, n. 81; *C. I. L.*, III, 13750.

I

..... ουλ[.........|.........]οις ευδ[........... | ....]..... ¹ Εὐτυχ[.........|
5 .... σωφρο]σύνης καὶ τῆς κοσ[μιότητος?..... ‖ ..... Ἀτειλί]ῳ Πρειμιανῷ γει-
λιάρχῃ κ[αὶ Οὐαλερίῳ Μαξίμῳ ἑκατοντάρχῃ...|.........] ὅπως μὴ προφάσει
τούτων ει[...........|........ τῆς αὐ]τοκρατορικῆς ἀντιγραφῆς καὶ τῆς τῶν [......|
.... προτ]εθῆναι δημοσίᾳ, ὅπως πᾶσιν φανεραὶ εἶ[εν.............|..... γρ]αμ-
10 μάτων καὶ ἐκ τούτων ἴστε ὅτι οὐδὲν νεωτερισθήσετα[ι...........‖...... Ψ]ήφισμα
πρός με ἀπεστείλατε, οὗ τὸ ἀντίγραφον ὑποταγῆναι ἐκέ|[λευσα............
Ἀτ]ειλίῳ Πρειμιανῷ καὶ Οὐαλερίῳ Μαξίμῳ ἑκατοντάρχῃ, καὶ νῦν δὲ | [.........
..... ταῦτα τ]ὰ γράμματα ὁμοίως προτεθῆναι φροντίσατε. Ἐρρῶσθαι ὑμᾶς
εὔχομαι ². |

II

E(xemplum) e(pistulae). | [..... γράμμασι βασιλικ]οῖς καὶ ὑπομνήμασιν πισ-
15 τεύοντες ὑπατικῶν ³ καὶ ἀποφάσεσιν χει‖[λιαρχῶν.........]ν τοῦ τέλους τοῦ πορ-
νικοῦ ⁴ πολλὴν ἀμεριμνίαν ἐθαρροῦμεν ἔχειν | [.............. τῆς πο]λειτικῆς
ἐπιτειμίας ἐχομένων καὶ ἡ τῶν βασιλευόντων ἐκύρωσεν | .... καὶ ἡ τῶν
ἀποφηναμένων ἠσφαλίσατο γνώμη μετὰ τοῦ μηδὲν ἐπικοι‖[νοῦσθαι?........]ι τὰ
ἡμέτερα δίκαια · ἐπεὶ δὲ παρακεινεῖν τὰ οὕτως ἀσφαλῶς ὁρισθέντα οἱ νῦν |.....
.... ἐφ᾽ οἷς κωλύονται ἀδίκως καὶ βιαίως τινὰ πράττοντες, ἀλλὰ καὶ δι᾽ ἐν ‖
20 [........ τῇ]ν ἀξίωσιν φανερὰν σοι ποιῆσαι ἐπὶ σὲ πεποιήμεθα τὸν εὐεργέτην |.....
.... ἡμεῖν τὴν ἀσφάλειαν τὴν τῶν δεδωρημένων καὶ τῶν κεχριμένων |.........
....α[ς] ὑπέρθεσιν δὲ τῆς μηνύσεως τῶν βιαζομένων ἡμᾶς οὐδεμί|[αν ....]εσ-

θαι κατ' ἀρχὰς ὑπὸ τῆς σῆς φιλανθρωπίας τοὺς ἐπὶ τοῖς καινοῖς | [.............

25 π]ερὶ τοῦ πράγματος τούτου ἀρχῆθεν ἐπιζήτη[σ]ις γενομένη καὶ θε‖[.............

τὴν πρ]ὸς τοὺς βασιλέας ἡμῶν δέησιν φανεράν σοι πεποιήκαμ[ε]ν καὶ τὴν | [.......

...... τῶν συμφ]ερόντων ἡμεῖν γραμμάτων προετάξαμεν καὶ τὰ ὑπομνήματα τὰ |

[τῶν ὑπατικῶν καὶ τὴν ἀπόφασι]ν τὴν τοῦ χειλιάρχου ⁵, ἐπειδὴ καὶ τάξιν

ταύτην ἔλαβεν ἀπὸ τῶν δωρησα‖[μένων ....βασιλέω]ν περὶ τούτου ἀποφή-

νασθαι κελευσθέντα χειλίαρχον περιορισθεν‖[τ.............] κηδεμόνα σε γενόμενον

30 φυλάξειν μὲν τὰ μετὰ τοσαύτης καὶ σκέψεως ‖ [καὶ ....]αι ἐπὶ τόποις τοῖς

εἰς τοῦτο τὸ τέλος ἀνήκουσιν, εὐλογίστως δὲ προσήσεσθαι | .... δέησιν,

ἧς οὐδὲν ἀναγκαιότερον ἀνθρώποις καὶ βίου σώφρονος γνωρίζουσι | [τὸ χρήσιμον

καὶ ἐν ἡσυχίᾳ ἄγειν] εὐχομένοις φυλάσσεσθαί σεμνότητα.

III

E(xemplum) e(pistulae). Τίνα ἐπέστειλα Ἀτειλίῳ Πρειμι‖[ανῷ καὶ ἄλλοις περὶ

τοῦ πορνικοῦ τέλ]ους, ὑποταγῆναι ἐκέλευσα προνοῶν μήτε ὑμᾶς παρὰ τὰ δεδογ-

μένα ἐνοχλί‖[ζεσθαι, μήτε τοὺς ἡμεῖν ὑπηρ]ετοῦντας ὑπερβαίνειν τὸν περιγεγραμ-

μένον ὅρον. E(xemplum) e(pistulae). ‖

IV

35 [Ut scias quae sint officia militum] agentium in uexillatione Chersonessitana
de capitulo lenocini quod su[b | ......, misi tibi exem]plum sententiae Arri Alci-
biadis tunc trib(uni) praepositi ejusdem uexill[a|tionis ⁶ ......] us tam intentionem
eius quam manifeste determinatam partem ad ius p[er|tinentem........] et quoniam
idem Alcibiades uideri non <po>potest sub tempus uentu[rum? | .....? recupe]-
40 randae uectigalis quantitatis sponte suscepisse, cum sententiam su[b] iu[di‖cii
forma........] pridem et dixerit et proposuerit et omnibus annis fisco pariauerit,
dubium n[on | est debere et circa uectigalis] quantitatem et circa discipulina(e)
ratione(m) et obseruare et obtin[ere | uolo, eius sententiae] exemplum aperta
manu scriptum, unde de plano recte legi possit juxta | .... positum esse cura.

V

E(xemplum) e(pistulae). Quid scripserim Atilio Primiano tr[ib(uno) | ....]
45 rio commilitonum, quod ad me <e>idem tribunus propter capitulum le[no‖cini
.... s]ecundum formam sententiae Arri Alcibiadis tunc trib(uni) dictae om[..|.
causas ne quid aduers]us discipulinam uel cum iniuria aut contumelia paganorum
commit[tatur]. |

VI

E(xemplum) e(pistulae). Quid ad decretum Chersonessitanorum rescripserim c[o]gnoscetis ex iis quae ......] es subici praecepi, et rursum admoneo caueatis ne sub obtentu hu[jus|modi inquisitionis milites ordinata]m jam pridem placitam ac
5 custoditam cum dispendio uestrae exsist[ima[tionis......... i]nquietent uel innouare quid temptent. |

Ἀνεστάθη?] ἐπὶ ἀρχόντων τῶν περὶ Μ. Αὐρ. Βασιλειδιανὸν Ἀλέξανδρον[7]. |
[Ἐπρέσβευον?...] Φλ. Ἀρίστων καὶ Οὐαλέριος Γερμανός.

Titulus in plures partes divisus est :
I. Epistula praesidis cujusdam, scilicet legati Aug. pro praetore Moesiae Inferioris, ad Chersonesitanos magistratus. — II. Decretum vel epistula Chersonesitanorum ad praesidem provinciae. — III. Epistula praesidis ad Chersonesitanos. — IV. Epistula praesidis ejusdem ad Atilium Primianum, tribunum legionis, praepositum vexillationi Chersonesitanae. — V. Epistula praesidis ejusdem ad nescio quem, forte ad Valerium Maximum, centurionem in vexillatione. — VI. Epistula praesidis ad eosdem Atilium Primianum et Valerium Maximum. — In fine tituli nominantur et princeps archontum Chersonesitanorum et Chersonitani cives duo, qui forte de hac re legationem ad praesidem Moesiae Inferioris susceperunt.

1. Nomen imperatoris erasum; de quo ita disseruit Domaszewski in *C. I. L.*, III, 14750 : « Nomen imperatoris erasum v. 3, sequente vocabulo Εὐτυχ... uni Commodo convenit et solis annis 185 et 186, quo Felicis agnomen ita admisit, ut primo post nomina loco collocari aut deberet aut certe posset appellareturque *imperator Felix Augustus Pius*. (Eckhel, VII, 114; Cohen, *Comm.*, 55; *C. I. L.*, VIII, 76). » — 2. Iisdem fere verbis utitur C. Ovinius Tertullus, legatus Aug. pro praetore Moesiae Inferioris in epistula ad Tyranos : quam vide supra n. 598. — 3. Id est, consularium virorum; praesides enim Moesiae inferioris consulares esse solebant. — 4. Est vectigal de lenonibus exactum. — 5. Quod vectigal exigebatur a tribuno militum, qui praepositus erat vexillationi Chersonesitanae. — 6. Intellige hunc Arrium Alcibiadem antea sententiam dixisse in causa simili. — 7. M. Aurelius Basilidianus Alexander, princeps archontum Chersonesitanorum.

---

861. Chersonesi. — Latyschev, IV, n. 71.

Ἀγαθᾶι τύχαι. | Π[ρ]όεδροι [1] Χερσονασειτᾶν τᾶν ποτὶ τᾷ Ταυ|ρικᾶι εἶπαν ·
5 ἐπειδὴ τοὶ εὐσεβέστατοι πα|τέρες Ἡρακλεῶται [2] οἰκείωι πάθει τὰν ὑπὲρ ‖ τᾶς ἀμετέρας σωτηρίας ἐποάσαντο φρον|τίδα πάσαι σπουδᾶι καὶ πάσᾳ φιλοστοργίᾳ |

κεχραμένοι γνασί(α)ι πρεσβείαν τε ποτὶ τὸν [θε]]ὸν ἁμῶν καὶ δεσπόταν Αὐτο-
10 κράτορα Τίτον Αἴλι[ον] | Ἀδριανὸν Ἀντωνεῖνον³ ἱκετεύσουσαν ἐξέ‖πεμψαν ὑπὲρ
ἁμὲς ἐν οὐδενὶ ὀλιγωρή|σαντες, τάς τε θείας ἀποκρίσεις καὶ τὰς | εὐμεναθείσας
εὐεργεσίας ἠξίωσαν | δι᾽ ἀνδρῶν ἐπισαμοτάτων Ἡρακλείδου | Μενεσθέος καὶ
51 Πρόκλου Μέμνονος, διαπε[μ]‖ψάμενοι δά<λ>λους ποάσασθαι εἰς τὸ φανε|ρὰν
αὐτῶν τὰν καλοκαγαθίαν γενέσθαι, ἁμὲ[ς] | πασσυδὶ ταῖς πρεπούσαις ἀμοιβαῖς
ἀμείψα|σθαι καθᾶχον ἐψαφισάμεθα · δι᾽ ἃ δεδόχθαι τᾷ | [βουλᾷ κ]αὶ τῶι δάμωι
20 ἐπαινέσαι μὲν ἐπὶ τούτοι[ς ‖ τὰν πρό]γονον ἁ[μῶν.... πό]λιν⁴ καὶ πράτ[αν
τὰν ἐν τῷ Πόντῳ?

1. Intellige magistratus Chersonesitanos, civium concioni praesidentes. — 2. Hera-
cleenses dicuntur hic patres Chersonesitanorum, quod Chersonesus erat colonia Heracleensium (Strab., VII, 4, 2). — 3. Antoninus Pius. — 4. Heraclea cognomine Pontica.

---

862. Chersonesi. — Latyschev, IV, n. 93.

Σέξστον Ὀκτάουιον Φρόντωνα¹ πρεσβευ|τὴν καὶ ἀντιστράτηγον² Αὐτοκρά-
τορος Δομε|τιανοῦ Καίσαρος θεοῦ Σεβαστοῦ Γερμανι|κοῦ³ ὁ δᾶμος.

1. De Sex. Octavio Frontone cf. *Prosop. imp. rom.*, II, p. 426, n. 25. — 2. Legatus pro
praetore provinciae Moesiae Inferioris. — 3. Post annum 84 p. C. n., quo Domitianus
nomen Germanici assumpsit.

---

863. Chersonesi. — Latyschev, I, n. 197.

[Σ]έξ[τον Οὐεττουληνὸν] | Κεριᾶλιν¹ Αὐτοκράτορος Οὐ[εσ]]πασιανοῦ Καί-
σαρος Σεβαστοῦ | πρεσβευτὴν καὶ ἀντιστράτηγον² ‖ ὁ δᾶμος.

1. De Sex. Vettuleno Ceriali cf. *Prosop. imp. rom.*, III, p. 415, n. 351. — 2. Legatus pro
praetore provinciae Moesiae inferioris.

---

864. Chersonesi. — Latyschev, IV, n. 68.

Post tredecim versus lectionis omnino incertae haec leguntur :

15   ... τὰ]ν ἐλευθερί[α]ν · [ἀ]νακομισθείς τε πάλιν [ε]ἰς τὰν πό‖[λιν, ὑπὸ τῶν

πολιτᾶν κακῶς πασχόντ]ων ὑπὸ τοῦ τυράννου καὶ καταλύειν θελό[ντ]ων
[αἱρε|θεὶς ἀγεμών? ..... παρα]χρῆμα μεν θάρσεος ἐνέπλησε τοὺς πολε[ίτ]ας,
[α]ὐ[τός | τε.........]ς τοὺς κινδύνους τοῦ δάμου συνκαθε[πλ]ι[σαμένου |
.........]ς χωρὶς αἵματος τὰν πόλιν ἄπταιστον διέ[θετο |.......τᾶς ἐμφυλί?]ου

20 ταραχᾶς καὶ φόνου διὰ τὰν ὀργὰν τῶν ὄχλων...||.......ἀνα]κοι[ν]οῦντας · διὸ
καὶ χειροτονηθεὶς παραχρῆ[μα | ὑπὸ τῶν πολειτᾶν? ἐπιμελητὴς πασᾶν τᾶν κ]οινᾶν
ποθόδων [1] πλείσταν ἐπιμ[έλε]ιαν ἐποι[ή]σατο..... τᾶς περὶ τ]ὰν χώραν ἀσφαλείας
[.......κατ]ασκευ[ὰν....|.........] κ[α]τ[α]ρτισμ[ὸν] καὶ τειχέων ἐπισκευ[ὰν] ·
ἔτι δὲ πο[λέ|μου ἐπιστάντος τᾶι πόλει, τῶν ἐπιτηδείων ...]ιμασίαν ποιασάμενος

25 σίτωι τε θλειβομ[ένων || τῶν πολιτᾶν τὰς..... χρεί]ας διὰ τῶν ἰδιοξένων
παρασχόμενος ἐν χαλε[ποῖς |....... καιροῖς καὶ προσ]δοκίαν ἔχουσι πολεμικῶν
κινδύνων τᾶς μ[εγίσ]τας .. αἴτιος ἐγ]ένετο τοῖ[ς] πολείταις εὐ[ψ]υχίας οὔτε
χρημά[των | δαπάνας οὐδεμιᾶς φειδόμενος? οὔτε σώ]ματος οὔτε ψυχᾶς εἰς
φροντίδα καὶ μ[..... |.......τοῦ μ]εγίστου αὐτοκράτορος καὶ τᾶς συνκλ[ή]το[υ |

30 .... παρὰ] τοῦ δήμου τοῦ Ῥωμαίων καὶ ταῖς ἰδί[αις | δαπάναις πορευθεὶς
εἰς Ῥώμαν ἀνεκτάσατο τὰν] πάτριον Χ[ε]ρσονασίταις ἐλευθερία[ν [2]. | Ἰδὼν δὲ τὰν
πόλιν κακῶς πάσχουσαν? πάλ]ιν ὑπὸ τῶν νεωτεριζόντων τύραννον ἀ[να|καλε-
σάντων..... τὰ]ς πόλιος μετὰ στρατιᾶς ἱκανᾶς ἐπιλ[έκτου |......... τᾶι περ]ὶ

35 τὸν δᾶμον γενναιότατι ἄπρακτο[ν ἐποί]ησεν ἀπελθεῖν........ τῶν υἱέων αὐτοῦ
καὶ θυγατρὸς κατεχομέ[νων |......... κα]ὶ φυσικὰν συμπαθίαν ἀνανκα[σθη..|
.........τὰ ταῖ πόλει συμ]φέροντα. Ὅπως οὖν καὶ ὁ δᾶμος [φαίνηται | τοῖς
εὐεργέταις ἀξίας χάριτας ἀποδιδοὺς δε]δόχθαι ταῖ βουλᾶι καὶ τῶι δάμ[ωι]
στ[εφανῶ|σαι ἐπὶ τοῖς προγεγραμμένοις ....ν]ος χρυσέωι στεφάνωι καὶ

40 ἰκόνι [χαλκέαι || ἀρετᾶς ἕνεκα τᾶς περὶ ......τᾶς δαμοκρ]ατίας · ἀναστᾶσαι δὲ
αὐτοῦ [τὰν ἰκόνα | ἐν τᾶι ἀκροπόλει παρὰ......, τὰν δ' ἐπιμέλει]αν γενέσθα[ι
τᾶ]ς τ' ἀ[ναστάσε|ος τᾶς ἰκόνος καὶ τᾶς ἀναγορεύσεος τοῦ στεφάνου.......τᾶς]
φύσε[ος ...|.........οιω ...ας.....

Decretum senatus et populi Chersonesitanorum in honorem civis, cujus nomen latet,
optime de patria sua meriti.

1. Intellige : curator omnium publicarum pecuniarum. — 2. Cf. Plin, *Hist. nat.*, IV,
85 : *Chersonesus libertate a Romanis donatum* (*oppidum*); quum Strabo doceat hanc
eamdem civitatem temporibus suis regi Bosporanorum paruisse, sequitur Chersonesum
libertate non ante Tiberium imperatorem donatum esse. Imperator ergo de quo hic
fit mentio est Tiberius. Cf. nummos Chersonesitanos ita inscriptos : Χερσονήσου ἐλευθέρας.
(*Zeitschrift für Numismatik*, I, p. 27 ; IV, p. 273.)

865. Chersonesi. — Latyschev, I, n. 199.

Ἀρίστωνα Ἀττινᾶ τὸν φιλόπατριν, πρεσ|6εύοντα | ὑπὲρ τᾶς ἐ|λευθερίας πο‖τὶ τὸν θεὸν Σε|6αστὸν ἐξα|ετίαν χ[αὶ] ἀ|ποχαμόν|τα, προ[δ]ιχή‖σαντα, νομοφυ|λα-χήσαν|τα, δαμιορ|γήσαντα | χαλῶς, πρεσ‖6εύσαντα | ποτὶ βασι|λέα Ῥοιμη-τά[λ]‖χαν ¹ περὶ συμ|μαχίας χα[ὶ] ‖ ἐπιτετε[υ]|χότα, ἱερα|τεύσα|ντα χαλῶς | χαὶ ἱχόνι ‖ χαλχέα|ι, διοι[χ]ήσαν|τα χαὶ φωτί|σαντα χρή|ματα [τ]ᾶι ‖ πόλει, πρεσ|6εύσαντα | ποτὶ βασιλέ|α Ῥοιμητάλ|χαν ¹ τὸ δεύτε‖ρον χα[ὶ] ἐ]πι|τε-τευχό|τα, δαμιορ|γήσαντα | χαὶ εἰχόνι ‖ τελ[έαι], | πολ[ε]ιτευ|[ό]μενον χα|[λ]ῶς · Κηφισόδοτος [ἐ]π[οί]ησε.

1. Rhoemetalces hic videtur esse rex ille Bosporanus qui regnavit inter annos 132 et 154 p. C. n., imperatorem ergo (v. 5 : τὸν θεὸν Σε6αστὸν) intellige sive Hadrianum sive Antoninum Pium.

---

866. Chersonesi. — Latyschev, I, n. 200.

Decretum senatus et populi Chersonesitanorum in honorem Democratis, Aristogenis filii ; cujus inter alia merita memoratur :

... πρεσ6[εύσ]αν[τα πρὸς τοὺς | Σε6α]στοὺς προῖχα ὑπὲρ τῶ[ν συμφε|ρόντ]ων τῆς πατρίδος.....

---

867. Chersonesi. — Latyschev, I, n. 196.

Fragmenta tituli valde mutili, ex quibus unum sic inscribitur :

..... πρεσ6εύ|σαντι ποτ[ὶ] | τὸν τᾶς Μυσί|ας ἀγεμό‖να ¹...

1. Id est, ad praesidem provinciae Moesiae Inferioris...

---

868. Chersonesi. — Latyschev, *Bull. de la Commission arch. de Saint-Pétersbourg*, X (1904), p. 23.

[**D. M.** Aureli]ae Tyche. | [Vixit annis...] XV ¹. Fecerunt | [heredes et libe]rti ejus. |

[Αὐρηλίαν Τύχην] ζήσασαν ‖ [ἔτη... κατέστησα]ν οἱ κληρο|[νόμοι χαὶ οἱ ἀπελεύθ]εροι αὐτῆς | [μνήμης γάρ]ιν.

869. Loco nunc dicto Stari-Krym, haud procul Theodosia occidentem versus. —
Latyschev, IV, n. 194.

Ἀγαθῆι τ[ύχηι.] | Τὸν ἐκ προγόν[ων βασιλέων] | βασιλέα μέγαν [Τιβέριον |
5 Ἰού]λι[ον Ῥ]η[σκούποριν ¹ υἱὸν ‖ βασι]λ[έως Σαυρομάτου φιλοκαί]|σ[αρ]α καὶ
[φι]λο[ρωμαίον εὐσε]|6[ῆ] Μ. Αὐρήλιο[ς Μαρκιανὸς | Ἀ]μεινίας ὁ.............. |
10 πρῶτος ἄ[ρ]χω[ν τῆς λαμπρο]‖τάτης Προυσ[ιέων πρὸς Ὑπίῳ] | πόλεως ² κ....... |
15 ... | ατης... | ... ου ε[.......‖......... τὸν ἑαυτοῦ] | σωτ[ῆρα καὶ εὐεργέτην?
ἐν | τ]ῶι θι[φ′ ἔτει ³ καὶ μηνὶ] | Λώ[ωι] ⁴.

1. T. Julius Rhescuporis, Sauromatis f., rex Bospori inter annos 212 et 229 p. C. n.,
de quo cf. *Prosop. imp. rom.*, III, p. 129, n. 45. — 2. Prusias ad Hypium, in Bithynia.
Restituit Latyschev, *loc. cit.* : Προυσ[ιέων ἀπὸ Ὑπίου]; in nummis autem plurimis legitur :
Προυσιέων πρὸς Ὑπίῳ (Babelon, *Inventaire sommaire de la collection Waddington*, p. 29,
n. 528 et sq.). — 3. Anno 519 aerae Bosporanae = anno 222 p. C. n. — 4. Loûs, mensis
calendarii quo more Macedonum Bosporani utebantur.

---

870. Panticapaei. — Latyschev, II, n. 47.

[..... βασιλεὺς Σαυρο]μάτης ¹ | [φιλόκαισαρ καὶ] φιλορώ|[μαιος εὐσεβής]
5 τὸν να‖[ὸν ἐπεσκεύασε το]ῦ Ἄρεως ‖ [καὶ τὸ ἐν αὐτῷ ἄγ]αλμα με.....

1. Aut Tib. Julius Sauromates I, aut Tib. Julius Sauromates II, aut Sauromates III.

---

871. Panticapaei. — Latyschev, II, n. 29.

In antica :

Ἀγαθῆι τύχηι. | Βασιλεύοντος βασιλέω[ς] | Τιβερίου | Ἰουλίου Τειράνου ¹
5 φιλοκαίσαρος καὶ φι[λο]‖ρωμαίου εὐσεβοῦς, Θεοῖς ἐπουραν[ί]|οις Διὶ Σωτῆρι
καὶ Ἥρᾳ Σωτείρᾳ ὑπὲρ | βασιλέως Τειράνου νείκης καὶ αἰωνί[ου] | διαμονῆς
10 καὶ Αἰλίας βασιλίσσης ², | ἀνέστησαν τὸν τελαμῶνα [οἱ ἀρι]‖στοπυλεῖται ³ τοῖς
ἰδίοις Θεοῖς καὶ εὐ|εργέταις · ἱερατεύοντος Ἰουλ. Χοφά[ρ]|νου Ἀφροδεισίου
πρὶν λοχα[γο]ῦ, | καὶ οἱ λοιποὶ ἀριστοπυλεῖται | Μενέστρατος Γ[ο]σ[ε]μβλί[ου]
15 ἐπὶ τῆς ‖ βασιλείας ⁴ καὶ ἐπὶ τῆς Θεοδοσίας ⁵, | Φάννης Σακλέως χειλιάρχης
καὶ ἐπ[ὶ] | τῶν Ἀσπουργιανῶν ⁶, Φάνης Ἀγαθοῦ | ἀρχιγραμματεύς, Χαρίτων
20 Νεικη|φόρου λοχαγὸς, Φιδάνους Θεαγ[γέ]‖λου πρὶν πολειτάρχης ⁷, Λείμαν[ος]

Φίδα πολειτάρχης, [Ε]ὖιος Μενε|στράτου, Ἔρως Ῥαδαμάσεως πρὶν ἐ|πὶ τῶν λόγων [8], |

In latere sinistro :

Ψυχαρίων Σόγου ἐπὶ τῶν λόγων.

Sequuntur plurima nomina, ex quibus tantummodo transcribere licet :

Μενέστρατος... γραμματεύς.

1. De T. Julio Tirano, rege Bospori circa annum p. C. 276-279, cf. *Prosop. imp. rom.*, III, p. 323, n. 174. — 2. De Aelia regina, *ibid.*, et I, p. 23, n. 189. — 3. Id est, οἱ ἄριστοι πολῖται, optimi cives, qui in republica optimas partes obtinent; Latyschev vero censet vocem, « quae est πόλι, sive πόλαι eodem sensu usurpatam esse a Bosporanis, quo αἱ θύραι Persarum regia vocatur a scriptoribus, et ἀριστοπυλεῖται nihil aliud esse nisi οἱ ἄριστοι οἱ ἐπὶ ταῖς πύλαις, in quibus primum locum tenent summi magistratus. » — 4. Praefectus ejus partis regni Bosporani, quae proprie *regnum* vocabatur; cf. Latyschev, *op. cit.*, II, Introd. p. LIV. — 5. Praefectus Theodosiae. — 6. Praefectus Aspurgianorum, gentis barbarae Bosporano regno finitimae, de qua vide Strabo., XI, 2, 11. — 7. Summus civitatis magistratus. — 8. Ἐπὶ τῶν λόγων = rationalis.

---

872. Panticapaei. — Latyschev, II, n. 26.

Ὑπ[ὲρ τοῦ ἐκ....... βα]|σιλέω[ν..... μεγάλου βα]|σιλέως Β[οσπόρου [1].......] |
5 φιλοκαίσαρος [καὶ φιλορωμαίου] ‖ εὐσεβοῦς νείκ[ης τῆς ἀπὸ τῶν Σκυ]|θῶν
Παρθενοκ[λῆς........... καὶ] | Ἀντίμαχος οἱ ἐπ[ὶ...] | θεοῖς νεικηφόροις... |
..... Γορπ[ιαίου [2]...

1. Latyschev censet restituendum esse regis Sauromatae I nomen, qui regnum obtinuit inter annos 94 et 124 p. C. n.; Parthenocles enim et Antimachus redeunt in titulis eodem loco positis saeculo primo exeunte vel altero ineunte. — 2. Gorpiaeus, mensis calendarii quo Bosporani utebantur.

---

873. Panticapaei. — Latyschev, *Bull. de la Commission arch. de Saint-Pétersbourg*, X (1904), p. 26.

5 Θεῷ ὑψίστῳ | ἐπηκόῳ εὐ|χήν. Αὐρ. Οὐαλέ|ριος Σόγους Ὀ‖λύμπου, ὁ ἐπὶ |
10 τῆς Θεοδοσίας [1], | σεβαστόγνω|στο[ς] [2], τειμηθεὶς ὑ|πὸ Διοκλητια‖νοῦ καὶ Μαξι-
μιανοῦ, | ὁ καὶ Ὀλυμπιανὸς | κληθεὶς ἐν τῷ ἐ|παρχείῳ,·ὁ πολλὰ | ἀποδημήσας

15 καὶ ‖ ἀποστατήσας ἔτη | δέκα ἓξ καὶ ἐν πολ|λοῖς θλίψεις [3] γενό|μενος, εὐξάμε-
νος, | ἐκ θεμελίου οἰκο‖δομήσας τὴν προσ|ευχὴν ἐν τῷ γγ΄ [4].

1. Praefectus Theodosiae, quod erat caput regni. — 2. Imperatoribus notus, id est ut
videtur, illustrissimus inter suos. — 3. Corrige ἐν πολλαῖς θλίψεσι. — 4. Anno 603 aerae
Bosporanae = 306 p. C. n.

---

874. Panticapaei. — Latyschev, II, n. 25.

Βα[σιλεύοντος βασιλέως βασιλέων] | μεγάλου Ἀσάνδρου [φιλ]ορωμαίου
5 σωτῆ|ρος καὶ βασιλίσσης Δυνάμεως [1], Παν|ταλέων ναύαρχος Ποσιδῶνι Σωσινέ‖ωι
καὶ Ἀφροδίτηι Ναυαρχίδι [2].

1. Asandrus rex Bospori inter annos 47 et 16 ante Chr. n., habuit Dynamidem
uxorem; cf. *Prosop. imp. rom.*, I, p. 156, n. 984; II, p. 30, n. 182. — 2. Cognomen
deae inauditum, sed simile quibusdam aliis, inter quae Εὐπλοία, Πελαγία.

---

875. Panticapaei. — Latyschev, IV, n. 201.

[Α]ὐτοκράτορα Καίσαρα θεὸν | [Θ]εοῦ υἱὸν Σεβαστὸν τὸν ἑαυτῆς | [σ]ωτῆρα
καὶ εὐεργέτην | [β]ασίλισσα Δ[ύνα]μις [1] φιλορώμαιο[ς].

1. Cf. n. 874, not. 1.

---

876. Panticapaei. — Latyschev, II, n. 32.

[Νέρωνα Θεοῦ Κλαυδί]ου υἱὸν Καίσα[ρα | Σεβαστὸν, Γερμανικὸν, ὕπα]τον [1],
δημαρχικῆς ἐξου[σίας | τὸ .., πατέρα π]ατρίδος, τὸν ἑαυτοῦ σωτ[ῆρα | καὶ
5 εὐεργέτην, Κότυ]ς ὁ Ἀσπούργου [2] [β]α[σιλεὺς ‖ φιλόκαισαρ καὶ φιλορώ]μαιος
εὐσεβὴς ἀρχιε[ρεὺς | τῶν Σεβαστῶν [3] διὰ βίου κα]θιέρωσεν.

1. Aut [ὕπατον τὸ ...]τον. — 2. Cotys, Aspurgi filius, rex Bospori imperante Nerone;
cf. *Prosop. imp. rom.*, I, p. 477, n. 1271. — 3. Sacerdos vel flamen Augusti.

---

877. Panticapaei. — Latyschev, II, n. 33.

[Αὐτοκ]ράτορα Καίσαρα Τραια[νὸν | Ἀδριαν]ὸν Σεβαστὸν τὸν τοῦ [Βοσπόρου? |

εὐεργέτη]ν καὶ ἴδιον χ[τ]ίστη[ν], Τ[ιβέριο]ς Ἰο[ύ|λιος βασιλ]εὺς Ῥοιμετάλκης ¹
5 φιλόκαισαρ καὶ ‖ [φιλορώμαιος] εὐσεβὴς εὐχα[ρ]ισ[τήσας..|....... γραφ.....
ἀν[έσ]τησε[ν......,|.........] λ..ου..... Ἀδριανοῦ, ...|[έτους] λ[υ'] ² χ[αὶ
μηνὸς] Ἀπελλαίο[υ... ³.

1. De T. Julio Rhoemetalce, rege Bospori temporibus Hadriani, cf. *Prosop. imp. rom.*,
III, p. 132, n. 53. — 2. Anno 430 aerae Bosporanae = anno 133 p. C. n. — 3. Apellaeus
mensis calendarii quo Bosporani utebantur.

---

878. Panticapaei. — Latyschev, II, n. 34.

Αὐτοκράτορα Καίσα|ρα Μ. Αὐρήλιον Ἀντω|νεῖνον Σεβαστὸν ¹, τὸν |
5 ἴ[δ]ιον καὶ τῆς ἑαυτοῦ βα‖σιλείας εὐεργέτην Τιβ. | Ἰούλιος βασιλεὺς
Σαυρο|μάτης ² φιλόκαισαρ καὶ | φιλορώμαιος εὐσεβὴς | ἀνέστησα ἐν τῶι ηqυ' ³.

1. Caracalla. — 2. De T. Julio Sauromate II, rege Bospori temporibus Caracallae,
cf. *Prosop. imp. rom.*, III, p. 179, n. 180. — 3. Anno 498 aerae Bosporanae = anno 201
p. C. n.

---

879. Panticapaei. — Latyschev, II, n. 36.

Βασιλέα μέγαν Ἀσποῦργον ¹ φιλορώμαιον, τὸν ἐκ βασιλέως Ἀσανδρόχου ², |
φιλοκαίσαρα καὶ φιλορώμαιον, βασιλεύοντα παντὸς Βοοσπόρου, Θεοδοσίης ³ |
καὶ Σινδῶν καὶ Μαιτῶν καὶ Ταρπείτων καὶ Τορετῶν, Ψησῶν τε καὶ
Τανα[ε]ιτῶν ⁴, | ὑποτάξαντα Σκύθας καὶ Ταύρους, Μενέστρατος β' ὁ ἐπὶ τῆς
5 νήσσου ⁵ τὸν ἑαυτοῦ σω‖τῆρα καὶ εὐεργέτην.

1. De Aspurgo, rege Bospori temporibus Augusti et Tiberii, cf. *Prosop. imp. rom.*, I,
p. 170, n. 1048. — 2. Intellige Ἀσάνδρου; Asander enim, qui regnum Bospori obtinuit
inter annos 47 et 16 ante C. n. (supra n. 874) videtur esse Aspurgi pater. — 3. Theodosia, caput regni Bosporani; cf. n. 873. — 4. Sindi, Maitae vel Maiotae, Tarpetes, Tore-
tae vel Toreatae, Psessi, Tanaitae, gentes Barbaricae vel Chersoneso Tauricae vel Paludi
Maeotidi finitimae, de quibus vide Strabo., XI, 2, 10 et 11; Plin., *Hist. nat.*, VI, 5 et 7;
Pomp. Mela., I, 2; Ptolem., V, 9, 9; cf. etiam Herod., IV, 28 et 123; Ammian. Marcell.,
XXII, 8. — 5. Praefectus insulae, nunc peninsulae, Tamanicae; de qua cf. Latyschev,
Insc. Ponti Euxini, II, Introd., p. LIV.

880. Panticapaei. — Latyschev, IV, n. 204.

Βασιλεύοντος βασι|λέως Τιβερίου Ἰουλί|ου Κότυος [1] φιλοκαίσα|ρος καὶ
5 φιλορωμαίου ‖ εὐσεβοῦς, [ἔ]τους ὄντ΄ [2], μηνὸς Δαεισί|ου [3] ι΄, [Ἡ]δεῖα..... |

Reliquus titulus evanidus; est servi manumissio, ut videtur.

1. Cotys, rex Bospori temporibus Neronis imperatoris, (supra, n. 876). — 2. Anno 354
aerae Bosporanae = anno 57 p. C. n. — 3. Daesius, mensis calendarii quo utebantur
Bosporani.

---

881. Panticapaei. — Latyschev, II, n. 52; cf. *Rec. des inscr. jurid. grecques*, II (1904),
p. 298, n. 34.

Βασιλεύοντος βασιλέως Τιβε|ρίου Ἰουλίου Ῥησκουπόριδος [1] φιλο|χαίσαρος καὶ
5 φιλορωμαίου εὐσε|βοῦς, ἔτους ζοτ΄ [2], μηνὸς Περει[τί]‖ου [3] ιβ΄, Χρήστη γυνὴ πρό-
τερον | Δρούσου ἀφείημι ἐπὶ τῆς [προ]|σευχῆς θρεπτόν μου Ἡρακλᾶν | ἐλεύθερον
10 καθάπαξ κατὰ εὐχή[ν] | μου ἀνεπίληπτον καὶ ἀπα[ρ]ενέ‖χλητον ἀπὸ παντὸς κλη-
ρονόμ[ου · | τ]ρέπεσ[θ]αι αὐτὸν ὅπου ἂν βού|ληται ἀνεπικωλύτως καθὼς ε[ὐ]‖ξά-
15 μην, χωρὶς ἰς τὴν προσευ|χὴν θωπείας τε καὶ προσκα[ρτε‖ρ]ήσεως συνεπινευ-
σάντων δὲ | καὶ τῶν κληρ[ο]νόμων μου Ἡρα|κλείδ[ο]υ καὶ Ἑλικωνιάδος, |
συνε[πιτ]ροπευούσης δὲ καὶ τῆ[ς] | συναγωγῆ[ς] τῶν Ἰουδαίων [4].

Manumissio servi.

1. Tib. Julius Rhescuporis, rex Bospori inter annos 77 et 92 p. C. n., de quo cf. *Prosop.*
imp. rom., III, p. 129, n. 44. — 2. Anno 377 aerae Bosporanae = 80 p. C. n. — 3. Peri-
tius, mensis calendarii quo utebantur Bosporani. — 4. Inde patet et manumittentes et
fortasse manumissum Judaeos fuisse.

---

882. Panticapaei. — Latyschev, II, n. 38.

[Τιβ. Ἰούλιον Σαυρομάτην, | υἱὸν βασιλέως Ῥησκουπό|ριδ]ος [1], φιλοκαίσαρα
5 καὶ φι[λο]ρώμαιον εὐσεβῆ, Μᾶ[ρ‖κο]ς Οὔλπιος Πρεῖμος | [τὸ]ν ἴδιον εὐεργέτη[ν |
ἐν] τῷ δοτ΄ ἔ[τει] [2].

1. De T. Julio Sauromate I, rege Bospori inter annos 94 et 124 p. C. n., cf. *Prosop.*
imp. rom., III, p. 179, n. 179. — 2. Anno 394 aerae Bosporanae = 97 p. C. n.

883. Panticapaei. — Latyschev, II, n. 39.

['Αγαθῆι] τύχηι. | [Τὸ]ν ἐκ ⌈πρ⌉ογόνων [βα]σι|[λέ]ων βα[σιλέα] μέγαν [Τιβέ]-
5 ρι]ον Ἰού[λιον Σαυ]ρομά[την ¹,] ‖ υἱὸν βα[σιλέως] Ῥησκουπ[ό]|ριδος, φιλο[κ]αί-
σαρα καὶ | φιλορώμαιον εὐσεβῆ | ἀρχιερέα τῶν Σεβαστῶν | διὰ βίου κα[ὶ ε]ὐερ-
10 γέτην ‖ τῆς πατρίδος καὶ κτίστην, | Νεικαιέων νέων σύνοδος ² | τὸν ἑαυτῶν
15 κτίστην καὶ | εὐεργέτην εὐσεβείας χάριν, | ἐπιμεληθέντος Λουκίου Φλαουΐ|ου
Ἐπιτυνχά[ν]οντος, | ἐν τῷ γιν΄ ἔτει ³ καὶ μηνὶ Λώῳ.

1. Cf. n. 882. — 2. Est sodalicium quoddam Nicaeensium juvenum; « sed quomodo
rex Bosporanus Nicaeae sodalicium juvenum constituere ideoque κτίστης eorum dici
potuerit, hodie nemo jam accurate explicabit. » Latyschev. — 3. Anno 413 aerae Bosporanae = 116 p. C. n.

884. Panticapaei. — Latyschev, II, n. 27.

[Ὑπ]ὲρ βασιλέως [βασιλέ]ων | Τιβερίου Ἰουλίου Κόττιο[ς] ¹ | φιλοκαίσ[αρος
5 καὶ φ]ι[λ]ορωμαίου | τοῦ καὶ [εὐεργέτου τῆ]ς πατρίδος ‖ νείκης [τῆς ἀπὸ τῶν
Σκ]υθῶν | Τρύ[φω]ν Ἀπολλωνίου | ναύαρ[χο]ς ἐν τῷ κυ΄ | ἔτει ² καὶ μηνὶ
Δαεισίῳ κζ΄.

1. Tib. Julius Cotys, rex Bospori temporibus Hadriani, de quo vide *Prosop. imp. rom.*,
I, p. 478, n. 1272. — 2. Anno 420 aerae Bosporanae = 123 p. C. n.

**885. Panticapaei? — *Bull. de la Commission arch. de Saint-Pétersbourg*, X (1904), p. 30,
n. 22.**

[Βασιλέα Τιβέ]ρ[ιον Ἰούλιον ¹ .... υἱὸν | βασ]ιλέως Ῥοιμ[ητάλκου
..........|........] φιλοκαίσαρα [καὶ φιλορώμαιον, εὐσεβῆ, ἀρχιε|ρέ]α τῶν
5 Σεβαστῶ[ν διὰ βίου καὶ εὐεργέτην τῆς ‖ πατρί]δος Τι. Ἰο[ύ]λιος .... |
τὸν ἴ]διον...

1. Estne Tib. Julius Eupator, filius Tib. Julii Rhoemetalcis, rex Bospori inter annos
154 et 171 p. C. n.?, de quo cf. *Prosop. imp. rom.*, II, p. 42, n. 87.

886. Panticapaei. — Latyschev, II, n. 41.

['Αγαθῆι τύχηι. | Τὸν] ἀφ᾽ Ἡρακλέου[ς] καὶ Εὐμόλ|που τοῦ Ποσειδῶνος ¹ καὶ
5 ἀπὸ | προγόνων βασι[λ]έων βασιλέ‖α Τιβέριον Ἰούλ[ιον] Ῥησκύπο|ριν ², υἱὸν

μεγάλου βασιλέως | Σαυρομάτου φ[ι]λοκαίσαρα | καὶ φιλορώμα[ι]ον εὐσεβῆ
10 ἀρ|χιερέα τῶν Σεβαστῶν διὰ ‖ βίου, Οὔλπιος Ἀντισθένης | Ἀντιμάχου γειλιάρ-
15 χης | τὸν ἑαυτοῦ σωτῆρα καὶ | δεσπότην τείμης χάριν | ἐν τῶι βιφ´ ἔτει³ ‖ καὶ
μηνὶ Λώωι κ´.

1. « Reges Bosporanos ab Hercule et Eumolpo Neptuni filio originem duxisse primum
ex hoc titulo cognovimus. Inde explicatur cur in nummis eorum Neptuni tridens aut
Herculis clava vel pellis leonina vel certamina singula sculpta inveniantur. » Latyschev.
— 2. T. Julius Rhescuporis, rex Bospori inter annos 212 et 229 p. C. n.; de quo cf. *Prosop.
imp. rom.*, III, p. 129, n. 45. — 3. Anno 512 aerae Bosporanae = 215 p. C. n.

---

887. Panticapaei. — Latyschev, II, n. 42.

[Ἀγ]αθῆι τύχηι. | [Τ]ιβέρ(ιον) Ἰούλιον Ῥη|σκούποριν ¹ βασι|λέα Βοοσπόρου
5 καὶ ‖ τῶν πέριξ ἐθνῶν ² | τὸν φιλορώμαιον | καὶ φιλέλληνα ³ ἡ | βουλὴ καὶ
10 ὁ δῆμος | ὁ Ἀμαστριανῶν ‖ τὸν εὐεργέτην | διὰ ἐπιμελείας | Πεδανίου Θεο|φράσ-
15 του, | ζιφ´ ⁴, Ὑπερβερεταίου ⁵ κ´, ‖ διὰ πρεσβευτῶν Αὐρηλίων Αἰλί|ου [τ]οῦ
καὶ Νάνου καὶ Διονυσίου τοῦ | καὶ Μαμμάρου καὶ Χρήστου Χρήστου.

1. Cf. n. 886. — 2. Τὰ πέριξ ἔθνη sunt gentes barbaricae finitimae, de quibus vide supra
n. 879. — 3. Animadvertendum epitheton φιλέλληνα regi additum primum hic occurrere.
— 4. Anno 517 aerae Bosporanae = 220 p. C. n. — 5. Hyperberetaeus, mensis calendarii
quo utebantur Bosporani.

---

888. Panticapaei. — Latyschev, II, n. 43.

Ἀγαθῆι τύχηι. | Τὸν ἐκ βασιλέων βασιλέ|α Τιβέριον Ἰούλιον | Ῥησκούποριν ¹,
5 υἱὸν ‖ μεγάλου βασιλέως | Σαυρομάτου, φιλο|καίσαρα καὶ φιλορώμα[ι]ον εὐσε-
10 6ῆ<ι>, ἡ Προυσιέων | πόλις τῆς πρὸς Ὕπιον τὸν ‖ ἑαυτῆς εὐεργέτην διὰ | πρεσ-
6ευτῶν Μάρκου Α[ὐ|ρ]ηλίου Μαρχιανοῦ Ἀμ[ε]ι|νία κοινοβούλου ² καὶ Αὐ|ρηλίου
15 Φιλιππιανοῦ Π[ρό]‖κλου ἐν τῶι κφ´ ἔτει ³ κ[αὶ] | μηνὶ Δείωι ⁴ α´.

1. Cf. n. 887. — 2. Decurionis? — 3. Anno 520 aerae Bosporanae = 223 p. C. n. —
4. Dius, mensis calendarii quo utebantur Bosporani.

---

889. Panticapaei. — Latyschev, II, n. 46.

Ἀγαθῆ[ι] τ[ύ]χηι. | Βασιλεύοντος βασιλέω[ς] | Τιβερίου Ἰουλίου Ῥησκουπό-

5 ριδος [1] | φιλοκαίσαρος καὶ φιλορωμαίου ‖ εὐσεβοῦς, τὸν σεβαστόγνωστον [2] | Αὐρή-
λιον Ῥόδωνα Λολλαίου, τὸν | ἐπὶ τῆς βασιλείας [3] καὶ χειλίαρχον | καὶ ἱππέα
10 Ῥωμαίων, Αὐρ. Κέλσος β΄ | νεώτερος Ἡρακλεώτης τὸν ‖ εὐεργέτην ἐν τῷ ϛμφ΄ [4]
ἔτε[ι] | καὶ μηνὶ Γορπιαίῳ ζ΄.

1. T. Julius Rhescuporis IV, rex Bospori inter annos 240 et 262 p. C. n., de quo
cf. *Prosop. imp. rom.*, III, p. 130, n. 47. — 2. Supra n. 873, not. 2. — 3. Praefectus ejus
partis regni Bosporani, quae proprie βασιλεία vocabatur; de qua vide Latyschev, *op. cit.*,
Introd., p. LIV. — 4. Anno 546 aerae Bosporanae = 249 p. C. n.

---

890. Panticapaei. — Latyschev, II, n. 44.

Ἀγαθῆι τύχηι. | [Τ]ὸν ἐκ προγόνων βασ[ι]|λέων βασιλέα μέγαν | [Τι]δέριον
5 Ἰούλιον Ῥησ[κού‖πο]ριν [1] φιλοκαίσαρα κ[αὶ] | φιλορώμαιον εὐσεβῆ | ...? Ἰούλ]ιος
10 Τελεσεῖνο[ς | Ἡρ]α[κλεώ]της τοῦ Πόν[το]υ κ]αὶ νεωκόρου [2] τὸ[ν ‖ ἑα]υτοῦ [ε]ὐ[ε]ρ-
γέτην | [ἐ]ν τῷ ζμφ΄ ἔτει [3] [καὶ] μη[νὶ Γ]ορπιαί[ῳ...

1. Cf. n. 889. — 2. « Locutio haec incorrecta nihil aliud significare videtur nisi Heracleam Ponticam, cujus civis fuit Telesinus, Ponti neocoram fuisse civitatem. » Latyschev
— Anno 547 aerae Bosporanae = 250 p. C. n.

---

891. Panticapaei. — Latyschev, II, n. 45.

Ἀγα[θῆ]ι τύχη[ι]. Τὸν ἐκ προγόνων βα[σιλέων βασ]ιλέα Τιβ[έριον Ἰούλιον
Ῥησκούποριν [1] φι[λοκαί]σα[ρα καὶ φιλ]ορώμαι[ον] εὐσε[βῆ, τὸν...] εὐεργέτη[ν...

1. Non dijudicari potest utrum hic sit T. Julius Rhescuporis II (212-229) an T. Julius
Rhescuporis III (234-235), an T. Julius Rhescuporis IV (240-262), de quibus cf. Latyschev,
op. cit., Introd., p. XLIX-LIII.

---

892. Panticapaei. — Latyschev, II, n. 54; cf. *Rec. des inscr. jurid. grecques*, II, p. 298,
n. 33.

Βασιλεύοντος βασιλέω[ς Σαυ]|ρομάτου [1] φιλοκαίσαρος καὶ φιλο|ρωμαίου
5 εὐσεβοῦς, ἔτους..., μηνὸς | Δαεισίου........ [2] καὶ Παρθέ‖νου Χρηστοῦς Κόσσου
Μενάνδρου | καὶ γυνὴ Χημάτα? Ἐρια? ἀνέθηκαν | Θάλλουσαν [θρ]επτὴν ἡμῶν
ναίου<ρι>|σαν? ἐπὶ παραμον[ῆι], μετὰ δὲ τὴν [ζ]ω‖[ὴ]ν ἡμῶν <ἡμῶν> εἶναι

10 αὐτὴν ἐλευθέ∥[ρα]ν ὑπὸ Διὰ, Γῆν, Ἥλιον, ἀνεπάφη[ν κα]ὶ | [ἀ]νεπηρεάστην
ἀπό τ' ἐμοῦ καὶ παντὸς | κληρονόμου τρ[έ]πεσθαι [δ' αὐτ]ὴν.....

1. Non dijudicari potest utrum Sauromates I (94-124), an Sauromates II (175-211) an
Sauromates III (230-233) hic sit. — 2. Traditur OEωTHCMAC. Anni et forsitan diei
numeri omissi sunt.

---

893. Panticapaei. — Latyschev, II, n. 57.

'Αγα[θῇ τύχῃ. | Θεας [.............?] | βασιλεύοντο[ς] βασιλέως Τιβερίου
5 'Iου]|λίου Σαυρομά[του φιλοκαίσαρος καὶ φιλο]∥ρωμαίου εὐσε]6οῦς, ἐν τῷ...
ἔτει, μηνὸς] | Ξανδικοῦ [1] οἱ..... |

Sequuntur nomina eorum qui titulum posuerunt.

1. Xanthicus, mensis calendarii quo utebantur Bosporani.

---

894. Panticapaei. — Latyschev, II, n. 290.

Δίζα υἱὲ Βείθυο[ς], | κεντυρίων ὁ κα[ὶ] | πρίνκιψ σπείρας | Θρᾳκῶν [1], καὶ
5 γυ∥νὴ Ἑλένη, χαίρετ[ε].

1. Sive centurio princeps sive centurio et praepositus cohortis Thracum.

---

895. Panticapei. — Latyschev, II, n. 293.

5 Γάιο|ς Μέμ|μιος, | σπεί∥ρης Κυ|πρίας [1].

1. Miles cohortis Cypriae; cf. infra n. 896.

---

896. Bospori. — Latyschev, *Inscr. gr. trouvées dans la Russie méridionale en 1901*,
p. 21.

L. Volusius, | mi(les) coh(o)r(tis) Cy|priae [1], c(enturiae) Ael(ii) Secun|di.
Λούκιος Οὐλούσιος | στρατιώτης σπίρης Κυ|πρίας, κεντυρίας Σεκούν|δου,
5 τοῖς παράγουσι ∥ χαίρειν.

---

897. Panticapaei. — *Bull. de la Commiss. arch. de Saint-Pétersbourg*, X (1904), p. 68, n. 71.

5   Πόπλιος Ἰγνά|τιος Ὀνησιφέ|ρος Σινωπεὺς, | ἐτῶν με΄, ‖ χαῖρε. | Ἐν τῶι αχυ΄ ¹ ἐτ(ε)ι.

1. Anno 421 aerae Bosporanae = 124 p. C. n.

---

898. Phanagoriae. — Latyschev, II, n. 352.

[Τιβέριος Ἰούλιος βασι]λεὺς Σαυρομ[άτης ¹ φιλόκαισαρ καὶ | φιλορώμαιος, εὐσεβὴς, ἀ]ρχιερεὺς τῶν Σεβα[στῶν διὰ βίου.|...... τὰς π]ερινσίους στοὰ[ς ²
5 τὰ]ς τῶν [.....|...... χρόνῳ? κα]θῃρημένας ἐκ θεμελίων διεγείρας ‖ [......
Ἀφρο]δείτηι Ἀπατουρίαδι ³ καθειέρωσεν | [δι' ἐπιμελείας ....] τοῦ ἐπὶ τῶν ἱερῶν ⁴. Ἐν τῶι β΄...

1. Potest esse vel Tib. Julius Sauromates II, rex Bospori imperante Caracalla (cf. supra n. 878) vel T. Julius Sauromates, I, rex Bospori sub Hadriano (de quo vide *Prosop. imp. rom.*, III, p. 179, n. 179). — 2. Porticus circa templum dispositas. — 3. Ex Strabone (XI, 2, 10) novimus notissimum templum Veneris Apaturiadis Phanagoriae erectum esse. — 4. Ὁ ἐπὶ τῶν ἱερῶν, praepositus rebus sacris, magister sacrorum.

---

899. Phanagoriae. — Latyschev, II, n. 353.

Τιβέριος Ἰούλιος βασιλεὺς | Ῥοιμητάλκης ¹ φιλόκαισαρ καὶ φι|λορώμαιος
5 εὐσεβὴς, τὰς ὑπὸ | Λητοδώρου ἀνατεθείσας γέας ² ‖ ἐν Θιαννέοις ³ καὶ τοὺς πελάτας ⁴ | κατὰ τὸν παραχείμενον τελαμῶ|να χρόνωι μειωθέντα συναθροί|σας
10 ἅπαντα καὶ πλεονάσας ἀπε|κατέστησε τῆι θεῶι σῶα ⁵, δι' ἐπι‖μελείας Ἀλεξάν-δρου Μυρείνου | τοῦ ἐπὶ τῶν ἱερῶν (ἐν τῷ ἔτει) ημυ΄ ⁶, μηνί | Ἀπελλαίωι ⁷ κ΄.

1. Cf. supra n. 877. — 2. Agros. — 3. Ubi fuerit locus Θιάννεα dictus, nescimus. — 4. Πελάται sunt coloni. — 5. Id est, ab integro. — 6. Anno 448 aerae Bosporanæ = 151 p. C. n. — 7. Apellaeus, mensis calendarii quo Bosporani utebantur.

---

900. Phanagoriae. — Latyschev, IV, n. 421.

[Βασιλεύοντος βασι]|λέως [Τιβερίου Ἰουλίου] | Κότυος ¹ υἱ[οῦ βασιλέως] |
5 Σαυρομάτου [φιλοκαίσα]‖ρος καὶ φιλορωμαίου | εὐσεβοῦς ἡ σύνο|δος ἡ περὶ
10 ναχόρον | βάγην Σωσιπάτρου | καὶ ἱ[ερ]έα Στράτωνα ‖ Ὀμ... μώρου ¹ καὶ

ἱρομά|στορα Ἀπολλώνιον Χρυ|σαλίσκου καὶ γραμμα|τέα Ἄγαθον Πολεμο-
15 κρά|του καὶ φιλάγαθον[2] Μυρεῖ|νον β' καὶ οἱ λοιποὶ θιασῖται |.

Sequuntur nomina thiasitarum.

1. Tib. Julius Cotys, ut videtur, qui fuit rex Bospori inter annos 124-132 p. C. n.,
cujus pater fuit Tib. Julius Sauromates, rex Bospori inter annos 94-124 p. C. n.; *Prosop.
imp. rom.*, I, p. 478, n. 1272; III, p. 179, n. 179. — 2. Νακόρος, ἱερεὺς, ἱ(ε)ρομάτωρ,
γραμματεὺς, φιλάγαθος magistratus sunt hujus thiasi, scilicet aedituus, sacerdos, sacrorum
explorator (Latyschev), scriba; φιλάγαθος verbum quid significet, nescimus.

---

901. Phanagoriae. — Latyschev, II, n. 354.

Αὐτοκράτορα Καίσαρα Θεοῦ υἱὸν | Σεβαστὸν τὸν [π]άσης γῆς καὶ | [πάσης]
5 θαλάσσης ἄρ[χ]οντα, | τὸν ἑαυτῆς σωτ[ῆρα καὶ εὐ]εργέτη[ν], ‖ βασίλισσα
Δύν[αμις[1] φιλορώ]μαι(ος).

1. Supra n. 874.

---

902. Phanagoriae. — Latyschev, IV, n. 420.

[Λιουί]α[ν] τὴν τοῦ Σεβαστοῦ γυναῖκ[α[1] | βασίλισσα] Δύναμις φιλορώμαιος |
[τὴν ἑαυ]τῆς εὐεργέτιν.

1. Livia Augusti.

---

903. Phanagoriae. — Latyschev, II, n. 355.

Αὐτοκ[ρ]άτορα Οὐεσπασιανὸν Καίσαρα Σε[βαστὸν, ἀρχιερέα μέγιστον[1], |
αὐτοκρ]ατόρα τὸ ζ'[2], πατέρα πατρίδος, [ὕπατον τὸ γ', ἀποδεδειγμένον τὸ δ'] |
κ[ύρι]ον τοῦ σύμπαντος Βοοσπόρου................|........ε [ὁ]σίως εὐσεβῶς
5 τοῦ ἐκ προ[γόνων βασιλέως Τιβερίου Ἰουλίου] ‖ Ῥησκουπ[όρι]δος[3], βασιλέως
Ἰουλίου [................] | υἱοῦ, φιλοκαίσαρος καὶ φιλορω[μαίου, ἀρχιερέως
τῶν Σεβαστῶν | διὰ] βίου, καὶ εὐεργέτου τῆς πατρ[ίδος...

1. Supplere etiam possis δημαρχικῆς ἐξουσίας τὸ β' vel τὸ γ'. — 2. Anno 71 p. C. n. —
3. Tib. Julius Rhescuporis, rex Bospori inter annos 77 et 92 p. C. n., cf. supra n. 881. Ex
hoc titulo « conjici potest Vespasianum, brevi postquam imperium adeptus est, regnum
Bosporanum, quod tum sub Romanorum erat imperio, Rhescuporidi dedisse et ob id
ipsum statua esse honoratum. » Latyschev.

904. Phanagoriae. — Latyschev, II, n. 362; *Bullet. de la Commiss. arch. de Saint-Pétersbourg,* 1904 (X), p. 93.

Titulus valde mutilus in honorem hominis, cujus nomen latet, positus; post duos versus legitur :

... ἱερέα ἀπο]δειχθέντα τοῦ Καισαρείου [1] διὰ βίου εἰς γένος....

1. Καισάρειον, templum Caesaris vel Caesarum.

---

905. Phanagoriae. — Latyschev, II, n. 356.

[Β]ασίλισσαν Δύναμιν φιλορώμα[ιον, | τὴ]ν ἐκ βασιλέω[ς μ]εγάλου Φα[ρ-
5 νά|κο]υ ἐκ βασιλέως βασιλέων Μιθ[ραδά|το]υ Εὐπάτορος [Διο]νύσ[ου] [1] ‖ τὴ]ν
ἑαυτῶν σ[ώτειραν κ]αὶ εὐε[ργέ|τι]ν [ὁ δ]ῆμο[ς ὁ ᾿Αγριπ]πέω[ν] [2].

1. Cognomen Dionysos haud raro inditum est regibus vel Aegypti vel Syriae vel Ponti, post Alexandrum. — 2. ᾿Αγριππεῖς vel ᾿Αγριππεῖς Καισάρειοι, cognomen Phanagorensium quod, Augusti Caesaris temporibus, a M. Agrippa Polemo I rex Bospori institutus est : cf. Latyschev, *op. cit.*, II, Introd., p. xxxviii et J. Friedländer, *Numismatische Zeitschrift,* II (1870), p. 280 et sq.

---

906. Phanagoriae. — Latyschev, II, n. 364.

[Β]ασιλεύοντος β]ασ]|ιλέως ᾿Ασπούργο[υ [1] | φ]ιλορω⟨ι⟩μαίου, ἔτους γιτ′ [2],
5 μηνὸς Δαισίου ζ′, ‖ [Φ]όδακος Πόθωνος ἀ|[ν]ατίθησι τὸν ἑαυτοῦ | [θρ]επτ[ὸ]ν
Διονύσιον | ....

Titulus reliquus fere evanidus; est servi manumissio.

1. Cf. supra n. 879. — 2. Anno 313 aerae Bosporanae = 16 p. C. n.

---

907. Phanagoriae. — Latyschev, II, n. 358.

[Τὸν ἀπὸ] Ποσειδῶνος [καὶ ἀφ′ | ῾Ηρακλ]έους βασιλέα βασιλέων μέγαν το[ῦ |
σύμπα]ντος Βουσπόρου Τιβέριον ᾿Ιούλιο[ν | Σαυρομ]άτην [1] υἱὸν βασιλέως ῾Ρήσ-
5 κουπόρ**ι**[δος φιλο]καίσαρα καὶ φιλορώμαιον, [ε]ὐσεβῆ | .... [2] [τὸ]ν [ἴδιον | θεὸν?
καὶ] σωτῆρα εὐξάμενος καθιέρω[σε | ....] Διοφάντου Παντικαπαίτ[ης].

1. Cf. supra n. 882. — 2. Forsitan suppleas ἀρχιερέα τῶν Σεβαστῶν.

908. Phanagoriae. — Latyschev, II, n. 357.

Ἀγαθῆι τύχηι. | [Τ]ὸν ἀπὸ προγόνων βασιλέ[ων βασιλέ]|α μ[έγα]ν Τιβέριον
5 Ἰούλιον Σαυρομά[την] ¹ | φιλοκαίσα[ρα] καὶ φιλορώμαιον εὐσε∥6ῆ Ἰούλιος
[Με]νέστρατος χειλίαρχος | τὸν ἴδιον [θεὸν?] καὶ δεσπότην ἀνέστη|σα τειμῆ[ς
χάρι]ν ἐν τῶι... [ἔτει....

1. Sauromates II ; cf. supra n. 878.

---

909. Phanagoriae. — Latyschev, II, n. 360.

[Βασιλέα........] | ......φιλοκαίσ[αρα καὶ | φιλορώμ]αιον εὐσεβῆ [ἀρχιε|ρέα τῶν
5 Σ]εβαστῶν διὰ [βίου καὶ ∥ εὐεργέτ]ην τῆς πατρίδο[ς..... | ἀνέστησε]ν ὁ δῆμο[ς]
ὁ Ἀγριπ[πέων ¹... | ... εὐτυχῶς κ[αὶ] δωρε[ᾷ] κα[ὶ... | τ]αῖς πόλεσιν τοπ[..... |
10 ...ς περὶ τὸ γυμν[άσιον... ∥ .....] ἐν ν...

1. De hoc Phanagoriensium cognomine, cf. supra n. 903.

---

910. Phanagoriae. — Latyschev, II, n. 386.

Ῥώμηι γυνὴι Δαδα | χαίρειν.

---

911. Gorgippiae. — Latyschev, II, n. 401.

[Θεῷ ὑψ]ίσ[τῳ παν|τοκρά]τορι εὐλο[γη]|τῷ ¹. Βασιλεύοντο[ς] | βασιλέως Τιβε-
5 ρίου Ἰ<ω>∥ϐυλίου <λίου> Σαυρομά|του ² φιλοκαίσαρος καὶ φι|λορωμαίου
10 εὐσεϐοῦς | Τειμόθεος Νυμφα|γόρου Μακαρίου σὺν ∥ ἀδελφῆς Ἥλιδος γυ|ναικὸς
15 Νανοϐαλα|μύρου κατὰ εὐχὴν | πατρὸς ἡμῶν Νυμ|φαγόρου Μακαρίου ∥ ἀφείομεν
τὴν θρεπ∥[τὴν ἡμῶν Δ]ωρέαν |...

1. Intellige : *Deo supremo omnipotenti benedicto*, quem Stephanius deum Judaeorum
esse putat, Latyschev vero unum ex ethnicorum diis : *op. cit.*, I, p. 130 et II, nn. 400,
401. — 2. Cf. supra n. 878.

---

912. Gorgippiae. — Latyschev, IV, n. 433.

[... Ἀλέ]ξανδρος Νουμηνίου ¹... | [Ἀγαθ]ῆ τύχηι. | [Βασιλεύοντος βασιλέ]ως

5 Τιβερίου Ἰουλίου [Κότυος ², | υἱοῦ μεγάλου βασι]λέως Ῥησκουπόρι[δος, φιλο‖καίσαρος καὶ φιλορω]μαίου εὐσεβοῦς ἔ[τους... | μηνὸς Πανή]μου ³ ζ', θιασεῖται [..... | ... βασιλέως] Σαυρομάτου κ[... | .....] βασιλέως Κό[τυος... |.

Reliquum titulum valde mutilum negleximus.

1. Pertinent haec verba titulo superiori lapidis parte inscripto et nunc fere omnino evanido. — 2. Tib. Julius Cotys, rex Bospori inter annos 228-234 p. C. n.; de quo cf. *Prosop. imp. rom.*, I, p. 478, n. 1273. — 3. Panemus, mensis calendarii quo utebantur Bosporani.

---

913. Gorgippiae. — Latyschev, II, n. 402; cf. *Bullet. de la Commiss. arch. de Saint-Pétersbourg*, 1904 (X), p. 95.

Βασιλεύοντος βασιλέως Τιβερίο[υ | Ἰουλίου ... | ... φιλο]καίσαρος καὶ φιλορωμα(ί)ου εὐσεβοῦς... |.

Sequuntur per reliquos quinquaginta et octo versus, quorum plerique valde mutili sunt, nomina eorum qui titulum posuerunt.

---

914. Tanaide. — Latyschev, II, n. 422.

5 Ἀγαθῇ τύχῃ. | Βασιλεύοντος βα|σιλέως Τιβερίου | Ἰουλίου Εὐπάτο‖ρος ¹ φιλοκαίσαρος | καὶ φιλορω[μα]ίου | εὐσεβοῦς θεῷ Ἀπόλ|λωνι εὐξάμενος Ἀν|τίμαχος 10 Χαρίτω[νος πρεσβε]υτ[ή]ς ².

1. T. Julius Eupator, rex Bospori circa annos 155-171 p. C. n.; cf. *Prosop. imp. rom.*, II, p. 42, n. 87. — 2. Legatus regis Bosporani ad Tanaidem civitatem administrandam, de quo vide Latyschev, *op. cit.*, II, Introd., p. LVI.

---

915. Tanaide. — Latyschev, II, n. 437.

[Θε]ῷ ὑψίστωι ε[ὐχή. | Β]ασιλεύοντος βα[σιλέως Τιβερίου | Ἰ]ουλίου Ῥοιμη-5 τάλκο[υ ¹ φιλοκαίσαρος καὶ] | φιλορωμαίου εὐσε[βοῦς, ἐν τῷ ... ἔτει,] ‖ μηνὸς Περείτιου η', [ἡ σύνοδος ἡ περὶ] | ἱερέα Πόπλιον Χαρ[ίτωνος? καὶ πατέρα συν]όδου ³ Ἀντ[ίμαχον...

1. Cf. supra n. 877. — 2. Cf. supra n. 900. Συνόδου πατήρ, collegii patronus : Latyschev, *op. cit.*, II, p. 246.

916. Tanaide. — Latyschev, II, n. 438.

5 ['Αγα]θῆι τ[ύχηι]. | Θεῷ | ὑψίστῳ ἐπη|κόῳ εὐχή. ‖ Βασιλ[ε]ύον[το]ς βασι-
λ[έ]ως [Τιβερίου] | Ἰουλίου Εὐ[πάτο]ρος ' φιλοκ[αίσαρος] | καὶ φιλορωμα[ίου
εὐ]σεβοῦς [ἐν τῷ] | βνυ' ² [ἔτε]ι μηνὶ [...? ἡ σύνοδος] | ἡ π[ερὶ ἱε]ρέα Φ[άννην
10 Στρατονείκου ‖.....

Sequuntur circa quindecim versus valde mutili. In fine legitur:

25 Φάννης Στ[ρα]|τ[ο]νείκου ἱε|[ρ]εὺς εὐξ[ά]‖μενος ἀπε¦κατέστησε [τὸν] | τελα-
μῶνα | ἐκ τῶν ἰδίω[ν].

1. Cf. supra n. 885. — 2. Anno 452 aerae Bosporanae = 155 p. C. n.

---

917. Tanaide. — Latyschev, II, n. 445.

Θεῷ ὑψ[ί]στῳ. Ἀγαθῆι τύχηι. | Βασιλεύον[τος] βασι[λέω]ς Τιβ. Ἰουλ(ίου)
Σαυρομάτου ¹ | φιλοκαίσαρ[ος κα]ὶ φιλο[ρ]ωμαίου εὐσεβοῦς ἡ σύνοδος | ἡ περὶ
5 ἱ[ερέα ....]λιον Σα[.]χάδου καὶ πατέρα σ[υ]νόδου ‖ Χορούαθ[ον.....] καὶ
συναγωγὸν Ἀρδαι.....χον | [Σ]υνεγδή[μου καὶ φιλάγαθο]ν Διαγ[όραν?....] βλω-
νάκ[ου] καὶ | [π]αραφιλάγαθ[ον Χόφρασμ]ον Φοργαβάκ[ου] καὶ [νεαν]ισ|[κ]άρχην
Δημήτριον Ἀπολ]λωνίου καὶ γυμ[να]σιά[ρχην Βα|[σι]λείδην Θεον[είκ]ο[υ καὶ
10 Ἄτ]τ[α]ν Ἡρακλείδου [γρ]α[μμα]τ[εὺ]ς ‖ [συν]όδου ² οἱ λ[οιποὶ θιασ]τ[τ]αι ·

Sequuntur plurima nomina valde mutila.

1. Tib. Julius Sauromates I (94-124, p. C. n.), aut Sauromates II (173-211). — 2. Συνα-
γωγός, φιλάγαθος, παραφιλάγαθος, magistratus collegii; de quibus nondum satis constat;
νεανισκάρχης, γυμνασιάρχης, magistratus item, quorum ex nominibus, ut vidit Latyschev,
patet collegium non solum ad deum colendum institutum esse, sed etiam ad adolescentes
in gymnasiis exercendos.

---

918. Tanaide. — Latyschev, II, n. 449.

Θεῶι [ὑψίστωι.] | Βασιλεύοντος β[ασιλέως Τιβερίου] | Ἰουλίου Ῥησκουπό-
5 [ριδος ' φιλοκαί]|σαρος καὶ φιλορωμ[αίου εὐσεβοῦ]ς ‖ ἱσποιητοὶ ² ἀδελφο[ὶ σεβό-

μενοι | θεὸ]ν ὕψιστον ἀνέστησαν τὸν] | τελαμῶνα ἐνγ[ράψαντες ἑαυτῶν | τὰ ὀνόματα.

Sequuntur nomina mutila, per tredecim versus disposita.

1. Tib. Julius Rhescuporis, rex **Bosporanus** inter annos 212-229 p. C. n.; cf. supra n. 886. — 2. Ἰσποιητοί vel εἰσποιητοί, **adoptivi**. Qui sint illi, non constat. Censent nonnulli hos fratres sodales esse collegii cujusdam **funeraticii**; Latyschev contra putat eos esse sodales novissime in collegium ingressos (*op. cit.*, II, p. 247), rectius, ut videtur.

---

919. Tanaide. — Latyschev, II, n. 450.

Ἀγαθῆι τύ[χ]ηι. | Θ[ε]ῶι ὑψίστ[ωι] ε[ὑ]χή<ι> | Βασ[ιλεύ]οντος βασιλ[έ]ως
5 Τ[ι]βερίου | Ἰου[λίου Ῥησ]χου[πόριδο]ς [1] φιλοκαίσα‖ρο[ς καὶ φι]λορω[μαίου εὐσεβ]οῦς ισπ[οιη|τοὶ ἀδε]λφοὶ.....

Reliqua valde mutila non referemus.

1. Cf. titulum praecedentem n. 918.

---

920. Tanaide. — Latyschev, II, n. 452.

[Ἀγαθῆ]ι τύχη[ι.] | Θεῷ [ὑ]ψίστῳ ε[ὑχή.] | Βασιλεύοντ[ο]ς βασιλέ[ως Τιβε-
5 ρίου | Ἰ]ουλίου Κότυος [1] φιλοκα[ίσαρο]ς καὶ φι‖λορωμαίο]υ εὐσεβοῦς εἰσποιητοὶ |
ἀ[δελφοὶ] σεβόμενοι θεὸν ὕψιστον | ἐνγρά[ψαντ]ες ἑαυτῶν τὰ ὀνόματα | περὶ
πρεσβύτερον [2] Μ......... Ἡ|ρακλε[ίδου] καὶ Ἀρίστωνα.

Sequuntur nomina sociorum, in fine :

20 Τὸν δὲ τελαμῶ[ν]α ἐδωρήσατο τοῖς ἀδελ|φοῖς Σαμ[βίω]ν Ἐλπιδίωνος... ‖ ἐν
τῷ εκφ' [3] ἔτει, (μηνὸς) Γορπιαίου α'.

1. Est Tib. Julius Cotys, rex Bosporanus circa annos 228-234 p. C. n.; cf. supra n. 912. — 2. Qui inter *adoptivos fratres* major est natu (Latyschev, *op. cit.*, II, p. 247). — 3. Anno 525 aerae Bosporanae = 228 p. C. n.

---

921. Tanaide. — Latyschev, II, n. 455.

[Βασιλεύοντος β]ασιλέως Τιβερίου Ἰουλί|[ου Κότυος [1], φιλ]οκαίσαρος καὶ

φιλορω‖[μαίου εὐσεβοῦ]ς θεῷ ἐπηκόῳ εὐχή · | π[ερὶ ἱερέα Πάπαν Χρ]ήσσου,
5 πατέρα συνέ‖[δου.....

1. Cf. titulum precedentem n. 920.

---

922. Tanaide. — Latyschev, IV, n. 446.

['Ο ἐκ π]ρογόνων βασι[λέ|ων βα]σιλεὺς μέγ[α]ς Τιβέριος | ['Ιούλιος β]ασιλεὺς
5 [Σ]αυρομάτης ¹ | [υἱὸς βασιλέ]ως Ῥησκουπ[όρι]δος φι‖[λόκαισαρ κα]ὶ φιλο[ρώ]-
μ[α]ιο[ς εὐ]σεβής.....

1. Est Tib. Julius Sauromates I, rex Bospori inter annos 94-124 p. C. n.; cf. supra
n. 882.

---

923. Tanaide. — Latyschev, IV, n. 447.

'Αγαθῆι τύχηι. | [Βασιλ]εύο[ν]τος βασι[λ]έως Τ[ι]. 'Ιουλίου | [Εὐπάτ]ορο[ς] ¹
5 φιλοκαίσαρος καὶ φιλορω‖[μαίου εὐ]σεβοῦς, χρόνῳ διαφθ[α]ρέντα τ[ὰ ‖ τείχη? ἐκ
θε]μελίων οἰκ[οδ]ομ[ή]σας Τρύφων | ...... πρεσβ]ευτὴς ² ἀνεστήσατο χα|..... ἐν
τῷι . ξυ ἔτει, [Δ]είου α'.

1. Cf. supra n. 883. — 2. Anno quodam inter annos 460 et 467 aerae Bosporanae = 163
et 170 p. C. n.

---

924. Tanaide. — Latyschev, II, n. 432.

'Αγαθῆ τύχη. | Βασιλεύοντος βασιλέως | Τιβερίου 'Ιουλίου Κόττυος ¹ υ|ἱοῦ
5 μεγάλου βασιλαίως Ῥησ‖κουπόριδος φιλο[x]αίσαρος καὶ | φιλορωμαίω ² εὐσε-
βοῦς, | Μήνιος Χαρίτωνος πρὶν προσο|δικὸς ³ ὁ καὶ ἐλ[λ]ηνάρχης ⁴ ἠμελη(μέ)-
10 νην | τὴν πύλην ταύτην ἀπὸ χρόνω ² ‖ ἐξαρτίσας ἐκ τῶν ἰδίων ἀνα|λωμάτων
ἀπεκατέστησα τῇ | πόλει καὶ τοῖς ἐμπόροις ⁵. | 'Εν τῷ ..φ' ⁶ ἔτει καὶ μη|νὶ
Δε[σί]ῳι ⁷.

1. Cf. supra n. 912. — 2. φιλορωμαίω, χρόνω lapis. — 3. Publicanus, pecuniis publicis
Tanaide, ut videtur, praepositus. — 4. Nonnunquam, inter Tanaidis incolas, distinguuntur Ἕλληνές καὶ Τανκεῖται; Graeci propriam rempublicam habebant, cujus summus magistratus vocabatur Ἑλληνάρχης; cf. Latyschev, *op. cit.*, II, Introd., p. LVI. — 5. Ἔμποροι
sunt mercatores Graeci. — 6. Anno quodam inter 525 et 531 aerae Bosporanae = 228 et
234 p. C. n. — 7. Desius vel Daesius, mensis calendarii quo solebant uti Bosporani.

925. Tanaide. — Latyschev, II, n. 433.

['Αγαθῇ] τύχη. | Βασιλεύοντ[ος βα]σιλέως | Τιβ. 'Ιουλίου 'Ινιν[θιμαίου] '
5 φιλοκ[αί]|σαρος καὶ φιλορω[μαίου εὐσεβοῦς] ‖ καὶ πρεσβευτο[ῦ.........|]νος τοῦ
ἐπὶ τῆ[ς βασιλείας ², Δημή]|τριος 'Απολ[λωνίου Τ]αναείτης ἠμε|λημένο[ν τὸν
10 πύργον?] ἀνοικοδόμη|σα ἐκ τ[ῶν ἰδίων ἀνα]λωμάτων ‖ καὶ ἀ[πεκατέστησ]α τῇ
πόλει | καὶ το[ῖς ἐμπόροις δι]ὰ ἀρχιτέκτο|νος Α[ὐρηλίου 'Αντω]νείνου | ἐν τῷ
[... ἔτει, Πα]νήμου α'.

1. De Tib. Julio Ininthimaeo, rege Bosporano inter annos 235 et 240 p. C. n.;
cf. *Prosop. imp. rom.*, II, p. 152, n. 20. — 2. Cf. supra titulos n. 889.

---

926. Tanaide. — Latyschev, II, n. 434.

'Αγαθῇ τύχη. | Βασιλεύοντος βασιλέως Τιβε|ρίου 'Ιουλίου 'Ινινθιμαίου ' φι|λο-
5 καίσαρος καὶ φιλορωμαίου εὐ‖σεβοῦς χρόνῳ ἠμε|ληθεῖσαν τὴν κρή|νην ἀνοικοδο-
μήθη ἐκ θεμε|λίων καὶ γέγονε πύργος ἐπὶ πρεσ|βευτῇ Χόρρασμον Φοργα[β]άκου ‖
10 κ(α)ὶ ἑλληνάρχῃ ² Ψυχαρίωνα Φιδάνοι | καὶ διαδόχῳ ³ Ἡρακλείδην Ἄττα καὶ
δι|ὰ ἐπιμελητῶν ·

Sequuntur novem nomina :

Διὰ ἀρχιτέκτονος Αὐρη|λίου 'Αντωνείνου. 'Εν τῷ γλφ' ⁴, Γορπιαίῳ [α'].

1. Cf. titulum praecedentem n. 925. — 2. Cf. supra n. 924, not. 4. — 3. De eo nihil
certi dici potest : forte hellenarchae candidatus vel vicarius. — 4. Anno 533 aerae Bosporanae = 236 p. C. n.

MAURETANIAE,

NUMIDIA, AFRICA

MAURETANIAE,
NUMIDIA, AFRICA

---

927. Volubili. — *C. I. L.*, VIII, 21900, 21901.

5   Αὐρ. Ἰανουά|ρι(ο)ς τῶν Σαλέ|μου τῷ πάτρω|[νι] ...θεαν... ‖ ...σε.

Omisimus titulum bilinguem Livii Honorati et Apolloniae Florae, prope Madauram repertum (*C. I. L.*, VIII, 16867), quippe pessime descriptum.

---

928. Caesareae. — *C. I. L.*, VIII, 21440.

..δμε.... | ...[ἐν] Καισαρεί[ᾳ....] | σ..... [Και]σάρηα πυγμ[ήν]..

Titulus ad ludos pertinuit. Temporibus Severi Caesariensibus permissum est ut graeco more agones apud se ederent : *C. I. L.*, XIV, 474 : *Severia apud Caesaream, Commodia apud Caes.*

Cf. carmen sepulcrale (*ibid.*, 21441) pertinens ad Lygdamum quemdam pancratiastem (πανκράτιον νικήσας).

---

929. Caesareae. — *C. I. L.*, VIII, 21103.

C. Terentiu[s Demo]]sthenes hic s[itus est], | medicus ocula[r. an......

5   Γάιος Τερέντιος Δ[ημοσθέ]‖νης ἰατρὸς ὀφθαλ[μιχὸς] | ἐνθάδε κεῖται βι[ώσας ἔτη......

930. Cirtae. — *C. I. L.*, VIII, 7051.

Π. Ἰούλιον [Γ]εμίνιον | Μαρχ[ια]νὸν ¹ | πρεσβευτ[ὴ]ν Σεβασ|τῶν ἀντι[στ]ρά-
5 τηγον, ‖ ὕπατον, ἡ [β]ουλὴ καὶ ὁ | δῆμος Ἀδ[ρια]νῶν Πετρα|[ί]ων ² μητρο-
10 π[ό]λεως τῆς Ἀραβίας διὰ [Κλ]αυδίου Αἰνέ|ου πρεσβε[υτ]οῦ εὐεργετη‖θέντες
ὑ[π᾽ αὐ]τοῦ ἀνέθε|σ[αν]. | Τόπος ἐδόθη | ψηφίσματι βουλῆς.

1. P. Julius Geminius Marcianus (*Prosop. imp. rom.*, II, p. 194, n. 227), leg. Augg.
pr. pr. provinciae Arabiae annis 162 et seq. Cf. infra titulos Gerasae repertos (vol. III,
nn. 1370 et 1370 a et *C. I. L.*, III, 14149 ²³, ³², ⁴¹, 14173, 14175). — 2. Petra, metropolis
Arabiae (cf. vol. III, infra, n. 1383); huic cognomen erat Hadriana ut et aliis civitatibus
provinciae Syriae.

---

931. Cirtae. — *C. I. L.*, VIII, 7052.

5 Π. Ἰουλίωι Γεμι|νίωι Μαρκιανῷ | πρεσβευτῇ Σε|βαστῶν ἀντιστρ[α]‖τήγῳ ¹,
ὑπάτῳ, Ἀδρ[α]|ηνῶν ² πόλις ἡ | τῆς Ἀραβίας διὰ | Δαμασέους Κο|αίφου πρεσ-
10 βευ‖τῇ ³ Ἀδραηνῶν ἐ|παρχείας Ἀραβίας.
Translata ab urbe secun|dum uoluntatem Marcia|ni testamento signifi-
15 cat(am)‖. D. d.

1. Cf. n. 930. — 2. Adraa, urbs Arabiae. — 3. Scilicet : πρεσβευτοῦ.

---

932. Cirtae. — *C. I. L.*, VIII, 7358.

Οἶκος κοίμης | Fonteiorum.........

---

933. Siccae. — *C. I. L.*, VIII, 1640.

5 D. M. s. | Π. Πίννιον Ἰού|στον βουλευ|τὴν Ἀμαστρι‖ανὸν ¹, νομικὸν |
10 συνκάθεδρον ² | Π. Οὐλπίου Ἀρα|βιανοῦ ἀνθυπ(άτου) | Ἀφρικῆς ³, ζήσαν‖τα ἔτη
λζ᾽, Νεικήφορος | ὁ θρεπτός.

1. Amastris, in Bithynia. — 2. Adsessor proconsulis. — 3. M. Ulpius Arabianus
(*Prosop. imp. rom.*, III, p. 459, n. 540) proconsul Africam rexit imperante Septimio Severo
(Pallu de Lessert, *Fastes des provinces africaines*, I, p. 244). Cf. infra, vol. III, n. 85.

934. In ruderibus dictis Ksar-Mezouar. — *C. I. L.*, VIII, 14426.

Κοινῷ | θεῷ.

---

935. Carthagine, in templo Sarapidis. — *C. I. L.*, VIII, 1003.

5 ... | Βιϐ. ¹ | Ἐν Κανώϐωι θεῶι | μεγίστωι ² Π. Αὐρήλιοι ‖ Πασίνικοι σὺν τοῖς | ἰδίοις ἀνέθηκαν | ἐπ' ἀγαθῶι | δ(όγματι) β(ουλῆς).

1. BIB lapis litteris vel graecis vel latinis. — 2. Sarapis qui in civitate Canobo colebatur.

---

936. Carthagine, in templo Sarapidis. — *C. I. L.*, VIII, 1005.

Διὶ Ἡλίωι μεγάλωι | Σαράπιδι καὶ τοῖς | συννάοις θεοῖς | Τίτος Οὐαλέριος ‖
5 Ἀλέξανδρος | σὺν τοῖς ἰδίοις | ἀνέθηκεν | ἐπ' ἀγαθῷ.

---

937. Lepti Magna. — *C. I. L.*, VIII, 13. Titulus trilinguis latine, graece, punice scriptus.

Boncar Mecrasi Clodius medicus. — Βώνκαρ Μεχράσι Κλώϐιος ἰατρός.

---

938. Lepti Magna. — *C. I. L.*, VIII, 16. Titulus trilinguis.

Byrycth Balsilechis f. mater Clodi medici. — Βύρυχθ Βαλσιάληχ θυγάτηρ
μήτηρ Κλωϐίου ἰατροῦ.

Cf. titulum alium trilinguem, repertum in loco dicto Henchir-Alaouin juxta Uthinam,
Q. Marcii cujusdam Protomachi, medici, ut videtur (*Comptes rendus de l'Acad. des Inscr.*,
1899, p. 49 et sqq.).

Inter tot defixionum tabellas, his proximis annis Carthagine et Hadrumeti repertas,
quas recenter Aug. Audollent edidit et optimo commentario instruxit, duodecim transcribere placuit ut pote memoratu dignas. Reliquas aut mutilas aut momenti minoris
invenies in libro supra laudato (Aug. Audollent, *Defixionum tabellae quotquot innotuerunt
praeter atticas*, Parisiis, 1904, in-8°).

939. Carthagine, in sepulcreto officialium imperatoris. — Audollent, *Defixionum
tabellae*, 231.

.... περα ... | .... [κου]ωρουμ. | .... [χ]ουω ϱορ. | ....

5 μαγνα ουτ ‖ ..... διας.. τ κουωμω|[δο...] ανουντιο ρηγις | ...... μορτους αϐ
10 ιλ|[λα....]ινητουρ ανιμα | ...... οχ λοχο σιχ ετ | .... χουιους εστ ‖ ......
τη δητινεατουρ | [ιν ομ]νε τεμπους ιν α|[μωρ]ε ετ δεσιδερι[ο] Μαρ|[τ]ιαλιχι
15 χουεμ πεπεριτ ‖ Κορωναρια σερρουσεμ.. λω|χνημεω τριπαρνωχι α|[ϐ]ρασαρξ
20 σχωσμονος ευ|φνεφερη σαμαλχαμα | ιαρεμμουθου χεννειθ [1] ‖ ατιουρο ουως περ
ουνχ πρε|π[ο]σιτου σουπερ νεχεσσι|[τατ]ης τερρε σιχ ετ τε. | .... δομινους αιη
25 απερ | .. ουτ ε[ξ] αχ διη οχ μομεντο ‖ .... ις .... | .... | . ατε
ιλλ[α]ς ησου..... | αμετ Μαρτιαλε ουτ ο<μ>|μνι μουλιεϐρι ωρας μ[ε]ιν |
30 μεντε αϐεατ ετ τωτα διε | [ιν α]νιμω αϐεατ αμωρε με|ουμ]..... νιμ....... |
35 .... τις μαγνα τυ.. | ..... [δομ]ινουμ ιαμ ιαμ. ‖ .... πεηια.

Latina defixio graece scripta. Lege : .....quorum .....magna ut .....quomodo...
an(n)untio regis..... mortu(u)s ab illa... inetur anima..... (h)oc loco sic et..... cuius
est..... te delineatur in omne tempus in amore et desiderio Martiali[s] quem peperit
Coronaria. *Sequuntur verba magica.* Atiuro vos per (h)unc prepositu(m) super necessi-
tates terra(e) sic et te... dominus .....ut ex (h)ac die (h)oc momento .....ate illas.....
amet Martiale(m) ut omni muliebri (h)ora<s> me in mente (h)abeat et tota die in animo
(h)abeat amore(m) meum ......tis magna tu...... dominum iam iam......

1. Haec omnia verba, ἐφέσια γράμματα dicta, e linguis orientalibus plerumque petita aut
etiam ex barbaris syllabis conflata (βαρβαρικά τινα καὶ ἄσημα ὀνόματα καὶ πολυσύλλαβα : Luc.,
Menip., 9) vim magicam et ineluctabilem in se complecti ferebantur. Cf. Audollent,
op. cit., p. lxviii et seq.

___

940. Carthagine, in sepulcreto officialium imperatoris. — Audollent, *Defixionum
tabellae*, 234.

Ἐξορκίζω σε ὅστις ποτ' οὖν εἶ, νεχυδαίμων ἄωρε [1], κατὰ τ.. | ....
καὶ τὰ..... [ὀνό]ματα [2] α.. πων | βρουραϐρουρα μαρμαρει μαρμαρει αμαρτα-
5 μαρει απε|ωρ νομφεχομχθω βαιεψων σαθσαθιεαω.... βϐαιφρι ‖ ἵνα καταδήσης
τοὺς ἵππους τοῦ οὐενετοῦ [3] καὶ τοῦ συνζύγ[ου] | αὐτοῦ πρασίνου [4].....]εους
σοι [σεσημειωμ]ένα ἐν τοῖς θα[λ]α[σσίοις] | ὀστράκοις [5] παρακατατέθηκα ἐν τούτῳ
τῷ σκεύε [6] Οὐιττᾶτον, | Δηρεισῶρε, Οὐιχτῶρε, Ἀρμένιον, Νίμϐον, Τύριον,
Ἀμῶρε [7], Πραιχλ|ᾶρον τὸν καὶ Τετραπλᾶ, Οὐιρεῖλε, Παρᾶτον, Οὐιχτ[ῶρε, ‖
10 Ἰμϐου]τρί[ουμ], Φόνεικε, Λίχον καὶ τοῦ συνζύγου αὐτοῦ πρα|σίνου Δαρεῖον,
Ἄγιλε, Κουπείδινε, Πουγιῶνε, Πρ|ετιῶσον, Προυνικὸν, Δάρδανον, Εἴναχον,
Φλόριδον, Πάρδον, | Σερουᾶτον, Φούλγιδον, Οὐιχτῶρε, Προφίχιον. Κατά|<δη-
15 σον αὐτοῖς δρόμον, πόδας, νείχην, ὁρμήν, ψυχήν, ταχύτη‖τα, ἐχκόψον, ἐχνεύ-

ρωσον, ἐξάρθρωσον αὐτοὺς ἵνα>|δησον αὐτοῖς τὸν δρόμον, τὴν δύναμιν, τὴν
ψυχὴν, τὴν ὁρμὴν, τ|ὴν ταχύτητα, ἄφελε αὐτῶν τὴν νείκην, ἐμπόδισον αὐ|τοῖς
τοὺς πόδας, ἔκκοψον, ἐκνεύρωσον, ἐξάρθρωσον αὐτοὺς ἵνα | μὴ δυνασθῶσιν τῇ
20 αὔριον ἡμέρᾳ ἐλθόντες ἐν ‖ τῷ ἱπποδρόμῳ μήτε τρέχειν, μήτε περιπατεῖν, μήτε
ν|εικῆσαι, μηδὲ ἐξελθεῖν τοὺς πυλῶνας τῶν ἱππαφ|ίων, μήτε προβαίνειν τὴν
ἀρίαν [8], μήτε τὸν σπάτιον [9], μηδὲ | κυκλεῦσαι τοὺς καμπτῆρας [10], ἀλλὰ πεσέ-
25 τωσαν | σὺν τοῖς ἰδίοις ἡνιόχοις Διονυσίῳ τοῦ οὐενετοῦ καὶ Λα|μυρῷ καὶ
Ῥεστουτιάνᾳ καὶ τοῦ συνζύγου αὐτοῦ | πρασίνου Πρώτῳ καὶ Φηλεῖκε καὶ
Ναρκίσσῳ ἀνάγκα|ν.....αρε. α......... α. ν.... κ|αμαει μεσαγρα μεσακτω
30 ασβυρ ορεοβαβζαγρα μ|ασκελλει φνουκενταβαωθ σαμφορνο ‖ βεουουβεου. Κατά-
δησον τοὺς ἵππους τοῦ οὐενετοῦ ὧν | τὰ ὀνόματά σοι σεσημειωμένα ἐν τού|τῳ
τῷ σκεύει ἐν ὀστράκοις θαλασσίοις παρακατα|τέθηκα Οὐιττᾶτον, Δηρεισῶρε,
35 Οὐι|κτῶρε, Ἀρμένιον, Νίμβον, Τύριον, Ἄμορε, Πραι|κλάρον, τὸν καὶ Τετρα-
πλᾶ, Οὐιρεῖλε, | Παρᾶτον, Οὐικτῶρε, Ἰμβουτρίουμ, Φόνεικε, Λί|χον καὶ τοῦ
συνζύγου αὐτοῦ π|ρασίνου Δαρεῖον, Ἄγιλε, Κουπείδινε, | Πουγιῶνε, Πρετιῶ-
40 σον, Προυνικὸν, ‖ Δάρδανον, Εἴναχον, Φλόριδον, Πάρδον, | Σερουᾶτον, Φούλ-
γιδον. Κατάδη|σον αὐτοῖς δρόμον, πόδας, νείκην, ὁρμὴν, ψ|υχὴν, ταχύτητα,
45 ἐκκόψον ἐκ|νεύρωσον, ἐξάρθρωσον αὐτοὺς ἵνα μὴ ‖ δυνασθῶσιν τῇ αὔριον ἡμέρᾳ |
ἐν τῷ ἱπποδρόμῳ μήτε τρέχειν, μήτε πε|ριπατεῖν, μήτε νείκησαι, | μηδὲ ἐξελθεῖν
50 τοὺς πυλῶνας τῶν ἱππα|φίων, μηδὲ κυκλεῦσαι το<υ>‖ὺς καμπτῆρας, ἀλλὰ
πεσέτωσαν | σὺν τοῖς ἰδίοις ἡνιόχοις | Διονυσίῳ τοῦ οὐενετοῦ καὶ Λα|μυρῷ καὶ
55 Ῥεστουτιάν|ῳ καὶ τοῦ συνζύγου αὐτοῦ πρασί‖νου Πρώτῳ καὶ Φηλε|ῖκε καὶ
Ναρκίσσῳ. Κατάδησον α|ὐτοῖς τὰς χεῖρας, | ἄφελε αὐτῶν τὴν νείκην, | τὸν [11]
60 ἀπόβασιν κ|αὶ τὴν ὅρασιν, ἵνα μὴ δυνα|σθῶσιν βλέπειν | τοὺς ἰδίους ἀντιπά-
65 λους | ἡνιοχοῦντες, ἀ|λλὰ μᾶλλον ἅρπασον αὐ|τοὺς ἐκ τῶν ἰ|δίων ἁρμάτων
70 καὶ σ|τρέψον ἐπὶ | τὴν γῆν, ἵνα πεσέτωσ|αν ἐμ παντὶ ‖ τόπῳ τοῦ ἱππο|δρόμου |
75 συρόμενοι, μά|λιστα δ|ὲ ἐν τοῖς καμπ‖τῆρσι|ν σὺν τοῖς ἰδίοις | ἵπποις ἤδη
80 ἤδ|η, ‖ ταχὺ, ταχὺ, | ταχέως.

1. Defunctus qui in sepulcro jacebat e mortuo factus daemo. — 2. Nomina barbara
cf. n. 939, not. 1. — 3. Factio veneta. — 4. Factio prasina. — 5. Hoc in tumulo nomina
et figurae equorum quae in olla cineraria una cum laminis deponi solebant in conchis
exarata erant (Audollent, op. cit., p. xcxiv. Cf. Pap. Par., v. 2218-2221, εἰς τὸ ὄστρακον
ἀπὸ θαλάσσης γράφε ἐκ τοῦ ὑποκειμένου μέλανος προσβαλὼν μιλτάριον τυφῶνος καὶ κατεχώσεις εἰς
ἀώρου μνῆμα. — 6. Σκεύει, id est sepulchro. — 7. Portae carcerum. — 8. Area circi. —
9. Spatium quod equi decurrebant. — 10. Metae. — 11. Corrige : τὴν.

941. Carthagine, in sepulcreto officialium. — Audollent, *Defixionum tabellae*, 235.

['Ο]ρ[κ]ίζω σε ὅστις ποτ' οὖν ε[ἶ, ν]εκ[υδ]αίμ[ων] ἄ[ω]ρε, κα|τ[ὰ] τοῦ
θ[εοῦ καὶ τῶ?]ν ὄντων ἐν α[υδυν]ασ[οι] πα[ρακοαινα. | ..] υαγη αθεα[σιμουϵ]
βουαρρ[η] εκαρωφασι ε[υ]νυθκα | σε[υρωαι ηχ]μα[σ]ι ρουχτα... ε.... αθελχ-
5 τασνε. συεχ. ‖ Κατάδησον τοὺς ἵππ[ους] τοῦ? ῥοσέου ¹ καὶ τοῦ | ἀλ[6ο]υ ²] ὧν
τὰ [ὀνόμ]ατα σοι κατ[ατ]έ[θηκα] .... | .. Ἐρυθραῖον, Ἀρδοῦστον,
Παρᾶτον, Παράσ<σ>ιτον | Πρ.. ε, Οὐαλέντε,.. α., Ἀ[μα]τ[ῶ]ρε,..... με,....
10 Ἰνδ[ό]|μιτον. [Κατάδησον αὐτοῖς τὴν ψυχὴν, τὸ‖[ν] δρ[ό]μον, τ[ὴ]ν δύναμιν,
[τ]ὴν ὁρμ[ὴν, τὴ]ν [τα]χύτ[ητ]α, ἄφελ|ε αὐτῶν τὴν νείκην, ἐμπόδισον αὐτοῖς
τοὺς | πόδας, ἐκκόψο[ν, ἐ]κνεύρ[ω]σ[ον, ἐ]ξά[ρθρωσον αὐτοὺς ἵ]να μὴ [δυ|νασ-
θῶσιν τῇ] αὔριον ἡμέρᾳ ἐλθόντες ἐν τῷ | [ἱπποδρόμῳ μήτ]ε τρέχειν, μήτε
15 πε[ρι]πατεῖν, μήτε νεικ‖ῆσαι, μηδὲ ἐξελθεῖν τοὺς πυλῶνας τ[ῶν] | ἱππαφίων,
μή|τε προβα[ί]ν[ειν τ]ὴ[ν] ἀ[ρί]αν, μήτε τὸν [σ|πάτιον] μηδὲ κυκλεῦσαι τοὺς
καμπτῆ|ρας, ἀλ[λὰ] π[εσ]έτωσ[αν σὺν τοῖς ἰδίοις ἡνιόχο]ις, | Διονυσίῳ τοῦ
20 ἄλδου καὶ Σουπερστια‖νῷ. Ἐπιτάσσουσιν γάρ σοι.....α ωρεοβα[ζαγ|ρ]α αλα-
φαθ βαρβασρο....ν. | Κα[τ]άδ[ησον τοὺς ἵππους τοῦ? ῥοσέου κ]α[ὶ το]ῦ ἄλδου
ὧ|ν τὰ ὀνόματά σοι κατατέθηκα Λυν|καῖον, Ρ.. α... αγραρε. αουδ..ιον, Ἐρυ-
25 θρα‖ῖον, Ἀρδοῦστον, Παρᾶτον, Παρ|[ά]σιτον, Ατε.ρ...ν, Οὐαλ|έντε, Κόριν-
θον, Τεμεράριο|ν, Ἰνδ[ό]μι[τ]ον. Κατάδ[η]σον αὐτοῖς δρό|μον, πόδας, νείχην,
30 ὁρμ‖ὴν, ψυχὴν, ταχύτητα ἵνα μὴ δυνα|σθῶσιν τῇ αὔριον ἡμέ|ρᾳ ἐ[λ]θό[ν]τες ἐν
35 τῷ ἱπποδρόμῳ μ|ήτε τρέχειν, μήτε περ|ιπατεῖν, μήτε νεικῆσαι, μ‖ηδὲ κυκλεῦσαι
τοὺς | καμπτῆρας, ἀλλ[ὰ] πεσέτωσα|ν σὺν τοῖς ἰδίοις ἡ|νι[ό]χοις Διονυσίῳ καὶ
40 Σου|περστιανῷ. Κα‖τάδησον αὐτ[ο]ῖς τὰς χε[ῖ]|ρας, ἄφελε αὐ|τῶν τὴν νείκην,
45 τὴν | ἀπόβασιν κα|ὶ τὴν ὅρασι[ν], ἵνα μὴ ‖ δυνασθῶ|σιν βλέπειν τοὺς | ἰδίους
50 ἀν|τιπάλους ἡνιοχο|οῦντες, ‖ ἀλλὰ μᾶλλον | [π]εσέ|τωσαν σὺν | τοῖς | ἰδί[ο]ις
55 ἵπποις · ‖ [ἤ]δη, ταχύ.

Hic titulus omnino praecedenti similis est, quem adeas ad res obscuras enucleandas.

1. Factio russata. — 2. Factio alba.

---

942. Carthagine. — *C. I. L.*, VIII, 12508.

Ἐξορκίζω σε, νεκυδαί[μων] ἄωρε ¹, ὅστις ποτ' οὖν εἶ, κατὰ τῶν κραταίων |
ὀνομάτων ² Σαλβαθβαλ Αυθγερωταβαλ Βασυβατεω Α[λεω Σαμα|6ηθωρ, κ]ατά-

δησον τοὺς ἵππους ὧν τὰ ὀνόματά σοι καὶ τὰς | [ε]ἰδαίας³ ἐν τούτῳ τῷ σκεύει⁴
5 παρακατατίθημε, Ῥόσεον⁵ Σιλουανὸν ‖ Σερουᾶτον, Λοῦε, Ζέφυρον, Βλάνδον,
Ἰμβραῖον, Δεί[ο]υιτε, Μάρισκον, | Ῥάπιδον, Ὀριέντε, Ἀρβοῦστον, τῶν οὐενε-
τιανῶν⁶ Ἡμ[ινέντε, Δίγνον, | Λην]ῶνε, Παίζοντε, Χρύσασπιν, Ἀρ[γ]οῦτον,
Δηρεισῶρε, | Φρουγίφερον, Εὐφράτην, Σάνκτον, Αἰθίοπε, Πραικλᾶρον. Κα|τά-
10 δησον αὐτοῖς τὸν δρόμον, τὴν δύναμιν, τὴν ψυχὴν, τ‖ὴν ὁρμὴν, τὴν ταχύ-
τητα, ἄφελε αὐτῶν τὴν νείκ[ην, ἐμπόδισ|ον αὐτοῖς τοὺς πόδας, ἐκκόψον,
ἐκνεύρωσον | αὐτοὺς ἵνα μὴ δυνασθῶσιν τῇ αὔριον ἡμέρᾳ ἐν τ|ῷ ἱπποδρόμῳ
μηδὲ τρέχειν, μηδὲ περιπατεῖν, μηδ|ὲ νεικῆσαι, μηδὲ ἐξελθεῖν τοὺς πυλῶνας
15 τῶν [ἱπ‖παφ]ίων, μήτε προβαίνειν τὴν ἀρίαν, μήτε τὸν | σπάτιον⁷ ἀλλὰ πεσέ-
τωσαν σὺν τοῖς ἰδίοις ἡνιόχοις, | Εὐπρέπητε τ[ὸ]ν Τελεσφόρου τὸν καὶ Γέντιον
καὶ | Φηλεῖκε καὶ Διονύσιον τὸν ἀποδάκνοντα καὶ λα|μυρόν. Ἐπιτάσσουσιν
20 γάρ σοι αμυηκαρπτιρερ‖χονσοι ραζααβυα ὁρμεν εφισι νοισις θεργα | βηφυρωρθηθ.
Κατάδησον τοὺς ἵππους ὧν τὰ ὀνόμ|ατά σοι καὶ τὰς εἰδαίας παρακατατέθηκα |
ἐν τούτῳ τῷ σκεύει, Ῥόσεον Σιλουανὸν, Σερ|ουᾶτον, [Λ]οῦε, Ζέφυρον, Βλάνδον,
25 Ἰμβραῖ‖ον, Δείουιτε, Μάρισχον, Ῥάπιδον, Ὀριέντε, Ἀρβο|ῦστον καὶ τῶν οὐενε-
τιανῶν Ἡμιν[έ]ν|τε, Δίγνον, Ληνῶνε, Παίζοντε, Χρύσασπιν, | Ἀργοῦτον,
Δηρεισῶρε, Φρουγίφερον, Εὐφ|ράτην, Σάνκτον, Αἰθίοπε, Πραικλᾶρον. Κατά‖-
30 δησον αὐτοῖς τὸν δρόμον, τὴν δύνα|μιν, τὴν ψυχὴν, τὴν ὁρμήν, τὴν ταχύτη|τα,
ἄφελε αὐτῶν τὴν νείκην, ἐμπ|όδισον αὐτοῖς τοὺς πόδας, ἐκκόψον, ἐ|κνεύρωσον
35 αὐτοὺς ἵνα μὴ δυνασθῶ‖σιν τῇ αὔριον ἡμέρᾳ ἐν τῷ ἱπποδρόμ|ῳ μηδὲ τρέχειν,
μηδὲ περιπατ|εῖν, μηδὲ νεικῆσαι, μηδὲ ἐξελ|θεῖν τοὺς πυλῶνας τῶν ἱππα|ρίων,
40 μήτε προβαίνειν τὴν ἀ‖ρίαν, μήτε κυκλεῦσαι τοὺς καμ|πτῆρας, ἀλλὰ πεσέτω-
σαν σὺν | τοῖς ἰδίοις ἡνιόχοις, Εὐπρέ|πητε τὸ[ν] Τελεσφόρου Γέντιον | καὶ Φηλεῖκε
45 καὶ Διονύσιον τὸ‖ν ἀποδάκνοντα καὶ λαμυρόν. | Κατάδησον αὐτοῖς τὰς χεῖ|ρας,
50 ἄφελε αὐτῶν τὴν ν|είκην, τὸν ἀπόβασιν καὶ | τὴν ὅρασιν, ἵνα μὴ δυνασ‖θῶσιν
βλέπειν τοὺ|ς ἰδίους ἀντιπάλους | ἡνιοχοῦντες, ἀλλὰ | μᾶλλον ἄρπασον αὐ|τοὺς ἐκ
55 τῶν ἰδίων ‖ ἁρμάτων καὶ στ|ρέψον ἐπὶ τὴν γ|ῆν ἵνα πεσέτω|σαν μόνοι ἐμ | παντὶ
65 τόπῳ τοῦ ‖ ἱπποδρόμο|υ συρόμενοι, | μάλιστα δ|ὲ ἐν τοῖς καμπ|τῆρσιν ‖ μετὰ
75 βλά|βης τοῦ | σώματο|ς σὺν | τοῖς ἵππ‖οις οὓς | ἐλαύνου|σιν · ἤδη | τα‖[χ]ύ.

1. Cf. n. 940, not. 1. — 2. Barbara nomina cf. n. 939, not. 1. — 3. Equorum figurae
(ἰδέας): cf. Audollent, *op. cit.*, lxxvii. Coniecit Delattre equorum imagines in altera tabella
iuxta posita delineatas fuisse quam non reperit. — 4. Σκεύει, cf. supra, n. 940, not. 6.
— 5. Vel Ῥόσεον, equinum nomen, vel ῥ[οσέων] = *russeorum* sive *factionis russatae*. —
6. Factionis venetae. — 7. De horum verborum significatione cf. supra n. 940, not. 7-10.

948. — Carthagine, in sepulcreto officialium. — Audollent, *Defixionum tabellae*, 239.

['Ορκίζω σε ὅστις ποτ'] οὖν εἶ, νε[κ]υδαίμων ἄω[ρ]ε, κατὰ τῶν [κραται|ων
ὀν]ομάτων .ινσυδυνα σοι παρακ .οαινααγηαθεα σιμου|εδυαρρη καρωφασι
ουνηθχα σευρωαι ηχμασιρουλ......... | ....α ..εθθο ..ριαω ιαηομ-
5 ψονπα. [Κατάδησον τοὺς ἵπ‖πους τοῦ π]ρασίνου ὧν τὰ ὀνόματά σοι παρακα-
τατίθημ[ι | Δαρεῖο]ν, Ἄγιλε, Πάρδον, Πουγιῶνε, Δάρδανον, Εἴναχον,
Πρετιῶ|σον, Προύνικον, Νίμβον, Μαῦρον, Οὐικτῶρε, Πρωφίκ[ιον, Αἴγυπτον, |
Τινγειτᾶ]νον. Κατάδησον αὐτοῖς τὸν δρόμον, τ[ὴν δύναμιν, | τὴν ψυχὴ]ν, τὴν
10 ὁρμήν, [τὴν] ταχύτητα, ἄφελε αὐτῶν τὴν ‖ νείκην, ἐμπόδισον αὐτοῖς τοὺς
πόδας, ἐκκόψον, ἐκνεύρωσον, | ἐξάρθρωσον αὐτούς ἵνα μὴ δυνασθῶσιν τῇ αὔρ[ιον
ἡμέρᾳ | ἐλθόντες ἐ]ν τῷ ἱπποδρόμῳ μήτε τρέχειν, μή[τε περιπατεῖν, | μήτ]ε
νεικῆσαι, μηδὲ ἐξελθεῖν τοὺς πυλῶνας τῶν | ἱππαφίων, μήτε προβαίνειν τὴν
15 ἀρίαν, μήτε ‖ τὸν σπάτιον, μηδὲ κυκλεῦσαι τοὺς καμπτῆ[ρας, ἀλλὰ | πεσέτωσ]αν
σὺν τοῖς ἰδίοις ἡνιόχοις Πρ[ώτῳ | καὶ Φηλεῖκε, κ]αὶ Ναρκίσσῳ. Ἐπιτάσσουσι
γάρ σοι Αθλα.....|λαθας καὶ Ανγρεφρονεφιφουθιν. Κατάδησον τοὺς | ἵππους
20 τοῦ πρασίνου ὧν τὰ ὀνόματά [σοι παρα ‖ κατατέ]θηκα Δαρεῖον, Ἄγιλε, Πάρδον,
Π[ουγιῶνε, | Δάρδα]νον, Εἴναχον, Πρετιῶσον, Προύνικον, Νίμβον, Μαῦρον,
Οὐικτῶρε, Πρωφίκιον, Αἴγυπτον, | Τινγειτᾶνον. Κατάδησον αὐτοις δρόμον,
25 [πόδ]ας, νε]ίκην, ὁρμὴν, ψυχήν, ταχύτητα, ἐκκ[όψον], ‖ ἐκνεύρωσον, ἐξάρθρωσον
αὐτοὺς ἵνα μὴ | δυνασθῶσιν τῇ αὔριον ἡμέρᾳ ἐν τῷ ἱπποδ|ρόμῳ μήτε τρέχειν,
μήτε περιπατε[ῖν, μή|τε νεικῆσαι, μηδὲ ἐξελθεῖν τοὺς [πυλ]ῶν|ας τῶν ἱππα-
30 φίων, μήτε προβαίνει‖ν τὴν ἀρίαν, μήτε τὸν σπάτιον, μη]δὲ κυκλεῦσαι τοὺς
καμπτῆρας, ἀλλὰ | [π]εσέτωσαν σὺν τοῖς ἰδίοις ἡνι|όχοις Π[ρώτῳ] καὶ Φηλεῖκε
35 καὶ Ναρκίσσ|ῳ. Κατάδησον αὐτοῖς τὰς χεῖρας, ἐ‖ντύλ[ι]ξον αὐτῶν τοὺς μάσ-
τειγας | εἰς τὰς ἡνίας, ἄφελε αὐτῶν τὴ[ν νείκην], τὸν ἀπόβασιν καὶ τὴν ὅρασιν, |
40 ἵνα μὴ δυνασθῶσιν βλέπειν τοὺς | ἰδίους ἀντιπάλους ἡνιοχοῦν‖τες, ἀλλὰ μᾶλ-
λον ἅρπασον αὐ|τοὺς ἐκ τῶν ἰδίων ἁρμάτων | καὶ στρέψον ἐπὶ τὴν γῆν ἵνα |
45 πεσέτωσαν παντὶ τόπῳ τοῦ | ἱπποδρόμου, μάλιστα δὲ ἐν τοῖς ‖ καμπτῆρσιν
σὺν τοῖς ἰδίο|ις ἵπποις μετὰ βλάθης τοῦ | σώματος καὶ σκελῶν | κατάγματος ·
50 ἤδη ἤδη [ἤ]‖δη, ταχὺ ταχὺ ταγέως, ‖ κατάδησον κατάδησον | κατάδησον
αὐτούς.

De singulis rebus cf. titulos precedentes.

Consulto omisimus tres tabellas, omnino similes praeter nomina agitatorum et equorum : **unam** (Audollent, *op. cit.*, 235) ubi defixi sunt Dionysius quidam et quatuor equi, Arbutus, Amor, Frugifer et Gallus; aliam (*ibid.*, 238) conscriptam in Primum agitatorem factionis prasinae cum octo equis et Dionysium factionis venetae cum quatuor equis; tertiam (*ibid.*, 240) in qua leguntur nomina eorumdem agitatorum equorumque atque in numero 239 = nostrum 943.

---

944. Carthagine, in sepulcreto officialium. — Audollent, *Defixionum tabellae*, 241.

Σεμεσιλαμ δαματαμενευς ληο͞ννα | λλελαμ λαικαμ ερμουϐελη ιακουϐιαι ωερϐηθ|ιω πακερϐηθ ηωμαλθαϐηθ αλλασαν καταρα ¹. Ἐξορκί|ζω ὑμᾶς κατὰ
5 τῶν μεγάλων ὀνομάτων ἵνα ‖ καταδήσητε πᾶν μέλος καὶ πᾶν νεῦρον Βικτωρικοῦ | ὁ[ν] ἔτεχεν [γ]ῆ ² μήτηρ παντὸς ἐνψύχου, τοῦ ἡνιόχου τοῦ | βενετοῦ ³, καὶ τῶν ἵππων αὐτοῦ ὧν μέλλι ἐλαύνιν, Σεχουν|δινοῦ Ἰούϐενιν καὶ Ἀτϐοκᾶτον καὶ Βούϐαλον καὶ Βικτωρικοῦ | Πομπηιανοῦ καὶ Βαιανοῦ καὶ Βίκτορος καὶ Ἐξιμίου ⁴
10 κα‖ὶ τῶν Μεσσαλῶν ⁵ Δομινάτορα ⁶ καὶ ὅσοι ἐὰν συνζευχθῶ|σιν αὐτοῖς. Κατά-δησον αὐτῶν τὰ σκέλη καὶ τὴν ὁρμὴν καὶ | τὸ πήδημα καὶ τὸν δρόμον, ἀμαύ-ρωσον αὐτῶν τὰ | ὄμματα ἵνα μὴ βλέπωσιν, στρέϐλωσον αὐτῶν | τὴν ψυχὴν
15 καὶ τὴν καρδίαν ἵνα μὴ [π]νέωσιν ὡς οὗτ‖ος ὁ ἀλέκτωρ καταδέδεται τοῖς ποσὶ καὶ ταῖς χερσὶ<τ> καὶ τῇ | κεφαλῇ ⁷, οὕτως καταδήσατ[ε] τὰ σκέλη καὶ τὰς χῖρας καὶ τὴν | κεφαλὴν καὶ τὴν καρδίαν Βικτωρικοῦ τοῦ ἡνιόχου τοῦ βενε|τοῦ ἐν τῇ αὔριν ἡμέρᾳ καὶ τοὺς ἵππους οὓς μέλλι ἐλα|ύνιν, Σεχουνδινοῦ Ἰούϐενιν
20 καὶ Ἀτϐοκᾶτον καὶ Βού‖ϐαλον καὶ Λαυριᾶτον, καὶ Βικτωρικοῦ Πομπηιανὸν καὶ | Βαιανὸν καὶ Βίκτορα καὶ Ἐξιμίου[μ] καὶ τῶν Μεσσάλης | Δομινᾶτον καὶ ὅσοι ἐὰν αὐτοῖς συνζευχθῶσιν · [ἔ]τι ἐ|ξορκίζω ὑμᾶς κατὰ τοῦ ἐπάν[ω] τοῦ οὐρανοῦ
25 θεοῦ, | τοῦ καθημένου ἐπὶ τῶν Χερούϐι, ὁ διορίσας τὴν γῆν ‖ καὶ χωρίσας τὴν θάλασσαν, ιαω αρϐιαω αρϐαθιαω | σαβαω ⁸ αδωναϊ, ἵνα καταδήσητε Βικτω-ριχ<τ>ὸν τὸν ἡνί|οχον τοῦ βενετοῦ καὶ τοὺς ἵππους οὓς μέλλι ἐλαύνιν | Σεχουν-δινοῦ Ἰούϐενιν καὶ Ἀτουοκᾶτον καὶ Βικτωρικοῦ | Πομπηιανὸν καὶ Βαιανὸν καὶ
30 Βίκτορα καὶ Ἐξιμίουμ ‖ καὶ τῶν Μεσσάλης Δομ[ι]νᾶτον, ἵνα ἐπὶ νείκην μ[ὴ] | ἐλ[θωσι]ν ἐν τῇ αὔριν ἡμέρᾳ ἐν τῷ κίρκῳ ⁹, ἤδη ἤδη, | ταχύ τα[χύ].

Litterae et signa magica inscripta sunt supra infraque et ab utroque latere.

1. Nomina barbara. — 2. Cf. Min. Fel., XXI, 7 « ignobiles et ignotos terrae filios nominamus ». — 3. Factio veneta. — 4. Restituendum, ut infra, καὶ Βικτωρικοῦ Πομπηιανὸν καὶ Βαιανὸν καὶ Βίκτορα καὶ Ἐξιμίουμ. — 5. Μεσσαλῶν, male pro Μεσσάλης, cf. infra. — 6. Dominator hic dicitur qui infra bis Dominatus audit. — 7. Hoc alludit ad solitas

caerimonias quibus animal quoddam torquebant ut iisdem suppliciis inimicus excru-
ciaretur. Mactatos fuisse gallos in operibus magicis notum est. Cf. Audollent, *op. cit.*,
p. LXXXI. — 8. Omissum nomen σαβαω minoribus litteris super versum insertum est.
— 9. Circus.

945. Carthagine, in sepulcreto officialium. — Audollent, *Defixionum tabellae*, 242.

Ἐξορχίζω σε ὅστ[ι]ς ποτ᾽ εἶ νεκυδαίμ[ω]ν, τὸν θεὸν τὸν κτίσαντα γῆν κ[α]ὶ
οὐρανὸν Ιωνα · | ἐξορχίζω σε τὸν θεὸν τὸν ἔχοντα τὴν ἐξουσίαν τῶν χθονίων
τόπων | Νειχαροπληξ · ἐξορχίζω σε τὸν θε|ὸν......] ο..ωαε..ο πνευμάτων
α........β · [ἐ]ξορχί | [ζω σε] τὸν θεὸν τῆς Ἀνάγκης τὸν μέγαν Αρουρο βααρζα-
5 γραν · ὁρκίζω σε τὸν ‖ θεὸν τὸν πρωτόγονον τῆς Γῆς Εφονκεισαιβλαβλεισφθειβαλ ·
ὁρκίζω σε τὸν θεὸν τῶν | ἀνέμων καὶ πνευμάτων Λαιλαμ · ὁρκίζω σε τὸν θεὸν
τὸν ἐπὶ τῶν | τειμωριῶν παντὸς ἐνψύχ[ου..] ραπωκμηφ · ὁρκίζω σε τὸν θεὸν
τὸν τῶν οὐρανίων στερεωμάτων δεσπότην Αχραμαχαμαρει · ὁρκίζω σε τὸν θεὸν |
τὸν χθόνιον τὸν δεσπόζοντα παντὸς ἐνψύχου Σαλβαλαχαωβρη · ὁρκίζω σε τὸν ‖
10 θεὸν τὸν νεκυαγωγὸν τὸν ἅγιον Ἑρμῆν, τὸν οὐράνιον Αων | κρειφτὸν[1], ἐπίγειον,
ἀλέον[2]....βνιν, τὸν χ[θό]νιον Αρχνησον · ὁρκίζω σε τὸ|ν τὸν ἐπὶ τῆς ψυχο-
δοσίας παντὸς ἀνθρώπου γεγεγεγεν κ(ε)ί|μενον Ιαω · ὁρκίζω σε τὸν θεὸν τὸν
φωτίζοντα καὶ σκοτίζοντα τὸν κόσμον | Σεμεσειλαμ · ὁρκίζω σε τὸν θεὸν τὸν πάσης
15 μαγείας τὴν ἐωγ‖σιν[3] ἀνθρωπίνην σειυπν..... Σαβαωθ · ὁρκίζω σε τὸν θεὸν τ[ὸν]
τοῦ Σα[λο]|μόνος Σουαρμιμωουθ · ὁρκίζω σε τὸν θεὸν τὸν τοῦ δευτέρου στερεώ-|
ματος ἐν ἑαυτῷ τὴν δύναμιν ἔχοντα Μαρμαραωθ · ὁρκίζω σε τὸν θεὸν | τὸν
τῆς παλιγγενεσίας Θωβαρραβαυ · ὁρκίζω σε τὸν θεὸν τὸν | τοὺς ληνοὺς ὅλους
20 .α...ιευ · ὁρ[κί]ζω σε τὸν θεὸν τὸν τῆς ἡμέρας ταύτης ἧς σε ‖ ὁρκίζω Λωαβαωθ ·
ὁρκίζω σε τὸν θεὸν τὸν ἔχοντα τὴν | ἐξουσίαν τῆς ὥρας ταύτης ἧς σε ὁρκίζω
Ισου[5] · ὁρκίζω σε τὸν θεὸν τὸν τῶν | οὐρανίων στερεωμάτων δεσπόζοντα Ιαω
Ιβοηα · ὁρκί|ζω σε τὸν θεὸν τὸν οὐράνιον Ιθυαω · ὁρκίζω σε τὸν θεὸν τὸν [τ]ὴν
25 δι[ά]νοιαν | παντὶ ἀνθρώπῳ χαρισάμενον Νεγεμψεν πνενιπη · ‖ ὁρκίζω σε τὸν
θεὸν τὸν πλάσαντα πᾶν γένος ἀνθρώπ[ων] Χωοιχαρεαμων · | ὁρκίζω σε τὸν θεὸν
τὸν τὴν ὅρασιν παντὶ ἀνθρώπῳ χαρι|σάμενον Ηγεταρωψιευ · ὁρκίζω σε τὸν
θεὸν τὸν χαρισάμενον τοῖς ἀνθρώ|ποις τὴν διὰ τῶν ἄρθρων κ<ε>ίνησιν Θεσθε-
νοθριλ. χε|αυνξιν · ὁρκίζω σε τὸν θεὸν τὸν πατροπάτορα Φνουφοβοην · ὁρκίζω ‖
30 σε τὸν θεὸν τὸν τὴν κοίμησίν σοι δεδωρημένον | καὶ ἀπολύσαντά σε ἀπὸ δ[εσμῶ]ν
τοῦ βίου Νεθμομαω · ὁρκίζω σε τὸν | θεὸν τὸν παντὸς μύθου κυριεύοντα Ναχαρ ·

ὁρκί|ζω σε τὸν θεὸν τὸν τοῦ ὕπνου δεσπόζοντα Σθομβλοην · | ὁρκίζω σε τὸν θεὸν
35 τὸν ἀέριον, τὸν πελάγιον, ‖ τὸν ὑπόγειον, τὸν οὐρ[ά]νιον, τῶν πελάγων τὴν
ἀρχὴν | συνβεβλημένον, τὸν μονογενῆ, τὸν ἐξ αὐ|τοῦ ἀναφανέντα, τὸν πυρὸς
καὶ ὕδατος καὶ γῆς καὶ ἀέρος τὴν | ἐξουσίαν ἔχοντα Ωηιαωεεηαφετι ·
40 προσ|εξορκίζω σε κατὰ τὴν γῆν ὀνόματα Ἑκάτης τριμόρφου, ‖ μαστειγοφόρου,
δεδούλου, λαμπαδούχου | χρυσοσανδαλιαιμοποτιχθονίαν τὴν ἱππειτρο|ακιτ..φι
Ερεσχειγαλ νεβουτοσουαντ · | εἴπω σοι καὶ τὸ ἀλιθινὸν ὄνομα ὃ τρέμει Τάρταρα |
45 γῆ, βυθός, οὐρανὸς Φορβαβορφορβα ‖ βορρ.ορορ βασυνετειρω μολτιηαιω φυλακη |
ναπυφεραιω Ἀνάγκη μασκελλι | μασκελλω φνουκενταβαωθ ορεοβαρζαργρα |
ησθανχουχηνγεωχ · ἵνα | διακονήσῃς μοι ἐν τῷ κίρκῳ τῇ πρὸς ιϛ´ ἰδῶν ‖
50 [ν]οεμβρίων καὶ καταδήσῃς | πᾶν μέλος, πᾶν νεῦρον, τοὺς ὤμους, τοὺς καρπούς, |
τοὺς ἀνκῶνας τῶν ἡνιόχων | τοῦ ῥουσσέου ⁶ Ὀλύμπου καὶ Ὀλυμπιάνου καὶ |
55 Σκορτίου καὶ Ιουγένκου · ‖ βασάνισον αὐτῶν τὴν διανοίαν, τὰς φρένας, | τὴν
αἴσθησιν ἵνα μὴ | νοῶσιν τί π[ο]ιῶσιν, ἀπόκνισον αὐτῶν τὰ | ὄμματα ἵνα μὴ
60 βλέπωσιν | μήτε αὐτοὶ μήτε οἱ ἵπποι οὓς μέλλουσιν ‖ ἐλαύνειν, Αἴγυπτον, |
Καλλίδρομον καὶ εἴ τις σὺν αὐτοῖς ἄλλος | ζευχθήσεται, Οὐαλε[ν]|τεῖνον καὶ
65 Λαμπαδ.....νον καὶ Μαῦρον Λαμπαδίου ‖ καὶ Χρύσασπιν, Ἰουβαν καὶ Ἰνδόν, |
Παλμάτον καὶ | Σούπερβον καὶ .ηιον, Βού|βαλον Κην|σοράπου, Έρεινα καὶ εἴ
70 τινα ‖ ἄλλον ἵπ|πον ἐξ αὐτῶν μέλλει ἐλαύ|νε[ι]ν | καὶ εἴ τις ἄλλος ἵππος τού|τοις
75 μέλ|λει συνζεύγνυσθαι | προ|λαβέτωσαν, ἐπὶ νείκην μὴ ἔλθωσιν.

« Precatur deum magnum variis nominibus insignitum qui titulum exaravit agitator,
ut sibi subveniat in ludis circensibus die octava Novembris, obliget vero et laedat
adversarios suos factionis russatae. Multiplices illius tabellae formulas, adhibita in
comparationem defixione hadrumetina (infra n. 950) eodem fere tempore confecta, solito
ingenii acumine enucleavit Wünsch, cuius commentationem paucis comprehendere
operae pretium est. Manare has nostras diras e Judaeorum maxime religione, quae
ducebatur perficiendis operibus magicis efficacissima, et qui unus sed multimodis
agens invocatur deum non alium esse atque Iahve in Testamento Vetere praesentem
decretoriis fidem fecit argumentis. Praecipuum circa illud elementum externa glome-
rantur e gentili et Aegyptorum potissimum superstitione desumpta, βάρβαρα ὀνόματα dico
ut sunt Νειχχροπληξ (v. 3), Αχραμαχαμαρει (v. 8); inducuntur quoque Graecorum numina,
Hermes animarum ductor (v. 9-11), praesertimque triplex Hecate variis ornata cogno-
minibus (v. 39-48); nec tandem absunt Gnosticorum Aeones, v. g. Ἰησοῦς (v. 21). »
Audollent.

1. Idem valet atque κρυπτόν. — 2. ἀλέον = ἀλάιον sive ἀλαόν, obscurum, absconditum.
— 3. ἔωγσιν = ἔωξιν. — 4. pro Ἰησοῦ; saepe redit in magicis formulis nomen Jesu. —
5. Factio russata.

946. Carthagine, in amphitheatro. — Audollent, *Defixionum tabellae*, 252.

ερεχισιφθη αραρα[χ]αραρα εφθισκεχε

ρ	ε υ λ α μ ω	ρ
ε	ιωερбηθ ιωπαχερбηθ ιωб[ο]λχωσηθ βολκοδηφ	
βб	βασουμ[π]αντα θναξχθεθωνι ρινγχοσεσρ[ω]	ε
ε	απομψπαχερбωθ [π]αχαρθαρα ραχουбα ααθαγοχ	
χ	ραбχαб χαὶ σὺ θεοξηρ ἄν[α]ξ κατασχὼν τὸν καρπὸν	χ
ρ	τῶν ἀποδόμων χαὶ τὸ ὁμοιων [1] κατάσχες τοῦ Σαπατού-	ιб
	λου ὃν ἔτεκεν Πονπονία [2], δῆσον αὐτὸν χαὶ ρε..ε	
σ	τὴν δύναμιν, τὴν καρδίαν, τὸ ἧπαρ, τὸν νοῦν, τὰς φρή-	ρ
	νας · ἐξορχίζω ὑμᾶς αλχ. ον αμηνηγεισειχεεε	φ
ι	βασίλιον ὑμῶν ἵνα βλεπ. [3] εινπλιχατε λαχινια	
ϟ	Σαπαυτουλο ιν χαбια χορονα αμπιθεατρι [4]..	

ρ   ἰσχυροῖς, ἀιωνίοιθ, ἀδαμαντίνοις τὴν ψυ[χ]ὴν

35   σ   τοῦ Σαπαυτούλου ενεχε τὸν Πονπωνία ¹¹ ε..υ

ι   ριανι ποτιατουρ λακινια ιλλι ινπλικητουρ,

π   οβλιγητουρ ουρσελλου νον ρεσπικιαντ,

νον λιγετ, νημινεμ πουγνι ιλλι σολβαν-

σ   τουρ, νον σιτ ποτεστατις qua βουλνερητουρ

40   6   σανγοινητουρ Σαπαυτούλους κουρρερε νον

ποσσιτ, οβλιγηντουρ ιλλι πεδες, νερβια,

ιλα κοντρα γῆς κοντα. εντε σοῦ φακιτε

Σαπαυτούλου ¹² ομν.. φαζελο[υ]νε συι

ιανουαριας ιν ομνι μομεντο ἤδ[η τα]χύ

45   ε   υ   λ   α   μ   ω

[ερεχισι]φθη αραραχ[αραρα εκθισιχερε]

Retinuimus versuum dispositionem ut clarius distinguantur et nomina barbara et litterae singulares, in laminae marginibus inscriptae, quibus magicam virtutem inesse arbitrabantur.

1. Audollent, post Wünschium ita interpretatur : Θεοξηρ = Θεὸς ὁ ξηραίνει ; ἀποδομων = ἀποδομον = ἀποδόμ[εν]ον ; ὁμοιων = ὅμοιον, ita ut tota sententia vertenda sit : tu qui siccas et fructum genitum retines, simili modo retine etc. — 2. Sapautalus gladiator, Pomponiae filius. — 3. Ἵνα [μὴ] βλέπ[η], Audollent, dubitans. — 4. Latina sunt : implicate lacinia(m) Sapautulo in ca[ve]a corona amp(h)itheatri. — 5. Ἐπικαλοῦμαι. — 6. Ποσον = πᾶσον, dele. — 7. Id est ἀμαύρωσον. — 8. Corrige ἐξέλθη ; quae sequuntur obscura sunt. — 9. Ἀπέλθειν. — 10. Μένη. — 11. Intellige ὃν ἔτεκε Πονπωνία. — 12. Latina sunt : potiatur, lacinia illi implicetur, obligetur, ursellu(m) non respicia<n>t, non liget neminem, pugni illi sol[v]antur, non sit potestatis qua [v]ulneretur, sanguinetur Sapautulus, currere non possit, obligentur illi pedes, nervia.................. facite Sapautuli .... Ianuarias in omni momento.

---

947. Carthagine, in amphitheatro. — Audollent, *Defixionum tabellae,* 253.

6   ρ   α

ερεχισιφθη αραραχαραρα ηφθισιχηρε

ρ   ε   υ   λ   α   μ   ω

ερε
ιωερβηθ ιωπαχερβηθ ιωβολχοσηθ βολχοδχηρ

5   ε   βασουμ[π]αντα θναξχεθωνι ρινγχοσεσρ[ω]...

κ   απομψπακερδωθ παχαρθαρα ιαχ[ο]υδια ααψκαχοχ...

ι   μωτοντουλιψ οδριουλημ χυμ[..ἄ]ναξ βραχκοδαρ..

ρσυρδδκαδ χαί σ̃ θεοξηρ ἄναξ χα[τασ]χὼν τὸν καρ-

ι   πὸν τῶν ασοδομων χαὶ τὸ ομορων [1] κα δ...

10   φ   Vincentζus [2] Tζaritζo in ampitζatru Carta<n>g[in]is in ζie   φ

Merc<c>uri in duobus cinque in tribus nove [3] [V]incentζo   0

θ   Tζaritζoni quen peperit Concordia ut urs<s>os liga-

η   re non possit in omni ora in omn<ni> momento in ζie Mer-   η

α   c<c>uri καὶ τὴν ἰσχὺν, τὴν δύναμιν, τὴν καρδίαν,   α

15   ρ   ᵃτὸ ἧπαρ, τὸν νοῦν, τὰς φρένας · ἐξορκίζω ὑμᾶς   ρ

αννηναμηγισεχει τὸ βασίλιον ὑμῶν in Vinc-   α

α   entζo Tζaritζoni quen peperit Con[cor]dia in ampitζatru   α

ρ   Carthaginis in ζie Merc<c>uri obligate, im[p]licate lac[i]nia   ρ

Vincentζo Tζaritζoni ut urs<s>os ligare non possit; omni urs   χ

20   α   <s>u perdat omni ur<s>u Vincentζus non occidere possit in ζi-

χ   e Merc<c>uri in omni ora iam iam cito cito facite   α

ααχ

ρ   χυχδαχ   ευλαμω   ιωερδηθ

α   βαχαχυχ   υλαμωε   ιωπακερδηθ   ρ

βαχαξιχυχ   λαμωευ   [ι]ωδολχοσηθ

23   ρ   βαζαδαχυχ   αμωευλ   ιωαπομψ

μωευλα

α   μανεδαχυχ   ωευλαμ   ιωπακαρθαρα   α

ιωπαθναξ

βαδετοφωθ   ιαδεζεδεδιω   ιωτοντουλιψ   ρ

30   η   βαινχωωχ   ιω ιαω   ουδριουλημ   α

βευζυθιε   ευλαμω

βρ....   η

ι   εισισρω σισιφερμοχχνω [... α]δρασαξ

θ   σεροορμερφεργαρδαρμαρ[οφριουρινχ]   φρ

35   ι   ἐπικαλοῦμέ [4] σε ὁ μέγας καὶ [ἰσχυρὸς..]ην. εο

σ   τος κρατῶν καὶ δεσμεύων χ[αὶ κατόχων δ]εσμο-

ῖς ἀλύτοις αἰωνίοις, ἰσχυρο[ῖς, ἀδαμαντίνο]ις καὶ πᾶ-   θ

ι   σον [5] ψυχὴν, κρατ.. κατάσε[ισον?........, κατά]δησον,   ι

κ   ὑπόταξον, πρόσ[κλισον Vincentζu Tζaritζoni] qu-

40   [e]n peperit Concor[dia ....oblig-
.   ate Vincentζo Tζari[tζoni...................

η   in ampitζatru in ζie [Merc<c>uri..........
       exterminate Tζaritζ[oni.....................

ρ   ἐξέλθῃ μήτε τὲν   *vacat.*

45   ἐξέλθῃ [6] ἰς τόνδε τὸν τ[όπον μηδὲ τὴν πύλην]

ε   ἐξέλθῃ μήτε τὲν [7] τυμηθ[η · ἀπέλθειν]
       τὸν τώπων [8] ἀλλὰ μίνῃ κ[ατὰ σοῖς δεσμοῖς ἀλύ-]
       τοις, ἰσχυροῖς, αἰωνίοις, ἀ[δαμαντίνοις τὴν]
       ψυχὴν τοῦ Vincentζus Tζa[ritζoni quen peperit Concor-

50   dia obligate implicate Vinc[entζu Tζaritζoni ....in
       duobus cinque urs<s>os in trib[us nove...........
       vinc<c>atur, vulneretur, dep[annetur?.... non curre-]
       re possit Vincentζus Tζa[ritζoni]....................
       facite Vinc<c>entζu Tζa]ritζoni ....Vin-|

55   centζu Tζ[aritζoni .... in ampi-]
       tζatru Cart[haginis]...............................
       ta per ....Vincentζu Tζaritζo-]
       ni obligate in[plicate ..... in duobus cinque in]
       tribus no[ve] ....

60   non possit ....
       possit ....[in|
       ζie Mercuri ....
       ne anima e....................[? in proeli-]
       o vinc<c>atur deficiat .... [in omni]

65   ora per ispiritul<l>es tra[...................

ω

       ηρεχισιφη[αραρ]αχα[ραρα ηφθισιχηρε]
       ε   υ   [λ]   α   [μ   ω]

---

1. Cf. supra, n. 946, not. 1. — 2. Hic et in aliis quae sequuntur verbis τζ idem valet
ac tzi aut dzi. — 3. « Sive de totidem congressionibus cum feris, sive potius de totidem
feris quoque missu praeliandis dici conjecerim » Audollent. — 4. Cf. supra n. 946,
not. 6. — 5. Παῦσον est in tabella praecedenti. — 6. Cf. supra, n. 946, note 8 et seq.
— 7. Τὲν pour τὴν. — 8. Τώπων pro τόπον.

948. Hadrumeti. — Audollent, *Defixionum tabellae*, 267.

```
..................... | .........ηναρο.. | ......ζο .. αχ... | . ρ... ρωταρξο... ‖
5 [x]ειδεροσανδαλε | [ερ]εσχειγαλ | [δα]μναμενευς σεριροχε | [σε]μεσειλαμ σατρα-
10 περχμηρ | . εθμομαω μαρχαγον ‖ χθαμαρζαξ ζαραχ[α]θαρα | θωϐαρραϐαν
θαρναχαχα | παραιθερε αχραμμαχαμαρει | λαμψουρη λαμψουχνι | σεσεργεοϐαρ-
15 φαραγγης ‖ χωγιτε Βονωσα χουαμ | [π]επεριτ Παπτη αμαρε | .ιη Οππιομ χουεμ
20 πεπεριτ | Ουενερια αμωρε σαχρω σινε | ιντερμισσιωνε · νον ποσσιτ ‖ δορμειρε
Βονωσα νεχουε ησσε | ....... Β[ονωσα] νεχουε αλιουτ | ............ σεδ αϐρομ-
25 πατουρ ετ μησωαδ....... | ο[υ]ιδερετ ομνιϐους διηϐους αδ ξ ........ ‖ ουσχουε
αδ διεμ μορτις σουε ι ........
```

V. 15 et seq. Latina sunt graecis litteris scripta : Cogite Bonosa(m) quam peperit Papte amare P. Oppium, quem peperit Veneria, amore sacro sine intermissione ; non possit dormire Bonosa neque esse..... B[onosa], neque aliud..... sed abrumpatur et me soad?...... videret omnibus diebus ad x?...... usque ad diem mortis suae...

---

949. Hadrumeti. — Audollent, *Defixionum tabellae*, 270.

```
Αδ[ιουρ]ο επ..περ μαγνουμ δεουμ ¹ ετ | περ [ἀν]θέροτας ²·· ετ περ εουμ
χουι αϐετ | αρχεπτορεμ σουπρα χαπουθ ³ ετ περ σε|πτεμ σθελλας ου<υ>θ
5 εξ χουα ορα ‖ οχ σομποσουερο ⁴ νον δορμιαθ Σεξ|τιλλιος Διονισιε φιλιους ουρα-
θουρ | φουρενς νον δορμιαθ νεχουε σεδεατ | νεχουε λοχουατουρ σεδ ιν μεντεμ
10 αϐ!ιατ με Σεπθιμαμ Αμενε φιλια ουρα‖θουρ φουρενς αμορε ετ δεσιδεριο |
μεο ανιμα ετ χορ ουραθουρ Σεξτι|λι Διονισιε φιλιους αμορε ετ δεσιδε|ριο μεο
15 Σεπτιμες Αμενε φιλιε · του αου|τεμ Αϐαρ Βαρϐαριε Ελοεε Σαϐαοθ ‖ Παχνουφυ
Πυθιπεμι φαχ Σεξτι|λιουμ Διονισιε φιλιουμ νε σομνου|μ χονθινγαθ σεθ αμορε ετ
20 δεσιδε|ριο μεο ουραθουρ ουιτους σιπιριτους | ετ χορ χομϐουρατουρ ομνια μεμ‖ϐρα
θοθιους χορπορις Σεξτιλι Διονισιε φιλιους · σι μινους δεσχενδο ιν α|δυτους Οσυρις
ετ δισσολουαμ θεν | θαπεεν ετ μιτταμ ⁵ ουθ α φουλ | α φλουμινε φερατουρ ⁶ · ‖
25 εγω ενιμ σουμ μαγνους | δεχανους δει μαγνι δει ⁷ | αχραμμαχαλαλα ε.
```

Hanc defixionem primi commentati sunt Breal et Maspero : *Collection du musée Alaoui*, p. 57 et seq.

Verba latina, litterae graecae ; lege : Ad[iur]o.... per magnum deum et per eum qui habet acceptorem (= accipitrem) supra caput et per septem stellas, ut, ex qua hora hoc sumposuero, non dormiat Sextilius, Dionysiae filius, uratur furens, non dormiat neque sedeat neque loquatur, sed in mentem habeat me Septimam Amoenae filiam; uratur furens amore et desiderio meo, anima et cor uratur Sextili Dionysiae filius amore et desiderio meo Septimes Amoenae filiae. Tu autem Abar Barbarie Eloe Sabaoth Pachnouphy Pythipemi, fac Sextilium Dionysiae filium ne somnum contingat, sed amore et desiderio meo uratur, huius spiritus et cor comburatur, omnia membra totius corporis Sextili Dionysiae filius. Si minus, descendo in adytus Osyris et dissolvam τὴν ταφήν et mittam ut a flumine feratur; ego enim sum magnus decanus dei, magni dei.

1. Osiris. — 2. Ἀντέρως, amantium ultor; cf. Pausan., I, 30, ι, VI, 23, 3. — 3. Horus vel Osiris. — 4. Pro subposuero; nisi est *composuero* cum c latina (= sigma lunari) pro ϰ scriptum (coμποσυερο). — 5. De hoc loco scripsit Maspero : « Le magicien menace Osiris de descendre dans ses retraites cachées, c'est-à-dire dans la cellule où sa momie repose... L'Osiris de l'époque gréco-romaine est toujours le dieu des morts. Son cadavre, dépecé par Typhon, a été reconstitué par Isis à grand'peine; depuis lors, tout le clan de ses dieux amis, Isis, Nephthys, Horus, Anubis, Hermès, ne sont occupés qu'à veiller autour de son tombeau pour empêcher Typhon d'y pénétrer et de détruire une seconde fois la momie divine. Les magiciens profitaient de cet état de choses pour obtenir le concours de toutes les divinités amies d'Osiris. Ils essayaient de s'emparer du cercueil sacré pour s'en servir comme d'un amulette souverain, et menaçaient de le détruire si on leur refusait ce qu'ils demandaient ». — 6. « Osiris avait été enfermé traîtreusement dans un coffre par Typhon, et le coffre jeté au Nil, qui l'avait emporté jusqu'à la mer, et la mer jusqu'à Byblos, en Phénicie. La formule comminatoire signifie donc : Sinon, je descendrai dans les arcanes d'Osiris, et je briserai le cercueil et le jetterai pour qu'il soit emporté par le fleuve » Maspero. — 7. « Les décans, à Dendérah et à Philae montent la garde autour du sarcophage d'Osiris... Leur chef, *le grand décan du dieu grand*, pouvait livrer à qui bon lui semblait l'accès de la chambre funèbre, ou traiter comme il l'entendait les tristes restes confiés à ses soins. Le magicien, en s'assimilant à lui, entend montrer aux dieux qu'il ne fait pas de vaines menaces... » Maspero.

---

950. Hadrumeti. — Audollent, *Defixionum tabellae*, n. 271.

Horcizo se daemonion pneuma [1] to enthade cimenon [2] to onomati to agio Αωθ Αϐ[α]ωθ, τὸν θεὸν τοῦ Αϐρααν [3] καὶ τὸν Ιαω τὸν τοῦ Ιαχου [4], Ιαω | Αωθ Αϐαωθ, θεὸν τοῦ Ισραμα [5], ἄκουσον τοῦ ὀνόματος ἐντείμου | καὶ φ[οϐ]εροῦ καὶ μεγάλου,
5   καὶ ἄξον αὐτὸν πρὸς τὴν ‖ cae apelthe pros ton Orbanon hon ethecn Urbana | Δομιτιανὴν ἣν ἔτεκεν Κ[άν]διδα ἐρῶντα, μαινό-μενον, ἀγρυπνοῦν|τα ἐπὶ τῇ φιλίᾳ αὐτῆς καὶ ἐπιθυ[μ]ίᾳ καὶ δεόμενον αὐτῆς ἐπανελθεῖν | εἰς τὴν οἰκίαν αὐτοῦ σύμϐιο[ν] γενέσθαι. Ὀρκίζω σε τὸν μέγαν
10 θεὸν | τὸν αἰώνιον καὶ ἐπαιώνιο[ν] καὶ παντοκράτορα τὸν ὑπεράνω τῶν ‖ ὑπεράνω θεῶν · ὀρκίζω [σ]ε τὸν κτίσαντα τὸν οὐρανὸν καὶ τὴν θά|λασσαν · ὀρκίζω σε τὸν διαχωρίσαντα τοὺς εὐσεϐεῖς · ορκίζω σε | τὸν διαστήσαντα τὴν ῥάϐδον ἐν

τῇ θαλάσσῃ [6], ἀγαγεῖν καὶ ζεῦξαι | τὸν Οὐρβανὸν, ὃν ἔτεκεν Οὐρβανά, πρὸς τὴν
Δομιτιανὰν, ἣν ἔτεκεν | Κάνδιδα, ἐρῶντα, βασανιζόμενον, ἀγρυπνοῦντα ἐπὶ τῇ
15 ἐπιθυμίᾳ αὐ‖τῆς καὶ ἔρωτι ἴν' αὐτὴν σύμβιον ἀπάγῃ εἰς τὴν οἰκίαν ἑαυτοῦ ·
ὁρκί|ζω σε τὸν ποιήσαντα τὴν ἡμίονον μὴ τεκεῖν · ὁρκίζω σε τὸν διορί-|
σαντα τὸ φ[ῶς] ἀπὸ τοῦ σκότους · ὁρκίζω σε τὸν συντρείβοντα τὰς πέτρας · |
ὁρκί[ζω] σε τὸν ἀπορ(ρ)ήξαντα τὰ ὄρη · ὁρκίζω σε τὸν συνστρέφοντα τὴν | γῆν
20 ἐ[πὶ τ]ῶν θεμελίων αὐτῆς · ὁρκίζω σε τὸ ἅγιον ὄνομα ὃ οὐ λέγεται · ἐν ‖ τῷ
ισα....ῳ ὀνομάσω αὐτὸ καὶ οἱ δαίμονες ἐξεγερθῶσιν ἔκθαμβοι καὶ περί|φοβοι
[γ]ενόμενοι, ἀγαγεῖν καὶ ζεῦξαι σύμβιον τὸν Οὐρβανὸν, ὃν ἔτεκεν | Οὐρβανά,
πρὸς τὴν Δομιτιανὰν, ἣν ἔτεκεν Κανδίδα, ἐρῶντα καὶ δεόμε|νον αὐτῆς · ἤδη,
ταχύ. Ὁρκίζω σε τὸν φωστῆρα καὶ ἄστρα ἐν οὐρανῷ ποιή|σαντα διὰ φωνῆς
25 προστάγματος, ὥστε φαίνειν πᾶσιν ἀνθρώποις · ‖ ὁρκίζω σε τὸν συνσείσαντα πᾶσαν
τὴν οἰκουμένην καὶ τὰ ὄρη | ἐκτραχηλίζοντα καὶ ἐκβρά[ζ]οντα, τὸν ποιοῦντα
ἔκτρομον τὴν [γ]ῆ|ν ἄπασ[αν] καὶ καινίζοντα πάντα τοὺς κατοικοῦντας · ὁρκίζω
σε τὸν ποιή|σαντα σημεῖα ἐν οὐρανῷ κ[αὶ] ἐπὶ γῆς καὶ θαλάσσης, ἀγαγεῖν καὶ
ζεῦξαι | σύμβιον τὸν Οὐρβανὸν, ὃν ἔ[τ]εκεν Οὐρβανά, πρὸς τὴν Δομιτιανὴν,
30 ἣν ‖ ἔτεκεν Κάνδιδα, ἐρῶντα αὐτῆς καὶ ἀγρυπνοῦντα ἐπὶ τῇ ἐπιθυμίᾳ αὐ|τῆς,
δεόμενον αὐτῆς, καὶ ἐρωτῶντα αὐτὴν ἵνα ἐπανέλθῃ εἰς τὴν οἰκίαν | αὐτοῦ
σύμβιο[ς] γενομένη · ὁρκίζω σε τὸν θεὸν τὸν μέγαν τὸν αἰώ|νιον καὶ παντοκράτορα.
ὃν φοβεῖται ὄρη καὶ νάπαι καθ' ὅλην τὴν οἰ|κουμένην, δι' ὃν ὁ λείων ἀφείησιν τὸ
35 ἅρπασμα καὶ τὰ ὄρη τρέμει ‖ καὶ [ἡ γῆ] καὶ ἡ θάλασσα, ἕκαστον ἰδάλλεται ὃν
ἔχει φόβον τοῦ Κυρίου | α[ἰ]ω[νίου], ἀθανάτου, παντεφόπτου, μεισοπονήρου,
ἐπισταμένου τὰ | γ[ενόμ]ενα ἀγαθὰ καὶ κακὰ καὶ κατὰ θάλασσαν καὶ ποταμοὺς
καὶ τὰ ὄρη | καὶ [τὴν] γῆ[ν], Αωθ Αβαωθ, τὸν θεὸν τοῦ Αβρααν καὶ τὸν Ιαω τὸν
τοῦ Ιακου, | Ιαω Αωθ Αβαωθ, θεὸν τοῦ Ισραμα, ἄξον, ζεῦξον τὸν Οὐρβανὸν, ὃν ‖
40 ἔτεκεν Οὐρβα(νὰ), πρὸς τὴν Δομιτιανὰν, ἣν ἔτεκεν Κάνδιδα, ἐρῶντα, | μαι[ν]ό-
μενον, βασανιζόμενον ἐπὶ τῇ φιλίᾳ καὶ ἔρωτι καὶ ἐπιθυμίᾳ | τῆς Δομιτιανῆς,
ἣν ἔτεκεν Κάνδιδα, ζεῦξον αὐτοὺς γάμῳ καὶ | ἔρωτι συμβιοῦντας ὅλῳ τῷ τῆς
ζωῆς αὐτῶν χρόνῳ, ποίησον αὐ|τὸν ὡς δοῦλον αὐτῇ ἐρῶντα ὑποτεταχθῆναι,
μηδεμίαν ἄλλη[ν] ‖ γυναῖκα μήτε παρθένον ἐπιθυμοῦντα, μόνην δὲ τὴν Δομι-
45 τια[νὰν], | ἣν ἔτεκεν Κάνδιδα, σύμβιον ἔχειν ὅλῳ τῷ τῆς ζωῆς αὐτῶ[ν χρόνῳ ·] |
ἤδη ἤδη, ταχὺ ταχύ.

Hanc defixionem primus commentatus est Maspero, *Collection du Musée Alaoui*,
p. 101 et seq., qui de primis versibus id scripsit : « Le graveur avait laissé en blanc la

première ligne pour y introduire plus tard le nom des esprits à invoquer, qu'on remettait souvent au choix de la personne en faveur de qui on rédigeait la formule. Il avait ensuite interrompu la quatrième ligne après μεγάλου, réservant la place du nom mystique qui leur convenait; il en avait même limité l'étendue au moyen d'un trait vertical | , qu'on voit encore en avant du κ de καὶ ἄξον dans l'entreligne; mais il avait passé le membre de phrase, commençant également par καὶ, qui devait énoncer le nom et la filiation de la personne dévouée aux esprits, et il avait tracé la phrase καὶ ἄξον αὐτὸν πρὸς τὴν... Arrivé là, il s'aperçut de son oubli, et, avant d'aller plus loin, il voulut le réparer. C'est alors qu'une autre personne, peut-être le maître magicien qui employait un de ses élèves comme copiste, peut-être l'acheteuse du charme, Domitiana, fille de Candida, écrivit le début en caractères latins cursifs, et profita du vide ménagé entre μεγάλου et καὶ ἄξον pour introduire le membre de phrase manquant. Elle traça les premiers mots en guise de cinquième ligne, puis relevant les caractères au point de mêler ensemble les traits de μεγάλου et de Ὀρβανόν, elle ramena les derniers mots à la place qu'ils auraient dû occuper régulièrement en avant de καὶ ἄξον. »

1. πνεῦμ[α]. — 2. κείμενον. — 3. Ἀβραάμ. — 4. Ἰάκου[6] vel Ἰ[σ]άκου. — 5. Ἰσρά[ηλ]. — 5. Καὶ ἄπελθε πρὸς τὸν Οὐρβανὸν ὃν ἔ[τ]εκ[ε]ν Οὐρβανὰ καὶ ἄξον αὐτὸν πρὸς τὴν Δομιτιανὴν. — 6. Aut potius διαστήσαντα τὴν θάλασσαν τῇ ῥάβδῳ. Haec et omnia quae sequuntur de Judaïcis religionibus deprompta sunt. « Le texte primitif a été rédigé par un juif ou un homme pénétré des idées juives; on pourrait aisément renvoyer presque partout aux passages des livres saints qui en ont dû inspirer les différents termes » Maspero. Cf. etiam Deissmann, *Bibelstudien* (Marburg, 1895), p. 25 et seqq.

---

951. Hadrumeti. — Audollent, *Defixionum tabellae*, 285.

Αλιμβεου χολουμβευ | πεταλλιβευ λεγισε αδοναι | σωαβωθ σεμεσιλα [1] ἵνα |
5 βαρούνες τῶν ἵππων ‖ Δαουριατῶν | [2] — *Signa magica.* — *Equus, cui inscriptum*
10 *est* Δαουρια | τοὺς — | μεδὲ τρήχε μεδὲ τοῦ πόδας ‖ κινέσε μεσταθε κατάβαλε
αουτῶν καὶ κατάχων αουτὸ πόδας [3].

1. Nomina barbara quae in aliis diris inventa sunt; cf. Audollent, *op. cit.*, 265, et pp. 507, 512, 513. — 2. Intellige : ἵνα βαρύνῃς τοὺς ἵππους Δαουριατούς. — 3. μηδὲ τρέχειν μηδὲ τοὺς πόδας κινήσειν · μεσταθε? κατάβαλε αὐτοὺς καὶ κατέχε αὐτῶν πόδας.

---

952. Hadrumeti. — Descripsit Audollent; *Mél. de l'Ecol. fr. de Rome,* 1903, p. 55.

Ἀρχέλαος ὁ ἡνίο|χος πρασίνου [1] | — *signa magica* — | χαρων λαγαθα ‖
10 ουλιθαμνοπα | χενβραωθ | φιρινχιβρα | ζαπτιχαιβαλ | σιμα χρητην‖ θαμβαλ-

15 6ξυαυτι | σρωμ|6α6αω | γνω|θη εαω | σα6αως ‖ ποιήσατε Ἀρχέλα|ον τὸν ἡνίο-
20 χον | πείπτειν ἐν τῷ | χίρχῳ δι᾿ ὅλης | τῆς ἡμέρας ‖ πείπτεται [2] συν τού|τοις
25 τοῖς ἵπποις ἐν | οἷς ἐλαύνει | Φαμῶσον, | Δηρεισῶρε, ‖ Πρωουιδέν|τε, Γένιον, |
ἤδη ἤδη | ταχὺ τα|χύ.

1. Factio prasine. — 2. Vel πειπτέτω.

CRETA ET CYRENAICA

CRETA ET CYRENAICA

CRETA

953. Polyrrheniae. — G. de Sanctis, *Monum. antich.*, XI (1901), p. 493.

Πόλις ἁ Πολυρηνίων ἀνέθηκε | .... ἁ πόλις αιμονίων | [Αὐ]τοκράτορα
Καίσαρα Θεοῦ υἱὸν | Σεβαστὸν.

« Io ritengo che l'iscrizione in onore di Augusto suonasse ἁ πόλις Αὐτοκράτορα, etc. Tanto
la prima linea quanto le lettere piu piccole della secunda, di cui mi pare di veder traccie
anche sotto il piu grande Α ΠΟΛΙΣ, spetterebbero ad una iscrizione anteriore ... Come
mi fa osservare giustamente il prof. F. Halbherr, αιμονιων non può supplirsi che Λακεδαι-
μονίων. Si tratterebbe dunque della statua di un personaggio spartano, probabilmente
un re. » De Sanctis.

---

954. Polyrrheniae. — J. L. Myres, *Journ. of hellen. stud.*, XVI (1896), p. 181.

Γνάιον Κορνήλιον | Γναίου υἱὸν Σκιπίωνα | Ἰσπανὸν [1] εὐεργέταν | ἁ πόλις.

1. Cn. Cornelius Scipio Hispanus, praetor anno 139 a. C. n., missus anno 149 ad arma a
Carthaginiensibus accipienda, cujus « stirpem nobilitavit honor », ut scriptum fuit in
ipsius elogio (*C. I. L.*, I, 38).

---

955. Polyrrheniae. — Thenon, *Rev. archéolog.*, 1867 (I), p. 418.

[Κοίντο]ν Και[κίλιον·| Μέτ]ελλον αὐτοκράτορα [1] | [τὸ]ν ἑαυτῆς σοτῆρα | καὶ
εὐεργέτην ἁ πόλις.

1. Q. Caecilius Metellus, cognomine Creticus, Cretam dicioni romanae subegit inter
annos 69 et 63 ante C. n.; cf. Pauly-Wissowa, *Realencyclopädie*, III, p. 1210-1211.

956. In pago quodam, dicto Choustiliana. — *C. I. Gr.*, 2571.

5   Κραν....αρχ.ν | Νερωναστιι.|.... Τραια ¹..... σπο | κετο ‖ νιχ.....

Titulum pessime descriptum retinuimus quum v. 3 de Trajano vel Nerva (v. 2?) Trajano agi posse videatur.

---

957. Kantani. — G. de Sanctis, *Monum. antichi*, XI (1901), p. 502, n. 33.

['Αυτοχράτωρ Καῖσαρ Τρ]αιανὸς Σεβαστὸς [.........|......... δημ]αρχιχῆς
ἐξουσίας ὑπ[ατος ¹ ....|.......]ον ἐποίησεν ἐπιμε[λητοῦντος.....|.......]ρου
ἀνθυπάτο[υ].

1. Aut anno 97 inter diem 27 mensis Octobris et diem 31 mensis Decembris, aut si
restitueris ὑπτὸς τὸ β' anno 98 ante diem 18 mensis Septembris.

---

958. Assi vel Axi. — Halbherr, *Americ. journ. of archaeol.*, XI (1896), p. 580, n. 63.

Τιβέριον Ἰούλιον | [Σ]εβαστοῦ υἱόν ¹.

1. Est imperator Tiberius.

---

959. Lappae. — Halbherr, *Mus. ital. di antich. class.*, III (1890), p. 747, n. 204.

Αὐτοχράτορα Καίσ[αρα] | Θεοῦ Τραιανοῦ Πα[ρ]|θιχοῦ ὑὸν Θεοῦ Νέρ[ουα] |
5   υἱωνὸν Τραιανὸν ‖ Ἀδριανὸν Σεβαστὸ[ν], | Ἄριστον, Σωτ[ῆρα, Ὀλύμ]|πιον ¹
Λαπ[παίων ἡ πόλις] | ἐπὶ χ[όσμων ² τῶν σὺν....

1. Post annum 129, quo dedicatum est Athenis Olympieium. — 2. Ita municipales
magistratus in Creta vocatos esse notum est.

---

960. Gortynae. — Halbherr, *Mus. ital. di antich. class.*, III (1890), p. 704, n. 148.

Ἐπὶ Αὐτο[χ]ράτορι Κ[αίσαρι] | Θεοῦ υἱῷ Σε[βα]στῷ ¹ ἀρχιερεῖ μ[εγίστῳ,
δη]|μαρχιχῆς ἐ[ξο]υσίας εἰχοστῷ [......... ὑπά]|τῳ τρὶς χαὶ [δε]χάχις, πατρὶ τῆς
5   π[ατρίδος] ², ‖ Λευχί[ῳ Π]λωτίῳ Οὐιχίνᾳ ³ ἀν[θυπάτῳ] ⁴, | γνώμ[η πά]ντων
ἔδοξε τοῖς ἄρχ[ουσι χαὶ τῷ] | δή[μῳ] ἐπειδὴ τὰς μὲν χατὰ τ[........] | μι[...]

5 πινα[..]υσις δύνατα [.......] | τω .....στω, [τ]ὰς δὲ δύνατα [.....‖.....]σθαι
προσῆκόν ἐστιν..... | [Πλώτιο]ς Ουικίνας ὁ ἀνθύπ[ατος ⁴.....|....] τον Σεβαστὸν
εὐσε[6...|.. φ]ιλοτείμηται τα πρ....

1. Augustus imperator. — 2. Augustus fuit consul XIII anno 2 ante C. n.; pater vero
patriae dictus est ab senatu populoque die 5 mensis Februarii anni ejusdem; titulus ergo
exaratus est inter annum 2 (5 Feb.), et 7 p. C. n. (27 Jun.) quo tribuniciam potestatem
xxx accepit. — 3. De eo viro, aliunde ignoto, cf. *Prosop. imp. rom.*, III, p. 55, n. 393. —
4. Proconsul Cretae et Cyrenarum, ut videtur.

---

961. Gortynae. — S. Ricci, *Monum. antich.*, II (1893), p. 292, n. 5.

['Αγαθᾳ τύχᾳ · ἐπὶ τῶν ἐν ..... κορμιόντων | τῶν σὺν Γ]αίωι Α[.............. |
ἔδοξε τ]οῖς σὺ[ν] Γαίω[ι κόρμοις καὶ τοῖς πολί|ταις ἐπ]ίπανσι ψαφίζασ-
5 θ[αι......‖....] Αὐγούσταν καὶ μὴ [τῶν χωρίων ἢ τῶν χρημά|των αὐτ]ᾶς τι
πωλῆσαι ἢ εἰσ[πράττειν τρόπῳ μη|θενὶ ἢ] παρευρέσει μηδεμ[ιᾷ καὶ τὸς κόρμος |
τός τε] ἐφισταμένος κα[τ' ἔτος ἐπιμελεῖσθαι | ὅπως τ]ὰ λοιπὰ τὰ κατὰ τοὺ[ς
νόμους γεγήνηται, ‖ ὅπως μ]ηθὲν ἄλλως ποιη[θῇ.......|.. τῶν] τε βωλευτᾶν ἐν
10 [......... Αἰ δέ | κά τις] ποιήσαι τι πὰρ τὰ ἐ[γραμμένα, ἀποτεισά|τω δηνά]ρια
δισχίλια πε[ντακάτια, καὶ πράξις | ἔστω αὐτῶν π]αρὰ κόρμ[ων τῶν ἀεὶ ἐν τῇ
15 πόλει κορ‖μιόντων καὶ] ἐπαν]αγκαζέσθω ὑπὸ αὐτῶν.....

« L'epigrafe non si può ricomporre integralmente in causa del suo stato di conserva-
zione... L'iscrizione può appartenere al ıı e anche al ııı secolo d. C., quantunque ritenga
alcune forme arcaiche; e pare contenga il divieto delle autorità locali ad ogni aliena-
zione e vendita di proprietà appartenenti ad una certa Augusta, in favore della quale
non si sa quale atto si compia de richiegga l'aggiunte delle clausole inscritte, ma è
verosimile si tratti di rapporti di proprietà. » Ricci.

---

962. Gortynae. — Halbherr, *Mus. ital. di antich. class.*, III (1890), p. 700, n. 140.

'Επὶ Κύδαντος τῶ | Κύδαντος ¹ Κρη[τ]άρ|χα ² καὶ ἀ[ρ]χῶ ³ ὅ[κ]α τοὶ | τῶ
Ποντί[σ]κω ‖ Κύδας 'Απνάτω | ἀγορανομήσας | εὐετηρία[ι].

1. De eo viro cf. quae scripsit Halbherr, *Monum. antich.*, I, p. 64-65. — 2. Κρητάρχης,
i. e. praeses concilii Cretensis. — 3. Ἄρχων, ut videtur, Gortynae.

963. Gortynae. — Halbherr, *Mus. ital. di antich. class.*, III (1890), p. 701, n. 145.

Fragmentum valde mutilum; in ultimis versibus legere est :

...Κ]αίσαρος Α[...........|... ἀρχιε]ρεὺς Θεοῦ Σ[εβαστοῦ '.........|.....]ω
Πανάριος.....

1. Sacerdos vel flamen Augusti sive Gortynae civitatis, sive provinciae.

---

964. Gortynae. — Doublet, *Bull. de corr. hellén.*, XIII (1889), p. 58.

Αὐτοκράτορα Καίσαρα Θεοῦ Τραιανοῦ Παρθικοῦ | υἱὸν Θεοῦ Νέρβα υἱωνὸν
Τραιανὸν Ἀδριανὸν Σεβαστὸν, | ἀρχιερέα μέγιστον δημαρχικῆς ἐξουσίας τὸ ιγ', |
5 ὕπατον το γ' ', πατέρα πατρίδος, τὸ κοινὸν τῶν || Κρητῶν ἐπὶ ἀρχιερέος
Τ. Φλ. Σουλπικιανοῦ | Δωρίωνος ².

1. Anno 129 p. C. n. — 2. T. Flavius Sulpicianus Dorion, sacerdos Augusti concilii
Cretensis; cf. *Prosop. imp. rom.*, II, p. 76, n. 246, 247.

---

965. Gortynae, in templo Apollinis Pythii. — Halbherr, *Monum. antich.*, I (1890), p. 69.

Αὐτοκράτορα Καίσαρα | Θεῖον Σεπτίμιον | Σεβῆρον Εὐσεβῆ | Ἀραβικὸν
5 Ἀδιαβηνικὸν || Παρθικὸν μέγιστον | Πρετανικὸν μέγιστον '.

1. Anno 210 vel primis diebus anni 211, quum Septimius Severus die 14 mensis
Februarii ejus anni diem obierit.

---

966. Gortynae. — Halbherr, *Americ. journ. of archaeol.*, II, 2 (1898), p. 84, n. 8.

Titulus mutilus; in fine legi potest :

.......ωνος | .... δηνάρια ψν' | [.........Αὐ]τοκράτορος | [....Ἀν]τω-
νε[ίνου?...

---

967. Gortynae. — *C. I. Gr.*, 2587; Halbherr, *Americ. journal of archaeol.*, II, 2 (1898),
p. 84, n. 9.

....Ἀ]στα[τι]κὴν, Β[αλε]|ρίου Ἀσιατικοῦ γ[υ]|ναῖκα, δὶς ὑπάτου ' κα[ὶ

5 ἐ]‖πάρχου τῆς π[ό]λεως τῆς Ῥωμαί[ων] ², ‖ σωφροσύνης ἕνεκα καὶ φιλανδ[ρίας] |
καὶ [τῆς] | λοιπ[ῆ]ς ἀρ[ετῆς] καὶ π[ε]ρ[ὶ τὴν] | πόλιν εὐνοίας.......

1. Post annum 125 quo iterum consulatum egit Valerius Asiaticus; de quo cf. *Prosop.*
imp. rom., II, p. 296, n. 233. — 2. Praefectus Urbis Romae.

---

968. Gortynae. — *C. I. Gr.*, 2588; Löwy, *Inschr. der griech. Bildhauer*, n. 409.

Κόϊντον Καικίλιον Ῥουφεῖνον ¹, | τὸν κράτιστον ἀνθύπατον | Κρήτης καὶ
5 Κυρ[ή]νης, | Κυντ[ί]λιος Πύρρος τὸν φίλον. ‖ Ἀναξιμένης Εὐρυστράτο[υ]
Μιλήσιος [ἐποίει].

In margine dextra tituli legitur ΕΕΞΙΩ.?

1. De Q. Caecilio Rufino, proconsule Cretae et Cyrenarum anni incerti, cf. *Prosop. imp.*
rom., I, p. 253, n. 55.

---

969. Gortynae. — Halbherr, *Mus. ital. di antich. classic.*, III (1890), p. 702, n. 146.

M. Ῥώσκιον Κυρεί|νᾳ Λοῦπον Μου|[ρ]ῆναν ¹ M. Μουρή|να στρατηγικοῦ ²
5 υἱόν, M. Μουρήνα ‖ ἀνθυπάτου Βειθυνίας ἔκγονον, σεπτίμ|6ερα ἐπούλων ³,
χειλίαρχον λεγεῶνος | ἑβδόμης Κλαυδίας, προστάτην ⁴ | λεγεῶνος τετάρτης
10 Φλαβίας, ταμίαν καὶ | ἀντιστράτηγον ἐπαρχείας Κρήτης ‖ καὶ Κυρήνης ⁵,
Βολουμνία Κάληδα τὸν ἄνδρα τῆς ἐκγόνου.

1. De eo cf. *Prosop. imp. rom.*, III, p. 135, n. 69. — 2. Praetorii. — 3. Septemvirum
epulonum. — 4. Praefectum (legionis). — 5. Quaestorem pro praetore provinciae Cretae
et Cyrenarum anni incerti. Pater et avus aliunde ignoti sunt.

---

970. Gortynae. — *C. I. Gr.*, 2591.

Πούβλιον Σεπτίμιον | Γέταν ¹ ταμίαν καὶ | ἀντιστράτ[η]γον | Κρήτης καὶ
5 Κυρή‖νης, Ἀντώνιος Παρ|αιβάτης καὶ Τέττ|ιος Μάχερ καὶ Τει|μαγένης Σόλω|νος
10 οἱ ἀγορανόμοι τὸν ‖ φίλον.

1. P. Septimius Geta, frater imperatoris L. Septimii Severi; cf. *Prosop. imp. rom.*, III,
p. 208, n. 326.

971. Gortynae. — Halbherr, *Mus. ital. di antich. class.*, III, p. 703, n. 147.

.......σει[τ]ομετρίου τοῦ Ῥωμαίων ταχθέν[τα] ¹, | τειμηθέντα ἱεροσύνη τῶν
ιε΄ ἀνδρῶ[ν ² | ....]ριανῶν τῶν ἐν Ἰταλίᾳ ³, | .... Ἀφρικῆς ⁴,
5 ἀνθύπατο[ν ‖ .... πε]ντάραβδον Ῥαιτίας ⁵, | [Βολουμν]ία Καλήδα ⁶ τὸν
γλυκύτατ[ον καὶ εὐ]σεβέστατον υἱόν.

1. Praefectus frumenti dandi. — 2. Quindecimvir sacris faciundis. — 3. De praetorianis
noli cogitare. — 4. Legatus pro praetore? Africae. — 5. Legatum quinquefascalem
provinciae Raetiae. — 6. Cf. supra n. 969.

---

972. Gortynae. — *C. I. Gr.*, 2589; Kaibel, *Epigr. graec.*, 905.

Ἑσπερίης πάσης χθονὸς | ὄβριμον ἰθυντῆρα |
Μαρκελλῖνον ἄθρει θαρραλέω[ς] | ταμίην ¹, ‖
5 Ἑλλάδος ἀγλαὸν ἔρνος, | ὅς εὐδικίη καὶ ἀρωγῇ |
κουφίζων πόλιας θῆκεν | ἐλαφροτέρας. |
10 Τοὔνεκα καὶ προθύροισι ‖ Δίκης ἐπιμάρτυρα θεσμῶν |
βουλῆς καὶ Πύρρου στῆσεν | ἐφημοσύνη.

1. « Marcellinus v. 1 Italiae corrector, v. 2 quaestor adpellatur, quo utroque munere
cum non possit eodem tempore functus esse, hoc statuendum videtur olim illum apud
Cretenses quaestorem, postea ad correctoris Italiae dignitatem provectum eoque ipso
tempore cum novum iniret munus a Gortyniis statua honoratum esse. » Kaibel.

---

973. Gortynae. — Halbherr, *Americ. journ. of archaeol.*, II, 2 (1898), p. 85, n. 10.

...... τὸν ἐπιφανέστατον καὶ ἀνδρειότατον | ..... τὸν ἑαυτοῦ καὶ τῆς οἰκου-
μένης.......... | Μᾶρκος Αὐρήλιος Αὐ[?]ης ὁ διασημό[τατος..........] | τῆς
Κρήτης.

---

974. Gortynae. — Halbherr, *Americ. journal of archaeol.*, I, 2 (1897), p. 178, n. 8.

[Μ]ᾶρκος Ἀντώνιος Κρίτω|νος υἱὸς Κρίτων Ἱεραπύ|τνιος Γορτυνίων πρό|ξενος
5 καὶ πολίτας αὐτὸ[ς] ‖ καὶ ἔκγονοι. | Πόπλιος Μάρκιος Ποπλίο[υ] | υἱὸς Τρω-
10 μεντείνᾳ ¹ Γορτ[υ]|νίων πρόξενος καὶ πολί|τας αὐτὸς καὶ ἔκγονοι. ‖ Γνάιος

'Οκτάυιος Γναίου υἱὸς Ούοτ. ² | [Λ]αίκους Γορτυνίων πολίτ[ας αὐτὸς καὶ] ἔκγονοι.

1. Tromentina (tribu). — 2. Vot(uria tribu).

---

975. Gortynae. — Halbherr, *Americ. journal of archaeol.*, I, 2 (1897), p. 180, n. 9.

Λεύκιος Φούριος Λευκίου [υἱὸς] | Φαλέρνᾳ ¹ Κέλσος Μύθων ὀρχη[στὴς] ² | στεφανωθεὶς ἐν τῶι θεάτρῳ χ[ρυσῷ] | στεφάνῳ τῷ μεγίστῳ κατὰ τὸν νόμον,
5 [Γορτυνίων] ‖ πρόξενος καὶ πολίτας αὐτὸς καὶ ἔ[κγονοι].

Sequuntur in lapide duo tituli mutili, quos omittere licet.

1. Falerna (tribu). — 2. Saltator vel mimus.

---

976. Gortynae. — Halbherr, *Americ. journal of archaeol.*, I, 2 (1897), p. 181, n. 10.

Μᾶρκος Ούιψτᾶνος ᾽Ακκέπ|τος ¹ Γορτυνίων πολίτας αὐ|τὸς καὶ ἔκγονοι.

Sinistrae lapidis parti inscriptus est titulus alter valde mutilus.

1. Marcus Vipstanus Acceptus.

---

977. Gortynae. — *C. I. L.*, III, 12039.

Fortunatianus | Seruilius u. c. | consularis curauit. |
5 'Εφεστῶτος ‖ τῇ σπουδῇ τῆς βασιλικῆς (sic) Καλοπόδη | τοῦ λογιστοῦ τῆς | μητροπόλεως.

« Cretae provinciae a quarto certe saeculo praefuit consularis eodemque tempore Gortyna metropolis locum obtinuit. Ei rerum statui hic titulus convenit, quanquam, cum ex parte latine scriptus sit, fortasse saeculi exeuntis tertii magis est quam quarti » Mommsen. — Idcirco eum recepimus.

---

978. Chersonesi. — Halbherr, *Americ. journal of archaeol.*, XI (1896), p. 563, n. 45.

[Αὐτοκράτορι Καίσαρι Θεοῦ Νέρουα | υἱῷ, Νέρουα] Τραιανῷ Σεβα[στῷ, Γερ|μανικῷ Δ]ακικ[ῷ] ¹ τῷ κτίσ[τῃ τῆς | οἰ]κουμένης.

1. Post annum p. C. n. 102.

979. Lytti. — *C. I. Gr.*, 2583.

Λυττίων ἡ πόλις | Τ. Φ(λαούιον) Λεοντίου υἱὸν | Κυρείνᾳ ¹ Ἀχέστιμον |
5 πρωτόκοσμον β′ ², ἀγο‖ρανόμον β′ ξυστάρχην | ἱεροῦ ἀγῶνος πεντα|ετηρικο[ῦ]
10 τοῦ κοινοῦ | τῶν Κρητῶν ³, ἀρετῆς | ἕνεκα καὶ τῆς (περὶ) τὴν ‖ πόλιν ἀδιαλείπτου
με|γαλοψυχίας, ἥρωα καὶ | κοσμόπολιν · | Τ. Φ(λαούιος) Χαρματίων τὸν | ἑαυτοῦ
πάτρωνα.

1. Quirina (tribu). — 2. Πρωτόκοσμος, i. e. princeps collegii magistratuum municipa-
lium in Cretensibus oppidis. — 3. Ludi quinquennales jussu concilii Cretensis editi.

---

980. Lytti. — *C. I. Gr.*, 2570.

Τιβ. Κλαύδιος | Καῖσαρ Σεβαστὸς Γερ|μανικὸς ¹ τὰς ὁδοὺς καὶ | τοὺς ἀνδροβάμο-
5 νας ² ἀπο‖κατέστησεν διὰ Κ. Παχωνίου | Ἀγριππίνου ³ τὸ β′ καὶ Δ[ω]ρο|θέου Τι......

1. Claudius imperator. — 2. Ἀνδροβάμων idem valere arbitratur H. Estienne atque
ἀνδρόβασμος = στενὴ ὁδός, auctore Hesychio. Suspicatur Foucart hoc verbo significari sca-
bella lapidea quibus nitebantur viatores ut equum ascenderent. Cf. Plut., *C. Grach.*, 6 :
Ἄλλους δὲ λίθους ἔλαττον ἀπέχοντας ἀλλήλων ἑκατέρωθεν τῆς ὁδοῦ διέθηκεν ὡς εἴη ῥᾳδίως τοῖς ἵππους
ἔχουσιν ἐπιβαίνειν ἀπ' αὐτῶν ἀναβολέως μὴ δεομένοις et *C. I. L.*, III, 6983 : [*viam et s*]*essionem
d. s. p. f.* — 3. Hic supplendum ταμίου; cf. infra n. 1013. Q. Paconius Agrippinus iterum
erat quaestor provinciae Cretae et Cyrenarum, non proconsul, ut suspicatur Rohden in
Prosop. imp. rom., III, p. 4, n. 16.

---

981. Lytti. — Haussoullier, *Bull. de corr. hellén.*, IX (1885), p. 22, n. 17.

5 Δο[μιτίαν Σε]|βαστὴ[ν ¹ Αὐτο]|κράτο[ρος Δο]|μιτια[νοῦ Καί]‖σαρος [Σεβασ]|τοῦ
Γε[ρμανι]|κοῦ ² γυ[ναῖκα Λυτ]|τίων ἡ [πόλις διὰ] | πρωτο[κόσμου ³.....

1. Domitia Augusta, conjux Domitiani. Cf. *Prosop. imp. rom.*, II, p. 26, n. 156. —
2. Post annum p. C. n. 84. — 3. Cf. n. 979.

---

982. Lytti. — Haussoullier, *Bull. de corr. hellén.*, IX (1885), p. 22, n. 18.

Τραιανῶι Σεβαστῶι Γ[ερμα]|νικῶι Δακικῶι, ἀρχιε[ρεῖ] | μεγίστωι, δημαρ-
5 χικ[ῆς ἐξ|ο]υσίας τὸ θ′ ¹, αὐτοκ[ράτορι ²] ‖ τὸ ε′, πα[τρὶ πατρίδος, | τ]ῶ τῆς
οἰκ[ουμένης | κτί]στῃ Λ[υττίων | ἡ πόλις...

1. Anno 105 p. C. n. — 2. Consulatus omissus fuisse videtur.

983. Lytti. — G. Doublet, *Bull. de corr. hellén.*, XIII (1889), p. 64.

[Αὐ]τοκράτορα Καίσα|[ρα] Θεοῦ Νέρουα υἱὸν | [Νέ]ρουαν Τραιανὸν Σε|[6α]σ-
5 τὸν Γερμανικὸν ‖ [Δα]κικὸν, ἀρχιερέα μέγ[ισ|το]ν, δημαρχικῆς ἐξουσί[ας | τὸ
ι]α′, αὐτοκράτωρ τὸ ε′, ὕπατος [τὸ] | ε′ ¹, πατέρα πατρίδος, Λυττί[ων] | ἡ πόλις
10 διὰ πρωτοκόσμο[υ ² ‖ Λ]ουκιανοῦ Μενάνδρου.

1. Anno 106. — 2. Cf. nn. 979, 981.

---

984. Lytti. — *C. I. Gr.*, 2572.

Αὐτοκράτορι Καίσαρι | Θεοῦ Νέρ[ου]α υἱῷ Νέρουᾳ | Τραιανῷ Σεβαστῷ
5 Ἀρίστῳ | Ἀρμενικῷ ¹ Δακικῷ ἀρχ|ιερεῖ μεγίστῳ, δημαρχι|κῆς ἐξουσίας τὸ
ια′ ², | ὑπάτῳ τὸ γ′ ³, πατρὶ πατρίδος, | τῷ τῆς οἰκουμένης κτί|στη, Λ[υ]ττίων
10 ἡ πόλις διὰ ‖ πρωτοκόσμου ⁴ Βαναξι|6ούλου Κομάστα τὸ β′.

1. Optimo Armenico. Restituendum : Optimo Germanico. — 2. Anno p. C. n. 107. —
3. Lapicida erravit : restitue το ε′. — 4. Cf. nn. 979, 981, 984.

---

985. Lytti. — S. Ricci, *Monum. antichi*, II (1893), p. 289, n. 2.

Αὐτοκράτορι Καί|σαρι Θεοῦ Νέρουα υ[ἱ]|ῷ Νέρουᾳ Τραιανῷ Σε|6αστῷ Γερμα-
5 νικῷ Δακι‖κῷ, ἀρχιερεῖ μεγίστῳ, δη|μαρχικῆς ἐξουσίας τὸ ιβ′ ¹, | [ὑ]πάτῳ τὸ ε′,
10 πατρὶ πατρίδος, | Λυττίων ἡ πόλις τῷ τῆς | οἰκουμένης κτίστη ‖ διὰ πρωτο-
κόσμου | Βαναξιβούλου Κω|μάστα [τὸ γ′] ².

1. Anno p. C. n. 108. — 2. Cf. n. 984.

---

986. Lytti. — Halbherr, *Americ. journal of archaeol.*, XI (1896), p. 539, n. 1.

Αὐτοκράτορι Καίσαρι Θε|οῦ Νέρουα υἱῷ Νέρουᾳ | Τραιανῷ Σεβαστῷ Γερ|μα-
5 νικῷ Δακικῷ, ἀρχιερεῖ ‖ μεγίστῳ, δημαρχικῆς ἐ|ξουσίας ις′, ὑπάτῳ τὸ ς′, |
10 πατρὶ πατρίδος, Λυττίων | ἡ πόλις τῷ τῆς οἰκουμέ|νης κτίστη διὰ πρωτοκό‖σμου
Τι. Κλαυδίου Βοινοβίου.

1. Anno p. C. n. 112, ante diem decimam mensis decembris, qua die initium cepit
septima decima Trajani tribunicia potestas.

987. Lytti. — *C. I. Gr.*, 2574.

Αὐτοκράτορι Καίσαρι Θεοῦ Νέρουα υἱῷ | Νέρουᾳ Τραιανῷ Σεβαστῷ Γερμα-
νικῷ | Δακικῷ, ἀρχιερεῖ μεγίστῳ, δημαρχι|κῆς ἐξουσίας τὸ ιζ' ¹, ὑπάτῳ τὸ γ' ², ‖
5 πατρὶ πατρίδος, τῷ τῆς οἰκουμένης | κτίστῃ, Λυττίων ἡ πόλις διὰ πρω|τοκόσμου
Μ. Πομπηίου Κλευμενίδα.

1. Ann. p. C. n. 112/113. — 2. Erravit lapicida : restitue το ς'.

---

988. Lytti. — Halbherr, *Americ. journal of archaeol.*, XI (1896), p. 542, n. 3.

Αὐτοκράτορι Καίσα|ρι Θεοῦ Νέρουα υἱῷ | Νέρουᾳ Τραιανῷ Σε|βαστῷ Γερμα-
5 νικῷ ‖ Δακικῷ, ἀρχιερεῖ μεγίσ|τῳ, δημαρχικῆς ἐξου|σίας τὸ ιζ' ¹, ὑπάτῳ τὸ ς', |
10 πατρὶ [π]ατρίδος, τῷ τῆς | οἰκουμένης κτίστῃ, ‖ Λυττίων ἡ πόλις διὰ πρω|το-
κόσμου Μάρκου Πομ|πηίου Κλευμενίδα.

1. Anno p. C. n. 112/113. Hic titulus diversus videtur ab eo qui praecedit et ab eo qui
sequitur.

---

989. Lytti. — *C. I. Gr.*, 2573.

Αὐτοκράτορι Καίσαρι | Θεοῦ Νέρβα ¹ υἱῷ Νέρου|ᾳ Τραιανῷ Σεβαστῷ | Γερμα-
5 νικῷ Δακικῷ, ‖ ἀρχιερεῖ μεγίστῳ, δη|μαρχικῆς ἐξουσίας | τὸ ιζ' ², ὑπάτῳ ³,
10 τῆς οἰ|κουμένης κτίστῃ, | Λυττίων ἡ πόλις ‖ διὰ πρωτοκόσμου Μ. | Πομπηίου
Κλευμενί|δα.

1. Sic in lapide. — 2. Anno p. C. n. 112/113. — 3. Sic in lapide; Bœckh restituit
ὑπάτῳ [τὸ ζ', πατρὶ πατρίδος, τῷ] τῆς, etc., versum lapicidae errore omissum jure ratus;
cf. n. 984 et sqq.

---

990. Lytti. — Halbherr, *Americ. journal of archaeol.*, XI (1896), p. 542, 4 *b*.

Αὐτοκράτορα Καίσαρα | Θεοῦ Νέρουα υἱὸν Νέρουαν | Τραιανὸν Σεβαστὸν Γερ-
5 μα|νικὸν Δακικὸν, ἀρχιερῆ μέ|γιστον, δημαρχικῆς ἐξου|σίας τὸ ιη' ¹, ὕπατον
τὸ ς', πα|τέρα πατρίδος, τὸν τῆς οἰ|κουμένης κτίστην, Λυτ|τίων ἡ πόλις διὰ
10 πρωτο‖κόσμου Τ. Φλαουίου | Κωμάστα τὸ β'.

1. Anno p. C. n. 113/114.

991. Lytti. — Halbherr, *Americ. journal of archaeol.*, XI (1896), p. 542, n. 4 *a*.

Αὐτοχράτορα Καί|σαρα Θεοῦ Νέρουα | υἱὸν Νέρουαν Τραιανὸν | Σεβαστὸν
5 Γερμανιχὸν ‖ Δαχιχὸν, ἀρχιερῆ μέγι|στον, δημαρχιχῆς ἐξου|σίας τὸ ιη΄ [1], ὕπατον
10 τὸ ς΄, | πατέρα πατρίδος, τὸν | τῆς οἰχουμένης χτίσ‖την, Λυττίων ἡ πόλις |
διὰ πρωτοχόσμου Τ. | Φλαουίου Κωμάστα τὸ β.

1. Anno p. C. n. 113/114.

---

992. Lytti. — Halbherr, *Americ. journal of archaeol.*, XI (1896), p. 541, n. 2.

Πλωτείνην Σεβα|στὴν Αὐτοχράτορος | Νέρουα Τραιανοῦ Καί|σαρος Σεβαστοῦ ‖
5 Γερμανιχοῦ Δαχιχοῦ | γυναῖχα, Λυττίων | ἡ πόλις διὰ πρω|τοχόσμου Τι. | Κλαυ-
10 δίου Βοινϲ‖6ίου [1].

1. Anno p. C. n. 112; cf. supra n. 986.

---

993. Lytti. — *C. I. Gr.*, 2375.

5 Πλωτίνην Σε|6αστὴν Αὐτο|χράτορος Νέρ|ουα Τραιανοῦ Καί‖σαρος Σεβαστοῦ |
10 Γερμανιχοῦ Λαχι|χοῦ γυναῖχα, Λυτ|τίων ἡ πόλις διὰ | πρωτοχόσμου Μ. ‖ Πομ-
πηίου Κλευ|μενίδα [1].

1. Anno p. C. n. 112/113; cf. supra n. 987-989.

---

994. Lytti. — Halbherr, *Mus. ital. di antich. class.*, III (1890), p. 668, n. 75.

[Πλωτ]ίνην Σ[εβασ|τ]ὴ[ν] Αὐτοχράτο[ρο]|ς Νέρου[α] Τραια[νο]]ῦ Καίσαρος
5 Σε[6α]‖στοῦ Γερμανιχο[ῦ Δαχ]ιχοῦ | γυναῖχα, Λυτ[τίω]]ν ἡ πόλις διὰ π[ρωτο]]-
10 χόσμου Τ. Φλα[ου]]ίου Κωμάστ[α] ‖ τὸ β [1].

1. Anno p. C. n. 113/114; cf. supra n. 990-991.

---

995. Lytti. — Doublet, *Bull. de corr. hellén.*, XIII (1889), p. 64.

[Μαρχιανὴν Σεβαστὴν θεὰν Αὐτοχράτορος Νέρουα Τραιανοῦ Καίσαρος Σεβαστοῦ

5 Γερμανικοῦ Δακιχοῦ ἀ]|δελφήν, Λ[υττί]|ων ἡ πόλις διὰ | πρωτοκόσμου ‖ Τ. Φλαουίου Ἀ|ριστοφῶντος | τὸ β'.

---

996. Lytti. — *C. I. Gr.*, 2576.

Μαρκιανὴν Σεβα|στὴν θεὰν Αὐτο|κράτορος Νέρουα | Τραιανοῦ Καίσαρος ‖
5 Σεβαστοῦ Γερμα|νικοῦ Δακιχοῦ ἀ|δελφήν, Λυττ(ί)ων | ἡ πόλις διὰ πρωτο|κόσμου
10 Τι. Κλαυδί‖ου Βοινοβίου [1].

1. Anno p. C. n. 112; cf. supra n. 986.

---

997. Lytti. — *C. I. Gr.*, 2577.

Ματιδίαν Σεβαστὴν | Λ[υ]ττίων ἡ πόλις | διὰ πρωτοκόσμου | Βαναξιβούλου
5 Κω‖μάστα τὸ β' [1].

1. Anno p. C. n. 107; cf. supra n. 984.

---

998. Lytti. — Spratt, *Travels and researches in Creta*, II, p. 416 n. 7; cf. tav. I, n. 7.

Ματιδίαν Σεβαστὴν | Θεᾶς Μαρκιανῆς θυ|γατέρα, ἀδελφῆς Αὐ|τοκράτορος
5 Νέρουα ‖ Τραιανοῦ Καίσαρος | Σεβαστοῦ Γερμα|νικοῦ Δακιχοῦ, Λυτ|τίων πόλις
10 διὰ | πρωτοκόσμου ‖ Τι. Κλαυδίου Βοινο|βίου [1].

1. Anno p. C. n. 112; cf. supra n. 986.

---

999. Lytti. — *C. I. Gr.*, 2578.

Ματτιδίαν Σεβαστὴν | Λ[υ]ττίων ἡ πόλις διὰ | πρωτοκόσμου Τ. Φλα|ουίου
Κωμάστα τὸ β' [1].

1. Anno p. C. n. 113/114; cf. supra n. 991.

1000. Lytti. — *C. I. Gr.*, 2579.

Αὐτοκράτορα Καίσαρα [Θ]εοῦ] Τραιανοῦ | Παρθικοῦ υἱ[ὸν] Θεοῦ Νέρ(ο)υα

[υ]ιωνὸν | Τραιανὸν Ἀδριανὸν Σεβαστὸν, ἀρχιερέα | μέγιστον, δημαρχικῆς
5 ἐξουσίας τὸ ς΄ [1], ὕπα‖τον τὸ γ΄, Λυττίων ἡ πόλις διὰ πρωτοκόσμου | Τουχουρ-
νίου? Διοτέλους υἱοῦ.

1. Anno p. C. n. 123.

1001. Lytti. — Haussoullier, *Bull. de corr. hellén.*, IX (1885), p. 23, n. 19.

Αὐτοκράτορα Καίσαρα | Θεοῦ Τραιανοῦ Παρθι|κοῦ υἱὸν, Θεοῦ Νέρουα |
5 υἱωνὸν, Τραιανὸν Ἀδρια‖νὸν Σεβαστὸν, ἀρχιερῆ | μέγιστον, δημαρχικῆς | ἐξου-
σίας τὸ η΄ [1], ὕπατον | τὸ γ΄, Λυττίων ἡ πόλις | διὰ πρωτοκόσμου Εὔνου ‖
10 Κοίντου.

1. Anno p. C. n. 124.

1002. Lytti. — Spratt, *Travels and researches in Creta*, II, p. 417, n. 9; cf. tav. I, n, 9.

Αὐτοκράτορα Καί|σαρα Θεοῦ Τραιανοῦ | Παρθικοῦ υἱὸν, Θεοῦ | Νέρουα υἱωνὸν,
5 Τραια‖νὸν Ἀδριανὸν Σεβα|στὸν, ἀρχιερῆ μέγι|στον, δημαρχικῆς | ἐξουσίας τὸ
10 θ΄ [1], ὕπ[α]τ[ον] | τὸ γ΄, Λυττίων ἡ πό‖λις διὰ πρωτοκόσ|μου Ἀπολλωνίδου |
Κλευμενίδου.

1. Anno p. C. n. 125.

1003. Lytti. — Halbherr, *Mus. ital. di antich. class.*, III (1890), p. 670, n. 77.

[Αὐτοκράτωρ Καῖσαρ Θ]εοῦ Νέρουα υἱωνὸς Τρα[ιανὸς Ἀδριανὸς Σεβαστὸς... |
......υ]της χρημάτων ἐπὶ ἀνθυπάτ[ου...

1004. Lytti. — Halbherr, *Mus. ital. di antich. class.*, III (1890), p. 669, n. 76.

Παυλεῖναν Αὐτοκρά|τορος Τραιανοῦ Ἀδρια|νοῦ Καίσαρος Σεβαστοῦ | ἀδελφὴν,
5 Λυττίων ἡ πό‖λις διὰ πρωτοκόσμου | Ἀπολλωνίδου Κλευμε|νίδου [1].

1. Anno p. C. n. 125; cf. supra n. 1002.

1005. Lytti. — Haussoullier, *Bull. de corr. hellén.*, IX (1885), p. 23, n. 20.

Αὐρήλιον Βῆρον ¹ Καίσαρα ² | Τ. Αἰλίου Ἀδριανοῦ Ἀντωνεί|νου Αὐτοκρά-
5 τορος Σεβασ|[τ]οῦ Εὐσεβοῦς υὸν, Θεοῦ Ἀ∥δριανοῦ υἰωνὸν, Λυττίων | ἡ πόλις
διὰ πρωτοκόσμου | Παντανδρίδα Παντανδρίδα.

1. M. Aelius Aurelius Verus ut videtur, qui postea imperium adeptus est. — 2. Inter
annos 138 et 161 p. C. n.

1006. Lytti. — Halbherr, *Mus. ital. di antich. class.*, III (1890), p. 670, n. 79.

[Αὐτοκράτορα Καί]σαρα | [Μ. Αὐρήλιον Ἀντω]νεῖνον | [Εὐσεβῆ Σεβαστ]ὸν ¹
5 ἡ πό|[λις........]ης τῆς ∥ [Λυττίων ἡ πόλ]ις διὰ | [πρωτοκόσμου Ἀ]γαθο|-
[κλέους? Αγαθ]όποδος.

1. Est Caracalla, ut videtur.

1007. Lytti. — Halbherr, *Mus. ital. di antich. class.*, III (1890), p. 671, n. 80.

[Αὐτοκράτορι Καίσ]αρι Θεῶ[ι Σεβαστῶι.....] | ..... πατρὶ τῆ[ς πατρίδος...] |
..... αιρει του ιερα.....

1008. Lytti. — Halbherr, *Mus. ital. di antich. class.*, III (1890), p. 669, n. 78.

.... δημ]αρχικῆς ἐξουσίας τὸ β΄ | ....] Γν(αίου) [Σ]ουελλίου
Ῥούφ(ου) ¹, διὰ πρωτο|[κόσμου.......

1. De Cn. Suellio Rufo, proconsule forsitan Cretae et Cyrenarum, cf. *Prosop. imp. rom.*,
III, p. 278, n. 692.

1009. Lytti. — Spratt, *Travels and researches in Creta*, II, p. 416, n. 6; cf. t. I, n. 6.

5　Λυττίων πόλις | Πουπλίαν | Αἰλίαν Παρ|θενὶν τὴν ∥ σώφρον[α].

1010. Lytti. — Doublet, *Bull. de corr. hellén.*, XIII (1889), p. 61.

In titulo mutilo, inter alia :

5 ..... τὸν δὲ πρωτοκοσ|μοῦντα κατ᾽ ἔτος ἢ ἐπιμελούμε‖νον διδόναι διανομὴν
Θεοδαι|σίοις ¹ ἐκ τῶν δόσεων ὧν οἱ Σταρ|τοὶ ² λαμβάνουσιν δηνάρια αφ᾽ καὶ
Μα|ίαις καλ(ένδαις) ἐκ τῶν ταῖς φυλαῖς δι|δομένων χρημάτων, etc.

1. Theodaesia, feriae in honorem Dionysi apud Lyttios celebratae. — 2. Σταρτοὶ, pars
populi Lyttiorum.

1011. Oloi. — Demargne, *Bull. de corr. hellén.*, XXIV (1900), p. 236.

Τε[βέρι]ον Καίσαρα Σεβα[σ]|τοῦ υἱὸν Σεβαστὸ[ν] ¹ | ἀ πόλις, ἐπὶ κόσμο[υ] |
5 Σωτηρίου τοῦ ‖ ᾽Αγαθο?]|δάμου καὶ ἱερέως... | ρος ².... | τερέως, πρωθιερέως
10 δὲ Τε|βερίου ᾽Αλεξίωνος το[ῦ] ‖ ᾽Ονα[σάδου? τ]ο[ῦ] Σί...μο[υ].

1. Est Tiberius imperator. — 2. In lapide : POΣΛΛΙΚΗΣΙΟΠΕΥΣΤΟ.

1012. Lati. — Doublet, *Bull. de corr. hellén.*, XIII (1889), p. 55.

5 Αὐτοκράτορα | Καίσαρα | .... ¹ | υἱὸν Σεβαστὸν, ‖ Λατίων ἀ πόλις.

1. Versus erasus.

1013. Hierapytnae. — Halbherr, *Antiquary*, XXVII, p. 12.

5 [Τιβέριος] | Κλαύδιος Καῖ|σαρ Σεβασ[τὸς] | Γερμανικὸς [τὰς ὀ]‖δοὺς καὶ
τοὺς [ἀν]‖δροβάμονας ¹ [ἀπο]|κατέστησεν δ[ιὰ] | Κ. Παχωνίου ᾽Αγριπ|πίνου
10 ταμίου τὸ ‖ β᾽ καὶ [Δ]ωροθείου.....

1. Cf. supra n. 980.

1014. Hierapytnae. — Halbherr, *Mus. ital. di antich. class.*, III (1890), p. 623, n. 40.

5 Τιβ. Κλαύδιος | Καῖσαρ Σεβαστ[ὸ]|ς Γερμανικὸς | τὰς ὀδ[ο]ὺ[ς καὶ] ‖ τοὺ[ς
ἀνδροβάμο|νας ¹ ἀποκατέστησεν.......

1. Cf. n. 1013 et 980.

1015. Hierapytnae. — *C. I. Gr.*, 2581.

Αὐτοκράτορα Καίσ(αρα) | Μᾶρχον Αὐρήλιον | Ἀντωνεῖνον Σεβα|στὸν, τὸν
5 χύριον ‖ τῆς οἰκουμένης, Λ. Φλ. Σουλπικιανὸς Δωρίων [1].

1. De L. Flavio Sulpiciano Dorione cf. *Prosop. imp. rom.*, II, p. 76, n. 246.

1016. Hierapytnae. — *C. I. Gr.*, 2582.

Αὐτοκράτορα Καίσαρα | Λούχιον Αὐρήλιον Βῆρον | Σεβαστὸν Ἀρμενιαχὸν [1], |
5 τὸν χύριον τῆς οἰκουμένης ‖ Λ. Φλ. Σουλπικιανὸς Δωρίων [2].

1. Post annum 163 p. C. n., ante annum 169, quo L. Verus obiit, forsitan etiam ante
annum 165 quo Parthicus Maximus vocatus est. — 2. Cf. n. 1015.

1017. Hierapytnae. — Contoléon, *Bull. de corr. hellén.*, XI (1887), p. 242, n. 1. —
Halbherr, *Mus. ital. di antich. class.*, III, p. 623, n. 41.

.....Δωρίωνα Πολύμνιν [1] | ταμίαν Βειθυνίας, | καταλεγέντα εἰς | τοὺς δημαρ-
5 χιχοὺς [2], ‖ στρατηγὸν ἀπο[δ]ε[ι]|χθέντα [3], Λ. Φλ. | Σουλπικιανὸς Δωρίων | τὸν
υἱόν.

1. E vestigiis nonnullis, quae deprehendere potuit in lapide, Halbherr ita restituit
initium tituli [Λ vel Τ. Φλ. Σουλπικιανὸν]; de L. Flavio Sulpiciano Dorione, cf. n. 1015. —
2. Allectus inter tribunicios. — 3. Praetor designatus.

1018. Hierapytnae. — *C. I. Gr.*, 2590.

5   Λ. Φλάουιο[ν] | Σολπικιανὸ[ν] [1], | υἱὸν Φλαουίο[υ] | Δωρίωνος, τ[αμίαν] ‖ χαὶ
ἀντισ[τ]ράτ[η]γ[ον] | Β[ει]θυνίας [2].

1. ΣΟΥΛΠΙΚΙΑΝΟΥ traditur. — 2. Quaestor pro praetore Bithyniae.

1019. Hierapytnae. — *C. I. Gr.*, 2562.

In fine tituli valde mutili post 14 versus legitur :

.... Ἐπράχθη ἐν Ἱεραπύ[τ]νῃ πρὸ [γ′ [1]... | Λ. Βα]λε[ρίῳ Ἀσι]ατιχῷ τὸ

[β′], Λουκίῳ Ἐπιδίῳ Τιτίῳ Ἀκυλείνῳ ὑπάτοις ², [ἐπὶ πρω|τοκόσμου...]ου
Τιτιανοῦ Ὑπεράνθους Κίθνου υἱοῦ, μηνὸς [Θεο]δα[ισ]ίου.... | .....τῇ γερουσίᾳ
5 μου τὸν προγεγραμμένον νόμον.....ὡς πρε[....... · ‖ τοῖς προ]γεγραμμένοις
παρῆσαν.

Sequuntur nomina nonnulla, inter quae :

... Κλαύδιος Ὑ[περάν]θης βουλῆς πρήγιστος ³, | Πούπλιος Κορνήλιος......., |
[Κοί]ντος Αἴλιος Ἀντιοχεὺς..., | Τίτος Ἰούνιος Ἀρτεμᾶς, | Γάιος Αἰμίλιος
Ἡλε...., | [Γάι]ος Ἰούλιος Ἀντίοχος...

1. Traditur T. — 2. Anno 125 p. C. n. — 3. In Creta πρήγιστος. vel πρείγιστος =
πρεσβύτατος.

1020. Itani. — Demargne, *Bull. de corr. hellén.*, XXIV (1900), p. 238.

5 Φιλώτας | Γενθίου | Ἐπιδάμνιος | τῶν πρώτων ‖ φίλων καὶ χιλί|αρχος καὶ
φρούρα[ρ]|χος ¹ Διὶ Σωτῆρι | καὶ Τύχηι Πρωτο|γένηι ² αι..να.

1. Itanum, regnante Ptolemaeo Philometore, ab aegyptiacis militibus occupatam fuisse
notum est. Cf. infra n. 1021. — 2. Fortuna Primigenia.

1021. Itani. — Titulum insignem, cujus inventa sunt duo mutila exempla, alterum in
Creta prope rudera Itani, alterum Magnesiae ad Maeandrum (Cretense exemplum con-
tinet versus 1-87, alterum versus 28-141) integrum hic referre placuit. — Dittenberger,
Sylloge (ed. II), n. 929.

I. Θεὸ[ς ἀγαθό]ς. | [Ἐπ]ὶ Ολυμπιχοῦ ¹, Σ[μισιῶν]ος ² ε′ ἱσταμέ[ν]ου,
ἀ[πόφ]ασις Εὐφήμου τοῦ [Παυσανίου, | ν]εωκόρου τῆς [Ἀ]ρτέμι[δ]ος τῆς
Λευκοφρυ[η]νῆς ³, Κίλλου τοῦ Δημητρίου, [Ἀ]ρισταγόρου τοῦ [Δ]η[μ]ο...., |
Ἀπολλωνίου τοῦ Ἀλέξωνος, Λυχομήδου τοῦ Εὐπολέμου, Δημητρίου τοῦ
5 Δημητρίου τοῦ Ἡροπύθου, ‖ Δημητρίου τοῦ Δημητρίου τοῦ Ἀναξαγόρου,
Αἰδούχου τοῦ Ἀπολλοδώρου, Μιννίωνος τοῦ Διο[ν]υ|σίου τοῦ Μιννίωνος, Ἐπι-
κούρου τοῦ Ἀρτεμιδώρου τοῦ Μοσχίωνος, Παυσσιχράτου τοῦ Ἡροπύθου,
Ἀπολ|λωνί[ο]υ [τ]οῦ Ἀπολλωνίου, Εὐβούλου τοῦ Ἀλεξίωνος, Βοήθου τοῦ
Ἀνδρομάχου, Ἀρτεμιδώρο[υ] τοῦ Δη|μη[τ]ρίου, Ἀπολλωνίου τοῦ Διονυσοδώ-
ρου, Ἐπιχράτου τοῦ Διοχλέους τοῦ Διονυσοχλέου[ς, Ε]ὐβούλου | τοῦ Μά[νδ]ρω-

νος, κεχειροτονημένων καὶ αὐτῶν ὑπὸ τοῦ δήμου [4] δικάσαι Κρησὶν Ἰτ[ανίοις
10 τε καὶ] Ἱ[ερ]απυ‖τν[ίοις κατὰ τὸ γεγο]νὸς ὑπὸ τῆς συγκλήτου [5] δόγμα καὶ κατὰ
τὴν ἀποσταλεῖσα[ν ἐπιστολὴν ὑπὸ Λ]ε[υ]κίου Καλοπορνίου Λε]υκίου υἱοῦ
Πείσωνος στρατηγοῦ ὑπάτου [6] · εὐκτὸ[ν] μὲν ἦ[ν..........]ι .... ἡμῶν εἰς
μηδεμίαν φιλονικίαν καὶ πλεοναζο........... | δ...........ιεσθαι, μετ᾽ εἰρήνης δὲ
καὶ τῆς πάσης ὁμονοίας [καὶ φιλανθρωπία]ς | τ[ὴν πρὸς ἀλλήλο]υς διαφυλάσ-
15 σειν εὔνοιαν, ἐπειδὴ (δὲ) οἱ καιροὶ πολλ[άκις ....]ς ‖ σ........... τοὺς
συνγενεστάτους εἰς διάστασιν τὴν πρ(ὸ)ς ἀ[λλήλους ἐξάγουσι]ν | α[..........
π.]ᾶσιν τοῖς οὖσιν ἐν φιλίαι διαλύειν ὅσον ἐφ᾽ ἑαυτοῖς........ρο | [.......... τὰς
ἐπε]λη(λ)υθυίας ἔχθρας, ὅθεν καὶ τὰ νῦν εἰς τὴν με...............ε | λ[..........
Ἰτανί]ων καὶ Ἱεραπυτνίων. Τῆς δὲ συνκλήτου στοιχού[σης τῆι παρ᾽ ἑαυ]τῆι |
π.[ρὸς ἄπαντας ἀνθρώ]πους ὑπαρχούσηι δικαιοσύνηι, δούσης κριτὴν αὐτ[οῖς τὸν
20 ἡμέτερ]ο[ν] ‖ δ[ῆμον, διατάξαντος δ]ὲ περὶ τούτων καὶ τοῦ στρατηγοῦ Λευκίου
Καλοπο[ρνίου Λευκίου υ]ἱοῦ | Πείσω[ν]ο[ς, καθ]ότι τὰ ἀποδοθέντα ἡμῖν ὑπ᾽
ἑκατέρων γράμματα περιέχει, ὁ δῆμος ἡμῶ[ν], | τοῖς τε ὑπὸ Ῥωμαίων τῶν
κοινῶν εὐεργετῶν διὰ παντὸς γραφομένοις πείθεσθαι προαιρούμε]νος, μεμνημένος
τε τῶν διὰ προγόνων ἀπὸ τῆς ἀρχῆς γεγενημένων ὑφ᾽ ἑαυτοῦ πρὸς πάντας
Κρητα]εῖς καλῶν καὶ ἐνδόξων [7], ἅ καὶ θεοῦ χρησμοῖς καὶ τῆς παρὰ πᾶσιν
25 ἀνθρώποις εἰδήσει κ[ατε]ίληπται, καὶ νῦν ‖ μετὰ σπουδῆς καὶ φιλοτιμίας ἐποιή-
σατο τὰν αἵρεσιν τοῦ δικαστηρίου ἐν τῆι ὑφ᾽ ἑκατέρων γενηθεί(σηι) | ὁμολόγωι
ἡμέραι. Ἀποδειχθέντες οὖν καὶ αὐτοὶ κριταί, παραχρῆμα ἀναβάντες ἐπὶ τὸν
βωμὸν τῆς Ἀρτέμι[δος τῆς Λευκοφρυηνῆς σφαγιασθέντος ἱερείου ὠμόσαμεν καθ᾽
ἱερῶν, παρόντων τῶν τε διαδικα]ζομένων ἀφ᾽ ἑκατέρας πόλεως καὶ τῶν συνπα-
ρόντων αὐτοῖς, καὶ καθίσαντες ἐν τῷ ἱε[ρ]ῶι τῆς | Ἀρτέμιδος τῆς Λευκοφρυηνῆς
30 διηκούσαμεν τῶν διαφερομένων, οὐ μόνον τὸν τῆς ἡμέρας αὐ‖τοῖς δόντες χρόνον,
ἀλλὰ καὶ τὸ πλεῖον τῆς νυκτός, πᾶσαν ἀναδεχόμενοι κακοπαθίαν χάριν τοῦ |
μηθενὸς ὑστερῆσαι δικαίου μηθένα τῶν κρινομένων · τέλος δὲ λαβούσης τῆς
δικαιολογίας, | ἐνγράφους θέμενοι τὰς γνώμας, τῶι μὲν ἀκριβεῖ τῆς ψήφου
βραβευθῆναι τὴν κρίσιν οὐκ ἠβουλό|μεθα, συναγαγεῖν δὲ σπεύδοντες αὐτοὺς
καὶ αὐτοὶ καὶ πάλιν εἰς τὴν ἐξ ἀρχῆς ἀποκαταστῆσαι | φιλίαν, ὡς ἦν ἡμῖν
πάτριον καὶ προσῆκον ἡγούμεθα ἑκατέρους, τὰ πράγματα ἐφ᾽ ἱκανὸν προ[σ]-
35 κείμενοι εἰς τὸ συλλύσεως καὶ φιλίας αὐτοῖς παραίτιοι γενηθῆναι. Τῆς δὲ προ-
θέσεως ἡμῶν μὴ τελ[ε]ιουμέ|νης διὰ τὸ ὑπερβαλλόντως αὐτοὺς τὴν πρὸς ἀλλή-
λους φιλονικίαν ἐνεστάσθαι, συνέβη τῆι ψήφωι | τὴν κρίσιν βραβευθῆναι, περὶ

ἧς καὶ τὴν καθήκουσαν ἔχθεσιν πεποιήμεθα. II Ἰτάνιοι πόλιν οἰκοῦν|τες ἐπι-
θαλάσσιον χώραν, ἔχοντες προγονικὴν γειτονοῦσαν τῶι τοῦ Διὸς τοῦ Δικταίου [8]
ἱερῶι, ἔχον|τες δὲ καὶ νήσους καὶ νεμόμενοι, ἐν αἷς καὶ τὴν καλουμένην
40 Λεύχην [9], θλιβόμενοι κατά τινας καιροὺς ‖ ὑπὸ τῶν παρορόντων Πραισίων
ἐπεσπάσαντο χάριν βοηθείας καὶ φυλακῆς τῆς τε πόλεως καὶ τῆς χώρας, | ἔτι
δὲ καὶ τῶν νήσων, τὸν Αἰγύπτου βασιλεύσαντα Πτολεμαῖον [10], ὡς τὰ παρα-
τεθέντα ἡμῖν περὶ τού|των γράμματα περιεῖχεν, καὶ τούτωι τῶι τρόπωι δ[ι]α-
κατεῖχον τοὺς (π)ροειρημένους τόπους · τελευτή|σαντος δὲ τοῦ Φιλομήτορος
βασιλέως Πτολεμαίου καὶ τῶν ἀποσταλέντων ὑπ' αὐτοῦ χάριν τοῦ συντη|ρεῖν
Ἰτανίοις τήν τε χώραν καὶ τὰς νήσους ἀπαλλαγέντων, οὕτως Ἰτάνιοι καὶ τῆι
45 ἀπὸ τῶν φίλων εὐνοί|αι συγχρ[ώμ]ενοι διεφύλασσον τὰ καθ' ἑαυτούς · ἐνστάντος
δὲ κατὰ τὴν Κρήτην πολέμου καὶ μείζονος, | ἀνειρημένης δὲ ἤδη καὶ τῆς
Πραισίων πόλεος τῆς χειμένης ἀνὰ μέσον Ἰτανίων τε καὶ Ἱεραπυ|τνίων, οὕτως
Ἱεραπύντνιοι τῆς τε νήσου καὶ τῆς χώρας ἀμφισβητεῖν Ἰτανίοις ἐπεβάλαντο,
φάμε|νοι τὴν μὲν χώραν εἶναι ἱερὰν τοῦ Ζηνὸς τοῦ Δικταίου, τὴν δὲ νῆσον
προγονικὴν ἑαυτῶν ὑπάρ|χειν · τῶν δὲ παρὰ Ῥωμαίων πρεσβευτῶν τῶν περὶ
50 Σέρουιον Σολπίκιον [11] παραγενομένων εἰς Κρήτην ‖ καὶ τοῦ πολέμου λύσιν λαβόν-
τος κατή(ν)τησαν καὶ Ἰτάνιοι ἐπὶ τὴν σύνκλητον · δοθείσης δὲ τῆς ἡμετέ|ρας
πόλεως πρότερόν τε καὶ νῦν, καὶ τοῦ δόγματος περιέχοντος, « ὃν τρόπον ἑκάτεροι
ταύτην τὴν | χώραν καὶ τὴν νῆσον, περὶ οὖ ἡ πρᾶξις ἐνέστηκε, κατεσχηκότες
εἴησαν τῆι πρὸ τοῦ ἡμέραι ἣ ὁ πόλε|μος ἐν αὐτοῖς ἤρξατο, οὖ πολέ[μ]ου ἕνεκεν
Σέρουιος Σολπίκιος κἀκείνη ἡ πρεσβεία εἰς Κρήτην ἀπεστά|λησαν, ὅπως οὕτως
κρίνωσιν αὐτοὺς ἔχειν, κ[α]τέχειν τε καρπίζεσθαί τε ἐξεῖναι », ἔγνωμεν · III ἐκ
55 τῆς ὑφ' ἑκα‖τέρων γενηθείσης δικαιολογίας, τὴν χώρα[ν τὴ]ν ὑπὸ τὴν διαμφισ-
βήτησιν ἠγμένην διακατεσχημένην | τε ὑπὸ Ἰτανίων καθότι προεκτεθείμεθα
ἕω[ς] τοῦ τὸν προδιασεσαφημένον πόλεμον γενηθῆναι, οὖσαν | δὲ καὶ ἀπὸ τῆς
ἀρχῆς Ἰτανίων, καθ[ό]τι καὶ [οἱ ἐπιδειχ]θέντες ἡμῖν ὑφ' ἑκατέρων περιορισμοὶ
τῆς χώ|ρας ἐμήνυον, ὅ τε πρὸς τοὺς πρότερον [παροροῦντας αὐ]τοῖς Δραγμίους [12]
γενηθεὶς <ης> περιέχων | οὕτως · « ὧροι δὲ ὄντων αὐτοῖς τὰς χώρας τοί[δε ·
60 ὡς ὁ Σέδαμνος ἐ]ς Καρύμας καὶ πέραν ἐς τὰν στεφά‖ναν καὶ ἁ στεφάνα περιάμ-
παξ ἐς ὀρθὸν ἐς Δο[ρθάννας ἐπὶ τὸν] λάκκον καὶ ἐς τὰν ὁδὸν καὶ πέραν ἐς | τὸν
Μόλλον », καὶ πάλιν ὁ γενηθεὶς Ἰτανίοις [καὶ Πραισίοις [13] κα]θότι ὑπογέγραπται ·
« ἔδοξε τοῖς Ἰτανίοις καὶ τοῖς Πραισίοις θέσθαι εἰρήναν ἐς πάντ[α τὸ]ν χ[ρόνον
ἐπὶ] τᾶι χώραι ἃν νῦν ἑκάτεροι ἔχοντι ἇς ὅρια τάδε · | ὡς ὁ Σέδαμνος ἐς Καρύμας

ἐς τὰν δηράδα καὶ πέ[ραν ἐς] τὰν στεφάναν καὶ περιαμπέτιξ ὡς ἁ στεφάνα καὶ
εὐθυ|ωρίᾳ ἐς Δορθάννας ἐπὶ τὸν λάκχον καὶ ὡς ἁ ὁ[δὸς] ποτὶ μεσανδρίαν τᾶς
65 ὁδῶ τᾶς ἀγώσας δι' Ἀτρῶνα καὶ ἐς ‖ Μόλλον καὶ ἀπὸ τῶ Μόλλω εὐθυωρίαι
ἐπὶ θάλασσαν », ὅ τε αὖ τοῖς Ἱεραπυτνίοις καὶ Πραισίοις γενηθεὶς περι|[ο]ρισμὸς
γεγραμμένος οὕτως · « οἱ δὲ ὅροι τᾶς χώρας ὡς ὁ Σέδαμνος ἐς Καρύμας ἐς τὰν
δηράδα καὶ πέραν | ἐς τὰν στεφάναν καὶ περιαμπέτι[ξ] ὡς ἁ στεφάνα καὶ εὐθυω-
ρίαι ἐς Δορθάννας ἐπὶ τὸν λάκχον ». Τῶν δὲ προ|ειρημένων ὁρίων σαφῶς διειρ-
γόντων τήν τε Ἰτανίων χώραν καὶ τὴν πρότερον μὲν οὖσαν Δραγμίων καὶ τὴν |
Πραισίων, κατεχομένην δὲ νῦν ὑπὸ Ἱεραπυτνίων, τοῦ δὲ ἱεροῦ τοῦ Διὸς ἐκτὸς
70 τῆς διαμφισβητουμένης ‖ χώρας ὄντος καὶ περιοικοδομήμασιν καὶ ἑτέροις
πλείοσι[ν ἀ]ποδεικτικοῖς καὶ σημείοις περιλα[μ]βανο|μένου, καθότι καὶ διὰ τῶν
ἐπιδεικνυμένων ἡμῖν χ[ωρο]γραφιῶν εὐσύνοπτον ἦν, π[ρ]ὸς τούτοις ἀπεδείκνυον |
Ἰτάνιοι καὶ δι' ἑτέρων πλειόνων γραμμάτων ὑπάρχουσαν τὴν διαμφισβητου-
μένην χώραν ἐνεργὸν καὶ οὐ|χ, ὡς ἔφασαν Ἱεραπύτνιοι, ἱερὰν καὶ ἀγεώργη-
τον, φανερὸν [δ]ὲ τοῦτο ἐγίνετο καὶ ἐκ τοῦ δόγματος καθ' ὃ ἐκρίνα|μεν, τοῦ
γραφέντος καὶ ὑπὸ τῶν ἐληλυθότων εἰς Κρήτην π[ρ]εσβευτῶν τῶν περὶ Κόιν-
75 τον Φάβιον, οἵτινες [14] ἑω‖ρακότες τό τε ἱερὸν καὶ τὸν περίβολον αὐτοῦ ἰδίοις
σημ[ε]ίοις καὶ περιοικοδομήμασιν περιεχόμενον, ἑωρα|κότες δὲ καὶ τὴν χώραν
τὴν ἔμορον τῶι ἱερῶι, ὑπὲρ μὲν ἱερᾶς χώρας οὐκ ἔγραψαν οὐθέν, καίτοι γε
Ἱεραπυτ|νίων ῥητῶς ὑπὲρ ἱερᾶς χώρας ἠξιωκότων τὴν σύγκλητον, Ἰτανίων δὲ
περὶ χώρας τῆς ἑαυτῶν τῆς καλουμέ|νης Ἐλείας καὶ νήσου ἰδίας Λεύκης,
γνόντες δὲ ὅτι ἡ παρορούσα χώρα τῷ ἱερῶι οὐκ ἦν ἱερὰ οὐδὲ ἀγεώργητος, ὑπ[ὲ]ρ
χώρας μόνον ἐφαίνοντο μνείαν πεποιημένοι, γράψαντες, « ἵνα ἔχωσιν κατέχωσίν
80 τε καρπίζωνταί τε », το[ῦ ‖ κ]αρπίζεσθαι γραφομένου κατὰ χώρας γεγεωργημένης
τε καὶ γεωργηθησομένης, ὅπερ ἐπὶ τῆς ἱερᾶς χώρ|ας οὐκ ἦν ἐκδεχόμενον ·
νόμοις γὰρ ἱεροῖς καὶ ἀραῖς καὶ ἐπιτίμοις ἄνωθεν διεκεχώλυτο ἵνα μηθεὶς ἐν τῷ
ἱ|ερῶι τοῦ Διὸς τοῦ Δικταίου μήτε ἐννέμηι ἐναυλοστατῆι μήτε σπείρηι μήτε
ξυλεύηι, καίτοιγε Ῥωμαίων, | ὅταν περὶ ἱερᾶς τινος χώρας διαφέρωνται, γρα-
φόντων ῥητῶς, καθότι καὶ τὰ παρατεθέντα ἡμῖν ἐφ' ἑτέρων | δόγματα περιεῖχεν.
Τὸ δὲ πάντων μέγιστον καὶ ἰσχυρότατον τεκμήριον τοῦ ἐγνωσμένων τῶν καθόλου
85 πρα‖γμάτων ὑπὸ Ῥωμαίων ἐφ' ὁμολογουμένοις ἡμᾶς καὶ κεχριμένοις τὴν ψῆφον
ἐπ(ε)νηνοχέναι · Ἰτανίων γὰρ ἀξιωσάν|των τὴν σύγκλητον ἵνα τὸ ἐνῳκοδομη-
μένον ὑπὸ Ἱεραπυννίων χωρίον ἐν τῆι κρινομένηι χώραι καθαιρεθῆι, ἡ σύν|κλητος
ἐπέταξεν Λευκίῳ Καλο(π)[ορ]νίῳ Λευκίου υἱῷ Πείσωνι στρατηγῷ [15], ὅπως |

καθαιρ]‍(ε)θῇ εἰ τι ἐνῳκοδόμ(η)ται, φανερῶς καὶ διὰ τοῦ τοι[ούτου τρόπου]........

.... | ....ετων κρατούντων. Ἀκολού(θ)ως δὲ τούτοις οἱ μὲν αὐτοὺς

90 ....‖....ντες Ἰτανίοις παρῆσαν, οἱ δὲ κατὰ πό(λε)ις (ἐ)νγρά-

φο(υ)ς..... ......σ.... π............|.... (ἀ)ποδεικνύντες ἄνω(θε)ν τὰ διαμφισβη-

τούμενα Ἰτα[νίων] (γε)γον(ὸ)‧[α............|....] τῶν μ(έ)χρι τοῦ δηλουμένου διὰ

τοῦ δόγματος γεγονέν[αι................| ποιη]τῶν καὶ ἱστοριαγράφων ἀπο-

δείξεις, ἃς καὶ αὐτοὶ ἡμ[ῖ]ν (π)...... εσ.................| ..... τους δικαιολογίᾳ ‧

95 τὰ γε μὴν περὶ τῆς νήσου τῆς κ(α)λου(μ)έ[νης Λεύκης.................‖.... τῶ]ν

Ἱεραπυτνίων ἐξωμολογημένας εἶχεν τὰς ἀποδ(ε)[ί]ξ]εις.................|..

....]τε τὴν ν(ῆ)σον οὖσαν καὶ διὰ τὰ γεγενημ(έ)να περὶ αὐτ[ο]ῦ [.................

.....| τὴν Πτ]ολεμαικὴν οἰκίαν (ε)ἰς προστασίαν κ(α)ὶ φυλακὴν ἑαυτοῖς κ........

....κα[..... | ἰσχυ]ρίζεσθαι τὰς ἀποδ(ε)ίξεις ἐπιστολαῖς βασιλικαῖς, ἀντίγραφ[α

δὲ α]ὐτῶ[ν.................|... τὴ]ν νῆσον πολλάκις στρατιωτῶν γραμμάτων

100 τε ἀποστολ(αῖς) .....το δο(ξ)[.....................‖.... τὴ]ν νῆσον φρουρίου, πρὸς

δὲ τούτοις λογείαις τε σιτικαῖς ἃ(ς) ὁ (λ)..... καὶ ἐνε[............| ὑπ]ὲρ τῆς νήσου

κ(α)τά τινων ὑπὸ Ἰτανίων γ(ε)γραμμ(έ)ναις ὡς ἀπεδείκν[υον,] ἅτε [Φ]άβιον

[.........|.. κ]αὶ διὰ λευκωμάτων ἄτινα τὰς (ἐ)νιαυσίους εἶχεν τῶν τε[ταγμέν]ων

διοι[κ]ήσεις. [Πρὸς δὲ τοῖς | εἰρ]ημένοις καὶ δι' αὐτῶν ὧν αἵ τε λοιπαὶ πόλεις

καὶ αὐτοὶ δὲ Ἰε[ραπ]ύτνιοι γεγρ(ά)φ[ασι περὶ τῆς | προδεδ]ηλωμένης νήσου

εὐσύνοπτον ἡμε(ῖν) ὑπ(ῆ)ρχεν τὸ καὶ τὴν [προ]δε(δ)ηλ(ω)μένην νῆσ[ον Λεύκην....‖

105 εἶναι] Ἰτανίων καὶ διακατεισχῆσθαι ὑπ' αὐτῶν καὶ διὰ τῆς (τ)ῶν φίλ(ω)[ν......]

(κ)αι τ(ι) ποιε(ισ.......|.....(σ)ίας καὶ μέχρι τοῦ συστάντος ἐν Κρήτῃ πολέμου,

ὧν ἀνά(μνησ)ιν.... (ἐπ)οι(οῦν)το... | ....εν γὰρ τὴν τοῦ βασιλέως Πτολεμαίου

προστασία(ν κ)αὶ........ην (π)αρὰ τοῦ κοιν[οῦ τῶν Κρηταιέων [16] | ..]ν ἔλαβον

εὐδόκησιν κ(α)θότι τὸ παρατεθὲν ἡμῖν διάγρ(αμ)[μα περι]εῖχεν Ἰταν(ί)ω[ν........|

στεί]λα(ντε)ς (ἐ)πιστολὴν διεσάφησαν ὅτι ἐπὶ τὴν νῆσον αὐτῶν (τ)ὴ(ν) [καλου]μ(έ)-

110 (ν)ην Λεύχ[ην...........‖..... κ]αὶ φαν(ε)ρὸν ποιοῦντ(ε)ς καὶ δι(ὰ) τοῦ τοιούτου

τρόπου....... ἔ(χο)ν ἄλλας τα...........|.... Ἰτ[α]νίων [τ](ε) συνπαρόντων ἐπὶ

τῆς χρίσεως Ἱεραπύτ[ν]ιοι σ.........ο ἡμ(ῖ)ν τ............|...... (π)ρὸς ἑαυ[τ]οὺς

πρότερον ὑπὸ Γορτυνίων ἐπιστολή(ν), δι' ἧ[ς....]λ. (να) [...........]...... προ-

νοούμενοι Γορτύνιοι τοῦ κατὰ Ἰτανίους συμφέρον[τος ἔλυ(σ)[α]ν αὐτοὺς..οις

[.........|... τὴ]ν νῆσον αὐτῶν τὴν Λεύκην γίνονται ὡς κυριεύσοντος.......λ..ι

115 ἡ ἐπιστολ[ὴ.........‖...... ὑπ' οὐδενὸς ἀντιλογίας, ἐκρίν(α)μεν δὲ καὶ αὐτῆς λα..

λγγ καταχωρίσαι [...........| « Γορ]τυνίων οἱ κόρμοι καὶ ἀ πόλις Ἰτανίων τοῖς

κόρμοις καὶ [τ]ᾶι πόλ[ι] χαίρεν · πεπει(σ)μ[ένοι.....|.. δεδ](ήλ)ωκεν ὅτι οἱ Πραί-
σιοι οἰκονομόνται περὶ τᾶς Λεύκας ὡς [δαμοπ]ρατίας γενομ[ένας....... | ......]
(ἐκ)ρίναμεν ὑμῖν ἐπιμελίως ἀποστεῖλαι (ὑ)μὲν καλῶς......ης ἐν τῷ χωρίῳ.......|
..επ....σην θέμενοι παρώρων τε εἰ χρείαν ἔχετε ἐν τὸ χωρίο[ν .....] ἀπεστα[λ]μ
120 ....‖... τούτων φίλων τῷ τε βασιλεῖ καὶ αὐτοῖς ὑμῖν [δι]ὰ [πα]ντὸ[ς ἐπιμε]
λούμενοι κ[α]ὶ ὅ[πως.......| .]ε.... τῷ τε βασιλεῖ καὶ τοῖς τῶ βασιλέως [17] φίλοις
(καὶ σ)υμ[μάχοις ἐστὶ »..... τῆς χώρ]ας ἀμφισβη[τουμένης | ..αὐ]τοὶ καὶ φάσ-
κοντες τὴν νῆσον ἑαυτῶν εἶναι προγονικὴν [τε] κα(ὶ) [μὴ ἀμ]φισβητουμέ[νην
....|.......]ς τε ἀρχούσης καὶ τῆς τὸν Στηλιτῶν [18] φήσαντες πλοῖον ευ.......υ
τὸν πολε(μ) [.........|.]υ(κρ)αι καταχθῆναι καὶ παρακαλοῦντες τὸς Ἰτανίους περὶ
125 τούτων....(ει) (ἀ)ντι(λλ).....‖.. αὐτοὶ Ἰτανίοις τὴν ὑπογεγραμμένην ἐπιστολήν ·
« Ἱεραπυτνίων οἱ [κόρμοι κ](αὶ) ἁ πόλις Ἰταν[ίων τοῖς | κόρ]μοις καὶ τᾶι πόλει
χαίρεν · βέλτιον ὑπελάβομεν γράψαι ὑμῖν ὅπως διὰ [τὸ σ]υμβεβηκὸς............|.
(καὶ) Πραισίων κα(ὶ) ἁ <κτ> ἀπόπλωσις τ(ῶ) Κυδάνο(ρ)ος ἐκ τᾶς ὑμᾶς νάσω
Λεύ[κας.....] ἀδικοῦ(σ)ι......|(σ)αιτε ἐπιστροφάν τινα ποιησάμενοι περὶ τούτων
ὅπως μηθὲν ἀδικήσητε............ | ... ὁμοίως δὲ καὶ ἀμές, (ε)ἴ τί κα συμβαίνῃ
130 τινὶ ὑμῶν τοιοῦτο ἐν τᾷ ἀμε[τέρᾳ], ἐπι(σ)τρεψόμεθα [ἔρρωσ‖θ]ε ». Τίς οὖν ἂν ἔτι
προ(σ)δέξαιτο τὴν ὑπὸ Ἱεραπυτνίων κατὰ Στηλιτῶν..... χαιρὸν μ...ι.........|..ν
προγονικὴν τὴν νῆσον ἑαυτῶν λεγόντων · ὅτε δὲ Πραισίων κατ......πο. υ(μ)ε..
.....|...εἰρημένων ἀποδείξεων ἰσχυροτέραν πίστιν τῆς τούτων α....... εχη.. εν
δι[..... ἅπαντες μὲν γὰρ | ἄν]θρωποι τὰς κατὰ τῶν τόπων ἔχουσι κυριείας
ἢ παρὰ προγόνων [παραλαβόντες αὐτο]ὺς [ἢ πριάμενοι κα|τ'] ἀργυρίου δόσιν ἢ
δόρατι κρατήσαντες ἢ παρά τινος τῶν κρεισσόν[ων σχόντες · ὧν] οὐ(θ)ὲν [φανερόν
135 ἐσ‖τι συμβε[β]ηκὸς Ἱεραπυτνίοις οὔτε γὰρ παρὰ προγόνων παρειληφότες οὔ[τε
............]ης τῆς (φ)......|.....ας οὔτε διὰ τοῦ ἀξιώματος ὑπογ[ρ]άψαντες
οὔτε ὡς αὐτοὶ ἐκ τῆς [νήσου.....] ο(ν)σανη.....|.....]η — μ(η)δὲ γὰρ πεπο-
λεμηκέναι (τ)[οῖς] Ἰτανίοις ἔφασαν — οὔτε μὴν μ....... ἡμεῖς...... | τούτων
εὑρίσκοντο οὐδὲ ὑπ' αὐ[τῶν Ἰ]τανίων ἦν τι αὐτοῖς δεδο......μου δι....... | .....
ὑπὸ πάντα τὸν τόπον · εἰ δὲ τῶν ἐναντίων μήτε γέγο[νεν] μήτε.....εκο.........‖
140 .....τα ....ην .... Ἱερα[πυτν..... .... | ......]ενη.....

Orta controversia inter duas civitates in Creta vicinas, Praesios et Itanios, de territorio
quodam, templo Jovis Dictaei finitimo, et insula Leuca, Itanii auxilium regis Ptolemaei
Philometoris imploraverant, cujus ope ea obtinuerant quae appetebant. Mortuo vero
rege et revocatis quos ille miserat militibus, rursus exorta fuit controversia, et bellum

adeo exarsit ut urbs Praesiorum deleta fuerit. Tunc vero Hierapytnii inceperunt insulam et territorium sibi vindicare. Quorum consiliis ut obstarent, senatum romanum Itanii rogaverunt ut litem dijudicaret, qui rem commisit Magnetibus ad Maeandrum. « Distin-guuntur hae tituli partes : I (v. 1-37) Relatio arbitrorum de causa apud ipsos acta usque ad sententiam latam. II (v. 37-54) Narratio eorumdem de origine et vicissitudinibus hujus controversiae usque ad Magnetum arbitrium. III (v. 54 et sqq.) Ipsa arbitrorum sententia cum argumentis et instrumentis quibus ea nititur ». Dittenberger. Cf. etiam quae commentatus est Ruggiero, *L'arbitrato pubblico in relazione col privato presso i Romani*, p. 266 et suiv.

1. Sc. στεφανηφόρου, eponymus Magnetum magistratus; cf. O. Kern, *Inschr. von Magne-sia*, n. 98, 100, 103, 112, 113, etc. — 2. Σμισιών, mensis apud Magnetas; cf. O. Kern, *op. cit.*, n. 98, v. 2; idem videtur verbum esse atque Σμινθιών, ex nomine Apollinis Sminthei depromptum, quemadmodum mensium Ἡρxιῶνος, Ποσιδεῶνος, Ἀρτεμισιῶνος nomina ex nominibus Herae, Posidonis, Artemidis. — 3. Artemis Leucophryene, quam maxime venerabantur Magnetes : O. Kern, *op. cit., Ind.*, p. 213. — 4. Populus Magnetum. — 5. Senatus romanus. — 6. L. Calpurnius Piso, consul anno 133 ante C. n. — 7. Antiqua necessitudo intercedebat Magnetibus cum Cretensibus; habebantur etiam Magnetes Creta oriundi; cf. O. Kern, *op. cit.*, n. 17; cf. n. 20. — 8. Zeus Dictaios, de cujus templo cf. Strab., X, 4, § 12. — 9. Leuca insula commemoratur a Plinio, *Hist. nat.*, IV, 20. — 10. Ptolemaeus Philometor, 181-146 ante C. n. — 11. Ser. Sulpicius Galba, consul anno 144 a. C. n. — 12. Dragmii, Cretensis populus, Itaniorum, ut videtur, finitimus. — 13. Praesus urbs sita erat inter Itanum et Hierapytnam, in interioribus Cretae par-tibus. — 14. Videtur esse Q. Fabius Maximus Aemilianus, consul anno 145 a. C. n., sive Q. Fabius Maximus Servilianus, consul anno 142. — 15. Cf. supra n. 6. — 16. Concilium Cretense; cf. O. Kern, *op. cit.*, n. 20. — 17. Ptolemaeus, rex Aegypti. — 18. Stelitae, Cretensis populus, Hierapytnorum, ut videtur, finitimus.

1022. Itani. — F. Halbherr, *Mus. ital. di antich. class.*, III, p. 589, n. 9.

α) *a sinistra :*

[Αὐτοκράτορα Καί]σαρα Μ. Αὐ(ρήλιον) | ['Αντωνεῖνον Εὐ]σεϐῆ Σεϐαστὸν | [ἡ πόλις ἡ τῶν Ἰ]τανίων τὸν τῆς | [πόλεως εὐ]εργέτην.

β) *a dextra :*

Αὐτοκράτορα Καίσαρα Λούκιον | Σεπτίμιον Σευῆρον Ἀραϐικὸν Ἀδι|αϐηνικὸν
5 Παρθικὸν μέγιστον Εὐσε|ϐῆ Εὐτυχῆ Σεϐαστὸν ἀ πόλις ἀ τῶν ‖ Ἰτανίων ἀνέσ-
τησε ἐπὶ πρωτοκόσμω | Σωτηρίω Παιδέρωτος.

Titulus positus est in honorem L. Septimii Severi et Caracallae Augustorum post annum 201 p. C. n. quo Caracalla Pii nomen accepit, ante annum 210 quo L. Septimius Severus Britannicus dictus est.

1023. Loco incerto Cretae. — *Archaeol. Zeitung* (N. F.), VII, p. 59.

Στράτων καὶ Εὐταξία οἱ Στράτωνος τὰν στά|λαν ὑπὲρ τοῦ πατρὸς Στρά-
τωνος τοῦ β΄ | προτίμως ἀρχιερατεύσαντος καὶ δα|μαρχήσαντος καὶ πρηγισ-
5 τεύσαν‖τος κατὰ πόλις μοναρχευ....

Hunc titulum ad Cretam referunt propter formam πρείγυς pro πρέσβυς, huic insulae propriam. Cf. supra n. 1019.

CYRENAICA

1024. Berenicae. — *C. I. Gr.*, 5361; Roschach, *Catalogue des antiquités et objets d'art du Musée de Toulouse*, p. 98 et sq.

['Έ]τους νε΄ ¹ Φαῶφ ² κε΄, ἐπὶ συλλόγου τῆς σκηνο|πηγίας ³, ἐπὶ ἀρχόντων ⁴
Κλεάνδρου τοῦ | Στρατονίκου, Εὐφράνορος τοῦ 'Αρίστωνος, | Σωσιγένους τοῦ
5 Σωσίππου, 'Ανδρομάχου || τοῦ 'Ανδρομάχου, Μάρκου Λαιλίου 'Ονασί|ωνος
τοῦ 'Απολλωνίου, Φιλωνίδου τοῦ 'Αγή|μονος, Αὐτοκλέους τοῦ Ζήνωνος,
Σωνί|χου τοῦ Θεοδότου, 'Ιωσήπου τοῦ Στράτωνος · | ἐπεὶ Μᾶρκος Τίττιος
10 Σέξτου υἱὸς Αἰμιλίᾳ ⁵, || ἀνὴρ καλὸς καὶ ἀγαθός, παραγ[ε]νηθεὶς εἰς | τὴν
ἐπαρχείαν ἐπὶ δημοσίων πραγμάτων ⁶ τήν | τε προστασίαν αὐτῶν ἐποιήσατο
φιλανθρώ|πως καὶ καλῶς ἔν τε τῇ ἀναστροφῇ ἡσύχιον | ἦθος ἐνδ[ε]ικνύμενος
15 ἀεὶ διατελῶν τυγχάνει, || οὐ μόνον δὲ ἐν τούτοις ἀβαρῆ ἑαυτὸν παρέσ|χηται,
ἀλλὰ καὶ τοῖς κατ' ἰδίαν ἐντυγχάνουσι | τῶν πολιτῶν, ἔτι δὲ καὶ τοῖς ἐκ τοῦ
πολιτεύ|ματος ἡμῶν 'Ιουδαίοις ⁷ καὶ κοινῇ καὶ κατ' ἰδίαν | εὔχρηστον προστασίαν
20 ποιούμενος οὐ δια||λείπει τῆς ἰδίας καλοκἀγαθίας ἄξια πράσσων · | ὧν χάριν
ἔδοξε τοῖς ἄρχουσι καὶ τῷ πολιτεύ|ματι τῶν ἐν Βερενίκῃ 'Ιουδαίων ἐπαινέσαι
τε αὐ|τὸν καὶ στεφανοῦν ὀνομαστὶ καθ' ἑκάστην | σύνοδον καὶ νουμηνίαν στεφάνωι
25 ἐλαίνωι καὶ || λημνίσκωι · τοὺς δὲ ἄρχοντας ἀναγράψαι τὸ | ψήφισμα εἰς στήλην
λίθου Παρίου καὶ θεῖναι εἰς | τὸν ἐπισημότατον τόπον τοῦ ἀμφιθεάτρου. | Λευκαὶ
πᾶσαι ⁸.

De vicibus hujus lapidis, nunc in musaeo lapidario Tolosano asservati, cf. E. Michon, *Bull. des Antiq. de France*, 1904, p. 329-330.

1. Anno quinquagesimo quinto aerae Berenicensium; quae sit haec aera, latet, nisi velis hanc eamdem esse atque aeram ipsius provinciae Cretae et Cyrenarum. — 2. Phaoph, mensis apud Aegyptios. — 3. Conventus « Tabernaculorum » dictus, maximum apud Judaeos festum. — 4. Ἄρχοντες τοῦ τῶν 'Ιουδαίων πολιτεύματος. — 5. M. Tittius, Sex. f., Aemilia, idem videtur esse atque M. Titius, qui bellis civilibus interfuit Sex. Pompeii et M. Antonii et C. Julii Octaviani temporibus; de quo cf. *Prosop. imp. rom.*, III, p. 328, n. 196. — 6. M. Tittius proconsul fuit provinciae Cretae et Cyrenarum. — 7. De hac republica Judaeorum apud Berenicenses cf. P. Perdrizet, *Revue arch.*, 1899 (II), p. 45. — 8. Intellige : omnes censuerunt.

1025. Ptolemaide. — *C. I. Gr.*, 5186.

[Πτολεμαιέων ὁ δῆμος ὁ φιλοσ]έβασ[τ]ος Ἀντωνίᾳ ¹, Κ[λα]υ[δίου Νέρωνος Δρούσου Γερμανικοῦ γυναικί............] Καίσαρος.......

Fragmentum restituit Letronne.

1. Antonia, nata M. Antonio triumviro et Octavia Augusti sorore, uxor Neronis Claudii Drusi; de qua cf. *Prosop. imp. rom.*, I, p. 106, n. 707.

1026. Ptolemaide. — *C. I. Gr.*, 5200 b.

..α´ [ἔτ]ο[υ]ς.. Εἰ[ρ]ά[ν]α [Καπίτ]ων[ο]ς ἐτῶν δύο ἐνθάδε κεῖτα[ι]. | Ταύτης ὁ πατὴρ ἀπαγόρ[ε]υ[σ]α ταῦτα λέγων · ὃ[ς] ἂν ἀνύξῃ | [τ]ὸ [λα]ρνάκιον τοῦ τόπο[υ] καὶ θά[ψῃ] τινά, εἰσοίσει τῷ | [ιε]ρω[τ]άτῳ ταμείῳ δηνάρια πε[ν]τα-
5 [κό]σια. Θάρσει, ‖ ἡρωίς · οὐδεὶς ἀθά[να]τος.

1027. Ptolemaide. — *C. I. Gr.*, 5241.

In fine tituli sepulcralis mutili :

... ἀπαγορεύω δὲ ἕτερόν τι|να μὴ ἀνῦξαι [μη]δὲ θά[ψ]αι ἐκτὸς εἰ μὴ παιδὶ αὐτ[ο]ῦ. [Ε]ἰ δ᾽ οὖν, ἐκτε[ί]|σει τῷ ταμείῳ δηνάρια αφ´.

1028. Cyrenis. — *C. I. Gr.*, 5131.

Ἀσκλαπὸν Ἀσκλαπῶ ἰαριτεύον|τ[α] τῶ [Ἀ]πόλλωνος ἀρετᾶς ἔ[νε]|κα καὶ
5 εὐνοίας ἃς ἔχων δ[ιατε|λ]εῖ ἔς τε τὸς κοινὸς εὐερ[γέτας] ‖ Ῥωμαίος καὶ ἐς τ[ὰ]ν πόλιν καὶ | [τὸ]ς ἱαρὲς καὶ [τ]ᾶς π[ο]τ[ὶ] τὸς θε[ὸς | χ]άριν ε[ὐ]σεβίας, ο[ἰ ἱ]αρὲς τ[ῶ | Ἀπ]όλλωνος [ἀ]νέθ[ηκαν].

« Titulus videtur esse ex ea aetate, qua Cyrenaica a Ptolemaeo Apione Romanis per testamentum legata suis legibus utebatur (anno a. C. n. 96-74). » Franz.

1029. Cyrenis. — *C. I. Gr.*, 5144.

Θεὸς τύχα ἀγαθά · | ἱαρὲς τῶ Ἀπόλλωνος | Βαρκαῖος Εὐφάνευς, | Φιλίσκος

5 Φιλίσχου ‖ φύσει δὲ Εὐφάνευς, | Ἀ[σ]κλαπὸς Ἰσοκράτους | τοῦ Ἀρχ[ε]στράτου, |
10 Κλαύδιος Ἀρίστανδρος, | Μ. Ἀσίνιος Φίλωνος ‖ υἱὸς Εὐφράνωρ, | Τι. Κλαύδιος
Τι. Κλαυδίω | Κλεάρχω ἀρχιερέος ¹ | υἱὸς Καρνήδας · | ἔτους ϙθʹ ² Μ. Ἀντώνιος
15 Μ. Ἀντωνίου ‖ Φλάμμα ³ υἱὸς Κασκέλλιος, | Σώτας Διονυσίου · | ἔτους ρδʹ ⁴
[Μ.] Ἀντώνιος, Μ. Ἀντωνίου | Φλάμμα υἱὸς [Ἀ]ρ[ισ]τομένης.

In altero, ut videtur, fragmento lapidis ejusdem

........] σ[τ]ρά[τ]ω... [Καρ]τισθένευς, [Τι.] Κλαύδιος Σαρα[π]ί[ω]νος υἱὸς
Πάγκα[λο]ς, Τι. Κλαύδιος Ἴστρ[ο]ς Φιλίσχου, Τι. Κλαύδιος Ἀσκλαπὸς
Φιλίσχου.

Sequuntur tres versus mutili, qui videntur iidem esse atque versus 9-11 fragmenti prioris.

1. Ti. Claudius Clearchus, sacerdos Augusti provinciae, ut videtur. — 2. Annus 99
aerae Cyrenarum urbis = annus 68 p. C. n. — 3. M. Antonius Flamma, pater M. Antonii
Cascellii et M. Antonii Aristomenis, proconsulatum egit provinciae Cretae et Cyrenarum
Nerone principe; cf. *Prosop. imp. rom.*, I, p. 94, n. 651; p. 96, n. 662. — 4. Anno 104
aerae Cyrenarum = anno 73 p. C. n.

1030. Cyrenis. — Smith and Porcher, *Recent discoveries at Cyrene*, p. 115, n. 24;
cf. pl. 84.

Μ. Ἀντώνιος Κερεᾶ[λ]ις | Πτολεμαίου ΙΙΙΙ ¹ υἱὸς, | Αἰγλάνωρ | Μητρόδωρος Ι
5 τοῦ ‖ Μητροδώρου · | ἔτους ρηʹ ² Τι. Κλαύδιος Ἀρχίππου | υἱὸς Ἄρχιππος · |
(ἔτους) ρθʹ ³ Μ. Ἀντώνιος Μ. Ἀντωνίου | Φλάμμα υἱὸς ⁴ Κασκέλλιος.

Catalogus, ut videtur, sacerdotum Apollinis.

1. Intellige : Ptolemaei f., Ptolemaei nepos, Ptolemaei pronepos, Ptolemaei abnepos.
— 2. Anno 108 aerae Cyrenarum = 77 p. C. n. — 3. Ann. 109 aerae Cyrenarum = 78 p.
C. n. — 4. De M. Antonio Flamma cf. titulum praeced. n. 1029.

1031. Cyrenis. — *C. I. Gr.*, 5145.

A. ..... ἱερεὺς Τελεσφόρος · | ἔτους ρλαʹ ¹ Τι. Κλαύδιο[ς] Φειδίμ[ου] | υἱὸς
Ἴστρος, ἱερεὺς Ἀπόλ[λω]|νος.
B. Ἔτους ρο[θʹ] ² τοῦ κα[ὶ ιαʹ] ³ Ἀντω[νείνου] | Καίσ[α]ρος, Τι. Κλαύδι[ος
.........]|ος Τι. Κλαυδίο[υ]...... [υἱὸς ἱερεὺς] | Ἀπό[λ]λων[ος].
C. [Ἐπὶ ἱερέως Σώτα | τοῦ Δι]ονυσίου, | [ἔτους...] Οὐεσπασι[α]νοῦ | [Καί-

5 σαρος .... Σ]εραπίωνος υἱὸς ‖ [ἀνέστησεν Κ]λεάρχῳ | [....... Ἀρ]χ[ε]στρά-
του | [εὐνοίας ἕνεκ]α τῆς [εἰς αὐτὸν].

Fragmenta tria catalogi sacerdotum.

1. Anno 131 aerae Cyrenarum = 100 p. C. n. — 2. Anno 179 aerae Cyrenarum = 148
p. C. n. — 3. Annus undecimus regni Antoninii Pii incipit die 10 mensis Julii anno 148
p. C. n.

1032. Cyrenis. — *C. I. Gr.*, 5136.

[Ὑπὲρ τᾶς Αὐτοκράτορος Καίσαρος Θεῶ υἱ]ῶ Σεβαστῶ ¹, ἀρχιερέως,
σω[τ]ηρίας Κόιντος Λουκάνιο[ς ²..|.................]τος ἐκ τᾶς [τ]ῶν τῶ Ἀπόλ-
λωνος ἱερέων ἐπιδόστιο[ς.....|.....], ἀνέθηκεν.

1. Augustus. — 2. Cave ne hic idem sit atque Q. Lucanius Latinus praetor aerarii
anno 19; cf. *Prosop. imp. rom.*, II, p. 300, n. 258.

1033. Cyrenis. — *C. I. L.*, III, 8.

Iuliae Augustae ¹ | Cyrenenses | P. Octavio procos ².
Ἰουλίαν Σεβαστὰν ¹ Κυραναῖοι.

1. Livia ab anno 14 Julia Augusta dicta est. Mortua est anno 29. — 2. De eo viro qui
proconsulatum egit inter annos 14 et 29, cf. *Prosop. imp. rom.*, II, p. 425, n. 15.

1034. Cyrenis. — Smith and Porcher, *Recent discoveries at Cyrene*, p. 113, n. 12;
cf. pl. 81.

Ὑπὲρ τῆς [Νέρων]ος Κλαυδίου | Καίσαρος ¹ νίκης καὶ σωτηρίας | καὶ τοῦ
5 οἴκου αὐτοῦ παντὸς | Ἀπόλλωνι Ἀποβατηρίῳ ‖ Μ. Ἀντώνιος Γέμελλος ἐκ
τῶν τοῦ Ἀπόλλωνος.

1. Nero. Nomen erasum fuisse videtur.

1035. Cyrenis. — Smith and Porcher, *Recent discoveries at Cyrene*, p. 113, n. 13;
cf. pl. 81; *C. I. Gr.*, 5138.

Ὑπὲρ τῆ[ς Νέρωνος Κλ]αυδίου | Καίσαρος νίκης καὶ σωτηρίας | καὶ τοῦ οἴκου αὐτοῦ παντὸς | Ἀπόλλωνι Μυρτῴῳ Μ. Ἀντώνιος Γέμελλος ἐκ τῶν τοῦ Ἀπόλλωνος.

Cf. supra n. 1034.

1036. Cyrenis. — Smith and Porcher, *Recent discoveries at Cyrene*, p. 113, n. 15; cf. pl. 82.

5 ....|..... επισ..... | [δημαρχι]κῆς ἐξ[ουσίας] | τὸ γ΄, ὑπ[άτῳ] ‖ τὸ γ΄, πατρὶ πατρί|δος ἡ Κυρηναίω[ν] | πόλις ἀφιερώσα[ν]|τος Α. Μινικίου Ῥούφου ἀνθυπάτου [1].

1. « A. Minucius Rufus, proconsul Cretae et Cyrenarum, anno fortasse 71, post kal. Julias, cui tempori conveniunt quae ex appellationibus imperatoris in titulo relicta sunt; quanquam etiam de anno 40 et de anno 74 cogitari potest. » *Prosop. imp. rom.*, II, p. 380, n. 442.

1037. Cyrenis. — Smith and Porcher, *Recent discoveries at Cyrene*, p. 112, n. 8; cf. pl. 80.

5 [Ὑπὲρ τῆς τοῦ Αὐτο|κράτορος Τρα|ιανοῦ Γερ]μ[α|νικοῦ] Δακικο[ῦ ‖ [1] νίκης]
10 καὶ δια|[μο]νῆς καὶ τοῦ | [σύμ]παντος [αὐ|τοῦ οἴκου καὶ | τῆς ἱερᾶς συν‖[κλ]ήτου καὶ δήμ|ου Ῥωμαίων | Ἀντωνία Μεγώ Μ. Ἀντωνίο[υ ἱερατ|εύ]σαντος..... |
15 [x]αὶ..... ‖ νίου Σω..... | καὶ Ἡγισαν... | τοῦ Βωλακλέος, ἱ|έρεια Ἀρτέμι-
20 δος, | ἀριστίει [2] τὰς τὴν ‖ πόλιν καὶ τὴν χώρ|[αν κα]τοικούσας παρ|[θένους.......

1. Post annum 102 p. C. n. — 2. Id est, epulum dat.

1038. Cyrenis. — Smith and Porcher, *Recent discoveries at Cyrene*, p. 117, n. 33.

......Τ]ραιανῷ Ἀδριανῷ | ....[τὸν να]ὸν σὺν τῷ προν[άῳ] |..... τω.. φλ.. φλ.

1039. Cyrenis. — Smith and Porcher, *Recent discoveries at Cyrene*, p. 115, n. 23; cf. pl. 83.

[Αὐτοκράτορα Καίσαρα Τεῖτον Αἴ]λιον Ἀδριανὸν | [Ἀντωνεῖνον Σεβαστὸν Θεῶ Ἀδριανῶ] υἱὸν Θεῶ | [Τραιανῶ Παρθικῶ] υἱωνὸν Θεῶ | [Νέρουα ἔγγονον,
5 σωτῆρα κ]αὶ εὐεργέταν ‖ .... ὑπὸ Τείτου|.....

1040. Cyrenis. — Smith and Porcher, *Recent discoveries at Cyrene*, p. 109, n. 1; cf. pl. 77; *Bull. dell' Instit.*, 1874, p. 111.

[Γ]ναῖον Κορνήλιον Λέντολον | Ποπλίω υἱὸν Μαρχελλῖνον ¹ πρεσ|βευτὰν ἀντιστράταγον, τὸν | πάτρωνα καὶ σωτῆρα, Κυραναῖοι.

1. Cn. Cornelius P. f. Lentulus Marcellinus, cos. anno a. C. n. 56, legatus fuit Pompeii bello piratico ann. 67 (App., *Mithrid.*, 95; Florus, I, 40); quamobrem statua honoratus est a Cyrenensibus. De eo cf. Pauly-Wissowa, *Realencyclopädie*, IV, p. 1389-1390.

1041. Cyrenis. — Fränkel, *Sitzungsberichte der Akad. der Wissensch. zu Berlin*, 1903, p. 83.

A..... νxθαυτ....... | [τὰν ἐ]π[ιμέλ]ειαν τα[ύταν καὶ ἀ|ξία]ν xα[ὶ τ]ῶν
5 προ[γ]όν[ων τᾶς τε | πα]τρίδος ποιησάμεν[ος.... ∥ ....]υσας τε δὶς Καίσαρος
το[..... | ....]ἐκτενῶς καὶ φιλοτείμως | [καὶ] πρεσβεύσας ἐν τῷ Μαρμα[ρικῶι
10 πολέμω ¹ ἐν χειμῶσι ἑαυ|τὸν ἐς τὸς κινδύνος ἐπιδο[ὺ]ς ∥ καὶ τὰν ἐπικαιροτάταν
συμμα[χ]ίαν καὶ πρὸς σωτηρίαν τ[ᾶ]ς π[ό]λιος ἀνήκοισαν ἀγαγὼν παρ(α)λα|βών
15 τε τὸν τῶ κτίστα τᾶς πό|λιος ἁμῶν Ἀπόλλωνος σ<π>τέ∥[φ]ανον καὶ τὰ πρὸς
θεὸς ἐκτενῶς | καὶ εὐσεβῶ<ι>ς ἐτέλ[ε]σεν x[αὶ] | τὰ ποτὶ τὸς ἀνθρώπος μεγα-
20 λ[ο]|ψύ[χ]ως καὶ πλουσίως ὑπὲρ δ[ύ]|ναμιν, δεδόχθαι ποτὶ τα[ῖς] ∥ προγεγονοίσαις
αὐτῶι τει[μ]α[ῖς] | ἐπαινέσαι τε αὐτὸν τὰν πό[λιν] | δαμοσίαι καὶ παρ(α)καλέ[σαι
ἐς τὰν κοινὰν ἑστίαν...........

B...... τὸν δὲ πρῶτον ἀρ]|χοντα ἀνθέμε[ν τῶ ἀνδρὸς, ὅπ|ω]ς κα δηλ[ῶ]ται
5 δαμ[οσίᾳ αὐτῷ ὁ τύ]|πος καὶ ἐς τὸ τ[ῶ Ἀπόλλωνος] ∥ ἱαρὸν ἄγα[λ]μα, παρ[α-
στᾶσαι δὲ ὲ]|πλον ἐπίχρυσον ἔ[χον τὰν ἐπὶ]|γρα[φά]ν Φαονκλέα (?) [τᾶς φι]|λο-
10 πάτριδος ἀρετᾶς [καὶ τᾶς] | ποτὶ τὰν πόλιν εὐν[οίας ἕνε]∥κε[ν] Κυραναῖοι.

1. In hoc decreto agi videtur de bello contra Marmaridas Augusti temporibus illato, et a Floro (II, 31), his verbis commerato : « Marmaridas atque Garamantas Quirinio subigendos dedit ».

1042. Cyrenis. — *C. I. L.*, III, 11.

L. Vibio L. l. Cattabo | l..... b.....|... e.....| coeravit. ∥
5 Λε[ύχι]ος Οὐ[είδι]ος Λευχίου | [ἀπ]ελεύ[θερος.|......... | ος ἐπο[ίησεν.....

AEGYPTUS

AEGYPTUS

1043. Alexandreae (Souk-el-Barsim). — Primus recte descripsit et interpretatus est E. Breccia, deinde L. Barry. Cf. Breccia, *Bull. de la Soc. d'Alexandrie*, VIII (1905), p. 122. Apographum Barry, ectypum Breccia benigne miserunt.

Θεᾷ Μεγίστῃ Ἀφροδεί[τῃ], | Κλαυδία Ἀθηνάριον κατὰ διαθήκην, | διὰ Κλαυ-
5 δίας Πώλλ[η]ς τῆς θυγατρὸς | καὶ κληρονόμου ‖ [ἔτου]ς γ΄ Αὐτοκράτορος Τίτου
[Καίσαρος] Οὐεσπ[ασιανοῦ Σεβαστοῦ...]¹.

1. Anno 72/73, p. C. n.

1044. Alexandreae. — Néroutsos, *Bull. de l'Inst. égypt.*, 1873, p. 77; Dittenberger, *Orient. gr. insc. sel.*, II, 705. Ectypum habuimus.

Θεᾶι Μεγίστηι Ἴσιδι Πλουσίᾳ ¹ | Τιϐ. Ἰούλιος Ἀλέξανδρος ² | γενάμενος
5 ἔπαρχος σπείρης α΄ | Φλαουίας ³, τῶν ἠγορανομηκότων, ‖ ὁ ἐπὶ τῆς εὐθηνίας ⁴
τοῦ β΄ γράμματο[ς], | τὸν ἀνδριάντα σὺν τῆι βάσει ἀνέθηκε ⁵ | ἔτους κα΄
Αὐτοκράτορος Καίσαρος Τίτου Αἰλίου | Ἀδριανοῦ Ἀντωνείνου Σεβαστοῦ
Εὐσεϐοῦς | Μεσορὴ ἐπαγομένων γ΄ ⁶.

1. « Cf. *C. I. Gr.*, 4925 : Ἴσιδι καρποτόκῳ. Divitiae omnes ab ea repetebantur » Dittenberger. — 2. Fortasse e stirpe Tib. Alexandri, celeberrimi Judaei et praefecti Aegypti
anno 68. Cf. *Prosop. imp. rom.*, s. v. — 3. Cohortem I Flaviam in Aegypto tetendisse
notum est. — 4. ὁ ἐπὶ τῆς εὐθηνίας, cujus mentionem faciunt chartae secundi post C. n.
saeculi non alius fuisse videtur ac qui εὐθηνιάρχης dicitur in documentis ejusdem aetatis
et sequentis saeculi. Praefectos quosdam fuisse qui annonam procurarent tum in civitatibus graecis, tum in metropolibus probabile est (Wilcken, *Griech. Ostr.*, I, p. 658-659).
— 5. Litteris regiones urbis Alexandreae distinctas esse testem habemus Pseudo-Callis-
thenem (I, 82). — 6. Die xxvi mensis Augusti anni p. C. n. 158.

1045. Alexandreae? — *C. I. Gr.*, 4683 *b*. Cf. *Insc. gr. Sic. et Ital.*, 1005 *a* « Romae titulum positum fuisse nec demonstrari potest, nec negari ». Dittenberger, *Orient. gr. insc. sel.*, II, 706. De Ricci qui lapidem Parmae in museo vidit affirmat eam originis urbanae esse. Quod si ita est inter romanas repone (supra nn. 86 et seq.).

..... Εἴσιδι Φαρίᾳ | Εἶσιν τὴν | ἐν Μενούθι[1] ὑπὲρ σωτηρίας | τοῦ κυρίου
5 ἡμῶν ‖ Αὐτοκράτορος Ἀντωνείνου[2].

1. Steph. Byz. s. v. : Αἰγυπτία κώμη πρὸς τῷ Κανώδῳ. Templum memorat Epiphanius, *Adv. haeres.*, III, p. 1093. — 2. I. e. Caracallae.

1046. Alexandreae. — Neroutsos, *Bull. de corr. hellén.*, II (1878), p. 177; *Bull. de l'Inst. égyp.*, 1874-1875, p. 176.

....τῶν δ' εκανῶν[1] τῶν ἐν στόλῳ πραιτορίῳ .... | Θεῶν Καισάρων ἐν τῇδε τῇ στήλῃ .... Καίσαρος Λ. Αὐρηλίου Οὐήρου Σεβαστοῦ ἐκ τῶ[ν.......

1. Decani classiarii hinc primum innotuerunt.

1047. Alexandreae. — Botti, *Bull. de la Soc. d'Alexandrie*, 1898, p. 65; de Ricci, *Archiv für Papyrusforschung*, II, p. 566, n. 126.

Μηουίαν Αὖλου | θυγατέρα Τερτίαν | τὸ Νεμεσῆον.

De templo Nemesis cf. Appian., *Bel. civ.*, II, 90 et *C. I. Gr.*, add. 4683 d.

1048. Alexandreae. — *C. I. Gr.*, 4683 c; cf. *addenda et corrigenda*, p. 1186.

Διὶ [Ἡλίῳ] μ[εγάλῳ] βασιλ[εῖ] Σαράπιδι | Σαραπόδωρος ἀνέθηκεν ἐπ' ἀγα[θῷ], | ἐν ἀτρίῳ μάχαιραν Εἶσιν ἐξου[....]. | ἔτους κ' τῶν κυρίων Σεβασ-τῶν[2] Φαρμοῦθι[...

1. Isim in atrio memorat Teukros (I, 6) apud Boll, *Sphaera*, p. 18, cf. 210 et seq. : Θεά τις ἐπὶ θρόνου καθεζομένη, καὶ τρέφουσα παιδίον ἥν τινες λέγουσι τὴν ἐν ἀτρίῳ θεὰν Ἶσιν τρέφουσαν τὸν Ὧρον. Cf. etiam infra inter Coptenses. — 2. Si M. Aurelius et Commodus, ut vult Franz, hic significantur, annus XX erit annus p. C. n. 180.

1049. Alexandreae in Serapeo. — Botti, *Bull. de la Soc. d'Alexandrie*, II (1899), p. 30; de Ricci, *Archiv für Pap.*, II, p. 441, n. 51, qui deinde contulit.

[Διὶ Ἡλίῳ μεγάλῳ] | Σαράπιδι ·καὶ τοῖς | συννάοις θεοῖς, | ὑπὲρ σωτη-
5 ρίας ‖ Αὐτοκράτορος | Καίσαρος Τραιανοῦ | Ἀδριανοῦ Σεβαστοῦ [1] | .....γητ....

1. Titulus positus inter annos 117-138, Hadriano imperante.

1050. Alexandreae. — *C. I. Gr.*, III, 4683; cf. *addenda et corrigenda*, p. 1186; de Ricci, *Archiv für Pap.*, II, p. 446, n. 72. Lapis periit.

Διὶ Ἡλίῳ Μεγάλῳ Σαράπιδι | τῷ [1] ἐν Κανώβῳ καὶ πᾶσι τοῖς θεοῖς | ἀνέ-
θηκεν Σαραπίων ὁ καὶ Ἰσίδωρος [2] | Διδύμου τοῦ Διδύμου τῶν ἐξ Ἀντινόου
5 ἱερο[πο‖ι]ῶν [3], σὺν Ἴσιτι τῇ καὶ Εὐσεβείᾳ καὶ Γεντιανῷ | καὶ Σαραπιάδι τῇ [4] καὶ
Θεοδώρᾳ καὶ Φωκᾶτι | [ἔτους .. Αὐτοκράτορος Καίσαρος Μ. Αὐρηλίου |
Κομμόδου Ἀντωνείνου [5] Σεβαστοῦ [6].....] | ἐπὶ Πολλανίου Φλαυιανοῦ [7]
ἐπάρχου Αἰγύπτου.

1. Τῷ secundum apographum a Bailio usurpatum : deest in caeteris. — 2. Σαραπίων ὁ καὶ Ἰσίδωρος dedit Bailius. Omiserunt alii. — 3. Collegium sevirorum Antinoi cultum curantium. — 4. τῇ καὶ, secundum Bailium. Καὶ alii. — 5. Nomen Commodi de industria deletum restituit Letronne. — 6. Post Σεβαστοῦ mensis et dies perierunt. Annus incertus, ultimis Commodi imperantis temporibus. — 7. ΠΟΜΑΙΝΙΟΥ ΦΛΑΟΥΙΑΝΟΥ et ΠΟΛ-ΛΑΝΙΟΥ ΦΛΑΥΙΑΝΟΥ traditur. Inde Pollanium Flavianum, vel P. Alanium Flavianum vel Maenium Flavianum inter praefectos Aegypti admiserunt (Dessau, *Prosop. imp. rom.*, II, p. 321). Vult de Ricci hic latere nomen Pomponii Faustiniani aliunde noti (*loc. cit.*); Pollaenium Flavianum recepit Cantarelli (*La serie dei prefetti di Egitto*, p. 62).

1051. Alexandreae, prope portam Rosettanam. — Botti, *Bull. de la Soc. d'Alexandrie*, I (1898), p. 44; de Ricci, ex Milni apographo, *Archiv für Pap.*, II, p. 431, n. 10. Ipse deinde contulit.

.... χηι [Δι]|ονύσιος Δωρίωνος προ[σ]|τατήσας ἀνέθηκεν τ[ὸ]|ν
5 ἀνδριάντα τοῦ μεγά‖λου Σαράπιδος ἔτους ζ΄ Τιβ[ε|ρίου Κ]αίσαρος Σεβ[ασ]τοῦ [1].

1. Anno 20/21. Initio nomen synodi cujusdam, ut [Θερμουθια]xῆι supplendum censent Jouguet et de Ricci. Cf. infra n. 1084.

1052. Alexandreae? — Botti, *Catalogue*, p. 267, n. 69; de Ricci, *Archiv für Pap.*, II, p. 447, n. 74, ex Milni apographo. Ectypum misit Botti.

Ἀγαθοκλῆς Γαίου ἐπιμελητὴς ¹ ἀνέθηκε σὺν τῇ συμβίῳ | Εἴσειτι Δημητρίου ἔτους λβ΄ Αὐτοκράτορος Καίσαρος | [Λουκίου Αἰλίου Αὐρηλίου Κομμόδου]² Εὐσεβοῦς Εὐτυχοῦς | Σεβαστοῦ Φαρμοῦθι λ΄ ³.

1. Ἐπιμελητής, sc. τοῦ τόπου, de Ricci qui *C. I. Gr.*, 4684, 4684 *b* affert. — 2. Viginti septem aut octo litterae erasae sunt. Quum autem princeps ille cujus nomina rasuram passa sunt triginta duobus annis imperium obtinuisse dicatur, quod perpaucis convenit, idemque cognomina Pii Felicis acceperit, nulli ante aetatem Commodi tributa, hujus nomina hic restituantur oportet. — 3. Die xxv mensis Aprilis anno p. C. n. 192.

1053. Alexandreae. — Milne, *Musée du Caire, gr. inscr.*, p. 15, n. 9289. Descripsimus.

[Α]ὐρήλιος Ἰσίδωρος | σὺν τοῖς τέκνοις κ(αὶ) τοῖς | ἰδίοις ὑπὲρ εὐχαριστίας |
5 ἀνέθηκεν ἐπ᾽ ἀγαθῷ ‖ ἔτους γ΄ Οὐαλεριανοῦ κ(αὶ) Γαλλιηνοῦ Σεβ(αστῶν) Μεσωρὴ θ΄ ¹.

1. Id est die ιι mensis Augusti anni p. C. 256.

1054. Alexandreae. — Wescher, *Rev. arch.*, IX (1864), p. 420; M. Strack, *Die Dynastie der Ptolemäer*, p. 272, n. 158; cf. p. 212. Ectypum misit Botti.

Ἀντώνιον μέγαν ¹ | ἀμίμητον ² Ἀφροδίσιος | π[αρ]άσιτος τὸν ἑαυτοῦ θεὸν |
5 [κ]αὶ εὐεργέτην ἔτους ιθ΄ τοῦ δ΄ ‖ Χοίαχ | κθ΄ ³.

1. M. Antonius triumvir. — 2. Plut., *Ant.*, 28 : Ἦν γὰρ τις αὐτοῖς σύνοδος ἀμιμητοβίων λεγομένη. — 3. Anno a. C. n. 34, mense Decembri, die xxviii. Annus XIX est Cleopatrae regnantis: annus IV vel Cleopatrae, annis ab anno quo ab Antonio Chalcide donata est computatis (36 a. C. n.) [Gardthausen, Wescher, Mommsen], vel Caesarionis [Strack] vel potius Antonii ipsius [Letronne, Kromayer, Bouché-Leclercq]. Cf. Bouché-Leclercq, *Hist. des Lagides*, II, p. 257, not. 1.

1055. Alexandreae. — Extra urbem in loco proximo portae Canopicae. — *C. I. L.*, III, 12046.

Imp. Caesar Diui f. August. pontif. | maxim. flumen Sebaston á Schediá induxit | quod per se toto oppido flueret praefect. Aegypti | C. Iulio Aquila
5 anno XXXX Caesaris. ‖ Αὐτοκράτωρ Καῖσαρ Θεοῦ υἱὸς Σεβαστ(ὸς) ἀρχιερεὺς |

ποταμὸν Σεβαστὸν ἀπὸ Σχεδίας ἤγαγεν | δι' ὅλης τῆς πόλεως ῥέοντα, ἐπὶ
ἐπάρχου | τῆς Αἰγύπτου Γαίου Ἰουλίου Ἀκύλαι | ἔτους μ' Καίσαρος.

Cf. titulum sequentem.

1056. Alexandreae (Minet-el-Bassal). — Breccia, *Bull. de la Soc. d'Alexandrie*, VII
(1905), p. 61. Contulit de Ricci.

Imp. Caesar. Diui f. August. | pontif. maxim. flumen Sebaston [1] | ab Schedia
5 induxit a milliario | XXV quod per se [2] toto oppido flueret, ‖ praefecto Aegypti
C. Iulio Aquila anno | XXXX Caesaris. | Αὐτοκράτωρ Καῖσαρ Θεοῦ υἱὸς Σεβασ-
τὸς | ἀρχιερεὺς ποταμὸν Σεβασ[τὸν] [1] ἀπὸ | Σχεδίας ἤγαγεν ἐπὶ σταδίους δια-
10 κοσίους ‖ ῥέοντα δι' ὅλης τῆς πόλεως ἐπὶ ἐπάρχου | τῆς Αἰγύπτου Γαίου Ἰουλίου
Ἀκυλα | ἔτους μ' Καίσαρος [3].

1. Ποταμὸν Σεβαστὸν non de fossa dictum sed de aquaeductu subterraneo vult Breccia,
cujus vestigia exstant in via ad Ramleh oppidum ducta, juxta portam Rosettanam; sed
difficile credas ποταμὸν pro ὑδραγώγιον posse usurpari. — 2. « Id est, opinor, non per
lacum mixtum aqua palustri ». Mommsen. — 3. Anno 10/11 p. C. n.

1057. Alexandreae. — *C. I. Gr.*, 4963. Lapis asservatur in museo Parisino. Descripsimus.

5 Ἔτους δ' [Γαίου] | Καίσαρος [1] | Αὐτοκράτορος | Σεβαστοῦ ἐπὶ ‖ Οὐιτρασίου |
10 Πωλίωνος [2] | ἡγεμόνος, | Ῥαγωνίου Κέλερος | ἐπιστρατήγου, ‖ Λογγῖνος
κεντυρί[ων].

1. Nomen Gai esse consulto deletum vidit Dessau : *Prosop. imp. rom.*, III, p. 456,
n. 524. Titulus fuit positus anno 39/40. — 2. De eo praefecto cf. Cantarelli, *Prefetti di
Egitto*, p. 27.

1058. Alexandreae. — Botti, *Rivista egiz.*, V (1893), p. 248; de Ricci, *Archiv für Pap.*,
II, p. 440, n. 47.

Αὐτοκράτορα Καίσαρα [Θεοῦ Νέρουα υἱὸν] | Νέρουαν Τραιανόν...

1059. Alexandreae. — Héron de Villefosse, *Bull. de la Soc. des Antiq.*, 1888, p. 120; de Ricci, *Archiv für Pap.*, II, p. 440, n. 46. Ectypum misit Botti.

Αὐτοκράτο[ρα Καίσαρα] Θεοῦ Νέρου[α υἱὸν] | Νέρουαν Τρ[αιανὸν] | Σεβαστὸν Γερ[μανικὸν] | Δακικ[όν].

Titulus post annum 102 positus est, quo Trajanus Dacicus appellatus est.

1060. Alexandreae. — Botti, *Rivist. egiz.*, VI (1894), p. 337 et sqq.; de Ricci, *Archiv für Pap.*, II, p. 444, n. 66. Apographum optimum cum ectypo benigne misit Botti. Item contulit de Ricci.

Αὐτοκράτορα Καίσαρα Μᾶρκον Αὐρήλιον Ἀντωνῖνο[ν] | Σεβαστὸν Ἀρμενια-
κὸν Μηδικὸν Παρθικὸν μέγιστον | ἡ πόλις, | διὰ Ἀπόλλωνος ἐνάρχου ¹
5 ἀρχιερέως τῶν ‖ κυρίων Σεβαστῶν ² υἱοῦ Ἀπολλωνίου τοῦ καὶ Λεω|νίδου γενο-
μένου ἀρχιερέως τῶν κυρίων Σεβαστῶν, | τοῦ Ἱέρακος νεωτέρου Λεωνίδου, τοῦ
Σελεύκου, πάν|των γενομένων ἀρχιερέων τῶν κυρίων Σεβαστῶν · | ἀδελφιδοῦ
10 Ἱέρακος νεωτέρου γενομένου ἀρχιερέως ‖ τῶν κυρίων Σεβαστῶν καὶ ἀγορανόμου ·
ἀνεψιοῦ Λεωνίδου ἀποδεδειγμέ|νου ἀρχιερέως τῶν κυρίων Σεβαστῶν · ἀνεψιά-
δου, πατρόθεν μὲν Ἀπολλωνίου πρεσ|βυτέρου γενομένου γυμνασιάρχου καὶ
ἀγορανόμου καὶ Ἀλεξάνδρου γενομένου | γυμνασιάρχου καὶ ἀγορανόμου καὶ
στρατηγοῦ Ἀπολλωνοπολίτου καὶ Σεθρώτο[υ] ³, | μητρόθεν δὲ Αὐρηλίου Πολυ-
15 κλέους γενομένου ἀρχιερέως τῶν κυρίων Σεβαστῶν ‖ καὶ βασιλικοῦ γραμμα-
τέως Μαρεώτου καὶ Ἀχιλλάμμωνος ἀρχιερατεύσαντος ⁴ καὶ ἀ[γο]|ρανομήσαντος ·
ἐξανεψίου Αὐρηλίου Ἀσκληπιάδου γενομένου γυμνασιάρχου καὶ στρατηγοῦ |
Ἡρακλεοπολίτου καὶ Ἀλεξάνδρου γυμνασιαρχή<σα>σαντος καὶ Ἀπολλωνίου
τῶν | γεγυμνασιαρχηκότων καὶ ἠγορανομηκότων καὶ Σαραπίωνος τοῦ καὶ
Σερήνου, | γυμνασιαρχήσαντος καὶ Ἐρεννίων δύο, Πολυκλέους τοῦ καὶ Τιτιανοῦ
20 καὶ Ἰσιδώ‖ρου γενομένων γυμνασιάρχων · καὶ ὁμοίως Σαραπίωνος γενομένου
ἀρχιε|ρέως Ἀδριανείου ⁵ καὶ Σεβαστῶν καὶ Ἀρείου γενομένου ἀρχιερέως Ἀδρια-
νείου | καὶ βασιλικοῦ γραμματέως Βουσειρίτου καὶ Σαραπίωνος τοῦ καὶ Ἀμμω|-
νίου γενομένου ἀρχιερέως Θεοῦ Αἰλίου Ἀντωνίνου καὶ τῶν | Σεβαστῶν καὶ
25 Ἱέρακος τοῦ καὶ Ἡραΐσκου γενομένου ἀρχιερέως τῶν ‖ κυρίων Σεβαστῶν καὶ
ἑτέρου [Ἱ]έρακος γενομ[έ]νου ἀρχιερέως Ἀδρ[ιανείου] | καὶ τῶν Σεβαστῶν · θείων,
τοῦ μὲν πατρὸς, Ἱέρακος πρεσβυτέρου ἀρχιερα[τεύ]|σαντος καὶ Ἀπολλωνίου

πρεσβυτέρου γυμνασιαρχήσαντος καὶ ἐξηγητεύ[σαν]|τος καὶ Ἀπολλωνίου νεωτέρου
γενομένου γυμνασιάρχου καὶ στρατηγοῦ Σεθρ[ώ]|του καὶ βασιλικοῦ Βουβα-
30 στείτου, καὶ Ἀπολλωνίου τρίτου γυμνασιαρχήσαν|τος καὶ ἐξηγητεύσαντος καὶ
Ἀσκληπιάδους γενομένου γυμνασιάρχου καὶ βα|σιλικοῦ Σεβεννύτου ἄνω τόπων [6]
καὶ Ἀλεξάνδρου γυμνασιαρχήσαντος · τῆς δὲ μητρὸς Ἰσιδώρου ἀρχιερα-
τεύσαντος καὶ στρατηγήσαντος Ἀπολλωνοπολίτου καὶ Ἰσιδώρου τοῦ κα[ὶ] |
Ζωσίμου ἀρχιερατεύσαντος — ἔτους ια´ [7] Αὐτοκράτορος Καίσαρος Μάρκου |
35 Αὐρηλίου Ἀντωνίνου Σεβαστοῦ Ἀρμενιακοῦ ‖ Μηδικοῦ Παρθικοῦ Μεγίστου,
Ἀθὺρ α´.

1. « In Ægypto haud raro idem magistratus municipalis pluribus hominibus manda-
batur, ut non una officiis ejus fungerentur sed per menses alternarent. Qui quoque
mense negotia gerebat, is ἔναρχος appellabatur. » Dittenberger (Orient. gr. inscr. sel., II,
715, not. 2. — 2. Alexandreae. De archisacerdotibus qui cultum imperatorum per Aegypti
urbes curabant, pauca accepimus. Cf. W. Otto, Priester und Tempel im hellenistichen
Aegypten, p 135-137 et p. 253-257. — 3. Forsitan fuerit strategus primus Ἀπολλωνοπολείτου
in Thebaide, deinde Σεθρώίτου, in Aegypto inferiore. — 4. Τῶν Σεβαστῶν, vel potius cujusdam templi. Cf. Otto, l. c., p. 135. — 5. Fuit Hadrianeum Alexandreae, fuit alterum
Memphide : Pap. Lond, II, 317, p. 209. — 6. Ἄνω τόπων = ἄνω τοπαρχιῶν. Cf. Wilcken,
Griech. Ostr., I, p. 428. — 7. Anno 170 die xxviii, mensis Octobris.

1061. Alexandreae. — Breccia, Bull. de la Soc. d'Alexandrie, VIII (1903), p. 123.

Αὐτοκράτωρ Καῖσαρ | Μ. Αὐρήλιος Κόμμοδ[ος] τῇ π[όλει].

1062. Alexandreae. — Letronne, Recueil, II, p. 464 ; Borghesi, Œuvres, VIII, p. 241 ;
de Ricci, Archiv für Pap., II, p. 447, n. 77. Periit.

Ὑπὲρ διαμονῆς τοῦ κυρίου | ἡμῶν Αὐτοκράτορος Καίσαρος | Λουκίου Σεπτιμίου
5 Σεουήρο[υ] [1] | Περτίνακος Σεβαστοῦ καὶ εὐ‖πλοίας τοῦ στόλου ευεσλημητο|υ
εσπλοίων πορευτικῶν καὶ παν|του...... φυμου [2] καὶ Ἀλεξαν[δ..]ννιου Γαίου
10 Αἰλίου Αὐρηλί|ου Ἀντωνίου καὶ ὡς χρηματίζει ‖ [α]ὐλητοῦ [3], ἐπὶ Λ. Μαντεν-
νίου | Σαβείνου ἐπάρχου Αἰγύπτου | ἔτους β´ Φαρμοῦθι κς´ [4].

1. Traditur : Σεουῆρος. — 2. τοῦ στόλου Εὐ[θυδή[μου?] τοῦ ἕ[κ] πλοίων πορευτικῶν καὶ πάντ[ων
τῶν σὺν α]ὐ[τῷ proposuit de Ricci. — 3. aut [να]υ[κ]λή[ρ]ου, ut vult idem. — 4. Die xxi mensis Aprilis, anno p. C. n. 194.

1063. Alexandreae. — Partem superiorem tituli edidit Botti, *Rivista egiziana*, VI (1894), p. 341 (cf. de Ricci. *Archiv für Pap.*, II, p. 449, n. 83). Inferiorem posterius invenit. Utriusque ectypum optimum nobis misit.

Τὸν κοσμοκράτορα Μ. Αὐρ. Σεουῆρον | ᾿Αντωνῖνον | Παρθικὸν Μέγιστον
5 Βρετανικὸν Μέγιστον | Γερμανικὸν Μέγιστον Εὐτυχῆ Εὐσεβῆ Σεβαστὸν, ‖ τὸν
φιλοσάραπιν καὶ | ᾿Ιουλίαν Δόμναν Σεβαστὴν τὴν μητέρα τῶν ἀν[ικήτων] | στρα-
τοπέδων καὶ Θεὸν Σεου[ῆρον] | ἡ πόλις, | [διὰ.....]ωνος καὶ ὡς χρηματίζω
10 ἐνάρχου].......[καὶ] Αὐρηλίου Κόμωνος | ....[καὶ ὡς χρη]ματίζει ἀρχιερατεύ-
σαντος | ....[ἔ]τους κδʹ Φαμενὼθ ιεʹ [1].

1. Anno p. C. n. 216, mense Martio, die XI.

1064. Alexandreae. — *C. I. Gr.*, 4680.

.... Αὐτοκράτορα Καίσαρα] Μᾶ[ρκ]ον | [Αὐρ]ή[λι]ον Σεουῆ[ρον] ᾿Αντω-
νῖνον Εὐτυχῆ Εὐσεβῆ Σεβαστόν, | τὸν σωτῆρα τῆς ὅλης οἰκουμένης | Μ. Αὐρή-
λιος Μέλ[ας] καὶ ὡς [χ]ρηματίζω [ἔτους] καʹ [1] ᾿Αθὺρ ιβʹ [2].

1. Traditur IKA pro L KA. — 2. Die VIII mensis Novembris anno p. C. n. 212.

1065. Alexandreae (Hamoud-es-Saouari). — Botti, *L'acropole d'Alexandrie*, 1895, p. 23. Ectypum misit Botti.

.....ωρον ......σ|...... .....αραπι....... α|..... ......ηρον..... ν|..... ....ε..
5 ε.....υ‖..... ......ου σεο.... υ|...... ....ο. σε....ου|.... .....αδιαβ... ..υ|....
.....ανικου..........

Est Septimii Severi vel Caracallae; sed supplementa non satis dignoscuntur. Cf. quae proposuit de Ricci, *Archiv für Pap.*, II, p. 449, n. 84. Ea tantum certa sunt : v. 2, [σ]αραπι..; v. 3, [Σεου]ῆρον; v. 5, ου Σεο[υήρο]υ; v. 6, Σε[6απτ]οῦ; v. 7, ᾿Αδιαβ[ηνικο]ῦ; v. 8, [Γερμ]ανικοῦ.

1066. Alexandreae. — Botti, *Rivist. Quindicinale*, VI (1894), p. 345 ; de Ricci, *Archiv für Pap.*, II, p. 448, n. 80. Ectypum misit Botti.

......]ων κυρίων | [Α]ὐτοκρατόρων | [Σεο]υήρου καὶ ᾿Αντων[ίνου] | ....ο...

1067. Alexandreae. — Botti, *Rivista egiziana*, VI (1894), p. 340; de Ricci, *Archiv für Pap.*, II, p. 448, n. 78. Ectypum misit Botti.

Ἰουλίαν Δόμναν Σεβαστὴν | μητέρα Σεβαστοῦ [1] καὶ | ἀνικήτων στρατοπέ-
5 δων | ἡ πόλις ‖ διὰ Διδύμου Σαραπίωνος | τοῦ ἐνάρχου [2] ἀρχιερέως τῶν | κυρίων
10 Σεβαστῶν | γενομένου βασιλικοῦ γρ(αμματέως) | νομοῦ Ἑρμοπολίτου ‖ ἔτους
ιθ' Φαμενὼθ κζ' [3].

1. Σεβαστῶν scriptum fuit; interfecto Geta et memoria ejus damnata ΩΝ delevit quadratarius et supra sculpsit ΟΥ. — 2. Cf. n. 1060, not. 1. — 3. Die XXIII mensis Martii
anni p. C. n. 211.

1068. Alexandreae, in basi columnae praegrandis quae vulgo Pompeii nomine
vocatur. — *C. I. Gr.*, 4681. Cf. p. 1186; Dittenberger, *Orient. gr. insc. sel.*, II, 718. Contulit de Ricci.

Τὸν [ὁσ]ιώτατον Αὐτοκράτορα | τὸν πολιοῦχον Ἀλεξανδρείας | Διοκλητιανὸν
τὸν ἀνίκητον | Ποσ[είδι]ος [1] ἔπαρχος Αἰγύπτου [2]....

1. De nomine auctores non consentiunt. Alii Πόπλιος, legunt, ut Bailie, alii Ποπλιος ut
Mahaffy (*Athenaeum*, 1897, 29 Feb.) et *Cosmopolis*, VI (1897), p. 42; alii etiam Πόντιος
(*Archaeologia*, XV, p. 389). Cf. Dittenberger, not. 1. — 2. Anno 302, si verum vidit
Franz.

1069. Alexandreae (Kôm-el-Dik). — Botti, *Notice du Musée d'Alexandrie*, p. 147; de
Ricci, *Archiv*, II, p. 566, n. 128.

.........]ιον Σεβα[στὸν..... | ......]ν Τι. Ἀλέξανδρος Κλαυ[διο [1] ..... | ....
..| ...... γυ]μνασίαρχος [2].

1. Κλαυδ, de Ricci. Verba quæ sequuntur de industria deleta esse idem monuit. —
2. Sc. Alexandreae.

1070. Alexandreae?? — *C. I. Gr.*, 4679. Cf. addenda et corrigenda, p. 1185. 1186;
Dittenberger, *Orient. gr. insc. sel.*, 709. Descripsit de Ricci Veronae in museo Maffeiano.

Ἡ πόλις τῶν Ἀλεξαν|δρέων καὶ Ἑρμούπολις ἡ μεγάλη καὶ ἡ βουλὴ ἡ
5 Ἀντινοέων, νέ‖ων Ἑλλήνων, καὶ οἱ | ἐν τῷ Δέλτα τῆς Αἰ|γύπτου καὶ οἱ τὸν

10 Θη|6αικὸν νομὸν οἰκοῦν|τες Ἕλληνες ἐτίμη‖σαν Πόπλιον Αἴλιον | Ἀριστείδην [1] Θεόδωρον ἐπὶ ἀνδραγαθίαι καὶ | λόγοις.

Titulus repertus fuisse dicitur an. 1743 Piazzolae, in agro Patavino (Bartoli, *Due dissertazioni...*, p. 140 et seq.). Propter litterarum formam eum de Ricci suspicatur ex Asia potius quam ex Aegypto allatum.

1. P. Aelius Aristides, rhetor nobilis.

1071. Alexandreae. — Neroutsos, *Rev. arch.*, IX (1887), p. 204; Dittenberger, *Orient. gr. insc. sel.*, II, 715.

Αὐρ. Σαβεινιανὸν [1] | τὸν κράτιστον | ἐπὶ τῶν καθ' ὅλου λόγων [2] | Αὐρ. Νεμε-
5 σίων ‖ ἔναρχ(ος) [3] ὑπομνηματογράφος [4].

1. Forsitan idem ac Aur. Sabinianus, procurator ducenarius (*Prosop. imp. rom.*, I, p. 214, n. 1297). — 2. De procuratore qui καθ' ὅλου vel καθολικός = rationalis dicebatur cf. Hirschfeld, *Verwaltungsbeamten* (ed. II), p. 358, not. 2. — 3. Cf. supra 1060, not. 1. — 4. Strab., XVII, 1, 12.

1072. Alexandreae, in uno ex cancris aeneis quibus impositus erat obeliscorum alter notorum sub nomine acuum Cleopatrae. — *C. I. L.*, III, 6588, p. 1203.

Extrinsecus :

Ἔτους ιη' Καίσαρ[ο]ς [1] | Βάρβαρος [2] ἀνέθηκε, | ἀρχιτεκτονοῦντος | Ποντίου [3].

Introrsus :

A[n]no XVIII Caesaris, | Barbarus praef. | Aegypti posuit, | architectante Pontio.

1. Annus est U. c. 741/742, a. C. n. 13/12. — 2. P. Rubrius M. f. Mae. Barbarus; cf. *Prosop. imp. rom.*, III, p. 137. — 3. Cf. Plin., *H. N.*, XXXVI, 9, 69 : *Duo obelisci sunt Alexandreae ad portum in Caesaris templo, quos excidit Meophres rex.* — Hunc Pontium eumdem esse ac ille qui fontem quemdam (anno 1875 in hortis Maecenatianis inventum) fieri curavit vult Lumbroso (*Bullett.*, 1878, p. 55).

1073. Alexandreae. — Botti, *Bull. de la Soc. d'Alexandrie*, IV (1902), p. 97; de Ricci, *Archiv für Pap.*, II, p. 567, n. 129.

[T]ι6. Κλ. | [? Δ]ειχαῖον τὸν κ[αὶ] | Ἰουλιανὸν | [τὸν λαμπρό]τατο[ν...

1074. Alexandreae. — *C. I. Gr.*, 4688.

Λούκιον Λικίννιον, | Λουκίου Λικιννίου | Ἱέρακος ἐξηγητοῦ [1] | υἱόν, Λουκίου
5 Λικιννίου ▌ Ἰσιδώρου κοσμητοῦ [2] [υἱωνόν]....

1. Strab., XVII, I, 12 · τῶν δ'ἐπιχωρίων ἀρχόντων κατὰ πόλιν μὲν ὅ τε ἐξηγητής ἐστι, πορφύραν
ἀμπεχόμενος καὶ ἔχων πατρίους τιμὰς καὶ ἐπιμέλειαν τῶν τῇ πόλει χρησίμων. Plurimi ἐπιμέλεια τῶν
χρησίμων intellexerunt de cura annonae (Varges, *De statu Aegypti provinciae romanae I
et II p. Ch. saeculis*, p. 49; Franz, *C. I. Gr.*, III, p. 291; Lumbroso, *Recherches*, p. 213,
n. 1; Hirschfeld, *Verwaltungsbeamten* (ed. I), p. 143, n. 1; Wilcken, *Gr. Ostraka*, I, p. 657 ;
at eum et alia curavisse nunc certum est. Cf. Mitteis, *Hermes*, XXX (1895), p. 588; W.
Otto, *Priester und Tempel im hellenist. Aegypten*, p. 155, n. 3 et 4; Kornemann, *Neue
Jahrbücher für kl. Alterth.*, III (1899), p. 118; Hirschfeld, *op. cit.* (ed. II), p. 235, n. 1. —
2. Ad κοσμητήν pertinebat summa epheborum cura. Cf. *Oxyr. pap.*, 477, l. 22 et 23 et
Preisigke, *Stadtverfassung*, p. 11, 23, 30 et seq. — Nota exegetam et cosmetam utrumque
civem romanum. Cf. *Pap. Strasb.*, I, 10 : Φλαυίῳ Ἀθηνοδόρῳ, ἱππικῷ, ἐξηγητεύσαντι.

1075. Alexandreae. — *C. I. L.* III, *Suppl.*, 6389, p. 1204. Descripsimus.

L. Publilius [Labeo uiator] | consulum praetor[umque et] | Ti. Caesaris praef.
5 stato[rum] | Philalexandreus. ▌ [2] Λούκιος Πουβλίλιος Λαβέων οὐιάτωρ ὑπά-
των.....

1. « Statores ipsi cum satis noti sint, praefectus eorum nunc primum nominatur »
Mommsen. — 2. « Mihi agnomen est... quo significatur Labeoni huic Alexandream curae
fuisse ». Id.

1076. Alexandreae. — Breccia, *Annales du Service des antiquités*, VII (1906), p. 143.

Λεύκιος Τοννήιος Ἀντέρως | εὐπλοία ὑπὲρ πλοίου | Νικαστάχης [1] ἔτους μγ'
Καίσαρος Μεχὶρ κα' [2].

1. Nomen navis. — 2. Anno 14 p. C. n., die xv mensis Februarii.

1077. Alexandreae. — Botti, *Catal. du musée d'Alexandrie*, n. 76; de Ricci, *Archiv
für Pap.*, p. 430, e Milni apographo. Ectypum nobis misit Botti.

... [Ἀ]θὺρ ιη' ἐπὶ τῆς π'... | ... ς τῶν ἀπὸ τῆς τ[....... | ..... ων [2]
5 ἀρχισυναγω [3] ...... | .. ρι προστάτης [4] διο......[εἶπεν] · ▌ ἐπειδὴ Βρασίδας

Ἡρακλε[ίδου ...|...] γλ΄ ἔτους Καίσαρος ⁵ | ... ἐν ἄπασι ἀναστ... | ....ς ⁶

10 καὶ ὑγιῶς, ἐπ...|.... τὴν δαπάνην π?.‖....: ομηνιακὰς ⁷ ἡμέ[ρας... | ... ἐ]πισ-
κευὰς ἀκολ[ούθως? ...|...] ου λόγῳ ἐπὶ το...|... [?ὑπ]οδεξάμενον ι..|... στε-
φάνῳ επ... | ... [καὶ ἄλ]λοις δυσί.....

1. π[ρυτανείας] proposuit de Ricci. — 2. Ita in ectypo : _ΩΝ. — 3. Ἀρχισυναγωγός
occurrere tum in Judaeorum tum in Graecorum societatibus adnotavit Wilcken. —
4. I. e. προστάτης συνόδου. — 5. Anno 3/4 p. C. n. — 6. ἀναστ[ρεφόμενος] supplet Haussoullier.
— 7. [νε]ομηνιακὰς, de Ricci. Forsan [ιερ]ομηνιακάς.

1078. Alexandreae? — Botti, *Rivista quindicinale*, III (1891), p. 446; *Catal.*, p. 270;
de Ricci, *Archiv für Pap.*, II, p. 440, n. 49. Ectypum misit Botti.

Ἀγαθῇ Τύχῃ. | [Ἀ]ντίγραφον ὑπομνηματισμῶν Μαρχίου Μοισια[νοῦ τοῦ
πρὸς] | ἰδίῳ λόγῳ ἔτους ε΄ Ἀδριανοῦ Καίσαρος [τοῦ κ]υρίου Θὼθ κζ΄ ¹, [συμ-
5 παρόντων?] | Ποτάμωνος καὶ τῶν σὺν αὐτῷ ...... ευματος Λυ....... ‖ Διονυσίῳ
γραμματεῖ κωμογραμ[ματείας.... τοῦ Μ]αρεώτο[υ.........] | ματοφυλακίαν ²
προσήκουσαν αὐτῷ.... ουδε.......... | τοῦ πάροντος γραμμάτεως τῶν........
ιδι.....

1. Anno p. C. n. 120, die mensis Septembris xxiv. — 2. [σω]ματοφυλακίαν, de Ricci,
[γενη]ματοφυλακίαν, Wilcken; [χω]ματοφυλακίαν, Lumbroso.

1079. Alexandreae. — Botti, *Bull. de la Soc. d'Alexandrie*, I (1898), p. 47; de Ricci,
Archiv für Pap., II, p. 367, n. 131. Ectypum misit Botti.

....λε..........| [ἀδ]ελφοῦ Σαραπ[ίωνος? ἀρχιερέως τῶν κυρίων] | Σεβαστῶν
5 καὶ ἀγορ[ανόμου]..... | τοὺς γονεῖς πρω...... ‖ ἀρχιερέως τῶν κ[υρίων Σεβασ-
τῶν....... | ....ερους τοὺς.......

1080. Alexandreae. — Botti, *Rivista egiziana*, VI (1894), p. 343; de Ricci, *Archiv
für Pap.*, II, p. 443, n. 68. Ectypum misit Botti.

.... Ἡρα]κλείδου μὲν τοῦ καὶ Χαιρήμονος Ἀγαθοῦ | ....τος
Διδύμου δὲ καὶ Σωκράτους ἀμ[φοτέρων γυμνασιαρχησάντω]ν ἐξηγητεύσαντος
5 Σωκράτους | ....[ἐξη]γητεύσαντος καὶ ἀγορανο‖[μήσαντος ....βουλεύ]του τῆς
Ἀντινοέων πόλεως | ....[γενομ]ένου ἐξηγητοῦ τῆς αὐτῆς | [πολέ]ως | [ἔτους.

Αὐτοκράτορος Καίσαρος Μ]άρκου Ἀντωνείνου | [Σεβαστοῦ ......]κοῦ Γερμα-
νικοῦ Μεγίστου [1].

1. M. Aurelius vel Caracalla. — Pleraque supplementa invenit de Ricci.

1081. Alexandreae. — *C. I. L.*, III, 13571. In altero lapidis latere est titulus *C. I. L.*,
III, 14125. Apographum misit Botti.

Αἴλιον Δημήτριον | τὸν ῥήτορα | [ο]ἱ φιλόσοφοι | [Φλ]αουίου Ἱέρακος ‖
5 [το]ῦ συσσίτου ἀναθέντος | [τὸν εὐερ]γέτην αὐ]τῶν [1] καὶ πατέρα.

1. [Τὸν διδάσκαλ]ον, de Ricci, *Archiv für Pap.*, II, p. 566, n. 127.

1082. Alexandreae. — *C. I. Gr.*, 4689; Breccia, *Bull. de la Soc. d'Alexandrie*, VIII
(1905), p. 124.

Τι. Κλαύδιον Ἀπίωνα | τὸν πάντα ἄριστον | καὶ φιλοστοργότατον | ἀδελφῶν ‖
5 Κλαυδία Φιλορωμαία.

1083. Alexandreae (?) — Milne, *Catal. du Musée du Caire, gr. inscr.*, p. 21, n. 9223.

Εὐτυχῶς καὶ ἐπ᾽ ἀγαθῶι Μάρκωι Αὐρηλίωι Μικκαλίωνι τῶι καὶ Θεοφίλωι |
ἐνάρχωι [1] γυμνασιάρχωι καὶ ἀγωνοθέτη[ι] ἀπὸ τῆς ἱερᾶς θυμελικῆς | καὶ ξυστικῆς
συνόδου [2] ψηφίσματι τετιμημένωι, φιλοτίμως | ἀλίφοντι, υἱῶι Μάρκου Αὐρηλίου
5 Θεοφίλου τοῦ καὶ Ἀφροδισίου ‖ γυμνασιαρχήσαντος καὶ ἀγωνοθετήσαντος,
υἱωνῶι Μάρκου | Αὐρηλίου Εὐδαίμονος τοῦ καὶ Ἀφροδισίου γυμνασιαρχήσαντος |
καὶ ἀγωνοθετήσαντος, θυγατριδῶ Μάρκου Αὐρηλίου Ἱέρακος τοῦ | καὶ Εὐδαίμονος
γυμνασιαρχήσαντος καὶ ἀγωνοθετήσαντος | ἀπάντων ἀπὸ τῆς ἱερᾶς θυμελικῆς
10 καὶ ξυστικῆς συνόδου [3] ‖ προγόνω[ν γε]γυμνασιαρχηκότων ψηφίσματι τετιμη-
μένων | ἔτους πρώτου Φαμενὼθ λ´ [4].

1. Supra n. 1060, not. 1. — 2. Cf. supra, nn. 17, 146 et sq. — 3. Cf. *Oxyrh. papyr.*,
III, 473 ubi habes decretum simillimum tum a populo et magistratibus factum cum
a Romanis Alexandrinisque ibi degentibus. — 4. Die XXVI Martis, anni cujusdam
saeculi III p. C. n.

1084. Alexandreae. — Botti, *Bull. de la Soc. d'Alexandrie*, IV (1902), p. 99; de Ricci, *Archiv für Pap.*, II, p. 432, n. 13.

Σεραῖρος ἀνέθη|κε συνόδῳ Θερ|μουθιακῇ ¹ ἔτους ια′ | Τιβερίου Καίσαρος
5 Σε|δαστοῦ Ἐπὶφ ιθ′ ².

1. Θερμουθιακή. Deam Thermouthim agnovit **Wilcken** (*Archiv, l. c.*), de qua vide W. Spiegelberg, *Aegypt. und griech. Eigennamen*, p. 12* et sq. — 2. Die xiii mensis Julii anno 25. De computatione annorum Tiberii, cf. Wilcken, *Archiv*, I, p. 153.

1085. Alexandreae. — Ziebarth, *Das griechische Vereinswesen*, p. 213; de Ricci, *Archiv für Pap.*, II, p. 432, n. 14. Ectypum misit Botti.

[Π]ανκρατὴς Πανεσνεῦ|τος ἀνέθηκε συνόδῳ | γεωργῶν Καίσαρος | ἔτους ια′ Τιβερίου Καίσαρος ¹ Φ.....

1. Vide ne ad σύνοδος γεωργῶν Καίσαρος pertineat ὁ ἀρχιγεωργός, *Oxyr. pap.*, n. 477, v. 4. — 2. Anno 23/24 p. Ch. n., mense Phaophi vel Phamenoth vel Pharmouthi.

1086. Alexandreae? — Botti, *Notice du musée d'Alexandrie*, n. 2488, p. 145. Ectypum misit idem.

Ἐτοὺς δ′ Γαίου Κ|αίσαρος ¹ Αὐτοκρά|τορος Σεδαστο|ῦ ἐπὶ Κολλούθου
5 π|ροστάτου συνόδου∥.....

1. In fine anni 40 vel mense januario anni 41 p. C. n. quo Caligula occisus est.

1087. Alexandreae, loco Mafrousa dicto. Titulus pictus. — Botti, *Bull. de la Soc. d'Alexandrie*, II (1899), p. 39; de Ricci, *Archiv*, II, p. 441, n. 54.

5 Διονύσι|ον πρ(εσδύτερον) εὐ|ψύχει | · ἔτους ιβ′ Ἀντω∥νίνου τοῦ | κυρίου |
μηνὶ | Παῶφι ¹.

1. Mense Octobri anni p. C. n. 148.

1088. Alexandreae. — *C. I. L.*, III, 12058 = 14131. Ectypum nobis misit Botti.

Q. Lucretius. Q. f. Pup. | signi.f.er | annor. XXXVII. h. s. | Κουίντος ∥
5 Λουχρήτιος | Κου.ίν.του υ.ἰ.ὸ[ς] ¹ | σημηαφόρος | ἐτῶν λζ′ | ἐνθάδε κῖται ².

1. ΥΙΟΥ, lapis. — Tam propter litterarum formam quam propter nomina defuncti cognomine carentis, titulus incipienti saeculo primo p. C. n. est tribuendus.

1089. Alexandreae, in castris Caesaris (Sidi-Gaber). — Botti, *Bull. de la Soc. d'Alexandrie*, IV (1902), p. 103, n. 95. — Ectypum nobis misit Botti.

Οὐαλ(έριον) Φλάουιον | στρατιώτην λεγ(εῶνος) ς' Σιδηρ(ᾶς) | στιπενδίων ις'
5 ἐτῶν | δὲ λε', ὄντα ἀπ' Ὄχγου ¹, Ἀ[μ]‖μών(ιος) Ὀρίου Διοχαισαρᾶς ²

1. Locus aliunde ignotus, dummodo eo verbo patria militis vere significatur — 2. Diocaesarea, nomen aliquot urbium quarum una in Galilea, aliae in Cappadocia, in Phrygia, in Cilicia sitae erant.

1090. Nicopoli (Ramleh). — Néroutsos-Bey, *Rev. arch.*, XVIII (1891), p. 342.

5 Τῇ κυρ[ᾳ Ἴσιδι] | Τροφών[ιος] | ὁ καὶ Πο..... | ἔτους ς' Ἀντωνεί[νου] ‖ Χοί[αχ..

Anno p. C. n. 142-143.

1091. Siyouf. — Botti, *Bull. de la Soc. d'Alexandrie*, I (1899), p. 47.

5 Τιβέριος Κλαύ|διος Εὐπρε|πὴς ἀπελεύ|θερος Κλαυ‖δίου Ποστούμ[ου] | ἑκατον-
τάρχου ἐτῶν μη'. | Εὐψυχεῖ.

1092. Aboukir. — *C. I. Gr.*, III, 4966; de Ricci, *Archiv für Pap.*, II, p. 450, n. 87. In Museo Britannico vidit et descripsit de Ricci.

Διὶ Ἡ[λίῳ] Μεγά[λῳ] | Σαράπιδι ἐν Κα[νώδῳ] | θεὸν πάτρι[όν] μου Ἡρ[α-
5 κ]|λῆ Βῆλον ἀνείκητον ‖ Μ. Α(ὐρήλιος) Μάξιμο[ς Σύρος] Ἀ[σ|χαλωνείτη[ς ὑπὲρ
τῶν] | ἀδελφῶν κα[ὶ] | Μ. Α(ὐρηλίου) Γαίου [τοῦ πατρὸς ?] | καὶ τῆς συμβίου ‖
10 εὐξάμενος ἀνέθηκ[α ἐ]π' [ἀγ]αθῷ ἔτους ζ' Αὐτο[κρά|το]ρος, Καίσαρος Μάρχο[υ] |
Αὐρηλίου Σεουήρου ¹ [Εὐ|σεδοῦς [Εὐ]τυχοῦς Σεβαστοῦ | Φαρμοῦθι ιζ'.

1. Post Σεουήρου Wilcken supplet Ἀλεξάνδρου. — 2. Die XII mensis Aprilis anno 228 p. C n.

1093. Aboukir. — E. Breccia, *Bull. de la Soc. d'Alexandrie*, VII (1905), p. 63.

5 Διὶ Ἡλίῳ Με|γάλῳ Σεράπιδι | ἐπὶ τῇ βάθρᾳ | ὑπὲρ εὐχαρ‖στίας Ἱέραξ |
ἀνέθηκεν ἐπ' ἀγαθῷ | ἔτους δ' τῶν κυρίων Φιλίππων | Σεβαστῶν Μεχεὶρ α'.

Anno p. C. n. 247, die XXVI mensis Januarii.

1094. Aboukir. — De Ricci, *Archiv für Pap.*, p. 447, n. 75.

.... ¹ Εὐσε[6οῦς Εὐτυχοῦς | Σε6ασ]τοῦ Χοίαχ α΄ ².

1. Nomen imperatoris consulto erasum. — 2. Die xxvii mensis Novembris.

1095. Aboukir. — Botti, *Rivista quindicinale*, IV (1892), p. 8 ; De Ricci, *Archiv für Pap.*, II, p. 429, n. 2.

Συνίστωρ συναγ(...) ¹ | καὶ προστατήσας | τὸ β΄ ἔτους Καίσαρος ².

1. Συναγ(ωγεύς) vel συναγ(ωγήσας). — 2. Anno 29/28 a. C. n.

1096. Kôm-Khanziri. — Hogarth, *Journ. of hellen. studies*, XXIV (1904), p. 5-7.

Αὐτοκράτορα Καίσαρα Μᾶρχ[ον Αὐρήλιον] Ἀ[ν]τ[ω]νεῖ[νο]ν Σεβαστὸν |
Ἀρμενιακὸν Μηδικὸν Παρθικ[ὸν Μέγιστον] τὸν εὐεργέτην καὶ σωτῆρα τῆς
ὅλης οἰκουμένης | [ἡ πόλ]ις ¹, | διὰ Ἰσιδώρου ἐνάρχου ἐξηγητ[οῦ καὶ γυμνα]σιάρ-
5 χου, πρώτου τῶν ἀπ᾽ αἰῶνος ἕκτου ‖ καὶ εἰκοστοῦ ἀποδεδειγμένου, ἀ[ρχιερέως
τ]οῦ Ἀπόλλ[ωνος καὶ νεωκό]ρου τοῦ | ἐν Παγνεμούνι Σαραπείου, γενομ[ένου
ἀγοραν]όμου καὶ ἐ[ξ]η[γητοῦ] κ[αὶ γυμνα]σ[ιά]ρχου, | γενομένου στρατηγοῦ ·
ἀδελφοῦ Ἰσι[δώρου γενομέ]νου νεωκόρου τοῦ ἐ[ν Π]αγνεμούνι | Σαραπείου καὶ
ἀρχιερέως καὶ ἀγορ[ανόμου καὶ ἐξ]ηγητοῦ καὶ γυμνασιάρχου · καὶ Διδύμου |
ἀδελφοῦ γενομένου ἀγορανόμου [καὶ ἐξηγητοῦ] καὶ γυμνασιάρχου · υἰωνοῦ Θέωνος
10 Διοσ‖κόρου πρώτου τῶν ἀπ᾽ αἰῶνος γυμ[νασιαρχησάντ]ων, θυγατριδοῦ Ἰσιδώρου
γενομένου ἀγο|ρανόμου καὶ ἐξηγητοῦ καὶ γυμνασ[ιάρχου · ἐκγόν]ου Ὠρείωνος
πρώτου τῶν ἀπ᾽ αἰῶνος | ἐξηγητευσάντων · ἐκγόνου Διδύμ[ου Διδύμου? γε]νο-
μένου ἀγορανόμου καὶ ἐξηγητοῦ | καὶ γυμνασιάρχου · ἀδελφιδοῦ πρ[ὸς πατρὸς
Διο]σκόρου ἄρξαντος τὰς αὐτὰς ἀρχάς · ἀδελφιδοῦ πρός μητρὸς Διδύμου
15 [ἄρξαντος τὰ]ς αὐτὰς ἀρχ[ά]ς · ἀνεψιοῦ Διδύμου Διδύ‖μου πρὸς μητρὸς γενο-
μένου ἀγ[ορανόμου καὶ] ἄρξαντος τὰς αὐτὰς ἀ[ρχ]άς · [ἀ]νεψιοῦ | πρὸς πατρὸς
Ὠρείωνος καὶ Ἰσιδ[ώρου ἀρξάντω]ν τὰς αὐτὰς ἀρχ[άς · ἀνεψιοῦ] Ἰσιδώ|<ρ>ρου
Διδύμου ἄρξαντος τὰ[ς] αὐτὰς [ἀρχάς? ....]οῦ ἀρξαντ[ος τὰς] αὐτ[ὰς
ἀρχάς] · ἀνεψιαδοῦ | πρὸς μητρὸς Διδύμου υἱοῦ τοῦ [Διδύμου? ἄρξαντο]ς τὰς

αὐτὰς [ἀρχάς · ἀνεψιαδ]ῶν πρὸς μητρὸς.................... ἀρξάντ]ων τὰς αὐτὰ]ς ἀρ]χάς · ἀνεψι[αδοῦ Κ]υρίλλου........

1. Πόλις, sive Alexandrea, sive, ut vult Hogarth, Pachnemounis, Sebennyti inferioris caput.

1097. Kôm-Khanziri. — Hogarth, *Journ. of hellen. studies,* XXIV (1904), p. 10.

[T]ῇ γλυκυτάτῃ πατρί[δι] ¹ | Αὐρήλιος Διόσκορος (ὁ) καὶ Ἑλλάδ[ιος | ἐ]πί-
5 κλην Ἀκωρείτης ἄρξας [βο]υ|λευτὴς τῆς λαμπροτάτη[ς Ἀλ]ε‖ξανδρείας, καὶ
Διοσκόραιν[α ἡ κ]αὶ | Βησοδώρα ματρώνα στολ[άτα ἡ] | κρατίστη ². τέκνα Αὐρη-
10 λία[ς τῆς] Διοσ|κόρου, γενομένου ε[ὐθηνι]άρ|χου κοσμητοῦ ἐξηγητοῦ ‖ ὑπομνη-
ματογράφου | [β]ουλευτοῦ τῆς λαμπρο[τ]άτης πόλε[ω]ς [τῶν Ἀλε]|ξανδρέων
..... | ἐπ' ἀγα[θῷ].

1. Ἡ non τῇ lapidi inesse affirmat Hogarth. — 2. Matrona stolata, cui stolam habendi jus erat; cf. Marquardt, *Vie privée des Romains,* II, p. 217. Κρατίστη = egregia. Supplementa agnovit Wilcken, *Archiv für Pap.,* IV, p. 242.

1098. Schediae. — A. Schiff, *Inschriften aus Schedia (Festschrift für Otto Hirschfeld,* p. 374 et suiv. cum imagine p. 375). — Dittenberger, *Orient. gr. insc. sel.,* II, 672.

Ἔτους τρίτου ¹ | Αὐτοκράτορος Τίτου | Καίσαρος Οὐεσπασιανοῦ | Σεβασ-
5 τοῦ, ἐπὶ Γαίου ‖ Τεττίου Ἀφρικανοῦ | Κασσιανοῦ Πρίσκου ἡγεμόνος | ὠρύγη
Ἀγαθὸς Δαίμων | ποταμὸς ² ἐπὶ τὰ τρία στερεὰ ³ | καὶ ἐπὶ τὸ ἀρχαῖον ἀπε-
10 κατε‖στάθη ἕως τῆς πέτρας ³ καὶ | ἐτέθησαν παρ' ἑκάτερα τῶν τει|χῶν πλάκες
ἐπιγεγραμμέ|ναι δεκατέσσαρες.

1. Anno p. C. n. 80/81, ante diem XIII mensis Septembris quo Titus obiit. — 2. Ita Nilum Canopicum designari constat. Cf. Schiff, *loc. cit.,* p. 377-380; Daressy, *Les grandes villes de l'Égypte à l'époque copte, Rev. arch.,* 3ᵉ série, 1894 (XXV), p. 211. — 3. « In longitudinem, latitudinem, altitudinem », Dittenberger. Foucart autem mavult tam Τὰ τρία στερεά quam Πέτρας habere pro locorum nominibus, in ea regione omnibus notorum.

1099. Schediae. — Botti, *Bull. de la Soc. d'Alexandrie,* IV (1902), p. 45; Dittenberger, *Orient. gr. insc. sel.,* II, 673.

Anno VI Im[p. Domitiani] ¹ | Caesar. Aug. Germanic. | sub. G. Septimio Vegeto

T. I   **25**

5 **praef. Aeg.** | foditu est flumen Philagrianu ² ‖ at tria soldu ³ usque ad petras. |
Ἔτους ϛ' Αὐτοκράτ[ορος] | Καίσαρος [Δομι]τια[νοῦ] | Σεβαστοῦ Γερμανικοῦ |
10 ἐπὶ Γαίου Σεπτιμίου ‖ Οὐεγέτου ἡγεμόνος | ὠρύγη ποταμὸς | Φιλαγριανὸς ἐπὶ
τὰ | γ' στερεὰ ³ ἕως τῆς πέτρας.

1. Nomen Domitiani consulto erasum. Annus VI = 86/87 p. C. n. — 2. Flumen Phila-
grianum, id est canalis qui aquam Nili Alexandriam deducebat. Cf. Dittenberger, *loc. cit.*,
not. 5. — 3. Cf. supra, n. 1098, not. 3.

1100. Kôm-el-Gizeh. — Botti, *Bull. de la Soc. d'Alexandrie*, 1902, p. 53.

Τὸν κύριον ἡμῶν | Αὐτοκράτορα Καίσαρα | Γάιον Ἰούλιον Οὐῆρον | Μαξι-
5 μεῖνον ‖ Εὐσεβῆ Εὐτυχῆ | Σεβαστὸν | ἡ πόλις ¹ | διὰ τῶν ἀρχόντων | ἔτους
β' Ἀθὺρ ε' ².

1. Alexandrea, ut videtur. — 2. Anno 235 p. C. n. die ⅠⅠ mensis Novembris.

1101. Kôm-el-Gizeh. — G. Lefebvre, *Bull. de corr. hellén.*, XXVI (1902), p. 451; de
Ricci, *Archiv für Pap.*, II, p. 565, qui postea lapidem vidit. Ectypum dedit Daressy.

.....Λ]ευκίωι Ἀντωνίωι Πέδωνι | [παρὰ ...., Καίσ]αρος ἀπελευθέρου,
Κοαρτίωνος | ....[το]ῦ Μενελαίτου ¹ πλησίον τοῦ | ...... χαίρειν · [ἱ]ερὸν
5 Ἀφροδίσιον καὶ ἐργαστήρια ‖ ....ἀπὸ τῶν ἔνπροσθεν χρόνων μέχρι | [τῆς
νῦν ἡμέ]ρας · βουλόμενος δὲ προσκτίσαι | ....[ζ]υτοπόλιον ἐπ' εὐεργεσίαι
τοῦ | ......ωρηθῆναι ² καὶ τοῦτο εἶναι ἀτελές | ....

Videtur ea epistula esse Quartionis cujusdam, Aug. liberti, L. Antonio Pedoni missa
de restituto Aphrodisio et zythopolio aedificando. De libertis in Aegypto, cf. Strab., XVII,
1, 12 : παρέπονται δὲ τούτοις ἀπελεύθεροι Καίσαρος, etc.

1. Πλησίον τοῦ [Σαίτου] proposuit de Ricci. — 2. ΑΡΗΘΗΝΑΙ descripsit Jouguet.

1102. Xoi (Sakha). — Milne, *Journ. of hellen. studies*, XXI (1901), p. 275; de Ricci,
Archiv für Pap., II, p. 446, n. 70, ad ectypum photographicum.

[Ὑπὲρ] σωτηρίας [καὶ] | διαμονῆς τοῦ κυρίου | ἡμῶν Αὐτοκράτ[ορ]ος | Καί-
5 σαρος Μάρκου Αὐ[ρη]λίου ‖ [Κομμόδου] Ἀντω[νί]νου | Σεβαστοῦ Εὐσεβοῦ[ς
καὶ] τοῦ | σύνπαντος αὐτο[ῦ] οἴκου, | Νεμεσιανὸς Ἀρείου τοῦ Πο.......... |

10 Σωσικόσμιος ὁ καὶ Ἀλθαιεὺς ἔ[ναρχος] ‖ γυμνασίαρχος τῆς Ξοιτῶν πόλεως |
ἀνέθηκα τὸν ἀνδριάντα τοῦ Πολιέως | Σαράπιδος, ἐπιδοὺς εἰς τοῦτο μετὰ τὸ |
15 ἐξ ἔθους διδόμενον καὶ τὸ λοιπ[ὸν τὸ] | ἀναλωθὲν δαπάνημα ἐκ φιλοτιμίας ‖ ἐπὶ
[Ο]ὐ[ετ]ουρίου [Μακ]ρίνου [1] ἐπάρχου Αἰγύπτου, | ἐπιστρατηγοῦντος Αὐρη-
λίου Ἰάσονος, | στρατηγοῦντος Ἀρτεμιδώρου | ἔτους κα΄ Επεὶφ ι΄ [2].

1. Nomen praefecti erasum restituit P. M. Meyer, *Beiträge zur alten Gesch.*, I, p. 477.
Postea inspecto lapide vestigia nominis Οὐετουρίου vidit Th. Reinach. — 2. Die IV mensis
Julii anno p. C. n. 181.

1103. Prope Saim, hodie Sâ-el-Hajar. — *C. I. Gr.*, 4697.

Αὐτοκράτορα Καίσαρα | Μᾶρκον Αὐρήλιον Ἀντωνεῖνον | Σεβαστὸν Ἀρμε-
5 νιακὸν Μηδικὸν | Παρθικὸν Μέγιστον [1] ‖ ἡ πόλις [2] τὸν εὐεργέτην.

Titulus non ante mensem Martium anni p. C. n. 166 positus est, quo M. Aurelius Par-
thici Maximi nomen accepit.

1. Civitatem fuisse Naucratim contendit de Ricci (*Archiv für Pap.*, II, p. 430, ad. n. 86)
Sed fortasse πόλις nihil aliud vult atque μητρόπολις, ut saepe.

1104. Kôm-el-Hisn. — Milne, *Musée du Caire, gr. inscr.*, p. 21, n. 9228.

Αὐτοκράτορα Κ[αίσαρα] | Μᾶρκον Αὐρή[λιον] | Ἀντωνεῖ[νον] | Εὐσεβῆν
5 Εὐτυχῆ[ν Σεβαστὸν] [1] ‖ ἡ πό[λις] [2] διὰ Μάρκου Αὐρη[λίου.......]

1. Caracalla aut Elagabalus. — 2. Naucratis, ut vult de Ricci, cf. tamen supra,
n. 1103, not. 1.

1105. Naucrati. — G. Lefebvre, *Bull. de corr. hellén.*, XXVI (1902), p. 432, n. 14; de
Ricci, *Archiv für Pap.*, II, p. 565, n° 120. Ectypum habuimus.

L. Larteus | Luci Pullea [1], | aue. | Λούκει(ος) Λάρτιος Λουκεί(ου) Πολλίᾳ,
χαῖρε.

1. Pollia tribu.

1106. Naucrati. — E. A. Gardner, *Naukratis*, II, p. 68, n. 15. Contulit de Ricci in museo Britannico.

...... Ἀ]μμωνίου συν[αγωγ]ός | .... [τῇ σ]υνόδῳ Σαμβαθικῇ | ......
[Καί]σαρος Φαμενὼθ ζ' ¹.

1. Die III mensis Martii.

1107. Loco dicto Mendes (Sembellaouin). — *Rev. arch.*, 1883 (I), p. 207; Botti, *Rivist. Egiz.*, V (1893), p. 245. Milne, *Journ. of hellen. studies*, 1901, p. 291. Contulit de Ricci in museo Sangermanensi.

T. Αὐρήλιος Καλπουρνιανὸς Ἀπολλωνίδης ¹ | χιλίαρχος λεγιῶνος ιδ' Γεμί-
νης, χιλ(ίαρχος) λεγ(ιῶνος) | ιγ' Γεμίνης, ἐπίτροπος Γαλλίας Ἀκουιτανικῆς |
5 ἐπὶ κήνσων, ἐπίτροπος Μυσίας τῆς κάτω, ἐπί(τροπος) ‖ Θράκης, ἐπί(τροπος)
Δελματίας, ἐπί(τροπος) Αἰγύπτου ἰδίου | λόγου, | ζήσας ἔτη νε'.

1. Cf. *Prosopogr. imp. rom.*, I, p. 197. Ejusdem hominis titulum acephalum habes Niceae Bithyniae; cf. infra, vol. III, n. 41. « Fuit non ante Divos fratres. »

1108. Leontonpoli (Tell-Moqdam). — Milne, *Musée du Caire, gr. inscr.*, p. 52.

Ἄννις Μάρκου ἐτῶν μ' | ἔτους κα' Καίσαρος ¹ | Ἐπεὶφ κδ' · | φιλ(ό)τεκνε
χαῖρε.

1. Anno a. C. n. 9, die mensis Julii XVIII.

1109. Mahemdieh. — Clédat, *Comptes rendus de l'Acad. des Inscr.*, 1903, p. 608. Ectypum dedit idem.

Ὑπὲρ Αὐτοκράτορος Καίσαρος Θεοῦ υἱοῦ Σεβαστοῦ καὶ | Λειουίας Σεβαστοῦ
καὶ Γαίου Καίσαρος καὶ Λευκίου Κ|αίσαρος τῶν υἱῶν τοῦ αὐτοκράτορος καὶ
5 Ἰουλίας | τῆς θυγατρὸς τοῦ αὐτοκράτορος καὶ Γαίου Τουρ‖ρανίου ἐπάρχου τῆς
Αἰγύπτου ¹ Κόιντος Κόρουι|ος Κοίντου υἱὸς Φλάκκος ἐπιστρατηγήσας Θη|βαΐδος
δικαιοδοτῶν Πηλουσίωι τ[ὸ]ν θρόνον | καὶ τὸν βωμὸν ἀνέθηκε ἔτους κς' Καί-
σαρος Τύβι ιγ' ².

1. De C. Turranio cf. Cantarelli, *Prefetti di Egitto*, p. 19. — 2. Anno a. C. n. 4, die VIII
mensis Januarii.

1110. Memphi, ad androsphingen. — *C. I. Gr.*, 4699; cf. *additamenta*, p. 1187; Dittenberger, *Orient. gr. insc. sel.*, II, 666.

Ἀγαθῇ Τύχηι. | Ἐπεὶ [Νέρων] ¹ Κλαύδιος Καῖσαρ Σεβαστὸς | Γερμανικὸς Αὐτοκράτωρ, ὁ ἀγαθὸς δαίμων τῆς | οἰκουμένης, σὺν ἅπασιν οἷς εὐεργέτησεν
5 ἀγα‖θοῖς τὴν Αἴγυπτον τὴν ἐναργεστάτην πρόνοι|αν ποιησάμενος ἔπεμψεν ἡμεῖν Τιβέριον Κλαύδι|ον Βάλβιλλον ² ἡγεμόνα, διὰ δὲ τὰς τούτου χά|ριτας καὶ εὐεργεσίας πλημυροῦσα πᾶσιν ἀγαθοῖς ἡ | Αἴγυπτος, τὰς τοῦ Νείλου δωρεὰς ἐπαυξο-
10 μέ‖νας κατ᾽ ἔτος θεωροῦσα, νῦν μᾶλλον ἀπέλαυ|σε τῆς δικαίας ἀναβάσεως τοῦ θεοῦ ³, ἔδοξε | τοῖς ἀπὸ κώμης Βουσείρεως ⁴ τοῦ Λητοπολεί|του παροικοῦσι ταῖς
15 πυραμίσι καὶ τοῖς ἐν αὐτῷ | καταγεινομένοις τοπογραμματεῦσι καὶ κω‖μογραμματεῦσι ψηφίσασθαι καὶ ἀναθεῖναι | στήλην λιθίνην παρὰ [τῷ μεγίστῳ θεῷ Ἡλί]ῳ Ἀρμάχει ⁵, ἐκ τῶν ἐνκεχαρα[γ]μένων ἀγα|θῶν [δηλοῦσα]ν τὴν πρὸς αὐτοὺς εὐεργεσίαν | ἐξ ὧν ἐπι[στήσονται καὶ τὴν αὐτοῦ πρὸς ὅλην τὴν |
20 Αἴγυπτον καλοκἀ[γαθίαν πάντες. Ἀρμά]ζει γὰρ τὰς ἰσοθέους αὐτοῦ χάριτας ἐνεστη|λωμένας ⁶ τοῖς ἱεροῖς γράμμασιν αἰῶνι μνημο|νεύεσθαι παντί. Παραγενό-
25 μενος γὰρ ἡμῶ[ν] | εἰς τὸν νομὸν καὶ προσκυνήσας τὸν Ἥλιον ‖ Ἀρμ̣αχ̣ι̣ν̣ ἐπόπτην καὶ σωτῆρα τῇ τε τῶν πυραμί|[δ]ων μεγαλειότητι καὶ ὑπερφυΐᾳ τερφθείς, | θε[α]σάμενό[ς] τε πλείστης ψαμμοῦ διὰ τὸ μῆκος | τοῦ χρόνου . πει...εον.... [γράμ]ματα πρῶτος | εἰς [τ]ὸ[ν θ]εὸν [Σεβαστὸν....] ....κω
30 θήρα‖ς̣ το.......ποι ὑπ........αστην | ....ιεν ....ίτου | ......την | ....θευ..........π | [....ἔτους.. Νέρωνος] Κλαυδίου Καίσαρος Σεβασ-
35 το]ῦ ‖ [Γερμανικοῦ Αὐ]το[κράτορος.......

1. Nomen Neronis antiquitus erasum est. — 2. Ti. Claudius Balbillus Aegyptum rexit anno p. C. n. 55. De eo cf. *Prosop. imp. rom.*, I, p. 360, n. 662. — 3. I. e. Nili. — 4. Hodie Abusir. De graecis ibi antiquitus habitantibus notum est. Cf. U. Wilamowitz-Möllendorff, *Timotheos*, p. 2. — 5. Celeberrimus deus Horemakhouti cujus androsphinx est imago (cf. Maspero, *Hist. anc. des peuples de l'Orient*, I, p. 247): quem cum idem sit ac sol, Graeci Ἥλιον vel Apollinem appellant. — 6. ΕΝΕΣΤΗΛΕΙ|ΖΩΜΕΝΑΣ traditur.

1111. Memphi. — W. H. D. Rouse, *Journal of hellen. studies*, XII (1891), p. 384; Dittenberger, *Orient. gr. insc. sel.*, II, 704.

Θεᾷ μεγίστῃ | Εἴσιδι ἐν Μαλάλι ¹ | Εἰσίδωρος | Πιαθρήους κατεσκεύασεν ‖

5 ἐκ τοῦ ἰδίου εὐσεβείας χάριν | ἐπ᾿ ἀγαθῶι, | ἔτους ιθ᾿ Αὐτοκράτορος Καίσαρος Τίτου | Αἰλίου Ἀδριανοῦ Ἀντωνίνου Σεβαστοῦ | Εὐσεβοῦς Φαῶφι ²...

1. Locus ignotus. — 2. Mense Octobri anni p. C. n. 155.

1112. Memphi, ad androsphingem. — *C. I. Gr.*, 4701.

Ἀγαθῆι τύχηι | ἔτους ς᾿ Ἀντωνείνου | καὶ Οὐήρου τῶν | κυρίων αὐτοκρα-
5 τόρων, ‖ ἡγε[μονεύ]οντος Φλ. | Τιτιανοῦ ¹, ἐπιστρατηγοῦν|τος Λουκκηίου Ὀφελ-
10 λιανοῦ, | ² στρατηγοῦντος τοῦ νο|μοῦ Θέωνος ³, ἀπο‖κατέστησεν ⁴ τὰ τί|χη ἐπ᾿ ἀγαθῶι | Παχὼν ιε᾿ ⁵.

1. Cf. *Prosop. imp. rom.*, II, p. 77, n. 257. — 2. Epistrategus regionis Deltanae; cf. Wilcken, *Griech. Ostraka*, I, p. 428. — 3. Vide ne fuerit idem strategus Oxyrhinchitis nomi anno 179 (Grenfell et Hunt, *Oxyrh. papyri*, I, n. 76, p. 139). — 4. Potius ἀποκα-τεστάθη. — 5. Dies x mensis Maii, anno p. C. n. 166.

1113. Memphi ad androsphingem. — *C. I. Gr.*, add. 4701 b.

Ὑπὲρ αἰωνίου νείκης καὶ διαμονῆς | τῶν κυρίων αὐτοκρατόρων, | [Λ. Σε]πτι-
5 μίου Σεουήρου Εὐσεβοῦς | Περτίνακος Ἀραβικοῦ Ἀδιαβηνικοῦ Παρθικοῦ ‖ Μεγίσ-
του καὶ Μ. Αὐρηλίου Ἀντωνείνου Σεβαστῶν | [καὶ Λ. Σεπτιμίου Γέτα ἐπιφα-
νεστάτου Καίσαρος ¹] καὶ Ἰουλίας | Δόμν[η]ς Σεβαστῆς μητρὸς στρατοπέδων
τὸ στρῶμα | [............ χρό]νῳ ² διαφθαρὲν ἀποκατεστάθη | [ἐπὶ............]
10 νου ³ ἐπάρχου Αἰγύπτου, ἐπιστρατηγοῦντος ‖ .... Ἀρρίου Οὐίκτορος, στρατη-
γοῦντος .... ἔτους η᾿ ⁴.

1. Nomina Getae antiquitus deleta. — 2. [τοῦτο τῷ μακρῷ χρό]νῳ supplevit Letronne; « sed videtur excidisse τοῦ ναοῦ vel simile quid » Franz. — 3. Forsitan [ἐπὶ Αἰμιλίου Σατουρν[ί]νου; hic enim praefecturam Aegypti gerebat anno 197, mense Julio (*Berlin. gr. Urkunden*, II, 15, 1). — 4. Anno 199/200 p. C. n.

1114. Memphi. — Miller, *Mél. d'arch. égypt.*, I (1872), p. 52. Ectypum misit Botti.

Φιλέρως προστατήσας | τὸ ιγ᾿ ἔτος Καίσαρος ¹ ἀνέθηκε | Ἡρακλείδην τὸν

5 ἐα(υ)τοῦ | πάτρωνα καὶ εὐεργέτην ‖ τοῖς νέμουσι τὴν σύνο[δον] ἔτους ιγ´ Καίσαρος Μεχεί[ρ..

1. Anno 17 ante C. n., mense Februario.

1115. In Socnopaei insula. — Milne, *Musée du Caire, gr. inscr.*, p. 40, n. 9287.

Ἔτους ια´ Τιβερίου Κλαυδίου Καίσαρος | Σεβαστοῦ Γερμανικοῦ | Αὐτοκρά-
5 τορος Χοίαχ ς´ [1] | Στοτουήτιος Ἁρπαήσιος ἀνέθηκεν ‖ τοῖς Διοσκόροις ὑπὲρ αὐτοῦ ἐπ´ ἀγαθῷ.

1. Anno 50 p. C. n. die II mensis Decembris. — 2. De Dioscuris in Aegypto, cf. *Bull. de corr. hellén.*, XXVII (1903), p. 344.

1116. In Socnopaei insula. — G. Milne, *Musée du Caire, gr. inscr.*, p. 28, n. 9202; Dittenberger, *Orient. gr. insc. sel.*, II, n. 655. Contulimus.

Ὑπὲρ Καίσαρος Αὐτοκρά|τορος Θεοῦ ἐκ Θεοῦ [1] ἡ οἰκοδομὴ | τοῦ περιβόλου
5 τῷ θεῶι καὶ κυρίῳ Σοκνοπαίωι [2] παρὰ τῶ(ν) ἐκ Νείλου ‖ πόλεως [3] προβα-
τοκτηνοτρόφ[ω]ν [4] | καὶ τῶν γυναικῶν καὶ τῶν τέκν|ων εὐχὴν, ἔτους ς´
Καίσαρος Φαμ(ενὼθ) κ´ [5].

1. Caesar Divi f. Augustus. — 2. Nomen divi Crocodili quem colebant in vico; De Socnopaio cf. Krebs, *Zeitschrift für Aeg. Sprache*, 1893 (XXXI), p. 31. — 3. Νειλούπολις oppidum non longe a Dimeh situm, cf. E. Wessely, *Topogr. des Faijum*, p. 110-111; Grenfell et Hunt, *Tebtun. Pap.*, II, p. 391. — 4. προβατοκτηνοτροφην in lapide. Videtur intelligendum eosdem viros προβάτων ποιμένας fuisse et κτηνοτρόφους. De κτηνοτρόφοις cf. Rostowzew, *Archiv für Pap.*, III, p. 219 et sqq. — 5. Die XVI mensis Martii anno a. C. n. 24.

1117. In Socnopaei insula? — E. Brugsch, *Geographische Inschr.*, I, p. 137; Lumbroso, *Documenti greci del Museo Egizio di Torino*, p. 40; cf. *Recherches*, p. 134.

Ὑπὲρ Αὐτοκράτορος Καίσαρος | Θεο[ῦ] [1] υἱοῦ Δι[ὸς] Ἐλευθερίο[υ] [2] Σεβασ-
τ[ο[ῦ], Ποπλίου Ὀκταουίου [3] ὄντος ἐπ[ὶ τ]|ῆς [4] Αἰγύπτου, τὸ πλῆθος τῶν ‖
5 ἀπὸ τοῦ Ἀρσινοείτου καθαρο|υργῶν [5] καὶ πλακουντοποιῶν | Ἡρακλείδην

Σοχώτου προστ|άτην ⁶ τοῦ λβ΄ ἔτους Καίσαρος στήλην καὶ [ε]ἰκόνα [λιθί-
10 ν]ην ⁷ διὰ βί|ου, ἔτους λβ΄ Καίσαρος, ‖ Μεχὶρ κε΄ ⁸.

1. ΘΕΟΝ traditur. — 2. ΔΙΑΕΛΕΥΘΕΡΙΟΝ traditur. Augustus Ζεὺς Ἐλευθέριος audit
in Aegypto, cf. C. I. Gr., 4715, infra n. 1162. — 3. P. Octavius praefectus Aegypti
anno 1/3 p. C. n., cf. Prosopogr. imp. rom., II, p. 425, n. 10. — 4. ΕΠ|ΠΗΣ traditur. —
5. Καθαρουργοί = qui καθαροὺς ἄρτους faciunt, Lumbroso. — 6. Sc. τῆς συνόδου τῶν καθαρουργῶν καὶ τῶν πλακουντοποιῶν. — 7. Traditur ΝΟΡΗΗΝ. Correxit Lumbroso. — 8. Die
xix mensis Februarii anno p. C. n. 3.

1118. In Socnopaei insula. — Milne, Musée du Caire, gr. inscr., p. 10, n. 9242; Dittenberger, Orient. gr. insc. sel., II, 664. Descripsimus. Contulit de Ricci.

Λούσιος [Γέτας] ¹ Κλαυδίωι Λυσα|νία ² στρατηγῶι Ἀρσινοείτου | χαίρειν ·
5 τὸ ὑπογεγραμμένον | ἔκθεμα πρόθες ἐν οἷς καθήκει ‖ τοῦ νομοῦ τόποις ·ἵνα
πάντες | εἰδῶσι τὰ ὑπ᾽ ἐμοῦ κελευόμενα. | Ἔρρωσο. |
10 Λούκιος Λούσιος [Γέτας] λέγει · | ἐπεὶ Ἀρσινοείτου ἱερεῖς θεοῦ ‖ Σοχνοπαίου ³
ἐνέτυχόν μοι | λέγοντες εἰς γεωργίας ἄγεσθαι, | τούτους μὲν ἀπολύω<ι> ·
15 ἐὰν | δέ τις ἐξελεγχθῆι τὰ ὑπ᾽ ἐμοῦ | ἅπαξ κεχριμένα ἢ προστα|χθέντα κεινή-
σας ἢ βουληθεὶς | ἀμφίβολα ποιῆσαι, κατ᾽ ἀξίαν | ἢ ἀργυρικῶς ἢ σωματικῶς |
20 κολασθήσεται. Ἔτους ιδ΄ Τιβερίου | Κλαυδίου Καίσαρος Σεβαστοῦ ‖ Γερμανικοῦ
Αὐτοκράτορος | Φαρμοῦθι γ΄ ⁴.

1. L. Lusium Getam agnovit de Ricci (Rev. arch., 1899, XXXV, p. 428 et suiv.). Cognomen Geta erasum est tertio p. C. n. saeculo post damnatam Getae imperatoris memoriam. L. Lusius Geta, praefectus praetorio an. 48, « praetorianorum cura exsolutus »
jubente Agrippina an. 52 (Tac. Ann., XII, 42), Aegyptum regendam tunc accepit. Cf. de
eo viro Prosop. imp. rom., II, p. 308, n. 322. — 2. Strategum habemus τῆς Ἡρακλείδου
μερίδος in qua Σοχνοπαίου νῆσος sita erat vel potius totius nomi, cui primo p. C. n. saeculo
ineunte unus strategus praefuisse videtur. — 3. Cf. supra n. 1116, n. 2. — 4. Die
xxix mensis Martii anno p. C. n. 54.

1119. Caranide, supra unam ex portis templi. — Grenfell, Hunt et Hogarth, Fayûm
Towns, p. 33, n. 2; Dittenberger, Orient. gr. insc. sel., II, 667. Contulit de Ricci.

Ὑπὲρ [Νέρωνος] ¹ Κλαυδίου Καίσαρος Σεβαστοῦ | Γερμανικοῦ Αὐτοκράτορος
καὶ τοῦ παντὸς αὐτοῦ οἴκου | Πνεφερῶτι καὶ Πετεσούχωι ² θεοῖς μεγίστοις,

5 ἐπ<ε>ὶ Ἰουλίου | Οὐηστίνου τοῦ κρατίστου ἡγεμόνος [3], ἔτους ζ΄ ἱεροῦ [4] ‖
Κλαυδίου Καίσαρος Σεβαστοῦ Γερμανικοῦ [Α]ὐτοκράτορος Επεὶφ ιγ΄ [5].

1. Nomen Neronis, antiquitus erasum, certo restituitur. — 2. De deo Petesoucho, cf. Strack., *Die Dyn.*, p. 270, n. 154. Πετεσοῦχος nuncupatur divus Crocodilus. — 3. Cf. infra nn. 1124 et 1125. — 4. Nomen Νέρωνος olim scriptum postea erasum est : in litura ἱεροῦ additum quasi de Claudio principe ageretur. — 5. Die vii mensis Julii, anno p. C. n. 61.

1120. Caranide supra unam ex portis templi. — Grenfell, Hunt et Hogarth, *Fayûm Towns*, p. 33, n. 3; Dittenberger, *Orient. gr. insc. sel.*, II, 671, qui supplevit. Contulit de Ricci, de lectione dubitans.

Ὑπὲρ Αὐτοκράτορος Καίσαρος Οὐεσπασιανοῦ Σεβαστοῦ καὶ τοῦ παντὸς |
αὐτοῦ οἴκου Πνεφερῶτι καὶ Πετεσούχωι [1] καὶ τοῖς συννάοις θεοῖς μεγίστοις | τὸ διπνητήριον ιγ΄ τραπ[εζῶν] Ε[ὐ]φρέ[ας ....]άρχο[υ] ὁ [β]ουλ[ευτὴς ....] ομι. χρυ. | ελυ....γ..ν..ευε, ἡγουμένου Τατί(ου), ἀ[γα]θῆι τύχηι, ἔτους ια΄ ['Ε]πεὶφ ιε΄ [2].

1. Cf. nn. 1119 et 1121. Qui fuerit Pnepheros dubium est. — 2. Mense Augusto, die ix, anni 79 p. C. n.

1121. Caranide, supra unam ex portis templi. Grenfell, Hunt et Hogarth, *Fayûm Towns*, p. 34, n. 4; Dittenberger, *Orient. gr. insc. sel.*, II, 710.

Ὑπὲρ Αὐτοκράτορος Καίσαρος Μάρκου Αὐρη[λ]ίου Κομόδου | Ἀντωνίνου Καίσαρος τοῦ κυρίου Εὐτυχοῦς Εὐσεβοῦς Σεβαστο[ῦ] | ἔτους [λ΄] [1], Ἐπεὶφ.. [2] Πετεσούχῳ [3] θεῷ μεγάλῳ καὶ Πνεφερῶτι τὸ π[ρ]οπύλα[ιον] | χρόνῳ [διαρθαρὲ]ν ἀνώρθωσεν ἐκ τοῦ ἰδίου Ἀπολλώνιο[ς] [3] ἐπ' ἀγαθῶι.

1. Traditur Α. Correxit Hogarth. Nam Commodi imperantis anni in Aegypto numerari solent a patris M. Aurelii imperii initio, id est ab anno 161 (vii Martii mensis); tricesimus ergo annus. erit 186/190 p. C. n. — 2. Mense Julio anni p. C. n. 190. — 3. Cf. nn. 1119 et 1120. — 4. Vide an sit idem ac Ἀπολλώνιος σιτολόγος ex titulo in eodem vico reperto notus.

1122. Theadelphiae. — Grenfell, Hunt et Hogarth, *Fayûm Towns*, p. 54 et pl. 8; de Ricci, *Archiv. für Pap.*, II, p. 439, n. 45.

5 Διπνητήριον πρ|εσβυτέρων γερ|δίων [1] ἐπὶ Νεφερῶ|τος τοῦ Κεφαλᾶ‖τος φρον-

τίστου ². | Ἥρων ἔγραψεν ἐ|π᾽ ἀγαθῶι ἔτους ιβ᾽ Τραιανοῦ Καίσαρος | τοῦ κυρίου
[Φ]αρμοῦ|[θ]η ϛ᾽ ³.

1. Cf. οἱ πρεσβύτεροι τῶν ὀλυροκόπων, in titulo aetatis ptolemaicae juris publici facto a Strack, *Zeitschrift für die neutestamentliche Wissenschaft*, 1903, p. 223 et sqq. — 2. Intellige, φροντίστου τῆς συνόδου. — 3. Mense Aprili die I anni p. C. n. 109.

1123. Haouarah, in Labyrintho. — Miller, *Journal des Savants*, 1879, p. 486.

5   Σαβεῖνος | ζωγράφος | ἐτῶν | κϛ᾽ ‖ εὐψύχως.

1124. In vico Talit. — Petrie, *Illahun, Kahun and Gurob*, p. 30, pl. XXXII; Dittenberger, *Orient. gr. insc. sel.*, 668.

Νέρωνι ¹ Κλαυδίωι Καίσαρ[ι] | Σεβαστῶι | Γερμανικῶ[ι] | Αὐτοκράτορι τῶι
5 σω‖τῆρι καὶ εὐεργέτηι τῆ[ς] | οἰκουμένης ἡ πόλις | Πτολεμαίεων ² διὰ τῶ[ν] |
10 ἐξαγισγιλίων τετρ[ακο]|σίων ἑβδομήχ[οντα ³ καὶ] ‖ οἱ τῶι β᾽ ἔτει Θεοῦ Τ[ιβερίου] |
Κλαυδίου Καίσαρ[ος Σεβαστοῦ] | Γερμανικοῦ Αὐτοκρά[τορος] | ἐφηβευκότες ⁴
15 πάν᾽τες?] | ἐ[π]ὶ Λευκίου Ἰουλίου [Οὐησ‖τίνου τ]οῦ ἡγεμόνος ⁵, ἔτους ζ᾽ [Νέρωνος] | Κλαυδίου Καίσαρος [Σεβαστοῦ] | Γερμανικοῦ Αὐτο[κράτορος] | ⁶.

1. Nomen non erasum. — 2. Titulos in vico Talit Arsinoitis nomi repertus, cujus oppidi nomen cum nunquam fuerit Ptolemais sed Ταλῖθις, lapidem non in situ inventam puta. Utrum autem Ptolemaidem Euergetidem hic habeas, urbem satis magnam et secundo ante C. n. saeculo metropolim provinciae (Grenfell et Hunt, *Tebtunis*, I, p. 411), an Ptolemaidem Hermiu praeclaram Thebaidis civitatem (cf. Grenfell et Hunt, *Fayûm Towns*, p. 12; cf. Wessely, *Topographie des Faijum, Arsinoites nomus, Denkschriften der Wiener Akad.*, L, p. 27) dubitare potes. Cf. tamen not. 3. — 3. Intellige eos 6470 viros qui de ea re in suffragium iverunt. Qui vero sint nos docet charta papyracea a Wessely edita (*Studien zur Palãogr. und Papyrusk. IV*, p. 13, col. 6, 370) : ..... ἐσχηκὼς τὴν Ἀλεξανδρέων πολιτείαν, [......] ὡς ἐκ τοῦ ἀριθμοῦ τῶν ἑξακισχιλίων τετρακοσίων ἑβδομήκοντα πέντε, etc.; unde docemur, ut Alexandreae 6475 viros, ita Ptolemaide 6470 ejusdem ordinis fuisse; ideoque Ptolemais nostra, Alexandreae fere par, eadem atque Ptolemais Thebaidis potius putanda est. — 4. De ephebis in Aegypto cf. F. Preisigke, *Städtisches Beamtwesen*, p. 61. — 5. L. Julius Vestinus Aegypto praefuit annis 59/61. Cf. Cantarelli, *Prefetti di Egitto*, p. 31. — 6. Anno 60/61 p. C. n.

1125. Loco incerto in Aegypto inferiore. — Botti, *Musée d'Alexandrie*, n. 2490, p. 146, Ectypum misit idem.

....καὶ οἱ] τῶι ιβ᾽ (ἔτει) | [Τιβ. Κλαυδίου Καίσαρος Σεβ]αστοῦ | [Γερμανικοῦ ¹

5 ἐφηβευκό]τες | [πάντες] ἐπὶ Λ. Ἰουλίου Οὐηστίνου ‖ [τοῦ ἡγεμόνος ² ἔτους ζ' (?)
Νέρω]νος | [Κλαυδίου Καίσαρος Σ]εβαστοῦ | [Γερμανικοῦ αὐτοκρά]τορος |
.....Σεβα]στῆι.

Supple, ut vidit de Ricci, ad titulum praecedentem, cujus etiam hunc partem fuisse
conjecit (*Archiv für Pap.*, II, p. 434, n. 25), non recte.

1. Anno p. c. n. 51/52. — 2. Cf. n. 1124, n, 5.

1126. In vico Talit. — Petrie, *Illahun, Kahun and Gurob.*, pl. XXXII; de Ricci, *Archiv
für Pap.*, II, p. 438, n. 38, qui descripsit.

a. In una parte :

[Αὐτοκρ]άτ[ορι] Καίσα[ρι]... | ...χης και... | ...νεπωτ ?.. | ... ἡ πόλις
5 Πτο[λεμαιέων]... ‖ ......]ου.

b. Ab altera :

10 ......[Κ]αισ‖[αρ........... | ......το... | ...ορου.... ‖ ....ην κα.... [ἔτους ...
Αὐτοκράτορος | Καίσ]αρο[ς Δομι]τιανοῦ Σε[βαστοῦ...

1127. Lapis inventus, ut videtur, in regione Fayum postea Hierosolymam advectus. —
Clermont-Ganneau, *Archeological researches in Palestine during the years 1873-1874*,
p. 502 et *Recueil d'archéologie orientale*, III, 1889; de Ricci, *Archiv für Pap.*, II, p. 433,
n. 22, ad ectypum.

...ιος............ | [Γ.] Ἰούλιος Ἀσ[ινιανὸς] ¹ .... | καὶ στρατηγὸς
5 Ἀρ[σινοί]|του νομοῦ ἔτους ϛ' Νέρ[ωνος Κλαυδίου] ‖ Καίσαρος Σεβαστοῦ Γερ[μα-
νικοῦ | [Α]ὐτοκράτορος μηνὸ[ς | Σεβα]στοῦ ις' Σεβα[στῆ ².

Supplementa quae proposuerunt Wilcken et de Ricci recepimus.

1. C. Julius Asinianus strategus Arsinoiti nomi an. 57 p. C. n. Cf. *Berlin. gr. Urkunden*,
n. 181. — 2. Anno 59 die XII mensis septembris.

1128. Acori. — G. Lefebvre et L. Barry, *Annales du service des Antiquités*, VI (1905),
p. 149.

5 Αὐρήλιος | Μάγνος | τὴν Ἄχω|ριν ¹ πράξας ‖ τῷ καλῷ | Ἄμμωνι | εὐχαρισ-
10 τήσας | σὺν τῇ συμβίῳ | καὶ τῷ υἱῷ ‖ ἀνέθηκεν.

1. Hodie Tehneh.

1129. Acori. — G. Lefebvre et L. Barry, *Annales du service des Antiquités*, VI (1905), p. 151.

Θεῷ Ἄμμωνι μεγίστ[ῳ] | Διοσκούρους σωτῆρας | Χαρικλῆς ναύαρχος | στόλου
5 Σεβ(αστοῦ) Ἀλεξανδρίνου ‖ ὑπὲρ τοῦ τέχνου | καὶ τῆς συμβίου | εὐξάμενος |
ἀνέθηκεν | ἔτους η′ Μεχεὶρ ιθ′.

1130. Acori. — G. Lefebvre et L. Barry, *Annales du service des Antiquités*, VI (1905), p. 150, n. 4.

5 Ἄμμωνι | θεῷ μεγίστῳ | Αὐρήλιος | Ἀλέξανδρος ‖ τριήραρχος [1] | ἔτους ε′
Θὼθ θ′.

1. Intellige στόλου Ἀλεξανδρίνου.

1131. Acori. — G. Lefebvre et L. Barry, *Annales du service des Antiquités*, VI (1904), p. 150, n. 3.

5 Ἀγαθῆι τύχηι | Ἄμμωνι | πλουτοδότῃ | θεῷ ἐπιφανεῖ ‖ Ἐρέννιος | Στράτων |
10 τριήραρχος [1] | σὺν τῷ υἱῷ | Ἐρεννίῳ ‖ ὑπὲρ εὐχαριστίας | ἀνέθηκεν | ἐπ' ἀγαθῶι |
ἔτους ϛ′ Φαμενὼθ ιζ′.

1. Intellige στόλου Ἀλεξανδρίνου.

1132. Acori. — G. Lefebvre, *Bull. de corr. hellén.*, XXVII (1903), p. 343.

Ἀγαθῆι τύχηι. | Ἄμμωνι καὶ Σούχωι | καὶ τοῖς συννάοις θε|οῖς μεγίστοις,
5 Κέλλου‖θος Πετεχῶντος καὶ | Σαραπίων Κελύλιος καὶ | Πετεσοῦχος Θέωνος |
10 ἀνέθηκαν εὐσεβείας | χάριν, ἐπ' ἀγαθῶι ‖ ἔτους ιε′ Αὐρηλίου Ἀντωνίνου
Καίσαρος [1] τοῦ κυρίου | Ἀθὺρ κε′.

1. Die XXI mensis Novembris, anno p. C. n. 174.

1133. Acori. — G. Lefebvre, *Annales du service des Antiquités*, VI (1905), p. 152, n. 11. Ectypum habuimus.

[Ἀ]γαθῆι τύχηι | [Ἄμμ]ωνι καὶ Σούχωι | [καὶ τοῖς] συννάοις θεοῖς μεγίστοις |
5 [Με]λίδωρος ὁ καὶ Ἀμμώνιος Ἡρακλει‖[δου] Ἡρακλείδου Σωσικόσμιος ὁ καὶ

Ζήνι|[ος] δύο ἀνδριάντας ἀνέθηκεν διὰ|[...]ωνος υἱοῦ ἐπ' ἀγαθῶι διὰ τῶν ἀπο|[δειχθέντ]ων ὑπ' αὐτοῦ Ἀμμωνίου κ(αὶ) Ἡφαιστίωνος καὶ | [...]ᾶτος ἀποκα-
5 ταστῆσαι ἔτους ια΄ Αὐρηλίου Ἀντωνίνου ‖ Καίσαρος τοῦ κυρίου Μεχεὶρ ι΄¹.

1. Anno p. C. n. 174, die IV mensis Februarii.

1134. Acori. — G. Lefebvre et L. Barry, *Annales du service des Antiquités*, VI (1905), p. 154, n. 22.

[Ἔτους ϛ΄] καὶ ε΄¹ τῶν κυρίων ἡμῶν Διοκλητιανοῦ | καὶ Μαξιμιανοῦ Σεβασ-
τῶν, ἀνῆλθεν εἰς τὸ ἱερὸν | Σούχου καὶ Ἄμμωνος καὶ Ἑρμοῦ καὶ Ἥρας
5 καὶ τῶν | [συν]νάων θεῶν [μεγίστ]ων τὸ ἐπ[αγαθ]ὸν γόνιμ[ον] ‖ νέον ὕδωρ σὺν
τῇ καρπ[οφό]ρ[ῳ γ]αίῃ μετὰ πά|σης χαρᾶς καὶ ἰλαρίας, ἐπὶ Διδύμου ἱερέως |
θρησκεύοντος < θρησκεύοντος > .....|..... Μεσορὴ ιβ΄, ὥρᾳ πρώτῃ ἡμέ|ρα[ς]
ἐπ' ἀγαθῷ.

1. Anno p. C. n. 290, mense Augusto.

1135. Acori. — G. Lefebvre et L. Barry, *Annales du service des Antiquités*, VI (1905), p. 152, n. 12.

5 .....[θε]|οῖς [με]γίσ(τοις) | Ἀμμώνιος ὁ | καὶ Τοθῆς εὐσ¹[...] ‖ [τ]οῦ Ἀπολλω-
νίο[υ] | [Ἀλ]εξάνδρου ἀν(έθηκεν) | [εὐσ]εβίας χάρι|[ν ἐπ' ἀγα]θῷ | [ἔτους..
10 Αὐ]ρηλίου Ἀν‖[τωνίνου τ]οῦ κυ|[ρίου ².....

1. Delendum; coeperat lapicida, εὐσεβείας χάριν scribere. — 2. M. Aurelius aut Caracalla.

1136. Acori. — G. Lefebvre et L. Barry, *Annales du service des Antiquités*, VI (1905), p. 151, n. 8. Ectypum habuimus.

Ἀγαθῆι τύχηι | θεοῖς πατρώοις | ὑπὲρ σωτηρίας [Μ]ά[ρ|κ]ου Αὐρ[ηλ]ίου
5 [Σεουήρου]¹ ‖ Ἀντωνίνου Σεβαστοῦ | Εὐσεβοῦς Παυστρις | Τοθήους καὶ
10 Παμοῦνις | υἱὸς καὶ Τοθῆς Τοθήους | τὸν ἀνδριάντα Σούχο[υ] ‖ μεγάλου ἐπ'
ἀγαθῶ[ι] | ἔτους κε΄ Ἀθὺρ κθ΄.

1. Nomen consulto deletum. — 2. Anno 216 p. C. n. die XXVI mensis Novembris.

1137. Acori. — G. Lefebvre et L. Barry, *Annales du service des Antiquités*, VI (1905), p. 151, n. 9 et 10.

5 Ἀγαθῇ τύχῃ | Ταμῶνις Ὠρίω|νος καὶ Πετεμοῦ|νις νεώτερος Πε‖τεσούχου
10 ἀνὴρ | ἀνέθηκαν | εὐσεβείας χάριν | ἐπ' ἀγαθῷ | ἔτους κγ´ Ἀντωνίνου ‖ Καίσαρος
τοῦ κυρίου | Παῦνι α´ ¹.

1. Anno 215 p. C. n. die xxvi mensis Maii.

1138. Acori. — Sayce, *Rev. des Et. gr.*, II (1889), p. 176, et *Proceedings of the Soc. of bibl. arch.*, 1904, p. 92; de Ricci, *Archiv für Pap.*, II, p. 436, n. 33. Exemplum aliud e schedis Hay desumptum nobis subministravit de Ricci.

     a) Ἔτους β´ [Αὐτο]κρ[άτο]ρος Κ[αίσαρος Δομιτιανοῦ Σεβαστοῦ
Γερμανικοῦ ¹......

     b) Ὑπὲρ σωτηρίας [καὶ] | νείκης Αὐτοκρ[άτορος] | Δομιτιανοῦ Κα]ί-
5 σ[αρος] | Σεβαστοῦ [Γερμανικοῦ] ‖ Διὶ μεγίστῳ εὐχ[ὴν].

     Τίτος Ἰγνάτιος Τιβεριαν[ὸς] | ἑκατόνταρχος λεγεῶνος γ´ Κυρηνιακ[ῆς] | ὁ ἐπὶ
τῆς λατομίας ..|......... ² πό[λ]ε[ω]ς Ἀλεξανδρείας.

Restituerunt editores.

1. Annus est 82/83 p. C. n. — 2. τοῦ τόπου οὗ | στρῶσις τῆς πόλεως, Sayce, in exemplo altero; quae restituta potius quam lecta credere licet. Habet tamen στρῶσις etiam Hay.

1139. Acori. — G. Lefebvre, *Bull. de corr. hellén.*, XXVII (1903), p. 345.

Ἔτους ι´ Τιβερί(ου) ¹ | Βερους ² | ἐτῶν | ζ´.

1. Anno 22/23 p. C. n. — 2. Nomen muliebre; cf. *Amh. pap.*, 75, 43 et 49.

1140. Acori. — G. Lefebvre, *Bull. de corr. hellén.*, XXVII (1903), p. 345.

Ἔτους δ´ Οὐεσπ(ασιανοῦ) | Ἀθὺρ κγ´ ¹ | Ἑρμίας Π|οώτου ἐτῶν ζ´.

1. Anno p. C. n. 72 die xix mensis Novembris.

1141. Antinoupoli. — Milne, *Musée du Caire, gr. inscr.*, p. 16, n. 9274. In adversa parte legitur titulus alter Arcadio et Honorio dicatus. Contulit de Ricci.

5 Ἀντινόωι | Ἐπιφανεῖ [1] | Φεῖδος Ἀκύλας [2] | ἐπιστράτηγος ‖ Θηβαίδος.

1. Celeberrimum imperatoris Hadriani amicum hic habes, cujus in honorem condita est Antinoupolis. — 2. De eo viro cf. *Prosop. imp. rom.*, II, p. 191, n. 205.

1142. Antinoupoli. — Miller, *Rev. arch.*, 1870 (XXI), p. 314; Milne, *Musée du Caire, gr. insc.*, p. 12, n. 9291. Contulit de Ricci.

Αὐτοκράτωρ Καῖσαρ Θεοῦ | [Τραιαν]οῦ Παρθικοῦ υἱός | Θεοῦ Νέρουα υἱωνὸς
5 Τραιανὸς | Ἀδριανὸς Σεβαστὸς ἀρχιερεὺς ‖ μέγιστος, δημαρχικῆς ἐξουσίας | τὸ κα΄,
αὐτοκράτωρ τὸ β΄, | ὕπατος τὸ γ΄, πατὴρ πατρίδος | ὁδὸν καινὴν Ἀδριανὴν ἀπὸ |
10 Βερενίκης εἰς Ἀντινόου διὰ ‖ τόπων ἀσφαλῶν καὶ ὁμαλῶν | παρὰ τὴν Ἐρυθρὰν
Θάλασσαν [1] | ὑδρεύμασιν [2] ἀφθόνοις καὶ | σταθμοῖς καὶ φρουρίοις δι|ειλημμένην
15 ἔτεμεν, ‖ ἔτους κα΄ Φαμενὼθ α΄ [3].

1. De hac via et aliis quibus iter erat ad mare rubrum cf. Letronne, *Inscr. de l'Egypte*, I, p. 173; Lumbroso, l'*Egitto dei Greci e dei Romani*, p. 37 et sqq.; Mahaffy, *The Empire of the Ptolemies*, p. 185; Mommsen, *Hist. rom.*, XI, p. 243, not. 1. — 2. Sc. cisternae magnae. — 3. Anno p. C. n. 137, die xxv mensis Februarii.

1143. Antinoupoli. — *C. I. Gr.*, 4705.

Ἀγαθῆι τύχηι | Αὐτοκράτορι Καίσαρι Μάρκωι Αὐρηλίωι | Σεουήρωι Ἀλεξάν-
5 δρωι Εὐσεβεῖ Εὐτυχεῖ | Σεβαστῶι [καὶ Ἰουλίαι Μαμμαία]ι Σεβαστῆι ‖ μητρὶ
αὐτοῦ καὶ [τῶ]ν ἀηττήτων | στρατοπέδων [ὑπὲρ νί]κης [1] καὶ αἰωνίου | διαμονῆς
αὐτῶν κ[αὶ τοῦ σύ]μπαντος αὐτῶν οἴκου | ἐπὶ Μηουίου Ὠνωρ[ατιανο]ῦ [2] ἐπάρχου
10 Αἰγύπτου, | ἐπιστρατηγοῦντος [Σ]εου[ήρου Οὐ]ιβίου [3] [Αὐρ]ηλιανο[ῦ] ‖ Ἀντι-
νοέων νέων Ἑλλήνων [4] [ἡ βουλ]ὴ [5] | πρυτανεύοντος Αὐρηλίου Ὠριγέν[ους | το]ῦ
καὶ Ἀπολλωνίου, βουλευτοῦ, γυμν[ασιάρχου], | ἐπὶ τῶν στεμμάτων [6], καὶ ὡς
χρηματ[ίζει | φ]υλῆς Ἀθηναΐδος [7] ἔτους ια΄ Τ[ύβι].. [8].

1. « Anno post Ch. 232, Alexander belligerabat cum Persis » Franz. — 2. Ita legendum, non Ὀνωρ[ιανο]ῦ, ut volunt Letronnius et Franz. Cf. Jouguet, *Comptes rendus de l'Acad. des Inscr.*, 1900, p. 211 et suiv.; Cantarelli, *Prefetti di Egitto*, p. 71. — 3. ΘΕΟΥ..... ΙΙΒΙΟΥ..... ΗΑΙΑΝΟ ex apographis, Franz. Severus Vibius Aurelianus aliunde non innotuit. Haud dubio fuit Heptanomidis (ἑπτὰ νομῶν) epistrategus cui provinciae ante annum **50**

p. C. creatae (cf. Grenfell et Hunt, *Oxyrh. Pap.*, IV, n. 709, p. 174-175) nomus Antinoites annumerabatur. Hic autem nomus, ut ex charta oxyrhynchita colligi potest, non fuit ab Hadriano constitutus, sed ab eo ex Antinoo nomen novum accepit. — 4. Cf. supra n. 1070. — 5. Senatum habuit Antinoupolis ubi primum condita est, simillimamque eam fuisse veteribus graecis civitatibus Aegypti verisimile est (Dio LXIX, 11 ; *Vita Hadr.*, 14). — 6. ἐπὶ τῶν στεμμάτων = ὁ ἐπὶ στεφάνου Letronne, intelligens de vectigali quod στέφανος dicitur (Wilcken, *Gr. Ostr.*, I, p. 293). Vide ne sit verius quod olim conjiciebat Wilcken, in epistola ad nos humanissime missa « Sollte er vielleicht die Kränze die bei den Wettspielen verteilt werden verteilt haben. » Cf. *Fayûm Towns*, 87, 10. — 7. Φυλῆς Ἀθηναΐδος. Eligebantur qui munera praestarent non in omnibus tribubus, sed per vicem in singulis (cf. ἡ λειτουργοῦσα φυλή, *Oxyrh. Pap.*, I, 86, v. 11). Sumere etiam potes in graeca civitate totam unam tribum praefuisse vel in municipio vel in senatu officio cuidam publico. Cf. *Oxyrh. Pap.*, III, 477, et quae disseruit Jouguet, *Rev. des Et. anc.*, VII (1905), p. 266. — 8. Anno p. C. n. 232 mense Januario.

1144. Antinoupoli. — De Ricci, *Archiv für Pap.*, II, p. 451, n. 91, qui descripsit in museo Guimet.

Ὑπὲρ νίκης [αἰωνίου] | τῶν κυρίων ἡμ[ῶν Κάρου Πε]|ρσικοῦ καὶ Καρίν[ου καὶ Νουμερ]|ιανοῦ...

Annis 282/283. Nomen Cari consulto deletum.

1145. Hermupoli magna. — *C. I. Gr.*, 4704.

Ἀγαθῆι τύχηι | ὑπὲρ Αὐτοκρατόρων Καισάρων | [Μάρ]κου Αὐρηλίου Ἀντω-
5 νίνου [κα]ὶ | [Λουκίου Αὐρηλίου Κομμόδου] [1] Σεβασ[τῶν ‖ Ἀρμε]νιακῶν Μηδικῶν Παρθικῶν Γερ|μανικῶν Σαρ[μα]τικῶν μεγίστων [α]ἰ[ω]νίο|υ διαμονῆ[ς] καὶ τοῦ σύμπαντος | [αὐτῶν οἴκου ἐπὶ Τ. Πα]κτουμηίου Μάγνου [2] | [ἐπάρχου Αἰγύπτου], ἐπιστρατηγοῦντο[ς......

1. Nomen Commodi erasum est. — 2. T. Pactumeius Magnus praefuit Aegypto annis 176/177. Cf. Cantarelli, *Prefetti di Egitto*, p. 58.

1146. Antaeupoli. — *C. I. Gr.*, 4712.

[Βασιλεὺ]ς Πτολεμα[ῖο]ς Πτολεμαίου καὶ Κλεοπάτρας θεῶν Ἐπιφανῶν κ[αὶ] Εὐχαρίστων | [καὶ βασ]ίλισσα Κλεοπάτρα ἡ τοῦ βασιλέως ἀδελφή θεοὶ Φιλ[ο]μήτορες | [τὸ πρόν]αον Ἀνταίῳ καὶ τοῖς συννά[ο]ις θεοῖς [1]. Αὐτοκράτορες Καίσαρες

Αὐρή[λι]οι Ἀντωνῖνος | [καὶ Οὐῆρο]ς Σεβαστοὶ ² [ἀν]ενεώσαντ[ο] τὴν στεγα[σ]-
τρίδα ³ ἔτους τετάρτου [Π]α[ῦ]νι θ' ⁴.

1. Titulus vetus inscriptus intra annos 163 et 145 a C. n. (Cf. Strack, *die Dynastie der Ptolemäer*, p. 184). — 2. ..ΕΣΣΕΒΑΣΤΟ traditur. — 3. Tectum vel epistylium. — 4. ΑΝΙΘ traditur. Erat [Π]α[ῦ]νι θ' vel [Π]α[χώ]ν ιθ'. Post τετάρτου vacuum spatium aut lacuna interfuisse videtur. Titulus novus fuit positus anno 164 die III mensis Junii vel xv mensis Mai.

1147. Panospoli. — Sayce et Schubart apud de Ricci, *Archiv für Pap.*, II, p. 564, n. 114; Dittenberger, *Orient. gr. insc. sel.*, II, n. 726.

Θεὸν μέγαν Ἑρμῆν | Τρισμέγιστο[ν] | Γάιος Ιούλιος Σεουῆρο[ς] ¹ | λεγ(εῶνος)
5 β' Τρ(αιανῆς) Ἰσχυρᾶς ² ‖ Γορδιανῆς ³ εὐχαρι(στήσας) ἀνέθηκα.

1. Forsitan decidit ρ̅, i. e. centurio. — 2. Legionem II Trajanam castra in Aegypto habuisse permultis documentis notum est. — 3. Ergo titulus Gordiano imperante exaratus est.

1148. Panospoli. — *C. I. Gr.*, 4714; Lepsius, *Denkmäler*, XII, pl. 75, n. 24.

[Ὑπὲρ Αὐτοκράτο]ρος Καίσ[αρος Τραι]ανοῦ Σεβαστο[ῦ] Γερμανικοῦ [Δ]ακικοῦ
καὶ τοῦ παντὸς [αὐτοῦ οἴκο]υ Πανὶ.¹ θεῶι μεγίστωι | Τιβέριος Κλαύδιος Τιβερίου
Κλαυδίου Νέρωνος υἱός, Κουιρίνα, Ἀπολλινάριο[ς] | τῶν κεχειλιαρχηκότων ²
[προστάτ]ης ³ Τρίφιδος καὶ Πανὸς θεῶν μεγίστων | ἐπὶ...................⁴
5 ἐπάρχου Αἰγύπτου ἤρξατο τὸ ἔργον, ‖ συνετελέσθη δὲ | ἔτους ιβ' Αὐτοκρά[τορος
Καίσαρος Τραιαν]οῦ Σεβαστοῦ Γερμανικοῦ Δακικοῦ Παχὼν ιθ' ⁵.

1. Πανί, sc. Chem sive Min, qui colebatur in hac regione, cf. n. 1152. — 2. Fuit χειλίαρχος λεγεῶνος sc. tribunus militum legionis. — 3. Supplevimus cum Riccio, collato n. 1150. — 4. Nomina erasa Sulpicii Similis restitue; qua de re cf. Cantarelli, *Prefetti di Egitto*, p. 42 et suiv. et quae disseruerunt alii, inter quos auctores *Prosop. imp. rom.*, III, p. 289, n. 735. — 5. Anno p. C. n. 109 die XIV mensis Maii.

1149. Panospoli. — *C. I. L.*, III, 14146.

5 Dis Manibus. | L. Cornilus Sat|urninus uix(it) | annis V mense ‖ uno die-
bus XXVIIII. |

Ἔτους ε' Λούκιος | Κορνήλιος | Σατορνεῖλο(ς) | ἔζησε ἔτη ε' μ(ῆνας) β'.

1150. Athribide. — *C. I. Gr.*, 4711; cf. *additamenta*, p. 1191.

[Ὑπὲρ Τιβερίου] Καίσαρος Σεβαστοῦ Θεοῦ υἱοῦ Αὐτοκράτορος καὶ ὑπὲρ
Ἰουλίας Σεβα[στῆς, νέας Ἴσιδος ¹ | μητρὸς αὐτοῦ] καὶ τοῦ οἴκου αὐτῶν Θρί-
φιδι θεᾶ[ι μ]εγίστηι ἐπὶ ἡγεμόν[ος] Γ[αί]ου Γ[α]λε[ρίου ² ....] | Ἀπολ-
λωνίου προστάτη[ς] Θρίφιδος ³ ἔτους θ΄ Τιβερίου Καίσα[ρ]ος Σ[ε]βαστοῦ
Φαμεν[ὼθ ⁴...

1. « Eodem epitheto ornata fuit Cleopatra » Franz., cf. Plut., *Anton.*, 54 fin. —
2. C. Galerius, avunculus Senecae, per sedecim annos Aegyptum obtinuit; cf. de eo
Cantarelli, *Bull. dell' Istituto*, 1904, p. 21 et seq. et *Prefetti di Egitto*, p. 23 et 24. —
3. Cf. Otto, *Die Priester und die Tempel*, p. 45 sqq. — 4. Mense seu Februario seu Martio
anni 23 p. C. n.

1151. Gebel-Toukh, in lapicaedinis. — Sayce, *The Academy*, XL (1892), n. 1045,
p. 476; de Ricci, *Archiv für Pap.*, II, p. 436, n. 32.

Ἔτους γ΄ [Τι]του ¹ Καίσαρος τοῦ κυρίου θεοῖς Σωτῆρσι | Ἡρα[κλῆς] Λύσι-
δος ² [ἱερο]ποιὸς [καὶ] ἀρχιπρύτανις ³ | ὁ οἰκοδομήσας τὸ ἱε[ρὸν] θε[ῶ]ν ⁴ Σωτή-
ρων | ἐκ τοῦ ἰδ[ίου] Ἐπεὶφ ιγ΄ ⁵, ἐπ᾽ ἀγαθῶι. Τόπος ⁶. Λαξοῖ ⁷ · Πτολεμαῒς ⁸,
5 Σωτήρ, Παλεμοῦς, ‖ Ἀμμώνι[ος], Σαραπίων Σωτῆρος ἐπ᾽ ἀγαθῶι.

1. L ΓΠΤΟΥ traditur. Correxit de Ricci. Est annus p. C. n. 80/81. Possis tamen
conjicere ἔτους τρίτου Καίσαρος = 28/27 ante C. n. — 2. Ἥρας ἀπὸ Λύσιδος, Sayce; Ἡρακλῆς
Λύσιδος, recte, ut videtur, de Ricci; cf. *Bull. de corr. hellén.*, 1896 (XX), p. 246 : [θεοῖς
Σω]τῆρσι Ἡρακλῆς Λύσιδος ἱερ[ο]ποιὸς καὶ ἀρχιπρύτανις διὰ βίου. Τόπος. Λαξοῖ · Πτολεμᾶιο[ς], Σωτήρ,
Ἄρης, Σαραπίων. — 3. Civitatis Ptolemaïdis. — 4. ΘΕΟΝ traditur. Hi dei sunt Ptolemaeus Soter et conjux ejus Berenice. — 5. Die VII mensis Julii. — 6. Locus, pars
lapicaedinae, officina. — 7. Ut λαξευτής, lapidarius. — 8. Pro Πτολεμαῖος.

1152. Gebel-Toukh, in lapicaedinis. — Jouguet, *Bull. de corr. hellén.*, XX (1896), p. 247.

Πανὶ ὁμοῦ Νύμφαι ¹ Ἰσιδώρῳ ² τάσδε ἔδωκαν |
λατομίας εὑρεῖν τῷ Μενίππ(ο)ιο ³ γόνῳ |
ἡνίκα ἀτρή[εσσι?] ⁴ κελεύσμασι Μεττίου Ῥούφου |
Πάτρη ἡμετέρη κρηπῖδι λαοτόμουν.

1. « Tradita ferri possunt sed fuit fortasse Πὰν κ(αὶ) ὁμοῦ Νύμφαι. » Kaibel, *Eph. epigr.*,
VII, p. 427; melius quam pro barbaria nostri poetae. — Tituli demotici lapicaedinas

vocant locum ubi habitat Pan. Cf. Legrain, *Mém. de la Miss. du Caire*, VIII, p. 373. —
2. **ΜΕΝΙΠΠΙΟ** lapis. Idem Isidorus, Menippi filius, ex alia inscriptione eodem loco
reperta innotuit, cf. *Bull. de corr. hellén.*, *loc. cit.* — 4. **ΑΤΡΗCΙΟΙ** lucide apparet in
lapide. — 5. Mettius Rufus praefuit Aegypto, Domitiano imperante Suet., *Domit.* 4),
anno 90, p. C. n. (Cantarelli, *Prefetti di Egitto*, p. 38). — 6. **ΚΡΗΠΙΔΙ**, Bouriant, *Mém.
de la Miss. du Caire*, VIII, p. 365-368 h. **ΚΡΗCΤΙΔΙ**, Sayce male. Intellige crepidinem
cujus rudera adhuc exstant ad Nilum in vico Menchieh; magistratus autem civitatis
Ptolemaïdis praeerant lapicaedinis excidendis, cf. n. 1154.

1153. Ptolemaïde Hermiu. — Milne, *Musée du Caire, gr. inscr.*, p. 34. Contulit de Ricci.

Διὶ Ἡλίῳ Σωτῆρι | Κλαύδιος Ἰουλιανὸς ἑκατόνταρχος | λεγ(εῶνος) γʹ
Κυρ(ηναικῆς).

1154. Ptolemaïde Hermiu. — Baillet, *Rev. arch.*, 1889 (XII), p. 71 et suiv.; Milne, *Musée
du Caire, gr. inscr.*, p. 29, n. 9265. Contulit de Ricci.

Ὑπὲρ Αὐτοκράτορος Καίσαρος Νέρουα | Τραιανοῦ Σεβαστοῦ Γερμανικοῦ |
5 Ἀσκληπιῶι καὶ Ὑγιείαι τὸν ναὸν | καὶ τό τέμενος ἐπεσκεύασεν ‖ ἡ πόλις | ἐπὶ
Πομπηίου Πλάντα ἡγεμόνος [1], ἐπιστρατηγοῦντος Καλπουρνίου Σαβείνου [2].

Sequitur paeanum in honorem Aesculapii.

1. Cf. Cantarelli, *Prefetti di Egitto*, p. 39. Aegyptum rexit annis 97/99. — 2. Epistrategus Thebaïdis.

1155. Ptolemaïde Hermiu (ut videtur). — Botti, *Notice du Musée d'Alexandrie*, p. 145;
Ziebarth, *Das griechische Vereinswesen*, p. 213. Ectypum habuimus.

5 ..... τῶν ἀπὸ | Πτο[λε]μαΐδος | τεκ[τόν]ων [1] πρεσ[[βυτέρ]ων [2] ἐπικεχ[ο]σμη-
10 κότων τὸν | ἑαυτῶν τόπον | ὧν ἱερεὺς Διογ[ένης Ἀπολλ|ωνίου ἔτους εʹ Τιβε[ρίου
Κλαυδίου | Καίσαρος | Φαμενὼθ αʹ [3].

1. Multae innotuerunt in Aegypto societates operariorum. — 2. Cf. supra n. 1122 :
πρεσβύτεροι γέροιοι. — 3. Die xxv mensis Februarii anno p. C. n. 45.

1156. Ptolemaïde Hermiu. — Jouguet, *Bull. de corr. hellén.*, XX (1896), p. 398; Dittenberger, *Orient. gr. insc. sel.*, II, 103.

Ἀγαθῆι τύχηι. | Ὑπὲρ τῆς τύχης Αὐτοκράτορος Καίσαρος Τίτου | Αἰλίου

5 Ἀδριανοῦ Ἀντωνείνου Σεβαστοῦ Εὐσεβοῦς, | ἡ πόλις, ‖ διὰ Ἀπολλωνίου Ἀπολ-
λωνίου τοῦ Ἑρμογένους | Προπαπποσεβαστείου¹ τοῦ καὶ Ἑρμαιέως ἐν Ἀλεξαν-
[δρείᾳ] | ὡς δ᾽ ἐν Πτολεμαίδι Κλεοπατρείου ἔτους ια′ Θὼθ κα′².

1. Cf. Kenyon, *Archiv für Pap.*, II, p. 74 et seq. — 2. Anno 147 p. C. n. die XVIII Mensis
Septembris.

1157. Deïr-el-Melak, contra Girgeh. — Sayce, *Recueil de travaux relatifs à l'archéologie égyptienne*, XIII (1890), p. 63.

Ἀρτέμων Ἀρτεμιδώρου | ἥκω εἰς τὸν τόπον ἀπὸ Συένης | καταπλέων ὑπὸ
χειμῶνος ἐλασθεὶς | ἔτους λδ′ Καίσαρος Θὼθ ις′¹.

1. Anno 4 p. C. n. die XIII Septembris.

1158. Deïr-el-Melak. — Sayce, *Recueil de travaux relatifs à l'archéologie égyptienne*,
XIII (1890), p. 63.

Λούκιος Μάγας Στράτωνος | ἀπὸ Σουήνης ὑπάγων ἰς Πιρ... | ἀπὸ χιμῶνος
ἐλασθεὶς ὧδε | ἔτους γ′ Τιβερίου Καί[σ]αρος [Σεβαστοῦ]¹.

1. Anno p. Ch. 16/17. Traditur τ[οῦ] αὐ[τοκράτορος].

1159. Abydi? — *C. I. Gr.*, 4714 c.

Ὑπὲρ τύχης Σεβασ[τ[ῶ]ν¹ Ἀφροδίτηι θεᾶι² | μεγίστηι Ἀπολλώ[νιος ἰ]ατρὸς³
ἀπὸ Τεντύρων ἀνυκοδέμησ[ε] τὸ τῖχος⁴ ὑπὲρ τ......

1. « Titulus non superior est aetate M. Aureli et L. Veri et, ut videtur, longe inferior. »
Franz. — 2. Deae Hathor Tentyritanae titulus dedicatur. — 3. Medicus publicus. —
4. Pro ἀνῳκοδόμησ[ε] τὸ τεῖχος.

1160. Abydi. — Brugsch, *Zeitschrift für ägyptische Sprache*, 1872, p. 27; Mariette-
pacha, *Abydos*, II, tab. 38.

Post decem versus demotice scriptos :

Ὑπὲρ Τιβερίου Καίσαρος | Σεβαστοῦ Ἀπο[λλ]ώνιος¹ κωμογραμματεὺ[ς]

ὑπὲ|ρ ἑαυτοῦ καὶ γυναιξὶ καὶ τέκη ὅλα ² ἐποίησεν τὴν | οἰκοδομὴν ἔτους ιζ´
5 Τιβερίᾳ|υ Καίσαρος Σεβαστοῦ Τῦ|6[ι ιη]´ ³.

1. ΑΓΟΜΩΝΙΟC Brugsch, ΑΓΙΟΜΩΝΙΟC Mariette. — 2. ΤΕΚΠΟΜ traditur; τεκνον
legunt, Brugsch et Wilcken, *Griech. Ostr.*, I, p. 793, sq. Melius τέκη, ὅλα Lumbroso, *Bull.
dell' Instituto*, 1878, p. 55. — 3. Anno XXXI post. C. n., die XIII mensis Januarii. Supplementa sumpta sunt e titulo demotico qui suprascriptus est.

1161. Abydi? — Jouguet et Th. Reinach apud de Ricci, *Archiv für Pap.*, II, p. 432,
n. 19.

Ὑπὲρ [Τιβε]ρίου Κλαυ[δίου] | Καίσαρος Σεβαστοῦ Γερμα[νικοῦ] | Αὐτοκράτο-
5 ρος Πιτυ.... | Πατσιος ἱερεὺς Κ[υνὸς] ‖ κεφαλήου [θ]εοῦ μεγίσ[του] | οἰκοδό-
μησεν τὸ περίβ[ολιον] | τοῦτο εὐσεβείας χά[ριν] | ἔτους θ´ Μεχεὶρ ε´ ¹ ἐπ᾽
ἀγ[αθῷ].

1. Die XXX mensis Januarii, anno p. C. n. 49.

1162. Loco dicto Birbeh. — H. Weil, *Comptes rendus de l'Académie des Inscriptions*,
1901, p. 201; de Ricci, *Archiv. für Pap.*, II, p. 561, n. 97. Contulit de Ricci.

Ἔτους γ´ Αὐτοκράτορος .... ¹ | μηνὸς Ἐπεὶρ κε´........ | Νίγερ Γλυ-
5 6ερίνου...... | ἀνέθηκεν βωμὸ[ν τοῖς ἐν ὀνεί‖ροις ² ἐπιφανέσι θε[οῖς ἐπιστᾶσι] |
ὑπὲρ τῶν εὐεργῶς κ[ατεσκευασμένων]? | ἐν μησὶ β´ λουτήρων [. λιθίνων?] |
10 καὶ τοῦ περιλειπομέ[νου χρόνου] | τοῦ αὐτοῦ ἔτους ὧν ἄλλων [δεήσει] ‖ στύ-
λ(ων) β´ ἀνὰ πόδες λ´ καὶ...... | καὶ δ´ πόδ(ες) κδ´ καὶ ζ´ πό[δ(ες).] | καὶ
ληνῶν β´ καὶ μακρ...... | καὶ τριστίχων ³ πᾶσι στ[ύλοις] | καὶ πλακῶν κατερ-
15 γασθ[εισῶν] ‖ ...καθιδροῖ ⁴ βωμ(ὸν) τῷ ἀνδ...|......

Supplementa quae invenit Weil fere omnia detinuimus.

1. Τίτου Καίσαρος, de Ricci; Οὐεσπασιανοῦ, Wilcken. — 2. Vel Διοσκού|ροις, ut proponit de
Ricci. — 3. Corr. τριστίχων. — 4. I. e. καθιδρύσει.

1163. Tentyride. — *C. I. Gr.*, 4715; Lepsius, *Denkmäler*, XII, tab. 76, nn. 28 et 29;
Dittenberger, *Orient. gr. inscr. sel.*, 659.

Ὑπὲρ Αὐτοκράτορ[ο]ς Καίσαρος, Θεοῦ υἱοῦ, Διὸς Ἐλευθε[ρ]ίου Σεβαστοῦ, ἐπὶ

Ποπλίου Ὀκταυίου ¹ ἡγεμόνος καὶ | Μάρκου Κλωδίου Ποστόμου ἐπιστρατήγου, Τρύφωνος στρατηγοῦντος ², οἱ ἀπὸ τῆς μητροπόλεως | [καὶ τ]οῦ νομοῦ τὸ πρόπυλον Ἴσιδι θεᾶι μεγίστηι καὶ τοῖς συννάοις θεοῖς ἔτους λα΄ Καίσαρος, Θωὺθ θ΄ Σεβαστῆι ³.

1. Cantarelli, *Prefetti di Egitto*, p. 20. P. Octavius Aegyptum rexit annis 1/3. — 2. Nomi Tentyritae. — 3. Cf. Wilcken, *Gr. Ostr.*, I, p. 812; i. e. anno I p. C. n., mense Septembri die VI.

1164. Tentyride. — *C. I. Gr.*, 4716; Lepsius, *Denkmäler*, XII, tab. 76, n. 27; Dittenberger, *Orient. gr. insc. sel.*, II, 661.

Ὑπὲρ Αὐτοκράτορος Τιβερίου Καίσαρος νέου Σεβαστοῦ, Θεοῦ Σεβαστοῦ υἱοῦ, ἐπὶ Αὔλου Ἀουιλλίου Φλάκκου ¹ | ἡγεμόνος καὶ Αὔλου Φωλμίου Κρίσπου ἐπιστρατήγου ², Σαραπίωνος Τρυχάμβου στρατηγοῦντος, οἱ ἀπὸ τῆς μητρʡοπόλεως καὶ τοῦ νομοῦ τὸ πρόναον Ἀφροδείτηι θεᾶι μεγίστηι καὶ τοῖς συννάοις θεοῖς, [ἔτους .] Τιβερίου Καίσαρος.........

1. A. Avillius Flaccus praefectus Aegypti fuit annis 32/38 p. C. n. (Cantarelli, *Prefetti di Egitto*, p. 26, n. 14). — 2. Haec omnia consulto deleta sunt.

1165. Tentyride. — Jouguet, *Bull. de corr. hellén.*, XIX (1895), p. 524, cf. XX (1896), p. 397; Dittenberger, *Orient. gr. insc. sel.*, II, 663.

Ὑπὲρ [Τιβερίου Κλ]αυδίου Καίσαρος Σεβαστο[ῦ Γε]ρμανικοῦ Αὐτο|κράτορος εἰρή[ν]ης καὶ ὁμονοία[ς το]ὺς προχειμέ[νους θ]εούς ¹, ἐπὶ | Λευκίου Αἰμιλίου Ρή[κτου ² ἡγ]εμόνος [καὶ] Τιβερίου Ἰουλίου Ἀλ[εξάνδ]ρου ³ ἐπιστρατήγου, | Ἀρείου τοῦ Ἀρείου στρα[τηγοῦν]τος, ἔτους β΄ Τιβερίου Κλαυδίου Καίσαρος
5 Σεβαστοῦ ‖ Γερμανικοῦ αὐτοκράτορο[ς] Φαρμοῦθι η΄ Σεβαστῆι ⁴.

Supra expressus est Claudius imperator duobus deis aegyptiis flores offerens.

1. Scilicet dei *Seb* et *Khonsou Nofre Hotep* anaglypho expressi. Aegyptiacis verbis Nofre hotep (pax bona) non male respondent graeca verba εἰρήνη καὶ ὁμόνοια. — 2. De hoc praefecto cf. *Prosop. imp. rom.*, I, p. 36, n. 273 et Cantarelli, *Prefetti di Egitto*, p. 27. — 3. Supplementum proposuit Jouguet (*Bull. de corr. hellén.*, XIX, 1895, p. 525). Nobilissimum hic habemus judaeum et aliis titulis nobis notum; cf. infra. — 4. Die III mensis Aprilis anni p. C. n. 42. De epitheto Σεβαπτῆι cf. Wilcken, *Gr. Ostr.*, p. 812.

1166. Tentyride. — *C. I. Gr.*, 4716 *b*.

...Α'ὐτοκράτορος Τ|ιδερίου [Κ]αίσαρος ² ν[έ]ου Σ|εδαστοῦ [Θ]εοῦ Σεδαστοῦ
υ[ἰ]|οῦ [Σ]εδαστοῦ ³....

1. EILA traditur. Annus hic latet. — 2. ΑΙΣΑΜΙΡΟΣ id. — 3. ΕΒΑΣΤΟΥΟΥΣΕΟΥ-
ΣΣΡΑΣΤΟΥΟ | ΣΟΥΕΒΑΣΤΟΥ traditur.

1167. Tentyride. — *C. I. Gr.*, 4716 *c*; Fröhner, *Inscr. gr. du Louvre*, p. 6 et 7, n. 3.

A) Ὑπὲρ Αὐτοκράτορος | Καίσαρος Τραιανοῦ Σε|δαστοῦ νεωτέρᾳ | θεᾷ
5 μεγίστῃ ¹ Ἡσιδώ‖ρα ² Μεγίστου ἀπὸ Τεντύ|ρων κατεσκεύασεν ³ ἐκ | τοῦ ἰδίου
τὸ φρέαρ καὶ τὸ | περίδωλον ὑπὲρ α[ὑ]τῆς ⁴ καὶ | ὑπὲρ Ἀρτδῶτος ἀνὴρ ⁵ καὶ ‖
10 τῶν τέκνων.

B) Τὸ προσκύ|νημα Ἀπολλωνίου ἀ|δελφός ⁶ αὐτῆς | ἔτους α΄ Αὐτοκράτορος‖
5 Νέρουα Καίσαρος <τ..α..> ⁷ | Τραιανοῦ Σεδαστοῦ | [μηνὸς] Παῦνι η΄ ⁸.

C) Καὶ πολλὰ δαπανήσας ἰς τὸ | ἱερὸν τῆς Νεωτέρας ἡ Ἡσιδώρα | εὐσεβίας
5 χάριν, διὰ Ὥρου Λάδυ|τος φροντιστοῦ ἱεροῦ ⁹ Ἀφροδί‖της θεᾶς νεωτέρας, ἐφρόν-
τισε | τοῦ ἱεροῦ καὶ τοῦ φρητὸς καὶ τῶν | λυπῶν ¹⁰ ἔργων | εὐσεβίας χάριν.

Sequitur titulus demotice scriptus.

1. Intellige νέᾳ Ἀφροδίτηι qua sollemni adulatione Plotina, Trajani uxor, salutatur. Ita
Cleopatra νέα Ἶσις, Sabina, νέα Δημήτηρ appellabantur, cf. n. 1150. — 2. Ἰσιδώρα, Franz. —
3. ΚΑΤΕΣΚΕΔΥΑΣΕΝ in lapide. — 4. ΑΤΗΣ lapis. — 5. Pro ἀνδρὸς. — 6. Pro ἀδελφοῦ.
— 7. Τ..Α ex errore ortum. — 8. Die ΙΙ mensis Junii, anno 98. — 9. Cf. W. Otto,
Priester und Tempel, I, p. 164. — 10. Pro λοιπῶν.

1168. Copti. — Milne, *Musée du Caire, gr. inscr.*, p. 31, n. 9252. Imaginem photographicam habuit de Ricci.

Ὑπὲρ τῆς Αὐτοκράτορος Καίσαρος Τίτου | Αἰλίου Ἀδριανοῦ Ἀντωνίνου
Σεδαστοῦ | Εὐσεδοῦς τύχης Ἀρποχράτηι θεῶι | μεγίστωι τείχη β΄ περιδόλου
5 παλαιω‖θέντα καθῃρέθη καὶ οἰκοδομήθη | ἐπὶ Πανίσκου Πτολλίδος προστάτου
Ἰσιδ[ος] | θεᾶς μεγίστης ἔτους ιϛ΄ Ἀντωνίν[ου] | Καίσαρος τοῦ κυρίου,
Φαρμοῦθι κ.΄ ¹.

1. Anno post C. n. 149, mense Aprili.

1169. Copti. — Hogarth apud Flinders Petrie, *Coptos*, p. 33, n. 6, tab. 28; de Ricci, *Archiv für Pap.*, II, p. 448, n. 83 qui descripsit Londini, apud Petrie.

5   Ἔτους κδ΄ | τοῦ κυρίου | ἡμῶν αὐτοκράτορο[ς] | Σεουήρου Ἀντωνίνου ‖ Εὐσε-
βοῦς Εὐτυχοῦς | Σεβαστοῦ Ἐπεὶφ κ΄ ¹ | θεῷ μεγίστῳ Ἱεράβ|λῳ ² Μ. Αὐρήλιος |
10 Βηλάκαβος Ἱεραβ[ώλου] ³ ‖ οὐηξιλλάριος | Ἀδριανῶν Παλμυ|ρηνῶν Ἀντωνια-
νῶν ⁴ | τοξοτῶν.

1. Mense Julio, die xiv anni p. C. n. 216. — 2. Hierabolus, deus maximus Palmyrenorum; cf. hujus operis vol. III, nn. 1033, not. 4 et 1045, not. 7. — 3. Sic de Ricci;
ἱερα(πολίτης) Hogarth Ἱερ(αίου) Clermont-Ganneau, *Recueil d'archéologie orientale*, 1896,
p. 118. — 4. Numerus Palmyrenorum sagittariorum aliunde notus est.

1170. Copti. — Miller, *Rev. arch.*, III (1883), p. 77.

Ὑπὲρ Αὐτοκράτορος | Καίσαρος Νέρουα | Τραιανοῦ Σεβασ|τοῦ Γερμανικοῦ ‖
5 Δακικοῦ καὶ τοῦ | παντὸς οἴκου αὐ|τοῦ Ἴσιδι τῇ χώ|ματος ¹ θεᾷ μεγίσ|τηι
10 Βάλβιλλος ‖ Ἡρακλείδου ἀνέ|θηκεν ἐπ᾽ ἀγαθ|ῶι ἔτους η΄ Παχὼν | κγ΄ ².

1. ΤΡΙΧΩΜΑΤΟΣ, Harris (in apographo nondum edito quod vidit de Ricci). —
2. Die xviii mensis Maii, anno p. C. n. 105.

1171. Copti. — Milne, *Musée du Caire, gr. inscr.*, p. 29, n. 9286. Descripsimus.

Ὑπὲρ Τιβερίου Καίσαρος Σεβαστοῦ | Ἴσιδι καὶ Ἁρποχράτῃ καὶ Πανὶ θεοῖς |
5 μεγίστοις τὸν περίβολον Παμῖνις | Παρθενίου καὶ Παρθένιος υἱὸς ‖ ἔτους η΄
Τιβερίου Καίσαρος Σεβαστοῦ ¹.

Infra litteris minoribus:

Ἔτους ιβ΄ Ἀντωνίνου Καίσαρος ² τοῦ κυρίου δύο τίχ(η) καθ(αιρεθέντα) οἰκοδ(ο-
μήθη)³ | ἐπὶ Πανίσκῳ Πτόλλιδος προστάτῃ Ἴσιδος θεᾶς μεγίστη[ς].

1. Anno p. C. n. 21/22. — 2. Anno p. C. n. 148/149, Pio regnante. — 3. Complevit
Milne; cf. supra n. 1168, v. 5.

1172. Copti. — Milne, *Musée du Caire, gr. inscr.*, p. 40, n. 9268. Habuit de Ricci imaginem photographicam.

Ὑπὲρ Τιβερίου Καίσαρος Σεβαστοῦ | ἔτους ιη΄ Ἐπεὶφ ια΄ ¹ Κρόνωι θεῶι μεγίστωι | Παρθένιος Παμίνεως προστάτης Ἴσιδος.

1. Anno p. C. n. 32, mense Julio, die V.

1171. Copti. — Milne, *Musée du Caire, gr. inscr.*, p. 39, n. 22129; de Ricci, *Archiv für Pap.*, II, p. 432, n. 17. Contulimus.

Ὑπὲρ Τιβερίου Καίσαρος Σεβ[αστοῦ ἔτους.. Φα]ῶφι ¹ ιθ΄ | Παρθένιος Παμίνεως πρ[οστάτης Ἴσιδος.]

1. Ἔτους ι. Φαῶφι ια΄ de Ricci. Lectio non certa.

1174. Copti. — Hogarth apud Flinders Petrie, *Coptos*, p. 26, n. 2, tab. XXVIII; de Ricci, *Archiv für Pap.*, II, p. 435, n. 27. Descripsit de Ricci Oxonii asservatum.

Ἔτους β΄ Σερουίου Γάλβα Αὐτοκράτορος | Καίσαρος Σεβαστοῦ | μηνὸς Νέου Σεβαστοῦ | κα΄ ¹.

1. Mense Novembri, die XVII, anno 68 p. C. n.

1175. Copti. — Miller, *Rev. archéol.*, 1883 (II), p. 176; de Ricci, *Archiv. für Pap.*, II, p. 439, n. 42. Ectypum habuimus.

Ὑπὲρ τῆς Αὐτοκράτορος Καίσαρος Νέρουα Τραιανοῦ Σεβαστοῦ | Γερμανικοῦ, Δακικοῦ καὶ τοῦ παντὸς οἴκου αὐτοῦ (τύχης) Ἴσιδος | ἐν ἀτρίωι ¹ τὸ ξόανον ² καὶ τὸν ναὸν καὶ τὰ περὶ αὐτοῦ πάντα | ἐπὶ ἡγεμόνος Οὐι[ιβί]ου Μ[αξίμου] καὶ
5 ἐπιστρατήγου Πομπηΐ[ο]υ Πρόκλου καὶ παραλήμπ[τ]ου καὶ στρατηγοῦ Κλαυδίου | Χρυσέρμου Δίδυμος Θέωνος ῥήτωρ ἀνέθηκεν | ἔτους ζ΄ Αὐτοκράτορος Καίσαρος Νέρουα Τραιανοῦ | Σεβαστοῦ Γερμανικοῦ Δακικοῦ Θὼθ α΄ ⁴.

1. Ἴσιδος ἐν ἀτρίῳ. Cf. supra n. 1048, not. 1. — 2. Intellige signum ligneum aegyptiaco modo factum. — 3. Nomen praefecti consulto erasum est. In lapide vestigia literarum **OYIBIOYMA** deprehenduntur. C. Vibius Maximus praefuit Aegypto annis 103/107. Cf. Cantarelli, *Prefetti di Egitto*, p. 41. Nomen abrasum est etiam in miliario (*C. I. L.*, III,

14148²). Monendum est chartam papyraceam Oxyrhynchi inventam esse in qua servantur orationis fragmenta contra Maximum quemdam habitae, olim praefectum Aegypti et, si quidem credas ignoto secundi saeculi rhetori, virum improbum et immodestum (*Oxyrh. pap.*, III, 471). Cf. de Ricci, *Rev. des ét. gr.*, XVIII, p. 333. — 4. Die xxx mensis Augusti, anno p. C. n. 103.

1176. Copti. — Milne, *Musée du Caire, gr. inscr.*, p. 41, n. 9266.

5 . ..... ¹ | Αὐτοκράτορος | Καίσαρος Τίτου | Αἰλίου Ἀδριανοῦ ‖ Ἀντωνίνου |
10 Σεβαστοῦ Εὐσεβοῦς, | Παχὼν λ´ ² | ἐπὶ | Λουκίου Μουνατίου ‖ Φήλικος ³, ἐπάρ-
χου | Αἰγύπτου, | ἐπ᾽ ἀγαθῶι.

1. Supple : ἔτους.. — 2. Die mensis Mai xxv. — 3. L. Munatius Felix praefuit Aegypto annis 150/153. Cf. Cantarelli, *Prefetti di Egitto*, p. 51.

1177. Copti? — Milne, *Musée du Caire, gr. inscr.*, p. 42, n. 9255. Ectypum habuimus.

Αὐτοκράτορος Καίσαρος Τί[του] | Αἰλίου Ἀδριανοῦ Ἀντωνίνο[υ] Σεβαστοῦ
5 Εὐσεβοῦς ἔτους .. | Ἀθὺρ κα´ ἐπὶ Πανίσκου ‖ Πτολλίδος πρ[οσ]τάτου Ἰσιδ[ος] ¹ |
θεᾶς μ[εγίστης] τὸ κηπίο[ν ² ....|....ο...

1. Cf. n. 1171. — 2. Intra annos 138-160, mense Novembri, die xvii vel xviii.

1178. Copti. — Hogarth, apud Flinders Petrie, *Coptos*, p. 33, n. 5, tab. XXVIII; de Ricci, *Archiv für Pap.*, II, p. 448, n. 79, qui descripsit Oxonii asservatum.

.....εὐσεβία[ς] χάριν ἐπ᾽ ἀ[γα]|θῶι ἔτους ιε´ Λουκίου | Σεπτιμίου Σεουή[ρου] |
5 Εὐσεβοῦς Περτίναχ[ος] ‖ καὶ Μάρκου Αὐρηλίου | Ἀντωνίνου Εὐσεβοῦς | Σεβαστῶν
Φαρμ[οῦθι ¹....

1. Mense Aprili, anno 207 p. C. n.

1179. Copti. — Milne, *Musée du Caire, gr. inscr.*, p. 32, n. 9248.

[Ἐπ]ὶ τοῖς εὐτυχεστάτοις καιρ[οῖς ¹ | τ]οῦ κυρίου ἡμῶν αὐτοκ[ρά]τορ[ος] |
5 Μάρκου Αὐρηλίου Ἀντωνείνου | Εὐτυχοῦς Εὐσεβοῦς Σεβαστοῦ ‖ ἔτους β´ Μεσορὴ
κ´ ² ἐπὶ Γεμινίῳ Χρήστῳ ἐπάρχῳ Αἰγύπτου ³ | καὶ Οὐαλερίου Ἀπολιναρίου

ἐπιτρό|που ὄρους ⁴ Μ. Αὐρήλιος Ἀπολλώνις | β(ενεφιχιάριος) τὸν κῆπον ἐκ θεμελίου ἀνῳ|κοδόμησεν καὶ ἐζωγράφησεν σὺν τοῖς | φυτοῖς · ἐποίησεν ἐκ τοῦ ἰδίου ἐπ' ἀγαθῶι.

1. Supplevit Milne. ['E]ν, Wilcken. — 2. Anno 219 p. C. n. die XIII mensis Augusti, imperante Elagabalo. — 3. Cf. Cantarelli, *Prefetti di Egitto,* p. 69. — 4. Procurator ad praefecturam Montis Berenicidis, de quo cf. praesertim P. M. Meyer, *Hermes,* XXXII, p. 487.

1180. Copti. — Hogarth apud Flinders Petrie, *Coptos,* p. 36, n. 11, pl. XXVIII; de Ricci, *Archiv für Pap.,* II, p. 449, n. 83 a, qui descripsit.

....λαρδίῳ Ἀπολ[λιναρίῳ ἐπιτρόπῳ | ὄρ]ους Μ. Αὐρήλιος Σε....... ['Ἀπολλώ]νις β(ενεφιχιάριος) ⁴ τὸν ναὸν οἰκο[δόμησεν καὶ] | ἐζωγράφησεν τὴν |.........Θιν ἐποίησεν ἐκ τοῦ [ἰδίου]... | τὸ προσκύνημα λ?......... | ἐπ' ἀγαθῷ.

1. Cf. n. 1179.

1181. Copti. — Hogarth apud Flinders Petrie, *Coptos,* p. 34, n. 7, pl. XXVIII; de Ricci, *Archiv für Pap.,* II, p. 450, n. 90, qui descripsit.

Ὑπὲρ διαμονῆς .... | Κυιήτου ¹ Σεβασ[τ ² ..... καὶ τοῖς συννάοις] θεοῖς τὸ τέμε[νος καὶ ὁ κατ'] | αὐτὸ ἀνδριὰς .... | Ἄρειος ὁ καὶ Ἐ...........] |
5 βουλευτὴς .... | [ἐ]ρυθραικὸς συν......

1. Titulus fuit positus circa annum 260, quo Quietus imperium cum patre usurpavit. — 2. Ὑπὲρ διαμονῆς [τῶν κυρίων ἡμῶν Μακριανοῦ καὶ] Κυιήτου Σεβασ[τῶν de Ricci.

1182. Copti. — Hogarth apud Flinders Petrie, *Coptos,* tab. 28, n. 12.

[Δία Ἡλ]ιον μέγαν | [καὶ φι]λοκαίσαρα | ..... Δι]ονύσιος | ..... [εχοπ] ¹ .... της.

1. Consulto deletum.

1183. Copti. — Hogarth apud Flinders Petrie, *Coptos,* p. 22, tab. XXVII; de Ricci, *Archiv für Pap.,* II, p. 437, n. 37; Dittenberger, *Orient. gr. insc. sel.,* II, 674. Nuper descripsit de Ricci summa cura.

Ἐξ ἐπιταγῆς [Μεττίου Ῥούφου ἐπάρ|χου Αἰγύπτου ¹]. Ὅσα δεῖ τοὺς μισ-
5 θω|τὰς ² τοῦ ἐν Κόπτωι ὑποπείπτον|τος τῆι Ἀραβαρχίᾳ ἀποστολίου ³ πράσ‖σειν

κατὰ τ[ὸ]ν γνώμονα τῆδε τῇ | στήληι ἐνκεχάρακται διὰ Λουκίου | Ἀντιστίου
Ἀσιατικοῦ ἐπάρχου | ὄρους Βερενείκης ⁴ |.

10 Κυβερνήτου Ἐρυθραικοῦ δρα‖χμὰς ὀκτώι .... δραχμὰς | ἑξ ⁵. —
Πρωρέως δραχμὰς δέκα. | — [Φυλ]άκου ⁶ δραχμὰς δέκα. | — [Ν]αύτου δραχμὰς
15 πέντε. — Θεραπεύτου ναυπηγοῦ δραχμὰς ‖ πέντε — Χειροτέχνου δραχμὰς |
ὀκτώι. — Γυναικῶν πρὸς ἑταιρισ|μὸν δραχμὰς ἑκατὸν ὀκτώ. | — [Γ]υναικῶν
20 εἰσπλεουσῶν ⁷ δρα|χμὰς εἴκοσι. — Γυναικῶν στρατι‖ωτῶν δραχμὰς εἴκοσι. | —
Πιττακίου καμήλων ⁸ ὀβολὸν ἕνα. | — Σφραγισμοῦ ⁹ πιττακίου ὀβολοὺς δύο. | —
25 Πορείας ἐξερχομένης ἑκάστου | πιττακίου τοῦ ἀνδρὸς ἀναβαίνον‖τος ¹⁰ δραχμὴν
μίαν. — Γυναικῶν πασῶν ἀνὰ ¹¹ δραχμὰς τέσσαρας. | — Ὄνου ὀβολοὺς
δύο. — Ἀμάξης ἐχού|σης ¹² τετράγωνον δραχμὰς τέσσαρες. | — Ἱστοῦ ¹³
30 δραχμὰς εἴκοσι. — Κέρατος δρα‖χμὰς τέσσαρες. — Ταφῆς ἀναφερομέ|νης καὶ
καταφερομένης δραχμὴν μί|αν τετρώβολον. Ἔτους θ′ Αὐτοκράτορος Καίσαρος |
[Δομιτιανοῦ] Σεβαστοῦ [Γερμανικοῦ], Παχὼν ιε′ ¹⁴.

1. Vestigia nominis Mettii Rufi agnovit in lapide de Ricci. Cf. Cantarelli, *Prefetti di
Egitto*, p. 38. — 2. Μισθωτάς, publicanos. — 3. De arabarcha vel alabarcha cf. Wilcken,
Gr. Ostr., p. 347 et sqq. Idem ἀποστολίου interpretavit de vectigali exacto pro sustinenda
cohorte missa (ἀποστολή) ad viatores protegendos. — 4. Ἀσιατικοῦ et duo quae sequuntur
vocabula in spatio eraso rescripta sunt. L. Antistius Asiaticus, praefectus montis Berenices memoratur titulo latino Copti reperto (*C. I. L.*, III, 13580). — 5. Haec erasa sunt.
— 6. [Νειλι]ακοῦ quod proposuit Hogarth cum dubitatione vacuum spatium excedit. —
7. ΤΥΝΑΙΚΩΝ lapis. Γυναικῶν εἰσπλεουσῶν, meretrices intellegebat Hogarth « probably
those coming voluntarily and not under the charge of a πορνοβόσκος ». — 8. Tessera,
qua testabatur pro camelo vectigal solutum esse. Cf. ὑπὲρ συμβόλων καμήλων, *Pap. Lond.*,
II, p. 87. — 9. « Datur tessera ei qui camelum ducturus est, numerato obolo; deinde
signatur; sed cur et quo tempore id in illis camelorum tesseris factum sit, latet »
Dittenberger. — 10. « In ipsa profectione et quidem eo ipso temporis puncto quo homo
in camelum ascendit ». Dittenberger. — 11. Haec in litura rescripta sunt. — 12. Ἐχούσης
pro vocabulis δραχμὰς δύο consulto deletis super scriptum fuisse monuit de Ricci. —
13. « Malus qui Copto ad littus maris Rubri portatur ut illic navi imponatur ». Dittenberger. — 14. Die x mensis Maii anno 90 p. C. n.

Cf. quae de titulo disputaverunt Rostowzew, *Mitth. des Arch. Inst.* (*Röm. Abth.*), 1897,
p. 75 et suiv., de Ruggiero, *Dizionario epigrafico*, p. 113-114 et Wilcken, *Gr. Ostr.*, I,
p. 347 et sq.

1184. Contra Coptum, hodie Ballas, « perhaps *Keramike* ». — Grenfell et Hunt, *Gr.
Papyri*, II, p. 85, n. 5. Descripsit de Ricci.

Διὶ Ἡλίωι θεῶι μεγίστωι | Ἀντώνιος Ἡρακλιανὸς δου|πλικιαίριος ¹ ἴλης

Οὐοκοντίων [2] | ἐποίησεν, εὐσεβείας χάριν, ἐπ' ἀγαθῶι | ἔτους ε' Ἀντωνείνου καὶ Οὐήρου Καισάρων τῶν | κυρίων Ἐπεὶφ κη' [3].

1. I. e. duplicarius. — 2. Ala Vocontiorum degebat Copti et in lapicaedinis Ptolemaïdis. — 3. Mense Julio, die xxii, anno p. C. n. 165.

1185. Inter Coptum et Apollonospolin parvam. — Sayce, *Rev. des ét. gr.*, VII (1894), p. 298.

Ὑπὲρ διαμονῆς καὶ αἰωνίου νί[κης τῶν | κ]υρίων Αὐτοκρατόρων Σεουήρ[ου | Ἀν]τωνίνου καὶ [Γ]έ[τα] [1] Εὐσεβῶν [Σεβαστῶν | κα]ὶ Ἰουλίας Δόμνας
5　μητρὸς [αὐτῶν ‖ κα]ὶ τοῦ οἴκου αὐτῶν ἐπὶ Σ[ουβατιανῷ Ἀκύλᾳ ἐπ]άρχῳ Α[ἰγύπτου] [2] γας?... ι... σ... λ... ν.... | ... κρατίστῳ ἐπιστρατήγῳ ν..... | [ὁ ἀν]δρ[ι]ὰς [3] τοῦ κυρίου Τιθοήου[ς | ...ης υἱοῦ τρησεως ἀρχιερέως | [Τι]θοήους
10　καὶ Ἄμμωνος Θεῶ[ν] ‖ ἐπ' ἀγαθῷ Σαραπίωνος ουτιανου [4] ...οντος ἔτους ιη' Φαρμοῦτι κ' [5].

Titulus male descriptus; pauca certo corrigi possunt.

1. Traditur CЄ.... — 2. Traditur ЄΠΙ C....... | ...ΑΡΧѠ. Supplementa addiderunt jam P. Meyer, *Das Heerwesen der Ptolemäer*, p. 146, et Cantarelli, *Prefetti di Egitto*, p. 65. — 3. Traditur ..ΔΡЄΑΣ; correxit de Ricci. — 4. Corr. οὐετρανοῦ? ut proposuit Th. Reinach. — 5. Die xv Aprilis anno p. C. n. 210.

1186. Thebis, in crure Memnonis. — *C. I. Gr.*, 4728; Lepsius, *Denkmäler*, XII, tab. 79, n. 103; Dittenberger, *Orient. gr. insc. sel.*, II, 681.

[Σα]βεῖνα Σεβαστὴ | [Αὐτ]οκράτορος Καίσαρος | [Ἀδριαν]οῦ [1], ἐντὸς ὥρας | [α' Μέμνονο]ς δὶς ἤκουσε........

1. ......ΙΟΥ, Lepsius; Sabina, uxor Hadriani, principem comitata est in Aegypto anno 130.

1187. Thebis, in crure Memnonis. — *C. I. Gr.*, 4725, cf. *addenda et corrigenda*, p. 1201; Kaibel, *Epigr. gr.*, 990; Puchstein, *Epigr. gr. in Aegypto reperta*, p. 17. Contulimus.

Ἰουλίας Βαλ[6]ίλλης [1] | ὅτε ἤκουσε τοῦ Μέμνο(νο)ς | ὁ Σεβαστὸς Ἀδριανός. | Μέμνονα πυνθανόμαν Αἰγύπτιον, ἀλίω αὔγαι ‖
5　　αἰθόμενον, φώνην Θηβαΐ[κ]ω 'πὺ λίθω. |

Ἀδρίανον δ' ἐσίδων τὸν παμβασίληα πρὶν αὐγας |
ἀελίω χαίρην εἶπέ Fοι ὡς δύνατον. |
Τίταν δ' ὅττ' ἐλάων λεύκοισι δι' αἰθερος ἵπποις |
ἐν σκίαι ὡράων δεύτερον ἦχε μέτρον, ‖

10 ὡς χάλκοιο τύπεντος ἴη Μέμνων πάλιν αὔδαν |
ὀξύτονον · χαίρω[ν κα]ὶ τρίτον ἄχον ἴη. |
Κοίρανος Ἀδριάνο[ς τότ'] ἅλις δ' ἀσπάσσατο καὖτος |
Μέμνονα; κὰν σ[τά]λαι κάλλ[ιπ]εν ὀψιγόνοις. |
γρόππατα, σαμαίνο[ν]τά τ' ὅσ' εὖιδε κῶσσ' ἐσάκουσε ‖

15 δῆλον παῖσι δ' ἔγε[ν]τ' ὡς Fε φίλ(ε)ισι θέοι.

1. **ΒΑΛΙΛΛΗΣ**, lapis. Comes Sabinae et Hadriani, mense Novembri anni 130; cf. n. 1186. Eadem et alia carmina de ea re composuit quae consulto hic omisimus. Cf. *C. I. Gr.*, 4727, 4720, 4729-4731; Kaibel, *Epigr. gr.*, 989-992.

1188. Thebis, in crure Memnonis. — *C. I. Gr.*, 4732; cf. *addenda et corrigenda*, p. 1203; Dittenberger, *Orient. gr. insc. sel.*, II, 683.

Ἀρτεμίδωρος Πτολεμαίου βασιλικὸς | γραμματεὺς Ἑρμωνθείτου καὶ Λατο-πο|λείτου ἤκουσα Μέμνονος τοῦ θειοτά|του μετὰ καὶ τῆς συνβίου Ἀρσινόης

5 καὶ ‖ τῶν τέκνων Αἰλουρίωνος τοῦ καὶ Κο|δράτου καὶ Πτολεμαίου ἔτει ιε' Ἀδριανοῦ | Καίσαρος τοῦ κυρίου. Χοιάκ '..

1. Anno 130 p. C. n. mense Novembri aut Decembri.

1189. — *C. I. Gr.*, 4733; cf. *addenda et corrigenda*, 1203, col. 2; Dittenberger, *Orient. gr. insc. sel.*, II, 684.

Κοίντος Ἀπολημανὸς [1] Βόηθος | ὁμοίως ἤκουσα μετὰ τῶν προγε|γραμμένων τῷ αὐτῷ ἔτει μηνὶ | τῷ αὐτῷ [2].

1. **ΑΠΟΛΠΙΑΝΟΣ** traditur. — 2. Titulus incisus infra n. 1188.

1190. Thebis, in crure Memnonis. — *C. I. Gr.*, 4741, cf. 4742; Lepsius, *Denkmäler*, XII, tab. 78, n. 84.

Καικιλία Τρεβοῦλλα | ἔγραψα ἀκούσασα τοῦδε Μέμνονος · |
Ἔθραυσε Καμβύσης με τόνδε τὸν λίθον, |

βασιλέως ἑῴου εἰχόν' ἐχμεμαγμένον. ‖
Φωνὴ δ' ὀδυρμὸς ἦν πάλαι μοι, Μέμνονος |
τὰ πάθη γοῶσα, ἣν ἀφεῖλε Καμϐύσης. |
Ἄναρθρα δὴ νῦν κάσαφῆ τὰ φθέγγματα |
ὀλοφύρομαι, τῆς πρόσθε λείψανον τύχης.

Eadem et alia carmina Memnonis statuae inscripsit : *C. I. Gr.*, 4739, 4740.

1191. Thebis, in crure Memnonis. — *C. I. Gr.*, 4745; Lepsius, *Denkmäler*, XII, tab. 79,
n. 105; Wescher, *Comptes rendus de l'Acad. des Inscriptions*, 1871, p. 280.

Εἰ καὶ λωϐητῆρες ἐλυμήναντ[ο δέμ]ας σόν, |
θειοτάτου νύκτωρ | ὀμφὴν ἐπὶ Μέμνονος | ἦλθον, ‖
ἔκλυον ἧς Κάτουλος ταγὸς ¹ | ὁ Θηϐαίδος.

1. Epistrategus.

1192. Thebis, in crure Memnonis. — *C. I. Gr.*, 4723, cf. *addenda et corrigenda*, p. 1201;
Kaibel, *Epigr. gr.*, n. 996; Puchstein, *Epigr. gr.*, p. 15. Contulimus.

Κέλερ στρατηγὸς ἐνθαδεὶ παρῆν |
Μέμνονος οὐχ ὅπως ἀκούσεται · |
ἐν κονεῖ γὰρ αὕτη τῇ τῶν χωμάτων |
παρῆν θεωρὸς καὶ προσκυνήσων ἅμα. ‖
Μέμνων ἐπιγνοὺς οὐδὲν ἐξεφθέγ[ξ]ατο · |
Κέλερ δὲ ἀπήει, ἐφ' ἃ πάλιν π[α]ρῆν · |
μέσας διαστήσας ἡμέρας δύο |
[ἤ]χουσεν ἐλθὼν τοῦ θεοῦ τὸν ἦχον |
ἔτους ζ' Ἀδριανοῦ Καίσαρος τοῦ κυρίου ‖ Ἐπὶφ [γ'] ὥραν α' ¹.

1. L⚡, Puchstein; ΕΠΙΦΓѠΡΑΝᾹ, Puchstein; ΕΠΙΦ𝘮, nos.

1193. Thebis in crure Memnonis. — *C. I. Gr.*, 4751; Dittenberger, *Orient. gr. insc.
sel.*, II, 685.

Κλαύδιος Γέμινος | ἀραϐάρχης ¹ καὶ ἐπιστράτη|γος Θηϐαίδος ἤκουσα |
ἀναπλέων ὥρας γ' | καταπ[λ]έων ² β'.

1. Cf. n. 1183, not. 3. — 2. ΚΑΤΑΠΑΕΩΝ, lapis.

1194. Thebis, in crure Memnonis. — *C. I. Gr.*, 4719, cf. *addenda et corrigenda*, p. 1200; Lepsius, *Denkmäler*, XII, tab. 79, n. 106. Contulimus.

Τιβέριος Κλαύδιος Ἥρ[ων | ἤχ]ουσα Μέμνον[ος | σὺν] ᾿Αχιλλεῖ καὶ ...|....
5 ὥρας α΄ ἔτους η΄ Αὐτο[|χράτορο]ς Καίσαρος Οὐεσπασι[ανοῦ Σεβ]αστοῦ ¹ μηνὶ
........|....... μεμνημένος .... καὶ Διονυσί[ου | .... [τῶν ἀδε]λφῶν.

1. Anno p. C. n. 75/76.

1195. Thebis, in crure Memnonis. — *C. I. Gr.*, 4738, cf. *addenda et corrigenda*, p. 1203; Kaibel, *Epigr. gr.*, 998; Puchstein, *Epigr. gr.*, p. 32.

Θῆκέ σε φωνήεντα θεὰ ῥοδοδάκτυλος ᾿Ηώς, |
ση μήτειρ, κλυτὲ Μέμνον, ἐελδομένῳ μοι ἀκοῦσαι |
σῆς φωνῆς λυχάβαντι περικλυτοῦ ᾿Αντωνείνου |
δ[ω]δεκάτῳ χα[ὶ] μηνὶ Παχὼν τρισκαίδεκα ¹ ἔχοντι ‖
5   [ἤμα]τα δὶς, δαῖμον, τεῦ ἐσέχλυον αὐδήσαντος |
[ἠελίου λ]ίμνης περικαλλέα ῥεῖθρα λιπόντος |
[οὕνεκε]ν ² ἀντολίης βασιλῆά σε θῆκε Κρονείων ·
[θῆκε δὲ νῦ]ν πέτρου, φωνὴν δ᾿ ἀπὸ πέτρου [ἴεσθαι ³. |
Ταῦτα δ᾿] ἔ[γραψε ⁴ Γέ]μελλος ἀμοιβαδὶς ἐνθά[δ᾿ ἀνελθ]ὼν ‖
10   σ[ύν τε φ]ίλῃ ⁵ ἀλόχῳ Ρουφίλλῃ καὶ τεχέεσσι. |
Εὐτυχ[ῶς | Ρ]ουφίλλῃ [χα]ὶ Λογγείν[η].

1. Anno p. C. n. 150, mensis Maii die VIII. — 2. [ὄντα ποτ]έ, Puchstein. — 3. ἔ-η[χ[ας], id. — 4. [χαίρων δ᾿ ἦλθον] ἔγω[γε], id. — 5. [σὺν χέὸν]η, id.

1196. Thebis, in crure Memnonis. — *C. I. Gr.*, 4734, cf. *addenda et corrigenda*, p. 1203, col. 2; Dittenberger, *Orient. gr. insc. sel.*, II, 682.

Γάιος ᾿Ιούλιος Διονύσιος | ἀρχιδικαστὴς Θέωνος | ἀρχιδικαστοῦ ὑὸς καὶ |
5 πατὴρ ἤχουσα Μέμνο[νος ὥρας πρώτης.

1197. Thebis, in crure Memnonis. — *C. I. Gr.*, 4735, cf. *addenda et corrigenda*, p. 1203; Puchstein, *Epigr. gr.*, p. 30, n. VI.

Μάρχιος ῾Ερμογένης ἔχλυον μέγα φωνή|σαντος
Μέμνονος ἀντελλ..........δας ο..οντος.

Q. Marcius Hermogenes fuit praefectus classis Augustae Alexandrianae ut ex titulo altero latine concepto colligi potest (*C. I. L.*, III, 43). Thebis degebat anno 134 die vii mensis Martii.

1198. Thebis, in crure Memnonis. — *C. I. Gr.*, 4720; *C. I. L.*, III, 37.

Imp. Domitiano | Caesare Aug. Germanic[o] XVII c[os.] | T. Petronius Secun-
5 dus pr. Aeg. | audit Memnonem hora I pr. idus Mart. [1] ‖ et honorauit eum uer-
sibus graecis | infra scriptis |

Φθέγξαο Λατοΐδα — σὸν γὰρ μέρος ὧδε κάθηται — |
Μέμνων ἀκτεῖσιν βαλλόμενος πυρίναις |

10 curante T. Attio Musa prae[f]. coh. II ‖ Thebaeor.

1. Anno p. C. n. 95, mensis Martii die xiv.

1199. Thebis, in crure Memnonis. — *C. I. G.*, 4737, cf. *addenda et corrigenda*, p. 1203.

5 Ἔτους . Ἀδριανοῦ | [τοῦ] κυρίου | [Σαρα]πίων | ....ν βα‖σιλιχὸς [γρα|μ-
ματεύς [1] ...

1. ... KOCTI in apographis.

1200. Thebis, in crure Memnonis. — *C. I. Gr.*, 4724, cf. *addenda et corrigenda*, p. 1201:
Lepsius, *Denkmäler*, XII, tab. 77, n. 68. Descripsimus.

Σέρουιο[ς] Σουλπίκ[ιος] ...... | ἔπαρχος σπείρης..... [χιλίαρχος] | λεγεῶνος [1]
5 κβ' [ἔπαρχος ἄλης Οὐο]|κουντίω[ν] [2] .... ‖ νεωκόρος τοῦ με[γάλου] |
Σαράπιδος [3], τῶν [ἐν Μουσείῳ] | σειτουμένων ἀτελ[ῶν, ἤκουσα] | Μέμνονος
ὥρας . | ἔτους ζ' Ἀδριανοῦ [4].

1. ΛΕΓΕΩΝΟC. BK. Bailic. Intelligit Franz : legionis XXII. — 2. KOINTIOC, Bailie;
KOYNTIⲰI, Lepsius. Alam Vocontiorum agnovit de Ricci. — 3. Cf. Otto, *Priester und Tempel im hellenist. Aegypt*, p. 113-114. — 4. Anno p. C. n. 122/123.

1201. Thebis, in crure Memnonis. — *C. I. Gr.*, 4726, cf. *addenda et corrigenda*, p. 1202;
Lepsius, *Denkmäler*, XII, tab. 78, n. 90.

5 Φλαουιανὸς | Φίλιππος | ἔκλυον Μέ|μνονος τοῦ θειοτάτου ‖ αὐτοκράτορος
Ἀδριανοῦ | ἀκούοντος ἐντὸς | ὥρας β' δίς.

1202. Thebis, in crure Memnonis. — *C. I. Gr.*, 4753, cf. *addenda et corrigenda*, p. 1205; Lepsius, *Denkmäler*, XII, tab. 78, n. 80. Contulimus.

Φλ[άου]ιος Οὐ[ι]ταλεῖνος | ἐπιστράτηγος Θηβαίδος | σὺν [Λ]ουκιλίᾳ [Σ]ω-
5 σίδι ' τῆι συμ|βίῳ ἤκουσα Μέμνονος ‖ ἔτους γ' Παχὼν δ' ² ὥρᾳ γ'.

1. ΤΟΥϹΙΔΙΑΙѠΝΙΔΙ, Lepsius. — 2. De ᴧ dubitamus. Lepsius dat. : ɓ.

1203. Thebis, in crure Memnonis. — *C. I. Gr.*, 4722, cf. *addenda et corrigenda*, p. 1201; Dittenberger, *Orient. gr. insc. sel.*, II, 680. Contulimus.

Λούκιος Φουνεισουλανὸς | Χαρείσ[ι]ος στρατηγὸς Ἑρμων|θείτου Λατοπο-
5 λείτου ἤκου|σα Μέμνονος δὶς πρὶν πρώ‖της ὥρας καὶ πρώτῃ σὺν | τῇ γυναικί μου Φουλβίᾳ Θώθ' η' ἔτους ζ' ¹ Ἀδριανοῦ τοῦ | κυρίου.

1. Anno p. C. n. 122, mense Septembri die v. Idem carmina Memnoni inscripsit (*C. I. Gr.*, 4721).

1204. Thebis, in crure Memnonis. — *C. I. Gr.*, 4736; cf. *addenda et corrigenda*, p. 1203; Lepsius, *Denkmäler*, XII, tab. 77, n. 66.

Χαιρήμων ὁ κα[ὶ.......] | στρατηγὸς Ἑρ[μωνθείτου] | Λατοπολεί[του ἤκουσα] |
5 τοῦ θειοτά[του Μέμνονος] ‖ σὺν τῇ ἀδελφ[ῇ μου...] | ἔτους ιθ' Ἀδριανοῦ [τοῦ κυρίου] | μηνὸς Ἀδριαν[οῦ '...

1. Anno p. C. n. 134 mense Novembri aut Decembri. Mensis Hadrianus = Choïak. Cf. Wilcken, *Gr. Ostr.*, I, p. 810.

1205. Thebis, in vico dicto Karnak. — G. Lefebvre, *Bull. de corr. hellén.*, XXVI (1902), p. 436; W. Spiegelberg, *Ann. du service des antiquités*, VII (1906), p. 231. Contulit de Ricci.

5 Διί Ἡλίῳ Ἄμ|μωνι θεῶι με|γίστωι Τιριτμὶς | Τεῶτος ἱέρισσα ‖ ἀνέθηκεν |
10 κατὰ διαθήκην | Τεῶτος Ἰναρῶ|τος προφήτου | καὶ κορυφαίου ‖ πατρὸς εὐσε-
βείας χάριν, ἐπ' ἀγαθῶ[ι] | ἔτους κα' Μάρκου | Αὐρ[η]λίου [Κομμόδου] ¹ |
15 Ἀντωνίνου Καίσαρος ‖ τοῦ κυρίου Ἀθὺρ κα'.

1. Nomen consulto erasum. Supplementum probatur titulo aegyptiaco, ab altera parte lapidi inscripto, in quo cognomen Sarmaticum deprehendere potuit Spiegelberg. Annus est 180 p. C. n.; dies xvii mensis Novembris.

1206. Thebis, in vico dicto Karnak. — Daressy, *Recueil des travaux*, XIX (1897), p. 13. Contulit de Ricci.

Καίσαρα Αὐτοκράτορα Θεοῦ υἱὸν Δία Ἐλευθέριον Σεβαστόν [1].

1. Divus Augustus sic in Aegypto appellatus est, cf. supra, n. 1163.

1207. Thebis. — De Ricci, *Comptes rendus de l'Acad. des Insc.*, 1903, p. 155, qui postea iterum descripsit; Clermont-Ganneau, *ibid.*, p. 525 et seq.

Pro salute Imp. Caesaris | Traiani Hadriani Aug. | domini n. voto Serenus |
5 aram inst[r]u[x]it Ioui. Biduo || secutus. Agriophagos nequ|issimos [1] quorum fere
pars mai|or in pugna perit neque vulnera | [n]eque crei?......c ile [2] praedamque
totam cum camelis apstulit.

Ὑπὲρ σωτηρίας Αὐτοκράτορος Καίσαρος | Τραιανοῦ Ἀδριανοῦ Σεβαστοῦ τοῦ
10 κυρίου || Σουλπίκιος υἱὸς Γναίου Κουιρίνᾳ | Σερηνὸς Ἀγριοφάγους δει[νοτ|ά-
τους [3] ....

1. De Agriophagis cf. Pseudo-Arrian, *Geogr. min.* (Didot, I, p. 237-238); Plin., *Hist. nat.*, VI, 75 et Solin, 306. Degebant in deserto inter Thebas et Berenicen. — 2. [n]eque damnum accepit, vel tale quid proposuit Clermont-Ganneau. — 3. δει[νοτάτους ἀνελὼν τὸν βωμὸν ἀνέθηκεν, id.

1208. Thebis. — *C. I. Gr.*, 4717; Strack, *Die Dynastie der Ptolemäer*, n. 137, p. 272. Contulit de Ricci.

[Βασιλευόντων Κλεοπ]άτρας θεᾶ[ς] Φιλοπάτορ[ος καὶ Π]το[λεμαίου τ]οῦ καὶ
Κα[ί]σαρος [θ]εοῦ Φιλοπάτορος Φιλο|[μήτορος [1] ἔτους [2] ...... Ἀρτ]εμισίου
κβ΄? Φαμενὼθ .β΄? [ἔδο]ξε τοῖς ἀπὸ Διοσπόλεως τ[ῆς] με[γά]λη[ς] ἱερεῦσι
τοῦ | [μεγίστου θεοῦ Ἀμο]νρασωνθὴρ καὶ τοῖς πρεσβυτέροις καὶ τοῖς ἄλλοις
πᾶσι...

Sequitur decretum in honorem Callimachi datum, qui fame et pestilentia Aegyptum vastantibus optime de Thebis et universo nomo meruisse dicitur.

1. Filium hic habes Cleopatrae et Julii Caesaris, vulgo Caesarionem dictum. Cf. Dio. XLVII, 31,5. — 2. De anno disputant viri docti. Cf. Strack, *loc. cit.*, et Bouché-Leclercq, *Hist. des Lagides*, II, p. 257.

1209. Thebis, in vico dicto Karnak. — De Ricci, *Archiv für Pap.*, II, p. 430, n. 7. Contulimus. Plenius nuper descripsit de Ricci.

5 Ἀχιλλέας ..|.ιος τῶν ρ.....|.εων του.....|.ουειτοι ¹ ....['Ο∥σ]ορουηρι [προφή,?]|της Ἀμονρασ[ωνθὴρ] | θεοῦ μεγίστο[υ ἀνέ|θ]ηκεν ἔτους μ′ [Κ]αίσ[αρος] | Φαῶρι α′ ².

1. Vel ουσιτοι. — 2. Anno p. C. n. 10, mense Septembri, die xxvIII.

1210. Thebis, in syringibus. — *C. I. Gr.*, 4774; cf. *addenda et corrigenda*, p. 1208.

Ἀντωνία | Ἀγριππεῖνα | ὑπατικὴ | ἱστόρησα ¹.

1. « Ἱστορεῖν, examinare, invisere, verbum solemne in his titulis. » Franz.

1211. Thebis, in syringibus. — Deville, *Archives des Missions*, 1866 (II), p. 484, n. 233.

5 Ἀντώνιος | Θεόδωρος | ὁ διασημ[ότατος] | καθολικὸς [τῆς Αἰγύ∥πτου ¹ καὶ] Φοινίκης, | πολίτης ἐν τῇ | βασιλ[ευούσῃ] Ῥώμῃ, | χρόνῳ πολλῷ | διατρίψας
10 καὶ ∥ τὰ ἐκεῖ θαύματ[α] | εἶδον καὶ τὰ ἐνταῦθα.

1. Rationalis Aegypti, vir perfectissimus. Cf. Hirschfeld, *Verwaltungsbeamten* (ed. II), p. 358, not. 2. Titulus ad aetatem Diocletiani referendus est.

1212. Thebis, in syringibus. — *C. I. Gr.*, 4766; Lepsius, *Denkmäler*, XII, tab. 76, n. 51; Deville, *Archives des Missions*, II (1866), p. 478, n. 196.

5 Μνησθῇ | Ἀσκληπιάδης | ἰατρὸς λεγεῶ(νος) | β′ Τραι(ανῆς) Ἰσχυρᾶς ∥ ἔτους ι′ Ἀντωνίνου Με|χὲρ α′ ¹.

1. Anno p. C. n. 147, mense Januario die xxvII.

1213. Thebis, in syringibus. — *C. I. Gr.*, 4775; cf. *addenda et corrigenda* p. 1208.

Αὐρήλιος Ἀντωνῖνος | [...

« Putabat Letronnius intelligi posse M. Aurelium Antoninum imperatorem qui cum Alexandriae degerit facile Thebas invisere potuerit : Dio, LXXI, 28. Capitol., *M. Anton. philos.*, 26 » Franz.

1214. Thebis, in syringibus. — *C. I. Gr.*, 4780; cf. *addenda et corrigenda*, p. 1208.

Λο[ύκ]ιος Αὐρήλιος | [....

Putabat Letronnius Lucium Verum imperatorem intelligi posse, qui in Oriente peregrinatus sit circiter annum 162.

1215. Thebis, in syringibus. — Deville, *Archives des Missions*, II (1866), p. 483, n. 232.

5   Κλαύδιος | Β........ | ὁ διασημότατος | καθολικὸς [1] ‖ ἐθαύμασα | μετὰ τῆς |
10 γαμετῆς | μου ..... | ...... ‖ Κλαυδία[ς] | ..... | ἱστόρησα.

1. Cf. n. 1211.

1216. Thebis, in syringibus. — *C. I. Gr.*, 4768; cf. *addenda et corrigenda*, p. 1207.

Κλ. Κομμοδιανὸς | χειλίαρχος (λεγεῶνος) β´ | [Τραιανῆς] Ἰ[σ]χυρ(ᾶ)ς πάσας |
5 τὰς [σύριγγα]ς ἰδὼν ‖ ἐθαύμασα ἔτους ια´? [Μ. Α]ὐρηλίου | Κομμόδου τοῦ
κυρίου | Ἀθὺρ ις´ [1].

1. Anni non satis certi mense Novembri, die xii.

1217. Thebis, in syringibus. — *C. I. Gr.*, 4764.

Εὐτύχης ἱστορήσας | ἔτους ιθ´ Τραιανοῦ Καίσαρος τοῦ κυρίου [1] ..... [2].

1. Titulus fuit incisus anno 115/116 p. C. n. — 2. Vestigia litterarum quae sequuntur non deprehenduntur.

1218. Thebis, in syringibus. — Deville, *Archives des Missions*, II (1866), p. 1079, n. 199; Lepsius, *Denkmäler*, XII, tab. 76, n. 52.

5   Ἰούλιος | Δημή|τριος χει|λίαρχος ‖ ἱστορήσας | ἐθαύμα|σα.

1. Cf. alterum titulum ab eodem incisum (*ibid.*, n. 198).

1219. Thebis, in syringibus. — *C. I. Gr.*, 4807; Dittenberger, *Orient. gr. insc. sel.*, 686.

Νεκτάριος Νεικομηδεὺς | ὁ λαμπρότατος καθολικὸς | Αἰγύπτου [1] ἰδὼν ἐθαύμασα.

1. Cf. supra n. 1211.

1220. Thebis, in syringibus. — Deville, *Archives des Missions*, II (1866), p. 484, n. 234.

Νεμεσιανὸς πολίτης τοῦ θείου ποιητοῦ | Ὁμήρου ἀπὸ καθολικῶν [1] [Αἰγύπ]του καὶ ἀπὸ | ἡγεμόνων..... [2] διαφόρους πράξεις | μαηοῦρος [3] καὶ καθολικὸς ὢν τ[ῆς] διοικήσεως ἱστορήσας ἐθαύμασα.

1. Cf. n. 1211. — 2. **MEIⱢCYA**, traditur. — 3. Majorius = majoriarius. Cf. *C. I. L.*, VIII, 14691.

1221. Thebis, in syringibus. — *C. I. Gr.*, 4811.

Παπείριος Δομί[τιος Ἀπ]πιαν[ὸ]ς [1] στρα|τηγὸς ['Ο]μβείτου [ε]ἱστόρησα
5 καὶ | τὸ προσκύνημα [ἐ]ποί[η]|σ[α] τῆς συνδίου καὶ τῶν || τέκνων ἔτους ιε' Θὼθ ι|θ' [2].

1. Vel Ὀππιανός. — 2. Die xvi mensis Augusti.

1222. Thebis, in syringibus. — *C. I. Gr.*, 4765.

Πετρώ[ν]ις Ἀνδρομάχου | ἐθαύμασα ἔτους ϛ' Ἁδριανοῦ | Τῦβι δ' [1].

1. Anno p C. n. 122, mense Decembri, die xxx.

1223. Thebis, in syringibus. — *C. I. Gr.*, 4763.

Ποτάμων ἱστόρησα σὺν Ποτάμων[ι] πατρὶ | ἔτους ϛ' [1] Τραιανοῦ Καίσαρος τοῦ κυρίου Μεσορὰ | κθ' [2] καὶ τὸ προσκύνημα πάντων τῶν | ἀδελφῶν καὶ
5 τῆς κυρίας μετρὸς καὶ || τῆς ἀδελφῆς [ἔγραψα].

Cf. alterum titulum ab eodem viro incisum et omnino similem.

1. Numerus non certus videtur. Forsitan ε'. — 2. Anno 102 vel 103 post C. n. mense Augusto, die xxii.

1224. Thebis, in syringibus. — *C. I. Gr.*, 4815; Dittenberger, *Orient. gr. insc. sel.*, II, 689, note 2.

5   Σπουδᾶσις | Παλατῖνος | υἱὸς | [Τρ]ύφωνος ‖ [δι]χολόγου | Αἰγύπτου ¹ ἐθεασάμην.

1. Δικολόγος idem valere ac δικαιολόγος volebat Franz quem probat Dittenberger.

1225. Thebis, in syringibus. — *C. I. Gr.*, 4816, cf. *addenda et corrigenda*, p. 1214.

Τατιανὸς ἡγεμὼν Θηβαΐδος ¹ ἱστορ|ήσα[ς] ἐθαύμασεν [ἐντ|αῦ]θα [τὸ εὐσ]|ύ-
5 ν[ετ]ον ² τῶν σοφῶν ‖ Αἰγυπ[τί]ων.

1. Praeses Thebaidis. Titulus non ante aetatem Diocletianam exaratus est. — 2. τὸ μνημόσυνον, τὸ μεγαλόσυνον, τὸ μεγαλότεχνον. Letronne.

1226. Thebis, in syringe Rhamsis III. — *C. I. Gr.*, 4815 c, p. 1213; Wescher, *Comptes rendus de l'Acad. des Insc.*, 1871, p. 291; Deville, *Archives des missions*, II (1866), p. 463, n. 37.

Τιμόθεος Ψερχιοκωμήτης ¹ | ἐμνήσθη ἐπ' ἀγαθῷ Φιλοπάππου | τοῦ
5 [....]ως ² καὶ Μαξίμου | Στατιλίου ἰδιολόγου ³ τῶν ‖ λογιωτάτων καὶ φιλ-
τάτων καὶ Ἰουλίας Πα[σικλεί]ας (?) ⁴ τῆς Τίτου (?) ⁵ τοῦ ῥήτορος τῆς Ἀχα-
ρίστου καθηγήτου.

1. « Κώμη Ψέρχις aliunde non innotuit, nisi forte Ψέρχις pro Ψέλχις dictum est. » Franz.
— 2. βασιλέως, Letronne, Franz, Wescher. Philopappum Comagenum regem haberes cujus monumentum stat Athenis in colle Musarum. Sed de verbo ΒΑΣΙΛΕΩΣ dubitat Deville qui in pariete syringis vidit ΤΟΥ ΛΛ..ΩC. — 3. De Statilio Maximo cf. *Prosop. imp. rom.*, III, p. 260, n. 599. — 4. Παγκίλας, Franz; Πασικλείας, Wescher; ΠΑ....., Deville.
— 5. ΠΙΟΥ Champollion, ΤΙΤΟΥ vidit Deville.

1227. Thebis, in syringe Memnonis. — *C. I. Gr.*, 4807 g. p. 1212; *C. I. L.*, III, 68.

M. Voturios | romanos. | M. [Οὐοτ]ύριος | ῥωμαῖος.

Alterum exemplum ejusdem tituli repertum est im syringe Rhamsis IX (*C. I. L.*, III, 69).

1228. Thebis, in syringibus. — *C. I. Gr.*, 4767; cf. *addenda et corrigenda*, p. 1207.

.... οἰκ]είων ¹ ἁπάντων πα[ρὰ] τῷ κυρίῳ ...|............²] ὄντι σοφῷ κά[ὶ]
πρωσορ[ελοῦντι] ³ | τοῖς ἀσκοῦσι παιδείαν [ἡμ]έρῳ ⁴ δὲ τοῖς | νοσηλεύουσι ⁵
αὐτὸς ⁶ ὁ ἱκετεύων τὸν θεὸν εἶνα[ι] εἴλ[εω]ν ⁷ καὶ εὐμεν[ῆ]? ἔγραψα Εὐτύχου
5 ..... ‖ μονος μετ᾽ ᾿Αφθο[νί]ου ⁸ .....ονιος.... |ρου ⁹ καὶ μον ¹⁰ Κορῆτο[ς ¹¹
τ]ῶ[ν] ἀδελφῶν καὶ Πλήνιος Κεφαλᾶτ[ος] μπτου ¹² | ἔτους ϛ᾽? [Μ. Αὐρηλίου
καὶ Λ. Οὐήρου] | κυρίων Σεβαστῶν ¹³ ἐπ᾽ ἀγαθῶι.

1. Initio periit vel ὑπερ τῶν... vel τὸ προσκύνημα τῶν, Franz. — 2. [῾Ερμῆι], θεῷ τρισμεγίστῳ]
Franz. [θεῷ|τῷ τρισμεγίστῳ] Letronne. Titulus enim incisus est infra anaglyphum dei
Thoth, qui pro Herme trismegisto habetur. — 3. προσορέλλόντι, Letronne; προσωρελοῦντι,
Franz; πρωσορελοῦντι ex errore ortum. — 4. IHΕΡΩ traditur. — 5. i. e. medicis. —
6. ΛΥΙΟϹΟ traditur. — 7. ΕΙΝΑΕΙΑΘϹΝΚΛΙΕΥΜΕΝΕ traditur. — 8. ΜΕΤΑΦΘΟΜΟΙ
traditur. — 9. Ἀπολλω]νίο[υ καὶ Ῥού]ρου, Franz; ἀδελ]ροῦ, de Ricci. — 10. sic traditur;
Ἀίλιου, Franz. — 11. Ita Letronne quem probat Franz. — 12. Κεφαλᾶ τοῦ [πέ]μπτου, Franz;
Κεφαλᾶ τοῦ υἱοῦ, Letronne. — 13. Ita Franz. Erit annus p. C. n. 166/167.

1229. Thebis in vico Gournah. — *C. I. Gr.*, 4824.

Πετεμενῶρις ὁ καὶ ᾿Αμμώνιος Σωτῆρο[ς] | Κορνηλίου Πολλίου, μητρὸς
Κ|λεοπάτρας ᾿Αμμωνίου, ἐτῶν εἴκοσι ἑνὸς | μηνῶν δ᾽ καὶ ἡμερῶν εἴκοσι δύο,
ἐτελ‖εύ[τη]σε ιθ᾽ ἔτους Τραιανοῦ τοῦ κυρίου Παῦνι η᾽ ¹.

1. Anno p. C. n. 116, mense Junio, die III. Cf. infra n. 1232.

1230. Thebis in vico Gournah. — *C. I. Gr.*, 4825. Contulit de Ricci.

Ταφὴ Πετεμενώριος υἱοῦ | Παβῶτος · ἐγεννήθη γ᾽ ἔτους ᾿Αδριανοῦ | τοῦ κυρίου
5 Χοίαχ κδ᾽ ¹, ἐτελεύτα | ζ᾽ ἔτους ² ἐπαγομένων δ᾽ ὥστε ἐβίωσεν ‖ ἔτη δ᾽ μῆνας
η᾽ ἡμέρας ι᾽. | Εὐψύχει.

1. Anno 118 die xx mensis Decembris. — 2. Anno 123, die xxvii Augusti mensis.

1231. Thebis in vico Gournah. — *C. I. Gr.*, 4827.

Σενχῶνσις ἡ καὶ Σαπαῦλις πρεσβυτέρα Πικῶτος γεννηθεῖσα τῷ δ᾽ ἔτει Θεοῦ

Τραιανοῦ [1] Παχὼν ιζ' ἐτελεύτ[η]σεν τῷ θ' ἔτει Ἀντωνίνου Καίσαρος κυρίου
Φαμενὼθ ιε' [2] ὥστε ἐβίωσεν ἔτη μδ' μῆνας δέκα. Θάρσει.

1. Die xii mensis Maii, anno 101 p. C. n. — 2. Anno 146, mensis Martii die 11.

1232. Thebis, in vico dicto Gournah. — *C. I. Gr.*, 4823.

Σενσαὼς Σωτῆρος Κορνηλίου [1], μητρὸς Κλεοπάτρας τῆς καὶ | Κανδάκης
Ἀμμωνίου, παρθένος ἐτῶν ις' μηνῶν δύο ἡμερῶν | ἐννέα, ἐτελεύτησεν ιβ' ἔτους
Τραιανοῦ τοῦ κυρίου Ἐπεὶφ κα' [2].

1. Cf. supra n. 1229. — 2. Anno 109, mense Julio, die xv.

1233. Thebis, in vico Gournah. — *C. I. Gr.*, 4822; Dittenberger, *Orient gr. insc. sel.*,
II, 698.

Σωτὴρ Κορνηλίου Πολλίου [1] μητρὸς Φιλοῦτος ἄρχων Θηβῶν [2].

1. « Ejusdem familiae homines habes (nn. 1229 et 1232); quos non fratrem et sororem
esse illius Soteris matris nomen indicat; sed liberos ejus esse statuit Franz, id quod
certe perquam probabile est. » Dittenberger. Idem titulum tribuit circiter anno 100. —
2. Praefectus regius oppidi Thebarum, Θηβάρχης; cf. id., not. 4.

1234. Thebis, in vico Gournah. — *C. I. Gr.*, 4826.

Ταφὴ Τροῦτο[ς] Ἡρακλείου Σωτῆρος μητρὸς Σαρα[π]οῦτος · ἐγενήθη τῷ ε' ἔτει
Ἀδριανοῦ | τοῦ κυρίου Ἀθὺρ β' [1] καὶ | ἐτελεύτησεν τῷ ια' ἔτει μηνὶ Τῦβι κ' [2]
ἐτῶν ς' μηνῶν δύο | ἡμερῶ[ν] η' καὶ ἐτάφη τῷ ιβ' ἔτει μηνὶ Ἀθὺρ ιβ' [3].

1. Anno p. C. n. 120, die xxix mensis Octobris. — 2. Anno 127, die mensis Januarii xvi.
— 3. Die mensis Novembris viii ejusdem anni.

1235. In valle Hamamât, prope lapicidinas veteres. — *C. I. Gr.*, add. 4716 d'; Lepsius, *Denkmäler*, XII, tab. 97, n. 478.

Τὸ προσκύνημα | Ποπλίου Ἰουεντίου | Ἀγαθόποδος [1] παρὰ | τῷ κυρίωι Πανί [2],
5 καὶ ‖ τῶν αὐτοῦ πάντων | ἔτους μγ' Καίσαρος Φαμενὼθ | α' [3].

1. Cf. n. 1236. — 2. De Pane deo lapicidinarum, cf. n. 1152. — 3. Anno p. C. n. 14,
mense Februario, die xxv.

1236. In valle Hamamât. — *C. I. Gr.*, add. 4716 d²; Lepsius, *Denkmäler*, XII, tab. 100, n. 580-583; Dittenberger, *Orient. gr. insc. sel.*, 660.

Ἐπὶ Τεβερίου Καίσαρος Σεβαστοῦ ¹, Ποπλίου | Ἰουεντίου Ρούφου μεταλ(λ)άρχη
Ζμαράχτου | καὶ Βασίου ² καὶ Μαρχαρίτου ³ καὶ λατόμων πάν|των τῆς Αἰγύπτου ·
5 Ποπλίου Ἰουεντίου ‖ Ἀγαθόπους | ἀπελεύθερος | αὐτοῦ καὶ | προνοητὴς | πάντων ⁴
ἔτους ε' ‖ Τιβερίου Καί|σαρος Σεβαστοῦ | Φαῶφι ε'.⁵ | Τὸ προσκύ|νημα ‖
10-15 Ἀρυώθης | Φατρήους | γραμμα[τεύς]. | Μέρσις ἀρχιτ|έχτων. ‖ Τὸ προσκύ|νημα
20 Μαμ|μόγαις Βα|ταίου στρα|τιώτηι ‖ σπίρης Νίγ|ρου, ἐπὶ τῷ | ἔργωι Ἰουεν|τίου.
23 Μέρσις ἀρ|χιτέ‖χτων.

1. Supple : τὸ προσκύνημα. — 2. Ita traditur; Βάσσου, Franz; [Κ]ασίου, Letronne, Dittenberger. — 3. Praefectus metallis montium Zmaragdi (a smaragdis), Basii vel Casii,
Margariti (a margaritis) et omnium lapicidarum. — 4. Debuit esse ἀπελευθέρου et προνοητοῦ.
Intellige : P. Juventii Agathopodis liberti ejus et procuratoris; cf. titulum n. 1235. —
5. Die n mensis Octobris, anno 18 p. C. n.

1237. In valle Hamamât. — *C. I. Gr.*, add. 4716 d³; Lepsius, *Denkmäler*, XII, tab. 100,
n. 576.

5 Τὸ προσκύνημα | Ιουλίου στρατιώτου | καὶ Διδυμᾶτος | παρὰ θεῷ Πανὶ ‖ ὅτι
εὐείλατος [ἡ]μεῖν ¹ | γέγονε | ἔτους ζ' Τιβερίου Καίσαρος | Φαρμοῦ[θ]ι ιη' ².

1. ΥΜΕΙΝ traditur. — 2. Φαρμοῦτι traditur. Anno p. C. n. 20, die xiii mensis Aprilis.

1238. In valle Hamamât. — *C. I. Gr.*, add. 4716 d⁴; Lepsius, *Denkmäler*, XII, tab. 100,
n. 575.

Τὸ προσκύνημα | Ἀπολλώνιος Λογγίνου | ἔτους ιδ' Τιβερίου Καίσαρος Σεβασ-
τοῦ Ἐ[πὶ]φ] κγ' ¹.

1. Traditur ΕΦΙΠ. Anno p. C. n., 27 die xvii mensis Julii.

1239. In valle Hamamât. — *C. I. Gr.*, add. 4716 d⁵; Lepsius, *Denkmäler*, XII, tab. 97,
n. 502.

Τὸ προσκύνημα Ἱερωνύμου Σώρου | παρὰ θεῷ Πανὶ καὶ τοῖς συννάοις θεοῖς |
ἔτους ις' Τιβερίου Καίσαρος Σεβαστοῦ Ἐπείφ α' ¹.

1. Anno 29, mense Junio, die xxv.

1240. In valle Hamamât. — *C. I. Gr.*, add. 4716 d⁶.

Τὸ προσκύνημα Σι|έωμοις? Λονγίνου παρὰ | τῷ Πανὶ καὶ τοῖς συνν|άιοις
5 θεοῖς ἔτους ιζ΄ Τιβερί|ου Καίσαρος Σεβαστοῦ | Παϊνι ιζ΄ ¹.

1. Anno p. C. n. 30, mensis Junii die xi.

1241. In valle Hamamât. — *C. I. Gr.*, add. 4716 d⁷; Lepsius, *Denkmäler*, XII, tab. 97,
n. 498.

5 Τὸ προσκύνημα | Μάρκου Λονγείνου | καὶ Γαίου Κορνηλίου | στρατιοτῶν ‖ ἑκα-
τονταρχίας Ἐρεν|νίου ἔτους ια΄ Νέρονος ¹.

1. Anno p. C. n. 64/65.

1242. In valle Hamamât. — *C. I. Gr.*, add. 4716 d⁸; cf. Lepsius, *Denkmäler*, tab. 100,
n. 585 et tab. 97, n. 498.

5 Τὸ προσκύνημα | Καλάσιρις | Παχομχῆμις | L. Long(inus) ‖ ἔτους α΄ Τίτου
Μεσουρή ¹.

1. Anno p. C. n. 79, mense Augusto, probabiliter; nam Vespasianus mortuus est die
xxiii mensis Julii.

1243. In valle Hamamât. — *C. I. Gr.*, add. 4716 d⁹; Lepsius, *Denkmäler*, XII, tab. 100,
n. 568.

5 Τὸ προσκύνημα | Γάιος Βένιος | Κέλερ χώρτης | πρώτης Φλα‖ουίας
Κυλίκ|ων ἑκατονταρχίας Ἰουλί[ου] | ἐπὶ Δομ|ετιανοῦ Αὐτ|οκράτορος.

1244. In valle Hamamât. — *C. I. Gr.*, add. 4716 d¹⁰; Lepsius, *Denkmäler*, XII, tab. 97,
n. 482.

Τὸ προσκύνη|μα Κρονίου Σαραπᾶτος | καὶ Μουμμίου Ἀπολλωνίου | καὶ
5 Παχομπρῆτ Ψενχνοῦμις ‖ καὶ Πετάλης καὶ Φμόις Ἱέραξ | παρὰ Πανὶ θεῷ μεγίσ-
τωι | ἔτους ι΄ Δομιτιανοῦ τοῦ κυρίου | Παῦνι ι΄ ¹.

1. Anno p. C. n. 91, die iv mensis Junii.

1245. In valle Hamamât. — *C. I. Gr.*, add. 4716 d¹²; Lepsius, *Denkmäler*, XII, tab. 97, n. 481.

Τὸ προσκύνημα Ἀπελλίωνος | στρατιώτου πρὸς | τὸν Πᾶνα κύριον.

1246. In valle Hamamât. — *C. I. Gr.*, add. 4716 d¹⁸; Lepsius, *Denkmäler*, XII, tab. 97, n. 483-485.

5 · Τὸ προσ|κύνημα | Γαίου Αὐρηλίου | Δήμου στρατιώτου ‖ σκληρουρ|γοῦ
10 ὑδρευ|μάτων. | Τὸ προσ|κύνημα Ἰσιδώ‖ρου Δήμου. Τὸ προσκύ|νημα Δήμου.
Τέκνα | αὐτοῦ οἱ δύο τοῦ προγεγρα(μμένου) | Δήμου στρατιώτου.

1247. In valle Hamamât. — *C. I. Gr.*, add. 4716 d³⁹.

5 Τὸ προσκύ|νημα | Πτολεμ|αίου στρ‖α[τ]ιώτ|ης | κεντ[υρ]ία|ς Φαβίου.

1248. In valle Foakhir. — *C. I. Gr.*, add. 4716 d⁴⁸.

5 Ε᾽ ἔτους Γαίου ¹ | χασμαζετορισ | Παῆς Ἁρπαῆχις | Ἁρπῆχις Παῆς ‖ Ἁρπῆ-
χης Παῆς | Παῆς Ευεχ[...

1. Anno p. C. n. 40 aut 41.

1249. In valle Foakhir. — *C. I. Gr.*, add. 4716 d⁴⁷.

Τὸ προσχ[ύνημα] | Γαβινίου [Θ]αίμου ¹ | στρατιώτ[ο]υ καὶ τῶ|ν αὐτοῦ π[άν]-
5 των ‖ σπε[ί]ρης Φαχού[ν]δου [κεν]τυρ[ί]ας [Κα]π[ί]τωνος.

1. Traditur ΕΑΙΜΟΥ. [Κ]α[τί]λου pro Κατλίου, Franz. Nomen Θαῖμος in Syria et Arabia non semel inventus est. Cf. hujus operis volumen tertium in indicibus, p. 534.

1250. In valle Foakhir. — *C. I. Gr.*, add. 4716 d⁴⁴. ·

5 Λούχειος | Καιχείλιος | Σωχρά|της σπίρης Μά|ρχου Φρώ|ρου ¹ κεν|τυρεία|ς
10 Μομ‖μίου.

1. Ita traditur pro Φλώρου.

1251. In valle Foakhir. — *C. I. Gr.*, add. 4716 d⁵⁴.

Τὸ προσκύνημα Κλημεντείνου | δεκανοῦ ¹.

1. Decurio alarius.

1252. In valle Foakhir. — *C. I. Gr.*, add. 4716 dˢ⁷.

Τὸ προσκύνημα Λονγίνου ἱππέος | καὶ τοῦ ἱππιάτρου ¹.

1. Veterinarius.

1253. In valle Foakhir. — *C. I. Gr.*, add. 4716 d⁵⁸.

Τὸ προσκύνημα Μάρκου | Μονίμου εἰππέος.

1254. In monte Claudiano. — *C. I. Gr.*, 4713 e; Milne, *Musée du Caire, gr. inscr.*, p. 34, n. 9277. Ectypum habuimus.

Διὶ Ἡλίῳ μεγάλῳ | Σαράπιδι | ὑπὲρ τῆς τοῦ κυρίου | Καίσαρος Τραιανοῦ ‖
5 τύχης ἐπὶ Ἐνκολπίῳ | ἐπιτρόπῳ ¹ καὶ Κουίντῳ | Ἀκκίῳ Ὀπτάτῳ ἑκατοντάρχῳ ²,
10 Ἀπολλώ|νιος Ἀμμωνίου Ἀλεξ|ανδρεὺς ἀρχιτέκτων ‖ ἀνέθηκεν ὑπὲρ τῆς σωτη|-
ρίας αὐτοῦ πάντων ἔργων.

Titulum Alexandreae inventum esse asserit Neroutsos, non recte, ut videtur; cf. Milne,
loc. cit.

1. Procurator metallorum; cf. titulum sequentem. — 2. Centurio praepositus operi;
cf. eumdem titulum.

1255. In monte Claudiano. — *C. I. Gr.*, 4713 f; Dittenberger, *Orient. gr. insc. sel.*, II, 678.

Ὑπὲρ σωτηρίας καὶ αἰωνίου νίκης Αὐτοκράτορος Καίσαρος Τραιανοῦ Ἀδριανοῦ
Σεβαστοῦ καὶ τοῦ σύνπαντος αὐτοῦ οἴκου | καὶ τῆς τῶν ὑπὸ αὐτοῦ ἐπιταγέντων
ἔργων ἐπιτυχίας | Διὶ Ἡλίωι μεγάλωι Σαράπιδι καὶ τοῖς συννάοις θεοῖς τὸν ναὸν
καὶ τὰ περὶ τὸν ναὸν πάντα | Ἐπαφρόδειτος δοῦλος Σειγηριανὸς ¹ μισθωτὴς τῶν
5 μετάλλων κατασκεύασεν ² ‖ ἐπὶ Ῥαμμίωι Μαρτιάλι ἐπάρχωι Αἰγύπτου ³, ἐπι-

τρόπου τῶν μετάλλων Χρησίμου Σεβαστοῦ ἀπελευθέρου, | ὄντος πρὸς τοῖς τοῦ
Κλαυδιανοῦ ἔργοις Ἀουίτου ἑκατοντάρχου [4] σπείρης πρώτης Φλαουίας Κιλίκων
ἱππικῆς [5], ἔτους β΄ Αὐτοκράτορος Καίσαρος Τραιανοῦ Ἀδριανοῦ, Φαρμοῦθι κη΄ [6].

1. Cf. n. 1256, in quo idem servus audit : Ἐπαφρόδιτος Καίσαρος Σιγηριανός. Non sumere
debes eumdem fuisse ac celeberrimum illum Epaphroditum a Domitiano occisum. De
cognomine Σιγηριανῷ a Σιγηρῷ, latine *Tacito,* repetitum, cf. Letronne, Recueil I, p. 153,
sqq. Quem Sigerum, priorem Epaphroditi dominum, habet vir ille doctus pro Domitiani
percussore. — 2. Ita lapis. — 3. Cf. Cantarelli, *Prefetti di Egitto,* p. 45. — 4. Centurionem operi marmorum Montis Claudiani praepositum esse notum est (*C. I. L.,* III, 25).
— 5. De cohorte I Flavia Cilicum cf. Pauly-Wissowa, *Realencyclopädie,* IV, p. 269. —
6. Anno p. C. n. 118, mensis Aprilis die XXIII.

1256. In monte Claudiano. — *C. I. Gr.,* 4713.

Ὑπὲρ σωτηρίας καὶ αἰωνίου νίκης τοῦ κυρίου ἡμῶν Αὐτοκράτορος Καίσαρος
Τραιανοῦ Ἀδριανοῦ | Σεβαστοῦ καὶ τοῦ παντὸς οἴκου Διὶ Ἡλίῳ μεγάλωι
Σαράπιδι καὶ τοῖς συννάοις θεοῖς τὸν ναὸν καὶ τὰ περὶ τὸν ναὸν | Ἐπα-
φρόδιτος Καίσαρος Σειγηριανός, ἐπὶ Ῥαμμίῳ Μαρτιάλι ἐπάρχωι Αἰγύπτου,
Μάρκου Οὐλπίου Χρησίμου ἐπιτροπεύον|τος τῶν μετάλλων, ἐπὶ ἑκατοντάρχου
Προχυληιανοῦ...

Cf. titulum supparem n. 1255.

1257. In monte Claudiano. — De Ricci, *Archiv für Pap.,* II, p. 441, n. 52.

Ὑπὲρ σωτηρ[ίας καὶ νίκης] | Αὐτοκράτορ[ος Καίσαρος] | Τραιανοῦ
Ἀ[δριανοῦ.....

1258. In monte Claudiano. — *C. I. Gr.,* 4713 b.

5   ...εο... ανωχααιοιωϐτις [1] | Εἴσιδι μυριω|νύμῳ Φάν|ιος Σευῆρο|ς ἑκατοντάρχος
ἀνέθηκεν | ἔτους κβ΄ Ἀδρειανοῦ τοῦ κυρίου Σ[ε]ϐαστο]ῦ [2].

1. « Videndum ne subsit Τραι]ανῶ[: Δ]α[ικ]ῶ[:] » Franz. — 2. Anno 137/138 p. C. n.

1259. In monte Claudiano. — *C. I. Gr.*, 4713 c ; *C. I. L.*, III, 24.

In latere sinistro :

A. Fons felicissimus | Traianus Dacicus [1].

In antica :

B. An. XII [2] Imp. Nerua Traiano | Caesare Aug. Germanico | Dacico | per
5 Sulpicium Simi[le]²m ‖ praef. Aeg.

In latere dextro :

C. Ὕδρευμα εὐτυχέστατον | Τραιανὸν Δακικόν.

In plinthis :

D. Ἄμμωνις Κησωνίου Μαλλίτης.

1. Nomen stationis ad montem Claudianum sitae. — 2. Anno p. C. n. 108/109. —
3. Cf. supra n. 1148, not. 4.

1260. In monte Claudiano. — *C. I. Gr.*, 4713 *d*.

Ἐπὶ Οὐαλουεννίωι [1] | Πρείσκωι ἑκατοντάρχω λεγε(ῶνος) κβ′ [2] | διὰ Ἡρα-
κλείδου ἀρχιτέκ[τονος...

1. Gentilicium Valvennius notum est (*C. I. L.*, IX, 896, 2420). — 2. Legio XXII Dejotariana quae tendebat in Aegypto.

1261. Lagita (inter Qosseir et Qeneh). — Euting, *Sitzungsber. der Berl. Akad.*, 1887,
p. 419.

....Τιβερίου Κλαυδί[ου] | Αὐτοκράτορος Πανὶ τ|ῷ θεῷ.... μεος προστάτης.

1262. Girgeh, in oppido Oasis magnae. — *C. I. Gr.*, 4956 ; Dittenberger, *Orient. gr.
insc. sel.*, II, 665.

I. Ποσιδώνιος στρατηγός [1] · | τῆς πεμφθείσης μοι ὑπὸ τοῦ κυρίου ἡγεμόνος |
ἐπιστολῆς σὺν τῶι ὑποτεταγμένωι προστάγ|ματι τὰ ἀντίγραφα ὑμεῖν ὑποτέταχα,
5 ἵν᾽ εἰδῆ[τες] αὐτὰ καὶ [εὐπ]ειθῆτε καὶ μηδὲν ὑπεναντίον τοῖς προσ|[τεταγμένο]ις

ποιῆ[τε] · ἐπὶ ἔτο[υς] ἐνάτου Τιβερίου Κλαυδίου Καίσαρος | [Σεβαστοῦ Γερμανι]κοῦ Αὐτοκράτορος Μεχεὶρ ζ´ ².

II. Γν[(αῖος) Οὐεργίλιος Κ]απίτων ³ Ποσειδωνίωι, στρατηγῶι Ὀάσε[ως |
10 Θηβαίδος, χαίρειν · ὃ ἐπὶ] τῆς πόλεως ⁴ [προ]έθηκα διάταγμα, ‖ [τούτου ἀντίγραφον] ἔπεμψά σ[οι. Βούλομαι οὖν [σ]ε ἐν | [τάχει ἕν] τε τῆι μητροπόλει
τοῦ νομοῦ καὶ καθ᾿ ἕ[κ]αστον τόπο]ν ⁵ αὐτὸ προθεῖναι σαφέσι καὶ εὐσήμοις |
[γράμμασιν], ἵνα [παν]τὶ [ἔκ]δηλα γένηται τὰ ὑπ᾿ ἐμοῦ [σταθέντα].

15 III. Γναῖος Οὐ[εργί]λιος Καπίτων λέγει · ‖ καὶ πάλαι μὲν ἤκουόν τινας
δαπάνας ἀδίκους καὶ παραλογισ[θεί|σ]ας ὑπὸ τῶν πλεονεκτικῶς καὶ ἀναιδῶς
ταῖς ἐξουσίαις ἀπο|χρωμένων γείνεσθαι, καὶ νῦν δὲ ἐν τῇ τῶν Λιβύων μάλιστα |
ἔγνων ὑποθέσει ⁶, ὅτι ἀναλίσκεταί τινα ἁρπαζόντων ἀδε|ῶς τῶν ἐπὶ ταῖς χρείαις ⁷
20 ὡς ὑποκείμενα εἰς δαπάνας ‖ καὶ ξένια [ἑ]αυτῶν ⁸ τὰ μήτε ὄντα μήτε ὀφείλοντα εἶναι, | ὁμοίως δὲ καὶ ἀνγαρειῶν ⁹ ὀνόματι. Διὸ κελεύω<ι> τοὺς |
διοδεύοντας διὰ τῶν νομῶν στρατιώτας καὶ ἱππεῖς καὶ | στάτορας ¹⁰ καὶ ἑκατοντάρχας καὶ χειλιάρχους καὶ τοὺς (λο)ι|ποὺς ἅπαντας μηδὲν λαμβάνειν μηδὲ
25 ἀνγαρεύειν εἰ μή ‖ τινες ἐμὰ διπλώματα ¹¹ ἔχουσιν · καὶ τούτους δὲ στέγηι μόνον
δέ|χεσθαι τοὺς διερχομένους, ὑποκείμενόν τε μηδένα μηδὲν πράτ|τειν ἔξω τῶν
ὑπὸ Μαξίμου ¹² σταθέντων · ἐὰν δέ τις δῶι ἢ ὡς δε|δομένον λογίσηται καὶ
εἰσπράξηι δημοσίᾳ, τοῦτον τὸ δεκαπλοῦν | ἐγὼ<ι> ἐκπράξω<ι> οὗ αὐτὸς
30 ἔπραξεν τὸν νομὸν, καὶ τῶι μηνύσαντι ‖ τὸ τετραπλάσιον μέρος δώσω<ι> ἐκ
τῆς τοῦ κατακριθέντος οὐσίας. | Ο[ἱ μὲν οὖν β]ασιλικοὶ γραμματεῖς καὶ κωμογραμματεῖς καὶ τοπογραμ|[ματ]εῖς κατὰ νομὸν πάντα ὅσα δαπανᾶται ἐκ τοῦ
νομοῦ, εἴ τινα | πέπρακται παραλόγως ἢ ἄλλο τι ἀναγραφ[έσ]θωσαν καὶ ἐ[ν
ἡμέραις] | ἑξήκοντα ἐπιδότωσαν, οἱ δ᾿ ἐ[ν]τὸς Θηβαίδος διὰ τετραμήνου, [εἰς
35 τὰ] ‖ λογιστήρια καὶ πρὸς Βασιλείδην τὸν Καίσαρος ἀπελεύθερον τὰ ἐξ ἑκάσ|του
λογιστηρίου, καὶ τοὺς ἐκλογιστὰς πεμπέτωσαν, ἵν᾿ ἐάν τι παρὰ τὸ δί|καιον λελογευμένον ἢ πεπραγμένον ἦ, τοῦτο διορθώσομαι · ὁμοίως | δ[ὲ] βούλομαι
40 δηλοῦσθαι................. | σ[εῖ]τος ἢ ἀργύριον δι...................‖μησιν σκεπαστικοῦ............ | πρῶτον ἀκούσας ε............ | παρὰ τὴν τοῦ κυρίου........ |
45 ἐτόλμησαν τῆς σκέ[ψεως.............]|πῆς τι λαμβανε............ πολ]‖λάκις
παρά τε.............|σαντος γνώ[μην...........´ ἀ]|πογραφὴν....... | στρατηγῶι
50 γ[...... ἑ]|ξήκοντα εἰς.............‖ρου πρὸς τ[..... ἀναγραφέ]|σθωσαν [.....
πέμ]|πειν πᾶσι............ | καὶ τὰ ἄ[λλα...........] | καὶ τοῖς στρα[τηγοῖς.......
55 ἀνε]‖πηρεάστω[ς.............] | ἤδη προλέγω.............| των, εἰ καὶ.......|ιν οἱ

60 τότε ἀκούσαν[τες........... ἀναγρα]|φέσθωσαν τὰ [........... ἐδ]|εσμάτων....... |
πολιτῶν ι..........|σύν μοι μετα[........... γράμμα]|τα ἔγραψα πρὸς τοὺς
65 ε[..... ἐν τῇ μ]|ητροπόλει τοῦ ὅλου νομοῦ ἢ ....|| αια..εδαετης, ἵν' ἐξῆι
τῶι βουλομέν[ωι .... ἐλέγχειν .... | τ]οὺς ψευσαμένους · κελεύω δὲ
.............|..... τὰς τῶν νομῶι τῶν [..............|... ἐδ]ήλωσαν. Ἀναγκ[αίω]ς
70 [οὖν] κε[λεύω ....|...μῳ (προ)σπέμπειν μο(ί) τι καὶ .... || ἐστασίασαν
καὶ τῆς ...[δι]|δόναι εἰς διαλογισμὸν ....|... αὐτῶν εἶναι φανερὸν........ |
75 ἐν τῶι λογιστηρίωι...... | τὰ ἐν ἰδίωι λόγωι .... || ἔθους προσ-
τε[ταγμέν...............] | Καί(σ)αρ(ος) Σε(6)[αστοῦ | Χ](ο)[ί]α(κ) (ι)α' ¹².

Diversas lectiones et quae corrigenda proposuerunt ii qui titulum ediderunt consulto
omisimus. Cf. Dittenberger, *loc. cit.*, quem sequimur.

1. Sc. Oasis Thebaïdos. — Anno p. C. n. 49, kalendis Februariis. — 3. De eo viro
cf. *Prosop. imp. rom.*, III, p. 401, n. 276 et Cantarelli, *Prefetti di Egitto*, p. 28. — 4. « Praefectus ipse Alexandriae publici juris fecit edictum ; deinde idem ad strategos nomorum
transmisit ut in suo quisque nomo proponendum curaret. » Dittenberger. — 5. Locus.
nomi pars, quae ipsa in vicos divisa erat. — 6. Petitio, qua queruntur aut accusant
incolae. — 7. Qui negotia publica gerunt. — 8. Intellige ea quae magistratibus iter
facientibus ab incolis praestari debent. Cf. Wilcken, *Griech. Ostr.*, I, p. 389. — 9. Angariae,
onus jumenta praebendi ad cursum publicum ; cf. praesertim Rostowtsew, *Klio*, 1906,
p. 249 et suiv. — 10. Statores qui in stationibus excubant ad securitatem viarum aut
vectigalia deputati. Cf. von Domaszewski, *Röm. Mittheil.*, 1902, p. 330 et seq., et
Wilcken, *Griech. Ostr.*, I, p. 294. — 11. Diplomata, litterae quas qui acceperat instru-
menta itineris et adjumenta ab incolis exigere ei licebat. Cf. G. Humbert, apud Saglio,
Dict. des Antiquités, I, p. 1652 et seq. et Hirschfeld, *Verwaltungsbeamt.* (ed. II), p. 198.
— 12. M. Magius Maximus, praefectus Aegypti imperante Augusto (Cantarelli, *Prefetti
di Egitto*, p. 21). — 12. Die VII mensis Decembris, anno p. C. n. 48. Dies et annus
non satis certe traduntur.

1263. In oppido Girgeh. — *C. I. Gr.*, add., 4957 ; Dittenberger, *Orient. gr. insc.
sel.*, 669.

I. Ἰούλιος Δημήτριος, στρατηγὸς Ὀάσεως Θηβαΐδος · τοῦ πεμφθέντος μοι δια-
τάγματος ὑπὸ τοῦ κυρίου ἡγεμόνος | Τιβερίου Ἰουλίου Ἀλεξάνδρου ¹ τὸ ἀντίγρα-
φον ὑμεῖν ὑπέταξα, ἵν' εἰδότες ἀπολαύητε τῶν εὐεργεσιῶν. Ἔτους β' Λουκίου
Λιβίου Σεβαστοῦ Σουλπικίου | Γάλβα αὐτοκράτορος Φαῶφι α' Ἰουλίᾳ Σεβαστῆι ².

II. Τιβέριος Ἰούλιος Ἀλέξανδρος λέγει · πᾶσαν πρόνοιαν ποιούμενος τοῦ δια-
μένειν τῷ προσήκοντι κα|ταστήματι τὴν πόλιν ³ ἀπολαύουσαν τῶν εὐεργεσιῶν ἃς

T. I   28

ἔχει παρὰ τῶν Σεβαστῶν καὶ τοῦ τὴν Αἴγυπτον ἐν εὐσταθείᾳ διάγουσαν εὐθύμως
5 ὑπηρετεῖν τῆι τε εὐθηνίᾳ καὶ τῆι μεγίσ‖τηι τῶν νῦν καιρῶν εὐδαιμονίᾳ μὴ<ι>
βαρυνομένην καιναῖς καὶ ἀδίκοις εἰσπράξεσι · σχεδὸν δὲ ἐξ οὗ τῆς πόλεως ἐπέβην
καταβοώμενος ὑπὸ τῶν ἐντυγχανόντων καὶ κατ' ὀλίγους καὶ κα|τὰ πλήθη<ι>
τῶν τε ἐνθάδε εὐσχημονεστάτων καὶ τῶν γεωργούντων τὴν χώραν μεμφομένων
τὰς ἔγγιστα γενομένας ἐπηρείας, οὐ διέλιπον μὲν κατὰ τὴν ἐμαυτοῦ δύναμιν τὰ
ἐπείγοντα | ἐπανορθούμενος · ἵνα δὲ εὐθυμότεροι πάντα ἐλπίζητε παρὰ τοῦ ἐπι-
λάμψαντος ἡμεῖν ἐπὶ σωτηρίᾳ τοῦ παντὸς ἀνθρώπων γένους εὐεργέτου Σεβαστοῦ
Αὐτοκράτορος Γάλβα τά τε πρὸς σωτηρίαν | καὶ τὰ πρὸς ἀπόλαυσιν, καὶ γινώσ-
κητε ὅτι ἐφρόντισα τῶν πρὸς τὴν ὑμετέραν βοήθειαν ἀνηκόντων, προέγραψα
ἀναγκαίως περὶ ἑκάστου τῶν ἐπιζητουμένων, ὅσα ἔξεστί μοι κρεί|νειν καὶ ποιεῖν,
τὰ δὲ μείζονα καὶ δεόμενα [4] τῆς τοῦ αὐτοκράτορος δυνάμεως καὶ μεγαλειότητος
αὐτῶι δηλώσω<ι> μετὰ πάσης ἀληθείας, τῶν θεῶν ταμιευσαμένων εἰς τοῦτον
10 τὸν ‖ ἱερώτατον καιρὸν τὴν τῆς οἰκουμένης ἀσφάλειαν · — ἔγνων γὰρ πρὸ
παντὸς εὐλογωτάτην οὖσαν τὴν ἔντευξιν ὑμῶν ὑπὲρ τοῦ μὴ<ι> ἄκοντας
ἀνθρώπους εἰς τελωνείας ἢ<ι> ἄλ|λας μισθώσεις οὐσιακὰς [5] παρὰ τὸ κοινὸν
[ἔ]θος τῶν ἐπαρχειῶν πρὸς βίαν ἄγεσθαι [6], καὶ ὅτι οὐκ ὀλ[ί]γω[ι] ἔβλαψε τὰ
πράγματα τὸ πολλοὺς ἀπείρους ὄντας τῆς τοιαύ|της πραγματείας ἀχθῆναι μετ'
ἀνάγκης ἐπιβληθέντων αὐτοῖς τῶν τελῶν. Διόπερ καὶ αὐτὸς οὔτε ἤγαγόν τινα
εἰς τελωνείαν ἢ<ι> μίσθωσιν οὔτε ἄξω<ι> [7], εἰδὼς τοῦτο | συμφέρειν καὶ
ταῖς κυριακαῖς ψήφοις [8] τὸ μετὰ προθυμίας ἑκόντας πραγματεύεσθαι τοὺς δυνα-
τούς. Πέπεισμαι δὲ ὅτι οὐδ' εἰς τὸ μέλλον ἄκοντάς τις ἄξει τελώνας | ἢ<ι>
μισθωτάς, ἀλλὰ διαμισθώσει τοῖς βουλομένοις ἑκουσίως προ(σ)έρχεσθαι [9] μᾶλ-
λον τὴν τῶν προτέρων ἐπάρχων αἰώνιον συνήθειαν φυλάσσων ἢ<ι> τὴν πρόσ-
15 καιρόν τινος ἀδικίαν ‖ μειμησάμενος. Ἐπειδὴ<ι> ἔνιοι προφάσει τῶν δημοσίων
καὶ ἀλλότρια δάνεια παραχωρούμενοι [10] εἴς τε τὸ πρακτόρειόν [11] τινας παρέδοσαν
καὶ εἰς ἄλλας φυλακάς, ἃς καὶ δι' αὐτὸ τοῦτο | ἔγνων ἀναιρεθείσας [12], ἵνα αἱ
πράξεις τῶν δανείων ἐκ τῶν ὑπαρχόντων ὦσι καὶ μὴ<ι> ἐκ τῶν σωμάτων, ἑπό-
μενος τῆι τοῦ Θεοῦ Σεβαστοῦ [13] βουλήσει, κελεύω<ι> μηδένα τῆι τῶν δημοσίων
προφά|σει παραχωρεῖσθαι παρ' ἄλλων δάνεια ἃ μὴ<ι> αὐτὸς ἐξ ἀρχῆς ἐδάνεισεν
μὴ<ι>δ' ὅλως κατακλείεσθαί τινας ἐλευθέρους εἰς φυλακὴν ἡντινοῦν, εἰ μὴ<ι>
κακοῦργον, μηδ' εἰς τὸ πρακ|τόρειον, ἔξω<ι> τῶν ὀφειλόντων εἰς τὸν κυριακὸν
λόγον [14]. Ἵνα δὲ μὴ<ι>δαμόθεν βαρύνηι τὰς πρὸς ἀλλήλους συναλλαγὰς τὸ
τῶν δημοσίων ὄνομα μηδὲ συν[έχ]ω[σ]ι [15] τὴν κοινὴν πίστιν | οἱ τῆι πρωτοπραξίᾳ [16]

πρὸς ἃ μὴ<ι> δεῖ καταχρώμενοι, καὶ περὶ ταύτης ἀναγκαίως προέγραψα · ἐδη-
λώθη<ι> γάρ μοι πολλάκις ὅτι ἤδη<ι> τινὲς καὶ ὑποθήκας ἐπείρασαν ἀφελέσθαι
20 νομίμως ‖ γεγονυίας καὶ ἀποδεδομένα δάνεια παρὰ τῶν ἀπολαβόντων ἀναπράσσειν
πρὸς βίαν καὶ ἀγορασμοὺς ἀνα[δ]άστους [17] ποιεῖν ἀποσπῶντες τὰ κτήματα τῶν
ὠνησαμένων ὡς | συμβεβληκότων τισὶν ἀναβολικὰ [18] εἰληφόσι ἐκ τοῦ φίσκου
ἢ<ι> στρατηγοῖς ἢ<ι> πραγματικοῖς ἢ<ι> ἄλλοις τῶν προσωφειληκότων τῶι
δημοσίωι λόγωι [19]. Κελεύω<ι> οὖν, ὅστις | ἂν ἐνθάδε ἐπίτροπος τοῦ κυρίου ἢ<ι>
οἰκονόμος ὕποπτόν τινα ἔχηι τῶν ἐν τοῖς δημοσίοις πράγμασιν ὄντων, κατέχεσθαι
αὐτοῦ τὸ ὄνομα ἢ<ι> προγράφειν, ἵν[α μηδ]εὶς τῶι τοιούτωι συνβάλληι, | ἢ<ι>
μέρη<ι> [20] τῶν ὑπαρχόντων αὐτοῦ κατέχειν ἐν τοῖς δημοσίοις γραμματοφυλακίοις [21] πρὸς ὀφείλημα. Ἐὰν δέ τις μήτε ὀνόματος κατεσχημένου μήτε τῶν ὑπαρ-
χόντων κρατου|μένων δαν(ε)ίσηι νομίμως λαβὼν ὑποθήκην ἢ<ι> φθάσῃ ἃ ἑάν-
ν(ε)ισεν κομίσασθαι ἢ<ι> καὶ ὠνήσηταί τι, μὴ<ι> κατεχομένου τοῦ ὀνόματος
25 μηδὲ τοῦ ὑπάρχοντος, οὐδὲν πρᾶγμα ἕξει. ‖ Τὰς μὲν γὰρ προῖκας ἀλλοτρίας οὔσας
καὶ οὐ τῶν εἰληφότων ἀνδρῶν καὶ ὁ Θεὸς Σεβαστὸς ἐκέλευσεν καὶ οἱ ἔπαρχοι ἐκ τοῦ
φίσκου ταῖς γυναιξὶ ἀποδίδοσθαι, ὧν βεβαίαν δεῖ | τὴν πρωτοπραξίαν [22] φυλάσσειν.
Ἐνετεύχθην δὲ καὶ περὶ τῶν ἀτελειῶν καὶ κουφοτελειῶν, ἐν αἷς ἐστιν καὶ τὰ προσ-
οδικὰ [23], ἀξιούντων αὐτὰς φυλαχθῆναι, ὡς ὁ Θεὸς Κλαύδιος | ἔγραψεν Ποστόμωι [24]
ἀπολύων, καὶ λεγόντων ὕστερον κατακεκρίσθαι τὰ ὑπὸ ἰδιωτῶν πραχθέντα ἐν τῶι
μέσωι χρόνωι μετὰ τὸ Φλάκκον [25] κατακρεῖναι καὶ πρὸ τοῦ τὸν Θεὸν | Κλαύδιον
ἀπολῦσαι. Ἐπεὶ οὖν καὶ Βάλβιλλος [26] καὶ Οὐηστεῖνος [27] ταῦτα ἀπέλυσαν ἀμφοτέ-
ρων τῶν ἐπάρχων ἐπικρίματα φυλάσσω<ι> καὶ ἐκείνων κατηκολουθηκότων τῆι |
τοῦ Θεοῦ Κλαυδίου χάριτι, ὥστε ἀπολελύσθαι τὰ μηδέπω<ι> ἐξ αὐτῶν εἰσπραχ-
θέντα, δηλονότι εἰς τὸ λοιπὸν τηρουμένης αὐτοῖς τῆς ἀτελείας καὶ κουφοτελείας.
30 Ὑπὲρ δὲ ‖ τῶν ἐκ τοῦ Καίσαρος λόγου [28] πρα<χ>θέντων [29] ἐν τῶι μέσωι χρό-
νωι, περὶ ὧν ἐκφόρια [30] κατεκρίθη<ι>, ὡς Οὐηστεῖνος ἐκέλευσεν τὰ καθήκοντα
τελεῖσθαι [31], καὶ αὐ|τὸς ἵστημι, ἀπολελυκὼς τὰ μηδέπω<ι> εἰσπραχθέντα καὶ
πρὸς τὸ μέλλον μένειν αὐτὰ ἐπὶ τοῖς καθήκουσι · ἄδικον γάρ ἐστιν τοὺς ὠνησα-
μένους κτή|ματα καὶ τιμὰς αὐτῶν ἀποδόντας ὡς δημοσίους γεωργοὺς ἐκφόρια
ἀπαιτεῖσθαι τῶν ἰδίων ἐδαφῶν [32]. Ἀκόλουθον δέ ἐστιν ταῖς τῶν Σεβαστῶν |
χάρισι καὶ τὸ τοὺς ἐνγενεῖς Ἀλεξανδρεῖς καὶ ἐν τῆι [χώ]ρᾳ [33] διὰ φιλεργίαν κατοι-
κοῦντας εἰς μηδεμίαν [λειτουργίαν ἄγεσθαι, ὃ ὑμεῖς] | πολλάκις μὲν ἐπεζητήσατε,
κἀυτὸς δὲ φυλάσσω<ι>, ὥστε μηδένα τῶν ἐνγενῶν Ἀλεξανδρέων εἰς λειτουργίας
35 χωρικὰς [34] ἄγεσθαι. Μελήσει δὲ ‖ μοι καὶ τὰς στρατηγίας μετὰ διαλογισμὸν [35]

πρὸς τριετίαν ἐνγ(ε)ιρίζειν τοῖς κατασταθησομένοις. Καθόλου δὲ κελεύω<ι>, ὁσάκις ἔπαρχος ἐπ' αὐτὸν ἀχθέντα ἔφθα|σεν κρείνας ἀπολῦσαι, μηκέτι εἰς διαλογισμὸν ἄγεσθαι [36]. Ἐὰν δὲ καὶ δύο ἔπαρχοι τὸ αὐτὸ πεφρονηκότες ὦσι, καὶ κολαστέος ἐστὶν ὁ ἐγλογιστὴς [37] ὁ τὰ αὐτὰ εἰς διαλογισμὸν | ἄγων, ἧι [28'] μηδὲν ἄλλο ποιῶν πλὴν ἀργυρισμοῦ πρόφασιν καταλείπων ἑαυτῶι καὶ τοῖς ἄλλοις πραγματικοῖς · πολλοὶ οὖν ἠξίωσαν ἐκστῆναι μᾶλλον τῶν ἰδίων κτημάτων ὡς | πλεῖον τῆς τιμῆς αὐτῶν ἀνηλωκότες διὰ τὸ καθ' ἕκαστον διαλογισμὸν τὰ αὐτὰ πράγματα εἰς κρίσιν ἄγεσθαι. Τὸ δ' αὐτὸ καὶ περὶ τῶν ἐν ἰδίωι λόγωι [39] πραγμάτων ἀγομένων ἵστημι, ὥσ|τε εἴ τι κριθὲν ἀπελύθη<ι> ἢ <ι> ἀπολυθήσεται ὑπὸ τοῦ πρὸς τῶι ἰδίωι λόγωι τεταγμένου [40], μηκέτι ἐξεῖναι τούτωι εἰσαγγέλλειν κατηγόρωι
40 μηδὲ εἰς κρίσιν ἄγεσθαι, ἢ <ι> ὁ τοῦτο ποιήσας ἀπαραιτή‖τως ζημιωθήσεται. Οὐδὲν γὰρ ἔσται πέρας τῶν συκοφαντημάτων, ἐὰν τὰ ἀπολελυμένα ἄγηται ἕως τις αὐτὰ κατακρείνηι. Ἤδη<ι> δὲ τῆς πόλεως σχεδὸν ἀοικήτου γενομένης διὰ τὸ | πλῆθος τῶν συκοφαντῶν καὶ πάσης οἰκίας συνταρασσομένης [41] ἀναγκαίως κελεύω<ι>, ἐὰν μέν τις τῶν ἐν ἰδίωι λόγωι κατηγόρων ὡς ἑτέρωι συνηγορῶν εἰσάγηι ὑπόθεσιν [42], παρίστασθαι ὑπ' | αὐτοῦ τὸν προσαγγείλαντα, ἵνα μηδὲ ἐκεῖνος ἀκίνδυνος ἦι. Ἐὰν δὲ ἰδίωι ὀνόματι [43] κατενεγκὼν τρεῖς ὑποθέσεις μὴ <ι> ἀποδείξηι, μηκέτι ἐξεῖναι αὐτῶι κατηγορεῖν, ἀλλὰ τὸ ἥμισυ αὐτοῦ | τῆς οὐσίας ἀναλαμβάνεσθαι. Ἀδικώτατον γάρ ἐστιν πολλοῖς ἐπάγοντα κινδύνους ὑπὲρ οὐσιῶν καὶ τῆς ἐπιτιμίας αὐτὸν διὰ παντὸς ἀνεύθυνον εἶναι · καὶ καθόλου δὲ ἐ[π]ι|κελεύσομαι [44] τὸν γνώμενα τοῦ ἰδίου λόγου [ἀεὶ] [45] τὰ καινοποιηθέντα παρὰ τὰς τῶν Σεβαστῶν
45 χάριτας ἐπανορθῶσαι, περὶ οὗ προγράψω, [ἵνα πᾶσιν φανερὸν ἦι, ὅτι τοὺς [46] ἐ‖ν]δειχθέντας συκοφάντας ὡς ἔδει ἐτιμωρησάμην. Οὐκ ἀγνοῶ<ι> δ' ὅτι πολλὴν πρόνοιαν ποιεῖσθε καὶ τοῦ τὴν Αἴγυπτον ἐν εὐσταθείαι δια[μένειν], ἐξ ἧς [ἃς εἰς τὸν βίον ἅπαντα] | χορηγίας ἔχετε, ὅσα οἷόν τε ἦν ἐπηνωρθωσάμην. Ἐνέτυχον γάρ μοι πολλάκις οἱ καθ' ὅλην τὴν χώραν γεωργοῦντες καὶ ἐδήλωσαν ὅτι πολλὰ καινῶς κατεκρίθησα[ν, καίπερ δῆλον ὂν ὅσα δεῖ | φέρειν] [47] τελέσματα σιτικὰ καὶ ἀργυρικά, καὶ οὐκ ἐξὸν τοῖς βουλομένοις εὐχερῶς καθολικόν τι καινίζειν. Ταῦτα δὲ καὶ τὰ τοιαῦτα κατακρίματα οὐκ ἐπὶ τὴν Θηβαΐδα μόνην [εὖρον ἐκτεινόμενα | οὐ]δὲ ἐπὶ τοὺς πόρρω<ι> νομοὺς τῆς κάτω<ι> χώρας, ἀλλὰ καὶ τὰ προάστια τῆς πόλεως ἔφθασεν τήν τε Ἀλεξανδρέων καλουμένην χώραν [48] καὶ τὸν Μαρεώτην [49] [λαβεῖν. Διὸ κελεύω [50] | το]ῖς κατὰ νομὸν στρατηγοῖς ἵνα εἴ τινα καινῶς τῆι ἔγγιστα πενταετίαι [51] τὰ μὴ <ι> πρότερον τελούμενα καθολικῶς ἢ <ι> πληθικῶς νομῶν
50 ἢ <ι> τοπαρ[χ]ιῶν ἢ κωμῶν ..... ‖ κα]τεκρίθη<ι>, ταῦτα εἰς τὴν προτέραν τάξιν

ἀποκαταστήσωσιν, παρέντες αὐτῶν τὴν ἀπαίτησιν ⁵², ἃ καὶ ἐπὶ τὸν διαλογισμὸν
ἀχθέντα ἐκ τῶν [......ἐξαιρεθήτω. | Ἐξήτ]ασα δ᾽ ἔτι καὶ πρότερον καὶ τὴν
ἄμετρον ἐξουσίαν τῶν ἐγλογιστῶν διὰ τὸ πάντας αὐτῶν καταβοᾶν ἐπὶ τῶι παρα-
γράφειν αὐτοὺς πλεῖστα ἐκ τῆ[ς ἰδίας ἐπιθυ|μίας] ⁵³ · ἐξ οὗ συνέβαινεν αὐτοὺς μὲν
ἀργυρίζεσθαι, τὴν δὲ Αἴγυπτον ἀνάστατον γείνεσθαι. Καὶ νῦν τοῖς αὐτοῖς παραγ-
γέλλω μηδὲν ἐξ ὁμοιώμα[τος | ἐπι]γράφειν ⁵⁴ ἀλ[λ]αγῆι ἄλλο τι τῶν καθόλου
χωρὶς τοῦ κρεῖναι τὸν ἔπαρχον. Κελεύω<ι> δὲ καὶ τοῖς στρατηγοῖς μηδὲν παρὰ
ἐγλογιστῶν μεταλαμβάνειν χωρὶς τῆ[ς ἀδείας | τοῦ] ⁵⁵ ἐπάρχου. Καὶ οἱ ἄλλοι δὲ
πραγματικοί, ἐάν τι εὑρεθῶσι ψευδὲς ἢ<ι> παρὰ τὸ δέον παραγεγραφότες, καὶ
55 τοῖς ἰδιώταις ἀποδώσουσιν ὅσον ἀπῃτήθησαν καὶ τὸ [ἴσον] ⁵⁶ ‖ ἀποτ(ε)ίσουσιν εἰς
τὸ δημόσιον. Τῆς δ᾽ αὐτῆς κακοτεχνίας ἐστὶν καὶ ἡ<ι> λεγομένη<ι> κατὰ
σύνοψιν ἀπαίτησις, οὐ πρὸς τὴν οὖσαν ἀνάβασιν Νε[ίλου ⁵⁷, | ἀλλὰ] πρὸς σύνκρισιν
ἀρχαι[ο]τέρων ⁵⁸ τινῶν ἀναβάσεω[ν] · καίτοι τῆς ἀληθείας αὐτῆς οὐδὲν δοκεῖ
δικαιότερον εἶναι · θαρ[ροῦντας | οὖν ο]ἰκεῖν ⁵⁹ καὶ προθύμως γεωργεῖν τοὺς ἀνθρώ-
πους, [εἰδότα]ς ⁶⁰ ὅτι πρὸς τὸ ἀληθὲς τῆς οὔσης ἀναβάσεως καὶ τῆς βεβρεγμ[ένης |
γῆς, ἀλλ᾽ ⁶¹ ο]ὐ πρὸς συκοφαντίαν τῶν κατὰ σύνοψιν παραγραφο[μέ]νων ἡ<ι>
ἀπαίτησις ἔσται. Ἐὰν δέ τις ἐξελεγχθῆι ψευσά[μενος, | ...]ιον τριπλάσιον ἀποδώσει.
Ὅσοι μὲν γὰρ ἐφοβήθησαν ἀκούσαντες περὶ ἀναμετρήσεως τῆς ἐν τῆι Ἀλεξαν-
60 δρέω[ν χώραι ⁶² καὶ τῶι] ‖ Μενελαΐτηι ⁶³ ἀρχαίας γῆς, ε[ἰ]ς ἣν οὐδέποτε σχοινίον
κατηνέχθη<ι>, μὴ<ι> μάτην ἐνοχλείσθωσαν · οὔτε [γὰρ] τολμήσει [τις ποιεῖσ-
θ|αι] ⁶⁴ τὴν ἀνα[μ]έτρησιν οὔτε ἐ[πι]θήσεται. Μένειν γὰρ ὀφείλει τ[ὰ ἐξ] αἰῶνος
αὐτῆς δίκα[ια] ⁶⁵. Τὸ ⁶⁶ δ᾽ αὐτὸ ἵστημι [καὶ π]ερὶ τῶν το[ύτοις προστεθ[έν]των
προσγενημάτων, ὥστε [μ]ηδὲν ἐπ᾽ αὐτῶν καινίζεσθαι. Περὶ δὲ τῶν ἀρχαιοτέ-
[ρων ὑποθ](έ)σεων ⁶⁷ ἐνκει[μένω]ν ὑμῶν, αἷς τε ....|...... νη[... πο]λλάκις
ὥ[στε οὐ] πλέον περιε[πα]ίησαν πλὴν ἀργυρισμοῦ τῶν πραγμ[ατι]κῶν καὶ τῆς
τῶ[ν ἀνθρώ]πων ἐπιτ[ρίψεως ⁶⁸ Καί[σ]αρι [Σεβ]αστῶι Αὐτοκράτορι γράψ[ας μά-
λ]ιστα ⁶⁹ τῶν ἄλλων αὐτῶι δηλώσω<ι>, μόνωι δυναμ[ένωι] τὰ τοιαῦτα ὁλικῶς
65 [ἐ]κκόπτειν, [οὗ καὶ πε]‖ρὶ τῆς πάντων [ἡμ]ῶ[ν] σωτηρίας ἡ<ι> δ[ιη]νεκὴς
[εὐ]εργεσία<ι> καὶ πρόνοιά [ἐστιν. Ἔτο]υς πρώτο[υ] Λουκ[ίου] Λειβίου [Σουλ-
πικίου Γάλ]|βα Καίσαρος [Σεβ]αστ[οῦ] Αὐτοκράτορος, Ἐπὶφ ιϛ᾽ ⁷⁰.

Exemplum sequimur quod dedit Dittenberger, optimo exemplo usus quod edidit von
Bissing. Cf. Wilcken, *Archiv für Pap.*, II, p. 171-172.

1. Cf. *Prosop. imp. rom.*, II, p. 164, n. 92. — 2. Anno p. C. n. 68, mense Septembri,
die xxviii. — 3. Sc. Alexandriam. — 4. ΛΕΟΜΕΑΝ in lapide. — 5. Οὐσιακοὶ μισθωταὶ dicuntur

qui bona privata principis (γῆ οὐσιακή) conducunt (cf. P. M. Meyer, Διοίκησις *und* ἴδιος λόγος, *Festschrift für Otto Hirschfeld*, p. 155 sqq.), quibus bonis praeerant *procuratores usiaci* quos procuratori idiu logu subditos esse contendit Wilcken, *Gr. Ostr.*, I, p. 393, n. 1. Aliter sensit P. M. Meyer, *Archiv für Pap.*, III, p. 87. — 6. Cf. Hogarth, ap. Petrie, *Koptos*, p. 28 et Dittenberger, *l. c.*, note 16. — 7. *Dig.* XXXIX, 4, 9, 1; 4, 11, 5; XLIX, 14, 3, 6 ; quos locos attulit Rudorff et post eum Dittenberger, *l. c.*, not. 21. — 8. ταῖς κυριακαῖς ψήφοις, intellige vel decreta et voluntates Caesaris, vel « rationes » fisci. Cf. *Pap. Lips.*, 64,8 ταῖς ταμιακαῖς ψήφοις (Wilcken, *Archiv für Pap.*, IV, p. 240). — 9. ΠΡΟΕΡΧΕΣΘΑΙ, lapis; correxit Wilcken. — 10. παραχωρούμενοι passive : cf. ἀφαιρεθείς τὴν ἀρχήν. — 11. πρακτόρων, cf. Wilcken, *Gr. Ostraka*, I, p. 285, 621. — 12. ἔγνων ἀναιρεθείσας, ut ἔγνων ἀναιρεθῆναι, « constitui ut tollerentur », recte Dittenberger *l. c.*, not. 30. — 13. Sc. Divi Augusti « quaenam potissimum ejus constitutio intellegatur latet » cf. Dittenberger, *l. c.*, not. 31. — 14. « Distinguuntur κυριακὸς λόγος, ratio fisci, et ἴδιος λόγος, ratio rei familiaris principis » Dittenberger. Sed aliter P. M. Meyer, *Archiv für Pap.*, III, p. 87. — 15. ΣΥΝΕΚΩΙ, lapis; emendavit Dobree. — 16. Plin, *Epist.*, X, 109 et 110 : « privilegium quo ceteris creditoribus anteponantur ». — 17. ΑΝΑΛΑΣΤΟΥΣ lapis. — 18. quibus mora (ἀναβολή) pendendi quod debebant publice concessa erat. — 19. I. e. fisco. — 20. ἣ β' μέρη volebat Letronnius. At πρὸς ὀφείλημα nihil aliud valet ac pro ratione pecuniarum debitarum. — 21. ἐν τοῖς γραμματοφυλακίοις; in litteris tabularii. — 22. τὴν πρωτοπραξίαν. De primo loco semper servato mulieri quae dotem repetit (πρωτοπραξία προικός), vide, *Berl. Gr. Urkund*, 970; et *Pap. Cattaoui*, verso; cf. P. Meyer, *Archiv für Pap.*, III, p. 98. — 23. προσώπα fuisse vectigal ab eis privatis solutum qui ex bonis publicis fundos (γῆ προσόδου) ea condicione emerant ut princeps eorum dominus maneret, ipsi vero possessionem perpetuam et hereditariam haberent, demonstravit Wilcken, *Archiv für Pap.*, I, p. 149; cf. agrum vectigalem vel quaestorium (L. Mitteis, *Zeitschr. Savignystiftung*, R. A., XXII, 1901, p. 157 et Wilcken, *l. c.*). Quum autem δημόσιοι γεωργοί qui terram publicam (δημοσίαν γῆν) arabant multo majorem mercedem (ἐκφόριον) praeberent, potuit « jus προσοδικῶν speciale quoddam κουφοτελείας genus haberi. Vide Dittenberger, *l. c.*, not. 50. — 24. C. Julius Sex. f. Postumus, tribu Cornelia, praefuit Aegypto ann. 45-47 p. C. n. Cf. Cantarelli, *Prefetti di Egitto*, p. 28. — 25. A. Avilius Flaccus praefuit Aegypto annis 32/38, p. C. n. Cf. Cantarelli, *ibid.*, p. 26. — 26. T. Claudius Balbillus praefuit Aegypto anno 55 p. C. n. Cf. Cantarelli, *ibid.*, p. 30. — 27. L. Julius Vestinus, praefuit Aegypto annis 59-62, cf. Cantarelli, *ibid.*, p. 31. — 28. ὁ Καῖσαρος λόγος = κυριακὸς λόγος = διοίκησις, cf. P. M. Meyer, *Festschrift für Otto Hirschfeld*, p. 139. — 29. ΠΡΑΧΘΕΝΤΩΝ, lapis. Correxit Rudorff, quem probant Wilcken (*Archiv für Pap.*, I, p. 149) et Dittenberg., *l. c.*, not. 58. Num haec de προσόδου γῆς intelligi debeant, ut contendit Wilcken, etsi plane dubium est, tamen nobis probabile videtur ; aliter censet Dittenberger, *l. c.* — 30. ἐκφόρια, quae δημόσιοι γεωργοί pendere debebant. — 31. I. e. τὰ προσοδικά cf. not. 23. — 32. τῶν ἰδίων ἐσφορῶν. Privatus enim agrum cujus possessionem perpetuam habet, haud inepte suum dicere potuit, ut etiam jure ager quaestorius privatus vectigalisque dici poterat. — 33. χώρα, quae lectio a Bissingio probata, plane necessaria est cf. infra χωρικὰς λειτουργίας. — 34. Liturgiae quae ad publicam provinciae Aegypti pertinent liturgiis municipalibus opponuntur πολιτικαῖς λειτουργίαις. — 35. διαλογισμὸν pertinere vult Wilcken ad administrationem strategi magistratum abeuntis a praefecto examinatam, Dittenberger ad probationem strategi antequam suum officium adiret (*l. c.*, not. 68). De strategis nomorum a praefectis institutis, cf. Wilcken, *Hermes*, XXVII, p. 287 et sqq. qui monuit eum magistratum nunquam in numero λειτουργιῶν χωρικῶν fuisse. — 36. διαλογισμὸν hic intellige judicia a praefecto data quoties conventum in nomo aliquo agebat. Locum ad controversias de vectigalibus pertinere sensit Dittenberger. — 37. de eclogista cf. Wilcken, *Gr. Ostr.*, I, p. 493 sqq. — 38. ἥι = ἅτε, quippe. — 39. Cf. not. 5 et not. 14. — 40. Idem est atque qui infra dicitur ὁ γνώμων τοῦ ἰδίου λόγου. Cf. P. M. Meyer, *Festschrift für Otto Hirschfeld*, p. 148. — 41. Cf. Tac., *Hist.*, II, 10; IV, 42; P. M. Meyer, *l. c.*, p. 149-150. Res apud procuratorem idiu-logu actas habes : Wessely, *Specimina Isagogica*, tab. 8, n. 11 et Pap. Cattaoui, VI, *Archiv für Pap.*, p. 61 et p. 86. — 42. Cf. *Oxyrh. Pap.*, III, 486, l. 26 : καὶ τὴν ὅλην ὑπόθεσιν ὑπερθεμένου τοῦ ἐπιστρ[ατήγο]υ ἐπὶ σὲ τὸν εὐεργέτην. — 43. « I. e. non ἑτέρῳ συνηγορῶν » Dittenberger. — 44. Supplevit von Bissing ; παρακελεύσομαι alii. — 45, 46. Supplevit Dittenberger. — 47. Quae ibi et infra supplementa recepimus dedit Dittenberger. — 48. De regione Alexandrina cf. Plin, *H. N.*, V, 49; Ptolem., IV, 5, 18, p. 702, 3 sqq. et quae attulit Dittenberger, *l. c.*, not. 91. — 49. τὸν Μαρεώτην, intellige νομόν. Cf. Ptolem., IV, 5, 15, p. 698 et quae disseruit Dittenberger. — 50. [Παραγγέλλω δὲ καὶ] proposuit von Bissing. — 51. πεντετείᾳ non intelligendum de stata quadam periodo, per quam vectigalium aestimationes repeterentur monuit Wilcken, *Gr. Ostr.*, I, p. 431. — 52. Strategos aliquas partes egisse in vectigalibus exigendis, notum est, Wilcken, *Gr. Ostr.*, I, p. 504. — 53. Supplevit Wilcken. — 54. ἐξ ὁμοιωμά[τος ἐπι]γράφειν, Wilcken, *Archiv für Pap.*, II, p. 172. Vide Dittenberger, *l. c.*, not. 103. — 55. Wilcken, *l. c.*, II, p. 172, n. 1. — 56. Id., *ibid.* — 57. Supplevit Bissing. — 58. ΑΡΧΑΙΑΣΕΤΕΡΩΝ, lapis; ἀρχαιοτέρων Franz. — 59. θαρ[ροῦντας κατ]οικεῖν, Wilcken, *l. c.*, p. 172. — 60. Supplevit Rudorff. — 61. Supplevit Wilcken, *l. c.* — 62. χώρᾳ, e supplementis Letronnii. — 63. Cf. Strab., XVII, 1, 18, p. 801, Ptolem., IV, 5, 4, p. 680, 8. — 64. E supplementis Franzii. — 65. δίκα[ια], Letronne « Nunquam dimensi erant illorum nomorum agri, quia nullum pependerant unquam vectigal » Dittenberger. — 66. Supplevit Letronne. — 67. Supplevit Franz. — 68. Supplevit Letronne. — 69. Supplevit Wilcken, apud Dittenberger. — 70. Die VI mensis Julii, anno 68 p. C. n.

1264. Tchonemyri (Qasr-Aïn-ez-Zayan). — *C. I. Gr.*, 4955 ; Dittenberger, *Orient. gr. inscr. sel.*, II, 702. Apographum misit Legrain qui locum invisit anno 1897.

Ἀγα[θῆι τ]ύχηι. | Ἀμενήβι θεῶι μεγίστωι Τχονεμύρεως καὶ τοῖς | συννάοις θεοῖς ὑπὲρ τῆς εἰς αἰῶνα διαμονῆς Ἀντωνείνου | Καίσαρος τοῦ κυρίου καὶ τοῦ
5 σύνπαντος αὐτοῦ οἴκου, ὁ σηκὸς τοῦ ἱεροῦ καὶ τὸ ‖ πρόναον ἐκ καινῆς κατεσκευάσθη ἐπὶ Ἀουιδίου Ἡλιοδώρου ¹ ἐπάρχου Αἰγύπτου, | Σεπτιμίου Μάκρωνος ἐπιστρατήγου, στρατηγοῦντος Παινίου Καιπίωνος ², | ἔτους [τρί]του ³ Αὐτο-

κράτορος Καίσαρος Τίτου Αἰλίου Ἀδριανοῦ Ἀντωνείνου | Σεβαστοῦ Εὐσεβοῦς
Μεσορὴ ὀκτωκαιδεκάτηι.

1. De Avidio Heliodoro, celeberrimo rhetore qui praefuit Aegyplo annis 139-143; cf.
Prosopogr. imp. rom., I, p. 187, n. 1168 et Cantarelli, *Prefetti di Egitto*, p. 48. —
2. **ΠΑΙΝΙΟΥ ΚΑΙΠΙΩΝΟΣ** apographo Legraini conﬁrmatur; Πλινίου, Dittenberger. —
3. Ἔτους ιη΄ τοῦ Αὐτοκράτορος dedit Schweinfurth (*Petermann. Geogr. Mitth.*, XXI (1875),
p. 392), probante Klebs, *Prosopogr. imp. rom. l. c.* At offendit τοῦ contra usum ante Αὐτοκράτορος positum; **ΤΡΙΤΟΥ**, Franz; **ΠΙΤΟΥ**, Legrain. Anno 140, die xi mensis Augusti.

1265. Cysi (Douch-el-Qalaa). — *C. I. Gr.*, 4951, cf. *addenda et corrigenda*, p. 1235.

Τὸ προσκύνημα Ἀνο[υβᾶ]ς | Θεωνᾶτος ὧ[δ]ε σήμερ[ον] πα|ρὰ τῷ κυρίῳ
Ἀμινῆ[τι] θ[εῷ μεγίστῳ] | καὶ τῶν αὐτοῦ πάντων .....‖ ἔτους.. Κ]α[ίσα]ρ[ος
Αὐτοκράτορος... | τοῦ κυρίου ἡμῶν... Π]αχὼ[ν..

Restituit Letronne titulum pessime descriptum.

1266. Cysi. — *C. I. Gr.*, 4952, cf. *addenda et corrigenda*, p. 1235.

Σαρα[π]ίων Ἀπολλ[ωνίου | ὧ]δε σήμερον παρὰ | [τ]ῷ Ἀπόλλωνι ἐπ᾽
ἀγαθῷ ἔτους γ΄ | [Ἀντ]ωνίνου Καίσαρος το[ῦ κυρί[ου] ‖ Παχὼν κς΄.

Anno p. C. n. 142, die xxi mensis Maii.

1267. Cysi. — *C. I. Gr.*, 4948; Dittenberger, *Orient. gr. insc. sel.*, II, 677.

Ὑπὲρ τῆς τοῦ κυρίου Αὐτοκράτορος Καίσαρος Νέρουα | Τραιανοῦ Ἀρίστου
Σεβαστοῦ Γερμανικοῦ Δακικοῦ τύχης, ἐπὶ Μάρκου Ρουτιλίου Λούπου[1] | ἐπάρχου
Αἰγύπτου, Σαράπιδι καὶ Ἴσιδι θεοῖς μεγίστοις οἱ ἀπὸ τῆς Κύσεως οἱ ἐγείραν|τες[2]
τὴν οἰκοδομὴν τοῦ πυλῶνος εὐσεβείας χάριν ἐποίησαν ἔτους ιθ΄ Αὐτοκράτορος
Καίσαρος ‖ Νέρουα Τραιανοῦ Ἀρίστου Σεβαστοῦ Γερμανικοῦ Δακικοῦ Παχὼν λ΄[3].

1. M. Rutilius Lupus fuit praefectus Aegypti annis 114-117; cf. Cantarelli, *Prefetti di
Egitto*, p. 43. — 2. Οἱ γράψαντες priores; correxit Schweinfurth. — 3 Mensis Maii
die xxv, anno 116 p. C. n. Παχὼν α΄ Schweinfurth et Dittenberger, i. e. die xxvi Aprilis.

1268. Pathyri. — Daressy, *Recueil des travaux relatifs à l'archéologie égyptienne*, X (1888), p. 140; de Ricci, *Archiv für Pap.*, II, p. 439, n. 44. Contulimus.

Νεχούθης Πετεαρουῆρις ἀνέθηκεν στήλην Ἴσιδος θεᾶς | μεγίστης Πάθυρις ἔτους ιβ΄ Τραιανοῦ τοῦ κυρίου Τῦβι ις΄ ¹.

1. Anno 109 die xi mensis Januarii.

1269. Debbabiyeh, contra Gebeleïn. — Sayce, *Rev. des études gr.*, 1891, p. 67.

Τὸ προσκύνημα | Πρενοπιλαχιεβηχις (?) | νεωτέρου Πέχυσις παρὰ | τ(οὺς
5 κυρί(ο)υς Ἄν(ο)υβις θε(ο)ὺς ‖ ἔτους κ΄ Ἀντωνείνου Σεου[ή]ρου | τοῦ κυρίου αὐτο-
κράτορος | Ἐπὶφ ζ΄ ¹.

1. Anno p. C. n. 212, kalendis Juliis.

1270. Debbabiyeh, contra Gebeleïn. — Sayce, *Rev. des études gr.*, 1891, p. 48.

5 Τὸ προσκύ|νημα Τίτου | Φλαούιου Νέ|πωτος καὶ τοῦ ¹ ‖ πατρὸς αὐτοῦ
Φλαυίου Σερήνου οὐετρανοῦ | ἔτους α΄ Ἀντωνίνου καὶ Ἀλε|ξάνδρου Σεβαστῶν |
Παχὼν η΄ ².

1. KAKE... traditur. — 2. Die iii mensis Maii, anno p. C. n. 222; at tunc temporis Elagabalus jam a militibus occisus fuerat, quod accidit die xi mensis Martii.

1271. Debbabiyeh, contra Gebeleïn. — Sayce, *Rev. des études gr.*, 1891, p. 46.

Τὸ προσκύνημα Πλῆνις | Πέλνου? καὶ Πατῶτος ἀδελφὸς | καὶ Ἱέραξ Σαμαν-
5 νήρου καὶ | Σαν[σ]νὼς Πασήμιος παρὰ τῶν κυρίων Πριωτου(?) θεοῦ ‖ μεγίστου
καὶ Ὠρεγέβθιος καὶ Ἴσιδος | Ρεσακέμεως καὶ οἱ σὺν αὐτοῖ(ς) θεῶν | μεγίστων
ἔτους ια΄ Ἀλεξάνδρου | Καίσαρος τοῦ κυρίου Ἐπεὶφ ιδ΄ ¹.

Titulum male descriptum fuisse non est quod moneanus.

1. Anno p. C. n. 230, die viii mensis Julii.

1272. Latonpoli. — *C. I. Gr.*, 4831.

5 [Θε]ῶι Ἄμ[μωνι] | Νεώτ[ε]]ρος Ὡ[ρ]ί]ωνος ¹? Π[ε‖τρω]νίου | καὶ Ἀρποχρᾶς |

10 Τ[ιθ]οήους ἐπό|ησαν [τ]ὴ[ν γλυ]φὴν | καὶ τ[ὴν] ζω[γρ]αφίαν τ[ο]ῦ [σ]τ[ύλο]||υ
εὐσε[6]ίας χάριν [ἐ]π' ἀ[γαθ]ῶι, | ἔτους ι' ² Ἀν|τω[νείνο]|υ το[ῦ] κυ|ρίου
[Θ]ὠ[θ?..

1. Ita Letronne; Ὠ[τ]ί|ωνος Franz. — 2. Anno p. C. n. 146.

1273. Latonpoli. — C. I. Gr., add. 4831 b.

.....εθ | Ἀγαθῇ Τύχῃ πε[π]λήρω[ται... | ἔτους δ' Ἀντωνίνου καὶ Οὐήρου
5 τῶν κυρίων | αὐτοκρατόρων Μ[ε]σορὶ... ¹ ἐπὶ Τίτου ‖ Φλαουίου Τιτιανοῦ ἐπάρχου
Αἰγύπτου ² | ἐπιστρατηγοῦντος Τερεντίου Ἀλεξάνδρ[ου] | στρατηγοῦντος Κλαυ-
δίου Ἀπολλιναρί[ου].

1. Anno 164 mense Julio vel Augusto. — 2. Cf. Cantarelli, *Prefetti di Egitto*, p. 55.

1274. Loco dicto Sekket. — C. I. Gr., 4839; Dittenberger, *Orient. gr. insc. sel.*, 717.

Πολύρανος ¹ [ὁ] καὶ Τοῦτος | [ἔτους . Γαλ]λιηνοῦ, Μεχεὶρ κζ' ² | [ἐπὶ
Πετ]ρωνίου εὐχαριστήσας τῷ | [Σαράπιδι] καὶ τῇ Ἴσιδι καὶ τῷ Ἀπόλλωνι καὶ ‖
5 τοῖς συν]νάοις θεοῖς πᾶσι ἐποίησα τὸ ἱερὸν | .... Βερενείκης ³ καὶ τὸ ζῴδιον ⁴
καὶ ὀρύξας | [τὸν λάκκον τοῦ ὑδ]ρεύματος ἀπὸ θεμελίου [ἐκ τ]ῶ[ν | ἐμῶν κα]μά-
των ἀνέθηκα ἐπ' ἀγαθῷ | σὺν τοῖς τέκνοις καὶ τοῖς σὺν ἐμοὶ ἐργαζομένο[ις] ⁵ ‖
καὶ [ἐ]ποίησα [φ]ιά[λ]ιον ⁶ ἀργυροῦν παρὰ τῶι θεῷ [Σαρά|π]ιδι [κ]αὶ παρὰ τῇ
10 κυρί[α] Ἴσιδι τῇ Σενσκειτ[η]νετ ⁷, | ὁμοίως φιάλην ἀργυρᾶν λιτρῶν β', ταῦτα
πάντα ἐκ τῶν ἐμῶν | καμάτων εὐχαριστήσας τῷ Σαράπιδι τῷ Μινιετ ·
ὤρυξα | τὸν λάκκον μηνὸς Παῦνι κα' κ[α]ὶ [μην]ὸ[ς Μεχεὶ[ρ κ]ζ' τὸ ἱερὸν
15 ἐποί‖ησα ⁸.

1. Ita traditur. Πο. [Ο]ὐράνιος, Letronne; Π. Ο[ὐετ]ρανὸς, Franz. — 2. Intra annos 261-268,
mense Februario, die xxi. — 3. Berenice quae fuerit non liquet. — 4. Τὸ ζῴδιον : auctore
Letronne, imago Berenices in aedicula posita. — 5. « Fuit in regione smaragdi fodina »
Franz. — 6. CIΔΔΙΟΝ traditur. Correxit Letronne. — 7. Cognomen deae a loco deri-
vatum. — 8. Cisterna perfecta est die xv mensis Junii, delubrum die xxi mensis
Februarii insequentis anni.

1275. Contra Apollonospolin magnam (Redesieh). — De Ricci, *Archiv für Pap.*, II, p. 447, n. 76.

[....] ι(ο)ς Κρισπῖνος στρα|[τιώτ]ης χώρτης α′ Λυ(σι)τα|[νῶν] ¹ ἑκατονταρ-
γίας ² Σερήνου ἐν ὀνίροιο ² | [....]ν τὸ συνπόσι(ο)ν ποιῆσαι ‖ [τοῦ κ]υρίου Σερά-
πιδος | [καὶ ε]ὐχαριστήσας ἐποίησα ἐπ′ ἀγαθῷ.

In parte aversa :

Μάρκου Αὐρηλίο[υ] Κομμόδου Καίσα[ρος] ³ | ἐπὶ Οὐαλερίωι Φή[στωι?] |
ἐπάρχῳ κά[στρων?]

Suppleverunt Schubart et Wilcken.

1. Cohors I Aug. praetoria Lusitanorum equitata hoc loco tetendisse altero et tertio
p. C. n. saeculo nos docet papyrus quaedam (*Eph. epigr.*, VII, p. 456 et seq). — 2. Sc. ἐν
ὀν(ε)ίρῳ vel ὀν(ε)ίροι[ς]. — 3. Annis p. C. n. 180-192.

1276. El-Khanaq, non longe a Silsili, orientem versus. — Griffith, *Proceedings of the
Soc. of Bibl. Arch.*, XI, p. 231, pl. III.

A) Ἔτους.. Αὐτοκράτορος ¹ | Καίσαρος Οὐεσπασιανοῦ | Σεβαστοῦ, ἐπ<ε>ὶ ²
Τυράννου | Ἡρακλείδου τοῦ Ἑρμίου ἀε|μύσου ³ Σούχου θεοῦ μεγίστου.

B) ⁴ Ἔτους ιη′ ἐπὶ Ἀλεξάνδρου δευτέρου | Διογένους [ἀ]εμύσου ἐτελέσθη τὸ
ἱε|ρὸν εὐιερίας καὶ ἐπικί|ας ⁵ χάριν Καῖσαρ(?) ⁶ τὸν τῶν ‖ πώποτε θεῶν ἐπιφα|νέσ-
τατον Πέμσαον ⁷.

1. Ante Αὐτοκράτορος vestigia aliquot litterarum omisimus quas fatetur Griffith male
lectas esse. — 2. Infra ΕΠΕΙ scripsit lapicida ΜΥΣΟ litteris minutis quas delendas esse
putamus. — 3. Ἀέμυσος, vox ignota = fortasse sacerdos, antistes. — 4. Titulum B paulo
antiquiorem arbitratur Griffith. — 5. I. e. ἐπιεικείας. — 6. Non intelligitur. « Forsan καὶ
γὰρ in lapide » Griffith. — 7. Πέμσαος, idem ac crocodilus et Souchos.

1277. Non longe a Silsili septentrionem versus, in rupe quadam. — Sayce, *Rev. des
études gr.*, 1891, p. 52.

Ἀντώνι[ος] | *vestigia pedum* | τρογλοδύτης | ἔτους δ′ Ἁδριανοῦ ¹.

1. Anno 119/120.

1278. Silsili. — Sayce, *Recueil de travaux pour servir à l'archéologie égyptienne*, XX (1898), p. 112; de Ricci, *Archiv*, II, p. 562, n. 102.

Τὸ προσκύνημα | Μαρίου[1] Φαβίου στρα|τιώτο[υ καὶ] πάν|των α[ὐ]τοῦ [κ]αὶ
5 Λιφ‖κ..ος καὶ Ἥρωνος | Σ..ελερος[2] παρὰ τῷ θεῷ Ἄμμων.

1. Μάρ[κ]ου, de Ricci. — 2. [καὶ κ]έλερος, id.

1279. Silsili. — Lepsius, Denkmäler, XII, tab. 82, n. 188; Dittenberger, *Orient. gr. insc. sel.*, II, 676.

5 Τὸ προσ|κύνημα [Λε]|ωνίδου κυβερ|νήτου Νείλου ‖ Διὸς[1] καλου[μένου] | Νεφώ-
του τοῦ μεγίστου | ἔτους ι′ Τραιανοῦ Καί|σα]ρος τοῦ κυρίου[2].

1. Precatur Leonidas quidam, magister navigii Niliaci, Jovem cognominatum Nepho-
tam. Nep-pet, dominus caeli interpretatur Sayce. — 2. Anno 106/107 p. C. n.

1280. Silsili. — *C. I. Gr.*, 4843.

[Ὑπὲρ τ]ῆς Αὐτοκ[ράτορος | Καίσαρ]ος [Νέρουα Τραιανοῦ Ἀρίστου | Σ]εβασ-
5 τοῦ Γε[ρμανικοῦ, | Δακικοῦ, Παρθικοῦ] τύ[χης καὶ σωτηρίας ‖ κα]ὶ τοῦ σύμ[παν-
τος αὐτοῦ οἴκου | ἐ]πὶ Μ[ά]ρκωι [Ῥ]ο[υτιλίωι Λούπωι] | ἐπάρχωι [Αἰγύπτου[1]
10 τὸ προσκύ|ν]ημα Ἰσι[δι ....] | ἀνέθηκε[ν]..... ‖ Πρόκ[λ]ος ἑκατόνταρχος
[λεγεῶνος...[2].

1. Restituit Letronne collato n. 1267 supra. M. Rutilius Lupus praefuit Aegypto annis
p. C. n. 114-117. Cf. Cantarelli, *Prefetti di Egitto*, p. 43. — 2. Λεγεῶνος κβ′ restituit
Letronne; quem probat P. M. Meyer, *Das Heerwesen der Ptolemäer*, p. 154, not. 543.

1281. El Hôch prope Silsilim. — Aug. Eisenlohr, *Zeitschr. für Aeg. Sprache*, 1883,
p. 56, n. 1.

Ἐπ' ἀγαθῷ | ἔτους [ια′] Ἀντωνῖνος[1] ἐκόψαμεν | τοὺς μεγάλους λίθους |
5 πηχῶν ια′ εἰς τὴν πύλην ‖ τοῦ κυρίου Ἀπόλλω[νος] ἀπη.....νας.

1. Sic lapis. Annus est 147-148 p. C. n.

1282. El Hôch. — Aug. Eisenlohr, *Zeitschr. für Aeg. Sprache*, 1885, p. 56, n. 2.

Ἀπωλλῶς Πετε[σούχου] ἀρχιμηχανικός. | Ἔτους ια΄ Ἀντωνῖνος ..Λουμιος.

1283. El Hôch. — Aug. Eisenlohr, *Zeitschr. für Aeg. Sprache*, 1885, p. 56, n. 3; L. Borchardt, *Abhandl. der Berlin. Akad.*, 1906, p. 24, n. 3; cf. n. 2.

Ἐπ' ἀγαθῷ. | Ἔτους ια΄ Ἀντωνῖνος Μεσορὴ | ὁ Νῖλος εἰσῆλθεν εἰς | τὸν ὅρμον Μεσορὴ κς΄ ¹.

1. Cf. titulum sequentem.

1284. El Hôch. — L. Borchardt, *Abhandl. der Berlin. Akad.*, 1906, p. 23, n. 1.

Ἔτους ια΄ Ἀντω[νίν]ου Καίσαρος | εἰσῆλθ[εν] εἰς τὸν ὅρμον τῆς | λαθω μία ς Με(σο)ρὴ κς΄ κα|τὰ το[ὺς ἀρ]χαίους ¹.

1. Die VII mensis Julii.

1285. Ombi. — Milne, *Catal. du Musée du Caire, gr. inscr.*, p. 11, n. 9302. Ectypum habuimus. Item descripsit de Ricci.

```
.......νδ..|σαιτιλ....ατο και..  ¹ ..|.. οὐκ ἐστιν ² τελώνης ³, βα.. | .. ἀπαιτοῦσι
5 [τὰ] ἐκ τοῦ εἴδους ..|.. [π]ροβάτου ζ' ⁴ καὶ τὸ τῆς οὐ σιακῆς?] ..|.. ὁμοίως ⁵ δὲ
καὶ τὰ προκόλπια ..|...αδος ἐπὶ νήσου Τύν[ε]ως ..|..οτως τῶι ι' ἔτει Νέρωνος ⁶
10 .. | [διὰ τὸ μὴ δύν]ασθαι περι[γ]είνεσ[θαι ἐν τῶι τῆς ‖ .. ἀν]αβά[σ]εως ⁷ καιρῶ ι
ἀπὸ τῆς ..|.. [ἐπι]δημίας ⁸ ἀπὸ τοῦ ι' ἔτους ⁹ δι[α ..|.. μενι (?) τῶ[ν] γερδίων
15 ἱστῶ[ν ..| εκ...οιων ¹⁰ εκ.. [κ]αὶ κατὰ | .. ο[ἱ] δημοσιῶναι σεσημάνκα[σιν] .‖.. παρ'
ἑκάστου τῶν ἐπιδημούν[των .|..?μ]νῶν καθ' ἕκαστον μῆνα |.....ων [?ἀν] μισθῶν-
[ται] καὶ παρ' ἑκασ[τ ¹¹ ...|.....]ως .ντοπι..σκαι .ονησομε ...|...ινα.ο ...ντα...
20 εμαθη των το .‖..[ἐλα]ίων ¹² |.. λλ ... [κ]όμμεως καὶ κερα[μίου] .|..... πόλεως
συναλλασσομέ[νων ¹³ .....|..... ἐ]νκυκλίου οἰκοπέδων |..... [οἰκοπέ]δων τῶν ὠνου-
25 μέ[νων ....‖..... τ]ινω[ν?] μηδὲν ἕτερον ¹⁴ ι.....|..... ἔχουσι ὁ εἰς τὸ[ν] μερισ-
[μὸν].. .|... ἐνκυκλίου καθ' ὁ [ἂ]ν ἐπα[γγέλλωσι] ...|... α. ειται ¹⁵ συν.....
30 αν ¹⁶ .....|....ος τῶι γ' ἔτει μετ[ὰ ¹⁷ τὸν] γενό[μενον].....‖.....διαλογισμὸν
[τ]ῶι μηνὶ.....|..... τοῦ αὐτοῦ ἔτους Θεοῦ ....δ.....|.......ιανου ¹⁸ ........ ¹⁹
```

35 .....|..... [τ]οῦ ἐπιστρατήγου διὰ ....|.....ς μηδενὸς τελώνου .....||..... [προ]-
θέσμιος ἐκ παραγωγῆς ....|...... [ἀπ]αχθέντων ἐκ τῶν ὠνῶν .....|.....ε...
ἠμμένου τῶι δὲ δ' ἔτει ²⁰ .....|..... [οἰκ]οπέδου καὶ οὐκοδωνος ²¹ (?) .....|.... νεύ-
40 σαντος ἐν διαλο[γισμῷ ...||..... κριθέντα εἰς διαμίσθω[σιν] .....|..... στρατηγῶι
η........ ²² | ..... εἰς τελώνης ὅσ[ον ἀπέ]δοτο .....|.....σαντο τοῦ ἐνκυχλίου
45 .... | [οἰκοπέδω]ν πωλουμένων ριπ.......||.....[δ]εκάτων ηνη.....οθη ....|
.... [π]ροθεσμίας νο.......ων.......|... [μ]ηδενὸς τελώνου εν . της .....

Habemus fragmentum legis vel edicti dati de vectigalibus et publicanis, at pauca
intelliguntur. V. 1-7. De aliquot vectigalibus agi videtur ; v. 8-19, de iis qui ἐπιδημοῦσιν;
v. 20-22, de oleo, gumma arabica; v. 24, de decima (vel vicesima) quae de domibus emp-
tis et venumdatis exigebatur.

1. /////ΑΙ//////ΑΤΟΚΑΙΤ///// Milne. — 2. ΙΚΟϹΤΗ Milne (sc. ε]ἰκοστή. — 3. ΡΑ, de Ricci.
— 4. Προδάτους Milne. — 5. ΙϹΟϹ Milne. — 6. ΟΤϹΟϹ, Milne, ϹΟΤϹΟϹ, nos et de Ricci.
Annus decimus Neronis regnantis est annus p. C. n. 62/63. — 7. ΑΡΑ .ΕϹΟϹ, deprehendit Jouguet in lapide. — 8. ΔΗᵛΙΑϹ in lapide. — 9. Intellige decimum annum Neronis.
— 10. ...ΠΟΙϹΟΝ, Milne. — 11. ΠΑΡΕΚΔΗ, Milne. — 12. ΛΛΙϹΟΝ apparet in lapide. —
13. Vide ne sit τε]λέ[ντου α' κόμμεως (cf. Oxyrh. Pap., I, 36, apud Wilcken, Archiv für
Pap., III, p. 186), καὶ κερα[μίου οἴνου ἀπὸ] πόλεως συναλλασσομέ[νων. — 14. ΕΤΕΡϹΟΝ, Milne ;
Ι..ΕΡΟΝΙ. Jouguet. — 15. Α.Ε Ι....ΑΙ, Jouguet, ...ΤΑΙ, Milne. Forsitan, οἱ τρ]α[π]ε[ζ]ῖται.
— 16. ϹΟΝ. Milne. — 17. Ita Milne. — 18. Nomen principis erasum ambigitur. — 19.
/////Ο////ΠΡΟϹΓΕΝΟΜΕ, Milne; .ΙΑΝΟΥΘΠΙΓΕΝ⁻Ο ΚΟΛΛΕ, Jouguet. — 20. Ita Milne,
Ε..ΗΜΜΝΟΥΤΙ Ν ΔΕ ΔϹΟ, Jouguet. — 21. οὐκ ὁδῶν ος? — 22. ΗΜΜΝΟΥ ?, Jouguet.

1286. Ombi. — Milne, *Musée du Caire, gr. inscr.*, p. 43, n. 9261. Descripsimus.

[Ὑπὲρ Αὐ]τοκράτορος Τίτου Καίσαρο[ς] | Οὐεσπασιανοῦ Σεβαστοῦ καὶ |
[Δομιτιανοῦ]¹ Καίσαρος καὶ τ[οῦ] | παντὸς αὐτῶν οἴκου Τι. Κλα[ύδιος] ||
5 Ἀπολλινάριος Κυρίνᾳ², διὰ φρ[οντιστοῦ] | τοῦ πατρὸς Τι. Κλαυδίου Χρησί-
μου[....³] | Ἀπόλλωνι θεῷ μεγίστῳ καὶ τοῖς σ[υννάοις θεοῖς] ⁴.

1. Nomen consulto erasum. — 2. Quirina tribu. Vir ignotus. — 3. [ἀνέθηκεν], Milne, sed
paulo majus est hoc supplementum quam ut lacunae conveniat. — 4. Inter annos 79/81
p. C. n. titulus exaratus est.

1287. Ombi. — Jouguet. *Bull. de corr. hellén.*, XIX (1896), p. 167 ; Dittenberger,
Orient. gr. inscr. sel., II, 675.

Ὑπὲρ Αὐτοκράτορος Καίσαρος Δομιτιανοῦ [Σ]εβαστοῦ Γερμανικοῦ καὶ τοῦ

παντὸς α[ὐτοῦ οἴκου], Ἀφροδείτηι θεᾶι μεγίστηι [1] Πετρωνία Μάγνα καὶ τὰ ταύτης |
τέκνα τὸ ἱερὸν οἰκοδόμησαν ἐπὶ Γαίου Σεπτιμίου [Οὐ]εγέτου ἡγεμόνος [2], στρατη-
γοῦντος Ἀρ[τε]μιδώρου ἔτους ἑβδόμου Αὐτοκράτορος Καίσαρος Δομιτιανοῦ |
Σεβαστοῦ Γερμανικοῦ μηνὶ Φαμένωθ νουμ(ηνίᾳ) [3].

1. Aegyptiace Hathor. — 2. P. Septimius Vegetus praefuit Aegypto annis p. C. n. 86/88.
Cf. Cantarelli, *Prefetti di Egitto*, p. 37. — 3. Anno 88 mense Februario die xxvi.

1288. Ombi. — Milne, *Musée du Caire, gr. inscr.*, p. 15, n. 9260. Descripsimus.

.... [1] | [Α]ὐτοκράτορος Μάρκου Αὐρηλίου Σεουήρου | Ἀντωνίνου Εὐτυ-
χοῦς Εὐσεβοῦς Σεβαστοῦ | καὶ Ἰουλίας Δόμνης Σεβαστῆς μητρὸς ἀνεικήτων ‖
5 [σ]τρατοπέδων Σερῆνος Ἀλεξάνδρου πανταρχήσας [2] | [τ]ῆς Ὀμβειτῶν πόλεως,
εὐσεβείας χάριν ἀνέθηκεν | [ἐ]π᾽ ἀγαθῷ, ἔτει κβ᾽ Φαρμοῦθι ἐνάτῃ [3].

1. Initio versus apparent vestigia litterarum; quot antea perierint nescimus. — 2. Omnibus muneribus in urbe functus. Cf. Preisigke, *Städtisches Beamtwesen*, p. 14. — 3. Anno
p. C. n. 214 mense Aprili die iv.

1289. Loco incerto. Forsan in Elephantine insula. Milne, *Musée du Caire, gr. inscr.*,
p. 29, n. 9293. Contulimus.

Ὑπὲ[ρ] Αὐτοκ[ρ]άτο[ρ]ος Καίσαρος | [Δο]μιτι[ανοῦ] [1] Σεβαστοῦ Γερμα-
νι|κοῦ τύχης καὶ τοῦ παντὸς οἴκου | αὐτοῦ Ἥρᾳ θεᾷ μεγίστηι [2] Ὧρος καὶ ‖
5 Παιὼς [3] ἀμφότεροι Παῶτος Κολλούθου ἰατροὶ τὴν ἀνοικο|δομὴν ἐπ[οι]ήσαντο κατ᾽
εὐσέβειαν ἐπ᾽ ἀγαθῶι [4] | ἔτους ἑβδόμου Αὐτο|κράτορος Καίσαρος | [Δομιτιανοῦ]
Σεβαστοῦ ‖ [Γ]ερμανικοῦ Παχὼν ιη᾽.

1. Vestigia nominis supersunt consulto erasi. — 2. Adorabatur in insula Elephantine
dea Satis quae et Hera vocabatur. Cf. Strack, *Die Dynastie der Ptolemäer, Anhang*, n. 95
« Ἄμμωνι τῶι καὶ Χνούβει καὶ Ἥραι τῆι καὶ Σάτει καὶ Ἑστίαι τῆι καὶ Ἀνούκει » et n. 168. Cf. G.
Milne, *l. c.* — 3. Παιώς, Milne et de Ricci. Jouguet legit Παψώς, forsan recte. — 4. Anno
p. C. n. 88, mensis Maii die xiii.

1290. In insula Elephantine, in pariete Nilometri. — *C. I. Gr.*, 4863; de Morgan,
Catalogue de Monuments et inscriptions de l'Egypte antique, 1ʳᵉ série (Haute-Egypte), I,
p. 124, ubi quae nunc exstant delineavit Bouriant, p. 124; L. Borchardt, *Abhandl. der*

Berlin. Akad (Philos. und histor. Abhandl. nicht zur Akad. gehöriger Gelehrter), 1906, p. 1 et suiv.

Cubitos aetatis romanae in pariete incisos numerosque eis appositos, quum nihil momenti habeant ad res romanas et posterioris temporis sint quam tituli, plane negleximus.

A) [1] ἔτους . Κλ[αυδίου Καίσαρ]ος πήχ(εις) κε′ [2] ... |

ἔτους . [Κλ]αυ[δίου Καίσαρος] πήχ(εις) κε′ παλ(αιστοὶ) γ′ ... |

ἔτους θ′ Τρα[ιαν]οῦ ... [3] |

ἔτους θ′ Τι[βερί]ου Καίσ[αρος [4] π]ήχ(εις) κε′ πα(λαιστοὶ) α′ δάκ(τυλοι) β′

B) [5] .... |

..... Αὐτοκρατόρ]ων Κα[ισάρων .... |

.... |

...................................ντα ‖

5   .... Καίσαρος πήχ(εις) κς′ |

[ἔτους . Ἀντωνίνου] Καίσαρος τοῦ κυρίου [πή(χεις) κς′... |

ἐπὶ Λουκίου [6] |

.........] ἐπάρχου Αἰγύπτου ἐπ' ἀγαθῷ |

[ἔτους...] Ἀντωνίνου Καί[σαρος......... ‖

10   [...................... πή]χ(εις)] κε′ παλ(αιστοὶ) β′ δακ(τυλ..)

C) [7] ἔτους . Νέρωνος Κα[ίσαρος......... |

[ἔτους . Αὐ]γούστου Κ[αίσαρος [8].......... |

ἔτους................................... |

ἔτους . Αὐτοκρατόρ[ων Καισάρων] ‖

5   Λουκίου Σεπ[τιμίου Σεουήρου Εὐσεβοῦς Περτίναχος] |

καὶ Μάρχο[υ Αὐρηλίου Ἀντωνίνου καὶ Πουβλίου Σεπτιμίου Γέτα [9] |

Καίσαρος [Σεβαστοῦ? πήχ(εις......... |

ἔτους .] Αὐτοκρά[τορος...............ἐπὶ |

Ἀου]ιλλίου [Φλάκχου ἐπάρχου Αἰγύπτου [10]

D) [11] ἔτους . Αὐγούστου Καίσαρος.......... |

ἔτους ιδ′ Τραιανοῦ Καίσαρος [12] .... |

.... πηχ(εις) κε′....... |

.... ‖

5   [ἔτους . Τιβ]ερίου Καίσαρος πήχ(εις) κδ′ παλ(αιστοὶ) γ′... |

[ἔτους....... Καίσ]αρος τοῦ κυρίου πήχ(εις) κδ′ παλ(αιστοὶ) ε′ δάκ(τυλοι) β′ |

ἔτους........]ου Καίσ[αρος πήχ(εις)] κ[δ'] παλ(αιστοὶ) ε' δάκ(τυλοι)... |

[ἔτους. Νέρωνος Καίσαρος............. |

ἔτους ζ' [13] Νέρωνος [Καίσαρος............. ‖

10　　ἔτους . Τιβερίου τοῦ Καίσ[αρος............ |

ἔτους . Τιβερίου Καίσαρος πήχ(εις) κδ' παλ(αιστοὶ)..... |

ἔτους ι' Δομιτιανοῦ [Καίσαρος [14] πήχ(εις)] κδ' παλ(αιστοὶ) δ' δακ(τυλ..)... |

ἔτους κε' [15] Αὐγούστου Καίσαρος πήχ(εις) [κδ' παλ(αιστοὶ)] δ' δάκ(τυλος) α' |

ἔτους ιγ' Νέρωνος Καίσαρος [16] πήχ(εις) κδ' παλ(αιστοὶ) ς' δάκ(τυλος) α'.

E) [17] α) [ἔτους....... Καίσαρος πή(χεις) ....] δά(κτυλος) α' |

[ἔτους........ Καίσ]αρος.... |

.................υ |

β) ἔτους γ' Λουκίου Σεπτιμίου Σεουήρου [18] ‖

5　　Εὐσεβοῦς Περτίνακος Σεβαστοῦ |

τοῦ κυρίου ἐπὶ Οὐλπίου Πριμιανοῦ |

τοῦ λαμπροτάτου ἡγεμόνος [19] |

[πή(χεις) ..] παλαιστοὶ δ' δάκτυ[λοι]..

F)　　ἔτους ε' Ἀντωνε[ίνου Καίσαρος τοῦ κυρίου] [20] |

ἐπὶ Οὐαλερ[ίου Εὐδαίμονος] |

ἐπάρχου Αἰγύπτου [21] |

ε. γριπ...?

G)　　[ἔτους .] Αὐτ[οκράτορ................ |

.... π]ήχ(εις)..... |

....ιγ'......... |

.....μ.... ‖

5　　..... πήχ(εις) κ'..... |

...ι ἔτους ι'?... |

... θε[οῦ..... |

...αν... |

...παυλο... [22] ‖

10　　...πήχ(εις).....

H) [23] [ἔτους ....] Καίσαρος πή(χεις) κβ', π-|

αλαισ]τοὶ . [δάκτυλοι.. |

ἔτους.] Τραιανοῦ [Καί- |

σαρο]ς ‖

T. 1　　　　　　　　　　　　　　　　　29

5 [πή(χεις) κβ', πα]λ-|

[αιστ]οὶ ε' |

[ἔτους........ Καίσαρο]ς πή-|

[χεις κβ'] π[α-|

λαιστοὶ...

Nilometri publici inscriptionem hic habes, quo cognoscebatur vera Nili inundatio. Id autem necessarium fuisse ad tributorum copiam quotannis aeque statuendam exposuit Franz, *C. I. Gr.*, III, p. 318.

1. = *C. I. Gr.*, III, col. II a. Cubito vicesimo quinto, cujus in superiore parte numerus κϛ' est appositus, posteriore aetate hic inciso, multae litterae erasae sunt. Quæ supersunt delineavit Borchardt. — 2. Intra annos p. C. n. 41-54. — 3. Annus IX Trajani est annus 107 p. C. n. — 4. Anno 23 p. C. n. — 5. = *C. I. Gr.*, col. III. Plura dedit Franz sed plane incerta. — 6. Fuit vel Λουκίου [Μουνατίου Φήλικος] (cf. P. M. Meyer, *Hermes*, XXXII, p. 222) vel Λουκίου Οὐαλερίου Πρόκλου, quorum alter rexit Aegyptum anno 131, alter annis 145-147. — 7. = *C. I. Gr.*, col. II b. Damnum maximum titulo intulit Mahmoud Bey qui anno 1870 cubitum arabicum hoc loco incidit. — 8. Restituit Borchardt ex apographo Wilkinsoni. De Αὐγούστου pro Σεβαστοῦ posito cf. eumdem ad locum. Annus Neronis est intra annos 54-68; annus Augusti, intra 27 a. C. n. et 14 p. C. n. — 9. Ita Borchardt. Sed dubitare potes an nomina Caesaris Getae sint restituenda. — 10. Ἀουιλλίου Φλάκκου Idem cum dubitatione. Rexit ille Aegyptum annis 32-38. — 11. = *C. I. Gr.*, col. IV a et b. — 12. Anno p. C. n. 110/111. — 13. Anno 60/61 p. C. n. — 14. Anno 90 p. C. n. — 15. Anno a. C. n. 6. — 16. Anno 66 p. C. n. — 17. = *C. I. Gr.*, col. IV b. — 18. Anno 194/195 p. C. n. — 19. Ulpius Primianus (cf. P. M. Meyer, *Hermes*, XXXII, p. 483; Cantarelli, *op. cit.*, p. 63) provinciam rexit annis 194/196. — 20. Anno 141/142 p. C. n. Maximum damnum huic tituli parti attulit cubitus arabicus anno 1870 incisus. — 21. Cf. *Oxyr. Pap.*, II, 227, VIII, 18; *Pap. Cattaoui*, III, 1. 16 (*Archiv für Pap.*, III, p. 60) et Wilcken apud Borchardt, *l. c.* — 22. Nomen cujusdam praefecti. — 23. Dedit Franz secundum Wilkinson. Nihil vidit Borchardt.

1291. In insula Elephantine. — *C. I. Gr.*, 4892.

.... καθὰ π]ροσῆκόν ἐσ[τ]ιν [π]ερὶ [τ]ῶν π[ρ]ο[ν]ο[μίω]ν [κ]αὶ τῶν ἀπηγ[ο-ρευμέν]ων μ[ν]ε[ίαν ποιή]σασ[θ]α[ι] | ἐν τῇ ὑμετέρᾳ δεήσ(ε)ι, τῷ διασημο[τ]άτῳ <ατῳ> καθο[λ]ι[κ]ῷ [1] [π]ρὸς [χ]άριν [ἐ]φ[ρ]οντίσαται [ὡ]ς οὐκ ἔ[δ]ει ὑ[μ]ᾶς | [κα]ὶ [π]ερὶ τούτων ἐνοχλῖσθαι · περὶ δὲ τῶν [γερ]δίων ἅπερ ἐν τῇ νήσῳ ε[ἶ]ναι ἐμνημονε[ύσ]αται | ἅπερ διὰ τοῦ πραιποσίτου τοῦ ἐν Συήνῃ διατρίβον[τ]ος

5 ἐφ' ὑμετέρᾳ [βλ]ασ[φ]ημίᾳ [κ]ατέ▌εσθαι, ἐδή[λ]ωσεν γράμματα πρὸς τὸν τῆς

ἐπαρχείας ἡ[γ]ούμενον δοθ[έντα, ἐν οἷς προσετάξαμεν], | ἵνα τὴν ἀδικίαν
ταύτην παρὰ τὸ ἐ[ξ]ὸν συνηθείας ἀποστρέψι[ε] καὶ κωλύσι[ε] ἵνα ὑμεῖς | τὴν
εὐ[π]ά[θ]ειαν....... ὥσπερ ἡ[ξ]ιώσαται ἔχειν.....|.... [ἐν τῷ] ἐπι[λοίπ]ῳ
[χρ]όνῳ, εὐθέως ἐνόμισ[α] δεῖν....... · | ἰ [δ]έ τίς [ἐ]π[ιμ]ενε[ῖ] οὐ διστάσομεν,
εἰ καὶ τὰ μάλιστα τ[ὸ] νῦ[ν] τῆ[ς] ὑμετέρας ἀ[ξ]ιώσεως [συμ]πα[θ]ίσ[αντες,
10 ἐν ᾧ ἡ] ‖ κατάστασις ἠναντιώ[θ]η τῇ τοῦ κα[θ]ολικοῦ κελεύσει, ὑπεναντίον
τη[λικ]αύτης ἐνοχλήσεως | προ[ε]νοησάμεθα ὑμῶν · καὶ ὅμως ἐπιδὴ ἐδηλώσατε
τοὺς [ὑ]μετέρους πολ[εί]τας | ἐκ τῆς προειρημένης ἐτίας μέχρει νῦν ἐν τῇ
τά[ξε]ι τῶν καθωλικῶν, τουτέστιν εἰς τὴν | .... ἐν διαστέματι κατέχεσθε ²,
καὶ σφόδρα ἠ[ξ]ιώσατε ἵνα τὴν δ[ω]ρεὰν ἡμῶν, [ἣν] εἰς τὴν | μνήμην ἐποιή-
σασθαι, ἰσχυρὰ[ν] ὑμῖν καὶ ἀκέρεαν διαφυλαχθῆναι κελεύσ[ω]μεν, γράμματα ‖
15 πρὸς τὸν ἡμέτερον [ἐπίτροπον] δοῦναι ἐκελεύσαμεν [ἵ]να τὴν ἡμετέραν δωρεὰν |
ἣν δὴ πάλιν εἰς τὸ πρόσωπον [ἡ]με[ῖς] ἐποι[η]σάμεθα, ἰ[σ]χυρὰν διαμένειν
ἀν[έ]χηται | πλὴν ὅμως εἴ τινες ἐν ὑμῶν ὑπὲρ τοὺς ὅρους τοὺς ὑπὸ ἐμοῦ τοῦ
Διοκλητιανοῦ Σεβαστοῦ | ὑμε[ῖ]ν παραδοθέντας χωρ[ίσ]αι [ἔρ]γῳ [π]ειρ[α]θῖεν
τὰ[ς] ἐ[ξ] ἔθους συντελείας ὑπὲρ αὐτῶν, | αὐτοὺς τὸ ἱκανὸν ποιεῖν πάσης
[ἀδικίας .... ‖
20 Τῶν γραμμάτων ἑρμηνεί[α].

[Αὐτοκράτωρ Καῖσαρ Γάιος Αὐρήλιος Οὐαλέρι]|[ο]ς Διοκλετιανὸς Εὐσ[ε]βὴς
Εὐτυχὴς Σε[β]ασ[τὸς] ἀρχιερεὺ[ς μέγ]ιστ[ο]ς ³ | <ος> Ἰβ[η]ρικὸς Μέ[γιστ]ο[ς
Πε]ρ[σ]ι[κὸς Β]ρε[ττα]ν[ν]ικὸς | Γερμανικὸς Μέγ[ισ]τος Σαρματικὸ[ς Μέγι]στος ‖
25 [καὶ Αὐτ]ο[κρ]άτ[ωρ Κ]αῖ[σα]ρ Οὐ[αλέριος Μαξιμιανὸς] | Ἀρμενικὸς Μηδικὸς
Ἀ[δι]α[βη]νικὸς δημαρ[χικῆς | ἐ[ξο]υσεί[α]ς [καὶ Γάιος Οὐαλέριος Μαξιμιανὸς] |
.... [Μ]έ[γι]σ[τ]ος Γερμανικὸς | ὕπατος [καὶ Φ]λάυιος Οὐα[λ]έρι[ος] Κωνσ-
30 τάντ[ι]ο[ς Γερμαν]|ικὸς Περσικοῦ Βριτανννικοῦ Παρθικοῦ Ἀρμενικοῦ Ἀδιαβηνι-
κοῦ ⁴ | [......... χαίρειν ·] | λ]έ[γ]ου[σ]ιν Ἐλεφαντινίταις καὶ Σοηνίταις τοῖς
ἐν Θηβαίδι .... | [τὴν] μὲν ὑπὲρ τῶν ἐξ ἔθους συντελειῶν γενομένην
35 πραγ]‖ματ[εία]ν ὑπὸ τοῦ [ἐ]π[ισ]τ[ρα]τή[γ]ου ὑμεῖς.......

« Barbarae hujus inscriptionis fragmentum primo loco (v. 1-19) continet decretum
Imperatoris Diocletiani de finibus, ut videtur, Syenitarum et Elephantinitarum; altera
parte continetur epistola imperatoria, cujus in praescriptis comparent Valerius Maximianus et Caesares Galerius Maximianus et Constantius Chlorus » Franz.

Apographum Pocockii pessimum correxit Franz quem sequimur.

1. Ὁ καθολικός, = rationalis Aegypti; cf. Hirschfeld, *Verwaltungsbeamten* (ed. II),
p. 258 et 260. — 2. I. e. κατέχεσθαι. — 3. Ordinem versuum 21 et 22 mire turbavit aut qui

titulum exaravit aut qui descripsit; emendavimus. — 4. Περσικοῦ Βρεταννικοῦ, etc., pro Περσικὸς Βρεταννικός, etc. — Titulus positus est inter annum 297 quo Diocletianus et alii cognomina Armeniacum et Adiabenicum acceperunt et 305 quo imperium deposuerunt Augusti.

1292. Syenae vel potius Thebis. — Milne, *Musée du Caire, gr. inscr.*, p. 45, n. 9238; de Ricci, *Archiv für Pap.*, II, p. 445, n. 67. Contulimus.

.... Α]ὐτοκράτορος Καίσαρος | [Μάρκου Αὐρηλίου Ἀντωνίνου Σεβαστοῦ .... Παρ]θικοῦ Γερμανικοῦ Μεγίστου.

Est M. Aurelii aut Caracallae.

In parte lapidis aversa alterum titulum exaraverunt aetate Constantiniana.

1293. In insula Philis. — *C. I. L.*, III, 14147⁵. Lapidi insunt tres inscriptiones, prima hieroglyphice scripta, altera latine, tertia graece.

C. Cornelius. Cn. f. Gallu[s eq]ues romanus ¹ post reges | a Caesare Deivi f. deuictos praefect[us Alex]andreae et Aegypti primus defection[is] | Thebaidis intra dies XV quibus hostem u[icit bis a]cie uictor ², V urbium expugnator Bore|se[os] ³, Copti ⁴, Ceramices ⁵, Diospoleos Megales ⁶, O[p]hieu ⁷, ·ducibus 5 earum defectionum inter[ce]|ptis, exercitu ultra Nili cataracte[n trans]ducto in quem locum neque populo | romano neque regibus Aegypti [arma ante s]unt prolata ⁸, Thebaide communi omn[i]|um regum ⁹ formidine subact[a], leg[atisque re]gis Aethiopum ad Philas auditis eoq[ue] | rege in tutelam recepto ¹⁰, tyrann[o] Tr[iacontas]choenundi ¹¹ Aethiopiae constituto, die[is] | patricis et N[ilo adiu-t]ori d. d. ||

10 Γάιος Κορνήλιος Γναίου υἱὸς Γάλλ[ος ἱππεὺ]ς Ῥωμαίων ¹ μετὰ τὴν κατά-λυσιν τῶν | ἐν Αἰγύπτω[ι] βασιλέων πρῶτος ὑπὸ Καίσ[αρος ἐπὶ] τῆς Αἰγύπτου κατασταθεὶς, τὴν Θηβαΐδα ἀ|ποστᾶσαν ἐν πέντε καὶ δέκα ἡμέραις δὶς [ἐν παρ]ατάξει κατὰ κράτος νικήσας ² σὺν τῶι τοὺς ἡ|γέμονας τῶν ἀντιταξαμένων ἑλεῖν, πέν[τε τε πό]λεις τὰς μὲν ἐξ ἐφόδου τὰς δὲ ἐκ πολιορκ[ί]ας | καταλαβό-μενος Βορῆσιν ³ Κόπτον ⁴ Κεραμικὴ[ν ⁵ Διοσπό]λιν Μεγάλην ⁶ Ὀφιῆον ⁷ καὶ σὺν τῆι 15 στρατιᾶι ὑ‖περάρας τὸν καταράκτην, ἀβάτου στρατιᾶ[ς τῆς χώρ]ας πρὸ αὐτοῦ γενομένης ⁸, καὶ σύμπασαν τὴ[ν] | Θηβαΐδα μὴ ὑποταγεῖσαν τοῖς βασιλεῦσιν ⁹ [ὑποτάξ]ας, δεξάμενός τε πρέσβεις Αἰθιόπων ἐν Φί|λαις καὶ προξενίαν παρὰ τοῦ

βασιλέως λ[αβὼν [10] τύ]ραννόν τε τῆς Τριακοντασχοίνου [11] τοπαρχία[ς] | μιᾶς ἐν
Αἰθιοπίαι καταστήσας θεοῖς πατ[ρίοις, Ν]είλῳ συνλήπτορι χαριστήρια.

Annum et mensem demonstrat inscriptio hieroglyphice scripta quae sic incipit :
Anno I, quarto mense hiberno, die xx, i. e. anno 29 a. C. n., die xvii mensis Aprilis.

1. Cornelius Gallus post Aegyptum devictam primus praefectus (Cantarelli, *Prefetti
di Egitto*, p. 13). Eum sibi statuas per totam Aegyptum ponendas laudesque pyramidibus
insculpendas curavisse Dio testis est (LIII, 23, 5). « Post ejus abdicationem ejusmodi
monumenta statim deleta sunt. Certe hic lapis anno 13/12 a. C. n. fractus in fundamentis
templi quod Caesari Augusto erigebatur consumptus est. » Dittenberger, *Orient. gr. insc.
sel.*, II, 654. — 2. Expeditionem memorat Strabo (XVII, 1, 52) : Στάσιν ... γενηθεῖσαν ἐν τῆ
Θηβαΐδι διὰ τοὺς φόρους ἐν βραχεῖ κατέλυσε ». — 3. Boresis oppidum ignotum. Mommsen suspicatur id situm fuisse inter Thebaidis limitem septentrionalem et Coptum. — 4. Urbs
notissima. — 5. Ceramice, Κεραμεῖα, vicus territorii Thebaei, in ripa Nili orientali. —
6. Diospolis magna, eadem atque Thebae. — 7. Ophieon, vicus territorii Thebaei in
ripe Nili orientali. Cf. Hieronymum, ad an. Abr. 1900 : *Thebae Aegypti usque ad
solum erutae;* Euseb. (vers. Armen.) : *Thebaica suburbia in Aegypto funditus eversa
sunt* (ed. Schoene, II, p. 141, 1.). — 8. « Jure Mommsen monet de regibus Aegypti
quidem illud impudens mendacium esse, de Romanis satis manifesto verum, sed neu-
tiquam mirabile, si quidem nullus unquam Romanorum exercitus illic fuisset ante Galli
praefecturam. » Dittenberger. — 9. βασιλεῦσιν, lat. omnium regum, i. e. omnium Aegypti
regum. — 10. Regis Aethiopum nomen ignotus; quae ei successit regina Candace
vocabatur (Strab., XVII, 1, 54). Nota vocem προξενίαν quem titulus latinus in *tutelam*
convertit. — 11. Regio Triacontaschoeni, incipiens fere ab Hiera Sycamino (Ptolem.,
I, 9, 9 et IV, 7, 32).

Titulum insignem commentati sunt Maspero, *Comptes rendus de l'Acad. des Inscr.*, 1896,
p. 110 et seq.; Hirschfeld, *Sitzungsber. der Akad. zu Berlin*, 1896, p. 469 et seq.; Ser. Ricci,
Atti dell' Acc. di Torino, XXXI (1895-1896), p. 677 et seq.; Wilcken, *Zeitschr. für ägypt.
Sprache*, 1897, p. 70 et seq. Quos vide.

1294. In insula Philis. — Wescher, *Bullettino*, 1866, p. 51; Dittenberger, *Orient. gr.
insc. sel.*, II, 657.

Αὐτοκράτορι Καίσαρι Σεβαστῷ Σωτῆρι καὶ Εὐεργέτῃ ἔτους ιη' [1] ἐπὶ Ποπλίου
Ροβρίου Βαρβάρου [2].

1. Anno 18 Augusti principis, id est 12/13 a. C. n. — 2. Cf. Cantarelli, *Prefetti di
Egitto*, p. 18 et supra n. 1072.

1295. In insula Philis. — *C. I. Gr.*, 4923; Kaibel, *Epig. gr.*, 978; Puchstein, *Epigr. gr.*, 28.

Καίσαρι ποντομέδοντι καὶ ἀπείρων κρατέοντι |
   Ζανὶ τῶι ἐκ Ζανὸς πατρὸς Ἐλευθερίω[ι], |
δεσπόται Εὐρώπας τε καὶ Ἀσίδος, ἄστρωι ἁπάσας |
   Ἑλλάδος, ὅς (σ)ωτ[ὴ]ρ Ζεὺ[ς ἀ]ν[έ]τ[ειλε] μέγας, ‖
5   Ἴσιδος ἐν προπύλοισι Κ]α[τί]λιος ἁγνὸν ἔθηκε |
   [γρ]άμμ' ἀπ' [Ἀλεξάνδρου δ]εῦρο μο[λ]ὼν πόλιος. |
Καὶ μέγαν [ἐκ] μεγά[λων] Τουρράνιον, ἄνδρα δίκαιον, |
   Αἰγύπτω πάσας φέρτατον ἁγεμόνα [2] |
σ̣τ̣άλλα[ι] ἐνεστάλωσεν, ἵν' εἰς τόδε νᾶσω ἔδεθλον ‖
10   πᾶς ὁ μολὼν ὑμνῆι τὸν χθονὸς [ὀλ]βο[δ]όταν. |
Ταὶ δὲ Φ[ί]λαι φωνεῦντι κ[αλὸ]ν πέρας Αἰγύπτοιο |
   [ἐ]μμὶ καὶ Αἰθιόπων γᾶς ὅριον νεάτας. |
15 Κατιλίου τοῦ καὶ | Νικάνορος ‖ τοῦ Νικάνο[ρος] ἔτους | κγ' [3] Καίσαρος |
Φαμεν[ὼθ] ιβ' [4] | ἐπὶ Νείλου στρατηγοῦ.

1. Augustus hic vocatur Ζεὺς Ἐλευθέριος ut alibi (supra n. 1163). — 2. De C. Turranio, praefecto Aegypti cf. supra n. 1109. — 3. Vel κς'; cf. Cagnat, *Comptes rendus de l'Acad. des Insc.*, 1905, p. 609. — 4. Ergo anno a. C. n. 7 vel 4, die VIII mensis Martii.

1296. In insula Philis. — Lyons et Borchardt, *Sitzungsber. der Berlin. Akad.*, 1896, p. 469, not. 1; Dittenberger, *Orient. gr. insc. sel.*, 670.

Αὐτοκρά[τορα Καίσαρ]α | Οὐε[σπασιανὸ]ν Σεβαστὸ]ν [1] | .... | τὸν
5 σωτῆρα καὶ εὐεργέτην ‖ οἱ ἀπὸ Φιλῶν καὶ Δωδεκασχοίνου.

1. Annis 69/79 p. C. n.

1297. In insula Philis. — *C. I. Gr.*, 4906.

Αὐτοκρατόρων.

« Hoc scriptum est supra octo clypeos hieroglyphicos (cartouches) continuo ordine in una linea positos, quorum septem nomina Imperatorum M. Aurelii et L. Veri referunt (Aurelios. Antoninos. Autocrator. Sebastos. Caesares. Lucies. Veros) ut interpretatus est secundum Champollionem Rosellinus, octavus elogium κραταιός et αἰωνόβιος continet interprete Letronnio ». Franz.

1298. In insula Philis. — De Ricci, *Archiv für Pap.*, II, p. 451, n. 93.

[Οὐαλέριον] Διοκλητιανὸν [Σεβαστὸν | καὶ Οὐαλ]έριον Κωνστάντι[ον.....

1299. In insula Philis. — *C. I. Gr.*, add. 4935 b; Kaibel, *Epigr. gr.*, 985; Puchstein, *Epigr. gr.*, 30.

['Ι]ούνιος ἔνθα Σαβῖνος ἔγων 'Ιτυραιίδα [π]όρπαν |
  ἵκτο Συηναίας ἐσμὸν ἄγων στρατιᾶς ¹, |
  [ἔνθ]α πανο[π]τεύουσαν ἑοῖς ἐγάνωσεν ἰάκχοις |
  Εἴσιν [ἐκσ]ώζ[ειν] κόσμον ἐπισταμέναν · ‖
5 [καὶ γὰρ ἄμυνεν φ]ῦλα μ[ε]μήν[οτα Ρω[μ]υλίδαισ[ι |
  τῶν θράσος ἐκδικάσα]ς ἧκεν ἔγων ἀγέ[λ]ας |
  [σωθεὶς δὲ κατὰ μ]ῶλον, ἕεις τότε καὶ [π]άρος ἀνήρ |
  [αὐτ' ἀπέδωκε χάριν κ]αὶ στέφος ἁρμόσατο.

Supplementa quae recepimus pleraque dedit Puchstein.

1. Syenae tendebant cohors II Ituraeorum primo p. C. n. saeculo *C. I. L.*, III, 14147 ¹, cohortes tres Flaviorum aetate (coh. I Hispanorum eq., coh. II Ituraeorum eq., coh. I Thebaeorum eq.: *ibid.*, 14147 ²) cohors una altero saeculo (I Fl. Cilicum eq.: *ibid.*, 14147 ⁴⁻⁵).

1300. In insula Philis. — *C. I. Gr.*, 4931-4932; cf. *addenda et corrigenda*, p. 1229; Lepsius, *Denkmäler*, XII, tab. 88, n. 261.

Γάιος 'Ιούλιος Πάπειος ἔπαρχος | ἧκωι καὶ προσκεκύνηκα τὴν κυρί[αν 'Ισιν σὺν
5 'Ιουλίωι τῶι υἱῶι, καὶ ὑ[πὲρ Γαίωνος τοῦ νεωτέρου υἱοῦ, ἔ[τι δὲ καὶ σὺν τοῖς
  φίλοις καὶ σὺν | ἀποδήμοις Συμμάχωι, Εὐμένει, | 'Απολλωνίωι Χάρητος καὶ
  υἱῶι 'Απελλᾶι | καὶ 'Απίωνι.... καὶ Λυσιμά[χωι] καὶ [τοῖς] | κεντορίωσι Ῥούφῳ,
10 Δημητρίωι, Νίγρωι, ‖ Οὐαλερίωι, Λαβέωνι, Τερεντίωι, | Νικάνορι, Βαρωνᾶτι,
  καὶ τῶν παιδα[ρίων μου πάντων ἔτους κ' το[ῦ] καὶ ε' Φαμ(ενὼθ) α' ¹.

1. Die xxv mensis Februarii anno a. C. n. 25 = 5 captae Aegypti.

1301. In insula Philis. — *C. I. Gr.*, 4935. Cf. *addenda et corrigenda*, p. 1230; Lepsius, *Denkmäler*, XII, tab. 72, nn. 5, 6, 7.

... αλαιπότηρις Πετεαμῆντος ἦλθον, προσεκύνησα [τὴν κυρίαν 'Ισιν καὶ ἐποίησα τ]ὸ προσκυνήμα..... ¹ υἰοῦ Διοδ[ώρου καὶ Διονυ]σίου τοῦ υἰοῦ καὶ Ἱερωνυμοῦ τοῦ ἀδελφοῦ καὶ Σερᾶτος τῆς ἀδελφῆς [καὶ]... οὗτος καὶ Ζωίλου ἔτους ιδ′ Καίσαρος Φαρμοῦθι ιη′ ².

1. ΘΟΝCΥΙΟΥ, etc., Lepsius. — 2. Die Aprilis xiii, anno 16 a. C. n. Initio desunt literae circiter triginta.

1302. Philis. — *C. I. Gr.*, 4933. Cf. *addenda et corrigenda*, p. 1230; Lepsius, *Denkmäler*, XII, tab. 91, n. 302.

Πτολεμαῖος Ἡρακλείδου | ἐπιστράτηγος τῆς Θηβαίδος | ἦλθον καὶ προσεχύ-
5 νησα τὴν | θεὰν Ἶσιν τὴν μεγίστην ‖ ἔτους ιδ′ Καίσαρος Αὐ[τοκράτορος] ¹.

1. Anno a. C. n. 17-16. Traditur ΑΥΓ.

1303. In insula Philis ut aiunt. — *C. I. Gr.*, add. 4938 b.

Ἰούλ[ιος Τεί]μαρχος ἀνέ|θηκεν συνόδωι Εἰσ|ιακῆι τὴν θεὰν | ἔτους ιη′ Καί-
5 σαρος ‖ Θῶυθ θ′ ¹.

1. Anno 13 a. C. n., die mensis Septembris vi.

1304. In insula Philis. — *C. I. Gr.*, add. 4941 c; Lepsius, *Denkmäler*, XII, tab. 88, n. 267.

....]ς μυρεψὸς ἐλ|[θὼν εἰς Φί]λας ἐπόησε | [τὸ προσ]κύνημα τῶν | τέκνων
5 α(ὐ)τοῦ καὶ ‖ [τῶ]ν φίλων πάν|[τω]ν καὶ τῶν φιλού|[ντ]ων αὐτὸν [ἔτους κ]γ′ Καίσαρος | [Με]σορὴ ιδ′ ¹.

« Titulus quum infra numerum 4923 (= nostrum 1295) positus sit, Letronnius conjicit fuisse κγ′ Καίσαρος ex quo anno est etiam n. 4923 » Franz. Erit ergo annus 7 a. C. n., dies vii mensis Augusti.

1305. In insula Philis. — *C. I. Gr.*, add. 4929 c; Lepsius, *Denkmäler*, XII, tab. 89, n. 282.

5 Αὖλος Νοού[ιος] ¹ | Φαῦστος ἥ[κω] | σὺν τοῖς προγε|γραμμένοις ‖ φίλοις καὶ προ|σκύνησα τὴν | κυρίαν Ἶσιν | ἔτους λα′ Καίσαρος | Μεσορὴ ιζ′ ².

1. ΝΟΟΥΡ traditur. — 2. Anno p. C. n. 2, die mensis Augusti x.

1306. Philis. — *C. I. Gr.*, add. 4928 b; Lepsius, *Denkmäler*, tab. 89, n. 281.

5 Κρόνιος Ἀρποχρατί|ωνος καὶ Ἀρχῆ|μις Πετεμείνε|ως ἤλθομεν ‖ καὶ προσε-
10 κυνή|σαμεν τὴν κυρί|αν Ἴσιν σὺν τοῖς | φίλοις Κρονίωι | καὶ Διδύμωι, ἀμ‖φο-
τέρων Τρύφω|νος, καὶ Ἀρποχρα|τίωνι Σαραπίωνος | καὶ ἐποιησάμεθα | τὸ προσ-
15 κύνημα Ἀρ‖ποχρατίωνος τοῦ | Ἐπωνίχου¹ καὶ τῶν | αὐτοῦ πάντων | ἔτους
20 λ[α]′ Καί|σαρος ‖ Μεσορὴ ιζ′ ².

1. Οἱ]ωνίχου, Franz; Εὐωνύμου, Letr. — 2. Die x mensis Augusti, anno p. C. n. 2.

1307. Philis. — *C. I. Gr.*, 4909. Cf. *addenda et corrigenda*, p. 1223; Lepsius, *Denkmäler*, tab. 83, n. 204.

Ἀμμώνιος Διονυ|σίου εὐχὴν ἐπόησε | Ἴσιδι καὶ Σαράπιδι καὶ | τοῖς συννάοις
5 θεοῖς ‖ τὸ προσκύνημα Πρωτ|ᾶτος τοῦ ἀδελφοῦ κα|ὶ τῶν αὐτοῦ τέκνων καὶ |
10 Νίγρου τοῦ ἀδελφοῦ καὶ | τῆς γυναικὸς καὶ Δημ‖ᾶτος καὶ τῶν τέκνων αὐ|τῆς καὶ
Διονῦτος καὶ Ἀνο|υβᾶτος ἔτους λα′ Καί[σ]αρος Πα|ῦνι ιβ′ ¹.

1. Anno 2 p. C. n., mense Junii die vi.

1308. Philis. — *C. I. Gr.*, 4922; cf. *addenda et corrigenda*, p. 1226; Lepsius, *Denkmäler*, tab. 88, n. 257.

Ἡγείλλος Κα..ου | Παρμενίων Ποσιδηίου | Διονυσιάδης Διονυσιάδ[ου] |
5 Διοσχουρίδης Εὐτύχο[υ] ‖ καὶ Υιν..ης Ὀρτήσιος Φ|ρ...ρος Ζηνοθέμιδος | λ...ται¹
ἐλθόντες πρὸς | τὴν σεμνὴν Ἴσιν (ἐ)μνήσ[θησαν] τῶν | οἰκείων ἔτους λη′ Καί-
σαρος, Φαῶ[φι...] ².

1. [ναῦ]ται proposuit de Ricci. — 2. Anno p. C. n. 8, mense Sept.-Oct.

1309. Philis. — *C. I. Gr.*, 4940; cf. *addenda et corrigenda*, p. 1231; Lepsius, *Denkmäler*,
XII, tab. 89, n. 275.

5 .... | πρὸς τὴν κυρία[ν] | Εἶσιν ἐπόησα τ[ὸ] | προσκύνημα Διδύμης ‖ τῆς
μητρὸς τῶν παιδίω[ν] | μου καὶ τῶν ἀμφοτέρων | τέχνων | ἔτους θ′ Τιβερίου
Καίσαρο[ς] | Σεβαστοῦ Ἐπείφ ι′ ¹.

1. Anno p. C. n. 23, mense Julio die iv.

1810. In insula Philis. — *C. I. Gr.*, add. 4944 b, p. 1233; Lepsius, *Denkmäler*, XII, tab. 91, n. 316, 319, 320; Puchstein, *Epigr. gr.*, p. 65.

Ἴσιν τὴν ἐν Φίλαις προσκυνήσας τις εὐτυχεῖ |
οὐχ ὅτι μόνον πλουτεῖ, πολυζωεῖ δ᾽ ἅμα τούτῳ |
τραφεὶς δ᾽ ἐγὼ πὰρ Φαρίᾳ Ἴσιδι ἐνθάδ᾽ ἱκόμην | ·
— εἰμὶ δ᾽ ἐγὼ Σερῆνος Βόηθος ἀγακλυτοῦ Πτολεμαίου. — ‖
5   ὁμοῦ συν Φήλικι καὶ Ἀπολλωνίῳ ζωγράφῳ |
χρησμοῖς Ἀπόλλωνος ἀνικήτοι[ο] ἄνακτος |
σπονδῶν καὶ θυσιῶν ἕνεκα ἐνθάδ᾽ ἱκόντες |
δεόμενοι καὶ τούτων μετασχεῖν · πρέπον γὰρ ἦν. |
οὐδένα μῶμον εὑρήσεις. ‖
10   τὸ προσκύνημα Φήλικος Λικινίου καὶ Σαραπίωνος | [....]μποῦτος καὶ τοῦ οἴκου
αὐτῶν καὶ Πομπηιανοῦ | φίλου ἐπὶ τὸν ἀεὶ χρόνον · ἔτους λα´ Φαμενὼθ κθ´ ‖ |
ἐπ᾽ ἀγαθῶι. |
15   Τὸ προσκύνημα Λικίνι(ο)ν τὸν ‖ καὶ Ἀπολλώνιον καὶ τῆς συνβίου | αὐτοῦ καὶ
τῶν τέκνων καὶ τοῦ | οἴκου ὅλου παρὰ τῆς μυριονοίμου | Ἴσιδος σήμερον ἐπ᾽
ἀγαθῶι · ἔτους λα´ | Φαμενὼθ κθ´.

1. De aetate tituli ambigitur.

1811. In insula Philis. — *C. I. Gr.*, add., 4922 d; Dittenberger, *Orient. gr. inscr. sel.*, II. 695.

Θεόμνηστος Πτολεμαίου στρατηγὸς Φιλῶν ¹ ἦλθον | καὶ προσεκύνησα τὴν
μυριώνυμον Ἴσιν καὶ τοὺς | ἐν τῶι Ἀβάτῳ θεοὺς καὶ τὸ προσκύνημα ἐποίησα |
5 Ἀπολλωνίου καὶ Διονυσίου Ἐπιφανείων, τῶν ἐμῶν ‖ ἐπιστατῶν καὶ τῶν τούτων
τέκνων καὶ γυναικῶν | καὶ τῶν ἡμετέρων πάντων, ἔτους......... ⁴.

1. Strategus nomi qui dicitur περὶ Ἐλεφαντίνην καὶ Φίλας. — 2. Epistata stratego proximus in nomis administrandis. — 4. Anni notatio erasa; Commodi nomen hic scriptum fuisse suspicatur Letronne.

1812. In insula Philis. — *C. I. Gr.*, add., 4915 b; Lepsius, *Denkmäler*, XII, tab. 71, n. 3, 4.

Ἁρπαῆσις Ἀμμωνίου ἀπὸ Φαρεμὼ ¹ ἐποίησε (εὐσ)εβίας χάριν ἐπ᾽ ἀγαθῶι

ἔτους | η' Σεουήρου καὶ Ἀντωνί(ν)ου Καισάρων τῶν κυρίου[2] Παῶνι ι'[3].
Ἁρπαῆσις Ἀμμωνίου ἀ[π]ὸ Φαρεμὼ ἐποίησεν εὐχαριστίας χάριν ἐπ' ἀγαθῶι.

1. Pharemo locus est aliunde non notus. — 2. Ita traditur pro κυρίων. — 3. Die IV mensis Junii, anno 200 p. C. n.

1313. In insula Philis. — *C. I. Gr.*, 4943, cf. *addenda et corrigenda*, p. 1232; Lepsius, *Denkmäler*, XII, tab. 89, n. 272; Kaibel, *Epigr. gr.*, 981.

Ἤλθομεν, Αἰγύπτοιο πέρας, περικαλλέα νῆσον
Ἴσιδος Ἰναχίης γαῖαν ἐποψόμενοι
καὶ Νείλου βαθὺ χεῦμα, ὃς Αἴγυπτον πολύολβον
αἰὲν ἔτος σώζει Καίσαρος εὐτυχίαις[1].
Χαῖρε, ἄνασσα φίλα · χαίροις θ' ἅμα καὶ σύ Σάραπι,
γαῖαν ἐναντιπέρα ναίων, Ἄβατον[2] πολύσεμνον,
καὶ πέμψαις ἡμᾶς σώους ἐς Κρόνου ἐμπόριον.

1. Ad. Caesaris felicitatem id est ut quotannis Romam annona afferatur. — 2. Insula, prope Philas sita.

1314. Loco incerto. — Botti, *Notice du Musée d'Alexandrie*, p. 167, n. 2503. Descripsimus.

Θεοῖς Σωτῆρσι τὸ κολλήγιον[1] ὑπὲρ | εὐσεβίας χάριν ἐπ' ἀγαθῶι, ἔτους β'
παχ(ὼν) ι'.

1. Collegium.

1315. Loco incerto ; in Aegypto inferiore. — *C. I. L.*, III, 6583.

Βασιλίσσης καὶ βασι|λέως[1] προσταξάντων, | ἀντὶ τῆς προαναχει|μένης περὶ
5 τῆς ἀναθέσε‖ως τῆς προσευχῆς[2] πλα|κὸς ἡ ὑπογεγραμμένη | ἐπιγραφήτω. | Βασι-
10 λεὺς Πτολεμαῖος Εὐ|εργέτης[3] τὴν προσευχὴν ‖ ἄσυλον. | Regina et Rex
iusser(un)t.

1. Sine dubio Zenobia et Vaballathus; cf. Mommsen, *l. c.* — 2. Προσευχή, oratorium Judaeorum ; de quo vide Sal. Reinach, *Bull. de corr. hellén.*, XIII (1889), p. 181. — 3. « Euergetes qui dedicationem fecit utrum prior an secundus, certa ratione non deter-

minari potest ». Mommsen. Secundum fuisse putat Mahaffy apud Petrie, *History of Egypt.*, IV, p. 192.

1316. — Loco incerto, in Aegypto inferiore. — Milne, *Musée du Caire, gr. inscr.*, p. 43. Contulit de Ricci.

Ὑπὲρ Αὐτοκράτορος Καίσαρος | Τίτου Αἰλίου Ἀδριανοῦ | Ἀντωνείνου Σεβασ-
5 τοῦ Εὐσεβοῦς, | Πετέχων Πιβηροῦς ἀνέθηκεν ‖ ἔτους ιζ΄ Θὼθ α΄ [1].

1. Mense Augusto die xxix, anno 153 p. C. n.

1317. Loco incerto, in Aegypto inferiore. — Botti, *Notice du Musée d'Alexandrie*, p. 144, n. 2487; de Ricci, *Archiv*, II, p. 430, n. 4.

[Ὑ]πὲρ Αὐτοκράτορο[ς] | [Κ]αίσαρος Θεοῦ υἱοῦ | Σεβαστοῦ Βουβάστ[ι] καὶ
5 Πασχίτι [1] θεοῖς | μεγίστοις Ὡρίων ‖ Ἑρμαίου ᾠκοδόμη‖[σ]εν τὸ τῖχος | ἔτους
χδ΄ Καίσαρος Φα(μενὼθ)? ε΄ [2].

1. Dea Bubastis nota est; cf. Hérod., II, 137; Πασχῖτις non aliunde innotuit. —
2. Anno 6 a. C. n., die primo mensis Martii.

1318. Loco incerto, in Aegypto inferiore. — De Ricci, *Archiv.*, II, p. 430, n. 6.

5 Εἰμὶ Μαχάων | τοῦ Σαββα|ταίου · τε|λευτῶ ἐτῶν ‖ πέντε Φιλ|ουμένη | μήτηρ
10 ἀχθό|μενος · μογε|ρῶς τοίνυν, ὦ πάρο‖δοι, δακρύσατε · | ἔτους λζ΄ Καίσαρος
Φαμ(ενὼθ) ιη΄ [1].

1. Anno 8 p. C. n., die xiv mensis Martii.

1319. Loco incerto (Sersena, in provincia Menoufieh?). — Botti, *Notice du Musée d'Alexandrie*, p. 148.

A. [Ἀρ]ποχράτην θεὸν μέγι|στον [ἐ]πιφανὴν | Λυχαρίων Ἀμφιωνέως ἀνέθηκεν
ἐκ τοῦ | ἔτους ιδ΄ Νέρωνος Κλαυδίου Καίσαρος Σεβαστοῦ | [Γ]ερμανικοῦ Αὐτο-
κράτορος μηνὸς Καισαρείου [1].

B. Ἀρποχράτην θεὸν μέγιστον | Λυχαρίων ἀνέθηκεν.

1. Anno p. C. n. 68. Mensis Καισάρειος respondet mensi aegyptiaco Mesori. Cf. Wilcken, *Gr. ostr.*, I, p. 810.

1320. Loco incerto. — K. Piehl, *Zeitschr. für ägypt. Sprache*, XXVI (1888), p. 116 ; de Ricci, *Archiv*, II, p. 431, n. 12.

Ἀπόλλω[να ἀνέ]θηκε Δημήτ[ριος | τ]ῇ συνόδῳ ἔτους ι′ Τι|βερίου Καίσαρος |
5 Σεβαστοῦ Παῦνι ‖ λ′ ¹.

1. Anno 24 p. C. n. die Junii XXIV.

1321. Loco incerto. — Nunc in Cairino museo. — Descripsit Palanque.

5   Δι[ὶ] Ἡλίῳ | μεγάλῳ | Σαρά[πι]|δι καὶ ‖ Εἴσιδι | [μυ]ριω|νύ[μῳ] | κ[α]ὶ
-15 το[ῖς] | σ[υννάοις] ‖ θε[οῖ]ς ['Αρ]π[ο]|χ[ρατίων] | τ.....σ|σ....υρ|κ..υτω‖κ....ος |
20 π....πω | ὑπὲρ εὐγα[|ριστ]ίας χά|ριν ¹ ἀνέθη‖καν ἐπ' ἀγα|θῷ ἔτους ϛ′ 'Αντω-
νεί[νου] | καὶ Οὐήρου τ[ῶ]ν ² | κυρίων Σεβα[σ]τῶν | 'Αθὺρ ιϛ′ ³.

Pleraque supplementa nobis proposuit de Ricci.

1. Traditur ΥΠΕΡΕΥΧ|ΡΙΙCΙΑCΑΧ|ΡΙΝ. — 2. Traditur ΤΟΝ. — 3. Anno p. C. n. 165 die VIII mensis Novembris.

1322. Loco incerto. — Th. Reinach apud de Ricci, *Archiv*, II, p. 431, n. 9. Lapidem in museo Guimet asservatum descripsit de Ricci.

Ὑπὲρ Αὐτοκράτορος | Καίσαρος Θεοῦ υἱοῦ Διὸς | 'Ελευθέλιον ¹ Σεβαστοῦ |
5 ἐφ' ‖ ἡγεμόνι Ποπλίου 'Οκταείου ² | ἐποίησαν βαστοφόλου ³ Ἡλίῳ | ....α. ⁴
αρριστο | Τῦβι κη′ ⁵.

1. Pro 'Ελευθερίου. De hoc Augusti imperatoris nomine cf. supra n. 1163. — 2. Pro ἡγεμόνος. P. Octavius praefuit Aegypto annis 1/3 p. C. n. Cf. supra *ibid*. — 3. Pro παστο-φόροι — 4. Forsitan Ἡλι[όδωρος κ]α[ὶ. — 5. Die XXIII mensis Januarii.

1323. Loco incerto. — Botti, *Catal. du Musée d'Alexandrie*, p. 282, n. 107 ; de Ricci, *Archiv*, II, p. 434, n. 26.

5   ......Σεβαστὸς | ....ται πτο | .....ας τῆι πό|[λει]........ νου ¹ ‖ ....
Αἰγύπτου | ....υ Καίσαρος | ....ου | .... Φαρμ]οῦθι κθ′.

1. Vel λίου. Supplementa haec proposuit de Ricci dubitans, collatis nn. 1124, 1125 : [ἐπὶ Λουκίου 'Ιου]λίου | [Οὐηστίνου ἐπάρχου] Αἰγύπτου | [ἔτους . Νέρωνος Κλαυδίο]υ Καίσαρος | [Σεβαστοῦ Γερμανικ]οῦ | [Αὐτοκράτορος Φαρμ]οῦθι κθ′.

1324. Loco incerto. — G. Lefebvre, *Bull. de corr. hellén.*, XXVI (1902), p. 449. Ectypum benigne misit idem.

Ἔτους θ' Αὐρηλίου | Ἀντωνείνου Καίσαρος τοῦ | κυρίου Ἀρμηνιακοῦ
5 Μηδικοῦ | Παρθικοῦ μεγίστου Παῦνι ις' ‖ Γαίου Ἰουλίου Μαρείνου οὐε|τρανοῦ
καὶ Ἀπολῶνις [Τ]ι|[θ]οσπῶτος[1] ἀνέθηκαν | ὑπὲρ εὐσεβείας ἐπ' ἀγαθῷ[2].

1. ΠΙΙΟΟСΠШΤΟС traditur. — 2. Anno p. C. n. 169 : die x mensis Junii.

1325. Loco incerto. — Milne, *Musée du Caire, gr. insc.*, p. 32, n. 9297.

Ἔτους κς' [Κομμόδου Καίσαρ]ος τοῦ κυρίου | [Τ]ῦβι ς'[1] Αἴλιος Σωκρα
τικὸς ἐπίτροπος | Σεβαστοῦ τὴν συνοικίαν σὺν τῇ ἀκτῇ | καὶ τῷ οἴκῳ ἀπὸ
5 θεμελίου κατεσκεύασεν ‖ διὰ Αἰλίου Εὐτυχοῦς βοηθοῦ.

1. Anno p. C. n. 186, kalendis Januariis.

1326. Loco incerto. — *C. I. Gr.*, 4965; W. Fröhner, *Inscr. gr. du Louvre*, p. 39.
Contulimus.

Θαμῖνις Ἀπολλωνίου, μητρὸς Τβή[κιος] | ἀνέθηκεν ὑπὲρ εὐσεβίας χάριν ἐπ'
ἀγ[αθῷ] | ἔτους ια' Αὐτοκρατόρων Καισάρων Λουκίου | Σεπτιμίου Σεουήρου
5 [Εὐσεβοῦς] Περτίνακος ‖ Σεβαστοῦ Ἀραβικοῦ Ἀδιαβηνικοῦ Παρθικοῦ | μεγίστου
καὶ Μάρχου Αὐρηλίου Ἀντωνίνου Εὐσεβῶν | Σεβαστῶν Μεχεὶρ β'[1].

1. Anno p. C. n. 203 die xxvii mensis Januarii.

1327. Loco incerto. — G. Lefebvre, *Bull. de corr. hellén.*, XXVI (1902), p. 448. Ectypum misit ibidem.

Κομωὺρ | Ἀλεξάν|δρου οἰκο|δόμησε μ‖νήμην Διδ|υμῆτι Ἡρακλ|ίδου ἐτῶν
5 τ|ριάκοντα · ἔτους ις' Τ|ιβερίου Καίσαρος ‖ Χοίακ κα' ὅρᾳ ἐν|δεκάτῃ τῆς
ἡμέ|ρας.

1. Die xvii mensis Decembris anno p. C. n. 23.

1328. Loco incerto. — De Ricci, *Archiv für Pap.*, II, p. 432, n. 15.

[Δι]ονύσιος ἄρχων καὶ φιλάγαθο[ς¹ | ἐ]πόησεν συνόδωι νεωτέρων..[.. | [ἀ]μφό-
δου · ἔτους ιζ′ Τιβερίου Καίσαρο[ς] | Σεβαστοῦ Φαμενὼθ β′ ².

1. Cf. Ziebarth, *Griech. Vereinswesen*, p. 155. — 2. Anno p. C. n. 31, die xxvi mensis
Februarii.

1329. Loco incerto. — De Ricci, *Archiv*, II, p. 438, n. 39.

5   Τόπος Ἡρακλῆς | Ἀλέξανδρος | Κολλούθης | Σωτὴρ Ὀρίων ‖ ἔτους α′
Τραιανοῦ | [Κ]αίσαρος το[ῦ κυ]ρίου¹.

1. Anno p. C. n. 97/98. Cf. supra n. 1151.

1330. Loco dicto Kardassy sunt lapicaedinae, ubi aetate romana in rupe sacellum est
incisum, cujus in parietibus multa proscynemata inscripta sunt. Quae ad res romanas
nequaquam pertinent nisi quod annos imperatoris enuntiant. Ea *Corpori inscriptionum
graecarum* inserta sunt nn. 4980 et sqq.

4980 (Lepsius, 366) : ἔτους ιγ′ τῶν κυρίων Αὐτοκρατόρων Σεουήρου καὶ Ἀντωνίνου Εὐσεβῶν
Σεβαστῶν Χοιακ ις′; anno p. C. n. 204, die xii mensis Decembris.

4984 (Id., 375) : ἔτους ιγ′ τῶν κυρίων Αὐτοκρατόρων Σεουήρου καὶ Ἀντωνίνου Εὐσεβῶν Σεβαστῶν
Φαρμοῦθι ιε′; anno 204, die x mensis Aprilis.

4989 (Id., 364) : ἔτους κγ′ Ἀντωνίνου Σεουήρου ιε′ Μεχείρ; anno 215, die ix mensis Februarii.

4991 (Id., 368) : Μάρκος Αὐρηλί(ου) Σεουήρου Ἀντωνίνου ἔτους ιθ′ Τῦβι κ′; anno 216? die
xvi mensis Januarii, vel die xv ejusdem mensis, anno 211.

4994 (Id., 360) : ἔτους κε′ Μάρκος Αὐρήλιος Σεουήρου Ἀντονίνω; anno 217.

4996 (Id., 345) : ἔτους δ′ Ἀντωνίνου Φαμενὼθ κζ′; anno 221, die xxiii mensis Martii.

4997 (Id., 333) : ἔτους β′ Σεουήρου [Ἀλεξάνδρου] Εὐσεβοῦς Εὐτυχοῦς Σεβαστοῦ Φαμενὼθ κτ,′;
anno 223 die xxiiii mensis Martii.

. 4998 : ἔτους γ′ Ἀλε[ξ]άν[δρ]ου; anno 223/224.

4999 (Id., 338) : ἔτους γ′ Ἀλε[ξ]άνδ(ρου) Φαμενὼθ κδ′; anno 224 die xx mensis Martii.

5001 (Id., 344) : ἔτους ιδ′ Αὐτοκράτωρος Καίσαρος Μάρκου Αὐρηλίου Σεουήρου [Ἀλεξάνδρου]
Εὐσεβοῦς Εὐτυχοῦς Σεβαστοῦ; anno 234/235.

5004 (Id., 332) : ἔτους β′ Γορδιανοῦ; anno 238/239.

5006 (Id., 348) : ἔτους ζ′ Ἀντωνίου Γορδιανὲ Φαμενὼθ α′; anno 244, die xxv mensis
Februarii.

5008 (Id., 328) : Δευτέρου ἔτους Φιλίππου ἔτους β′; anno 244/245.

5010 (Id., 325) : ἔτους ε′ τῶν κυρίων ἡμῶν Φιλίππων Σεβαστῶν Παχὼν κε′; anno 248, die
xx mensis Maii.

1331. Talmi, in templo dei Mandoulis. — J. P. Mahaffy et Bury, *Bull. de corr. hellén.*, XVIII (1894), p. 130 et sq.

Est poema deo sacrum, satis barbare conceptum, de quo vide Mahaffy et Bury, *l. c.;* G. Gastinel, *Mélanges de l'École de Rome*, 1893, p. 484 et seqq.; Erwin Rohde, *Philologus*, IV (1895), p. 11 et sqq., et H. Weil, *Études de littérature et de rythmique grecques*, p. 112 et sqq. E singulis litteris initio cujusque versus positis efficiuntur verba haec : Μάξιμος δεκυρίων ἔγραψα.

1332. Talmi. — Lepsius, *Denkmäler*, XII, tab. 97, n. 433.

Ἔτους τρίτου Τίτου τοῦ κυρίου | Ἐπεὶφ κθ' [1] προσεκύνησα θεὸν | μέγιστον
5 Μανδοῦλιν Λούκιος | Ἀφράνιος Κλᾶρος καὶ Γάιος Σεπτού‖μιος Σατορνῖλος καὶ
Μάρκος Οὐαλέ|ριος Κλήμης ἱππεῖς τούρμης Πρόμου | καὶ Προχουλήιος καὶ
Δομίτιος Κέλσος | καὶ Κορνήλιος Γερμανὸς καὶ Κάδιος Λόν|γος καὶ ἐποήσαμεν
10 τῶν φιλούντων ‖ ἡμᾶς τὸ προσκύνημα ἐ[π'] ἀγαθῷ σήμερον καὶ τοῦ ἀναγει-
νώσκοντος.

1. Anno p. C. n. 81, die XXIII mensis Julii.

1333. Talmi. — Lepsius, *Denkmäler*, XII, tab. 97, n. 434.

Τὸ προσκύνημα Λουκίου Ἀντον|ίου Πούδης ἑκατονταρχίας Κρεπερ[η]ίου [1]
Λούκιος Μά?|[ρι]ος [2] Κέλσος ἑκατονταρχίας Καλπρονίου Γαίου...|...... [3] ἑκα-
5 τονταρχίας Δομιτίου Μάρκος Ἀντονίου ‖ ...... [4] [ἑκατονταρχίας] Καλπορνίου
Γαίο(υ) Οὐαλερίου | Ὑπατιτίου (ἑκατονταρχίας) Κορνηλίου θεὸν μέγισ|τον
Μαδούδολος ἔτους τετάρτου | Δομετιανοῦ τοῦ κυρίου Καίσαρος | Παχὼν κβ' [5]
σήμερον.

1. Traditur **ΚΕΡΠΕΡΜΙΟΥ**. Cf. infra n. 1337. — 2. Traditur **ΜΜ|ΠΟΣ**. — 3. Traditur **ΤΑΙⅠ7ΛΟΝΡⲰ**. — 4. Traditur **ΥΛΟΙΑΗΟΥΤ**. — 5. Anno p. C. n. 84, die XVII mensis Maii.

1334. Talmi. — Lepsius, *Denkmäler*, XII, tab. 97, n. 448.

Τὸ προσκύνημα Μάρ|κου Ἀντωνείου Οὐά|λεντος ἱππέος σπείρης α' | Θηβαίων
5 ἱππικῆς [1] τύρμης ‖ Καλλιστιανοῦ [2] καὶ τῶν ἀδελ|φῶν καὶ τοῦ ἵππου καὶ τῶν

αὐ|τοῦ πάντων καὶ τῶν φειλόν|των αὐτὸν πάντων καὶ τοῦ | γράψαντος καὶ τοῦ
5 ἀναγεινώσ‖κοντος παρὰ θεῷ μεγείσ|τῳ Μανδούλει σήμε|ρον ἐπ' ἀγαθῷ κυρείῳ |
Μανδούλει.

1. Cohors I Thebaeorum equitata. — 2. Traditur ΚΑΛΜϹΤϹΤΙΑΝΟΥ; cf. infra,
n. 1351.

***

1335. Talmi. — Lepsius, Denkmäler, XII, tab. 97, n. 443.

Τὸ προσκύνημα Ποπλίου Ἀποληίου | Οὐάλεντος ἱππέος κώρτης α' Θηβαίων |
5 τύρμης .....ων....ως | καὶ τῶν αὐτοῦ πάντων καὶ τοῦ ἀνα‖γεινώσκοντος παρὰ
θεῷ μεγίστωι | Μανδούλι σήμερον.

***

1336. Talmi. — C. I. Gr., 5057.

[Εἴ]λης Κομμαγην[ῶν] [1] | τὸ προσκύνημα τοῦ κυρίου | Μανδο[ύ]λεος ἐποή-
5 σαμ[ε]ν ἐν | Τάλμι Βάσσος δεκουρίων ‖ καὶ οἱ αὐτοῦ πάντες.

Sequuntur nomina militum decem magnam partem corrupta.

1. Ala Commagenorum.

***

1337. Talmi. — C. I. Gr., 5042; Lepsius, Denkmäler, XII, tab. 97, n. 435.

Τὸ πρ[ο]σκύνημα τῶν....... [1] | [τ]οῦ κ[α]ὶ Φὼρ ἐργασαμέ[ν]ων ἐν τῷ πραι-
σιδίῳ [2] | Τάλμις παρὰ θεῷ μεγίστῳ Μανδούλι | Γάιος Δομίτις Μαρτιᾶλις καὶ
5 Λουκίου Οὐ‖αλερίου Κέλερος ἑκατονταρχίας Κορνηλίου καὶ Γαίου Ἀν|τωνίου
Οὐάλεντος, Μάρκου Ἰουλίου Οὐάλεν|τος καὶ Γαίου Δομιτίου Καπίτωνος ἑκατον-
ταρχίας Καλπουρ|νίου καὶ Μάρκου Δομιτίου Μαξίμου ἑκατονταρχίας Δομιτίου |
10 καὶ Λουκί[ου] Ἀντωνίου Λόγου ἑκατονταρχίας Κρεπ[ε]ρη[ί]ου [3] καὶ ‖ Γαίου
Οὐηρατίου Ἀλεξάνδρου ἑκατονταρχίας Κορνηλίου καὶ Γαίου | Οὐαριτίου..... [4]
ἑκατονταρχίας Καλπουρνίου καὶ Μάρκου | Γηννίου Κορβουλῶνος καὶ Γάιος
Ἰ[ο]υλίου [5] Κλή|μεντος ἑκατονταρχίας Ἀντωνίου καὶ τῶν <των> ἑα[υ]τῶν
15 πάν|των σήμερον παρὰ θεῷ μεγίστῳ Μανδούλι ἐπ' ἀγαθῷ ‖ ἔτους δ' Δομιτιανοῦ
κυρίου μηνὸς Ἐπεὶπ ε' [6].

1. Traditur ΕΔΑΚΙϹΝϹΝ. — 2. Præsidio, in castris praesidii. — 3. Traditur ΚΡΕ-
ΠΟΡΗΤΟΥ. — 4. Traditur ΑϹΤΑΙΤΟΥ. — 5. Traditur ΓΑΙΟϹΥΙϹΥΛΙΟΥ. — 6. Anno
p. C. n. 85, mense Junio die xxix.

1338. Talmi. — *C. I. Gr.*, 5071.

[Ἐ]πὶ Ἰουλιαν[οῦ] | ἐπάρχου [1].

1. Praefectus alae vel cohortis alicujus ibi morantis.

1339. Talmi. — Lepsius, *Denkmäler*, XII, tab. 97, n. 439.

Τὸ προσκύνημ[α] | Γαίου Ἰουλίου Ἀμινα[ί]ου [1] καὶ | Λουκίου Λογγίνου Φιλώ-
5 τας στρα|τιωτῶν σπείρης γ΄ Ἰτουραιώ‖ρουμ [2] κεντουρίας Ἰουλίου καὶ Διοδότου |
καὶ Ἀγαθοκλῆτος καὶ Ἀπολλωνίου | καὶ Ἀντιόχου καὶ Ἰουλίου καὶ Οὐάλεν|τος
10 καὶ Τιμαίου καὶ Λογγίνου καὶ | Γαίου Νικίππου καὶ Ἀλεξάνδρου καὶ Γα‖ίου
καὶ Γερμανοῦ καὶ Κυρίνου καὶ τῆς ἀ|δελφῆς Ἰουλίου καὶ τοῦ γράψαντος καὶ
τοῦ | ἀναγινώσκοντος παρὰ τῷ κυρίῳ Μανδού|λει σήμερον.

1. Idem enim in altero titulo vocatur Ἀμείνναιος; cf. n. 1340. — 2. Cohors III Ityraeorum.

1340. Talmi. — Lepsius, *Denkmäler*, XII, tab. 97, n. 443.

5 Ἐπ᾽ ἀγαθῷ | τὸ προσκύνημα | Γαίου Ἰουλείου | Ἀμεινναίου στρ‖ατιότου σπέ-
ρης | τρίτης Εἰτουρεό|ρου(μ) κεντουρίας Ἰουλείου καὶ τῶν <πλ> αὐτοῦ πάν|των
10 παρὰ τῷ Μανδο‖ύλε σήμερον.

Cf. titulum praecedentem, n. 1339.

1341. Talmi. — *C. I. Gr.*, 5044; Lepsius, *Denkmäler*, XII, tab. 97, n. 442.

Τὸ προσκύνημα Γαίου | Ἰουλίου Ἀντονίνου ἑκατονταρχίας Ἀντω|νίου καὶ
5 Ἀφροδίτης πρ|ὸς θεὸν μέγιστον Μαθ‖ῦλος καὶ τοὺς φίλου|ς μου, ἔτους
10 τετάρτ|ου Δομετιανοῦ τ|οῦ κυρίου [1] Παχὼν | κδ΄ σέμηρον [2] ‖ ἐπ᾽ ἀγαθῷ.

1. Traditur ΚΥΡΙΟШΝ. — 2. Annus est 85 p. C. n., dies XIX mensis Maii.

1342. Talmi. — Lepsius, *Denkmäler*, XII, tab. 97, n. 447.

Τὸ προσκύνημα Ἰουλίου Κρίσπου | ἱππέος τούρμης Λου[κί]ου καὶ τοῦ |
ἀδελφοῦ αὐτοῦ Λογγινᾶτος καὶ | Κρονίωνος καὶ..... [1].

1. Traditur ΤϹΛΛΡΑΙ.

1343. Talmi. — Lepsius, *Denkmäler*, XII, tab. 97, n. 440.

Τὸ προσκύνημα σήμερον | Γαίου Ἰουλ[ίου Φρό]ντον[ος] | στρατιώτου λεγεῶνος
5 τρίτης | Κυρηναικῆς καὶ Αἰμιλίου Πρίσκου ‖ τοῦ ἀδελφοῦ αὐτοῦ καὶ τῶν αὐτοῦ
πάντων | κατ᾽ ὄνομα καὶ Φλαουίου Οὐαλεριανοῦ στρατι|ώτου λεγεῶ(νος) δευτέρας
καὶ εἰκοστῆς [1] | καὶ Διοσκοροῦδος τῆς συμβίου καὶ | τῶν ἰδίων αὐτῶν πάντων
10 κατ᾽ ὄνομα ‖ παρὰ θεῷ ἐπηκόῳ μεγίστῳ Μανδούλι | καὶ τοῦ ἀναγινώσκοντος
σήμερον | ἔτους η′ Τραουινοῦ Κάσαρος Δαχικοῦ [2].

1. Legiones sunt III Cyrenaïca et XXII Dejotariana. — 2. Ita lapis. Annus est 104/105
p. C. n. Cf. alterum proscynema ibidem repertum (*C. I. Gr.*, 5068) ubi legitur : ἔτους
ε′ Ἀλεξάνδρου [Καί]σαρος τοῦ κυρίου Φαμενὼθ... (anno 226).

1344. Talmi. — *C. I. Gr.*, 5045; Lepsius, *Denkmäler*, XII, tab. 97, n. 446.

Τὸ προσκύνημα Γαίου Μ[ο]υ[ρ]?|χίου Ἀγρίππου ἑκατονταρχίας Ἀντωνί|ου
5 καὶ Γαίου Οὐαλερίο[υ]....ρ|ρχ [1] ἑκατονταρχίας Λίβιος, καὶ τῶν φί|λων πάντων
παρὰ θε|ῷ μεγίστῳ Μανδούλι | σήμερον καὶ τῶν ἀναγει|νωσκόντων καὶ Σαβεί-
10 νου | τοῦ γράψαντ(ος) ‖ ἐπ᾽ ἀγαθῷ.

1. Traditur ZKCᵛP. Forsitan : Scurra.

1345. Talmi. — *C. I. Gr.*, 5043; Lepsius, *Denkmäler*, XII, tab. 97, n. 436.

Ἔτους δ′ Αὐτοκράτορος | Καίσαρος Δομιτιανοῦ Κ|αίσαρος Σεβαστοῦ [Γερμ|α]-
νι[κοῦ] [1] Φαρμοῦθι.. [2] ‖ τὸ προσκύνημα [πα]|ρὰ θεῷ μεγίστῳ [Μανδου]|λίῳ
Μάρκος Πρ..... [Κ]|ορβούλων ἑκατονταρχίας Ἀντ[ωνίου] | σπείρης Σπανώρων [3]
χ‖αὶ τῶν φίλων μου πάν|των μνήσθη ὁ γράψας καὶ | ὁ ἀναγινώσκων καθ᾽
ἡμέρα(ν).

1. Traditur ⬛|PNI⬛Λ. — 2. Anno p. C. n. 85, mense Martio vel Aprili. — 3. Cohors II
Hispanorum.

1346. Talmi. — *C. I. Gr.*, 5047; Lepsius, *Denkmäler*, XII, tab. 97, n. 454.

Τὸ προσκύνημα Λουχίου | Ῥουτιλίου ἱππέως χώρτης | Ἰσπανώσουμ τύρμα
Φλώρου | καὶ Ταρουμᾶτος καὶ Ἡρᾶ[τ]ος [1] ‖ καὶ Ἀραβιῶνος καὶ Ἀντωνᾶτος |

καὶ Σουαιροῦτος καὶ τῶν | αὐτοῦ πάντων καὶ τοῦ ἀνα|γινώσκοντος παρὰ τῷ κυρίῳ Μανδούλει σήμερον Θὼθ α΄.

1. ΗΡΑΠΟC traditur apud Lepsium.

1347. Talmi. — *C. I. Gr.*, 5046.

[Τὸ προσ]κύνημα ἐπ᾽ ἀγα|[θῷ Λου]κίου Ὀαλερίο[υ | .... καὶ Λουκίου |·
5 [᾽Ρουτιλί]ου Λούπω ᾽ ‖ [σπείρη]ς Ἱσπανῶ[ν] κ[ε]ντουρίας [...... π]αρὰ τῷ κυ[ρίῳ Μανδ]ούλι.

1. Cf. n. 1346.

1348. Talmi. — *C. I. Gr.*, 5050; Lepsius, *Denkmäler*, XII, tab. 97, n. 437.

Τὸ προσκύνημα Γαίου | [Ἀν]θιστίου Καπιτωλεί|νου στρατιώτου | σπείρης
5 β΄ Ἰτουραι[ω]ν ᾽ καὶ τῶν παρ᾽ αὐ|τοῦ πάντων πα|ρὰ θεῷ μεγίστῳ | Μανδούλι
10 καὶ | τοῦ ἀναγεινώσ|κοντος, ὧδε σή|μερον | ἔτους ι΄ Ἀντωνείνου | Καίσαρος τοῦ κυρίου ².

1. Cohors II Ityraeorum quae una cum cohorte III (supra n. 1339) in Aegypto tendebat. Cf. Pauly-Wissowa, *Realencyclopädie*, I, p. 305 et 306. — 2. Anno 146-147, p. C. n.

1349. Talmi. — *C. I. Gr.*, 5062.

[Τὸ προσ]κύνημ[α] Ἰου[λ]ίου | [Μαχ?]ρίνου στρα[τι]ώτου [σπείρ]ης
Μα...αν ᾽ | ....

1. De nomine cohortis non constat.

1350. Talmi. — *C. I. Gr.*, 5054; Lepsius, *Denkmäler*, XII, tab. 97, n. 452.

Τὸ προσκύνημα Γαίου Ἀ[ννέ]|ου ᾽ ἱπέως χώρτης α΄ Θηβ(αίων) ἱπ|πικῆς ²
5 τύρμης Ὀππίου καὶ | Οὐαλερᾶτος ἰατροῦ υἱοῦ ‖ αὐτοῦ καὶ Ἀρρίου υἱοῦ αὐτοῦ |
καὶ Κασσία[ς] καὶ Οὐαλ[ερί]|ας καὶ Ἐπαφρῦτος [καὶ] ..|ρᾶτος τοῦ ἵππου
10 [αὐτοῦ | .... ³ μνήμ[ην παρὰ] ‖ θ[εῷ μεγίστ]ῳ Μανδο[ύλι].

1. Traditur ΑΛΛΟΟΥ. — 2. Cf. supra n. 1334, 1335. — 3. Traditur ΑΞΙΤΑΙΟC.

1351. Talmi. — *C. I. Gr.*, 5053; Lepsius, *Denkmäler*, XII, tab. 97, n. 438.

Ἐπ' ἀγαθῷ κυρίου | τὸ προσκύνημα ὧδε | Γαίου Κασίου Κέλερ|ος ἱππέος
χώρτης α' ‖ Θηβαίων ἱππικῆς | τύρμης Καλλιστιανοῦ ¹ | καὶ τοῦ παιδίου
αὐτοῦ | καὶ τῶν ἀβασκάντων | ἀδελφῶν καὶ τῶν αὐτοῦ ‖ πάντων παρὰ τῷ κυρίῳ
Μαν|δούλι καὶ τοῦ ἵππου αὐτοῦ, | σήμερον.

1. Cf. supra, n. 1334.

Supra legitur in corona Νίκη | τῷ κ|υρίῳ; in altera Εὐφροσύνη.

1352. Talmi. — *C. I. Gr.*, 5055.

..... ¹ | τὸ] προσκύνημ[α] σήμερον | Γαίο[υ] ² Φλαυίου [Οὐα]λεριανοῦ |
[σ]τ[ρατι]ώτ[ο]υ [χώρτης α' Θηβαίων] ³ ‖ καὶ Κο[ρνηλ]ί[ου κ[α]ὶ ['Α]μμ[ια-
ν]οῦ | κα[ὶ Ἰ]ουλιανοῦ τ[οὺς ἀδ]ελφοὺς | αὐτοῦ [ἐ]π' ἀγαθῷ · τὸ πρ_ο]σ[κύ-
νημα [Γ]α[ί]ου Ἰο[υλίου .|..ου. | στρατιώτου..‖. σ[ή]μ[ερον].

1. Traditur /IACHT. — 2. Traditur ΓΑΙΟΝ. — 3. Restituit Franz conjectura non satis certa.

1353. Talmi. — *C. I. Gr.*, 5052.

Τὸ προσκύνημ[α] | Τιβερίου Ἰουλίο[υ] | Πρείσκου στρατιώ|του χώρτης α'
Θηβαί(ων) ‖ ἑκατονταρχίας Λογγείνου καὶ τοῦ | [α]ὐτοῦ ὑειοῦ Χρυ|σομάλλου
καὶ τῶν αὐ|τοῦ πάντων παρ[ὰ] θεῷ Μ[α]νδού[λ]ι | σή[μ]ερον [ὧδ]ε κ[α]ὶ
τ[ῶ]ν ἀνα‖γινωσκόν|των.

1354. Talmi. — *C. I. Gr.*, 5051; Mahaffy, *Bull. de corr. hellén.*, XVIII (1894), p. 152;
Lepsius, *Denkmäler*, tab. VI, n. 441.

....[ἐπ' ἀ]γ[α]θ[ῷ] ¹ | τὸ προσκύνημα ειουηψηροσκα (?). | Μέγα τὸ ὄνομα ‖
τοῦ Σαράπιδος. | Τὸ προσκύνη|μα Ἑρεννίου | Νικιανοῦ σὺν | τῷ ἀδελφῷ ‖
['Ε]ρεννίῳ 'Απ(ρ)ωνια|[νῷ] παρὰ θεῷ μεγίσ|τῳ Μανδούλι καὶ τοῦ | ἀναγεινώσ-
κοντος | ὧδε σή[μ]ερο[ν] ‖ ἔτους ι' 'Αντωνείνου ² | τοῦ κυρίου..

1. Traditur ΒΛ....ΓΘ. — 2. Annus est 146/147 p. C. n.

1355. Talmi. — *C. I. Gr.*, 5063.

Τὸ προσκύνη[μ]α | Γαίου [Β]αλερίου Ἰα|...... Μ[αξ]ίμου Τερεν|τί(να) καὶ
5 τοῦ [ἀ]δε[λ]φοῦ Λονγείν|ου καὶ Φρόντω|νος καὶ Γαίου Ἐ|μιλείου ¹ καὶ Ἀ[κ]υ|λᾶ-
10 τος παρὰ θεῷ ‖ μεγ[ίστ]ῳ Μανδού|λι τ[ὸ] προσκύν|[η]μα σήμοιρον | κ[α]ὶ καθ'
ἡμέρα(ν).

1. ЄΜΙΙΛЄΙΟΥ. Fortasse fuit Ἐμιλείου.

1356. Talmi. — *C. I. Gr.*, 5069; cf. *addenda et corrigenda*, p. 1240; Lepsius, *Denkmäler*, XII, tab. 93, n. 379. Ectypum contulit de Ricci.

Αὐρήλ(ιος) Βησαρίων ὁ καὶ Ἀμμώνιος | στρ(ατηγὸς) Ὁμβ(είτου) Ἐλεφ(αν-
τίνης), τοῦ κρατ(ίστου) Μύρωνος δια|δεχομέν(ου) τὴν ἀρχιερωσύνην, δι' ὧν μοι
5 ἔγραψ(ε) | κελεύσαντος πάντας τοὺς χοίρους ἐξελασθῆναι ‖ ἀπὸ ἱεροῦ κώμης Τάλ-
μεως τῆς Δωδεκασχοί(νου). Παραγγέλλε|ται πᾶσι τοῖς κεκτημένοις χοίρους,
τούτους ἐξε|λάσαι ἐντὸς πέντε καὶ δέκα ἡμερῶν ἀπὸ τῆς προ|κειμένης κώμης,
πρὸ ὀφθαλμῶν ἔχουσι τὰ περὶ τούτου | κελευσθέντα πρὸς τὸ δύνασθαι τὰ
10 περὶ τὰ ἱερὰ θρήσ|κια κατὰ τὰ νενομισμένα γείν[ε]σθαι ἔτους.. τῶν κυρίων ἡμῶν
[Μαξιμίνων] Σεβαστῶν.

1357. Loco dicto Abu-Tarfa. — *C. I. L.*, III, 14148².

Ab una parte.

[Imp. Caes. Diui Neruae | f. Nerua Traianus Aug. | Germ Dac pont max trib
5 pote]|st.... imp... cos V ‖ p. p. | C [Vibi]o Maximo | praef. Aegy. ¹ | A Philis.
XXXII | ἀπὸ Φιλῶν σπ ² λε΄.

Ab altera parte.

Ἀπὸ ....ορ|α.ολ..ν ³ | μ? ⁴ πε΄.

1. Praefuit Aegypto annis 103-107. Cf. Cantarelli, *Prefetti di Egitto*, p. 41. — **2.** Non
intelligitur. — **3.** Ἀπὸ σ[υν]ορ(ίας) Ἀ[π]ολ[λω]ν(οπόλεως) ν.... proposuit Zangemeister « quam
incerta sint haec nequaquam ignorans ». — **4.** Non intelligitur.

Miliarium alterum ibidem editum (n. 14148 ¹), editor tribuit saeculo p. C. n. quarto.
Ergo omisimus.

1358. Pselci. — *C. I. Gr.*, 5100; Lepsius, *Denkmäler*, XII, tab. 96, n. 414.

Θεῷ μεγίστῳ Ἑρμάῳ | Παυτνούριδι Αἰγύπτου | συνορίην καὶ Αἰθιόπων |
5 μετέχοντι τὴν περὶ τὸν ‖ ναὸν χρύσωσιν ἐποίησεν | ἱεροῖς ἀνὴρ μεμελημένος |
Ἀκύλα Σατουρνεῖνος οὐετρανὸς | εὐξάμενος ῥῶσιν κα[ὶ τ]έκνοις | καὶ
γαμετῇ.

1359. Pselci. — *C. I. Gr.*, 5080; Lepsius, *Denkmäler*, XII, tab. 96, n. 407; Mahaffy, *Bull. de corr. hellén.*, XVIII (1894), p. 153; Wilcken, *Hermes*, XXVIII (1893), p. 154.

Ἁρποχρᾶς ἥκω ἀναβαίνων μετὰ Ἐ[μάτου] | πρεσβευτοῦ καὶ Ταμίου γραμ-
ματέως [πρὸς] [1] | τὴν κυρίαν βασιλίσσαν καὶ τὸ προσ[κύνημα] | ἐπόησα ὧδε
5 παρ[ὰ] τῷ κυρίῳ Ἑρμ[ῇ θεῷ μεγίστῳ] ‖ καὶ Ἐμάτου καὶ Ἀνθούσης καὶ
[Ἀλε]|ξανδρήας, ἔτους ιζ΄ Καί[σα](ρος) Μεχ[εὶρ] [2].

1. Supplevit Wilcken. — 2. Annus est 13 a. C. n. ut vidit Wilcken, *l. c.* Regina est
celeberrima illa Kandakè quae Aethiopiam regebat. Proscynema fecerunt legati a regina
missi, quum ad reginam redirent. Cf. Wilcken, *l. c.*

1360. Pselci. — *C. I. Gr.*, 5089.

Αὐρήλιος Κλή[μης] | ἔπαρχ[ος...

1361. Pselci. — *C. I. Gr.*, 5088; Lepsius, *Denkmä'er*, XII, tab. 93, n. 389.

Αὐρίδιος Κλήμης | ἰατρὸς λεγιῶ(νος) βχ΄ [1] τὸ | προσκύνη[μα] ἐπό[ησα παρὰ
5 τῷ κυρίῳ Ἑρ‖μῇ Πωλλήτης | καὶ τῶν ἰδίων πάντων.

1. Legio xxii Dejotariana.

1362. Pselci. — *C. I. Gr.*, 5074; Lepsius, *Denkmäler*, XII, tab. 96, n. 413.

Τὸ προσκύνημα | Ἀντωνίου, γραμματέος | Φιλῶν, ἑκατονταρχίας Καπίτωνος
5 καὶ προσεκύνησα θεὸν | μέγιστον Ἑρμῇ καὶ ἐπόησα ‖ τὸ προσκύνημα τῶν ἐμῶν |
πάντων καὶ φίλων | ἔτους ιθ΄ Τιβερίου Καίσαρος Παῦνι ε΄ [1].

1. Anno 33 p. C., die xxx mensis Maii.

1363. Pselci. — *C. I. Gr.*, 5081; Lepsius, *Denkmäler*, XII, tab. 95, n. 386.

Δομίτιος Ἀρριανὸς | στρατι(ώτης) σπείρη(ς) β' Ἰτουραί[ων] [1] | ἑκατονταρχίας
5 Φήλικος καὶ Δομιτιαν[ὸς] | ὁ υἱός μου σὺν τῷ παν[τὶ] ‖ οἴκῳ προσεκυνή-
σα[μεν] | Θεὸν μέγιστον Ἑρμῆ[ν] ἔτους κ' Ἀδριανοῦ Καίσαρος | τοῦ κυρίου
Τῦβι ιη' [2].

1. Cf. supra n. 1348. — 2. Anno 136, die mensis januarii xiv.

1364. Pselci. — *C. I. Gr.*, 5095: Lepsius, *Denkmäler*, XII, tab. 95, n. 381.

Τὸ προσκύνημα Ἰουλίου Μαρείνου | οὐετρανοῦ καὶ τῆς συνβίου Ἰουλίας | καὶ
5 τοῦ υἱοῦ αὐτοῦ Μαρείνου | καὶ τῶν [ἀδ]ελφῶν αὐτοῦ παρὰ ‖ τῷ κυρίῳ Ἑρμῆ
ἔτους ια' Ἀδριανοῦ τοῦ | κυρίου Τῦβι ι[θ'] [1].

1. Anno 127, die xv mensis Januarii.

1365. Pselci. — *C. I. Gr.*, 5101; Lepsius, *Denkmäler*, XII, tab. 96, n. 406.

Τίτος Σερουίλιος στρατιώτης | λεγεῶνος III Κυρηναικῆς | χωρογραφήσας
5 ἐμνήσθη | τῶν γονέων παρὰ τῷ κυρίῳ Ἑρμ[ῇ], κα' ἔτος [1] Τιβε|ρίου Καίσαρος
Σεβασ[τοῦ] [2] | Μεσορ[ὴ] β'.

1. Ita traditur anno 35 p. C. n. mense Julio die xxvi. — 2. Traditur CEBACTH.

1366. Pselci. — *C. I. Gr.*, 5104; Lepsius, *Denkmäler*, XII, tab. 96, n. 403.

Τρύφων Τρύφωνος στρατιώτης σπείρης Φακόν[δ]|ου ἦλθον καὶ προσεκύνησα
τὸν μέγιστον Ἑρμῆ[ν]...|......... [1] καὶ τῶν τέκνων Τρύφων κ(αὶ) | Ἀμμωνίου
5 κα[ὶ]..... ‖ ου καὶ Τειμοθέ(ου) καὶ Ἀλεξοῦτος Ἀλεξά(ν)δρας | ἔτους ιδ' Καίσα-
ρος Τεβερίου Σεβαστοῦ [2].

1. καὶ τὸ προσκύνημα ἐπόησα, Franz; ..... | .....CΦΞΙΥC traditur. — 2. Anno 27-28.

1367. Pselci. — In parietibus templi et alia proscynemata inscripta sunt in quibus
anni imperatoris enuntiantur :

C. I. Gr., 5086 (Lepsius, 395). — ἔτους λϛ' Καίσαρος Φαῶφι; anno p. C. n. 2, mense Octobri.

C. I. Gr., 5092 (Lepsius, 380). — ἔτους κα΄ Ἀδριανοῦ τοῦ κυρίου; annis 136-137.

Ibid., 5097. — ἔτους . Σεο[υ]ήρο[υ Ἀ]λ[ε]ξ[άν]δρο[υ] Καίσαρος τοῦ κυρίου Μεσορὴ α΄; intra annos 222-235, mense Julio, die xxv.

Ibid., 5105 (Lepsius, 383). — ἔτους ιε΄ Ἀδριανοῦ τοῦ κυρίου [Μ]ε[σο]ρὴ κ΄; anno p. C. n. 131, mense Augusto xiii.

1368. Pselci. — J. P. Mahaffy, *Bull. de corr. hellén.*, XVIII (1894), p. 153; Lepsius, *Denkmäler*, XII, tab. 96, n. 399.

Ἔτους κ΄ Τιβ(ερίου) Καίσαρος | Σεβαστοῦ Μεσορὴ κα΄ [1].

1. Anno p. C. n. 34, mense Augusto, die xiv.

1369. Pselci. — J. P. Mahaffy, *Bull. de corr. hellén.*, XVIII (1894), p. 153.

5   Ἔτους ια΄ | Νέρωνος | Κλαυδίου | Καίσαρος ‖ Σεβαστοῦ | Γερμανικ[οῦ] | αὐτοκράτ[ορος] | Παχών [1].

1. ΠΑΧΩΝΟC dedit Mahaffy; sub OC designatio diei latere videtur. Anno p. C. n. 65, mense Maio aut Aprili.

1370. Ad Hieran Sykaminon. — *C. I. Gr.*, 5110; Lepsius, *Denkmäler*, XII, tab. 96, n. 418.

Ἀπολλινάριο[ς..... στρατιώτης] | σπίρης β΄ Ἰτ[ουραίων καὶ........ στρα-
τιώτης] | σπίρης α΄ Φλα[ουίας Κυλίκων ἱππικῆς] [1] | προσεκυνή[σαμεν τὸν θεὸν
5 μέγισ]‖τον ἐν Ἱερᾷ [Συκαμίνῳ Σάραπιν καὶ τὴν] | μυριώνυμον [Εἶσιν ..... καὶ
τὸ] | προσκύνη[μα ἐποήσαμεν] ....|.......[2]........ |ἄρχου κλάσσ[ης] .....[3] ‖
10 καὶ τῆς συνβί[ου αὐτοῦ] ......|.... καὶ τοῦ [ἀδελφοῦ? καὶ τοῦ ἀναγινώσ]|κοντος
[σ]ήμερον.

1. Cf. supra nn. 1243 et 1255. — 2. Traditur THCTCYNC. — 3. Intellige principalem aliquem de classe Alexandrina, ut videtur.

1371. Ad Hieran Sykaminon. — *C. I. Gr.*, 5114; Lepsius, *Denkmäler*, XII, tab. 96, n. 423.

Πλημεντίου? [Οὐ]ερηκούν|δου [1] δεκαδάρχου τὸ προσ|κύνημα ἀνδρὸς ἀγαθοῦ |

5 καὶ ἁγνοτάτου ὧδε καθ[ἰ]σαντος τρὶς ᾧ εὐχαριστοῦ|μεν πολλὰ ἔτους κα΄ Τραια- νοῦ Ἀρίστου | Καίσαρος τοῦ κυρίου Θὼθ ιβ΄ ². | Οὐαλεντίων ἐποίησα.

1. Traditur ΠΛΗΜΕΝΤΙΟΥΕΡΗ, etc. — 2. Anno p. C. n. 117, die IX mensis Septembris.

1372. Ad Hieran Sykaminon. — *C. I. Gr.*, 5112; Lepsius, *Denkmäler*, XII, tab. 96, n. 419.

[Τ]ὸ προσ[κύ]νη[μα] ......|τίου Οὐερηκούνδου στρα|τιώτου καὶ τῶν εὐσεβεσ|-
5 τάτων γονέων καὶ Γαίου ‖ [Νο]υμικίου? ἀδελφοῦ καὶ | [τῶν] λοιπῶν ἀδελφῶν.

1373. Ad Hieran Sykaminon. — *C. I. Gr.*, 5117.

5 Ρόδιος... | ἱππεὺς | [σπείρ]ης | α΄ Θηβα[ίων ‖ ἐποίησ]α τὸ πρ[ο]σ[κ]ύνημα |
τῶν ἐμ[ῶ]ν π[ά]ντ[ω]ν | Γ[ά]ιος Αὐφίδιος [ἱ]ππωίατρος | [ἦ]λθ[ο]ν καὶ προ-
σεχ[ύ]νη|σα.

Restituerunt Niebuhr et Franz.

Cf. etiam proscynema (*C. I. Gr.*, 5115 = Lepsius, 422) ubi legit Franz : ἔτ[ους ι]α΄
Ἀλ[ε]ξά[ν]δρου [Αὐτοκράτορος] τοῦ ἡ[μῶν κυρίου... = 231/232 p. C. n. Lectio plane incerta.

INSTRUMENTUM

1374. Alexandriae (?) in pondere aheneo nunc asservato in museo Parisiensi. — Longpérier, *Journ. des Savants*, 1875, p. 75; — Allmer et Terrebasse, *Inscriptions de Vienne*, add. et corr. ad. vol. II, p. 1 et suiv., n. 116.

Ἔτους ἕκτου Νέρωνος | Κλαυδίου Καίσαρος | Σεβαστοῦ Γερμαν[ι]κοῦ | αὐτο-
5 κράτορος ∥ ἐπὶ Λευκίου Ἰουλίου | Οὐηστίνου ἡγεμόνος | λ(ίτρα) α΄ ὀγ(κίαι) β΄
γ(ράμματα) γ΄.

Anno 59/60 p. C. n. Cf. pondus simile asservatum in Museo Cairino (infra, 1379).

1375. Memphi, in sigillo cretaceo in quo expressa sunt Serapidis et Isidis et Harpocratis et Nili figurae. — Rostowlzew, *Röm. Mittheil.*, XIII (1898), p. 121; de Ricci, *Archiv für Pap.*, p. 443, n. 64.

Ἀρωματικῆς τῶν κυρίων Καισάρων.

Cf. n. 1376, Antonino regnante scriptum. Hunc verisimile est imperantibus Marco et Vero signatum esse. Cf. Rostowzew, *loc. cit.* et Wilcken, *Archiv für Pap.*, III, p. 192.

1376. Herakleospoli magna, in sigillo cretaceo. — Wilcken et de Ricci, *Archiv für Pap.*, II, p. 443, n. 63.

Ἀρωματικῆς Ἀντωνίνου Καίσαρος.

1377. Bacchiade, in sigillo ligneo. — Grenfell, Hunt et Hogarth, *Fayum Towns*, p. 40, pl. XVI; de Ricci, *Archiv für Pap.*, II, p. 438, n. 40 a.

Τραιανοῦ.

468   INSTRUMENTUM AEGYPTI

1378. Bacchiade, in sigillo ligneo. — Grenfell, Hunt et Hogarth, *Fayum Towns*, p. 40, pl. XVI; de Ricci, *Archiv für Pap.*, II, p. 438, n. 40 b.

Ἔτους β΄ | Τραιανοῦ ¹, | Διοδώρας.

1. Anno 98-99.

1379. Copti, in pondere aheneo. — Sayce, *Rev. des ét. grecques*, VII (1894), p. 298. Milne, *Musée du Caire, gr. inscr.*, p. 134, n. 9309.

Ἔτους ἕκτου Νέρωνος | Κλαυδίου Καίσαρος | Σεβαστοῦ Γερμανικοῦ | αὐτο-
5 κράτορος ¹ ‖ ἐπὶ Λουκίου Ἰουλίου | Οὐηστίνου ἡγεμόνος | λ(ίτρα) α΄ ὀγ(κία) α΄
ἥμισυ γ(ράμματα) β΄.

1. Anno 59/60 p. C. n. Cf. supra n. 1374.

ADDENDA

ET CORRIGENDA

ADDENDA
ET CORRIGENDA

GALLIA

1380. Loco nunc dicto les Martigues, haud longe ab ostiis Rhodani fluminis. — Espérandieu, *Revue épigraph.*, V, p. 194, n. 1666. — Titulus saxo inscriptus.

Οὐε|χτίνι|ος ᾿Αλε|6ινός [1].

1. Est Vectinius Albinus.

HISPANIA

1381 = 27. Statuam Corinthi esse repertam nos benigne monuit M. Fränkel. Cf. *C. I. Gr.*, 1105.

ITALIA

1382 = 60. Romae.

V. 2 : forsitan [Βρ]οντῶντι ᾿Α[στραπτοῦντι]. Cf. *Athen. Mittheil.*, 1888, p. 235, n. 1.

1383 = 63. Romae.

Pro Phrygia lege : Caria.

1384 = 132. Romae.

V. 2 : [Τιβε]ριέων, collatis nummis quibusdam ita inscriptis : Τιϐ(εριέων) Κλ(αυδιοπολιτῶν) Συρίας) Παλ(αιστείνης), supplendum censet Kubitschek (*Jahres-hefte des Institutes in Wien*, VI (1903), Beiblatt., p. 80). Tiberiadem stationem Romae habuisse constat ex altero titulo (supra n. 111).

1385 = 266. Romae.

Ἰαμοὺρ Ἀσάμου, Lidzbarski (*Eph. für semit. Epigraphik*, I, p. 216); Ἰαμούρας Ἄμου contra proposuit Clermont-Ganneau (*Rec. d'arch. orient.*, III, p. 347).

1386. Romae, ibi ubi fuit lucus Furrinae trans Tiberim. — P. Gauckler, *Bullett. comun.*, 1907, p. 61; Hülsen, *Röm. Mittheil.*, XXII (1907), p. 230 et 231.

In antica :

Θεῷ Ἀδα|δῷ [1] ἀνέθη]|[κεν.......

In latere dextro :

Θεῷ Ἀδαδῷ | Λιϐανεωτῇ [2].

In latere sinistro :

Θεῷ Ἀδαδῷ | Ἀκρωρείτῃ [3].

1. Deus Hadad, in Syria cultus, non semel in titulis graece scriptis memoratur. Cf. Drexler apud Roscher, *Lexik.*, p. 1987 et Cumont, *Les religions orientales dans le paganisme romain*, p. 126 et suiv. De eo Macrobius disseruit (*Saturn.*, I, 23, 17). — 2. In summo monte Libano cultus. — 3. In summis montibus cultus, ut videtur.

1387. Romae, ibi ubi fuit lucus Furrinae. — P. Gauckler, *Bullett. comun.*, 1907, p. 71; Hülsen, *Röm. Mittheil.*, XXII (1907), p. 229.

5   Διὶ | Κεραυνίῳ | Ἄρτεμις | ἡ καὶ Σιδωνία ‖ Κυπρία | ἐξ ἐπιταγῆς | ἀνέθηκεν | καὶ νύνφες | Φορρίνες [1].

1. Nymphis Furrinis; de quibus vide Gauckler, *loc. cit.*, p. 72 et suiv. Cf. titulum latinum in eadem regione repertum qui inscribitur : *J(ovi) O(ptimo) M(aximo) H(eliopolitano) Aug(usto)*, *Genio Forinarum* (*C. I. L.*, VI, 422).

1388. Romae, ibi ubi fuit lucus Furrinae. — Gauckler, *Bullett. comun.*, 1907, p. 55 ; Hülsen, *Röm. Mittheil.*, XXII (1907), p. 233.

Δεσμὸς ὅπως κρατε|ρὸς θῦμα θεοῖς παρέχοι |
Ὃν δὴ Γαιώνας[1] δειπνο|κρίτης ἔθετο[2].

1. Gaionas, idem atque Gaionas ille cistiber qui memoratur supra n. 236. Eum cistiberum Augustorum fuisse docuit titulus pro salute et victoria imperatorum Antonini Augusti et Commodi Caesaris principis juventutis, anno 176 positus, quem Gauckler nuper invenit eodem loco (*Comptes rendus de l'Acad. des Inscr.*, 1908, p. 525). — 2. Quid δεσμός significet ambigitur : lapidem pro operculo thesauri habet Hülsen quod stipibus vinculum foret (*loc. cit.*, p. 236 et seq.); Gauckler multo probabilius δεσμός de capto fonte intelligit (*locc. citt.*) quo aqua sacra facientibus ministraretur.

1389. Romae, in christianorum sepulcreto Commodillae dicto. — *Notizie degli scavi*, 1903, p. 118.

Λολλίῳ | λαμπροτάτῳ[1] · ἀνε|παύσατο ἐτῶν | τεσσαράκοντα.

1. Vir clarissimus.

1390. Romae vel prope Romam. — D. Comparetti, *Atene e Roma*, 1903, p. 162. — — Titulus aureae tabellae inscriptus.

Ἔρχεται ἐκ καθαρῶν καθαρά, | χθονίων βασίλεια, Εὐκλεὲς, Εὐβου|λεύ τε,
5 Διὸς τέκος ἀπα(λ)ά. Ἔχω δὲ Μνημο|σύνης τόδε δῶρον ἀοίδιμον ἀνθρώ|ποισιν
Καικιλία Σεκουνδεῖνα νόμῳ | αἰεὶ διαγεγῶσα.

Cf. tabellas iisdem formulis inscriptas, Petiliae inventas (*Inscr. gr.*, XIV, 641), de quibus disseruit P. Foucart, *Recherches sur l'origine des mystères d'Eleusis*, 1895, p. 69 et suiv.

1391. Minturnis. — Ch. Dubois, *Mélanges de l'École française de Rome*, 1901, p. 321.

Διὶ Ἡλίωι Σαράπιδι καὶ Εἴσιδι | Μυριωνύμῳ καὶ τοῖς συννάοις | θεοῖς. |
5 L. Minicius Natalis cos. | procos. prouinciae | Africae augur leg. | Aug. pr. pr. Moesiae ‖ Inferioris | curator operum publicorum | et aedium sacrarum [1].

1. D. L. Minicio Natale cf. *Prosop. imp. rom.*, II, p. 379, n° 440.

1392 = 420.

5   V. 4 et seq. : Τύρου εἰς Ποτι[ό]λοις Θεοσ[έб]|ιος [Σ]αρεπτηνὸ[ς], suppleri vult Clermont-Ganneau (*Rec. d'arch. Orient.*, IV, p. 226 et seqq.). Si verum vidit, intellige : Puteolos appulit vir quidam, nomine Theosebius, idemque sacrum quoddam fecit secundum ritum nobis ignotum (ἤλεíμ).

PANNONIA

1393. Carnunti. — S. Frankfurter, in *Festschrift zu Otto Hirschfelds sechzigstem Geburtstage*, p. 440-443. — Titulus bilinguis.

T. Pomponius [T. f.] | Protomachus | leg. Augg. pr. pr. [1] Aequitati [2].

Πρήξε[ως εἴνεκε] τῆσδε | προτειμη[θεὶς ἀνέ]θηκε[ν] |
Πρωτόμαχος βωμὸν | Εὐδικίη Σθεναρῇ [2].

1. Legatus adhuc ignotus. — 2. De dea nuncupata Aequitas = Εὐδικίη Σθεναρή, cf. J. Toutain, *Les cultes paiens dans l'Empire romain*, I, p. 416.

DALMATIA

1394. Salonae. — *Bullett. di archaeol. e stor. Dalmat.*, 1904, p. 92, n. 3266.

Γναίου Κορνηλίου Λέντλου Μαρ|κελλίνου καὶ Λευκίου Μαρκίου Φιλίππου [1] |
........ιτι. ονα..

1. Anno U. c. 698 = 56 a. C. n.

MOESIA INFERIOR

1395 = 559. Loco nunc dicto Mezdra, ad viam romanam Oesco Serdicam ducentem. — Kalinka, *Antike Denkmäler in Bulgarien*, p. 54, n. 54.

1396 = 560. Kamenec, vel Kamenetz. — G. Seure, *Nicopolis ad Istrum*, p. 44-45, n. 40 = *Revue archéol.*, 1908, II, p. 42, n. 40.

V. 1. Ἀγαθῆι τύχηι. — V. 2. Διὶ Οκκονηνῷ vel Οκκοληνῷ.

1397. In vico nunc dicto Glava Panéga. — V. Dobrusky, *Matériaux d'archéologie en Bulgarie*, VI, p. 38, n. 4, cum imagine.

Σεβαστιανὸς 'Αλεξάνδρου, β(ενε)[φ(ικιάριος)] [1], | εὐχαριστήριον.

1. Beneficiarius.

1398. — In vico nunc dicto Glava Panéga. — V. Dobrusky, *Matériaux d'archéologie en Bulgarie*, VI, p. 40, n. 7, cum imagine.

Κυρίῳ 'Ασκληπιῷ Σαλδοοι[σσηνῷ] [1] | Αὐρ. Λικίννιος β(ενε)φ(ικιάριος) | ἐπι-τροπικὸς [2] εὐχὴν | ἀνέθηκεν.

1. Cognomen dei topicum, ut videtur. — 2. Beneficiarius procuratoris.

1399. In vico nunc dicto Glava Panéga. — V. Dobrusky, *Matériaux d'archéologie en Bulgarie*, VI, p. 41, n. 8, cum imagine.

'Ασκληπιῷ καὶ Ὑγείῃ | Μαρτεῖνος Φίσκο(υ), β(ενε)φ(ικιάριος).

1400. In vico nunc dicto Glava Panéga. — V. Dobrusky, *Matériaux d'archéologie en Bulgarie*, VI, p. 42, n. 10, cum imagine.

Κυρίῳ ἐπηκόῳ Σαλδοουισσηνῷ 'Ασκληπιῷ | Δεινίας ὁ τοῦ Ποταμῶνος φυλαρ-χῶν | καὶ εἰρηνολογῶν [1].

1. Idem, ut videtur, atque εἰρηνάρχης.

1401. In vico nunc dicto Glava Panéga. — V. Dobrusky, *Matériaux d'archéologie en Bulgarie*, VI, p. 44, n. 11, cum imagine.

Αἴλιος Μεστριανὸς στρατιώ|[τ]ης ἀνέ[θηκεν].

1402. — In vico nunc dicto Glava Panéga. — V. Dobrusky, *Matériaux d'archéologie en Bulgarie*, VI, p. 45, n. 13, cum imagine.

['Ασκ]ληπιῷ καὶ Ὑγείῃ | Φλ. Μουκιανὸς σησκουπλικιάρις [1] εὐχήν.

1. Ita lapis. Sesquiplicarius.

1403. In vico nunc dicto Glava Panéga. — V. Dobrusky, *Matériaux d'archéologie en Bulgarie*, VI, p. 47, n. 15, cum imagine.

Κυρίῳ Σαλδοουσηνῷ ¹ | .....ος Δεινίας στρ(ατιώ)της.

1. Cf. nn. 1398, 1400.

1404. In vico nunc dicto Glava Panéga. — V. Dobrusky, *Matériaux d'archéologie en Bulgarie*, VI, p. 56, n. 36, cum imagine.

Κυρίωι | Ἀσκληπιῷ | Σαλδοουισσηνῷ ¹ καὶ Ὑγείᾳ | Κ(όιντος) Ἀνθέστιος Οὐα-λεριανός, β(ενε)φ(ικιάριος).

1. Cf. nn. 1398, 1400, 1403.

1405. In vico nunc dicto Glava Panéga. — V. Dobrusky, *Matériaux d'archéologie en Bulgarie*, VI, p. 57, n. 37, cum imagine.

[Ἀσκληπι]ῷ Σαλτοβυση[νῷ] ¹ | Μᾶρκος Λούκιο(ς) κιρκίτωρ ² εὐχήν.

1. Idem, ut videtur, cognomen atque Σαλδοουισσηνός, Σαλδοουσηνός, de quibus vide supra nn. 1398, 1400, 1403, 1404. — 2. Circitor, gradus militiae quarto saeculo creatus (Veget., III. 8 : vide ergo ne titulus post Diocletiani aetatem exaratus sit.

1406. In vico nunc dicto Glava Panéga. — V. Dobrusky, *Matériaux d'archéologie en Bulgarie*, VI, p. 66, n. 48, cum imagine.

[Κυρί]ῳ Ἀσκληπιῷ | Διζούζου στρατιώτ(ης).

1407. In vico nunc dicto Glava Panéga. — V. Dobrusky, *Matériaux d'archéologie en Bulgarie*, VI, p. 71, n. 68, cum imagine.

Κοπὴν ¹ | κοιρίῳ ² Θεῷ ἐπιπ(π)ίο ³ | Κλαύδι(ο)ς Μάξιμος | β(ενε)φ(ικιάριος) εὐχαριστήριον.

1. *Anaglyptum* vel *lapidem insculptum* significare videtur. — Pro κυρίῳ, ut videtur. — 3. Ita lapis. Est deus eques, i. e. **Heros vel Heron**, cujus imago lapidi insculpta est.

1408. In vico nunc dicto Todoricene. — V. Dobrusky, *Matériaux d'archéologie en Bulgarie*, VI, p. 101, n. 146, cum imagine.

Εὐχήν. | Φλάβι(ο)ς Βάσσου βετρα|νὸς, δεκουρίων.

1409. In vico nunc dicto Lublin. — V. Dobrusky, *Matériaux d'archéologie en Bulgarie*, VI, p. 106, n. 150 ; cum imagine.

Αὐρ. Μουκιανὸς στρα(τιώτης) | ἀνέ(θηκεν) Θεῷ Ἥρωι.

1410 = 563. Nicopoli ad Istrum. — G. Seure, *Nicopolis ad Istrum*, p. 44, n. 38 = *Revue archéologique*, 1908, II, p. 41, n. 38. Lapidem denuo vidit G. Seure.

V. 5. πρὸ ιβ′ κ. Αὐγούστων, i. e, die XXI mensis Julii.

1411 = 564. Nicopoli ad Istrum. — G. Seure, *op. cit.*, p. 48, n. 47.

V. 2-3. Sic Seure : ἄρ|ξας τὴν ἀρχήν.

1412 = 565. Nicopoli ad Istrum. — G. Seure, *op. cit.*, p. 48-49, n. 48.

V. 5. Νεικοπολείτης.

1413. Nicopoli ad Istrum. — G. Seure, *op. cit.*, p. 49, n. 49.

Δι(ὶ) Ὀλυνπίῳ καὶ | Ἥρᾳ Ζυγείᾳ Αἴ(λιος) Κλα|ύδει[ο]ς Νεικα(ι)εὺς | ὑμνω-
5 δοῖς ἱερο‖νείκα(ι)ς καὶ φιλοσε|βαστοῖς ἐκ τῶν ἰδί|ων ἀνέστησα.

Cf. n. 562 et 565.

1414 = 570. Nicopoli ad Istrum. — G. Seure, *op. cit.*, p. 23, n. 3.

Sic titulum restituit G. Seure : [Ὑπὲρ Αὐτοκράτορος Μάρκου Αὐρηλίου Ἀντωνείνου Καίσ]αρος καὶ Φαυστεί[νης θεᾶς Σεβαστῆς κ]αὶ τῶν παίδων καὶ τῶν [ἱερῶν

στρατευμάτων καὶ δήμου Ῥωμαίων καὶ ὑπὲρ...... πρεσβε]υτοῦ Σεβαστοῦ ἀντ[ισ-
τρατήγου..... ἔκτ]ισεν ἐκ τῶν ἰδίων.

1415 = 571. Nicopoli ad Istrum. — G. Seure, *op. cit.*, p. 22-23, n. 2.

Initio [Λούκιον Αἴλιον] | addidit Seure.

1416 = 572. Nicopoli ad Istrum. — G. Seure, *op. cit.*, p. 23, n. 4.

V. 2. Λούκιον Αὐρήλιον Κόμμοδον [1]. — V. 3. [Αὐτο]κράτορος Καίσαρ(ος)
[Τ]ίτου Αἰλί[ου...

1. Non, ut vult G. Seure, Commodus, M. Aurelii Antonii filius, sed, ut adnotavimus,
L. Aurelius Commodus Verus, qui in imperii consortium a fratre M. Aurelio vocatus est.
Cf. *C. I. L.*, VIII, **50.**

1417 = 573. Nicopoli ad Istrum. — G. Seure, *op. cit.*, p. 23, n. 5.

V. 1. Initio [Ὑπ]ὲρ. — V. 2. id. [η', αὐ]τ[οκράτ]ο[ρος το ϛ']. — V. 2-3. ...καὶ
δήμου Ῥω[μα]ίων καὶ ὑπὲρ τ]οῦ λαμπροτάτου ἡγεμόνος. — V. 3. in fine. καὶ
τοῦ κρατίστου ἐπιτρ[ό]που Σεβ(αστοῦ). — V. 4. [πρὸς Ἴστρον πόλις τὸν θε]ρμο-
περίπατον.

1418 = 576. Nicopoli ad Istrum. — G. Seure, *op. cit.*, p. 26, n. 6.

V. 1. Non vidit Seure. — V. 2 (1) in fine Σεβαστο[ῦ]. — V. 3 (4) initio: [Ἀ]ντωνείνου
Σεβαστοῦ καὶ [Π. Σεπτιμίου Γέτα]. — V. 3 (4)-6 (5). Γ. Ὀουι[ν]ίου Τερτύλ[λου]
πρεσ(βευτοῦ) Σεβαστῶν ἀντιστρ(ατήγου).

1419 = 577. Nicopoli ad Istrum. — G. Seure, *op. cit.*, p. 27, n. 7.

V. 4. Παρθ(ικοῦ). — V. 7. ἀρχιερατικός. — V. 8-9. ἀρχιειε|ρατική.

1420 = 578. Nicopoli ad Istrum. — G. Seure, *op. cit.*, p. 27-28, n. 8.

V. 4 : μητέρα ἱερῶν [στρατευμάτων] |.

1421 = 579. Nicopoli ad Istrum. — G. Seure, *op. cit.*, p. 37, n. 28.

Ita restituit titulum Seure : [Τὸν θειότατον Αὐτοκράτορα Καίσα]ρα Μᾶρκον Αὐρήλιον Σεβῆρον | ['Αντωνεῖνον Σεβαστὸν Θεοῦ 'Αντω]νείνου ἔκγονον, Θεοῦ Σεβήρου | [υἱὸν ἡ βουλὴ καὶ ὁ δῆμος Νεικοπολειτ]ῶν πρὸς Ἴστρῳ πόλεως ἀνέστησεν.

1422 = 580. Nicopoli ad Istrum. — G. Seure, *op. cit.*, p. 28, n. 9.

V. 2. μέγιστον κὲ θειότατον. — V. 3. Κέσαρα. — V. 4. ἡ βουλὴ κὲ ὁ. — V. 5. λανπροτάτης. — V. 6. πρὸς Ἴστρῳ. — V. 7. In litura Seure restituit nomen Δεκίου Τραιανοῦ, ratus nomen sic erasum imperatoris esse, legatione pro praetore antea functi; Decius enim Trajanus legatus pr. pr. Moesiae inferioris perhibetur fuisse anno 234 p. Chr. n. — V. 7-8. ἀν|τισ<σ>τρατήγου. — V. 9. κὲ.

1423 = 581. Nicopoli ad Istrum. — G. Seure, *op. cit.*, p. 38, n. 29.

Edit titulum fere integrum G. Seure; restituit tantummodo : V. 1(3). [Καίσαρα] et V. 5(8) [τῆς πρὸς Ἴστρον Νεικο]πόλεως.

1424 = 582. Nicopoli ad Istrum. — G. Seure, *op. cit.*, p. 38-39, n. 30.

V. 3. Seure in litura dubitans restituit [Αὐρηλιανόν]; addens restitui posse etiam M. Αὐρ. Κλαύδιον, Claudium II imperatorem. — V. 10. Κλαυ(δίου) Ν[ατ]αλιανοῦ.

1425 = 583. Nicopoli ad Istrum. — G. Seure, *op. cit.*, p. 41, n. 32.

V. 2. Τὸν θεῖον κ(ὲ) ἐπιφανέστατον. — V. 4. 'Ιουλίου..... ἀρχιερέως.

1426 = 584. Nicopoli ad Istrum. — G. Seure, *op. cit.*, p. 43, n. 34-35.

Addito altero ejusdem lapidis fragmento ita titulum Seure edidit : 'Αγαθῆι τύχηι. | .... δημαρχικῆς [ἐξουσίας....... πατ]ρὸς πατρίδος, ἀνθυπάτου.[.. | .... κατεσκεύ]ασεν ἐκ τ[ῶν ἰδίων....... ἡγεμονεύ]οντος τῆς ἐπαρχείας Τ. Σουελλ[ίου, etc.

1427 = 585. Nicopoli ad Istrum. — G. Seure, *op. cit.*, p. 33-34, n. 16.

V. 1. Α]ὐρή(λιος) Ὀνησίων.

1428 = 586. Nicopoli ad Istrum. — G. Seure, *op. cit.*, p. 29-30, n. 10.

V. 3. Αὐρηλ(ία). — V. 4. καὶ Μνῆσα · Σαβῖνα. — V. 6. μνήμης.

1429 = 587. Nicopoli ad Istrum. — G. Seure, *op. cit.*. p. 31, n. 12.

V. 2. Ἰου[λιανὸς?]. — V. 3. Νεικομηδε[ὺς ζῶν]. — V. 12. συμβίῳ Πω[λλίωνος].

1430 = 588. Prope Nicopolim ad Istrum. — G. Seure, *op. cit.*, p. 66, n. 75.

V. 16-17. τολμί|σι, δόσ[ι]. — V. 20. τυσαῦτα (*sic*).

1431 = 590. Nicopoli. — Kalinka, *Antike Denkmäler in Bulgarien*, p. 249, n. 311; G. Seure, *op. cit.*, p. 61, n. 63.

V. 2. Βιάνωρος, Seure. — V. 3. δομοτέκτων [1], Kalinka.

1. Δομοτέκτων, valvarius.

1432 = 591. Loco nunc dicto Gostilica vel Gostilitza. — G. Seure, *op. cit.*, p. 38-39, n. 31.

V. 1. Omisit Seure. — V. 3-4. [Αὐτοκράτ. | Καίσ. Λ. Δομίτιον] Αὐρηλιανόν. — V. 9. Αὐρ(ηλίου) Σεβασ(τιανοῦ). — V. 11. Ἐ[πι]μ[ελου]μέ[ν]ου Κλ. Αὐρ. Τελ[ε]σ(φόρου).

1433 = 592. Tirnovo. — G. Seure, *Nicopolis*, p. 51 et sq., n. 51.

V. 1. Αὐλαριόχῳ. — V. 4-5. ὑπὲρ τε [ἑ]αυτοῦ καὶ τῶν ἰδίων [κα]ὶ τῶν ἐργαστῶν ἐ[ται|ρείας] τε καὶ συ[νερ]γ[α]σ[ία]ς εὐξάμενο[ς] τὸν [βω][μ]ὸν | ἀν[έθη]κα.

Quae disseruit Seure de Apolline Αὐλαριόχῳ, metallorum protectore, plane incerta sunt.

1434. Loco nunc dicto Leskovec, prope Tirnovo. — V. Dobrusky, *Matériaux d'archéologie en Bulgarie*, VI, p. 134, n. 191.

Θεῷ Ἥρωι Σγ...ήτλᾳ ¹ εὐχαριστήριον ἀνέ[θ]ηκα Κορνήλιος | Ἀ[ν]είκητος β(ενε)[φ(ικιάριος)].

1. Cognomen dei Heronis adhuc inauditum.

1435. Loco nunc dicto Batemberg, prope Razgrad. — V. Dobrusky, *Matériaux d'archéologie en Bulgarie*, VI, p. 169, n. 216. — Titulus bilinguis.

Ioui et Iunoni | Aurel. Mucianus uotu(m) feci.

Διὶ κὲ Ἥρᾳ Αὐρήλ(ιος) Μουκιανὸς | εὐχὴν κώμης Μα|σκιοβρί[ας].

· **1436 = 594.** In vico nunc dicto Baltschik, inter Callatim et Odessum. — Kalinka, *Antike Denkmäler in Bulgarien*, p. 18, n. 20.

V. 6. In fine : πολείταις μ'.

1436 *bis* **= 606,** not. 1. Pro notus est, lege notum est.

1437. Tomis, *Ancient greek inscriptions in the British Museum,* II, p. 36, n. 176.

Ἀγαθῇ τύχῃ. | Ἰουλίαν [Μαμμαία]ν | Σεβαστὴν Αὐτοκρά|τορος Καίσαρος
5 Μ. Αὐρηλ|[λ]ίου Σευήρου Ἀ[λεξάνδρο]υ | Εὐσεβ(οῦς) Εὐτυχ(οῦς) Σεβ(αστοῦ)
10 μητέ|ρα καὶ τῶν γενναιοτάτων | αὐτοῦ στρατοπέδων | βουλὴ, δῆμος τῆς λαμ|προτάτης μητροπόλεως | καὶ α' τοῦ Εὐωνύμου Πόντου | Τομέως.

1438. Tyrae. — Latyschev, *Inscr. or. sept. Ponti Euxini,* I, n. 2.

Post 12 versus valde mutilos :

[... δε]δόχθαι τῇ βουλῇ καὶ τῷ δήμῳ Κο[κκήιον .....]νον τετειμῆσθαι χρυσῷ

στεφάνῳ χ[αὶ τύπ]ῳ ἐπι[χρύσῳ?], τό τε ψήφισμα τελειωθὲν ὑπὸ τοῦ γραμ-
μ[ατέως] τῆς πόλεως Οὐαλερίου Ῥούφου δοθῆναι τῷ π[ατρὶ] αὐτοῦ Κοκκηίῳ
Οὐάλεντι καὶ τὸ ἀντίγραφον ἀ[ποτε]θῆναι εἰς τὰ δημόσια. Ἐγένετο ἐν Τύρᾳ
πρὸ ε΄ καλ(ανδῶν) Μαίων Αὐτοκράτορι Κομόδῳ τὸ γ΄ καὶ Ἀντιστίῳ Βούρρῳ
ὑπάτοις [1], ὡς δὲ Τυρανοὶ ἄγουσιν, ἔτους εκρ΄ [2], ἀρχόντων δὲ τῶν περὶ Θεόδωρον Βοήθου [3], μηνὸς Ἀρτεμεισιῶνος λ΄. Ἐσφραγίσαντο [4] · Θεόδωρος Βοήθου
πρῶτος ἄρχων · Κ[α]ῖσαρ Ζούρη ἄρχων · Λαισθένης Μόκκα ἄρχων · Αἴλιος
Λούκιος ἄρχων · Οὐαλεριανὸς Ποντικοῦ εἰσηγητής [5]. Τιβ. Κλαύδιος Ἀντ[ισ-
θένη]ς · Σεπτ[ί]μιος Ἱεροσῶντος · Πίδανος Πιτραρ[νάκ]ο[υ · Οὐ]αλέριος Βασσιανοῦ · Ἱερώνυμος Ἀρτεμιδώρο(υ) · Θεοδᾶ[ς Ἀρτε]μιδώρο(υ) · Χρύσιππος
Χρυσίππου · Νίγερ Ἀρτεμιδώρου · Μακάριος Ἀρτεμιδώρου · Διονυσόδωρος
Ἀχιλλαίου · Λούκιος Σατορνεί[ν]ου · Φιλόκαλος Φιλοκάλου · Διονύσιος Πίσκα ·
Ἡρακλέων Σωμᾶ · Δελφὸς Δελφοῦ. Οὐαλέριος Ῥοῦφος γραμματεὺς ἐτελείωσα
τὸ ψήφισμα.

1. Dies XXVII mensis Aprilis anni p. C. n. 181. — 2. Annus centesimus vicesimus quin-
tus aerae Tyranorum. — 3. Intellige : magistratum gerentibus Theodoro Boethi f., primo
archonte, et Caesare Zuri f. et Laisthene Mocca f. et Aelio Lucio archontibus, quorum
nomina infra data sunt. — 4. I. e. : scribundo adfuerunt. — 5. Auctor decreti, ut videtur.

1439. Odessi. — Kalinka, *Antike Denkmäler in Bulgarien*, p. 108, n. 114.

Ἀγαθῆι [τύχη]. | Πείῳ καὶ Πρόκλῳ ὑπάτοις [1] πρὸ.... .... | θεοῦ μεγάλου
5 Δερζελάτου ....|οἵδε εἰσὶν ἔφηβοι ἐπὶ συναρχία[ς...... ...... ‖ ἱερέως
θεᾶς Ῥώμης καὶ α΄ ἄρχοντος.......... | Γ. Φλ(αβίου) Θεοφίλου · πρῶτος ὁ
ἐφήβαρχος...

Sequuntur alia nomina.

1. Fulvius Pius et Pontius Proculus consulatum egerunt anno 238 p. C. n.

1440. Odessi. — Kalinka, *Antike Denkmäler in Bulgarien*, p. 20, n. 24.

Imp. Caesare T. Aelio Hadriano Antoni[no Aug. Pio pont. max.] | p. p. ciuitas
Odessitanorum aquam nou[o ductu addu]|xit curante T. Vitrasio Pollione leg.
A[ug. pr. pr. [1]].

Ἀγαθῆι τύχη[ι.] | Αὐτοκράτορι Καίσαρι Τίτωι Αἰλίωι Ἀδριανῶι Ἀντων[είνωι

Σεβ(αστῶι)] | Εὐσεβεῖ ἀρχιερεῖ μεγίστωι πατρὶ πατρίδος ἡ πόλ[ις Ὀδησσι]|τῶν
5 καινῷ ὁλκῷ τὸ ὕδωρ ἰσήγαγεν προνοουμέ[νου Τίτου Οὐι]|τρασίου Πολλίωνος
πρεσβευτοῦ καὶ ἀντιστρατ[ήγου] [1].

Cf. Kalinka, *op. cit.*, p. 21 n. 23, ubi fragmentum editur alterius tituli valde mutili,
qui videtur huic simillimus fuisse.

1. De T. Vitrasio Pollione cf. *Prosop. imp. rom.*, III, p. 78, n. 558.

1441. Odessi. — Kalinka, *Antike Denkmäler in Bulgarien*, p. 43, n. 37.

Ἀγαθῇ [τύχῃ]. | Ὑπὲρ τ[ῶ]ν κυρίων Αὐτοκ[ρατόρων | ...... Λουκ(ίου)
Σεπτιμίου Σεουήρου] Περτίν[ακος.....

1442. Odessi. — Kalinka, *Antike Denkmäler in Bulgarien*, p. 67, n. 72.

[Imp. Caes. M. Claudio | T]acito Pio | Feli. Inuicto. | M. II.
.... σύμπαντος...] οἶκο[υ ..|...... .... ἡγε]μονε[ύοντος ..|....... .. ..
υρου....

1443 = 660. Odessi. — Kalinka, *Antike Denkmäler in Bulgarien*, p. 97, n. 99.

V. 4. [το]ῦ [σε]ιτάρχου.

1444 = 662. Dionysopoli. — Kalinka, *Antike Denkmäler in Bulgarien*, p. 86 et sq.,
n. 93.

V. 1 ..αι παρα. — v. 2 ..τον ἀνέλαβε. — v. 3 ...ος Θεόδωρον. — V. 5 (in fine)
ἀπή[ρ]ατ[ο. — V. 5 (in fine) πατέρα α[ὐτοῦ? — V. 7 συ[γ]τυχὼν ἄμ[α. — v. 13
καλῶς καὶ φιλαγάθως. — V. 26 με|[γίστη ἰ]δία τά βέλτιστα. — V. 30 [ἐν]δι-
δοὺς. — V. 48 δε[ίκνυ?]σθαι.

1445. Marcianopoli. — Kalinka, *Antike Denkmäler in Bulgarien*, p. 58, n. 58.

Τῷ θειοτάτῳ αὐ|τοκράτορι Μά(ρκῳ) Ἀντω|νίῳ Γορδιανῷ ἡ | πόλις ἡ
5 Μαρκιανο‖πολειτῶν ἐν τοῖς | ἰδίοις ὅροις.

1446 = 669. Pautaliae. — Kalinka, *Antike Denkmäler in Bulgarien*, p. 53, n. 53.

V. 6 in fine ...καὶ ἐω|νίου (sic). — V. 12-13. Σεβ(αστοῦ) ἀντιστρα|τήγου.

1447 = 670. Pautaliae. — Kalinka, *Antike Denkmäler in Bulgarien*, p. 50, n. 47.

V. 1 et seq. Ita restituit Kalinka [Ὑπὲρ τῆς τῶν θειοτάτων καὶ μεγίστων κυρίων Αὐτοκρατόρων Καισάρων] τύχης, etc.

1448 = 671. Pautaliae. — Kalinka, *Antike Denkmäler in Bulgarien*, p. 66, n. 69.

5   V. 4 et sq : ...Ἐτρο]υσκῖλλα[ν | ἡ λ]αμπροτάτη ‖ [..........] πόλις. | [Εὐτυ]χῶς. | [Ἐπιμ]ελουμένου.....

1449 = 672. In vico nunc dicto Volujak. — Kalinka, *Antike Denkmäler in Bulgarien*, p. 60, n. 61.

V. 2. Ὑπὲρ ὑγέας — V. 6 in fine καὶ τῆς θε[ο]φιλεστάτης. — V. 11 ἐπαρχίας. — V. 12 et seq : Πομπωνίου | Μα[γι]ανοῦ [1] πρεσ|β(ευτοῦ) Σεβ(αστοῦ) ἀντισ‖- 15 [τρα]τή(γου) ἡ Παυταλεω|τῶν, etc.

1. De Pomponio Magiano, cf. 723, et infra n. 1476.

1450 = 678. Lapis dicitur inventus prope vicum nunc dictum Dragoman. — Kalinka, *Antike Denkmäler in Bulgarien*, p. 165, n. 184.

V. 3 (in fine) λεγ(ιῶνος) β΄ Πα[ρθ(ικῆς)].

1451. Serdicae. — Kalinka, *Antike Denkmäler in Bulgarien*, p. 75, n. 83.

...? βασι]λ[έως) Κότυος [1] .... | .....]ν Θραγάρχου [2]...

1. De Coty, rege Thraciae, cf. supra n. 775. — 2. De Thracarcho cf. supra n. 707.

1452. Serdicae. — Kalinka, *Antike Denkmäler in Bulgarien*, p. 24, n. 28.

[Ἀγαθῇ τύχῃ · | Ὑπὲρ τῆς τῶν αὐτο|κρατόρων Μ. Αὐρ(ηλίου)] Ἀν[τ]ω|-

5 [νείνου καὶ Λ. Αὐρ(ηλίου)] Οὐήρου ‖ [.........] Σεβ(αστῶν) [1] ὑγείας | [καὶ παντὸς
οἴ]κου καὶ ἱε|[ρωτάτης βουλ]ῆς τε καὶ δή|[μου τοῦ 'Ρωμαί]ων 'Αργί|[ας?.......
10 τῆς πό]λεως ‖ [κατὰ τὴν κέλευ]σιν κυ|[ρίου .... ἐ]κ τῶ[ν | ἰδίων ἀνέ-
θηκεν].

1. Inter annos 161 et 169 p. C. n.

1453. Serdicae. — Kalinka, *Antike Denkmäler in Bulgarien*, p. 25, n. 30.

['Υπὲρ τῆς τῶν Αὐτοκρατόρων Μ. Αὐρ(ηλίου) 'Αντωνείνου καὶ Λου]κίου
Κομόδο[υ [1]...|... ὑγείας καὶ τοῦ σύμ]παντος αὐτῶν | [οἴκου.........]ν ἀρχιε-
5 ρεὺς | .... ανὸς καὶ ἡ ἀρ‖[γ]ιέρεια? ἐπιτελέσαντες κ]αὶ μονομαχί[ας καὶ
θεωρίας.......] καὶ τῇ προξ[ε]νίᾳ τιμηθέντες? ἀν]ακαλοῦσι | [.........]ν.

1. Inter annos 176 et 180 p. C. n.

1454 = **683.** Serdicae. — Kalinka, *Antike Denkmäler in Bulgarien*, p. 22, n. 26.

V. 4. ἐξουσίας τὸ γ' [1]. — V. 6-7 Μ. 'Α[ντωνίου Ζήνω|νος [2].

1. Anno p. C. n. 141. — 2. De M. Antonio Zenone cf. *Prosop. imp. rom.*, I, p. 105,
n. 703.

1455 = **684.** Serdicae. — Kalinka, *Antike Denkmäler in Bulgarien*, p. 23, n. 27.

1456 = **685.** Loco nunc dicto Ormanli. — Kalinka, *Antike Denkmäler in Bulgarien*,
p. 45, n. 39.

1457 = **687.** Inter Philippopolim et Serdicam. — Kalinka, *Antike Denkmäler in Bulgarien*, p. 48, n. 45.

V. 2... τοῦ θειοτάτου. — V. 8. — Λ(ουκίου) Πρωσίου 'Ρουφεί|νου [1].

1. De L. Prosio Rufino cf. supra n. 670, 686.

1458 = 688. Serdicae. — Kalinka, *Antike Denkmäler in Bulgarien*, p. 53, n. 52.

V. 2 in fine Καῖσαρ[ος].

1459 = 695. In vico nunc dicto Dragoman. — Kalinka, *Antike Denkmäler in Bulgarien*, p. 62, n. 65.

V. 11-12 .. Θραχῶν ἐπ[α]ρχεί|[ας Σ. Φο]υρνίου ¹ πρεσ[6(ευτοῦ)...

S. Furnius (Publianus) legatus adhuc ignotus, cf. infra n° 1479.

1460 = 696. Serdicae. — Kalinka, *Antike Denkmäler in Bulgarien*, p. 66, n. 70.

1461 = 697. Serdicae. — Kalinka, *Antike Denkmäler in Bulgarien*, p. 67, n. 71.

V. 5. [x]αὶ Πων[π(ώνιος)] Ἀμασιανό[ς].

1462. Serdicae. — Kalinka, *Antike Denkmäler in Bulgarien*, p. 146, n. 162.

.... ἐπι]τροπεύοντος[..... | .. Σε]χούνδος Κορνο[ῦτος.....|... χώρτης μ]ει-
5 λιαρίας Ἰτυραί[ων... ¹ ..... | χυινχουεν]νᾶλις ² κατ᾽ εὐχὴν [χρησμοὺς ‖ τούσδε
καταγεγ]ραμμένους ἐκ πιν[άκων.....|.:......]ι ἀνέθηκεν.

Sequuntur fragmenta χρησμῶν καταγεγραμμένων, de quibus vide Kalinka, *op. cit.*, p. 147-148.

1. Secundus Cornutus veteranus, ut videtur, cohortis milliariae Ityraeorum. — 2. Idem fuit Serdicae duumvir quinquennalis.

1463 = 702. In vico nunc dicto Hadzili, haud longe Philippopoli occidentem versus. — Kalinka, *Antike Denkmäler in Bulgarien*, p. 42, n. 35.

V. 1 [Ὑπὲρ τῆς τῶν κ]υρίων Αὐτοχρατ[όρων. — V. 2 [.. διαμ]ονῆς Λουκ(ίου). — V. 3 Σεβ(αστοῦ) τὸ γ´ α (sic). — V. 8 .. τοῦ νέου Δι]ονύσο[υ.

1464. = **706.** Inter vicos nunc dictos Harnakowo et Semitscha. — Kalinka, *Antike Denkmäler in Bulgarien*, p. 171, n. 190.

V. 2-3 Ἐσϐενέ[[ρ?]ιος.

1465 = **707.** Philippopoli. — Kalinka, *Antike Denkmäler in Bulgarien*, p. 148, n. 163.

1466 = **708.** Philippopoli. — Kalinka, *Antike Denkmäler in Bulgarien*, p. 19, n. 21.

1467 = **712.** Philippopoli. — Kalinka, *Antike Denkmäler in Bulgarien*, p. 23, n. 29.

1468 = **717.** Philippopoli. — G. Seure, *Nicopolis ad Istrum*, p. 30, not. 1.

V. 10. Βυ[ρ]σ[οδεψῶν] vel βυ[ρ]σ[οποιῶν] vel βυ[ρ]σ[οπωλῶν].

1469 = **718.** In vico nunc dicto Aidinov, haud longe Bessapara. — Kalinka, *Antike Denkmäler in Bulgarien*, p. 46, n. 42.

V. 5-6. ... λείνου Ἑρμο.....|.......

1470 = **719.** Inter vicos nunc dictos Polatowo et Karataïr. — Kalinka, *Antike Denkmäler in Bulgarien*, p. 31, n. 49.

1471. Philippopoli? — Kalinka, *Antike Denkmäler in Bulgarien*, p. 52, n. 50.

Αὐτοκρά[τορι.........|.........] | Σεϐ(αστῷ) ἡ λαμ[προτάτη τῆς Θρᾳκῶν] |
5 ἐ[π]αρχίας [μητρόπολις Φιλιππόπολις] ‖ νε[ωκ]όρος, ἡ[γεμονεύοντος Ῥουτειλί]|ου
Πούδεντος [Κρισπείνου πρεσϐευτοῦ Σεϐαστοῦ] | ἀντιστ[ρατήγου].

Cf. supra, n. 719. Titulus simillimus; lapidem eumdem esse credas.

1472. Philippopoli. — Kalinka, *Antike Denkmäler in Bulgarien*, p. 52, n. 51.

Αὐτο[κράτρρι Καίσαρι Μ. Αὐρ(ηλίῳ)] | Σε(ο)υήρῳ Ἀ[λεξάνδρῳ Εὐτυ]χὶ |

Εὐσεβ(ε)ῖ Σεβ(αστῷ) [ἡ λαμπροτ]άτη τῆς | Θρᾳκῶν ἐπ[αρχείας μητ]ρόπολις ‖
5 Φιλιπ(π)όπολ[ις νεωκό]ρος ἡγεμο|νεύοντος Ῥου[τειλί]ου Πούδε[ν]|το[ς] Κρισπεί-
νου [πρεσβ(ευτοῦ) Σεβ(αστοῦ)] | ἀντι[στρατήγου].

Cf. titulum praecedentem.

1473 = 721. — In vico nunc dicto Hissar, non longe Philippopoli. — Kalinka,
Antike Denkmäler in Bulgarien, p. 55, n. 55.

V. 4-5. Ζερχ[λη|ν]ή. — V. 9. Μωσυγγνῶν.

1474. In vico nunc dicto Karataïr, haud longe Philippopoli occidentem versus. —
Kalinka, *Antike Denkmäler in Bulgarien*, p. 56, n. 56.

[Ἀγαθῇ τύ]χῃ. | [Ὑπὲρ ὑγιείας καὶ σ]ωτηρίας καὶ αἰ[ωνίου διαμον]ῆς τῶν
5 κυρίων ἡμῶν | [Αὐτοκ]ρατόρων Γ. Ἰουλ(ίου) Οὐήρου Μαξιμίνου ‖ [καὶ Γ.
Ἰου]λ(ίου) Οὐήρου Μαξίμου Καίσαρος Σεβ(αστῶν)[1] | [καὶ τοῦ σύμπα]ντος αὐτῶν
οἴκου ὑπατεύ|[οντος τῆς ἐπαρχείας Σ]ατουρνίνου Φίδου[2] | [....... Θρᾳκ]ῶν
10 ἡ λαμπρο|[τάτη μητρόπολις] Φιλιπ[πό]πολις ἐκ τῶν ‖[....... ιβ′.

1. Inter annos 235 et 238 p. C. n. — 2. Legatus adhuc ignotus.

1475 = 722. Loco nunc dicto Giren prope Philippopolim. — Kalinka, *Antike Denkmäler in Bulgarien*, p. 57, n. 57.

1476 = 723. Philippopoli. — Kalinka, *Antike Denkmäler in Bulgarien*, p. 59, n. 60.

V. 7-8. ..... τῆς Θρᾳκῶν ἐπαρχία[ς Πομ]|πονί(ου) Μαγιανοῦ[1].

1. De Pomponio Magiano, cf. supra n. 1449.

1477 = 724. In vico nunc dicto Hissardjik. — Kalinka, *Antike Denkmäler in Bulgarien*,
p. 58, n. 59.

V. 1. [Ἀγαθῇ]ι — V. 2. [Αὐτοκράτορι Καίσ]αρι.

1478. Philippopoli. — Kalinka, *Antike Denkmäler in Bulgarien*, p. 63, n. 68.

['Υπὲρ νείκης καὶ αἰωνίου διαμ]ονῆς τῶν θειοτάτων Σεβ(αστῶν) | [Μ. Ἰουλίου Φιλίππου καὶ Ὠτακιλίας] Σεουήρας καὶ ἱερᾶς | [συνκλήτου καὶ δήμου τοῦ Ῥωμαίων] καὶ τοῦ σύμπαντος | [τῶν Σεβαστῶν οἴκου.....

1479. Philippopoli. — Kalinka, *Antike Denkmäler in Bulgarien*, p. 64, n. 67.

['Αγαθῇ τύχῃ. Ὑπὲρ ὑγείας καὶ σωτηρίας τοῦ μεγίστου καὶ θειοτάτου Αὐτο-κράτορος Μ. Ἰουλίου Φιλίππου Σεβ(αστοῦ) καὶ Ὀτ]ακιλλί[ας Σευήρας Σεβ(ασ-τῆς) | ἡγεμονεύοντος τῆς Θρα]κῶν αἰπα[ρχείας | Σ. Φουρνίου Πουβλια]νοῦ [1] πρεσβ(ευτοῦ) Σε[β(αστοῦ) ἀντιστρατήγου | ἡ] λαμπροτάτη Θρακῶν μητρ[ό-
5 πολις ‖ Φιλιππό]πολις. Εὐτυχῶ[ς].

1. De S. Furnio Publiano cf. supra n. 1459 = 693, et infra n. 1480.

1480. In vico nunc dicto Geren. — Kalinka, *Antike Denkmäler in Bulgarien*, p. 63, n. 66.

[Αὐτοκράτορα Καίσαρα Μ. Ἰούλιον Φίλιππον τοῦ θειοτάτου Αὐτοκράτορος Καίσαρος Μ. Ἰουλίου Φιλίππου Εὐτυχοῦς Σ]εβ(αστοῦ) καὶ τῆς θεοφιλεστάτ[ης Σεβαστῆς | Μαρκίας Ὠτακιλίας Σεουήρας | υἱὸν τὸν ν]έον Ἥλιον Εὐσεβῆ | Εὐτυχῆ Σεβ(αστὸν) ἡγεμονεύοντο[ς ‖ τ]ῆς Θ[ρακῶν] ἐπαρχείας Σέξ][τ]ου Φουρνίου Πουβλιανοῦ [1] | [ἡ λαμπροτάτη] Θρακῶν μητρόπολις | [Φιλι]π[πό]πολις. Εὐτυχῶς.

1. Cf. titulum praecedentem.

1481. Philippopoli. — Kalinka, *Antike Denkmäler in Bulgarien*, p. 94, n. 96.

......τὸν] λαμ[πρότατον | ἡγεμόνα τῆς Θρᾳ]κης καὶ πρε[σβ(ευτὴν) | Σεβασ-τοῦ [1], ἡγεμ]όνα λεγιώνω[ν | ....καὶ......δικαιοδό]την Ἀπουλία[ς [2], ‖ ἐπιμε-λητὴν ὁδῶν Αὐρηλίας] Κορνηλίας τ[ριουμ]βᾶλις [3], ταμίαν Λυκίας Π]αμφυλίας Πεισ[ιδίας | Ἰσαυρίας?, χειλίαρχον] πλατύσημον [4] λ[εγιῶ|νος......, σοδᾶλιν 'Αντω]νεινιανὸν Ο[ὐηρια|νὸν.... καὶ...... τὴν γ]υναῖκα αὐτοῦ κ[αὶ ‖........ καὶ.......]ν τοὺς κρατί(στους) υἱο[ὺς...... | πάτρωνας] καὶ εὐεργέτας. |

Sequuntur 32 nomina per ordines disposita, inter quae notanda sunt :

....ι]ππος [ἐ]x βοηθ(οῦ) [5], | .... Ἡρώδης ἐξ πρωτήχ[τωρος?], | Αὐρ(ήλιος) Ἀλέ[ξ]ανδρος βουκινάτωρ.

1. Vir ignotus. — 2. Juridicus Apuliae. — 3. Curator viarum Aureliae, Corneliae triumphalis. — 4. Tribunus laticlavius. — 5. Ex adjutore.

1482. Philippopoli. — Kalinka, *Antike Denkmäler in Bulgarien*, p. 72, n. 79.

........πρεσβ(ευτοῦ)] Σεβ(αστοῦ) ἀντιστρατή|[γ]ου τέχνη συροποιῶν [1] | [ἐ]x τῶν ἰδίων ἀνέστησεν.

1. Cf. Polluc., VII, 69 : συρίαν ἱμάτιον. Hesych. : συρία ἡ παχεῖα χλαῖνα.

1483 = 728. In vico Hissar, haud longe Philippopoli. — Kalinka, *Antike Denkmäler in Bulgarien*, p. 98, n. 100.

V. 8-9. Βδεκυ|ρηνοί.

1484 = 730. Philippopoli. — Kalinka, *Antike Denkmäler in Bulgarien*, p. 187, n. 216.

V. 1. Ἐ[ν]δικο[ῦν]τος Γ. Αλφίου [Π]ο[σει]δωνίου...

1485 = 732. Philippopoli. — Kalinka, *Antike Denkmäler in Bulgarien*, p. 160, n. 179.

V. 2. Λακίου. — V. 3-4. Τὸ κοινὸν τῶν Ἑλ|[λήνω]ν.

1486 = 737. In vico nunc dicto Karaorman. — Kalinka, *Antike Denkmäler in Bulgarien*, p. 119, n. 127.

1487 = 739. In vico nunc dicto Mertscheleri. — Kalinka, *Antike Denkmäler in Bulgarien*, p. 250, n. 313.

1488 = 741. In vico nunc dicto Tschirpan. — Kalinka, *Antike Denkmäler in Bulgarien*, p. 28, n. 33.

V. 9. ηι'.

1489. Loco nunc dicto Omurovo. — V. Dobrusky, *Matériaux d'archéologie en Bulgarie*, VI, p. 126, n. 176.

Αὐρ. Μουχιανὸς πάλε ¹ στρατιώτ|ης · ὅτι ὃς ἂν καταστρέψει, ὃς ἂν λίθ(ον) | κοπήσει, δώσεις εἰς τὴν κώμ|ην δηνάρια πεντήκοντα.

1. I. e. πάλαι.

1490 = 748. Trajanae Augustae. — Kalinka, *Antike Denkmäler in Bulgarien*, p. 123, n. 132.

1491. Trajanae Augustae. — V. Dobrusky, *Matériaux d'archéologie en Bulgarie*, VI, p. 113, n. 163.

5   Ἀγαθῆι τύχηι. | Θεῷ ἐπηχόῳ Με|γίστῳ Αὐλαρχη|νῶι ¹ Αὐρ. Οὐά∥λης στρα-τιώ|της λεγ(ιῶνος) ια' Κλ(αυδίας) ² | εὐχῆς χάριν ἀνέθηκα. | Εὐτυχῶς.

1. Αὐλαρχηνός, cognomen dei Heronis, ut videtur : Heronis enim imago lapidi supra titulum insculpta est. De cognomine Αὐλαρχηνός, cf. cognomen ejusdem dei Αὐλωνείτης, supra n. 832. — 2. Legio XI Claudia.

1492. Trajanae Augustae. — Contoléon, *Revue des Etudes grecques*, 1902, p. 143.

Ἀγαθῇ τύχῃ. | Ὑπὲρ τῆς τῶν θειοτάτων κα[ὶ] | μεγίστων αὐτοκρατόρων | ⁵ Σεπτιμίου Σευήρου Περτίναχ[ος] ∥ [κα]ὶ Μ. Αὐρηλίου Ἀντωνείνου | [αἰωνίου?] τύχης καὶ νείκης κα[ὶ] | [Ἰουλίας] Δόμνης Σεβαστῆς | ………… καὶ τοῦ σύν-πα[ντος | θείου οἴκου...] υ...μον...

1493 = 745. Trajanae Augustae. — Kalinka, *Antike Denkmäler in Bulgarien*, p. 26, n. 31.

V. 2-3. μέ|γιστ[τ]ον. — V. 5. Σεβαστ[ὸ]ν. — V. 7. Βρεταννικὸν, ἀρχιερ[έα]. — V. 8 in fine. [αὐτο]|κράτορα. — V. 9 (id.) ὕπατον τὸ [ε']. — V. 11. τοῦ ἀρχ[ι]ερέω]ς.

1494 = **753**. In vico nunc dicto Akbunar. — Kalinka, *Antike Denkmäler in Bulgarien*, p. 47, n. 43.

V. 2. Αὐτοκράτο[ρι] Καίσαρι. — V. 7 et seq. Ἡγ(εμονεύοντος) τῆς Θρα(ικῶν) ἐπαρχείας Πρωσίου | Ῥουφείνου ¹.

1. De L. Prosio Rufino cf. **supra** n. 670.

1495 = **757**. In vico nunc dicto Akbunar. — Kalinka, *Antike Denkmäler in Bulgarien*, p. 62, n. 64.

5   V. 9 et seq. ... ἐπαρχείας Σέ[ξ]τ̣ου Φ]ουρνίου Που[6λ]ιανοῦ ¹ πρε[σ6(ευτοῦ)] | Σε6ιαστοῦ).....

1. Legitur in lapide Πουλόιανοῦ. De S. Furnio Publiano, legato pr. pr. Thraciae cf. supra n. 1459 = 695, etc.

1496. Trajanae Augustae. — A. von Domaszewski, *Die Rangordnung des römischen Heeres*, p. 185 (*Bonner. Jahrb.*, CXVII).

Τραιανὸν Μουκιανὸν δουκ(ηνάριον) | στρατευσάμενον ἐν χώρτῃ [δ'] Κον|χορ-δ(ηνσίων) ¹ καὶ ἐν λεγ'(ιῶνι) β' Παρθ(ικῇ) ², ἱππέα χώρτ(ης) | ζ' [π]ραιτωρ(ίας) ³,
5 ἡ̣6οκᾶτ(ον) ⁴, ἑκατόνταρχον προτήκτορα ‖ λεγ(ιῶνος) ιγ' Γεμ(ίνης) ⁵, ἑκατόνταρχον προτ(ήκτορα) βιγούλ(ων) ⁶, ἑκατόνταρχον πρ[ο]|τήκτ(ορα) οὐρ6(ανικιανὸν) ⁷ καὶ ἑκατόνταρχον προτ(ήκτορα) χώρτ(ης) ε' πρ[αι]τ(ωρίας) ⁸ | [κ]αὶ πρίνκιπα προτ(ηκ-τόρων) ⁹, πρειμοπ(ιλάριον) ¹⁰ [καὶ] ἐκ τῶν | [πάντα] διεξερχομένων π[ροτηκτό|ρων
10 ἔπ]αρχ(ον) λεγ(ιῶνος) δ' Φλα6(ίας) ¹¹, σ[τρατηγὸν ‖ λεγ. ζ' Κλ]αυδ(ίας) καὶ δ' Φλα6(ίας) ¹² [τρι6. βιγουλ. | τρι6. οὐρ6.] τρι6(οῦνον) Λι[6]οὺρ[νων ¹³, πραιπόσιτον | τῶν πάλιν] στρατε[υ]ο[μένων πε]ζ[ῶν | καὶ ἱππέων Μα]ύ[ρων καὶ] Ὀσροήνων ¹⁴
15 κ̣αὶ πραιπόσιτον τῶν Βριτ]τ(όνων) καὶ ἐξπλωρατ(όρων) ¹⁵ ‖ [τρι6. πραιτ. προτηκτ.] δουκηνάρ(ιον) ἔπα[ρ]χον λεγ.⸱⸱⸱. π]ράξαντα ἐν Μεσο[πο|ταμίᾳ ¹⁶, ἔπαρχον λεγ. ιγ'] Γεμ(ίνης) στρατηγὸ[ν | .... καὶ] τῶν πάλιν στρατευ[ο]μένων πεζῶν καὶ
20 ἱππ̣έων Μαύρων καὶ Ὀ[σ]ροήνων, ἔπαρχον λε]γ(ιῶνος) β' Τραιαν(ῆς) ¹⁷, στρ[α]-τηγὸν λεγ. ζ' Κλαυδ. καὶ] δ' Φλα6(ίας) καὶ Β[ριττ. | καὶ ἐξπλωρατόρων πρ]άξαντα
25 ἐν Θρ̣[άκῃ ¹⁸ | ....] καὶ ἄρξαντα | .... αὐτοῦ πά[λιν....] ‖ καὶ πάλιν λα6όντα .... | εἰς τὴν ὑπηρεσίαν..... [ἡ αὐτοῦ] | πατρίς. Εὐτυ[χῶς].

Supplementa omnia addidit Domaszewski.

1. Cohors I Concordiensium, ita dicta ex urbe Italiae Concordia, haud procul Aquileia, occidentem versus. — 2. Legio II Parthica. — 3. Cohors VII praetoria. — 4. Evocatus. — 5. Centurio protector legionis XIII Geminae ; de protectoribus cf. Mommsen, *Eph. epigr.*, V, p. 121 et seqq.; item Daremberg et Saglio, *Dict. des antiq. gr. et rom.*, s. v. — 6. Centurio protector vigilum. — 7. Centurio protector urbanicianus, i. e. cohortis cujusdam urbanae. — 8. Centurio protector cohortis V praetoriae. — 9. Princeps protectorum. — 10. Primipilaris; inde equestrem militiam adeptus est Mucianus. — 11. Praefectus legionis IIII Flaviae. — 12. Dux legionis VII Claudiae et IIII Flaviae. — 13. Tribunus liburnarum. — 14. Praepositus seniorum peditum et equitum Maurorum et Osroenorum. — 15. Praepositus Brittonum et exploratorum. — 16. Agens in Mesopotamia. — 17. Praefectus legionis II Trajanae. — 18. Agens in Thracia.

Opinatur Domazewski, *loc. cit.*, Mucianum aetatem egisse tertio saeculo labente, ita ut · fortasse etiam idem sit atque Aurelius quidam Mucianus v. p. praeses provinciae Raetiae Diocletiano imperante (*C. I. L.*, III, 5785).

1497 = **762.** Trajanae Augustae. — Kalinka, *Antike Denkmäler in Bulgarien*, p. 96, n. 97.

V. 4. Διόπλων. Opinatur Kalinka significari corpus vel commune quoddam.

1498. Loco nunc dicto Burnusus. — V. Dobrusky, *Matériaux d'archéologie en Bulgarie*, VI, p. 158, n. 208.

```
     .... εὐξάμε[νος] | κατεσκεύασεν | ἐκ τῶν ἰδίων τὸ[ν] | βωμὸν σὺν τῷ να[ῷ] ||
 5  ἐπιτυχὼν παρὰ τοῦ | θεοῦ ὧν εὔξα[το] | ἐπὶ ὑπάτῳ Λ(ουκίῳ) Κορ|νηλίῳ Ανυλ-
10 λεί|νῳ τὸ β΄ καὶ Αὐρειδί[ῳ] || Φρόντωνι ὑπάτοις ¹ Ἀδ|....ιανὸς? Κότυος.
```

1. Anno p. C. n. 199.

1499. Loco nunc dicto Diinikli. — Dobrusky, *Matériaux d'archéologie en Bulgarie*, VI, p. 117, n. 163.

Θεῷ Ἀπόλλωνι Αὐρήλι(ο)ς Μαρκιανὸς στρατιώτης | πραιτωριανὸς Γειχεθιηνῷ ¹ εὐχαριστήρι(ο)ν.

1. Cognomen dei Apollinis, idem sane ac Γινκιστηνός, Γειχεστηνός vel Γιχειτηνός (Dobrusky, *loc. cit.*); cf. supra n. 764.

1500 = 766. Pizi. — Kalinka, *Antike Denkmäler in Bulgarien*, p. 29, n. 34.

V. 1. Ἀγαθῇ τύχῃ. — V. 3. Σεουήρου. — V. 9. Σεουήρου. — Initio columnae quartae : Ο[ἱ πρ]ῶτοι οἰκήτορες.

In edicto Q. Sicinnii Clari, praesidis provinciae.

V. 27 in fine, τῷ ἀδικεῖν. — V. 28 initio, ν[εωτε]ρίζειν. — V. 28-29. ῥύε|σ[θαι χρ]είας. — V. 31-32. ἐπεθόμην ἀνδρά|σιν [ἐπιπ]αρ[ε]<υ>νεῖν (?). — V. 34 initio, ο[ἰκήτορα]ς. — V. 41. καὶ συν[τηρ]είας. — V. 44 initio, [το]ῦ τοπά[ρ]χου καὶ τῆς. — V. 56. παραδ[ώσ]οντας. — V. 69-70. πρὸς [δ]ὲ δ[ια|λύ]σωσ[ι] αὐτὰ τ[α].

1501. Haud longe Pizo. — Kalinka, *Antike Denkmäler in Bulgarien*, p. 335, n. 434. — Fragmentum valde mutilum.

[... Λικι]νίῳ Κράσσῳ Φ[ροῦγι [1] ....

1. Cognomen Frugi valde incertum.

1502. Mesembriae. — Kalinka, *Antike Denkmäler in Bulgarien*, p. 192, n. 227.

Μόσχος Φιλήμον[ος], | Ξενοκλῆς Λαγήτ[α], | Δαμέας Διονυσί[ου], | στραταγή-
5 σαντες [ἐπὶ] ‖ Βυρεβίσταν πολέμωι [1] .... | καὶ γραμματεύσ[αντες?...

1. De hoc bello contra Burebistam, regem Dacorum vel Getarum temporibus Caesaris et Octaviani gesto, cf. supra n. 662, not. 6.

1503. Apolloniae. — G. Seure, *Revue des Études anciennes*, 1904, p. 212; Kalinka, *Antike Denkmäler in Bulgarien*, p. 142, n. 157.

[Ἀπόλλ]ωνι Ἰητρ[ῶι. | Ὑπὲρ τῆ]ς Ῥοιμ[η|τάλκου υἱοῦ] βασι|[λέως Κότ]υος
5 κα[ὶ ‖ βασιλέ]ως Ῥο[ι|μητά]λκου υἱ[ω|νοῦ κ]αὶ Πυθο[δω|ρίδος β]ασι[λ]έω[ς |
10 Ῥοιμητά]λκου ‖ [γυναικὸ]ς Πολ[έ|μωνος δὲ] θυγατ|[ρὸς [1] ὑγ]ίας καὶ σ[ω|τηρίας]
15 εὐξάμ[ε|νος... Λ[ούκιος ‖ [....]ηνων...

1. De Rhoemetalce, rege Thraciae, et uxore Pythodoride cf. *Prosop. imp. rom.*, III, p. 131, n. 51, et supra n. 777.

1504. Thasi. — Mendel, *Bull. de corr. hellén.*, XXIV (1900), p. 273, n. 17.

Θρ(άξ) [1] | Νάρκισσος Ἑκαταίας | στε(φανωθεὶς) α΄ ἐνίκα.
Μορ(μίλλων) [1] | Κέρασος Ἑκατ[αίας] | νι(κήσας) α΄ στε(φανωθεὶς) ἀπελύ(θη).

1. Thrax, Murmillo, gladiatorum nomina. Cf. supra n. 840.

SARMATIA BOSPORUS

1505 = 888. Κοινόβουλος intelligendum non de eo qui in curia sed in communi provinciae (κοινόν) sedet, nos benigne monuit Fr. Cumont; quod jam docuerat Waddington, ad. n. 11706.

1506 = 911, 915 et sq. Dedit etiam Schürer, *Sitzungsber. der Berl. Akad.*, XIII, p. 200 et seq., qui Θεὸν ὕψιστον deum Judaeorum revera esse demonstravit.

AFRICA

1507. Thuburnicae, in arula. — Carton, *Comptes rendus de l'Acad. des Inscr.*, 1907, p. 383.

Πόλεως | εὐχή. Ἐ|πὶ Διφίλου | ἀρχάρχον‖τος [1].

1. Ita lapis.

1508. Thuburnicae. — Carton, *Comptes rendus de l'Acad. des Inscr.*, 1907, p. 383.

Τ. Σαλλούστιος.

CRETA ET CYRENAICA

1509. Gortynae. — G. de Sanctis et Paribeni, *Monum. antich. dei Lincei*, XVIII (1908), p. 333 et sq.

In antica.

5 Ἡ βουλὴ | καὶ ὁ δῆμος | τῶν Γορτυνίων | Τ. Φλα. Ξενίωνα ‖ τὸν εὐεργέτην | ἐπὶ πρωτοκόσ|μω Γαίω Τερεντί|ω Σατορνείλω.

In latere dextro.

Στηλο[ποίησις πασῶν] | τῶν καταλε[λεγμένων τοῖς] | κωδικίλλοις Φλα.
5 Ξενίωνος | ἡμερῶν ἥ[δε] · ‖ Πρὸ ια΄ καλανδ(ῶν) Μαίων [1] Ῥώμης γενεθλίω [2]. |
Πρὸ α΄ καλανδ(ῶν) Σεπτεμβρίων [3] Κομόδου Αὐ[τοκρ(άτορος) γενεθλίω] [4]. |
Νώναις Μαρτίαις [5] κρατήσει Αὐτοκράτορος Ἀν[τωνείνου] | Σεβ(αστοῦ) [6] καὶ
Λουκίλλης Σεβαστῆς [7] γενεθλίω. | Προ ιη΄ καλανδ(ῶν) Ἰανουαρίων [8] Λουκίου
10 Θεοῦ Σεβαστο[ῦ [9] γενεθλίω] [10]. ‖ Πρὸ ια΄ καλανδ(ῶν) Φλα. Ξενίωνος γεν[ε-
θλίω]. | Εἰδοῖς Ὀκτωβρίαις [11] Λαμπριοῦς καὶ Ξενοφίλου γεν[εθλίω]. | Προ ζ΄
καλανδ(ῶν) Αὐγούστων [12] Κλ. Μαρκελλείνης γε[νεθλίω].

« E una lista di giorni que la città di Gortyna dovrà festeggiare con mezzi lasciatile per testamento da Flavio Xenione. »

1. Die XXI mensis Aprilis. — 2. Natalis Urbis Romae; eadem dies sic inscripta est in calendario dicto **Philocali** : *Parilia : Natalis Urbis.* — 3. Die XXXI mensis Augusti. — 4. Jam nota erat natalis dies imperatoris Commodi ex Aelio Lampridio : « ... *natus est apud Lanuvium pridie kal. Sept. patre patruoque consulibus* » (*Vita Commodi*, 1, 2). — 5. Die VII Mensis Martii. — 6. Hinc primum certo novimus qua die mortuus sit Pius et imperium adeptus sit M. Aurelius Antoninus (cf. Lacour-Gayet, *Antonin le Pieux et son temps,* p. 437, not. 1). — 7. Lucilla, L. Aurelii Veri Augusti uxor, cujus adhuc latebat dies natalis. — 8. Die XV mensis Decembris. — 9. L. Aurelius Verus, qui diem obiit ineunte anno 169 p. C. n. et Divus factus est. — 10. Jam nota erat dies natalis L. Aurelii Veri ex **Julio** Capitolino : « *Natus est Lucius Romae in praetura patris sui XVIII kal. Januariarum die* » (*Vita Veri*, 1, 8). — 11. Die XV mensis Octobris. — 12. Die XXVI mensis Julii.

Cf. quae disseruit de eo titulo J. Toutain in *Bulletin des Antiquaires de France*, 1908, p. 350.

1510. Gortynae, in templo Apollinis Pythii. — G. de Sanctis et Paribeni, *Monum. antich.*, XVIII, p. 318.

Αὐτοκράτορα Καίσαρα | Μ. Αὐρήλιον Ἀντωνεῖνον | Εὐσεβῆ Σεβαστὸν [1] |
5 Παρθικὸν μέγιστον ‖ Πρεταννικὸν μέγιστον | Γερμανικὸν μέγιστον [2] |
Ὀλύμπιον [3].

1. Caracalla. — 2. Post annum 213. — 3. Cognomen perraro Caracallae inditum.

1511. Gortynae, prope Pythium. — G. de Sanctis et Paribeni, *Monum. antich.*, XVIII, p. 354 sq., n. 9.

..ωριων.. [τοῦ ἀνθρώπων γέ]νους δεσπότην | Αὐτοκράτορα Καίσαρα Μᾶρκον
Αὐρήλιον Οὐαλέριον | Μαξιμιανὸν Εὐσεβῆ Εὐτυχῆ Ἀνείκητον Σεβαστὸν [1] |
5 τὸν ἑαυτοῦ καὶ τῆς εἰκουμένης δεσπότην ‖ Μᾶρχος Αὐρήλιος Βύζης ὁ διαση-
μότατος ἡγεμών | τῆς Κρήτης [2].

1. Inter annos 286 et 305. — 2. Cf. n. 1512.

1512 = 973. Gortynae. — G. de Sanctis et Paribeni, *Monum. antich.*, XVIII, p. 355.

...... Γ]αλέριον | τὸν ἐπιφανέστατον καὶ ἀνδρειότατον [Καίσαρα] [1] | τὸν
ἑαυτοῦ καὶ τῆς οἰκουμένης [δ]εσ[πότην] | Μᾶρχος Αὐρήλιος Βύζης ὁ διαση-
5 μό[τατος ἡγεμών] ‖ τῆς Κρήτης.

1. Inter annos 292 et 305. — Cf. titulum praecedentem.

1513. Loco nunc dicto Ini. — G. de Sanctis et Paribeni, *Monum. antich.*, XVIII, p. 365.

Ἐπὶ ὑπ[άτων .... Σε]‖βαστο[ῦ ......] | καὶ Λευκίου Σειλίο[υ......
5 ἀνθ]|υπάτου [1] καὶ Λευκίο[υ ....] ‖| δὲ πρωτοκόσμου...

Quae sequuntur nullo modo ad res romanas pertinent.

1. Praeses ignotus.

1514. Gortynae, in basilica christiana. — G. de Sanctis et Paribeni, *Monum. antich.*, p. 329.

Πόπλιο[ς] Γράνιος Σπορί|ου υἰὸς Κολλείνα [1] Ῥοῦρος | Γορτυνίων πρόξενος |
⁵ καὶ πολείτας αὐτὸς ‖ καὶ ἔκγονοι.

1. Collina tribu.

1515. Gortynae, in basilica christiana. — G. de Sanctis et Paribeni, *Monum. antich.*, XVIII, p. 327-328.

Post alia.

Γ. [Λ]υτάτιος Κρίσπος στρα|τιώτης Πτο(λεμαικὸς) Γορτυνίων πρόξε|νος καὶ
πολίτας αὐτὸς καὶ ἔγγονοι.

« Può stupire il nome romano di questo soldato tolemaïco; ma forse si tratta di uno dei gregari del piccolo corpo lasciato da A. Gabinio in Egitto dopo ch' egli vi ebbe ricondotto Tolemeo Auleta (55 av. Cr.), corpo che fece in seguito parlare e non troppo favorevolmente di sè (Val. Max., IV, 1, 15; Caes., *Bel. civ.*, III, 4, 103, 110; Dio., XLII, 5). »

1516. Gortynae, in basilica christiana. — G. de Sanctis et Paribeni, *Monum. antich.*, XVIII, p. 326.

⁵ Κ. Μουνατίδιον | Μάξιμον ἑκατον|τάρχαν, Γορτυνί|ων πολίτας, αὐ|τὸς καὶ
ἔγγονοι.

1517 = 1030. Cyrenis. — Lapidem a sinistra fractum vidit et ectypum denuo sumpsit H. Méhier de Mathuisieulx.

1518 = 1035. Cyrenis. — Lapidem vidit et ectypum denuo sumpsit de Mathuisieulx.

⁵ Vv. 4-5 : ... Ἀπόλλωνι Μυρτώῳ Μ. Ἀντώνιος ‖ Γέμελλος ἐκ τῶν τοῦ
Ἀπόλλωνος.

INDICES

Composuit J. Toutain.

I

NOMINA VIRORVM ET MVLIERVM

N. B. Nomina perscripta litteris quadratis sunt virorum mulierumque ordinis senatorii.

———

Ἀβιδία Ἀγριππῖνα, 404.

Γ. Ἀβίδιος Τροφιμιανός, 101.

Ἁδριάνιος Δημητριανός, 703.

Αἰλία Βικτωρία, 184.

ΑΙΛΙΑ ΚΑΙΚΙΛΙΑ ΦΙΛΙΠΠΗ, 371.

Αἰλία Μάξιμα, 185.

Π. Αἰλία Ὀλυμπ[ία], 614.

Πουπλία Αἰλία Παρθενίς, 1009.

Αἰλία Συντυχία, 219.

Αἰλία Φαβιανή, 363.

Ποπλ. Αἴλιος Ἀμμώνιος, 623.

Π. Αἴλιος Ἀντιγενίδης, 442.

Κόιντος Αἴλιος Ἀντιοχεύς, 1019.

Αἴλιος Ἀντίπατρος, 130.

Πο. Αἴλιος Ἀντώνιος Ζωίλος, 600.

Πόπλιος Αἴλιος Ἀριστείδης Θεόδωρος, 1070.

Πο. Αἴλιος Ἁρποκρατίων ὁ καὶ Πρόκλος, 800.

Π. Αἴλιος Ἀσκληπιάδης, 181, 182.

Γάιος Αἴλιος Αὐρήλιος Ἀντώνιος, 1062.

Αἶλις Ἀχιλλεύς, 510.

Π. Αἴλιος Γάιος, 608.

Αἴλιος Δημήτριος, 1081.

Πούπλιος Αἴλιος Εἰσίδωρος, 40.

Τ. Αἴλιος Ἔρως, 52.

Αἴλιος Εὐτύχης, 1325.

Π. Αἴλιος Καλπούρνιος, 598.

Αἴλιος Κλαύδειος, 1413.

Αἴλιος Λούκιος, 1438.

Αἴλιος Μεστριανός, 1401.

Πόπλιος Αἴλιος Μηνιανός, 580.

Ἕλεις (= Αἴλιος) Μοσχιανός, 394.

ΤΙΤ. ΑΙΛ. ΝΑΙΒ. ΑΝΤΩΝΙΟΣ ΣΕΒΗΡΟΣ, 134.

Αἴλιος Παυλῖνος, 595.

Π. Αἴλιος Πορκιανός, 143.

Π. ΑΙΛΙΟΣ ΣΕΟΥΗΡΙΑΝΟΣ ΜΑΞΙΜΟΣ, 794.

Αἴλιος Σωκρατικός, 1325.

Π. Αἴλιος Φαίδιμος, 330.

Αἴλιος Φαῦστος, 183.

Αἴλιος Φιλόκαλος, 184.

Ἀρέλλιος Φοῦσκος, 102.
Ἀρρία Ἀρτεμισία, 201.
Ἄρριος, 336, 1350.
Ἄρριος Οὐίκτωρ, 1113.
Γν. Ἄρριος Στρατοκλῆς, 201.
ΑΡΤΩΡΙΟΣ, 606.
Μ. Ἀσίνιος Εὐφράνωρ, 1029.
Ἀσίννιος Ἀμίαντος, 502.
Γ. ΑΣΙΝΝΙΟΣ ΝΕΙΚΟΜΑΧΟΣ ΙΟΥΛΙΑ-
ΝΟΣ, 502.
Ἀτείλιος Βάρβαρος, 453.
Λ. Ἀτείλιος Καισειλιανός, 400.
Ἀτείλιος Πρειμιανός, 860.
ΑΤΙΝΙΑ, 209.
ΑΤΙΟΣ ΚΕΛΕΡ, 725.
Κ. ΑΤΙΟΣ ΚΕΛΕΡ, 724.
Κ. ΑΤΡΙΟΣ ΚΛΟΝΙΟΣ, 717.
Ἄττιος, 54.
Κ. ΑΤΤΙΟΣ ΚΕΛΕΡ, 756.
Ἄττιος Τερτιανός, 740.
Ἄττις, 54. Cf. Ἄτιος.
Λ. Αὔδιος Καμερεῖνος, 210.
Μᾶρχος Αὔλιος Ὄλυμπος, 178 g.
Αὐρηλία, 1097.
Αὐρηλεία Ἀντωνεία, 212.
Αὐρ. Ἐλπινείκη, 34.
Αὐρελία Ἐμιλία, 629.
Αὐρηλία Εὐτυχία, 226.
Αὐρ(ηλία) Κύριλλα ἡ καὶ Ὑπερεχία,
228.
Αὐρ. Οὐαλερία, 780.
Αὐρηλία Πρόσοδος, 229.
Αὐρηλία Ῥηγεῖνα, 190.
Αὐρ. Σαβίνα, 586.

Αὐρηλία Σπαρτειανή, 505.
Αὐρηλία Τατία, 230.
Αὐρηλία Τύχη, 868.
Αὐρηλία Φηλικίτας, 535.
Αυρ. Φλαουία Ἀρρία, 427.
Αὐρ., 550.
Αὐρήλιος, 826.
Λούκιος Αὐρήλιος, 1214.
Μᾶρκος Αὐρήλιος...., 1104.
Αὐρήλιος Ἀγαθίας, 211.
Μ. Αὐρήλιος Ἀγησίλαος, 312.
Αὐρήλιος Αἴλιος ὁ καὶ Νᾶνος, 887.
Αὐρ. Ἀλέξανδρος, 1481.
Αὐρήλιος Ἀλέξανδρος, 1130.
Μ. Αὐρ. Ἀλέξανδρος, 29.
Μ. Αὐρ. Ἀμέριμνος, 797.
Αὐρ. Ἀντίοχος, 426.
Αὐρήλιος Ἀντωνεῖνος, 925, 926.
Αὐρήλιος Ἀντωνῖνος, 1213.
Αὐρήλιος Ἀντώνιος, 212.
Μ. Αὐρ. Ἀπολλόδωρος, 762.
Αὐρ. Ἀπολλώνιος, 673.
Μ. Αυρ. Ἀπολλώνιος ὁ καὶ Ὠριγένης,
213.
Μ. Αὐρήλιος Ἀπολλῶνις, 1179.
Αὐρήλιος Ἀρτεμίδωρος, 481.
Μ. Αὐρήλιος Ἀρτεμίδωρος, 443.
Αὐρ. Ἀσκληπιάδης, 769.
Αὐρήλιος Ἀσκληπιάδης, 1060.
Μ. Αὐρήλιος Ἀσκληπιάδης, 152, 153,
154.
Αὐρ. Ἀσκληπιόδοτος, 743.
Αὐρ. Ἀστικός, 679.
Αὐρήλιος Ἄτταλος, 220.

Γ. Βαλέριος Ἑρμαίσκος, 377.
Γάιος Βαλέριος 'Ια... Μάξιμος, 1355.
Βαλέριος Κωμάζων, 103.
Βαλέριος Μυστικός, 415.
Cf. Οὐαλέριος.
Λ. Βέδ(ιος)? 542.
ΒΕΛΛΙΚΙΟΣ ΤΟΡΚΟΥΑΤΟΣ ΤΗΒΑΝΙΑ-
ΝΟΣ, 698.
Τέρτιος Βεχίλιος, 523.
Γάιος Βένιος Κέλερ, 1243.
Βετρουβία Μαξίμιλλα, 415.
Βετρούβιος Εὐέλπιστος, 415.
Βετρούβιος Φῆλιξ, 415.
Βεττίδιος Εὐτυχιανός, 805.
Τ. Βέττιος Δομιτιανός, 470.
Λ. Βηβήιος Κλάδος, 495.
Βολουμνία Κάληδα, 969, 971.
Βρίττιος Πραίσης, 464.

Γα[β]ίνιος, 13.
Γαβίνιος Θαΐμος, 1249.
Μ. Γάβιος Δίος, 347.
Γάιος Γαλέριος, 1150.
Γαμουρῆνα Κοσμίας, 52.
Λ. Γέλλιος Πετικιανός, 236.
Γεμινία Μυρτάλη, 477.
Γεμίνιος Χρῆστος, 1179.
Μᾶρκος Γήννιος Κορβούλων, 1337.
Κ. Γλίτιος 'Ατείλιος 'Αγρίκολα, 478.
Γράνιος 'Ροῦφος, 453.
Πόπλιος Γράνιος 'Ροῦφος, 1514.
Γράνιος 'Ρωμανός, 389.

Δεκομία Συρίσκα, 493.
Δομίτιος, 1333, 1337.
Λ. Δομίτιος..., 453.
Δομίτιος 'Αρριανός, 1363.
Δομίτιος 'Ασιατικός, 452.
ΔΟΜΙΤΙΟΣ ΔΟΜΝΕΙΝΟΣ, 789, 790, 791,
792.
Γάιος Δομίτιος Καπίτων, 1337.
Δομίτιος Κέλσος, 1332.
Δομίτιος Λέπιδος, 453.
Μᾶρκος Δομίτιος Μάξιμος, 1337.
Γάιος Δομίτις Μαρτιᾶλις, 1337.

'Εγνατία Βρισηίς, 366.
Α. 'Εγνάτιος Πάστορ, 2.
Εἰουλία Λαΐς, 288.
'Ελλάδιος Μάξιμος, 74.
Π. 'Ελουίδιος Δύνας, 682.
Γάιος 'Εμιλεῖος, 1355.
ΛΟΥΚΙΟΣ ΕΠΙΔΙΟΣ ΤΙΤΙΟΣ ΑΚΥΛΕΙ-
ΝΟΣ, 1019.
'Ερέννιος, 1131, 1241.
'Ερέννιος 'Απρωνιανός, 1354.
'Ερέννιος 'Ηρακλιανός, 735.
'Ερέννιος Μνηστήρ, 452.
'Ερέννιος Νικιανός, 1354.
'Ερέννιος Στράτων, 1131.

Ζουλία, 237.
Ζουλίαι Εἰρίνηι (dat.), 185.

Ἰούλιος Μάιορ Ἀντωνῖνος, 57, 95.

Ἰούλιος Μακρῖνος, 1349.

Γ. Ἰούλ. Μάξιμος, 675.

Ἰούλιος Μάρεινος, 1364.

Γάιος Ἰούλιος Μαρεῖνος, 1324.

Τ. Ἰούλιος Μασκλίων, 52.

Κύιντος Ἰούλιος Μείλητος Εἰωνικός, 167.

Κυίντος Ἰούλιος Μίλητος, 168.

Ἰούλιος Μενέμαχος, 372.

Ἰούλιος Μενέστρατος, 908.

Γ. Ἰούλιος Οὐάλενς, 782.

Μᾶρκος Ἰούλιος Οὐάλενς, 1337.

Ἰούλιος Οὐαλεντεῖνος, 134.

Ἰούλιος Οὐηστῖνος, 1119.

Λεύκιος Ἰούλιος Οὐηστῖνος, 136, 1124, 1125, 1374, 1379.

Γάιος Ἰούλιος Πάπειος, 1300.

Τιβέριος Ἰούλιος Πρεῖσκος, 1353.

Γάιος Ἰούλιος Πρόκλος, 777.

Ἰούλιος Πρόκλος Ἀρτ(εμίδωρος)?, 452.

Γ. Ἰούλιος Ῥηγῖνος, 469.

Γάιος Ἰούλιος Σεουῆρος, 1147.

Ἰόλιος Σερῆνος, 428.

Γ. Ἰούλιος Συντροφιανός, 470.

Γ. Ἰούλιος Σωσίβιος, 272.

Τιβέριος Ἰούλιος Τάρσος, 429.

Ἰούλιος Τείμαρχος, 1303.

Ἰούλιος Τελεσεῖνος, 890.

Γ. Ἰούλιους? Τελεσφόρος, 273.

Τιβέριος Ἰούλιος Τοῦλλος, 801.

Γ. Ἰούλιος Ὕμνος, 815. .

Ἰούλιος Φρόντων, 627.

Γάιος Ἰούλιος Φρόντων, 1343.

Ἰούλ. Χοφάρνης Ἀφροδείσιος, 871.

Ἰούνιος...., 453.

Γ. Ἰούνιος Ἀκύλας Νεώτερος, 430.

Τίτος Ἰούνιος Ἀρτεμᾶς, 1019.

Λ. Ἰούνιος Εὐήμερος, 277.

Μ. Ἰούνιος Λουκιανός, 577.

Ἰούνιος Σαβῖνος, 1299.

Ἰούνιος Τελεσφόρος, 273.

Κάδιος Λόγγος, 1332.

Καικειλία, 497.

Καικιλία Σεκουνδεῖνα, 1390.

Καικιλία Τρεβοῦλλα, 1190.

Λούκειος Καικείλιος Σωκράτης, 1250.

ΚΑΙΚΙΛΙΟΣ ΜΑΤΕΡΝΟΣ, 745.

ΚΟΙΝΤΟΣ ΚΑΙΚΙΛΙΟΣ ΜΕΤΕΛΛΟΣ, 955.

Λ. Καικίλιος Μέτελλος, 501.

Κ. Καικίλιος Ῥηγῖνος, 469.

ΚΟΙΝΤΟΣ ΚΑΙΚΙΛΙΟΣ ΡΟΥΦΕΙΝΟΣ, 968.

ΚΑΙΚΙΛΙΟΣ ΣΕΡΟΥΕΙΛΙΑΝΟΣ, 713.

Γ. ΚΑΙΚΙΝΑ ΛΑΡΓΟΣ, 741.

Καίλιος Κυείντος Φιλοπάτωρ, 278.

ΚΑΙΟΝΙΟΣ ΚΟΜΟΔΟΣ, 514.

Καλβείσιος Μνηστήρ, 517.

Καλπουρνία Ζωτική, 280.

Καλπόρνιος, 1333.

Καλπούρνιος, 1337.

Γ. Καλπ. Ζωτικός, 280.

Γ. Καλπούρνιος Οὐῆρος, 469.

ΛΕΥΚΙΟΣ ΚΑΛΟΠΟΡΝΙΟΣ ΠΕΙΣΩΝ, 1021.

Καλπούρνιος Σαβεῖνος, 1154.

Καλπρόνιος (sic), 1333.
Κάνιος Κοδρᾶτος, 281.
Γάιος Κάσιος Κέλερ, 1051.
Κασσία, 1350.
Κάσσιος Δαμάσιππος, 817.
Λ. Κάσσιος Εὐτύχης, 390.
Λ. Καστρίκιος Προύδης, 512.
Κατίλιος, 1295.
Λ. Κατίλιος Χρυσέρως, 347.
Κειωνία Πλαυτία, 112.
Γ. ΚΕΣΤΙΟΣ, 495.
Μᾶρκος Κίνκιος Νιγρεῖνος, 779.
Κλαυδία, 1215.
Κλαυδία Ἀγλαΐς, 288.
Κλαυδία Ἀθηνάριον, 1043.
Κλαυδία Ἀντωνίνη, 454.
Κλ. Εὐτυχία, 320.
Κλαυδία Θαλλούσα, 287.
Κλαυδία Καλλικράτεια, 483.
Κλ. Μαρινιανή, 289.
Κλ. Μαρκελλεῖνα, 1509.
Κλ. Μοντανά, 706.
Κλαυδία Πίστη, 76.
Κλαυδία Πῶλλα, 1043.
Κλαυδεία Σαβεῖνα, 281.
Κλαυδία Τιβερία Σωστράτα, 804.
Κλαυδία Φιλορωμαία, 1082.
Κλαύδιος, 787.
Τι. Κλαύδιος.., 1031.
Κλαύδιος Ἀγαθεῖνος, 360.
Κλαύδιος Ἀγαθήμερος, 282.
Κλαύδιος Αἰνέας, 930.
Τι. Κλαύδιος Ἄλκιμος, 283.
Τ. Κλαύδιος Ἀνδρόνεικος, 818.

Τιβ. Κλαύδιος Ἀντισθένης, 1438.
Τι. Κλαύδιος Ἀπίων, 1082.
Κλαύδιος Ἀπολλινάριος, 1273.
Τιβέριος Κλαύδιος Ἀπολλινάριος, 1148.
Τι. Κλαύδιος Ἀπολλινάριος, 1286.
Κλαύδιος Ἀπολλώνιος, 156.
Κλαύδιος Ἀρίστανδρος, 1029.
Λ. ΚΛΑΥΔΙΟΣ ΑΡΡΙΑΝΟΣ, 438.
Τι. Κλαύδιος Ἄρχιππος, 1030.
Τι. Κλαύδιος Ἀσκλαπός, 1029.
Κλαύ. Ἄτταλος, 682.
Τιβ. Κλαύδιος Αὐρηλιανὸς Πτολεμαῖος, 454.
Κλαύδιος Β..., 1215.
Τιβέριος Κλαύδιος Βάλβιλλος, 1110.
Τι. Κλ. Βειτάλιος, 287.
Τι. Κλ. Οὐιτάλιος, 287.
Τι. Κλαύδιος Βοινόβιος, 986, 992, 996, 998.
Κλαύδιος Γέμινος, 1193.
ΤΙΒ. ΚΛ. ΔΕΙΚΑΙΟΣ Ο ΚΑΙ ΙΟΥΛΙΑΝΟΣ, 1073.
Λ. Κλαύδιος Διόδωρος, 400.
Τιβέριος Κλαύδιος Εὐπρεπής, 1091.
Γνᾶιος Κλαύδιος Εὐτύχης, 59.
Τι. Κλαύδιος Ζηνᾶ, 781.
Κλ. Ζόσιμος, 284.
Τιβέριος Κλαύδιος Ἥρων, 1194.
Τι. Κλαύδιος Θεόπομπος, 677.
ΚΛ. ΙΟΥΛΙΑΝΟΣ, 380.
Κλαύδιος Ἰουλιανός, 1153.
Τι. Κλαύδιος Ἴστρος, 1029, 1031.
Κλαύδιος Ἰωσῆς, 388.
Τι. Κλαύδιος Καρνήδας, 1029.

T. Σουέλλιος ..., 1426.

T. ΣΟΥΕΛΛΙΟΣ ΜΑΡΚΙΑΝΟΣ, 584.

ΓΝ. ΣΟΥΕΛΛΙΟΣ ΡΟΥΦΟΣ, 1008.

Λ. Σούλλιος Λεωνίδης, 385.

K. Σουλπίκιος Μάξιμος, 350, 351, 352.

Σερ. Σουλπίκιος Πρεισχεῖνος, 647.

Σουλπίκιος Σερηνός, 1207.

Σερ. Σουλπίκιος Φῆστος, 647.

Γ. Στάλκιος Λειβεράριος, 422.

Στατιλία Ἐλπιδία, 639.

ΣΤΑΤΕΙΛΙΟΣ ΒΑΡΒΑΡΟΣ, 746, 747.

ΣΤΑΤΙΛΙΟΣ ΒΑΡΒΑΡΟΣ, 787.

Στατείλιος Κριτωνιανός, 795.

Στατίλιος Μάξιμος, 1226.

Στατία Σκρειβωνία Φρετηνσία, 494.

Στάτιος Κοδρᾶτος, 107.

Στοτουήσιος Ἀρπαήσιος, 1115.

Πόπλιος Τάδιος Ζώσιμος, 836.

... ΤΑΜΠΙΟΣ ΦΛΑΟΥΙΑΝΟΣ, 513.

K. Τείνειος Ροῦφος, 87.

Τερεντία Ἄκτη, 273.

Τερεντία Παραμόνη, 459.

Τερέντιος, 1300.

Τερέντιος Ἀλέξανδρος, 1273.

Τερέντιος Ἀνείκητος, 273.

Γάιος Τερέντιος Δημοσθένης, 929.

ΑΥΛΟΣ ΤΕΡΕΝΤΙΟΣ ΟΥΑΡΡΩΝ, 843.

Γάιος Τερέντιος Σατορνεῖλος, 1509.

Τεττία Κάστα, 453.

Γάιος Τέττιος Ἀφρικανὸς Κασσιανὸς Πρίσκος, 1098.

Τέττιος Μάχερ, 970.

A. Τιτίνιος, 467.

Τιτία Ἐλπίς, 355.

Μᾶρκος Τίττιος, 1024.

Τίτιος Ἀχιλεῖνος, 432.

M. Τιτιους Ζηνοβιους (sic), 355.

M. Τίτιος Ἰανουάριος, 326.

Τογγίλιος Κόσμος, 817.

Λεύκιος Τοννήιος Ἀντέρως, 1076.

Τουχούρνιος Διοτέλης, 1000.

Τουρράνιος, 1295.

Γάιος Τουρράνιος, 1109.

Τρανκουίλλιος Ροῦφος, 453.

Λ. Φαβέριος Λ. υἱὸς Σεργία, 118.

Φαβία, 495.

Φαβία Αἰλία Φαβιανή, 363.

Φάβιος, 1247, 1278.

ΚΟΙΝΤΟΣ ΦΑΒΙΟΣ, 1021.

Λ. ΦΑΒΙΟΣ ΚΕΙΛΩΝ, 138.

Φάβιος Ὀνήτωρ, 363.

Φάνιος Σευῆρος, 1258.

Φλαβία Ἀλβίνα, 403.

Φλαουία Δόξη, 324.

Φλαουία Σερουάνδα, 364.

Φλαβία Φῆστα, 319.

Φλαβία Φορτουνᾶτα, 449.

Φλάβιος, 1408.

Φλάουιος ... 500.

Φλάουιος, 644.

Λεύκιος Φλάβιος..., 817.

Μᾶρκος Φλάουιος..., 767.

Πούπλιος Φλάουιος..., 655.

Φουλβία Σατουρνῖνα, 141.
? Φούλουιος Ἀπελλῆς, 413.
Φούλβιος Πρόβος, 450, 453.
Λούκιος Φουνεισουλανὸς Χαρείσιος, 1203.
Λεύκιος Φούριος Κέλσος Μύθων, 975.

Σ. ΦΟΥΡΝΙΟΣ ΠΟΥΒΛΙΑΝΟΣ, 1479, 1480, 1495.
Cf. Φοόρνιος.
Φουρίκιος Κοιντιανός?, 609.
Αὖλος Φώλμιος Κρίσπος, 1164.

II

COGNOMINA VIRORVM ET MVLIERVM

N. B. Numeri qui uncis comprehenduntur significant eosdem homines in indice nominum praecedente comparere, qui extra uncos leguntur eos nomine carere aut nomen periisse.

Ἄβαβος, 853, 859.
Ἀβάσκαντος, 347.
Ἀβράαμ, 950.
Ἀβρελιανά (Aureliana), 231.
Ἄβρος, 815.
Ἀγαθεῖνος, [109], [360].
Ἀγαθήμερος, [282].
Ἀγαθίας, [211].
Ἀγαθόδαμος, 1011.
Ἀγαθοκλῆς, 8, 566, 1006, 1052, 1339.
Ἀγαθόπους, [320], 421, 1006?, [1235], [1236].
Ἀγαθός, 871, 900, 1080.
Ἀγάθ[ων]?, 660.
Ἀγαλματίς, 492.
Ἀγαπωμενός, 208.

Ἀγάσανδρος, 843.
Ἀγησίλαος, [312].
Ἀγήμων, 1024.
Ἀγλαΐς, [288].
Ἀγρίας, 139.
Ἀγρίκολα, [478].
Ἀγρίππας, 180, 528, [803], 821, 835, [1344].
Ἀγριππεῖνα, 364, [577], 635, [1210].
Ἀγριππεῖνος, 488.
Ἀγριππιανός, [150].
Ἀγριππῖνα, [404].
Ἀγριππῖνος, [980], [1013].
Ἀθηνάδης, 11.
Ἀθηνάριον, [1043].
Ἀθήνεος, 69.

Ἡρόσοδος, 658.
Ἡρόφιλος, 262.
Ἡρώδης, [673], [689], 1481.
— (Herodes Atticus), 193, 194, 195, 196.
Ἡρωίς, 767.
Ἥρων, [324], [389], 1122, [1194], 1278.
Ἡσιδώρα, 1167.
Ἡφαιστίων, [458], 1133.

Θαῖμος, 25, [1249].
Θαλασσίων, 848.
Θάλλος, 701, 729.
Θάλλουσα, [287], 892.
Θαμῖνις, 1326.
Θαργήλιος, 118.
Θαρσήνωρ, 833.
Θεάγγελος, 871.
Θεαγένης, 562.
Θεάδων, 614.
Θεμιστοκλῆς, [798].
Θεμίσων, [269].
Θεοδᾶς, 1438.
Θεοδοσία, 263.
Θεόδοτος, 389, 1024.
Θεοδώρα, 264, 841, 1050.
Θεόδωρος, 205, [597], 609, 662, [1070], [1211], 1438.
Θεόκριτος, 645.
Θεόμνηστος, 1311.
Θεόπομπος, [677].
Θεόνεικος, 917.
Θεοσέβιος, 1392.

Θεόφιλος, 265, 359, 460, [1083], [1439].
Θεόφραστος, 867.
Θεύγενης, 843.
Θεύδαμος, 843.
Θέων, 1096, 1112, 1132, 1175, 1196.
Θεωνᾶς, 1265.
Θήβη, 422.
Θησεύς, 240.
Θρασύανδρος, 843.
Θρασύδαμος, 843.
Θρασύμαχος, 843.
Θώραξ, 116.

Ἰα... [216], [1355].
Ἰάκου, 950.
Ἰαμούρ, Ἰαμούρας, 266 = 1385.
Ἰανουάριος, [326], 810, [927].
Ἰάσων, 645, [1102].
Ἴβηρος, [243].
Ἱεράβωλος?, 1169.
Ἱέραξ, 1060, [1074], [1081], [1083], 1093, 1244, 1271.
Ἱεροσῶν, 1438.
Ἱέρων, 298, 417.
Ἱερώνυμος, 1239, 1301, 1438.
Ἴλαρος, 817.
Ἰλάρα, 232.
Ἰναρῶς, 1205.
Ἰνπετρᾶτους, [463].
Ἰόνιος, 546.
Ἰουβένιος, [593].
Ἰούβενς, [722].
Ἰουλιανός, 25, 39, 41, [134], [380],

Οὐιτάλιος, [287].
Οὐλπιανός, 583.
Οὔλπιος, [760].
Οὐρβανά, 950.
Οὐρβανός, 950.
Οὐρβικός, 257.
Ὀφελλιανός, [1112].
Ὄψιμος, [287].

Παβῶς, 1230.
Πάγκαλος, [1029].
Παῆς, 1248.
Παήσιος, 1161.
Παιδέρως, 1022.
Παιώς?, 1289.
Πάχορος, [222].
Παλεμοῦς, 1151.
Παλατῖνος, 1224.
Παλμυρίς, 532.
Παμῖνις, 1171, 1172, 1173.
Παμοῦνις, 1136.
Πανάριος, 963.
Πανέρως, 437.
Πανεσνεῦς, 1085.
Πανίσκος, 1168, 1171, 1177.
Πανκρατής, 1085.
Πανκρατιάδης, 836.
Παννόνιος, [597].
Πανταλέων, 874.
Παντανδρίδης, 1005.
Πάνφιλος, 53.
Πάπας, 921.
Πάπειος, [1300].

Παπείριος, [387].
Παπίας, 326, 551, 705.
Παπίριος, [135].
Πάπτη, 948.
Παραιβάτης, [970].
Παραμόνη, [459].
Παρθένιος, 1171, 1172, 1173.
Παρθενίς, [1009].
Παρθενοκλῆς, 871.
Παρθενοπαῖος, [36].
Πάρθενος, 892.
Παρμενίων, 1308.
Παρμῶν, 646.
Πάρος, 98.
Πασῆμις, 1271.
Πασιχλεία, [1226].
Πασίνιχος, [935].
Πασίνους, 729.
Πασιτέλης, 171.
Πασίων, 501.
Πάστορ, [2].
Πασχασεία, 116.
Πασχασία, 116.
Πάτερνος, 563.
Πατρωῖνος, 96.
Πάτρων, 328.
Πατῶς, 1271.
Παυλεῖνα, [52], 329.
Παυλεῖνος, [448].
Παύλα, 330.
Παυλῖνος, [595].
Παυσανίας, 66, [421], 852, 1021.
Παυσῖρις, 1136.
Παυσσικρατής, 1021.

Ποσειδόνιος, 856.

Ποσειδώνιος, [634], [710], [730].

Ποσιδήιος, 1308.

Ποσιδώνιος, 673, 849, 1262.

Πόστομος, [1163], 1263.

Ποστουμίλλα, 375.

Πόστουμος, [1091].

Ποτάμων, 1078, 1223, 1400.

Ποτεολανός, [197].

Ποτιολανός, 553.

Πουβλιανή, 336.

Πουβλιανός, [1479], [1480], [1495].

Πούδης, 209, [450], [453], [688], 718, [719]. [720], [1333], [1471], [1472].

Πούλχερ, 4, 450, [469].

Πόωτος, 1140.

Πραίσης, [464].

Πραξίας, 843.

Πραξιφάντης, 843.

Πρεῖμα, 338.

Πρειμιανός, [860].

Πρειμιγένιος, [405].

Πρειμογενεία, 421.

Πρεῖμος, [882].

Πρεισχεῖνος, [564], [647].

Πρείσκιος, [631].

Πρεῖσκος, [27], [451], [810], [1260], [1353].

Πρενοπιλακιεβηκις?, 1269.

Πριμιανός, [1290].

Πριμιγενία, [733].

Πριμιγενιανός, [733].

Πρίσκος, 601, [1098], [1343].

Πριστ(ῖνος), [540].

Πρόβος, [450], [453].

Πρόδικος, 85.

Πρόκλα, 339.

Πρόκλος, 16, [49], [224], [289], 339, [439], [452], 689, 732, [777], [800], 861, [888], [1175], 1280, 1438.

Προχυληιανός, 1256.

Προμαθίων, 659.

Πρόμος, 1332.

Πρόσοδος, [229].

Προύδης, [512].

Πρωτᾶς, 1307.

Πρωτεύς, [129].

Πρωτόμαχος, 1393.

Πρῶτος, 940, 943.

Πτολεμαῖος, [454], [506], 1030, 1151, 1188, 1247, 1302, 1310, 1311.

Πτόλλις, 1168, 1171, 1177.

Πυθοκλῆς, 158.

Πύρρος, [968], 972.

Πωλίων, 732, [1057].

Πώλλα, [1043].

Πωλλήτα?, 1361.

Πωλλίων, [450], 1429.

Ῥαδάμασις, 871.

Ῥαισκήπορος, 682.

Ῥεστιτοῦτα, 283.

Ῥεστοῦτα, 116.

Ῥεστουτιαν(ός), 940.

Ῥεστοῦτος, 116.

Ῥηγεῖνα, [190], 740.

Ῥήγιλλα, [193], [194].

Ῥηγῖνος, [469].
Ῥήχτος, [1165].
Ῥόδιος, 1373.
Ῥόδων, 130, [889].
Ῥουστικός, 209, 766.
Ῥουφεῖνα, 16, [385], [422], 645.
Ῥουφεῖνος, [100], 340, [448], 854, [968], [1494].
Ῥουφῖνος, 839.
Ῥουφίλλα, 1195.
Ῥουφινιανός, 739.
Ῥουφῖνα, 292.
Ῥουφῖνος, [670], [686], [667].
Ῥοῦφος, [77], [87], 139, [156], 422, [453], [525], 545, 601, 603, [707], 739, [1008], [1036], [1152], [1183], [1236], 1300, [1438], [1514].
Ῥωμανός, [389].
Ῥώμη, 341, 910.
Ῥωμουλίς, 809.

Σάαδος, 25.
Σαβαστιανός, [586].
Σαββαταῖος, 1318.
Σαβεῖνα, [281].
Σαβεινιανός, 1071.
Σαβεῖνος, 202, 680, [1062], 1123, [1154], 1344.
Σαβῖνα, [586].
Σαβῖνος, [781], [1299].
Σάγαρις, 464.
Σαδάλας, 775.
Σαχέρδως, 424.

Σαχλεύς, 871.
Σαλβιανός, [614].
Σάλεμος, 927.
Σαλλούστιος, [614].
Σαλόμων, 945.
Σαμάννηρος, 1271.
Σαμβίων, 920.
Σανσνώς, 1271.
Σαπαῦλις, 1231.
Σαπάυτουλος, 946.
Σάπηδα, 116.
Σαραπᾶς, 1244.
Σαραπιάς, 1050.
Σαραπίων, [381], 604, 1029, 1031, 1050, 1060, 1067, 1079, 1132, 1151, 1164, 1185, 1199?, 1266, 1306, 1310, 1352.
Σαραπόδωρος, 1048.
Σαραποῦς, 1234.
Σατορνεῖλος, [1149], [1509].
Σατορνεῖνος, 342, 343, 559, [754], 1438.
Σατορνῖλος, [1332].
Σατορνῖνος, 347.
Σατουρνεῖνος, [225], [796], 797, 1358.
Σατουρνῖνα, [141].
Σατουρνῖνος, 1474.
Σατυρίων, 599.
Σάτυρος, [88], 603, 833.
Σά.χαδος, 617.
Σεβαστιανός, 1397, [1432].
Σεβῆρος, [134], 491.
Σειβυρίων, 501.
Σεχονδεῖνα, [375].
Σεχοῦνδα, 345.

Σεκουνδεῖνα, [1390].

Σεκουνδῖνος, 944.

Σεκοῦνδος, 385, 817, 896, 1462.

Σέλευκος, 851, 1060.

Σελλάφης, [496].

Σενεκίων, [754], [796].

Σενσαώς, 1232.

Σενγῶννσις, 1231.

Σέξστος, 14.

Σεουηριανός, 427, [794].

Σεουῆρος, [102], 449, [451], [453]?
     [524], 1143, [1147].

Σέπθιμα, 949.

Σεράμμων, 373.

Σεραπίων, 447.

Σερᾶς, 1301.

Σερῆνος, [272], 348, [380], [384], 391,
     [428], 1060, [1207], [1270], 1275,
     1288, 1310.

Σερουάνδα, [364].

Σερουειλιανός, [713].

Σευηριανός, [785].

Σευῆρος, [1258].

Σεφαῖρος, 1084.

Σιθήτης, 349.

Σιδωνία, 1387.

Σιεωμοις?, 1240.

Σικελή, [308].

Σιλβανός, [808].

Σιλουανός, 26, [513].

Σί...μος, 1011.

Σίμων, 399.

Σίσεννα, [118].

Σκάπλας, [451].

Σκέλης, [709].

Σκευᾶς, 701.

Σκιπίων, [504], [954].

Σκίρτος, 646.

Σκόπιος, 852.

Σκόρτιος, 945.

Σόγους, 871, [873].

Σολπικιανός, [1018].

Σόλων, 970.

Σουαιροῦς, 1346.

Σουβατιανός, 1185.

Σουλπικιανός, [964], [1015], [1016],
     [1017].

Σούπερος, [624].

Σουπερστιανός, 941.

Σουσίων, 732.

Σοῦσος, 825.

Σοφία, 492.

Σοχώτης, 1117.

Σπαρτειανή, [505].

Σπόριος, 1514.

Σπουδᾶσις, 1224.

Στέφανος, 170, 171, 520?, [544].

Στράβων, [452].

Στρατοκλής, [201].

Στρατονείκη, 849.

Στρατόνεικος, [548], 916.

Στρατονίκη, 510.

Στρατόνικος, 1024.

Στράτων, 592, 900, 1023, 1024, [1131],
     1158.

Στροφῆς, 648.

Στρωμῶσος, 116.

Σύβαρις, 437.

Σύλλας, 175.
Σύμμαχος, 416, 1300.
Σύμφορος, [89], 353.
Συνέγδημος, 917.
Σύνεργος, [284].
Συνίστωρ, 1095.
Συντροφιανός, [470].
Συντυχία, [219].
Συρίσκα, [493].
Σύρος, 296.
Σφονγέος (gén. ?), 495.
Σωζόμενος, 248.
Σωκράτης, [226], 1080, [1250].
Σωκρατικός, [1325].
Σωμᾶς, 1438.
Σώνιχος, 1024.
Σῶρος, 1239.
Σωσανά, 480.
Σωσίβιος, [272].
Σωσιγένης, 1024.
Σωσικόσμιος, 1102, 1133.
Σώσιμος, [836].
Σωσίπατρος, 900.
Σωσίπολις, 468.
Σώσιππος, 1024.
Σωσίς, [1202].
Σωσίων, 834.
Σωστράτα, [804].
Σώστρατος, 804.
Σωτᾶς, 317, 1029, 1031.
Σωτήρ, 1151, 1229, 1232, 1233, 1234, 1329.
Σωτήριος, 1011, 1022.
Σωτήριχος, [354], 372.

Σωφρόνιος, 297.

Ταμίας, 1359.
Ταμῶνις, 1137.
Ταξιάρχης, 245.
Ταρουμᾶς, 1346.
Τάρσας, [676], 682, [831].
Τάρσος, [429].
Τατᾶς, 769.
Τάτιος, 1120.
Τατία, [230].
Τατιανός, 223, 1225.
Ταών, 348.
Τβῆχις, 1326.
Τειμαγένης, 970.
Τείμαρχος, [1303].
Τειμόθεος, 911, 1366.
Τειμοκράτης, 648.
Τελεσεῖνος, [324], [890].
Τελεσικράτης, 843.
Τελεσφόρος, [273], 942, 1031, [1432].
Τερεντιανός, [405].
Τέρπνος, [362].
Τερτία, [1047].
Τερτιανός, [522], [740].
Τέρτιος, [525].
Τερτυλλιανός, [581].
Τέρτυλλος, [575], [576], [598], [612], [614], [1418].
Τεῶς, 1205.
Τηβανιανός, [698].
Τηβέννιος, 297.
Τιβεριανός, [1138].

III

RES SACRA

1. Dii, deae, mythologica.

— πατρῴα, 57.

Εὐδικίη σθεναρή, 1393.

Εὔμολπος, 886.

Ζᾶν, 1295.

Ζβέρθουρδος θεός, 58.

Ζεύς, 84, 194, 203, 223 (?), 350, 367, 562, 831, 892, 1390.

— Ἀλααιβρηνός, 681.

— ὁ Δικταῖος, 1021.

— Ζβέλσουρδος, 781.

— Ἥλιος Ἄμμων θεὸς μέγιστος, 1205.

— Ἥλιος θεὸς μέγιστος, 1184.

— Ἥλιος μέγας βασιλεὺς Σάραπις, 1048.

— Ἥλιος μέγας καὶ φιλόκαισαρ, 1182.

— Ἥλιος μέγας Σάραπις, 100, 101, 107, 108, 144, 377, 1254, 1321.

— Ἥλιος μέγας Σάραπις καὶ οἱ σύνναοι θεοί, 381, 389, 390, 936, 1049, 1255, 1256.

— Ἥλιος μέγας Σάραπις ἐν Κανώβῳ, 1092.

— Ἥλιος μέγας Σάραπις ὁ ἐν Κανώβῳ καὶ πάντες οἱ θεοί, 1050.

— Ἥλιος μέγας Σέραπις ἐπὶ τῇ βάθρα, 1093.

— Ἥλιος Σάραπις, 1391.

— Ἥλιος Σέραπις, 475.

— Ἥλιος σωτήρ, 1153.

— καλούμενος Νεφώτας ὁ μέγιστος, 1279.

— Καπετώλιος, 61, 66, 67, 68, 743.

— Καπιτώλιος, 703.

— Κεραύνιος, 398, 563, 1387.

— Λοφείτης, 782.

— μέγας, 662.

— μέγιστος, 1138.

— μέγιστος Δολιχηνός, 737.

— Ξένιος, 71.

— Ὀκκολ ηνός, 560.

— Ὀκκονηνός ? 1396.

— Ὀλόνπιος (sic), 1413.

— Ὀλύβριος, 72.

— Ὀλύμπιος, 564, 565.

— Οὐράνιος, 350.

— πάτριος, 73.

— Σαρδενδηνός, 545.

— Σεβάζιος, 744.

— σωτήρ, 418, 871, 1020.

— σωτὴρ μέγας, 1295.

— ὕπατος, 75.

— ὕψιστος, 76.

— Φρύγιος, 458.

Ζήν, 203, 350.

— Αἰγίοχοος, 203.

— ὁ Δικταῖος, 1021.

Ἥβων ἐπιφανέστατος θεός, 430.

Ἡγεμών, 212.

Ἥρως κατα(χθόνιος) ? 619.

Ἥλιος, 350, 497, 892, 1322.

— ἀνίκητος, 542.

— Ἄρμαχις θεὸς μέγιστος, 1110.

— ἐπόπτης καὶ σωτήρ, 1110.

Θεὸς ὕψιστος, 873, 915, 916, 917, 918, 919, 920, 921.

— παντοκράτωρ εὐλογητός, 911.

Θρίψις, 1150.

Θυβριάδες, 194.

Ἰαμβαδούλη (dea), 58.

Ἰαρίβωλος, 46.

Ἱέραβλος θεὸς μέγιστος, 1169.

Ἰοχέαιρα, 194.

Ἶσις, 87, 431, 621, 1172, 1173, 1274, 1280, 1295, 1307.

Εἶσις, 187, 1045, 1048, 1111, 1299, 1321, 1370, 1391.

Ἶσις ἐν ἀτρίῳ, 1048, 1175.

— θεὰ μεγίστη, 1168, 1171, 1177, 1267.

— θεὰ μεγίστη καὶ οἱ σύνναοι θεοί, 1163.

— θεὰ μεγίστη Πάθυρις, 1268.

— θεὰ μεγίστη Πλουσία, 1044.

— Ἰναχίη, 1313.

— κυρία, 460, 1090, 1274, 1300, 1301, 1305, 1306, 1309.

— ἐν Μαλάλι θεὰ μεγίστη, 1111.

— ἡ ἐν Μενούθι, 1045.

— ἡ μεγίστη, 1302.

— μυριόνοιμος, 1310.

— μυριώνυμος, 1258, 1311, 1321, 1370, 1391.

— Νειλῶτις ἀγνή, 187.

— Ρεσαχέμις, 1271.

— ἡ σεμνή, 1308.

— ἡ Σενσκειτηνή, 1274.

— Φαρία, 1045, 1310.

— ἡ ἐν Φίλαις, 1310.

Ἰσιτύχη, 86.

— θεὰ ἐπήκοος, 86.

Ἰφιγένεια, 194.

Καδμειώνη, 194.

Κεκροπίδης, 194.

Κῆρυξ, (nomen heroicum), 194.

Κόρη, 88, 89, 195, 802.

— θεά, 603.

Κρονίδης, 84, 13.

Κρόνος, 194, 1313.

— θεὸς μέγιστος, 1172.

Κυνοσκεφάλης θεὸς μέγιστος, 1161.

Κύπρις, 239, 408.

Λαρρασσὼν θεός, 22.

Λευκοθέα, 10.

Λῆνος, cf. Ἄρης.

Λητοίδης, 203.

Λύαιος = (Dionysos), 90.

Μαδόλος (= Μανδοῦλις) θεὸς μέγιστος, 1341.

Μαδούδολος (= Μανδοῦλις?) θεὸς μέγιστος, 1333.

Μαλαχβῆλος, 44, 45.

Μανδοῦλις, 1340, 1353.

— θεὸς ἐπήκοος μέγιστος, 1343.

— θεὸς μέγιστος, 1332, 1334, 1335,
1337, 1344, 1345, 1348, 1350, 1354,
1355.
— ὁ κύριος, 1334, 1336, 1339, 1346,
1347, 1351.
Μάρων, 831.
Μέμνων, 1187, 1188, 1190, 1191, 1192,
1194, 1196, 1197, 1198, 1200, 1201,
1202, 1203, 1204.
Μήδυζις, 704.
Μήνη, 157.
Μητὴρ θεῶν, 92, 93, 212, 602, 705.
— ἀγραρία, 92.
Μητὴρ Τροχλιμηνή, 543.
Μίθρας, 544. Cf. Ἥλιος.
Μνημοσύνη, 1390.
Μοῖρα, 352, 365, 773.
— καλή, 414.
Μοῖραι, 16, 194, 270, 279, 340.
Μοῦσαι, 203, 208, 245? 307, 336, 346,
351, 365.
Ναβάρδης, 79. Cf. Μίθρας.
Ναιάδες, 91.
— λοετροχόοι, 91.
Νέμεσις, 94, 194.
— δέσποινα καὶ σύνναοι θεοί, 409.
— μεγάλη ἡ βασιλεύουσα τοῦ κόσ-
μου, 94.
Νῆσοι μακάρων, 194.
Νύμφαι, 408, 412, 706, 1152.
— νιτρώδεις, 411.

Ὄλυμπος, 350.

Ὄσειρις, 364.
Οὖπις.Ραμνουσία, 194.
Οὐρανίδαι, 350.

Παιάν (= Aesculapius), 96.
— Ἀσκληπιός, 37.
— Κοῦρος, 37.
— Νουσολύτης, κλυτόμητις, φερέσ-
βιος, δεσπότης, βιοδώτης, μάκαρ,
ἀκεσώδυνος, δώτωρ ὑγείης, 96.
Παῖδες, 495, 496.
Πάν, 8, 112, 1148, 1152, 1237, 1261.
— θεὸς μέγιστος, 1148, 1171, 1244.
— ὁ κύριος, 1235, 1245.
— καὶ οἱ σύνναοι θεοί, 1239, 1240.
Πασχῖτις, 1317.
Παφίη, 307.
Πειερίδες, 352.
Πέμσαος ὁ ἐπιφανέστατος τῶν πώποτε
θεῶν, 1276.
Περσείη (Hecate), 97.
— δαίμων πολύμορφος, μεισοπόνη-
ρος, 97.
Πετέσουχος, 1119, 1120, 1137.
— θεὸς μέγας, 1121.
Πηνελόπη, 360.
Πλούτων, 360, 603.
Πνεφερῶς, 1119, 1120, 1121.
Ποσείδων, 886, 907.
Ποσίδων σωσίνεος, 874.
Πρίωτος? θεὸς μέγιστος, 1271.
Πύθιος, 707.

2. Sacerdotia populi romani, provincialia, municipalia. Sacra varia.

Ἀέμυσος?, 1276.

— Σούχου θεοῦ, 1276.

Ἀμφιπολεύσας Θεῷ Αὐγούστῳ, 512.

Ἀμφίπολος (sacerdos Syracusis), 495, 496.

Ἀνθοφορίσασα, 841.

Ἀντιγραφόμενος, 817.

Ἀραί, 1021.

Ἀρχειερατική, 1419.

Ἀρχιδενδροφόρος, 614.

Ἀρχιερασάμενος, 630, 631.

— τῶν Σεβαστῶν, 312.

Ἀρχιερατεύσας, 1060, 1063.

Ἀρχιερατεύων, 114.

Ἀρχιερατική, 577.

Ἀρχιερατικός, 577, 580, 582, 593, 1419.

Ἀρχιέρεια, 630, 631, 635, 660, 1453.

Ἀρχιερεύς, 152, 173, 580, 583, 600, 632, 664, 690, 708, 745, 761, 762, 834, 964, 1029, 1096, 1425, 1453, 1493.

— Ἀδριανείου, 1060.

— Ἀλεξανδρείας καὶ Αἰγύπτου πάσης, 136.

— Ἀσίδος, 299.

— διὰ βίου τοῦ σύμπαντος ξυστοῦ, 446.

— Θεοῦ Αἰλίου Ἀντωνίνου καὶ τῶν

Σεβαστῶν, 1060.

— Θεοῦ Σεβαστοῦ, 963.

— ἱερᾶς συνόδου θυμελικῆς τῶν περὶ τὸν Διόνυσον τεχνιτῶν, 442.

— μέγιστος, cf. Ind. IV.

— Σεβαστῶν, 1060.

— τῆς Σερδῶν πόλεως, 690.

— Τιθοήους καὶ Ἄμμωνος, 1185.

— τοῦ Ἀπόλλωνος, 1096.

— τοῦ σύμπαντος ξυστοῦ (τῶν περὶ Ἡρακλέα ἀθλητῶν), 146, 149, 150, 151, 152, 153, 154, 155.

— τῶν κυρίων Σεβαστῶν, 1060, 1067, 1079.

— ἀποδεδειγμένος, 1060.

— τῶν Σεβαστῶν διὰ βίου, 876, 883, 885, 886, 898, 903, 909, 1060.

Ἀρχιερωσύνη τοῦ σύνπαντος ξυστοῦ, 156.

Ἀρχιερατεύσας, 1023.

Ἀρχιμυστῶν, 787.

Ἀρχιραβδουχῖσα (in collegio quodam sociorum Matris Magnae), 614.

Ἀρχισυναγωγός, 1077.

Ἀρχιυπηρέτης (Sarapidis), 389.

Ἄρχων (synagogae), 388.

Ἀρχωνῶν, 817.

Ἀσιάρχης, 198, 798.

Αὔγουρ, 376.

Βαχεῖον (collegium cultorum dei Bacchi), 787.

Γενέθλιον Ῥώμης, 1509.

Δεκαπέντε ἄνδρες, 93.
Δενδροφόροι, 614.
Δηῷον Τριόπιον, 194.
Δικτυαρχήσαντες, 817.
Δικτυαρχοῦντες, 817.
Διονύσια (feriae Dionysopoli in Moesia inferiore), 662.

Ἐπιμελητὴς τοῦ ἱεροῦ, 387.
Ἐξηγητεύσας, 1060, 1080, 1096.
Ἐξηγητής, 1074, 1080, 1096, 1097.
Ὁ ἐπὶ τῶν ἱερῶν, 898, 899.
Ἐπόπτης, 849.
Ἐφημερεύων, 817.
Ἐφόπται, 851.

Ζάκορος, 74, 103.

Θεραπευτὴς τοῦ φιλανθρώπου θεοῦ Ἀσκληπιοῦ, 826.
Θεωροί, 852.
Θεωρός, 1192.

Θραχάρχης, 707, 1451.
Θυσιασταί, 832.
Θύτης, 469.

Ἰαρές (= ἱερεῖς), 1028.
— τῶ Ἀπόλλωνος, 1029.
Ἰαριτεύων τῶ Ἀπόλλωνος, 1028.
Ἱερὰ γράμματα, 1110.
Ἱερὰ χρήματα, 850.
Ἱερὰ χώρα τοῦ Ζηνὸς τοῦ Δικταίου, 1021.
Ἱερασαμένη Μητρὶ θεῶν, 602.
Ἱερατεύσας, 865, 1037.
— Θεῷ Δολοχηνῷ, 601.
— Πλούτωνι καὶ Δήμητρι καὶ Θεᾷ Κόρῃ, 603.
— τοῦ πολιτεύματος τῶν Φρυγῶν, 458.
Ἱερατεύων, 787, 871.
Ἱερατικός, 295.
Ἱέρεια, 453, 495.
— Ἀρτέμιδος, 1037.
— Δήμητρος Θεσμοφόρου, 459.
— θεοῦ μεγάλου Διωνύσου, 385.
Ἱερεῖον, 1021.
Ἱερεῖς, 604, 682, 737.
— θεοῦ Σοχνοπαίου, 1118.
— τοῦ μεγίστου θεοῦ Ἀμονρασωνθήρ, 1208.
Ἱερεύς, 27, 78, 106, 594, 603, 614, 638, 662, 681, 698, 782, 832, 900, 915, 916, 917, 921, 1011, 1031, 1134, 1155.

Φροντιστής, 1286.

— ἱεροῦ Ἀφροδίτης θεᾶς νεωτέρας (scilicet Plotinae, Trajani uxoris), 1167.

Χοροστατῶν, 562.

Χρησμοὶ Θεοῦ, 1021.

— Ἀπόλλωνος, 1310.

3. Magica.

Ἅγια ὀνόματα, 117.

Ἅγιοι ἄγγελοι, 117.

Ἅγιοι πάρεδροι, 115.

Ἅγιοι χαρακτῆρες, 115, 116.

Ἅγιον ὄνομα, 422.

Ἀγις, cf. Ὄσιρις.

Ἀίδης, 194, 351, 360, 415.

— ὁ τῶν ὅλων βασιλεύς, 415.

— ὁ τῶν φθιμένων βασιλεύς, 415.

Αἰδώναι, 116.

Ἀνάγκη, 945.

Ἄγγελοι, 115, 117.

Ἀρχάγγελοι, 115.

Δαίμονες, 415, 950.

Εἰδώεα, Εἰδώνεα = Adonaï vel Adonis, 115.

Ἐνφέρνια, 115.

Εὐλάμων, daemo, 115, 116, 946, 947.

Ἐφέσια γράμματα, 939.

Ἤλ, 422.

Θεὸς ὁ ἐπάνω τοῦ οὐρανοῦ, ὁ καθήμενος ἐπὶ τῶν Χερούβι, ὁ διορίσας τὴν γῆν καὶ χωρίσας τὴν θάλασσαν, 944.

— ὁ ἐπὶ τῶν τειμωριῶν παντὸς ἐνψύχου, 945.

— ὁ ἔχων τὴν ἐξουσίαν τῆς ὥρας ταύτης, 945.

— ὁ ἔχων τὴν ἐξουσίαν τῶν χθονίων τόπων, 945.

— ὁ οὐράνιος, 945.

— ὁ παντὸς μύθου χυριεύων, 945.

— ὁ πατροπάτωρ, 945.

— ὁ πάσης μαγείας, 945.

— ὁ πλάσας πᾶν γένος ἀνθρώπων, 945.

— ὁ πρωτόγονος τῆς Γῆς, 945.

— ὁ τὴν διάνοιαν παντὶ ἀνθρώπῳ χαρισάμενος, 945.

— ὁ τὴν κοίμησιν δεδωρημένος καὶ ἀπολύσας ἀπὸ δεσμῶν τοῦ βίου, 945.

— ὁ τὴν ὅρασιν παντὶ ἀνθρώπῳ χαρισάμενος, 945.

IV

IMPERATORES EORVMQVE FAMILIA

Augustus.

Καῖσαρ, 1293.

Αὐτοκράτωρ Καῖσαρ θεὸς Σεβαστός, 1007.

Καῖσαρ Αὐτοκράτωρ θεὸς ἐκ Θεοῦ, 1116.

Αὐτοκράτωρ Καῖσαρ Θεοῦ υἱὸς θεὸς Σεβαστός, 833.

Αὐτοκράτωρ Καῖσαρ Θεοῦ υἱὸς Σεβαστός, 953, 1317.

Αὐτοκράτωρ Καῖσαρ θεὸς Θεοῦ υἱὸς Σεβαστός, 875.

Αὐτοκράτωρ Καῖσαρ Θεοῦ υἱὸς Σεβαστός ἀρχιερεύς, 1032, 1055, 1056.

Αὐτοκράτωρ Καῖσαρ Θεοῦ υἱὸς Σεβαστός, ὁ πάσης γῆς καὶ πάσης θαλάσσης ἄρχων, 901.

Αὐτοκράτωρ Καῖσαρ Σεβαστὸς Σωτὴρ καὶ Εὐεργέτης, 1294.

Αὐτοκράτωρ Καῖσαρ Θεοῦ υἱὸς Ζεὺς Ἐλευθέριος Σεβαστός, 1117, 1163, 1322.

Καῖσαρ Αὐτοκράτωρ Θεοῦ υἱὸς Ζεὺς Ἐλευθέριος Σεβαστός, 1206.

Καῖσαρ..., Ζὴν Ἐλευθέριος..., δεσπότης Εὐρώπας καὶ Ἀσίδος, 1295.

Αὐτοκράτωρ Καῖσαρ Θεοῦ υἱὸς Σεβαστὸς ἀρχιερεὺς μέγιστος, δημαρχικῆς ἐξουσίας εἰκοστῷ...., ὕπατος τρὶς καὶ δεκάκις, πατὴρ τῆς πατρίδος, (inter ann. 2 et 7 p. C. n.), 960.

Καίσαρος ἔτος β΄, 1095.

— ἔτος ϛ΄, 1116.

— ἔτος ιγ΄, 1114.

— ἔτος ιδ΄, 1301, 1302.

— ἔτος ιζ΄, 1359.

— ἔτος ιη΄, 1072, 1303.

— ἔτος κα΄, 1108.

— ἔτος κγ΄, 1295, 1304.

— ἔτος κε΄, 1290.

— ἔτος κϛ΄, 1109.

— ἔτος λα΄, 1163, 1305, 1306, 1307.

— ἔτος λϛ΄, 1117, 1367.

— ἔτος γλ΄, 1077.

— ἔτος λδ΄, 1157.

— ἔτος λζ΄, 1318.

— ἔτος λη΄, 1308.

— ἔτος μ΄, 1055, 1056, 1209.

— ἔτος μγ΄, 1076, 1235.

— ἔτος.., 1106, 1323.

Αὐγούστου Καίσαρος ἔτος.., 1290.

Θεὸς Αὔγουστος, 512.

Θεὸς Σεβαστός, 1263.

Nomen erasum, 1290.

L. Caesar.

Λεύκιος Ἰούλιος Καῖσαρ στρατηγὸς ἀνθύπατος Ῥωμαίων, 845.

Livia Aug.

Λειβία Δρούσιλλα ἡ τοῦ Σεβαστοῦ Καίσαρος γυνὴ θεὰ εὐεργέτις, 835.

Λιουία ἡ τοῦ Σεβαστοῦ γυνή, 902.

Ἰουλία Σεβαστή, 1033.

Ἰουλία θεὰ Ἀὐτοκράτορος Καίσαρος Θεοῦ υἱοῦ Σεβαστοῦ, 821.

Julia Aug. filia.

Ἰουλία Καίσαρος Σεβαστοῦ θυγάτηρ, 835.

Augustus et domus ejus.

Αὐτοκράτωρ Καῖσαρ Θεοῦ υἱὸς Σεβαστὸς καὶ Λειουία Σεβαστοῦ καὶ Γάιος Καῖσαρ καὶ Λεύκιος Καῖσαρ

οἱ υἱοὶ τοῦ αὐτοκράτορος καὶ Ἰουλία ἡ θυγάτηρ τοῦ αὐτοκράτορος, 1109.

Julia Agrippae filia, Augusti neptis.

Ἰουλία Μάρκου Ἀγρίππου θυγάτηρ, 835.

Drusus, Augusti privignus, Tiberii Caesaris frater.

Κλαύδιος Νέρων Δροῦσος Γερμανικός, 1025.

Antonia Drusi.

Ἀντωνία Κλαυδίου Νέρωνος Δρούσου Γερμανικοῦ γυνή, 1025.

Tiberius.

Τεβέριος Καῖσαρ Σεβαστός, 1236.

Τιβέριος Καῖσαρ Σεβαστός, 1160, 1171.

Τεβέριος Καῖσαρ Σεβαστοῦ υἱὸς Σεβαστός, 1011.

Τιβέριος Ἰούλιος Σεβαστοῦ υἱός, 958.

Αὐτοκράτωρ Τιβέριος Καῖσαρ Θεοῦ Σεβαστοῦ υἱὸς θεὸς Σεβαστός, 659.

Αὐτοκράτωρ Τιβέριος Καῖσαρ νέος Σεβαστὸς Θεοῦ Σεβαστοῦ υἱός, 1164, 1166.

Ὁ μέγιστος αὐτοκράτωρ, 864.

Τιβερίου Καίσαρος Σεβαστοῦ ἔτος γ΄, 1158.

— ἔτος ε΄, 1236.

Τιβερίου Καίσαρος ἔτος ζ΄, 1237.

Τιβερίου Καίσαρος Σεβαστοῦ ἔτος ζ΄, 1051.

— ἔτος η΄, 1171.

— ἔτος θ΄, 1150, 1290, 1309.

— ἔτος ι΄, 1139, 1320.

— ἔτος ια΄, 1084, 1085.

— ἔτος ιβ΄, 1327.

— ἔτος ιδ΄, 1238, 1366.

— ἔτος ις΄, 1239.

— ἔτος ιζ΄, 1160, 1240, 1328.

— ἔτος ιη΄, 1172.

— ἔτος ιθ΄, 1362.

— ἔτος κα΄, 1365.

— ἔτος..., 1164, 1173, 1290.

Augustus et Tiberius.

Αὐτοκράτωρ Καῖσαρ θεὸς Θεοῦ υἱὸς Σεβαστός, ἀρχιερεὺς μέγιστος, πατὴρ πατρίδος καὶ τοῦ σύμπαντος ἀνθρώπων γένους καὶ Αὐτοκράτωρ Σεβαστὸς Θεοῦ υἱὸς Τιβέριος Καῖσαρ, 853.

Tiberius et Livia.

Τιβέριος Καῖσαρ Σεβαστὸς Θεοῦ υἱὸς Αὐτοκράτωρ καὶ Ἰουλία Σεβαστὴ, νέα Ἶσις, μήτηρ αὐτοῦ καὶ ὁ οἶκος αὐτῶν, 1150.

Caius Caesar.

Γαίου Καίσαρος Αὐτοκράτορος Σεβαστοῦ ἔτος δ΄, 1057, 1086.

— ἔτος ε΄, 1248.
Nomen erasum, 1057.

Claudius.

Κλαύδιος Καῖσαρ Σεβαστός, 434.
Τιβέριος Κλαύδιος Αὐτοκράτωρ, 1261.
Τιβ. Κλαύδιος Καῖσαρ Σεβαστὸς Γερ-
μανικός, 980.
Τιβέριος Κλαύδιος Καῖσαρ Σεβαστὸς
Γερμανικός, 1013, 1014.
— Αὐτοκράτωρ, 1161, 1165.
Τιβερίου Κλαυδίου Καίσαρος ἔτος β΄,

1165.
— ἔτος ε΄, 1155.
— ἔτος ἔνατον, 1262.
— ἔτος ια΄, 1115.
— ἔτος ιϛ΄, 1125.
— ἔτος ιδ΄, 1118.
— ἔτος..., 1290.
Θεὸς Κλαύδιος, 1263.

Nero.

Νέρων Κλαύδιος Καῖσαρ καὶ ὁ οἶκος
αὐτοῦ πᾶς, 1034, 1035.
Νέρων Κλαύδιος Καῖσαρ Σεβαστὸς
Γερμανικὸς Αὐτοκράτωρ, ὁ ἀγαθὸς
δαίμων τῆς οἰκουμένης, 1110.
Νέρων Κλαύδιος Καῖσαρ Σεβαστὸς
Γερμανικὸς Αὐτοκράτωρ ὁ σωτὴρ
καὶ εὐεργέτης τῆς οἰκουμένης, 1124.
Νέρων Κλαύδιος Καῖσαρ Σεβαστὸς
Γερμανικὸς Αὐτοκράτωρ καὶ ὁ πᾶς
αὐτοῦ οἶκος, 1119.
Νέρων Θεοῦ Κλαυδίου υἱὸς Καῖσαρ
Σεβαστὸς Γερμανικὸς ὕπατος, δη-
μαρχικῆς ἐξουσίας το..., πατὴρ

πατρίδος, 876.
Νέρωνος Κλαυδίου Καίσαρος Σεβαστοῦ Γερμανικοῦ αὐτοκράτορος ἔτος
ἔκτον, 1374, 1379.
— ἔτος ϛ΄, 1127.
— ἔτος ζ΄, 1119, 1124, 1125, 1290.
— ἔτος ι΄, 1285.
— ἔτος ια΄, 1241, 1369.
— ἔτος ιγ΄, 1290.
— ἔτος ιδ΄, 1319.
— ἔτος..., 1110, 1290.
Nomen erasum, 1034, 1035, 1110,
1119, 1290.

Galba.

Ὁ παντὸς ἀνθρώπων γένους εὐεργέτης Σεβαστὸς Αὐτοκράτωρ Γάλβα, 1263.
Λούκιος Λείβιος Σουλπίκιος Γάλβα Καῖσαρ Σεβαστὸς Αὐτοκράτωρ, 1263.

Σέρουιος Γάλβα αὐτοκράτωρ Καῖσαρ Σεβαστός, 1174.
Γάλβα αὐτοκράτορος ἔτος πρῶτον, 1263.
— ἔτος β΄, 1174, 1263.

Vespasianus.

Οὐεσπασιανὸς Καῖσαρ, 1031.
Αὐτοκράτωρ Οὐεσπασιανὸς Καῖσαρ Σεβαστός, 863.
Αὐτοκράτωρ Καῖσαρ Οὐεσπασιανὸς Σεβαστός... ὁ σωτὴρ καὶ εὐεργέτης, 1296.
Αὐτοκράτωρ Καῖσαρ Οὐεσπασιανὸς Σεβαστὸς καὶ ὁ πᾶς αὐτοῦ οἶκος, 1120.
Αὐτοκράτωρ Οὐεσπασιανὸς Καῖσαρ

Σεβαστὸς ἀρχιερεὺς μέγιστος, αὐτοκράτωρ τὸ ς΄, πατὴρ πατρίδος, ὕπατος τὸ γ΄, ἀποδεδειγμένος τὸ δ΄, κύριος τοῦ σύμπαντος Βοοσπόρου... (a. 71 p. C. n.), 903.
Οὐεσπασιανοῦ ἔτος δ΄, 1140.
— ἔτος η΄, 1194.
— ἔτος ια΄, 1120.
— ἔτος..., 1276.

Titus.

Αὐτοκράτωρ Τίτος Καῖσαρ Σεβαστὸς Αὐτοκράτορος Οὐεσπασιανοῦ υἱὸς ἀρχιερεὺς μέγιστος δημαρχικῆς ἐξουσίας (71 p. C. n.), 594.
Αὐτοκράτωρ Τίτος Καῖσαρ Θεοῦ Οὐεσπασιανοῦ υἱὸς Οὐεσπασιανὸς Σεβαστὸς ἀρχιερεὺς μέγιστος, δημαρχι-

κῆς ἐξουσίας τὸ ι΄, αὐτοκράτωρ τὸ ις΄?, πατὴρ πατρίδος, ὕπατος τὸ η΄, τειμητής (80-81 p. C. n.), 435.
Τίτου ἔτος α΄, 1242.
— ἔτος τρίτον, 1332.
— ἔτος γ΄, 1043, 1098, 1151.

Domitianus.

Δομετιανὸς Αὐτοκράτωρ, 1243.
Αὐτοκράτωρ Δομετιανὸς Καῖσαρ θεὸς

Σεβαστὸς Γερμανικός, 862.
Αὐτοκράτωρ Δομιτιανὸς Καῖσαρ Σε-

βαστὸς Γερμανικός, 1138.

Αὐτοκράτωρ Καῖσαρ Δωμιτιανὸς Σεβαστὸς Γερμανικός, 1099.

— καὶ ὁ πᾶς αὐτοῦ οἶκος, 1287, 1289.

Αὐτοκράτωρ Καῖσαρ Δομιτιανὸς Σεβαστὸς Γερμανικὸς τὸ ιδ΄ ὕπατος
(inter annos 88 et 90 p. C. n.), 781.

Αὐτοκράτορος Καίσαρος Δομιτιανοῦ
Σεβαστοῦ Γερμανικοῦ ἔτος β΄, 1138.

— ἔτος τέταρτον, 1333, 1337, 1341,
1345.

— ἔτος ς΄, 1099.

— ἔτος ἕβδομον, 1287, 1288.

— ἔτος θ΄, 1183.

— ἔτος ι΄, 1244, 1290.

— ἔτος ?.., 1126.

Nomen erasum, 1099, 1138, 1183, 1287.
1289.

Titus et Domitianus.

Αὐτοκράτωρ Τίτος Καῖσαρ Οὐεσπασιανὸς Σεβαστὸς καὶ Δομιτιανὸς

Καῖσαρ καὶ ὁ πᾶς αὐτῶν οἶκος,
1286.

Domitia, Domitiani uxor.

Δομιτία Σεβαστὴ Αὐτοκράτορος Δομιτιανοῦ Καίσαρος Σεβαστοῦ Γερμανικου
γυνή, 981.

Nerva.

Νέρουας, 121.

Trajanus.

Τραιανός, 121, 529, 1377.

Ὁ κύριος Καῖσαρ Τραιανός, 1254.

Αὐτοκράτωρ Καῖσαρ Τραιανὸς Σεβαστός, 1167.

Αὐτοκράτωρ Νέρουας Τραιανὸς Σεβαστός, 605.

Αὐτοκράτωρ Νέρουας Τραιανὸς Καῖσαρ Σεβαστός, 18.

Αὐτοκράτωρ Καῖσαρ Θεοῦ Νέρουα
υἱὸς Νέρουας Τραιανός..., 1058.

— Σεβαστὸς Γερμανικὸς Δακικός,
1059.

Αὐτοκράτωρ Καῖσαρ Νέρουας Τραιανὸς Σεβαστὸς Γερμανικός, 1154.

Αὐτοκράτωρ Νέρουας Τραιανὸς Καῖσαρ Σεβαστὸς Γερμανικὸς Δακικός,
446.

Ὁ κύριος Αὐτοκράτωρ Καῖσαρ Νέρουας Τραιανὸς Ἄριστος Σεβαστὸς
Γερμανικὸς Δακικός, 1267.

— ἔτος δ΄, 1231.

— ἔτος ς΄, 1175, 1223.

— ἔτος η΄, 1343.

— ἔτος θ΄, 1290.

— ἔτος ι΄, 1279.

— ἔτος ιβ΄, 1122, 1148, 1232, 1268.

— ἔτος ιδ΄, 1290.

— ἔτος ιθ΄, 1217, 1229, 1267.

— ἔτος κα΄, 1371.

Θεὸς Τραιανός, 1231.

Plotina Trajani.

Πλωτείνη Σεβαστὴ Αὐτοκράτορος Νέρουα Τραιανοῦ Καίσαρος Σεβαστοῦ Γερμανικοῦ Δακικοῦ γυνή, 992,

993, 994.

Νεωτέρα θεὰ μεγίστη Ἀφροδίτη, 1167.

Marciana, Trajani soror.

Μαρκιανὴ Σεβαστὴ θεὰ Αὐτοκράτορος Νέρουα Τραιανοῦ Καίσαρος Σε-

βαστοῦ Γερμανικοῦ Δακικοῦ ἀδελφή, 995, 996.

Matidia, Marcianae, Trajani sororis, filia.

Ματιδία Σεβαστή, 783, 997, 999.

— Θεᾶς Μαρκιανῆς θυγάτηρ ἀδελφῆς Αὐτοκράτορος Νέρουα Τραιανοῦ

Καίσαρος Σεβαστοῦ Γερμανικοῦ Δακικοῦ, 998.

Hadrianus.

Ἀδριανός, 120, 121, 1187.

Ἀδριανὸς ὁ αὐτοκράτωρ, 136.

Ὁ Σεβαστὸς Ἀδριανός, 1187.

Ὁ θειότατος αὐτοκράτωρ Ἀδριανός, 1201.

..Τραιανὸς Ἀδριανός.., 1038.

Αὐτοκράτωρ Καῖσαρ Θεοῦ Νέρουα υἱωνὸς Τραιανὸς Ἀδριανὸς Σεβασ-

τός...., 1003.

Αὐτοκράτωρ Καῖσαρ Τραιανὸς Ἀδριανὸς Σεβαστός, 33, 877, 1049, 1256.

— Σεβαστὸς καὶ ὁ σύνπας αὐτοῦ οἶκος, 1255.

Αὐτοκράτωρ Τραιανὸς Ἀδριανὸς Καῖσαρ Σεβαστὸς ὁ σωτήρ, 830.

Ὁ κύριος ἡμων Αὐτοκράτωρ Καῖσαρ

— ἔτος κα΄, 1367 (5092).

— ἔτος κβ΄, 1258.

— ἔτος.., 1199.

Θεὸς Ἀδριανός, 418.

Paulina.

Παυλεῖνα Αὐτοκράτορος Τραιανοῦ Ἀδριανοῦ Καίσαρος Σεβαστοῦ ἀδελφή, 1004.

Sabina.

Σαβεῖνα Σεβαστὴ Αὐτοκράτορος Καίσαρος Ἀδριανοῦ, 1186.

Σαβείνη Σεβαστὴ Αὐτοκράτορος Καί-

σαρος, Θεοῦ αὐτοκράτορος Τραιανοῦ Παρθικοῦ υἱοῦ..., Τραιανοῦ Ἀδριανοῦ Σεβαστοῦ γυνή, 474.

Hadrianus et Sabina.

Αὐτοκράτωρ Καῖσαρ Ἀδριανὸς Σεβαστὸς Ὀλύμπιος καὶ Ἐλευθέριος καὶ

Σαβεῖνα Σεβαστὴ ἡ νέα Δημήτηρ, 785.

L. Aelius Caesar.

Λούκιος Αἴλιος Καῖσαρ Αὐτοκράτορος Τραιανοῦ Ἀδριανοῦ Καίσαρος Σεβαστοῦ υἱὸς Θεοῦ Τραιανοῦ Παρθικοῦ υἱωνὸς Θεοῦ Νέρουα ἔκγονος

δημαρχικῆς ἐξουσίας, ὕπατος τὸ β΄ (137 p. C. n.), 569.

Λ. Καῖσαρ..., 622.

Antoninus Pius.

Ἀντωνεῖνος Καῖσαρ, 1031, 1376.

Αἴλιος Ἀδριανὸς Ἀντωνεῖνος Σεβαστὸς Εὐσεβὴς πατὴρ πατρίδος, 484.

Ἀντωνῖνος αὐτοκράτωρ Εὐσεβὴς ὑπὸ τῆς πατρίδος καὶ πάντων κληθείς, 196.

Τ. Αἴλιος Ἀδριανὸς Ἀντωνεῖνος Σεβαστὸς Εὐσεβής, 120, 121, 123, 149.

Αὐτοκράτωρ Καῖσαρ Τίτος Αἴλιος Ἀδριανός, 47.

Αὐτοκράτωρ Τ. Αἴλιος Ἀδριανὸς Ἀντωνεῖνος Σεβαστὸς Εὐσεβής, 604.

Αὐτοκράτωρ Τ. Αἴλιος Ἀδριανὸς Ἀντωνεῖνος Καῖσαρ Σεβαστὸς Εὐσεβής, 709.

Αὐτοκράτωρ Καῖσαρ Τίτος Αἴλιος

Ἀδριανὸς Ἀντωνεῖνος Σεβαστὸς Εὐσεβής, 146 a, 147, 1156, 1316.

— Ἀντωνῖνος Σεβαστὸς Εὐσεβής, 1168, 1176.

— Εὐσεβής ἀρχιερεὺς μέγιστος, πατὴρ πατρίδος, 1440.

Ὁ θειότατος αὐτοκράτωρ Τ. Αἴλιος Ἀδριανὸς Ἀντωνεῖνος, 608.

Ὁ θεὸς καὶ δεσπότης αὐτοκράτωρ Τίτος Αἴλιος Ἀδριανὸς Ἀντωνεῖνος, 861.

Αὐτοκράτωρ Καῖσαρ Θεοῦ Ἀδριανοῦ Εὐεργέτου υἱὸς Θεοῦ Τραιανοῦ υἱωνὸς Θεοῦ Νέρβα ἔκγονος Τίτος Αἴλιος Ἀδριανὸς Ἀντωνεῖνος Σεβαστὸς Εὐσεβής, 122.

Αὐτοκράτωρ Καῖσαρ Τεῖτος Αἴλιος Ἀδριανὸς Ἀντωνεῖνος Σεβαστὸς Θεῷ Ἀδριανῷ υἱὸς Θεῷ Τραιανῷ Παρθικῷ υἱωνὸς Θεῷ Νέρουα ἔγγονος, σωτὴρ καὶ εὐεργέτης, 1039.

Αὐτοκράτωρ Καῖσαρ Θεοῦ Ἀδριανοῦ υἱὸς Θεοῦ Τραιανοῦ Παρθικοῦ υἱωνὸς Νέρουα ἔκγονος Τ. Αἴλιος Ἀδριανὸς Ἀντωνεῖνος Σεβαστὸς Εὐσεβής ἀρχιερεὺς μέγιστος, δημαρχικῆς ἐξουσίας τὸ γ΄, ὕπατος τὸ γ΄, πατὴρ πατρίδος = (140 p. C. n., 121).

Αὐτοκράτωρ Καῖσαρ Θεοῦ Ἀδριανοῦ υἱὸς Θεοῦ Τραιανοῦ Παρθικοῦ υἱωνὸς Θεοῦ Νέρουα ἔγγονος Τίτος Αἴ-

λιος Ἀδριανὸς Ἀντωνεῖνος Σεβαστὸς ἀρχιερεὺς μέγιστος, δημαρχικῆς ἐξουσίας τὸ ς΄, αὐτοκράτωρ τὸ β΄, ὕπατος τὸ γ΄, πατὴρ πατρίδος (143 p. C. n.), 146 b.

— ἀρχιερεὺς μέγιστος, δημαρχικῆς ἐξουσίας τὸ ς΄, ὕπατος τὸ γ΄, πατὴρ πατρίδος (144 p. C. n.), 683.

Αὐτοκράτωρ Καῖσαρ Τ. Αἴλιος Ἀδριανὸς Ἀντωνεῖνος Σεβαστὸς Εὐσεβής, ἀρχιερεὺς μέγιστος, δημαρχικῆς ἐξουσίας τὸ ιγ΄, αὐτοκράτωρ τὸ β΄, ὕπατος τὸ δ΄, πατὴρ πατρίδος = (149-150 p. C. n., 120).

Αὐτοκράτωρ Καῖσαρ Τ. Αἴλιος Ἀδριανὸς Ἀντωνεῖνος Σεβαστὸς Εὐσεβής, ἀρχιερεὺς μέγιστος, δημαρχικῆς ἐξουσίας τὸ κβ΄, ὕπατος τὸ δ΄, πατὴρ πατρίδος, (159 p. C. n.), 571.

Ἀντωνίνου Καίσαρος ἔτος γ΄, 1264, 1266.

— ἔτος δ΄, 1330 (4996).

— ἔτος ε΄, 1290.

— ἔτος ς΄, 1090.

— ἔτος ι΄, 1212, 1272, 1348, 1354.

— ἔτος ια΄, 1281, 1282, 1283, 1284.

— ἔτος ιβ΄, 1087, 1168, 1171.

— λυκάβαντι δωδεκάτῳ, 1195.

— ἔτος ιθ΄, 1111.

— ἔτος κα΄, 1044.

— ἔτος..., 1177, 1290.

Θεὸς Αἴλιος Ἀντωνῖνος, 1060.

Antoninus et domus ejus.

Ἀντωνεῖνος Καῖσαρ ὁ κύριος καὶ ὁ
σύνπας αὐτοῦ οἶκος, 1264.
Αὐτοκράτωρ Καῖσαρ Τίτος Αἴλιος

Ἀδριανὸς Ἀντωνεῖνος Σεβαστὸς
Εὐσεβὴς καὶ Μᾶρκος Αὐρήλιος Καῖσαρ καὶ ὁ σύμπας οἶκος, 147, 609.

Faustina senior.

Φαυστεῖνα θεά, 120.

M. Aurelius.

Μᾶρκος, 375.
Μ. Αὐρήλιος Καῖσαρ, 120.
Αὐρήλιος Βῆρος Καῖσαρ Τ. Αἰλίου
  Ἀδριανοῦ Ἀντωνείνου Αὐτοκράτο-
  ρος Σεβαστοῦ Εὐσεβοῦς ὑὸς, Θεοῦ
  Ἀδριανοῦ υἱωνός, 1005.
Αὐρήλιος Οὖῆρος Καῖσαρ, 571 = 1415.
Μ. Αὐρήλιος Οὖῆρος Καῖσαρ, 604, 610.
Μ. Αἴλιος Αὐρήλιος Καῖσαρ Τ. Αἰ-
  λίου Ἀδριανοῦ Ἀντωνείνου Σεβασ-
  τοῦ Εὐσεβοῦς υἱός, 123, 149.
Αὐτοκράτωρ Ἀντωνεῖνος Σεβαστός,
  1509.
Αὐτ(οκράτωρ) Μ. Ἀντωνεῖνος Σε-
  β(αστός), 518.
Αὐτοκράτωρ Καῖσαρ Μ. Αὐρήλιος
  Ἀντωνεῖνος Εὐσεβὴς Σεβαστός,
  1006.
Αὐτοκράτωρ Καῖσαρ Μ. Αὐρήλιος
  Ἀντωνεῖνος Εὐσεβὴς Σεβαστός,
  1022.

— Εὐσεβὴς Εὐτυχὴς Σεβαστός, 1104.
Αὐτοκράτωρ Καῖσαρ Μᾶρκος Αὐρήλιος Ἀντωνεῖνος Σεβαστὸς ὁ κύριος
  τῆς οἰκουμένης, 1015.
Ὁ θειότατος Μ. Αὐρήλιος Ἀντωνεῖνος Σεβαστὸς Γερμανικός..., 712.
Αὐτοκράτωρ Καῖσαρ Μᾶρκος Αὐρήλιος Ἀντωνῖνος Σεβαστός... Παρθικὸς Γερμανικὸς μέγιστος, 1292.
Αὐτοκράτωρ Καῖσαρ Μᾶρκος Αὐρήλιος Ἀντωνεῖνος Σεβαστὸς Ἀρμε-
  νιακὸς Μηδικὸς Παρθικὸς μέγιστος,
  1103.
Αὐτοκράτωρ Καῖσαρ Μᾶρκος Αὐρήλιος Ἀντωνῖνος Σεβαστὸς Ἀρμε-
  νιακὸς Μηδικὸς Παρθικὸς μέγιστος,
  1060, 1324.
— ὁ εὐεργέτης καὶ σωτὴρ τῆς ὅλης
  οἰκουμένης, 1096.
Μ. Αὐρήλιος Καῖσαρ, ὕπατος τὸ β΄,
  δημαρχικῆς ἐξουσίας τὸ δ΄, Αὐτο-

κράτορος Καίσαρος Τ. Αἰλίου
'Αδριανοῦ 'Αντωνείνου Σεβαστοῦ
Εὐσεβοῦς υἱός (150 p. C. n.), 120.
Αὐρηλίου 'Αντωνείνου Καίσαρος ἔτος

θ΄, 1324.
— ἔτος ια΄, 1060, 1133.
— ἔτος ιε΄, 1132.
— ἔτος.., 1135.

L. Verus.

Λ. Αἴλιος Αὐρήλιος Κόμμοδος Αὐτο-
κράτορος Καίσαρος Τ. Αἰλίου
'Αδριανοῦ 'Αντωνείνου Σεβαστοῦ
Εὐσεβοῦς υἱός, 120.
Λούκιος Αἴλιος Αὐρήλιος Κόμμοδος
Αὐτοκράτορος Καίσαρος Τίτου Αἰ-
λίου 'Αδριανοῦ 'Αντωνείνου Σεβασ-

τοῦ υἱός.., 572 = 1416.
...Καῖσαρ Λ. Αὐρήλιος Οὐῆρος Σεβαστός..., 1046.
Αὐτοκράτωρ Καῖσαρ Λούκιος Αὐρήλιος Βῆρος Σεβαστὸς 'Αρμενιακὸς ὁ
κύριος τῆς οἰκουμένης, 1016.
Λούκιος θεὸς Σεβαστός, 1509.

M. Aurelius et L. Verus.

Αὐτοκράτορες (M. Aurelius et L. Ve-
rus), 1297.
Αὐτ(οκράτορες) Μ. 'Αντωνεῖνος καὶ Λ.
Οὐῆρος, 519.
Αὐτοκράτορες Καίσαρες Αὐρήλιοι
'Αντωνῖνος καὶ Οὐῆρος Σεβαστοί,
1146.
Αὐτοκράτορες Μᾶρκος Αὐρήλιος 'Αν-

τονεῖνος καὶ Λούκιος Αὐρήλιος
Οὐῆρος, 611; cf. 711.
— 'Αρμενιακοί, 710.
— Σεβαστοί, 1452.
'Αντωνίνου καὶ Οὐήρου ἔτος δ΄, 1273.
— ἔτος ε΄, 1184.
— ἔτος ϛ΄, 1112, 1321.
— ἔτος ϛ΄?, 1228.

Faustina minor.

Φαυστεῖνα, 570.
Φαυστεῖνα Σεβαστὴ Αὐρηλίου Καί-

σαρος, 120.

M. Aurelius et Faustina et liberi.

Αὐτοκράτωρ Μᾶρκος Αὐρήλιος 'Αντωνεῖνος Καῖσαρ καὶ Φαυστείνη

θεὰ Σεβαστὴ καὶ οἱ παῖδες, 570 =
1414.

Ceionia Plautia.

Κειωνία Πλαυτία, 112.

Lucilla.

Λουκίλλα Σεβαστή, 1509.

Fadilla, M. Aurelii filia.

Φάδιλλα, 375.

Commodus.

Μᾶρκος Αὐρήλιος Κόμμοδος Καῖσαρ, 1275.

Κόμοδος Αὐτοκράτωρ, 1509.

Ὁ κύριος Κόμμοδος, 124.

Ὁ κύριος Αὐτοκράτωρ Κόμμοδος Σεβαστός, 392.

Αὐτοκράτωρ Καῖσαρ Κόμμοδος Ἀντωνεῖνος, 87.

Αὐτοκράτωρ Καῖσαρ Μ. Αὐρήλιος Κόμμοδος, 1061.

Αὐτοκράτωρ Καῖσαρ Μ. Αὐρήλιος Κόμμοδος Σεβαστός, ὁ τῆς οἰκουμένης δεσπότης, 713.

Αὐτοκράτωρ Καῖσαρ Μᾶρκος Αὐρήλιος Κόμοδος Ἀντωνῖνος Καῖσαρ ὁ κύριος Εὐτυχὴς Εὐσεβὴς Σεβαστός, 1121.

Αὐτοκράτωρ Καῖσαρ Μ. Αὐρήλιος Κόμμοδος Ἀντωνεῖνος Φήλιξ Σεβαστός, 51, 1050.

Αὐτοκράτωρ Καῖσαρ Λούκιος Αἴλιος Αὐρήλιος Κόμμοδος Εὐσεβὴς Εὐτυχὴς Σεβαστός, 1052.

Αὐτοκράτωρ Καῖσαρ Θεοῦ Μ. Αὐρηλίου υἱὸς Θεοῦ Ἀντωνείνου υἱωνὸς Θεοῦ Ἀδριανοῦ ἔγγονος Θεοῦ Τραιανοῦ ἀπόγονος...

Ὁ κύριος Αὐτοκράτωρ Καῖσαρ Μ. Αὐρ. Κόμμοδος Ἀντωνεῖνος Σεβαστὸς Γερμανικὸς Σαρματικὸς Βρετανικὸς ἀρχιερεὺς μέγιστος, δημαρχικῆς ἐξουσίας τὸ η′, αὐτοκράτωρ τὸ ς′, ὕπατος τὸ δ′, πατὴρ πατρίδος (184 vel 185 p. C. n.), 573 = 1417.

Ὁ θειότατος καὶ μέγιστος Αὐτοκράτωρ Καῖσαρ Μ. Αὐρήλιος Κόμμοδος Ἀντωνεῖνος Σεβαστὸς Γερμανικὸς Σαρματικὸς Βρηταννικὸς ἀρχιερεὺς μέγιστος, δημαρχικῆς ἐξουσίας τὸ ιβ′, αὐτοκράτωρ τὸ ι′, ὕπατος τὸ ε′,

πατὴρ πατρίδος (187 p. C. n.), 745.
Μ. Αὐρηλίου Κομμόδου ἔτος ια΄, 1216.
— ἔτος κα΄, 1205.
— ἔτος κϛ΄, 1325.

— ἔτος λ΄, 1121.
— ἔτος λβ΄, 1052.
Nomen erasum, 573, 1050, 1052, 1102, 1145, 1205, 1325.

M. Aurelius et Commodus.

[Μ. Αὐρήλιος Καῖ]σαρ καὶ Λούκιος Αὐρήλιος Κόμμοδος, 649.
Αὐτοκράτορες Μ. Αὐρήλιος Ἀντωνεῖνος καὶ Λούκιος Κόμοδος..., 1453.
Αὐτοκράτορες Καίσαρες Μᾶρκος Αὐ-

ρήλιος Ἀντωνῖνος καὶ Λούκιος Αὐρήλιος Κόμμοδος Σεβαστοὶ Ἀρμενιακοὶ Μηδικοὶ Παρθικοὶ Γερμανικοὶ Σαρματικοὶ μεγίστοι καὶ ὁ σύμπας αὐτῶν οἶκος, 1145.

Commodus et domus ejus.

Ὁ κύριος ἡμῶν Αὐτοκράτωρ Καῖσαρ Μᾶρκος Αὐρήλιος Κόμμοδος Ἀν-

τωνῖνος Σεβαστὸς Εὐσεβὴς καὶ ὁ σύνπας αὐτοῦ οἶκος, 1102.

Septimius Severus.

Σεβῆρος βασιλεύων, 168.
Ὁ κύριος ἡμῶν Αὐτοκράτωρ Καῖσαρ Λούκιος Σεπτίμιος Σεουῆρος Περτίναξ Σεβαστός, 1062.
Αὐτοκράτωρ μέγιστος Λ. Σεπτίμιος Σεουῆρος Περτίναξ Εὐτυχὴς Εὐσεβὴς Ἀραβικὸς Ἀδιαβηνικός, 746.
Αὐτοκράτωρ Καῖσαρ Λ. Σεπτίμιος Σεουῆρος Εὐσεβὴς Περτίναξ Σεβαστὸς Ἀραβικὸς Ἀδιαβηνικὸς σωτὴρ καὶ εὐεργέτης, 126.
Αὐτοκράτωρ Καῖσαρ Λ. Σεπτίμιος Σεουῆρος Εὐσεβὴς Περτίναξ Σεβαστὸς Ἀραβικὸς Ἀδιαβηνικὸς Παρθικὸς μέγιστος, 786.

Αὐτοκράτωρ Καῖσαρ Λούκιος Σεπτίμιος Σευῆρος Ἀραβικὸς Ἀδιαβηνικὸς Παρθικὸς μέγιστος Εὐσεβὴς Εὐτυχὴς Σεβαστός, 1022.
Αὐτοκράτωρ Καῖσαρ θεῖος Σεπτίμιος Σεβῆρος Εὐσεβὴς Ἀραβικὸς Ἀδιαβηνικὸς Παρθικὸς μέγιστος Πρετανικὸς μέγιστος, 965.
Αὐτοκράτωρ Καῖσαρ Θεοῦ Ἀντωνείνου Εὐσεβοῦς Γερμανικοῦ Σαρματικοῦ υἱὸς Θεοῦ Κομμόδου ἀδελφὸς Θεοῦ Ἀντωνείνου Εὐσεβοῦς υἱωνὸς Θεοῦ Ἀδριανοῦ ἔγγονος, Θεοῦ Τραιανοῦ καὶ Θεοῦ Νέρουα ἀπόγονος Λ. Σεπτίμιος Σεουῆρος

Εὐσεβὴς Περτίναξ Σεβαστὸς Ἀραβικὸς Ἀδιαβηνικὸς ἀρχιερεὺς μέγιστος, δημαρχικῆς ἐξουσίας τὸ δ´,
αὐτοκράτωρ τὸ η´, ὕπατος τὸ β´,
πατὴρ πατρίδος (196 p. C. n.), 125.
Λουκίου Σεπτιμίου Σεουήρου Εὐσε-

6οῦς Περτίνακος Σεβαστοῦ τοῦ κυρίου ἔτος γ´, 1290.
Θεὸς Σεουῆρος Εὐσεβής, πατὴρ πατρίδος, 127.
Nomen erasum, 1290.

Julia Domna.

Ἰουλία Σεβαστὴ μήτηρ κάστρων,
574.
Ἰουλία Δόμνα Σεβαστὴ μήτηρ κάστρων, 751.
Ἰουλία Δόμνα Θεὰ Σεβαστὴ μήτηρ
κάστρων, 575, 576.

Ἰουλία Δόμνα Σεβαστὴ μήτηρ Σεβαστοῦ καὶ ἀνικήτων στρατοπέδων,
1067.
Ἰουλία Δόμνα Θεὰ Σεβαστὴ μήτηρ
ἱερῶν στρατευμάτων καὶ συνκλήτου καὶ δήμου Ῥωμαίων, 577, 578.

Caracalla.

Μ. Αὐρήλιος Ἀντωνεῖνος, 717.
Αὐτοκράτωρ Ἀντωνεῖνος, 1045.
Ἀντωνεῖνος... Σεβαστός, 651.
Ἀντωνῖνος Σεβαστός, 113.
Μᾶρκος Αὐρήλιος Σεουῆρος Ἀντωνῖ-
νος Σεβαστὸς Εὐσεβής, 1136.
Μ. Αὐρήλιος Ἀντωνῖνος Μέγας Σε-
βαστός, 101.
Ὁ θεῖος αὐτοκράτωρ Μ. Αὐρ. Ἀντω-
νεῖνος Αὔγουστος, 750.
Ὁ κύριος Αὐτοκράτωρ Καῖσαρ Μ.
Ἀντωνῖνος Αὐρήλιος Εὐσεβὴς Εὐ-
τυχὴς Σεβαστός, 615.
Ὁ κύριος ἡμων αὐτοκράτωρ Μᾶρκος
Αὐρήλιος Ἀντωνεῖνος Εὐτυχὴς
Εὐσεβὴς Σεβαστός, 1179.
Ὁ κύριος ἡμῶν Αὐτοκράτωρ Καῖσαρ

Μ. Αὐρήλιος Σεουῆρος Ἀντωνεῖνος
Σεβαστὸς Εὐσεβὴς Εὐτυχής, 131.
Αὐτοκράτωρ Καῖσαρ Μ. Αὐρήλιος
Ἀντονῖνος Σεβαστός, 685.
— Ἀντωνεῖνος Σεβαστός, 878.
Αὐτοκράτωρ Σεβαστὸς Μ. Αὐρήλιος
Ἀντωνεῖνος Αὔγουστος (Caracalla),
855.
Αὐτοκράτωρ Καῖσαρ Μ. Αὐρ. Σευῆ-
ρος Ἀντωνεῖνος Εὐσεβὴς Σεβαστὸς
ἀρχιερεὺς μέγιστος, 578.
Αὐτοκράτωρ Καῖσαρ Μᾶρκος Αὐρή-
λιος Σεβῆρος Θεοῦ Ἀντωνείνου
ἔκγονος Θεοῦ Σεβήρου υἱός, 579.
— Σεβῆρος Ἀντωνεῖνος Σεβαστὸς
Θεοῦ Ἀντωνείνου ἔκγονος, Θεοῦ
Σεβήρου υἱός, 1421.

Αὐτοκράτωρ Καῖσαρ Μ. Αὐρήλιος
'Αντωνεῖνος Εὐσεβὴς Σεβαστὸς
'Αραβικὸς 'Αδιαβηνικὸς Παρθικὸς
μέγιστος, 771.
— Σεβαστὸς Παρθικὸς μέγιστος Πρε-
τανικὸς μέγιστος Γερμανικὸς
'Ολύμπιος, 1510.
Αὐτοκράτωρ Καῖσαρ Μ. Αὐρ. Σευῆ-
ρος 'Αντωνεῖνος Εὐσεβὴς Σεβαστὸς
Παρθικὸς μέγιστος Βρυταννικὸς
μέγιστος, 577.
— Παρθικὸς Βρεταννικὸς μέγιστος,
749.
Αὐτοκράτωρ Καῖσαρ Μάρκος Αὐρή-
λιος Σεουῆρος 'Αντωνῖνος Εὐτυχὴς
Εὐσεβὴς Σεβαστὸς, ὁ σωτὴρ τῆς
ὅλης οἰκουμένης, 1064.
Αὐτοκράτωρ Καῖσαρ Λουκίου Σεπτι-
μίου Σευήρου Περτίνακος 'Αραβι-
κοῦ 'Αδιαβηνικοῦ υἱὸς Θεοῦ Μάρκου
'Αντωνείνου Εὐσεβοῦς υἱωνὸς Θεοῦ

'Αντωνείνου ἔκγονος καὶ Θεοῦ
Τραιανοῦ Παρθικοῦ καὶ Θεοῦ Νέρουα ἀπόγονος Μᾶρκος Αὐρήλιος...,
616.
Αὐτοκράτωρ. Καῖσαρ Μ. Αὐρήλιος
'Αντωνεῖνος Εὐσεβὴς Εὐτυχὴς Σεβαστὸς Παρθικός μέγιστος Βριταννικὸς μέγιστος Γερμανικὸς μέγιστος ἀρχιερεὺς μέγιστος, δημαρχικῆς ἐξουσίας τὸ ..., αὐτοκράτωρ
τὸ γ', ὕπατος τὸ δ', πατὴρ πατρίδος (214 p. C. n. et sq.), 130.
Μάρκου Αὐρηλίου Ἀντωνίνου ἔτος ς',
1092.
— ἔτος ιθ', 1330 (4991).
— ἔτος κ', 1269.
— ἔτος κγ', 1137, 1330 (4989).
— ἔτος κδ', 1169.
— ἔτος κέ, 1330 (4994).
— ἔτος..., 1080.

Geta.

Σεπτίμιος Γέτας Καῖσαρ, 855.
Nomen erasum, 129, 575, 576, 613,

614, 766, 828, 1113, 1185, 1418.

Severus et Caracalla.

Οἱ κύριοι ἀνείκητοι καὶ εὐτυχέστατοι
αὐτοκράτορες, 598.
Οἱ κύριοι αὐτοκράτορες Σεουῆρος καὶ
'Αντωνῖνος, 1066.
Οἱ κύριοι αὐτοκράτορες Λ. Σεπτίμιος
Σεουῆρος Περτίναξ [...καὶ Μ. Αὐ-

ρήλιος Ἀντωνῖνος, etc.], 715, 716.
Αὐτοκράτωρ Καῖσαρ Λ. Σεπτίμιος
Σεουῆρος Περτίναξ καὶ Αὐτοκράτωρ
Καῖσαρ Μ. Αὐρήλιος 'Αντωνῖνος
Σεβαστοί, 714.
Αὐτοκράτωρ Λούκιος Σεπτίμιος Σευῆ-

ρος Περτίναξ καὶ Μᾶρκος Αὐρήλιος
Ἀντωνεῖνος Καῖσαρ Σεβαστὸς καὶ ὁ
σύμπας αὐτῶν οἶκος, 854.

Ὁ κύριος αὐτοκράτωρ Λούκιος Σεπτίμιος Σεβῆρος Περτίναξ Ἀραβικὸς
Ἀδιαβενικὸς καὶ Μᾶρκος Αὐρήλιος
Ἀντωνῖνος Καῖσαρ καὶ ὁ σύμπας
οἶκος, 787.

Αὐτοκράτορες Καίσαρες Λούκιος Σεπτίμιος Σεουῆρος Εὐσεβὴς Περτίναξ Σεβαστὸς Ἀραβικὸς Ἀδιαβηνικὸς Παρθικὸς μέγιστος καὶ Μᾶρκος
Αὐρήλιος Ἀντωνῖνος Εὐσεβεῖς Σεβαστοί, 1326.

Οἱ αὐτοκράτορες... Λουκ. Σεπτίμιος
Σεουῆρος Εὐσεβὴς Σεβαστὸς... πατὴρ πατρίδος καὶ Μ. Αὐρήλιος Ἀντωνεῖνος Αὐγοῦστος πατὴρ πατρί-

δος Ἀραβικοὶ Ἀδιαβηνικοὶ δεσπόται
τῆς οἰκουμένης, 702.

Οἱ κύριοι αὐτοκράτορες...... Λούκιος
Σεπτίμιος Σεουῆρος Περτίναξ.....,
1441.

Αὐτοκράτωρ Λ. Σεπτίμιος Σεουῆρος
καὶ Μ. Αὐρήλιος Ἀντωνεῖνος Καῖσαρ, ὕπατοι, (202 p. C. n.), 744.

Οἱ κύριοι αὐτοκράτορες Λ. Σεπτίμιος
Σεουῆρος Περτίναξ καὶ Μ. Αὐρήλιος
Ἀντωνεῖνος Σεβαστοὶ ὕπατοι (202
p. C. n.), 766.

Σεουήρου καὶ Ἀντωνίνου τῶν κυρίων
ἔτος η΄, 1312.

— ἔτος ια΄, 1326.

— ἔτος ιγ΄, 1330 (4980, 4984).

— ἔτος ιε΄, 1178.

Severus et Caracalla et Domna.

Οἱ κύριοι ἡμῶν αὐτοκράτορες Λ. Σεπτίμιος Σεουῆρος.... καὶ Μ. Αὐρήλιος Ἀντωνεῖνος..... καὶ Ἰουλία
Σεβαστή, 128.

Οἱ κύριοι αὐτοκράτορες Σεουῆρος καὶ
Ἀντωνῖνος καὶ Ἰουλία Σεβαστὴ
καὶ ὁ σύμπας αὐτῶν οἶκος, 380.

Οἱ μέγιστοι καὶ θειότατοι αὐτοκράτορες Λ. Σεπτίμιος Σεουῆρος Περτίναξ καὶ Μ. Αὐρήλιος Ἀντωνεῖνος Σεβαστὸς καὶ Ἰουλία Δόμνη
μήτηρ κάστρων, 748.

Οἱ θειότατοι καὶ μέγιστοι αὐτοκρά-

τορες Σεπτίμιος Σεουῆρος Περτίναξ
καὶ Μ. Αὐρήλιος Ἀντωνεῖνος καὶ
Ἰουλία Δόμνα Σεβαστὴ καὶ ὁ σύνπας θεῖος οἶκος, 1492.

Ὁ κοσμοκράτωρ Μ. Αὐρ. Σεουῆρος
Ἀντωνῖνος Παρθικὸς μέγιστος Βρεταννικὸς μέγιστος Γερμανικὸς μέγιστος Εὐτυχὴς Εὐσεβὴς Σεβαστὸς
ὁ φιλοσάραπις καὶ Ἰουλία Δόμνα
Σεβαστὴ ἡ μήτηρ τῶν ἀνικήτων
στρατοπέδων καὶ Θεὸς Σεουῆρος,
1063.

Severus et Domna et filii.

Οἱ μέγιστοι καὶ θειότατοι αὐτοκρά
τορες Λ. Σεπτίμιος Σευῆρος Περ
τίναξ καὶ Μ. Αὐρήλιος Ἀντωνεῖ
νος Σεβαστοὶ καὶ Π. Σεπτίμιος
Γέτας Καῖσαρ καὶ Ἰουλία Δόμνη
μήτηρ κάστρων καὶ ὁ σύνπας αὐτῶν
οἶκος, 766. .

Οἱ θειότατοι αὐτοκράτορες Λ. Σεπτί
μιος Σεουῆρος Περτίναξ καὶ Μ.
Αὐρήλιος Ἀντωνεῖνος Παρθικοὶ
Μηδικοὶ Βριταννικοὶ καὶ Π. Σεπ
τίμιος Γέτας ἐπιφανέστατος Καῖσαρ
καὶ ἡ μήτηρ Ἰουλία Αὐγοῦστα καὶ
ὁ σύνπας αὐτῶν οἶκος, 614.

Οἱ κύριοι αὐτοκράτορες Λ. Σεπτίμιος
Σεουῆρος Εὐσεβὴς Περτίναξ Ἀρα
βικὸς Ἀδιαβηνικὸς Παρθικὸς μέ
γιστος καὶ Μ. Αὐρήλιος Ἀντωνεῖ
νος Σεβαστοὶ καὶ Λ. Σεπτίμιος
Γέτας ἐπιφανέστατος Καῖσαρ καὶ
Ἰουλία Δόμνη Σεβαστὴ μήτηρ

στρατοπέδων, 1113.

Αὐτοκράτωρ Καῖσαρ Θεοῦ Μ. Ἀντω
νείνου Εὐσεβοῦς Γερμανικοῦ Σαρ
ματικοῦ υἱὸς Θεοῦ Ἀντωνείνου
Εὐσεβοῦς υἱωνὸς Θεοῦ Ἁδριανοῦ
ἔκγονος Θεοῦ Τραιανοῦ Παρθικοῦ
καὶ Θεοῦ Νέρουα ἀπόγονος Λ. Σεπ
τίμιος Σεουῆρος Εὐσεβὴς Περτίναξ
Σεβαστὸς Ἀραβικὸς Ἀδιαβηνικὸς
Παρθικὸς μέγιστος, ἀρχιερεὺς μέ
γιστος, δημαρχικῆς ἐξουσίας θ΄,
αὐτοκράτωρ ια΄, ὕπατος β΄, πατὴρ
πατρίδος, ἀνθύπατος καὶ Αὐτοκρά
τωρ Καῖσαρ..... Μ. Αὐρήλιος Ἀν
τωνεῖνος Εὐσεβὴς Εὐτυχὴς Σεβασ
τὸς δημαρχικῆς ἐξουσίας δ΄, καὶ
Π. Σεπτίμιος Γέτας Καῖσαρ Σεβασ
τός... καὶ Ἰουλία Δόμνα μήτηρ
στρατοπέδων καὶ Σεβαστῶν. (201 p.
C. n.), 612.

Severus et filii et Domna et Plautilla Caracallae.

Αὐτοκράτορες Καῖσαρες Λ. Σεπτίμιος
Σεουῆρος Περτίναξ καὶ Μ. Αὐρή
λιος Ἀντωνεῖνος Σεβαστοὶ καὶ Π.
Σεπτίμιος Γέτας Καῖσαρ... καὶ

Ἰουλία Δόμνα Σεβαστὴ καὶ Πλαυ
τίλλα καὶ σύμπας αὐτῶν οἶκος..,
828.

Nomen Plautillae erasum, 828.

Severus et filii.

Caracalla et Geta et Domna.

Elagabalus.

Cornelia Paula Elagabali.

Κορνηλία Παῦλα Αὐγοῦστα, 689.

Elagabalus et Severus Alexander.

Ἀντωνίνου καὶ Ἀλεξάνδρου Σεβαστῶν ἔτος α′, 1270.

Severus Alexander.

Ὁ κύριος Σευῆρος Ἀλέξανδρος, 721.
Αὐτοκράτωρ Καῖσαρ Σεουῆρος Ἀλέ-
ξανδρος, 856.
Αὐτ(οκράτωρ) Κ(αῖσαρ) Μ. Αὐρήλιος
Σεβ(ῆρος) Ἀλέξανδρος, 523.
Αὐτοκράτωρ Μ. Αὐρήλιος Σεουῆρος
Ἀλέξανδρος Σεβαστός, 688.
Ὁ μέγιστος καὶ θειότατος αὐτοκράτωρ
Μ. Αὐρήλιος Σεουῆρος Ἀλέξανδρος
Σεβαστός, 559.
Ὁ ὁσιότατος Αὐτοκράτωρ Καῖσαρ Μ.
Αὐρήλιος Σεουῆρος Ἀλέξανδρος,
669.
Αὐτοκράτωρ Μ. Αὐρήλιος Σεουῆρος
Ἀλέξανδρος Εὐτυχὴς Εὐσεβὴς Σε-
βαστός, 719.
Αὐτοκράτωρ Καῖσαρ Μ. Αὐρήλιος
Σεβῆρος (Σευῆρος) Ἀλέξανδρος Εὐ-

τυχὴς Εὐσεβὴς Σεβαστός, 752,
1472.
— Σευῆρος Ἀλέξανδρος Εὐσεβὴς
Εὐτυχὴς Σεβαστός, 1437.
Αὐτοκράτωρ Καῖσαρ Μ. Αὐρήλιος
Σεουῆρος Ἀλέξανδρος Θεοῦ Ἀντωνείνου ὑὸς Θεοῦ Σεουήρου ἔγγονος,
753.
Σεουήρου Ἀλεξάνδρου ἔτος β′, 1330
(4097).
— ἔτος γ′, 1330 (4998, 4999).
— ἔτος ε′, 1343 (note 2).
— ἔτος ια′, 1271.
— ἔτος ιδ′, 1330 (5001).
— ἔτος ..., 1367 (5097).
Nomen erasum, 559, 688, 719, 752,
753, 772, 1330, 1437.

Julia Mamaea.

Ἰουλία Μαμμαία Σεβαστή, 1437. | Nomen erasum, 772, 1437.

Severus Alexander et Julia Mamaea.

Μᾶρκος Αὐρήλιος Σεουῆρος 'Αλέξανδρος Εὐτυχὴς Εὐσεβὴς Σεβαστὸς καὶ 'Ιουλία Μαμαία Σεβαστὴ μήτηρ Σεβαστοῦ, 389.

Αὐτοκράτωρ Καῖσαρ Μᾶρκος Αὐρήλιος Σεουῆρος 'Αλέξανδρος Εὐσεβὴς Εὐτυχὴς Σεβαστὸς καὶ 'Ιουλία Μαμμαία Σεβαστὴ μήτηρ αὐτοῦ καὶ τῶν ἀηττήτων στρατοπέδων,

1143.

Ὁ γῆς καὶ θαλάσσης καὶ παντὸς ἀνθρωπίνου γένους δεσπότης Αὐτοκράτωρ Καῖσαρ Μᾶρκος Αὐρήλιος Σεουῆρος 'Αλέξανδρος Εὐτυχὴς Εὐσεβὴς Σεβαστὸς καὶ Αὐγοῦστα ἡ μήτηρ τοῦ Σεβαστοῦ καὶ μήτηρ κάστρων 'Ιουλία Μαμαία, 772.

Maximinus et Maximus.

Ὁ κύριος ἡμῶν Αὐτοκράτωρ Καῖσαρ Γάιος 'Ιούλιος Οὐῆρος Μαξιμεῖνος Εὐσεβὴς Εὐτυχὴς Σεβαστός, 1100.

Ὁ μέγιστος καὶ θειότατος καὶ θεοφιλέστατος Καῖσαρ Γ. 'Ιούλιος Οὐῆρος Μαξιμεῖνος αὐτοκράτωρ Σεβαστὸς Γερμανικὸς μέγιστος Δακικὸς μέγιστος Σαρματικὸς μέγιστος, 755.

...Μάξιμος Καῖσαρ, 692.

Κύριοι αὐτοκράτορες Γ. 'Ιούλιος Οὐῆρος Μαξιμεῖνος καὶ Γ. 'Ιούλιος Οὐῆρος Μάξιμος Καῖσαρ, 691.

— Σεβαστός, 1474.

Οἱ κύριοι αὐτοκράτορες Γάιος 'Ιούλιος Μαξιμῖνος Σεβαστὸς καὶ Γάιος 'Ιούλιος Οὐῆρος Μάξιμος, 778.

Τῶν κυρίων... Μαξιμίνων Σεβαστῶν ἔτος...?, 1356.

Nomina erasa, 1356.

Balbinus.

Αὐτοκράτωρ Καῖσαρ Δέκιος Καίλιος Καλβεῖνος Βαλβεῖνος Εὐτυχὴς Εὐ-

σεβὴς Σεβαστὸς μέγιστός μέγιστος? 722.

Gordianus.

Αὐτοκράτωρ Καῖσαρ Μ. 'Αντώνιος Γορδιανός, 581.

— Εὐτυχὴς Σεβαστός, 725.

Αὐτοκράτωρ Καῖσαρ Μ. 'Αντώνιος

Γορδιανὸς Εὐσεβὴς Εὐτυχὴς Σεβαστός, 674, 724.

Ὁ θειότατος αὐτοκράτωρ Μᾶρκος
Ἀντώνιος Γορδιανός, 1445.

Ὁ κύριος αὐτοκράτωρ Μ. Ἀντώνιος
Γορδιανὸς Σεβαστός, 623.

Ὁ μέγιστος καὶ θειότατος αὐτοκράτωρ
Καῖσαρ Μᾶρκος Ἀντώνιος Γορδιανός, 694.

Ὁ μέγιστος καὶ θειότατος αὐτοκράτωρ Καῖσαρ Μᾶρκος Ἀντώνιος
Γορδιανὸς Εὐσεβὴς Εὐτυχὴς Σεβαστός, 580.

Ὁ μέγιστος καὶ θειότατος αὐτοκράτωρ
δεσπότης τῆς οἰκουμένης Μ. Ἀν-

τώνιος Γορδιανὸς Εὐσεβὴς Εὐτυχὴς
Σεβαστός, 756.

Αὐτοκράτωρ Καῖσαρ Μ. Ἀντώνιος
Γορδιανὸς Εὐσεβὴς Εὐτυχὴς Σεβαστὸς ὁ θεοφιλέστατος κοσμοκράτωρ,
387.

Αὐτοκράτωρ Καῖσαρ Μ. Ἀντώνιος
Γορδιανὸς Εὐσεβὴς Εὐτυχὴς Σεβαστός, ὕπατος τὸ β΄, ὁ εὐεργέτης
τῆς οἰκουμένης (inter annos 241 et
244 p. C. n.), 133.

Γορδιανοῦ ἔτος β΄, 1330 (5004).

Ἀντωνίου Γορδιανοῦ ἔτος ζ΄, 1330
(5006).

Tranquillina.

Σαβινία Τραγκυλλεῖνα Σεβαστὴ Αὐγοῦστα, 581.

Τραγκουλλεῖνα Σαβεῖνα Σεβαστή,
827.

Gordianus et Tranquillina.

Αὐτοκράτωρ Καῖσαρ Μ. Ἀντώνιος
Γορδιανὸς Εὐτυχὴς Εὐσεβὴς Σεβαστὸς καὶ ἡ θεοφιλεστάτη Αὐγοῦστα γυνὴ αὐτοῦ Φουρία Σαβι-
νιανὴ Τρανκυλλεῖνα, 723.

Ὁ κύριος ἡμῶν Μ. Ἀντώνιος Γορδιανὸς Εὐτυχὴς Εὐσεβὴς Σεβαστὸς
καὶ ἡ ἐκφιλεστάτη Αὐγοῦστα Φα-
βουρία Σαβινία Τραγκυλλῖνα, 672.

Philippi pater et filius.

Αὐτοκράτωρ Καῖσαρ Μ. Ἰούλιος
Φίλιππος τοῦ θειοτάτου Αὐτοκράτορος Καίσαρος Μ. Ἰουλίου Φι-

λίππου Εὐτυχοῦς Σεβαστοῦ καὶ
τῆς θεοφιλεστάτης Σεβαστῆς Μαρ-
κίας Ὠτακιλίας Σεουήρας υἱὸς ὁ

νέος Ἥλιος Εὐσεβὴς Εὐτυχὴς
Σεβαστός, 1480.

Φιλίππου ἔτος δεύτερον, 1330 (5008).

Τῶν κυρίων Φιλίππων Σεβαστῶν
ἔτος δ΄, 1093.

— ἔτος ε΄, 1330 (5010).

Philippi pater et filius et Otacilia.

Ὁ μέγιστος καὶ θειότατος αὐτοκράτωρ Μ. Ἰούλιος Φίλιππος Σεβαστὸς καὶ Μαρκεία Ὠτακιλία Σευήρα
Σεβαστή, 695.

— καὶ Ὠτακιλλία Σευήρα Σεβαστή,
1479.

Ὁ θειότατος αὐτοκράτωρ Καῖσαρ Μ.
Ἰούλιος Φίλιππος Εὐτυχὴς Εὐσε-
βὴς Σεβαστὸς καὶ ἡ θεοφιλεστάτη
Αὐγούστη Μαρκία Ὠτακειλία

Σευήρα, 757.

Οἱ θειότατοι Σεβαστοὶ Μ. Ἰούλιος
Φίλιππος καὶ Ὠτακιλία Σεουήρα...
καὶ ὁ σύμπας τῶν Σεβαστῶν οἶκος,
1478.

Αὐτοκράτωρ Καῖσαρ Μ. Ἰούλιος Φίλιππος καὶ Αὐτοκράτωρ Καῖσαρ
Μ. Ἰούλιος Φίλιππος καὶ ἡ γυνὴ
αὐτοῦ Ὠτακιλία Σεουήρα καὶ ὁ
σύνπας αὐτῶν οἶκος, 758.

Trajanus Decius et Herennia Etruscilla.

Αὐτοκράτωρ Καῖσαρ Γάιος Μέσιος
Κυίντος Δέκιος Τραιανὸς Εὐσεβὴς
Εὐτυχὴς Σεβαστὸς, 788.

ἡ θεοφιλεστάτη Αὐγούστα Ἑρεννία
Ἐτρουσκίλλα, 671.

Nomen Decii erasum, 1422 (not.).

Valerianus et Gallienus.

Αὐτοκράτωρ Καῖσαρ Γαλλιηνὸς Εὐσεβὴς Εὐτυχὴς Σεβαστὸς, Οὐαλεριανοῦ Σεβαστοῦ υἱός, 696.

Ὁ μέγιστος καὶ θειότατος αὐτοκράτωρ Πο. Λικίνιος Γαλλιηνὸς Εὐ-

τυχὴς Εὐσεβὴς Σεβαστὸς ὁ ἄρχων
τῆς οἰκουμένης, 759.

Οὐαλεριανοῦ καὶ Γαλλιηνοῦ Σεβαστῶν ἔτος γ΄.

Γαλλιηνοῦ ἔτος...., 1274.

Salonina.

Ἡ θεοφιλεστάτη Αὐγούστα Κορνηλία Σαλωνεῖνα Σεβαστή, 697.

Quietus.

.... Κυίητος Σεβαστός, 1181.

Aurelianus.

Ὁ γῆς καὶ θαλάσσης καὶ πάσης οἰκουμένης δεσπότης Αὐτοκράτωρ Καῖσαρ [Λ. Δομίτιος] Αὐρηλιανὸς

Εὐσεβὴς Εὐτυχὴς Σεβαστός, 591
= 1432.
Nomen erasum, 582?

Carus et Carinus.

Οἱ κύριοι ἡμων Κᾶρος Περσικὸς καὶ
Καρῖνος καὶ Νουμεριανός..., 1144.

Nomina erasa, 1144.

Diocletianus et collegae.

Διοκλητιανός Σεβ., 103.
Ὁ Διοκλητιανὸς Σεβαστός, 1291.
Ὁ ὁσιώτατος αὐτοκράτωρ Διοκλητια-
νὸς ὁ ἀνίκητος, 1068.
Ὁ θεοφιλέστατος αὐτοκράτωρ Γάιος
Οὐαλέριος Διοκλητιανὸς Εὐσεβὴς
Εὐτυχὴς Σεβαστός, 617.
Ὁ κτίστης καὶ σωτὴρ τῆς οἰκουμένης
Αὐτοκράτωρ Καῖσαρ Γ. Οὐαλέριος
Διοκλητιανὸς Εὐσεβὴς Εὐτυχὴς
Σεβαστός, 789.
Μαξιμιανὸς Σεβ., 103.
[Ὁ] ἀνθρώπων γένους δεσπότης Αὐ-
τοκράτωρ Καῖσαρ Μᾶρκος Αὐρή-
λιος Οὐαλέριος Μαξιμιανὸς Εὐσε-
βὴς Εὐτυχὴς Ἀνείκητος Σεβαστός,

1511.
Ὁ κτίστης καὶ σωτὴρ τῆς οἰκουμέ-
νης Αὐτοκράτωρ Καῖσαρ Μ. Αὐρή-
λιος Οὐαλέριος Μαξιμιανὸς Εὐσε-
βὴς Εὐτυχὴς Σεβαστός, 790.
Ὁ ἐπιφανέστατος Καῖσαρ Γαλέριος
Οὐαλέριος Μαξιμιανὸς Εὐσεβὴς
Εὐτυχὴς Σεβαστός, 792.
Γαλέριος ὁ ἐπιφανέστατος καὶ ἀνδρειό-
τατος Καῖσαρ, 973, 1512.
Ὁ ἐπιφανέστατος Καῖσαρ Φλ. Οὐα-
λέριος Κωνστάντιος Εὐσεβὴς Εὐ-
τυχὴς Σεβαστός, 792.
Διοκλητιανὸς καὶ Μαξιμιανός, 873.
Αὐτοκράτορες Οὐαλέριος Διοκλητια-
νὸς καὶ Μαξιμιανὸς οἱ Σεβαστοὶ

καὶ Κωνστάντιος καὶ Μαξιμιανὸς
οἱ ἐπιφανέστατοι Καίσαρες..., 812.
Οἱ δεσπόται Διοκλητιανὸς καὶ Μαξι-
μιανὸς Σεβαστοὶ καὶ οἱ ἐπιφανέσ-
τατοι Κέσαρες Κονστάντιος καὶ
Μαξιμιανός, 813.
Αὐτοκράτωρ Καῖσαρ Γάιος Αὐρήλιος
Οὐαλέριος . Διοκλετιανὸς Εὐσεβὴς
Εὐτυχὴς Σεβαστὸς ἀρχιερεὺς μέ-
γιστος Ἰβηρικὸς μέγιστος Περσικὸς
Βρεττανικὸς Γερμανικὸς μέγιστος
Σαρματικὸς μέγιστος καὶ Αὐτο-
κράτωρ Καῖσαρ Οὐαλέριος Μαξι-

μιανὸς Ἀρμενικὸς Μηδικὸς Ἀδια-
βηνικὸς δημαρχικῆς ἐξουσείας καὶ
Γάιος Οὐαλέριος Μαξιμιανός.....
μέγιστος Γερμανικὸς ὕπατος καὶ
Φλάυιος Οὐαλέριος Κωνστάντιος
Γερμανικὸς Περσικὸς Βριταννικὸς
Παρθικὸς Ἀρμενικὸς Ἀδιαβηνι-
κός.., 1291.
Οὐαλέριος Διοκλητιανὸς Σεβαστὸς καὶ
Οὐαλέριος Κωνστάντιος..., 1296.
Τῶν κυρίων ἡμῶν Διοκλητιανοῦ καὶ
Μαξιμιανοῦ Σεβαστῶν ἔτος ε΄, 1134.

Incerti.

...Νέρ[ου]ας? Τραια[νός], 956.
Αὐτοκράτωρ..... Ἀντωνεῖνος...., 966.
...Σεουῆρος... Σεβαστός, 690.
Ἀντωνεῖνος Σεβαστός, (Caracalla?),
41.
Ὁ γῆς καὶ θαλάσσης δεσπότης.....?
.... Εὐτυχὴς Σεβαστὸς Γετικὸς?
μέγιστος, (forsitan Aurelianus),
582 = 1424.
.....δημαρχικῆς ἐξουσίας τὸ γ΄, ὕπατος τὸ γ΄... (Vespasianus?), 1036.
.....Εὐσεβὴς Εὐτυχὴς Σεβαστός,
1094.
.....ἐπιφανέστατος καὶ Εὐσεβὴς Σεβαστός, 593.
...ιος Σεβαστός...., 1069.
Σεβαστός..., 1323.
Αὐτοκράτωρ Καῖσαρ..... υἱὸς Σεβασ-

τός, 1012.
Καῖσαρ Αὐτοκράτωρ... ὁ κύριος
ἡμῶν...., 1265.
Καῖσαρ Σεβαστὸς Αὐτοκράτωρ, 1263.
Αὐτοκράτωρ..... Σεβαστός, 1471.
Αὐτοκράτωρ Καῖσαρ..., 1126.
Οἱ κύριοι Καίσαρες, 1375.
Ὁ θεῶν ἐνφανέστατος Καῖσαρ.....,
583, vel ὁ θεῖος κὲ ἐπιφανέστατος,
1425.
Καῖσαρ..., 963, 1263, 1313.

Σεβαστοί, 1159.
Οἱ Σεβαστοί, 857, 859, 866, 1263.
Οἱ αὐτοκράτορες, 562.
Οἱ θειότατοι καὶ μέγιστοι κύριοι Αὐ-
τοκράτορες Καίσαρες, 1447.

Οἱ κύριοι αὐτοκράτορες, 737.
Οἱ μέγιστοι αὐτοκράτορες, 726.
Αὐτοκράτορες Καίσαρες, 1290.

...δέσποινα τῆς οἰκουμένης, 760.
Θειοτάτη καὶ εὐσεβεστάτη Σεβαστή, 436.
.....μήτηρ Σεβαστοῦ, ... 754.

Αὐτοκράτορος....... ἔτος γ', 1162.
...Καίσαρος? ἔτος..., 1290.
...Καίσαρος τοῦ κυρίου ἔτος..., 1290.

Τῶν κυρίων Σεβαστῶν ἔτος κ', 1048.
Θεοῦ..... ιανοῦ... ἔτος? 1285.

Θεοὶ Καίσαρες, 1046.
Ὁ Θεὸς Σεβαστός (Hadrianus vel Antoninus Pius), 865.
Θεὸς Ἀντωνεῖνος (sive T. Aelius Antoninus Pius, sive M. Aurelius Antoninus = Caracalla), 664.
Οἱ Σεβαστοὶ καὶ ὁ σύνπας αὐτῶν οἶκος, 705.
Οἶκος θεῖος, 682.

V

REGES EXTERNI

Aegyptus.

Βασιλεὺς Πτολεμαῖος Εὐεργέτης, 1315.
Σωτὴρ ὁ Φύσκων, (Ptolemaeus), 175.
Πτολεμαῖος ὁ καὶ Καῖσαρ θεός φιλο-
πάτωρ φιλο[μήτωρ]..., 1208.
Βασιλεὺς Πτολεμαῖος Πτολεμαίου καὶ

Κλεοπάτρας θεῶν ἐπιφανῶν καὶ
εὐχαρίστων καὶ βασίλισσα Κλεοπάτρα ἡ τοῦ βασιλέως ἀδελφὴ θεοὶ
φιλομήτορες, 1146.
Κλεοπάτρα θεὰ Φιλοπάτορος.., 1208.

Aethiopia.

Βασιλεύς, 1293.

Ἡ κυρία βασίλισσα (Kandakè), 1359.

Armenia.

Αὐρήλιος Πάκορος, βασιλεὺς μεγάλης Ἀρμενίας, 222.

Bithynia.

Φιλοπάτωρ (Nicomedes), 175.

Bosporus.

Βασιλεὺς βασιλέων μέγας Ἄσανδρος
φιλορώμαιος σωτὴρ καὶ βασίλισσα

Δύναμις (47-16 a. C. n.), 874.
Βασίλισσα Δύναμις, 875.

— φιλορώμαιος, 901, 902.

—, ἡ ἐκ βασιλέως μεγάλου Φαρνά-
κου ἐκ βασιλέως βασιλέων Μιθραδάτου Εὐπάτορος Διονύσου, 905.

Βασιλεὺς Ἀσποῦργος φιλορώμαιος,
(sub Augusto), 906.

Βασιλεὺς μέγας Ἀσποῦργος φιλορώμαιος, ὁ ἐκ βασιλέως Ἀσανδρόχου,
φιλόκαισαρ καὶ φιλορώμαιος, 879.

Βασιλεὺς Τιβέριος Ἰούλιος Κότυς φιλόκαισαρ καὶ φιλορώμαιος εὐσεβής,
(sub Nerone), 880.

Κότυς ὁ Ἀσπούργου βασιλεὺς φιλόκαισαρ καὶ φιλορώμαιος εὐσεβὴς
ἀρχιερεὺς τῶν Σεβαστῶν διὰ βίου,
876.

Βασιλεὺς Τιβέριος Ἰούλιος Ῥησκούπορις φιλόκαισαρ καὶ φιλορώμαιος
εὐσεβής (77-92), 881.

Ὁ ἐκ προγόνων βασιλεὺς Τιβέριος
Ἰούλιος Ῥησκούπορις, βασιλέως
Ἰουλίου..... υἱὸς, φιλόκαισαρ καὶ
φιλορώμαιος, ἀρχιερεὺς τῶν Σεβαστῶν διὰ βίου, 903.

Τιβ. Ἰούλιος Σαυρομάτης, υἱὸς βασιλέως Ῥησκουπόριδος, φιλόκαισαρ
καὶ φιλορώμαιος εὐσεβής (94-124),
882.

Ὁ ἐκ προγόνων βασιλέων βασιλεὺς
μέγας Τιβέριος Ἰούλιος βασιλεὺς
Σαυρομάτης, υἱὸς βασιλέως Ῥησκουπόριδος, φιλόκαισαρ καὶ φιλορώμαιος εὐσεβής, 922.

Ὁ ἀπὸ Ποσειδῶνος καὶ ἀφ' Ἡρακλέους

βασιλεὺς βασιλέων μέγας τοῦ σύμπαντος Βουσπόρου Τιβέριος Ἰούλιος
Σαυρομάτης, υἱὸς βασιλέως Ῥησκουπόριδος, φιλόκαισαρ καὶ φιλορώμαιος εὐσεβής, 907.

Ὁ ἐκ προγόνων βασιλέων βασιλεὺς
μέγας Τιβέριος Ἰούλιος Σαυρομάτης, υἱὸς βασιλέως Ῥησκουπόριδος,
φιλόκαισαρ καὶ φιλορώμαιος εὐσεβὴς
ἀρχιερεὺς τῶν Σεβαστῶν διὰ βίου,
883.

Βασιλεὺς βασιλέων Τιβέριος Ἰούλιος
Κόττυς φιλόκαισαρ καὶ φιλορώμαιος
(sub Hadriano), 884.

Βασιλεὺς Τιβέριος Ἰούλιος Κότυς, υἱὸς
βασιλέως Σαυρομάτου, φιλόκαισαρ
καὶ φιλορώμαιος εὐσεβής, 900.

Βασιλεὺς Τιβέριος Ἰούλιος Ῥοιμητάλκης φιλόκαισαρ καὶ φιλορώμαιος
εὐσεβής (sub Hadriano), 915.

Τιβέριος Ἰούλιος βασιλεὺς Ῥοιμητάλκης φιλόκαισαρ καὶ φιλορώμαιος
εὐσεβής, 899.

Τιβέριος Ἰούλιος βασιλεὺς Ῥοιμετάλ-
κης φιλόκαισαρ καὶ φιλορώμαιος
εὐσεβής, 877.

Ῥοιμητάλκης (132-154, p. C. n.), 865.

Βασιλεὺς Τιβέριος Ἰούλιος Εὐπάτωρ
φιλόκαισαρ καὶ φιλορώμαιος εὐσεβής
(155-171), 914, 916, 923.

Βασιλεὺς Τιβέριος Ἰούλιος Σαυρομάτης φιλόκαισαρ καὶ φιλορώμαιος
εὐσεβής (sub Caracalla), 911.

Τιβέριος Ἰούλιος βασιλεὺς Σαυρομάτης

φιλόκαισαρ καὶ φιλορώμαιος εὐσεβής, 878.

Ὁ ἀπὸ προγόνων βασιλέων βασιλεὺς
μέγας Τιβέριος Ἰούλιος Σαυρομάτης φιλόκαισαρ καὶ φιλορώμαιος
εὐσεβής, 908.

Βασιλεὺς Τιβέριος Ἰούλιος Ῥησκούπορις φιλόκαισαρ καὶ φιλορώμαιος εὐσεβής, (212-229), 918, 919.

Τιβέριος Ἰούλιος Ῥησκούπορις βασιλεὺς Βοσπόρου καὶ τῶν πέριξ ἐθνῶν
ὁ φιλορώμαιος καὶ φιλέλλην, 887.

Ὁ ἀφ' Ἡρακλέους καὶ Εὐμόλπου τοῦ
Ποσειδῶνος καὶ ἀπὸ προγόνων βασιλέων βασιλεὺς Τιβέριος Ἰούλιος
Ῥησκούπορις, υἱὸς μεγάλου βασιλέως Σαυρομάτου, φιλόκαισαρ καὶ
φιλορώμαιος εὐσεβὴς ἀρχιερεὺς τῶν
Σεβαστῶν διὰ βίου, 886.

Ὁ ἐκ βασιλέων βασιλεὺς Τιβέριος
Ἰούλιος Ῥησκούπορις, υἱὸς μεγάλου
βασιλέως Σαυρομάτου, φιλόκαισαρ
καὶ φιλορώμαιος εὐσεβής, 888.

Ὁ ἐκ προγόνων βασιλέων βασιλεὺς
μέγας Τιβέριος Ἰούλιος Ῥησκούπορις, υἱὸς βασιλέως Σαυρομάτου,
φιλόκαισαρ καὶ φιλορώμαιος εὐσεβής, 869.

Βασιλεὺς Τιβέριος Ἰούλιος Κότυς, υἱὸς
μεγάλου βασιλέως Ῥησκουπόριδος,
φιλόκαισαρ καὶ φιλορώμαιος εὐσεβής, (228-234), 912, 924.

Βασιλεὺς Τιβέριος Ἰούλιος Κότυς φιλόκαισαρ καὶ φιλορώμαιος εὐσεβής,

920, 921.

Βασιλεὺς Τιβ. Ἰούλιος Ἰνινθιμαῖος
φιλόκαισαρ καὶ φιλορώμαιος εὐσεβής, (235-240), 925, 926.

Βασιλεὺς Τιβέριος Ἰούλιος Ῥησκούπορις φιλόκαισαρ καὶ φιλορώμαιος
εὐσεβής, (240-262), 889.

Ὁ ἐκ προγόνων βασιλέων βασιλεὺς
μέγας Τιβέριος Ἰούλιος Ῥησκούπορις φιλόκαισαρ καὶ φιλορώμχιος
εὐσεβής, 890.

Βασιλεὺς Τιβέριος Ἰούλιος Τείρανος
φιλόκαισαρ καὶ φιλορώμαιος εὐσεβής (276-279), 871.

Αἰλία βασίλισσα, 871.

Ὁ ἐκ προγόνων βασιλέων βασιλεὺς
Τιβέριος Ἰούλιος Ῥησκούπορις φιλόκαισαρ καὶ φιλορώμαιος εὐσεβής,
(aetatis incertae), 891.

Βασιλεὺς Τιβ. Ἰούλιος Σαυρομάτης
φιλόκαισαρ καὶ φιλορώμαιος εὐσεβής, (id.) 917.

Τιβέριος Ἰούλιος βασιλεὺς Σαυρομάτης
φιλόκαισαρ καὶ φιλορώμαιος εὐσεβὴς ἀρχιερεὺς τῶν Σεβαστῶν διὰ
βίου, (id.) 898.

Βασιλεὺς Τιβέριος Ἰούλιος Σαυρομάτης
φιλόκαισαρ καὶ φιλορώμαιος εὐσεβής, (id.) 893.

Βασιλεὺς Σαυρομάτης φιλόκαισαρ καὶ
φιλορώμαιος εὐσεβής, (id.) 870, 892.

Βασιλεὺς Τιβέριος Ἰούλιος...... υἱὸς
βασιλέως Ῥοιμητάλκου...., φιλόκαισαρ καὶ φιλορώμαιος εὐσεβὴς

ἀρχιερεὺς τῶν Σεβαστῶν διὰ βίου, (id.) 885.

Ὁ ἐκ ... βασιλέων .. μέγας βασιλεὺς Βοσπόρου...... φιλόκαισαρ καὶ φιλορώμαιος εὐσεβής, 872.

Βασιλεὺς Τιβέριος Ἰούλιος...... φιλόκαισαρ καὶ φιλορώμαιος εὐσεβής,

913.

... φιλόκαισαρ καὶ φιλορώμαιος εὐσεβὴς ἀρχιερεὺς τῶν Σεβαστῶν διὰ βίου, 909.

Σαυρομάτης, 912.

Κότυς, 912.

Cappadocia.

Ἀριοβαρζάνης, 175.

Edessa.

Ἄβγαρος βασιλεύς (Abgarus IX), 179. | Ἄβγαρος (Abgarus X), 179.

Iberia.

Μιθριδάτης βασιλεύς, 192. | Ἀμάζασπος βασιλεύς, 192.

Medi.

Ἀριοβαρζάνης βασιλεύς (sub Augusto), 267.

Ἀριοβαρζάνης βασιλεύς (aetatis incertae), 68.

Palmyra.

Βασίλισσα καὶ βασιλεύς (Zenobia et Vaballathus?), 1315.

Pontus.

Μιθραδάτης (Eupator), 175.

Μιθραδάτης βασιλεύς, Φιλοπάτωρ καὶ Φιλάδελφος, 62.

Μιθραδάτης βασιλεύς (pater praecedentis), 62.

Μιθραδάτης βασιλεύς, 192.

Syria.

Νικάτωρ (Seleucus), 192.

Thracia.

Βυραβέστας, 662.

Βυρεβίστας, 662, 1502.

Βυρεβίστας ὁ βασιλεύς, 662.

— πρῶτος καὶ μέγιστος τῶν ἐπὶ Θρᾴκης βασιλέων, 662.

Σαδάλας βασιλεύς, 775.

Πολεμοκράτεια βασίλισσα, 775.

Ῥοιμητάλκης, 777, 1503.

Κότυς βασιλεύς, 775, 1431.

Πυθοδωρίς, 777, 1503.

Ῥοιμητάλκης, Κότυος υἱός, 829, 1503.

Ῥεσκούπορις, 793.

Varia.

Πρεσβευτής (reginae Kandakes), 1359.

— ἀποσταλεὶς ὑπὸ βασιλέως Βυρα-

βέστα, 662.

VI

RES PUBLICA ROMANORUM

1. Populus romanus.

Δῆμος τῶν Ῥωμαίων, 118, 766.
Ὁ δῆμος ὁ Ῥωμαίων, 61, 62, 65, 66, 118, 864, 1452, 1478.
Δῆμος Ῥωμαίων, 299, 442, 573, 577, 613, 705, 718, 754, 1037, 1414,

1417.
Ῥωμαῖοι, 662.
Οἱ ἀνείκητοι Ῥωμαῖοι, 478.
Πολίτης ἐν τῇ βασιλευούσῃ Ῥώμῃ, 1211.

2. Viri illustres, clarissimi, egregii, etc.

Διασημότατος, 173, 591, 789, 790, 791, 792, 974, 1211, 1215, 1291, 1511, 1512.
Ἐνδοξότατος, 135.
Ἐξοχώτατος ἀνήρ, 10.
Εὐπατρίδαι (Romae = patricii), 196.
Ἱππεὺς Ῥωμαίων, 213, 214, 217, 512, 889, 1293.
Ἱππικός, 221, 639, 798.
Ἱππικοί, 274.
Ἰταλικοὶ κριταί, 118.

Κράτιστος, 135, 371, 384?, 573, 597, 623, 672, 780, 795, 968, 1071, 1119, 1185, 1356, 1417.
Κράτιστοι, 759, 1481.
Κρατίστη, 141, 371, 1097.
Λαμπρότατος, 134, 137, 138, 141, 225, 228, 383, 402, 502, 573, 691, 692, 693, 717, 726, 794, 797, 1073, 1219, 1290, 1389, 1417, 1481.
Λαμπρότατοι, 416.
Λαμπροτάτη, 140, 492.

3. Senatus.

Ἱερωτάτη βουλή, 1452.

Σύγκλητος, 118, 573, 577, 578, 1021.

Σύνκλητος, 196.
Ἱερὰ σύνκλητος, 611, 613, 705, 718, 754, 766, 787, 1037,.1478.

Σύνκλητος Ῥωμαίων, 431.
Συνκλητικός, 301, 731.

4. Honores, munera publica civilia majora.

Ἄρχοντες (romani magistratus), 118.
.Dictator :
Δικτάτωρ, 175.
Consul :
Στρατηγὸς ὕπατος, 1021.
Ὕπατος, 118, 138, 175, 336, 376, 438, 439, 502, 504, 514, 528, 622, 727, 930, 931.
Δὶς ὕπατος, 967.
Ὕπατοι, 118.
Ὕπατος ἀποδεδειγμένος, 746, 747.
Ὕπατος Αὐσονίων, 407.
Ὕπατος ὠρδινάριος, 137.
Ὑπατεύων, 524.
Ὑπατικός, 134, 482, 614, 717, 727, 794.
Ὑπατικοί, 156, 860·
Ὑπατική, 1210.
Ὑπαταγός, 654.
Consules :
Consulatus imperatorum vide in indice ιv.
78 a. C. n. Κόιντος Λυτάτιος Κοίντου υἱὸς Κάτλος καὶ Μᾶρκος Αἰμίλιος Κοίντου υἱὸς Μάρκου υἱωνὸς Λίπεδος, 118.
56 a. C. n. Γναῖος Κορνήλιος Λέντλος Μαρκελλῖνος καὶ Λεύκιος Μάρκιος
T. I

Φίλιππος, 1394.
35 p. C. n. Γ. Κέστιος, Μ. Σερουίλιος Νωνιανός, 495.
59. Γ. Οὐειψτανὸς Ἀπρωνιανὸς καὶ Γ. Φόντειος Καπίτων, 455.
71. Καῖσαρ Σεβαστοῦ υἱὸς Δομιτιανὸς καὶ Γάιος Οὐαλέριος·Φῆστος, 453.
— Λούκιος Φλάουιος Φιμβρία καὶ Ἀτείλιος Βάρβαρος, 453.
— Λ. Ἀκείλιος Στράβων καὶ Σέξτος Νεράτιος Καπίτων, 452.
74. Τάμπιος Φλαουιανὸς, Πομπείος Σιλουανὸς, 513.
79. Λούκιος Καισε......, 420.
125. Λ. Βαλέριος Ἀσιατικὸς τὸ β΄, Λούκιος Ἐπίδιος Τίτιος Ἀχυλεῖνος, 1019.
143. Τορκούατος καὶ Ἡρώδης, 146.
144. Σέξτος Ἐρούκιος Κλάρος β΄ Γνέος Κλαύδιος Σεβήρος, 144.
149. Ὄρφιτος καὶ Σόσσιος Πρεῖσκος, 810.
154. Λούκιος Αἴλιος Αὐρήλιος Κόμμοδος καὶ Τίτος Σέξτιος Λατερανὸς, 147.
171. Σεουῆρος καὶ Ἐρεννιανές, 449.
174. Γάλλος καὶ Φλάκκος Κορνηλιανὸς, 421.

39

181. Αὐτοκράτωρ Κόμοδος τὸ γ΄ καὶ Ἀντίστιος Βοῦρρος, 1438.

199. Λ. Κορνήλιος Ἀνυλλεῖνος τὸ β΄ καὶ Αὐρείδιος Φρόντων, 1498.

201. Μουκιανὸς καὶ Φαβιανὸς, 598.

202. Λ. Σεπτίμιος Σευῆρος καὶ Μ. Αὐρήλιος Ἀντωνῖνος Καῖσαρ, 744, 766.

203. Ἀντωνεῖνος Σεβαστὸς τὸ β΄ Γέτας Καῖσαρ, 129.

224. Κλ. Ἰουλιανὸς τὸ β΄ καὶ Βρύττιος Κρισπῖνος, 363.

233. Μάξιμος κὲ Πάτερνος, 563.

238. Πεῖος καὶ Πρόκλος, 1439.

240. Σαβεῖνος τὸ β΄ καὶ Οὐενοῦστος, 680.

244. Περεγρῖνος καὶ Αἰμιλιανός, 114.

280. Μέσσαλα καὶ Γρᾶτος, 74.

299. Οἱ κυρίοι ἡμῶν Διοκλητιανὸς Σεβ. τὸ ζ΄ καὶ Μαξιμιανὸς Σεβ. τὸ ς΄, 103.

Ἄρριος, ὕπατος, 336.

Praetor :

Στρατηγός, 431, 622, 653, 1021.
Στραταγὸς τῶν Ῥωμαίων, 468.
— Ῥωμαίων, 468.
Στρατηγὸς ἀποδειχθείς, 1017.
Στρατηγὸς κατὰ πόλιν καὶ ἐπὶ τῶν ξένων, 118.
Στρατηγικός, 969.

Aedilis :

Ἀγορανόμος, 431, 521, 622.
Ἀγορανομῶν, 524.
Ἀγορανομοῦντες, 525.
Ἠγορανομηκώς, 1044.

Tribunus plebis :

Καταλεγεὶς εἰς τοὺς δημαρχικούς, 1017.

Quaestor :

Ταμίας, 501.
Ταμίας ὁ κατὰ πόλιν, 118.
Ταμιεύσας, 441.

XX Vir :

Ἄρξας ι΄ ἀνδρῶν ἀρχήν, 431.

5. Magistratus publici reliqui.

Ἀγεμὼν Αἰγύπτῳ, 1295.
Ὁ τᾶς Μυσίας ἀγεμών, 867.
Ἀνθύπατος, 137, 139, 439, 584, 612, 957, 960, 971, 1003, 1036, 1513.
— Ἀσίας, 502.
— ἐπαρχείας Ἀσίας, 653.
— Ἀφρικῆς, 933.
— Βειθυνίας, 969.
— Κρήτης καὶ Κυρήνης, 968.

Ἀνθύπατος Λιβύης, 376.
— ἐπαρχείας Ναρβωνησίας, 440.
Ἀντιστράτηγος, 593.
Ἀντιταμίας, 508.
Ἀραβάρχης, 1183, 1193.
Ἄρξας ἐπαρχείου Νουμιδίας, 402.
Ἄρξας ἱππέων?, 441.
Ὁ διέπων τὴν ἐπαρχείον (sic), 614, 854.

Διέπων τὴν ἐπαρχείαν, 785.
Δικαιοδότης Ἀπουλίας, 1481.
Ἐγλογιστής, 1263.
Ἐκλογισταί, 1263.
Ἐπανορθωτὴς πάσης Ἰταλίας, 137.
Ἔπαρχοι, 1263.
Ἔπαρχος, 1263, 1300, 1338, 1360.
— Αἰγύπτου, 135, 297, 530, 1050,
   1068, 1102, 1113, 1143, 1145, 1148,
   1176, 1179, 1183, 1185, 1255, 1256,
   1264, 1267, 1273, 1280, 1290.
— τῆς Αἰγύπτου, 1055, 1056, 1062,
   1109.
— ἐραρίου στρατιωτικοῦ, 402.
— εὐθενείας, 380.
— εὐθενίας, 135.
— ὄρους Βερενείκης, 1183.
— ὀχημάτων καὶ δουκηνάριος τα-
   χθεὶς καὶ περὶ τὴν Φλαμινίαν ἐπιτη-
   δείων, 135.
— Ῥώμης, 137, 138.
— τῆς πόλεως τῆς Ῥωμαίων, 967.
— σείτου δόσεως, 431.
Ἐπιμελητὴς ὁδοῦ Φλαμηνίας, 653.
— ὁδῶν Αὐρηλίας Κορνηλίας τριουμ-
   φᾶλις, 1481.
— τόπων καὶ ἔργων δημοσίων, 622.
Ἐπιτροπεύσας, 430.
— ἐπαργείου Βριταννείας, 402.
— λόγων πρειβάτης, 402.
— τοὺς καθ᾽ ὅλου λόγους, 227.
— ὑδάτων, 402.
Ἐπιτροπεύων..., 1462.
— τῆς ἐπαρχείας, (Thraciae), 822.

Ἐπιτροπεύων Θρᾴκης, 781.
Οἱ ἐπίτροποι (Καίσαρος), 674.
Ἐπίτροπος, 1254, 1291.
— Καίσ(αρος), 8.
— τοῦ κυρίου, 1263.
— Σεβαστοῦ, 1325, 1417.
— τοῦ Σεβαστοῦ, 573, 623.
— τῶν Σεβαστῶν, 673, 795.
— Αἰγύπτου ἰδίου λόγου, 1107.
— Γαλλίας Ἀχουιτανικῆς ἐπὶ κήνσων, 1107.
— Δελματίας, 1107.
— Θρᾴκης, 824? 1107.
— Μυσίας τῆς κάτω, 1107.
— καὶ ἡγεμὼν τῶν παραθαλασσ[ίων
   Ἄλπεων], 10.
— πρ[ειβ]άτης διὰ Φλαμινίας Αἰμι-
   λ(ίας) Λιγυρίας; 10.
— ὄρους (in Aegypto, sc. Montis Berenicidis), 1179, 1180.
— τῶν μετάλλων, 1255, 1256.
— δουκηνάριος, 135.
— ἐπὶ βαλανείων Σεβαστοῦ, 146, 150.
— τοῦ Σεβαστοῦ, 152, 153, 154.
— Σεβαστῶν, 147, 149, 151, 152, 155.
— ἐπὶ βιβλειδίων καὶ διαγνώσεων τοῦ
   Σεβαστοῦ, 135.
— ἐπὶ τῆς Αἰγύπτου, 1117.
— ὁ ἐπὶ τῆς Αἰγύπτου κατασταθείς,
   1293.
— ὁ ἐπὶ τῆς λατομίας..., 1138.
— ἐπὶ τῆς παιδείας, 136.
— ἐπὶ τῶν ἐν Ῥώμηι βιβλιοθηκῶν
   Ῥωμαικῶν τε καὶ Ἑλληνικῶν, 136.

— ὁ ἐπὶ τῶν καθ᾽ ὅλου λόγων, 1071.

— ὁ πρὸς ἰδίῳ λόγῳ, 1078.

(Ἐπιτροπία) δουκηναρία, 227.

— κεντηναρία, 227.

— σεξαγηναρία τρο[φῶν], 227.

Ἐπιστάτης τοῦ Μουσείου, 136.

Ἐπιστολεὺς (τοῦ αὐτοκράτορος), 136.

Ἐπιστράτηγος, 1057, 1163, 1164, 1165, 1175, 1185, 1264, 1285, 1291.

Ἐπιστρατηγῶν, 1102, 1112, 1113, 1143, 1145, 1154, 1273.

Ἐπιστρατηγήσας Θηβαίδος, 1109.

Ἐπιστράτηγος Θηβαίδος, 1141, 1193, 1202.

— τῆς Θηβαίδος, 1302.

Ἡγεμών (praeses provinciae), 209, 573, 629, 797, 1417.

— (praefectus Aegypti), 1057, 1098, 1099, 1110, 1119, 1125, 1150, 1154, 1163, 1164, 1165, 1175, 1262, 1263, 1287, 1290, 1295, 1322, 1374, 1379.

— Θηβαίδος, 1225.

— τῆς Θράκης, 1481.

— τῆς Κρήτης, 1511, 1512.

Ἡγεμόνες, 1220.

Οἱ ἡγεμόνες τῆς Θράκης, 674.

Ἡγεμονεύων, 691, 693, 719, 720, 746, 747, 787, 789, 790, 791, 792, 1112, 1442, 1471, 1472.

— τῆς ἐπαρχείας, 559, 573, 584, 718, 741, 1426.

— τῆς Θρᾳκῶν ἐπαρχείας, 669, 670, 672, 683, 685, 686, 687, 692, 694, 695, 709, 713, 723, 724, 725, 745,

753, 754, 756, 757, 760, 828, 1459, 1476, 1480, 1494, 1495.

— τῆς Θρᾳκῶν αἰπαρχείας, 1479.

— τῆς λαμπροτάτης Θρᾳκῶν ἐπαρχείας, 688.

Ἡγησάμενος Δεκαπόλεως τῆς ἐν Συρίᾳ, 824.

Οἱ ἡγούμενοι τῆς ἐπαρχίας, 674.

Ἡγούμενος (provinciae Aegypti), 1120.

Ὁ τῆς ἐπαρχείας ἡγούμενος, 1291.

Ἡγούμενος τοῦ ἔθνους, 712.

Ἰδιόλογος, 1226.

Ἰθυντὴρ Ἑσπερίης χθονός (corrector Italiae), 972.

Καθολικός, 1215, 1220, 1291.

— Αἰγύπτου, 1219.

— τῆς Αἰγύπτου καὶ Φοινίκης, 1211.

Καθολικοί, 1220, 1291.

Κίστιβερ, 235.

Κόμης βασιλέως, 137.

Κουρατορεύων, 129.

Κουράτωρ, 144.

Κριταὶ (Ἰταλικοί), 118.

Μεταλλάρχης Ζμαράκτου καὶ Βασίου καὶ Μαρκαρίτου καὶ λατόμων πάντων τῆς Αἰγύπτου, 1236.

...πεντάραβδος Ῥαιτίας, 971.

Πιστευθεὶς τὰ μέρη τῶν ἐπάρχων τοῦ πραιτωρίου καὶ Ῥώμης, 402.

[Πράξας στρατείας] τρεῖς, 227.

Πρεσβευτὴς Σεβαστοῦ, 1481.

Πρεσβευτὴς Σεβαστῶν..., 652.

Πρεσβευτὴς ἀντιστράτηγος, 441, 559, 581, 684, 725.

Πρεσβευτὰς ἀντιστράταγος, 1040.

Πρεσβευτὴς καὶ ἀντιστράτηγος, 401, 862, 863, 1440. .

Πρεσβευτὴς Σεβαστοῦ ἀντιστράτηγος, 573, 580, 584, 672, 683, 685, 687, 688, 693, 695, 709, 713, 723, 745, 757, 760, 772, 1414, 1446, 1449, 1459, 1471, 1472, 1479, 1482, 1495.

Πρεσβευτὴς Σεβαστοῦ καὶ ἀντιστράτηγος, 669, 724.

Πρεσβευτὴς τοῦ Σεβαστοῦ καὶ ἀντιστράτηγος, 606. .

— Σεβαστοῦ Καίσαρος, 663.

— Σεβαστῶν ἀντιστράτηγος, 575, 576, 582, 670, 741, 766, 930, 931, 1418.

Πρεσβευτὴς Σεβαστῶν καὶ ἀντιστράτηγος, 612.

Πρεσβευτὴς καὶ ἀντιστράτηγος Γαλλίας Λυγδωνησίας, 622.

— ἐπαρχείας Μακεδονίας, 440.

— Σεβαστοῦ Μυσίας τῆς κάτω, 376.

— ἐπαρχείας Μυσίας τῆς κάτω, 622.

Πρεσβευτὴς Σεβαστοῦ ἀντιστράτηγος ὁ τειμητής, 796.

Πρεσβευτὴς (legatus praesidis cujusdam provinciae), 843.

— ἀνθυπάτου ἐπαρχείας Ἀσίας, 653.

Οἱ πρεσβευταὶ πεμπόμενοι (ὑπὸ Ρω-

μαίων εἰς τὴν Ἀσίαν), 820. .

Ὁ πρὸς τῷ ἰδίῳ λόγῳ τεταγμένος, 1263.

Σειτομετρίου τοῦ Ρωμαίων ταχθείς, 971.

Οἱ στρατηγοὶ οἱ ἀποστελλόμενοι ὑπὸ Ρωμαίων εἰς τὴν Ἀσίαν, 820.

Στρατηγὸς ἀνθύπατος, 844.

— Ρωμαίων, 845.

Σύμβουλος τοῦ Σεβαστοῦ, 135.

Ταγὸς = ἐπιστράτηγος Θηβαίδος, 1191.

Ταμίας (provinciae), 972.

— ἀντιστράτηγος, 653.

— Λ. Καίσαρος, 622.

Ταμίας Βειθυνίας, 1017.

— καὶ ἀντιστράτηγος Βειθυνίας, 1018.

— Λυκίας Παμφυλίας Πεισιδίας Ἰσαυρίας, 1481.

— Πόντου Βειθυνίας, 431.

— καὶ ἀντιστράτηγος ἐπαρχείας Κρήτης καὶ Κυρήνης, 969, 970.

Ὑπατεύων ἐπαρχίας, 593.

— τῆς ἐπαρχείας, 575, 576, 580, 591, 1474.

— (τῆς ἐπαρχείας), 581, 582.

— τῆς Θρακῶν ἐπαρχείας, 722.

Ὑπατικὸς ἐπὶ τῶν ναῶν, 114.

Ὑπατικὸς τῶν ἱερῶν ναῶν, 74, 103.

6. Officia civilia minora. Administrationis partes nonnullae.

Ἀνγαρεία, 766.

Ἀπελεύθερος Καίσαρος, 287, 1101, 1262.

Ἀπελεύθερος Σεβαστοῦ, 39, 88, 89, 182, 432, 476, 781, 1255.

Ἀπελεύθερος καὶ ἐπίτροπος Σεβασ-

VII

RES MILITARIS

---

1. Cohortes praetoriae, urbanae vigilium.

Χώρτη τοῦ πραιτωρίου, 58.　　　　　Στρατιώτης.

— τρίτη πρετωρίου, 700.　　　　　Πρετωριανός.

— ε′ πραιτωρία, 1496.　　　　　Ἑκατόνταρχος προτήκτωρ.

— ζ′ πραιτωρία, 1496.　　　　　Ἱππεύς.

— η′ πρ(αιτωρία), 266.　　　　　Στρατιώτης.

Χώρτη ἐνδεκάτη ὀρβανή, 779.　　　Στρατιώτης.

Βίγουλες, 1496.　　　　　Ἑκατόνταρχος προτήκτωρ.

Cohors VII Βιγούλων Σεβηριανά, 178.

Χώρτη σέπτιμα βιγλῶν Μαμιανὴ
　Σεβηριανὴ Ἀλεξανδριανή, 142.

2. Legiones.

Λεγεὼν α′ Βοηθός, 622.　　　　　Πρεσβευτής.

— — 653.　　　　　Χειλίαρχος.

Λεγεὼν β′ Ἰταλική, 29.　　　　　Φρουμεντάριος.

— — 678.　　　　　Στρατιώτης.

Λεγιὼν β′ Παρθική, 1450.　　　　Στρατιώτης.

— — 1496.　　　　　Στρατιώτης.

Λεγιὼν β′ Τραιανή, 1496.　　　　Ἔπαρχος.

Λεγεὼν β′ Τραιανὴ Ἰσχυρά, 1212,　Ἰατρός.
　1216.　　　　　Χειλίαρχος.

Λεγεών β' Τραιανή Ἰσχυρὰ Γορδιανή, 1147.

Λεγειὼν γ' Αὐγούστη, 402.

Λεγεὼν γ' Κυρηνιακή, 1138, 1153.

— τρίτη Κυρηναική, 1343.

— III Κυρηναική, 1365.

Λεγεὼν τετάρτη Φλαβία, 969.

Λεγιὼν δ' Φλαβία, 1496.

Λεγεὼν ε' Μακεδονική, 431.

Λεγεὼν ς' Σιδηρά, 1089.

Λεγιὼν ζ' Γεμείνα, 454.

Λεγιὼν ζ' Κλαυδία, 1496.

Λεγεὼν ἑβδόμη Κλαυδία, 969.

Λεγιὼν ια' Κλαυδία, 1491.

Λεγιὼν οὐνδεκίμη Κλαυδία, 481.

Λεγεὼν ιγ' Διδύμη, 624, 625.

— Γεμίνη, 1107, 1496.

Λεγεὼν ιδ' Γεμίνη, 1107.

Λεγ(εὼν) ιε' Ἀπολλιναρία, 10.

Λεγεὼν κβ' ..., 1200, 1361.

— δευτέρα καὶ εἰκοστή, 1343.

Λεγεὼν ... Νεικηφόρος, 653.

Κεντυρίων?

Ἡγεμών.

Ἑκατόνταρχος.

Στρατιώτης.

Στρατιώτης.

Προστάτης.

) Ἔπαρχος.
(Στρατηγός.

Χειλίαρχος.

Στρατιώτης.

Χιλίαρχος.

Στρατηγός.

Χειλίαρχος.

Στρατιώτης.

Στρατιώτης μήσωρ.

) Σημαιαφόρος.
(Οὐετρανός.

(Χιλίαρχος.
{ Ἑκατόνταρχος προτήκτωρ.
(Ἔπαρχος.

Χιλίαρχος.

Χειλίαρχος.

(Χιλίαρχος.
{ Ἑκατόνταρχος.
(Ἰατρός.

Στρατιώτης.

) Χειλίαρχος.
(Πρεσβευτής.

3. Alae.

Ἄλη α' Φλαουία Γετούλων, 623.

Εἴλη Κομμαγηνῶν, 1336.

Ἔπαρχος.

Δεκουρίων καὶ οἱ αὐτοῦ πάντες.

Ἄλη Ὀυοκουντίων, 1200. | Ἔπαρχος.

Ἴλη Ὀυοκοντίων, 1184. | Δουπλικιαίριος.

Εἴλη β′ Παννονίων, 824. | Ἔπαρχος.

Εἴλη γ′ ἱππέων Ῥωμαίων, 622. | Ἔπαρχος.

4. Cohortes auxiliariae.

Κοόρτη θ′ Βαταο[ύ]ων, 10. | Χειλίαρχος.

Σπεῖρα δ′ Γάλλων, 10. | Πραίφεκτος.

Χώρτη α′ Γερμανῶν, 623. | Τριβοῦνος.

Σπείρη α′ Γερμανῶν, 622. | Χιλίαρχος.

Σπεῖρα Δαρδάνων, 10. | Πραίφεκτος.

Κώρτη α′ Θηβαίων, 1335. | Ἱππεύς.

Χώρτη α′ Θηβαίων, 1352, 1353. | Στρατιώτης.

— α′ Θηβαίων ἱππική, 1350, 1351. | Ἱππεύς.

Σπείρη α′ Θηβαίων, 1373. | Ἱππεύς.

— α′ Θηβαίων ἱππική, 1334. | Ἱππεύς.

Σπεῖρα Θρᾳκῶν, 894. | Πρίνκιψ.

Σπείρη Ἰσπανῶν, 1347. |

Χώρτη Ἰσπανώρουμ, 1346. | Ἱππεύς.

— Ἐσπανῶν, 623. | Ἔπαρχος.

Σπείρη Σπανώρων, 1345. | Στρατιώτης.

Χώρτη μειλιαρία Ἰτυραίων, 1462. | ?

Σπείρη β′ Ἰτουραίων, 1348, 1363. | Στρατιώτης.

Σπίρη β′ Ἰτουραίων, 1370. | Στρατιώτης.

Σπείρη γ′ Ἰτουραιώρουμ, 1339. | Στρατιῶται.

Σπέρη τρίτη Εἰτουρεόρουμ, 1340. | Στρατιώτης.

Χώρτη [δ′] Κονκορδιηνσίων, 1496. | Στρατιώτης.

— πρώτη Φλαουία Κυλίκων, 1243. | Στρατιώτης?

Σπείρη πρώτη Φλαουία Κιλίκων ἱππική, 1255.   Ἑκατόνταρχος.

Σπίρη α′ Φλαουία Κυλίκων ἱππική, 1370.   Στρατιώτης.

Σπείρη α′ Φλαουία, 1044. | Ἔπαρχος.

Σπείρη Κυπρία, 895, 896.

Χώρτη α΄ Λυσιτανῶν, 1275.

— α΄ Νουμιδῶν, 465.

Σπείρ(α) β΄ Οὐλπ(ία)...?, 10.

Σπείρη Μα...αν.., 1349.

Σπείρη..., 1200.

Σπείρη (vel σπίρη), 1236, 1249, 1250, 1366.

Στρατιώτης.

Στρατιώτης.

Πραίφεκτος.

Πραίφεκτος.

Στρατιώτης.

Ἔπαρχος.

5. Numeri.

Ἀδριανοὶ Παλμυρηνοὶ Ἀντωνιανοὶ τοξόται, 1169.

Ἐξπλωράτορες, 1496.

— Γερμανίας, 10.

Οἱ πάλιν στρατευόμενοι πεζοὶ καὶ ἱππεῖς Μαῦροι καὶ Ὀσροηνοί, 1496.

Οὐηξιλλάριος.

Πραίφεκτος.

6. Classes.

Ὁ Ἀλεξανδρεῖνος στόλος, 380.

Στόλος Σεβ. Ἀλεξανδρῖνος, 1129.

Στόλος πραιτόριος..., 1046.

Μεισηνῶν στόλος, 414.

Στόλος Μεισηνῶν, 552.

Κ(λάσσις) Μ(εισηνένσις), 463.

Κλάσση Φλαουία Μυσικὴ Γορδιανή, 623.

Κλάσση Περινθία, 781.

Στόλος ...... ἐκ πλοίων πορευτικῶν, etc., 1062.

Κλάσση...?, 1370.

Στόλος, 843.

Λιβουρναί, 1496.

Ἐπιμελητής.

Ναύαρχος.

Ἔπαρχος.

Ἡμέριτος.

Β(ετερανός).

Τριήραρχος.

Ἔπαρχος.

7. Munera militaria.

Ἀγούμενος τοῦ στόλου παντός, 843.

Αὐτοκράτωρ (imperator a militibus appellatur), 662, 955.

Βϕ (Βενεφικιάριος), 734, 1397, 1398, 1399, 1404, 1407, 1434.

Βενεφικιάριος, 541, 626?, 838, 1179, 1180.

— ἐπάρχου Αἰγύπτου, 297.

Βετερανός, 220, 626?

Βετρανός, 394, 1408.

Β(ετερανός) κ(λάσσις) Μ(εισηνένσις), 463.

Βοηθὸς κορνικουλαρίων, 679.

Ἐκ βοηθοῦ, 1481.

Βουκινάτωρ, 1481.

Δεκάδαρχος, 1371.

Δεκανοὶ οἱ ἐν στόλῳ πραιτορίῳ, 1046.

Δεκανός, 1251.

Δεκουρίων, 1336, 1408.

Δεκυρίων, 1331.

Δουκηνάριος, 1496.

Δουπλικιαίριος (alae), 1184.

Ἑκατονταρχία, 1241, 1243, 1275, 1333, 1337, 1341, 1344, 1345, 1353, 1362, 1363.

Ἑκατοντάρχης, 860, 1516.

Ἑκατοντάρχαι, 1262.

Ἑκατόνταρχος, 652, 1091, 1138, 1153, 1254, 1255, 1256, 1258, 1260, 1280.

— προτήκτωρ, 1496.

Ἔπαρχος ἄλης, 623, 1200.

— εἴλης, 622, 824.

— κάστρων, 1275.

— κλάσσης, 623.

— λεγιῶνος, 1496.

— σπείρης, 1044, 1200.

— Μεισηνῶν στόλου, 414.

— χώρτης, 623.

Ἐπιβάται, 843.

Ἐπιμελητὴς τοῦ Ἀλεξανδρείνου στόλου, 380.

Ἠβοκᾶτος, 1496.

Ἡγεμὼν λεγειῶνος γ′ Αὐγούστης, 402.

Ἡγεμὼν λεγιώνων…, 1481.

Ἡγησάμενος στρατιωτικοῦ ἐν παρατάξει Ἀρμενιακῇ στρατιωτῶν ἐπαρχείας Καππαδόκων, 623.

Ἡμέριτος στόλου Μεισηνῶν, 552.

Ἡουοκᾶτος Σεβαστοῦ vel Σεβαστῶν, 78.

Ἰατρὸς λεγειῶνος, 1212, 1361.

Ἱππεύς, 192, 1252, 1334, 1335, 1342, 1346, 1373, 1496.

Εἱππεύς, 1253.

Ἱπεύς, 1350.

Ἱππεῖς, 1262, 1332, 1496.

Ἱππίατρος, 1252.

Ἱππωίατρος, 1373.

Κανδιδᾶτος, 134.

Κελευστάς, 843.

Κεντουρεία, 700.

— χώρτης, 623.

Τριήραρχος κλάσσης, 781.

— στόλου, 1130, 113†.

Τριηραρχῶν, 843, 844.

Φρουμεντάριος, 134.

Φρουμ(εντάριος) λεγ(εῶνος), 29.

Φρούραρχος (aegyptiacorum militum), 1020.

Χειλιάρχης, 860, 886.

Χειλίαρχοι, 860, 1262.

Χειλίαρχος, 431, 824, 860, 889, 908,

969, 1216, 1218.

— λεγεῶνος, 10, 135, 653.

— χοόρτης, 10, 1200.

Χειλίαρχος πλατύσημος λεγιῶνος...., 1481.

Χιλίαρχος, 3, 135, 454, 1107.

— σπείρης, 622.

Χιλιαρχήσας, 501.

— ἐν Ἔρυκι, 507.

Χιλίαρχος (aegyptiacorum militum), 1020.

8. Bella et expeditiones.

Πόλεμος κατὰ τὴν Κρήτην (146-144 a. C. n.), 1021.

Ὁ πόλεμος ὁ Ἰταλικός (90 a. C. n.), 118.

Μιθραδατικὸς πόλεμος, (87 a. C. n.), 175.

Ὁ πόλεμος ὁ Μιθριδάτους (circa 72 a. C. n.), 401.

Ὁ ἐπὶ Βυρεβίσταν πόλεμος.... (temporibus Caesaris et Octaviani), 1502.

Μαρμαρικὸς πόλεμος (sub Augusto, 1041.

Ὁ Κοιλαλητικὸς πόλεμος (21 p. C. n.), 777.

Ὁ Δακικὸς πόλεμος, 824.

Παρθικὴ ὑσμίνη, (115-116 p. C. n.), 192.

Νείκη ἡ ἀπὸ τῶν Σκυθῶν (sub Hadriano), 884.

Ἀρμενιακὴ παράταξις, 623.

9. Varia.

Ἀήττητα στρατόπεδα, 1143.

Ἀνείκητα στρατόπεδα, 1288.

Ἀνίκητα στρατόπεδα, 1063, 1067.

Δώροις στρατιωτικοῖς πᾶσιν τετειμημένος ἐντῷ Δακικῷ πολέμῳ, 824.

Ἰτυραῖις πόρπη, 1299.

Πραισίδιον, 1337.

Τὰ πραιτώρια, 766.

Πραιτώριον, 1.

Σεβακιάρια, 142.

Σηβακιάρια, 178.

Στιπενδίων ις΄, 1089.

Ἱερὰ στρατεύματα, 577, 578, 613, 754, 766, 1414, 1420.

VIII

RES GEOGRAPHICA

1. Tribus romanae.

Αἰμιλία, 10, 1024.

Κολλεῖνα, 1514.

Κουιρῖνα, 1148, 1207.

Κυρεῖνα, 10, 445, 446, 512, 641, 677, 706, 763, 781, 969, 979.

Κυρῖνα, 454, 1286.

Οὐοτουρία, 974.

Παλατῖνα, 405, 622. 733.

Πολλία, 1105.

Ποπλιλία, 118.

Σεργία, 118.

Στελλατῖνα, 478.

Τρωμεντεῖνα, 974.

Φαβία, 267.

Φαλέρνα, 975.

2. Nomina provinciarum, regionum, civitatum, etc.

Ἄβατος, 1311, 1313.

Ἀββαιεῖται, 401.

Ἀγαθὸς Δαίμων ποταμός (Nilus Canopicus), 1098.

Ἀγριοφάγοι, 1207.

Ἀγριππέων ὁ δῆμος, 905, 909.

Ἀγγίαλος πόλις Οὐλπία, 767.

Ἀγγιαλέων Οὐλπιανῶν ἡ βουλὴ καὶ ὁ λαμπρότατος δῆμος, 771.

Ἀδανεύς, 445.

Ἀδραηνοί, 931.

Ἀδραηνῶν ἡ πόλις τῆς Ἀραβίας, 931.

Ἀδριανῇ. Cf. Μοψυεστία.

Ἀδριανὴ ὁδός, 1142.

Ἀδριανοὶ Παλμυρηνοὶ Ἀντωνιανοί, 1169.

Ἀδριανοπολεῖται Θρᾷκες, 773.

Ἀδριανοπολειτῶν ἡ λαμπροτάτη πόλις, 772.

Βοσπορεανός, 303.
Βωσπορανός, 261.
Βουβαστείτης, 1060.
Βούσειρις, 1110.
Βουσειρίτης, 1060.
Βουσιπάρων κώμη, 766.
Βρενδεσινοί, 466.
Βρεντόπαροι κωμῆται, 721.
Βριταννεία, 402.
Βρίττονες, 1496.
Βυδεκυρηνοὶ κωμῆται, 728. Cf. 1483.

Γαζαίων ἡ πόλις ἱερὰ καὶ ἄσυλος καὶ
αὐτόνομος, πιστὴ καὶ εὐσεβής,
λαμπρὰ καὶ μεγάλη, 387.
Γαλάται, 175.
Γαλλία Ἀκουιτανική, 1107.
Γαλλία Λυγδωνησία, 622.
Γειζαγρηνοὶ κωμῆται, 728.
Γελουπάρων κώμη, 766.
Γερμανοί, 622, 623.
Γετοῦλοι, 623.
Γορτύνιοι, 974, 975, 976, 1514, 1515,
1516.
Γορτυνίων ἡ βουλὴ καὶ ὁ δῆμος,
1509.
Γρησεῖται, 674.

Δαρδανεῖς, 852.
Δαρδάνιον γένος, 194, 40.
Δάφνη, 445, 486.
Δελματία, 1107.

Δέλτα τῆς Αἰγύπτου, 1070.
Δελφοί, 120, 153, 165.
Δελφῶν πόλις, 120.
Δενθελητικὴ πεδιασία, 677.
Δικταῖος, 1021.
Διοκαισάρεια, 1089.
Διονυσοπολειτῶν βουλή, 664.
Διονυσοπολιτῶν βουλὴ δῆμος, 663.
Διόσπολις ἡ μεγάλη, 1208, 1293.
Δορθάνναι, 1021.
Δράγμιοι, 1021.
Δυσυρηνός, 764.
Δωδεκάσχοινος, 1296, 1356.

Ἐγεσταῖος, 501.
Εἰκονίη, 407.
Εἴστρος, 580. Cf. Ἴστρος.
Εἰτουρέοι, 1340. Cf. Ἰτουραῖοι.
Εἰτριζηνὴ (vel Ἐπριζηνὴ) κωμαρχία,
728.
Εἰτριζηνοὶ (vel Ἐπριζηνοί) κωμῆται.
728.
Ἐλεία, 1021.
Ἐλεφαντίνη, 1356.
Ἐλεφαντινῖται, 1291.
Ἑλλάς, 153, 194, 196, 418, 972, 1295.
Ἕλλην, 178 f., 317.
Ἕλληνες, 592, 630, 798.
— Βειθυνοί, 705.
— νέοι (Ἀντινοεῖς), 1070, 1143.
— οἱ ἐπὶ Θραίκης, 732.
Ἕλληνες οἱ τὸν Θηβαικὸν νομὸν
οἰκοῦντες, 1070.

Ἑλληνικός, 418.
Ἑξάπολις, 632, 634.
Ἐπιδάμνιος, 1020.
Ἐπίδαυρος, 153.
Ἐπικτητεῖς, 401.
Ἐπιφανεύς, 556.
Ἑρμοπολείτης, 152, 153.
Ἑρμοπολίτης (νομός), 1067.
Ἑρμούπολις ἡ μεγάλη, 1070.
Ἑρμωνθείτης, 1188, 1203, 1204.
Ἐρυθρὰ θάλασσα, 1142.
Ἐρυθραικός, 1183.
Ἔρυξ, 507.
Ἑσπανοί, 623.
Ἑσπερίη χθών, 972.
Εὔβοια, 118.
Εὐρώπη, 1295.
Ἐφεσία, 35.
Ἐφέσιος, 151, 155, 284, 366, 798.
Ἐφεσίων ἡ πρώτη καὶ μεγίστη μη-
τρόπολις τῆς Ἀσίας καὶ δὶς νεω-
κόρος τῶν Σεβαστῶν, 147.
Ἔφεσος, 153, 162, 164, 444, 445, 446,
510.

Ζερχληνὴ κωμαρχία, 1473.
Ζηρινουληνὴ κωμαρχία, 721.
Ζηροβαστηνὴ κωμαρχία, 721.
Ζμάραχτος (mons), 1236.
Ζμύρνα, 153, 379, 445, 773.
Ζμυρναῖος, 156, 773.
Ζυλουζηνοὶ κωμῆται, 738.

Ἠλεῖος, 153, 158.
Ἡρακλείας τᾶς θεοκτίστου ἁ βουλὰ
καὶ ὁ δῆμος, 622.
Ἡρακλεοπολίτης, 1060.
Ἡρακλεώτης, 889.
Ἡρακλεώτης τοῦ Πόντου καὶ νεω-
κόρου, 890.
Ἡρακλεῶται, 861.
Ἡρακλεωτῶν ἡ λαμπρὰ πόλις, 789,
790, 791, 792.
Ἡράκληα ἡ ἐπὶ τοῦ Λύκου, 662.

Θασίων ἡ πόλις, 833.
Θεοδοσία, 871, 873, 879.
Θερμιτανοί, 504.
Θεσσαλονίκη, 701.
Θῆβαι, 1233.
Θηβαικός, 1187.
Θηβαικὸς νομός, 1070.
Θηβαῖοι, 1334, 1335, 1350, 1351, 1352,
1353, 1373.
Θηβαίς, 1109, 1141, 1191, 1193, 1202,
1225, 1262, 1263, 1291, 1293, 1302.
Θιάννεα, 899.
Θρᾶκες, 744, 829, 894.
Θρακῶν ἡ αἰπαρχεία, 1479.
Θρακῶν ἡ ἐπαρχεία, 559, 669, 670,
672, 683, 685, 686, 687, 692, 694,
695, 709, 713, 719, 720, 722, 723,
724, 725, 745, 754, 756, 757, 760,
828, 1459, 1471, 1472, 1476, 1480,
1494.

Θρακῶν ἡ λαμπροτάτη ἐπαρχεία, 688.
Θρακῶν ἡ λαμπροτάτη μητρόπολις
    Φιλιππόπολις, 723, 1474.
Θρᾷκες Ἀδριανοπολεῖται, 773.
Θράκη, 662, 674, 712, 732, 781, 824,
    1107, 1484, 1496.
Θρᾷξ, 1504.
Θρῆκες, 810.
Θυατιρηνή, 230.

Ἰασός?, 446 (not. 1).
Ἴβηρ, 192.
Ἰδαίη, 194.
Ἱεραπενθεβυλείη κώμη, 373.
Ἱεραπολείτης πρὸς Μέανδρον ποταμόν,
    306.
Ἱεράπυτνα, 1019.
Ἱεραπύτνιοι, 1021.
Ἱεραπύτνιος, 974.
Ἱερὰ Συκάμινος, 1370.
Ἴλιον, 175.
Ἰλιεύς, 318.
Ἱμέρα, 504.
Ἱμεραῖοι Θερμιτανοί, 504.
Ἰουδαῖοι, 881, 1024.
Ἰσαυρία, 133, 1481.
Ἰσπανοί, 1346, 1347.
Ἴστρος, 568, 569, 571, 574, 575, 576,
    579, 582, 1417, 1421, 1422, 1423.
Ἰταλὴ χθών, 307.
Ἰταλία, 137, 153, 971.
Ἰταλίη, 407
Ἰταλί(η)ς γαῖα, 309.

Ἰταλικός, 524, 527, 668.
Ἰτάνιοι, 1021.
Ἰτανίων ἡ πόλις, 1022.
Ἰτουραῖοι, 1339, 1348, 1363, 1370 (cf.
    Εἰτουρέοι).
Ἰτυραιίς, 1299.
Ἰτυραῖοι, 1462.

Καισάρεια, 928.
Καισαρεὺς Τραλλιανός, 21.
Καλλατιανῶν βουλὴ δῆμος, 655.
— ἡ βουλὴ καὶ ὁ δῆμος, 656.
Καλλάτις, 657.
Καλχαδών, 802.
Κάνωβος, 107, 935, 1050, 1092.
Κανώθα πόλις ἐπιτιμία, 839.
Κανωθαῖοι, 25.
Καππαδοκεία, 443.
Καππαδοκία, 175.
Καππαδόκων ἐπαρχεία, 623.
Καπύη, 175.
Καρύμαι, 1021.
Καρύστιος, 118.
Καρχηδών, 504.
Κάσπιαι κλῇθραι, 192.
Καταράκτη, 1293.
Κώμη Κε.... (Callati), 657.
Κελτοί, 84.
Κεραμική (vicus in Thebaide), 1293.
Κιβυρατῶν πόλις, ἄποικος Λακεδαι-
    μονίων καὶ συγγενὶς Ἀθηναίων καὶ
    φιλορώμαιος, 418.
Κίλικες, 72, 1255.

Λουγοδοῦνον, 25.
Λυγδωνησία, 622.
Λυκαονία, 133.
Λυκία, 312, 1481.
Λύκιοι, 61.
Λυκίων κοινόν, 61.
Λυσιτανοί, 1275.
Λυττίων ἡ πόλις, 979, 981, 982, 983,
   984, 985, 986, 987, 988, 989, 990,
   991, 992, 993, 994, 995, 996, 997,
   998, 999, 1000, 1001, 1002, 1004,
   1005, 1006, 1009.

Μάγνης, 393.
— (ἀπὸ) Σιπύλου, 444.
Μάγνητες, 393.
Μαγνήτων πόλις, 393.
Μαγνησία (ἀπὸ) Σιπύλου, 444.
Μαῖται, 879.
Μακεδονία, 118, 440, 662.
Μακεδονική, 431.
Μακηδονίη, 407.
Μαλάκη, 26.
Μαλάλι (dat.), 1111.
Μαλλίτης, 1259.
Μάνθιον πεδίον, 393.
Μαντινία, 153.
Μαραθών, 194, 6.
Μαρεώτης, 1060, 1078, 1263.
Μαρχαρίτης (ὄρος), 1236.
Μαρχιανοπολειτῶν ἡ πόλις, 1445.
Μασχιοβρία κώμη, 1435.
Μασσαλιώτης, 315.

Μαῦροι, 1496.
Μέανδρος ποταμός, 306.
Μεισηνοί, 552.
Μελιταῖοι, 512.
Μενελαίτης, 1101, 1263.
Μενούθι, 1045.
Μεσαμβριανῶν ἡ λαμπροτάτη πόλις,
   769.
Μεσοποταμία, 1496.
Μιλήσιος, 118, 155, 968.
Μέλλος, 1021.
Μομψουεστία, 444.
— Ἀδριανὴ Μοψυεστία τῆς Κιλικίας
   ἱερὰ καὶ ἐλευθέρα καὶ ἄσυλος καὶ
   αὐτόνομος καὶ φίλη καὶ σύμμαχος
   Ῥωμαίων, 121.
Μουσεῖον, 1200.
Μυγδών, 192.
Μύρινα Αἰολίδος, 365.
Μυσία, 867.
Μυσία ἡ κάτω, 376, 1107.
— ἐπαρχεία, 622.
Μυσοὶ Ἀββαιεῖται καὶ Ἐπικτητεῖς,
   401.
Μωσυγηνοὶ κωμῆται, 721 cf. 1473.

Ναρβωνησία, 440.
Νεαπολείτης, 153.
Νεάπολις (Italiae), 153, 163, 435, 442,
   445, 446.
Νεάπολις Φλάβια (Syriae?), 630.
— Φλαουία, 631.
Νεήπολις Συρίης, 636.

Σκύθης, 178 d.
Σκυθίη, 393.
Σμύρνα, 160, 162, 299, 444, 446.
Σμυρναῖος, 37, 155, 347, 396.
Σοήνη, 1291.
Σοηνῖται, 1291.
Σουήνη, 1158.
Σπανοί = Ἰσπανοί, 1345.
Στάρτοι, 1010.
Στηλῖται, 1021.
Στρατοπάρων κώμη, 766.
Στρουνείδου κώμη, 766.
Συένη, 1157.
Συηναία, 1299.
Συκάμινος, 1370.
Συράκουσαι, 495, 496.
Συρία, 445, 824.
— Κοίλη, 216, 419, 486.
— Παλεστείνη, 132.
Συρίη, 25, 636.
— γαίη, 339.
Συρίηθεν, 279.
Σύρος, 211, 266.
— Ἀσκαλωνείτης, 1092.
Σύροι, 26.
Σχεδία, 1055, 1056.

Ταβηνῶν δῆμος, 63.
Τάλμις, 1336, 1337, 1356.
Ταναεῖται, 879.
Ταναείτης, 925.
Ταρπεῖται, 879.
Ταρσεῖς, 133.

Ταρσεύς, 21, 309.
Ταρσογενής, 209.
Τάρσος, 252, 325.
— Γορδιανὴ Σεουηριανὴ Ἀλεξαν-
δριανὴ Ἀντωνεινιανὴ Ἀδριανή, ἡ
πρώτη μεγίστη καὶ καλλίστη μη-
τρόπολις τῶν γ΄ ἐπαρχειῶν Κιλι-
κίας Ἰσαυρίας Λυκαονίας, 133.
Ταυρική, 861.
Ταῦροι, 879.
Ταυρομενεῖται, 140.
— βουλὴ καὶ δῆμος τῆς λαμπρᾶς
πόλεως, 140.
Τέντυρα, 1159, 1167.
Τιβεριεύς (Tiberiade, in Syria, oriun-
dus), 111.
Τιβεριεῖς οἱ καὶ Κλαυδιοπολῖται Συρίᾳ
Παλεστείνῃ, 1384 (cf. 132).
Τιβουρτῖνος, 256.
Τομεύς, 636.
Τομείτης, 854.
Τόμις, 610, 648.
Τομίτης, 648.
Τομεῖται, 618.
Τομειτῶν δῆμος, 605.
— ἡ βουλὴ καὶ ὁ δῆμος, 612.
— βουλή, δῆμος, 606, 617.
Τόμεως τῆς μητροπόλεως ἡ βουλὴ καὶ
ὁ δῆμος, 600, 602, 608, 613, 633,
640.
— τῆς μητροπόλεως τοῦ Πόντου ἡ
βουλὴ καὶ ὁ δῆμος, 637.
— τῆς λαμπροτάτης μητροπόλεως ἡ
κρατίστη βουλὴ καὶ ὁ λαμπρότατος

IX

MUNERA PROVINCIALIA

X

RES MUNICIPALIS

...ευμειδαι? (Neapoli), 436.

Φρητρία, 449.

Φυλαί, 1010.

Φυλή, 828.

— λαμπροτάτη, 731.

— Ἀθηναῖς, 1143.

— Ἀργαδέων, 634.

— Ἀρτεμισίας, 730.

— Ἑβρηΐς, 721.

— Καπιτωλείνη, 590.

— Κενδρισεῖς, 727.

— Ῥοδοπηΐς, 709.

— Ῥωμέων, 648.

— τετάρτη Εὐανθίς, 804.

1. Populus.

Ἁλία, 468.

Ἁλίασμα, 468.

Δῆμος, 63, 65, 67, 121, 140, 421, 442,
568, 569, 571, 574, 579, 580, 598,
600, 602, 605, 606, 608, 612, 613,
617, 632, 633, 637, 640, 654, 655,
659, 662, 663, 683, 718, 749, 759,
783, 786, 787, 793, 795, 799, 800,
800, 815, 816, 821, 827, 829, 830,
835, 850, 855, 887, 905, 909, 930,
1021, 1025, 1421, 1437, 1438, 1509.

— ἱερώτατος, 581, 582, 591.

— κράτιστος, 575, 576.

— λαμπρότατος, 630, 631, 746, 752,
756, 760, 771.

Δᾶμος, 468, 622, 656, 861, 862, 863,
864.

Δημόται ἐνπορικοί, 766.

Οἱ ἑξαχισχίλιοι τετρακόσιοι ἑβδομήκοντα (Ptolemaïde, in Aegypto),
1124.

Ἔσκλητος, 468.

2. Bulê, Gerousia, Ephebi.

Βουλή, 121, 140, 421, 442, 451, 453,
466, 468, 568, 569, 571, 574, 579,
580, 581, 598, 600, 602, 606, 608,
612, 613, 617, 632, 633, 637, 640,
655, 660, 662, 663, 664, 683, 718,
749, 752, 759, 771, 783, 786, 795,
796, 800, 815, 827, 850, 855, 887,
930, 1070, 1143, 1421, 1437, 1438,
1509.

— ἱερά, 746.

— ἱερωτάτη, 575, 576, 756, 760.

— κρατίστη, 582, 591, 630, 631, 664.

Βουλά, 622, 656, 861, 864.

— ἡ ἐξ Ἀρείου Πάγου, 122.

Βουλευταί, 766, 769.

Βουλευτής, 25, 153, 381, 382, 450,
589, 630, 631, 740, 805, 933, 1080,
1097, 1120, 1143, 1181.

Βωλευταί, 961.

Δεκορίωνες, 499.

Δεκυρεύσας, 490.
Σύνεδροι, 656, 793.
Κοινόβουλος, 888.
Πρήγιστος βουλῆς, 1019.
Πρόσκλητος, 451, 452, 453.
Ἄκτα (acta) βουλῆς, 421.
Δ(όγμα) β(ουλῆς), 935.
— βουλῆς καὶ δήμου, 442, 597.
— τῆς βουλῆς καὶ τοῦ δήμου, 794.
— τῆς λαμπροτάτης βουλῆς, 767.
Ψήφισμα, 450, 1438.

— τῆς βουλῆς, 451.
— β(ουλῆς), 798, 930.
Ψηφίσματα, 453.
Γερουσία, 834, 1019.
— ἡ ἱερά, 729.
Γερουσιαστής, 735, 743.
Ἐφήβαρχος, 1439.
Οἱ ... ἐφηβευκότες (in Aegypto), 1124, 1125.
Ἔφηβοι, 1439.

3. Munera municipalia.

Ἁγεμών, 864.
Ἀγορανομήσαντες, 413.
Ἀγορανομήσας, 451, 585, 633, 639, 640, 799, 962, 1060, 1080.
Ἀγορανομία, 451.
Ἀγορανόμοι, 769, 970.
Ἀγορανόμος, 979, 1060, 1079, 1096.
Ἀγορανομῶν, 847.
Ἀναγραφεύων, 450.
Ἀντάρχων, 452, 453.
Ἀργυροταμίας, 564.
Ἄρξαντες τὰς αὐτὰς ἀρχάς, 1096.
Ἄρξας, 512, 603, 608, 639, 721, 1097.
— τὰς αὐτὰς ἀρχάς, 1096.
— τῆς πατρίδος, 664.
— τῆς πόλεως, 658.
— τὴν ἀρχήν, 1411.
— τὴν ἐπώνυμον ἀρχήν, 759.
— τὴν α΄ ἀρχήν, 630, 631, 633.
— γ΄ τὴν α΄ ἀρχήν, 564

— τὴν πρώτην ἀρχήν, 66
— τὴν δευτέραν ἀρχήν, 497.
Ἀρχάρχων, 1507.
Ἀρχή, 598.
— α΄, 756.
Ἀρχιγραμματεύς, 871.
Ἀρχιδικαστής, 1196.
Ἀρχιπρύτανις, 1151.
Ἄρχοντες, 421, 451, 766, 854, 860, 1100, 1438.
— βουλή, δῆμος, 598.
— καὶ δῆμος, 960.
Ἀρχοντικός, 295.
Ἄρχων, 278, 450, 453, 470, 844, 962, 1438.
— (Θηβῶν), 1233.
— πενταετηρικός, 469.
— α΄, 713, 749, 1439.
Βασιλεύς (in insula Samothrace), 844, 846, 848, 851, 852.

Λαυκελαρχήσας, 430, 442.
Λογιστής, 977.
Μαγιστράτη, 599.
Μαγίστρατος, 596.
Νομοφυλάκησας, 865.
Ξυναρχία, 746.
Ὀροθέτης, 709.
Πανταρχήσας, 1288.
Παραλήμπτης, 1175.
Πολειτάρχης, 871.
Πρηγιστεύσας, 1023.
Προδικήσας, 865.
Πρόεδροι (πόλεως), 861.
Προσοδικός, 924.
Προστάτης, 1117.
— (πόλεως), 798.
— (φυλῆς), 634.
Προστατήσας, 1051, 1095, 1114.
Πρυτανεύων, 1143.
Πρύτανις, 468, 469, 470.
Πρωτάρχων, 750.
Πρωτόκοσμος, 979, 981, 983, 984, 985,
   986, 987, 988, 989, 990, 991, 992,
   993, 994, 995, 996, 997, 998, 999,
   1000, 1001, 1002, 1004, 1005, 1006,
   1008, 1019, 1022, 1513.
Πρωτοκοσμῶν, 1010.
Πρῶτος ἄρχων, 580, 698, 869, 1041 B,
   1438.
Σειτάρχης, 1443.
Σειτοφύλαξ, 797.

Σιτάρχης, 698.
Στρατηγήσας (in Aegypto), 1060,
   1096, 1.
Στρατηγίαι, 1263.
Στρατηγοί, 656.
Στρατηγοὶ κατὰ νομόν (in Aegypto),
   1263.
Στρατηγός, 198, 656.
— (nomi, in Aegypto), 1060, 1118,
   1127, 1175, 1192, 1203, 1204, 1221,
   1262, 1263, 1285, 1295, 1311.
Στρατηγῶν (in Aegypto), 1102, 1112,
   1113, 1163, 1164, 1165, 1264, 1273,
   1287.
Συναρχία, 568, 580, 682, 683, 713,
   747, 751, 1439.
Συνπρυτάνεις, 469, 470.
Ταγὸς (Θηβαίδος), 1191.
Ταμίας, 469.
Ταμιεύσας, 633.
Ταμιεύων, 729.
Τέλεσας ἀρχὴν τρίς, 636.
Τοπαρχία, 1293.
Τοπαρχίαι, 1263.
Τόπαρχοι, 766.
Τόπαρχος, 766.
Τοπογραμματεῖς, 1110, 1262.
Ὑπομνηματόγραφος, 1071, 1097.
Φυλαρχήσας, 728.
Φύλαρχος, 721.
Φυλαρχῶν, 1400.

4. Honores, liturgiae.

5. Notabilia.

XI

ARTES PRIVATAE, COLLEGIA ARTIFICUM

1. Artes liberales.

Ἀγαλματοποιός, 232.

Ἀρχίατρος, 461.

Ἀρχιτεκτονῶν, 854, 1072.

Ἀρχίτεκτος, 529.

Ἀρχιτέκτων, 530, 925, 926, 1236, 1254, 1260.

Αὐλητής, 1062.

Γλυφική, 810.

Γραμματεύς, 1236.

Γραμματικὸς Ῥωμαϊκός, 11.

Διδάσκαλος, 238.

Εἰατήρ, 239.

Εἰητήρ, 203.

Εὐγραφίη, 810.

Ζωγράφος, 1123, 1310.

Θεραπευτής, 1183.

Ἰατροί, 1289.

Ἰατρός, 37, 218, 219, 226, 269, 284, 285, 292, 294, 319, 328, 411, 482, 843, 937, 938, 1159, 1212, 1350, 1361.

— λούδ(ου) ματ(ουτίνου) χειρ(ουργός), 182.

— ὀφθαλμικός, 929.

Ἰδίας λογικῆς ἐναργοῦς ἰατρικῆς κτίστης, 286.

Ἰητήρ, 282, 298, 360, 366.

Ἰητρός, 313, 329.

Ἱππίατρος, 1252.

Ἱπποίατρος, 586.

Ἱππωίατρος, 1373.

Ἱστοριογράφος, 818.

Καθηγητής, 12.

Μαθητής, 170, 171, 347.

Μουσικός, 488.

Μουσικὸς ἀνὴρ ποιητὴς καὶ κιθαριστής, 346.

Οἰνοδότης, 473.

Πλάστης, 201.

Ῥητῆρες, 16.

Ῥήτωρ, 268, 1081, 1226.

Σοφιστής, 271, 327, 344, 632.

Σοφοτεχνήιες άνδρες, 810.
Τέκτων, 590.
Ὑπομνηματογράφος, 1071.

Φιλόσοφος, 316, 500, 1081.
— Ἐπικούρειος, 466.
Φυσικὸς οἰνοδότης, 473.

2. Artes variae.

Ἀρχιμηχανικός, 1282.
Λυράριοι, 782.
Βεστιάριος, 372.
Βιόλογος (= mimus ?) 552.
Γερδία, 1122, 1285, 1291.
Οἱ γεωργοῦντες, 1263.
Γναφεύς, 567.
Δομοτέκτων, 1431.
Οἱ ἐγείραντες τὴν οἰκοδόμην τοῦ πυλῶνος, 1267.
Ἔμπορος, 486.
Ἐνκαυστής, 232.
Ἐπίσκοπος, 682.
Οἱ σὺν ἐμοὶ ἐργαζόμενοι, 1274.
Ἐργασταί, 592, 1433.
Καθαρουργοί, 1117.
Κάπηλος, 682.
Κυβερνήτης, 417, 1183, 1279.
Μακελλάρις, 682.
Μαρμαράριοι, 168.
Μαρμαράριος, 211.
Ναύαρχος, 874, 884.

Ναύκληρος, 383, 416, 424, 425, 645, 826.
Ναύτης, 1183.
Οἰκουρός ?, 682.
Ὀργανοποιός, 277.
Ὀρχηστής, 975.
Πανδόκια (= πανδοκεύτρια), 493.
Πλακουντοποιοί, 1117.
Πραγματευτής, 190, 349, 359, 588, 627.
Πραγματικός, 803.
Προβατοκτηνοτρόφοι, 1116.
Πρωρεύς, 1183.
Σιδηρεῖα, 592.
Τεχνείτης, 157.
Τεχνεῖται (artifices), 167.
[Φύλ]αχος ?, 1183.
Χειροτέχνος, 1183.
Χειρ(ουργός), 182.
Χειρσὶν ἅπαντα λαλήσας, 368.
Χρυσοχόος, 253.

3. Collegia.

Ἀδριανὴ σύνοδος, 55, cf. 17 et sqq.
Ἀρχιερεὺς διὰ βίου τοῦ σύμπαντος

ξυστοῦ, 446.
Ἀρχισυνάγωγος, 782.

— ξυστικὴ τῶν περὶ τὸν Ἡρακλέα
ἀθλητῶν ἱερονεικῶν στεφανειτῶν,
146, 149, 154.

— ἡ ἱερὰ ξυστικὴ τῶν περὶ τὸν
Ἡρακλέα, 150, 155, 156.

— Σαμβαθική, 1106.

— φιλοσέβαστος καὶ φιλορώμαιος
Ἀλεξανδρέων περιπολιστικὴ εὐσεβής, 446.

Συροποίων τέχνη, 1482.

Τέκτονες, οἱ ἀπὸ Πτολεμαίδος πρεσβύτεροι, 1155.

Τέχνη βυρσέων, 717.

— συροποίων, 1482.

Ὑμνωδοί, 562, 565.

Ὑμνωδοὶ ἱερονείκαι καὶ φιλοσέβαστοί,
1413.

Ψήφισμα (συνόδου), 17, 18, 19.

XII

LUDI, AGONISTICA

Ἀγῶνες, 442, 443.
— θεματικοί, 444.
— ἱεροί, 444.
— πενταετηρικοί, 445, 446.
Γυμνικὸς (ἄγων), 448.
Δίαυλος, 157, 449.
Ἡελίου δρόμος, 157.
Θεωρίαι, 1453.
Ἱππικὸς (ἄγων), 448.
Κέλης πώλων, 448.

Κοινὴ κωμῳδῶν (Cyzici), 160.
— τραγῳδῶν (Cyzici), 160.
Λοῦδος ματ(ουτῖνος), 182.
Μονομαχίαι, 1453.
Μουσικὸς (ἄγων), 448.
Πανκράτιον, 153, 445, 446.
Πάλη, 445, 446. 822.
Πενταετηρίς, 445, 446.
Πύγμη, 446, 773, 928.

1. Nomina ludorum.

Ὁ ἀγὼν ὁ ἐν Ποτιόλοις τῆς βουθου-
σίας, 421.
Ἀδριάνια (Athenis), 153.
Ἀδριάνεια ἐν Ἀθήναις, 444.
— (Ephesi), 162.
— ἐν Ἐφέσῳ, 444.
Ὀλύμπια (Smyrnae), 153.
— ἐν Κυζίκῳ, 802.
Ἀθάνια τὰ πρῶτα (Regii), 468.
Ἄκτια, 444, 445, 446.

— ἐν Νεικοπόλι, 153.
— ἐν Περίνθῳ, 802.
Ἀκτιακά, 446.
Ἄλεια, 153 (Rhodi).
— ἐν Ῥόδῳ, 444.
Ἀλεξάνδρεια Ὀλύμπια ἐν Βεροίᾳ,
802.
— Σεβαστά, 161.
Ἀσκλήπεια (Epidauri), 153.
— (Nicomediae), 442.

Παναθήναια, 444.
— (Athenis), 153.
Πανελλήνια, 444.
— (Athenis), 153.
Ποτίολοι, 444.
Πύθια, 164, 445, 446.
— ἐν Δελφοῖς, 153.
— τὰ ἐν Δελφοῖς, 165.
— ἐν Καλχαδόνι, 802.
— ἐν Περίνθῳ, 802.

— ἐν Τρωάδι, 802.
— ἐν Φιλιπποπόλει, 802.
— ἐν Χαρταγέννῃ, 802.
Πυθίας, 446.
Ῥωμαῖα, 448, 449.
Σεβαστά, 166, 448, 449.
— ἐν Νεαπόλι, 153.
Τραιάνεια (Pergami), 443.
— ἐν Περγάμῳ, 444.
Χρυσάνθινα ἐν Σάρδεσιν, 153.

2. Notabilia.

Ἀγένειοι, 443, 445, 446.
Ἀγωνοθετήρ, 491.
Ἀγωνοθέτης, 440, 632, 634.
Ἀγωνοθετῶν, 448.
Ἆθλα, 117.
— Ἄραιως (= Ἄρεως), 636.
Ἀθλητῆρες Ἄρεως, 636.
Ἀθλοθετήρ, 299.
Ἀθλοφόρος, 255.
Ἄλβον, 941.
Ἀμπιθέατρον, 946.
Ἄνδρες, 445, 446.
Ἀνδρῶν πάλη, 161.
Ἀντίπαλοι, 940, 941, 942, 943.
Ἀποβάται, 447.
Μῆσος (= missus), 116.
Ἅρματα, 942, 943.
Ἀρχέχορος, 244.
Ἀσσεδάριοι, 207.
Πάλος πρῶτος ἀσσεδαρίων, 207.
Αὐλήσας, 442.

Βενετόν, 944.
Γυμνασιάρχης καινῶν ἀγώνων, 664.
Γυμνασιαρχήσας, 815.
Εἰνίωχοι, 116.
Ἐσσεδάριοι, 840.
Ἡ δι' ὅπλων καὶ συνηγεσιῶν φιλο-
τειμία, 630, 631.
Ἡνίοχοι, 940, 941, 942, 943, 945.
Ἡνίοχοι τοῦ ῥουσσέου, 945.
Ἡνίοχος, 223, 944.
— πρασίνου, 952.
Ἡνιόχων προφερέστατος, 259.
Θρᾶξ, 1504.
Κιθαριστής, 346.
Κιθαρῳδοί (Pergami), 160.
— (Nicomediae), 160.
Κιθαρῳδός, 362.
Κωμῳδοί (Cyzici), 160.
— (Neapoli), 163.
— (Puteolis), 163.
Κομῳδός, 21, 241, 332, 358, 396.

Κρίσις Σεβαστοῦ, 447.

Λευκόν, in circo, 116.

Λυριστής, 354.

Μάστειγες (aurigarum), 943.

Μορμίλλονες, 840.

Μορμίλλων, 1504.

Μυρμύλλων, 773.

Οὐενετιανοί, 942.

Οὐενετόν, 940.

Οὔρσελλος (ursellus), 946.

Παῖδες (in ludis), 443, 446, 822.

— πολιτικοί, 449.

Παλαίστης, 443, 444.

— παράδοξος, 153, 381.

— παράδοξος ἄλειπτος, 152.

Πανκρατιασταί, 447.

Πανκρατιαστής, 151.

— περιοδονείκης, 152, 153, 154, 155.

— περιοδονείκης ἄλειπτος ἀσυνέξωστος ἀνέκκλητος, 152, 153.

Παραδοξονίκης, 446.

Πένταθλοι, 447.

Πένταθλος, 158.

Περιοδονείκης, 156, 161.

— παράδοξος, 147, 150, 151.

Πράσινοι, 256.

Πράσινον, in circo, 116, 940, 943, 952.

Προβοκάτωρ, 773.

— Καίσαρος, 348.

Πρωτελληνοδίκης, 444.

Πυθαύλης, 442.

Πυκτεύσας, 773.

Πύκτης, 479.

— ἄλειπτος παράδοξος, 155.

Ῥόσεον, 941, 942?

Ῥούσσεον, 945.

Σεβαστονείκης, 21.

Στέφανος ἐλαίας, 468.

Συνδρομάς, 157.

Συνωρίς πώλων, 448.

— τελείων, 448.

Τραγῳδοί (Romae), 160.

— (Smyrnae), 160.

Τραγῳδὸς ἀνίκητος, 159.

Χοραύλης, 21, 310, 442.

Χοροστατῶν, 562.

3. Nomina equorum.

Ἄγιλος, 940, 943.

Αἴγυπτος, 943, 945.

Αἰθίοψ, 942.

Ἀχιλλεύς, 116.

Ἀματῶρ, 941.

Ἀμῶρ, 940.

Ἀπολέιος, 116.

Ἀρβοῦστος, 941, 942.

Ἀργοῦτος, 942.

Ἀρμένιος, 940.

Ατβοχᾶτος, Ἀτουαχᾶτος, 944.

Αὔρεος, 116.

Βαβυλώνιος, 116.

Βαιανός, 944.

Βίκτωρ, 944.

Βλάνδος, 942.

XIII

AERAE, CALENDARIA

1. Aerae.

Aera Berenicensium.

Ἔτος νε' (55 aerae Berenicensium), 1024.

Aera Bosporana.

Ἔτος γιτ' (313 = 16 p. C. n.), 906.
Ἔτος δντ' (354 = 57 p. C. n.), 880.
Ἔτος ζοτ' (377 = 80 p. C. n.), 881.
Ἔτος δϙτ' (394 = 97 p. C. n.), 882.
Ἔτος γιυ' (413 = 116 p. C. n.), 883.
Ἔτος κυ' (420 = 123 p. C. n.), 884.
Ἔτος ακυ' (421 = 124 p. C. n.), 897.
Ἔτος λυ' (430 = 133 p. C. n.), 877.
Ἔτος ημυ' (448 = 151 p. C. n.), 899.
Ἔτος βνυ' (452 = 155 p. C. n.), 916.
Ἔτος ξυ' (inter 460 et 467 = inter 163 et 170 p. C. n.), 923.
Ἔτος ηϙυ' (498 = 201 p. C. n.), 878.
Ἔτος βιφ' (512 = 215 p. C. n.), 886.
Ἔτος ζιφ' (517 = 220 p. C. n.), 887.
Ἔτος θιφ' (519 = 222 p. C. n.), 869.
Ἔτος κφ' (520 = 223 p. C. n.), 888.
Ἔτος εκφ' (525 = 228 p. C. n.), 920.
Ἔτος ..φ' (inter annos 525 et 531 = inter 228 et 234 p. C. n.), 924.
Ἔτος γλφ' (533 = 236 p. C. n.), 926.
Ἔτος ϛμφ' (546 = 249 p. C. n.), 889.
Ἔτος ζμφ' (547 = 250 p. C. n.), 890.
Ἔτος γχ' (603 = 306 p. C. n.), 873.

Aera Cyrenarum.

Ἔτος ϙθ' (99 = 68 p. C. n.), 1029.
Ἔτος ρδ' (104 = 73 p. C. n.), 1029.
Ἔτος ρη' (108 = 77 p. C. n.), 1030.
Ἔτος ρθ' (109 = 78 p. C. n.), 1030.
Ἔτος ρλα' (131 = 100 p. C. n.), 1031.
Ἔτος ροθ' (179 = 148 p. C. n.), 1031.

Aera Seleucidarum.

Ἔτος εμυ' (445 = 133 p. C. n.), 33.
Ἔτος ζμφ' (547 = 235 p. C. n.), 45.

Aera Tyrana.

Ἔτος εκρ' (125 = 181 p. C. n.), 1438.
Ἔτος εμρ' (145 = 201 p. C. n.), 598.

2. Calendarium graecum.

3. Calendarium aegyptiacum.

4. Calendarium romanum.

XIV

NOTABILIA

Aedificia et donaria.

Ἀδιτώριον, 599.

Ἀκτή, 1325.

Ἀμπιθέατρον, 946.

Ampitzatrum (*sic*), 947.

Ἀμφιθέατρον, 1024.

Ἀνάθεμα (*sic*), 195.

Ἀνάθημα, 461.

Ἀναθήματα, 151.

Ἀναθήματα χρύσεα, 602.

Ἀρία (= area circi), 940, 941, 942, 943.

Ἀσπὶς ἐγγεγραμμένη, 453.

Ἄτριον, 1048, 1175.

Βάθρα, 390, 1893.

Βακχεῖον, 787.

Βαλανεῖα, 766.

Βαλανεῖον σὺν τῇ σκουτλώσει, 854.

Βασιλική, 977.

Βάσις, 1044.

Βουλευτήριον, 468.

Βωμισκάριον, 107.

Βωμοί, 367, 390, 449.

Βωμός, 4, 14, 93, 203, 376, 409, 414, 483, 511, 565, 568, 592, 604, 703, 705, 743, 782, 1021, 1109, 1162, 1393, 1433, 1498.

— σὺν τῇ τραπέζῃ καὶ κονιατικοῖς καὶ ταῖς ζωγραφίαις, 743.

Γυμνάσιον, 909.

Διπνητήριον, 1122.

— ιγ΄ τραπεζῶν, 1120.

Δωρεά, 614.

Δῶρον, 5, 22, 50, 59, 91, 98, 113, 554, 675, 704, 782.

Ἐργαστήρια, 1101.

Εὐχαριστήρια, 738.

Εὐχαριστήριον, 544, 546, 560, 567, 678, 765, 801, 1397, 1407, 1434, 1499.

Ζυτοπόλιον, 1101.

Ζωάγρια (in templo quodam Aesculapii, Romae), 37.

Θέατρον, 975.

Θρόνος, 1109.

Θυμιατήριον ἔνπυρον, 390.

Ἱαρόν (= ἱερόν), 1041.

Ἱερόν, 785, 1021, 1101, 1134, 1151, 1167, 1264, 1274, 1276, 1287.

Ἱππάρια, 940, 941, 942, 943.

Ἱππικὸν Ῥώμης, 117.

Ἱππόδρομος, 940, 941, 942, 943.

Καβια χορονα αμπιθεατρι (cavea corona amphitheatri), 946.

Καισάρειον, 904.

Καμπτῆρες, 940, 941, 942, 943.

Κηπίον, 1177.

Κῆπος... σὺν τοῖς φυτοῖς, 1179.

Κίρκος, 944, 945, 952.

Κρήνη, 926.

Κρηπίς, 1152.

Κρητήρ, 84.

Λαβύρινθος, 168.

Λάκκος, 1274.

Λαμπὰς ἀργυρᾶ, 390.

Ληνοί, 1162.

Λουτῆρες, 1162.

Λυχνίαι μετὰ λύχνων, 449.

Μέγαρον, 194 A.

Μουσεῖον (Alexandriae), 136, 154, 1200.

Ναΐσκος, 467.

Ναοί, 408, 421, 503, 705.

Ναός, 43, 44, 376, 429, 744, 833, 870, 1038, 1154, 1175, 1180, 1255, 1256, 1358, 1498.

Νειλαῖον, 817.

Νεώς, 194 A.

Νηός, 37, 103, 194 A et B.

Ξυστός, 147.

Οἴκημα, 149.

Οἰκία, 950, 1021.

Οἰκοδομή, 1160.

Οἰκοδομήματα, 766.

Οἶκος, 1325.

Περιβόλιον, 1161.

Περίβολος, 659, 1021, 1116, 1168, 1171.

Περίβωλον, 1167.

Περιοικοδομήματα, 1021.

Περίπατος, 573.

Πηγή, 706.

Πλάκες, 1162.

Πλάξ, 1315.

Πραισίδιον, 1337.

Πραιτώρια, 766.

Πραιτώριον, 1.

Πρόναος, 1038, 1146, 1164, 1264.

Προπύλαιον, 1121.

Πρόπυλον, 1163, 1295.

Προσευχή, 1315.

Πύλη, 924, 946, 1281.

Πυραμίδες (in Aegypto), 1110.

Πύργοι, 659.

Πύργος, 925.

Σαραπεῖον, 377.

Σηκός, 1264.

Σπάτιος (spatium quod in circo equi decurrebant), 940, 941, 942, 943.

Στάδια, 157, 223, 636.

Σταθμοί, 1142.

Στεγαστρίς, 1146.

Στήλη (Ἴσιδος Θεᾶς), 1268.

Στήλιον σὺν τῇ ζωγραφίᾳ, 567.

Foedus inter Itanios et Praesios, 1021.

Manumissio servi, 881, 892, 906, 911.

Προγράμματα, 674.

Πρόσταγμα, 1262.

Προστάγματα, 674.

Rescriptum M. Antonii Gordiani imperatoris ad Scaptoparenos vicanos, 674.

Senatus consultum, 118.

Σύμβολον, (= tessera foederis), 9.

Συνθῆκαι, 175.

Ὑπομνήματα ὑπατικῶν, 860.

Ψήφισμα, 1024.

— (Chersonesitanorum), 860.

— (Tyranorum), 1438.

— collegii artificum scenicorum, 17, 18, 19, 1083.

— βουλῆς? (Neapoli), 450, 451, (Heracleae-Perinthi), 798 ; (Cirtae), 930.

Ψηφίσματα (Neapoli), 453.

— πόλεων, 286.

Inscriptiones.

Γεγραμμένα ἐν τούτῳ τῷ πετάλῳ τῷ ψυχρωφώρῳ, 115.

Γνώμαι ἐγγράφοι, 121.

Ἔκθεμα ὑπογεγραμμένον, 1118.

Ἐπιγραφή, 1041.

Ἐπιγραφήτω ἡ ὑπογεγραμμένη (πλάξ), 1315.

Ἥρων ἔγραψεν..., 1122.

Inscriptiones arasae in crure Memnonis, 1187, 1190, 1195.

Ὄστρακα θαλάσσια, 940.

Πίνακες, 1462.

Πίναξ χαλκοῦς φιλίας ἐν τωῖ Καπετωλίωι, 118.

Πιττάκιον, 421, 1183.

Πλάκες ἐπιγεγραμμέναι, 1098.

Στάλαι, 1187.

Στάλλη, 1295.

Στῆλαι, 503.

Στήλη, 1046, 1183.

— λιθίνη, 1110.

Στήλη λίθου παρίου, 1024.

Στηλοποίησις, 1509.

Τίτλος, 330.

Χαλχώματα, 408.

Χρησμοὶ καταγεγραμμένοι ἐκ πινάκων..., 1462.

Morborum nomina.

Αἷμα ἀναφέρων τις (ὡς ἐσώθη), 41.

Πλευρειτικός τις (ὡς ἐσώθη), 41.

Mensurae.

Γράμματα (= pondus), 1374, 1379.

Δάκτυλοι, 1290.

Δίλειτρον Ἰταλικόν, 524.

Διοῦνκιν Ἰταλικόν, 668.

Ἡμεῖνα, 666.

Ἡμίσεια, 432.

Λίτρα, 1374, 1379.
Λίτραι, 432, 450, 452, 1274.
Μείλια, 674, 828.
Μόδιος, 666.
Ξέστης, 666.
Ὀγκία, 1379.
Ὀγκίαι, 1374.
Οὐγγίαι, 432.
Οὐγκίαι γ΄, 526.
Παλαιστοί, 1290.
Πήχεις, 1281, 1290.
Πόδες, 432, 529, 1162.
Σημόδιον, 666.
Σκύφος ἐκ λιτρῶν νς΄ οὐγγιῶν δ΄ καὶ
  ἡμισείας, 432.
Στάδιοι, 1056.
Τὰ τρία στερεά, 1098, 1099.
Τρειούνκιον δίκαιον, 667.
Τριούγκιον Ἰταλικόν, 527.

Miliaria.
Μείλιον, μίλιον, 669, 670, 672, 687,
  688, 692, 693, 724, 725, 741, 753,
  772, 1473?

Monetae.
Ἀττικαί (δραχμαί), 588.
Δηνάρια, 539, 961, 1010. Cf. Multae
  funerales.
Δραχμαί, 1183.
— Ἀττικαί, 588.
Ὀβολοί, 1183.

Τετρώβολος, 1183.

Motus terrae.
Σεισμοί, 435.

Remediorum nomina.
Ἐμετοποιῶ, 7.
Κολλύριον, 41.
Νάρδινον, 7.

Nomina sepulcrorum.
Αἰώνιος οἶκος, 217.
Ἐώνιος οἶκος, 344.
Βωμός (= sepulcrum), 299, 698.
Δῶμα, 203.
Ἡρωεῖον, 698.
Ἡρῷον, 286, 321.
Καμάρα, 200.
Κουβούκλιν = cubiculum, 213.
Κοῦπα, 330.
Λαρνάκιον, 1026.
Λατόμιν σὺν τῇ στήλλῃ (sic), 774.
Μνῆμα, 233, 282, 320, 510, 642.
Μνημάριον, 363.
Μνημεῖον, 196, 205, 279, 324, 338,
  553, 701.
Μνημῖον, 289, 462, 625.
Μνήμη (= μνημεῖον), 1327.
Μνημόσυνον, 488.
Μνιμεῖον, 665.
Πύαλος, 624.

Formulae sepulcrales.

Βούλομαι μηδένα ἕτερον ἀνῦξαι,
186.

Δοίη σοι Ὄσιρις τὸ ψυχρὸν ὕδορ,
291.

Doe se Osiris to psycron hydor, 276.

Εὐστάθι, 217 (Formula sepulcralis).

Εὐψύχει, 241, 532, 1087, 1091, 1230.

Εὐψύχει καὶ δοίη σοι ὁ Ὄσιρις τὸ
ψυχρὸν ὕδωρ, 229, 291.

Εὐψύχι, 23, 207, 291, 345, 348, 354.

Εὐψύχι μετὰ τοῦ Ὀσείριδος, 364.

Θάρσει, 1231.

Θάρσει, ἡρωὶς · οὐδεὶς ἀθάνατος,
1026.

Ἰς ὄψιν πόδες..., ἰς πλευρὸν πόδες..,
289.

Κληρονόμος οὐ μεθέξει αὐτῆς (τῆς
πυάλου), 624.

Μετ᾽ εὐσεβέων δ᾽ ἐσμὲν ἐν Ἠλυσίωι,
282.

Μνείας χάριν, 200, 240, 251, 274,
280, 330, 585, 589, 643, 774, 776.

Μνήας χάριν, 219.

Μνήμης εἵνεκα, 188, 358.

— εἵνεκεν, 241.

— ἕνεκεν, 337.

Μνήμης τελευταίας χάριν, 477.

Μνήμης χάριν, 184, 190, 212, 243,
248, 250, 284, 288, 312, 319, 359,
366, 372, 426, 427, 465, 476, 481,
498, 556, 601, 639, 739, 839, 868.

Μνήμις χάριν, 586.

Μνίας χάριν, 198, 207, 226, 229,
349, 462, 773.

Ὅσα γεννᾶτε τελευτᾷ, 207.

Ὃς δὲ ἂν σκυλῇ, μήτε αὐτῷ θάλασσα πλωτὴ μηδὲ γῆ βατή,
320.

Ὅστις οὐκ ἤμην καὶ ἐγενόμην, οὐκ
εἰμὶ καὶ οὐ λυποῦμαι, 313.

Ὅταν ἀποθάνῃς, οὐκ ἀπέθανες, ἡ δὲ
ψυχή σου..., 826.

Οὐδεὶς ἀθάνατος, 241.

Οὐδὶς ἀθάνατος, 345.

Οὐδενὶ θεμιτὸν μετακινῆσαι.., 195.

Πᾶσιν ἔπεισιν (ὁ θάνατος), 256.

Τοῦτο τὸ μνημεῖον ἔχει εἴσοδον καὶ
ἔξοδον, 338.

Ψυχῇ διψώσῃ ψυχρὸν ὕδωρ μετά-
δος, 317.

Multae sepulcrales.

186, 299, 321, 472, 477, 553, 586,
588, 624, 628, 661, 699, 735, 736,
780, 804, 805, 806, 807, 811, 819,
823, 825, 841, 842, 1026, 1027,
1489.

Signa Zodiaci.

Αἰγόκερως, 176.

Δίδυμοι, 176.

Ζυγός, 176.

Ἰχθύς, 176.

Καρκίνος, 176.

Κρεῖος, 176.

Λέων, 176.

Παρθένος, 176.

Σκορπίος, 176.

Ταῦρος, 176.

Τοξευτής, 176.

Ὑδροχοεύς, 176.

Statuae et simulacra.

Ἄγαλμα, 37. 48. 84. 194 A. 343,
561, 680, 703. 705. 870. 1041.

Ἀγάλματα, 147, 564, 767, 785.

Ἀνδριάντες, 449, 504, 638, 759,
1133.

— ἀργυροῖ, 453.

Ἀνδριάς, 130, 453, 594, 610, 640,
662, 674, 752, 797, 800. 1031,
1102, 1136, 1181, 1185.

— σὺν τῇ βάσει, 1044.

Γλυφή, 1272.

Δῖγμα ἀργύρεον, 39.

Εἴδωλον, 16.

Εἰκόνες, 258, 638.

Εἰκών, 6, 42, 85, 360, 479, 785,
1190.

— τελέα, 865.

— χαλκῆ, 662.

Ζωγραφία, 1272.

Ζωγραφίαι, 743.

Ζώδιον, 1274.

Ἰκὼν χαλκέα, 864, 865.

Ξόανον, 1175.

Προτομὴ μαρμαρίνη, 144.

Σῆμα, 194 A et B, 299, 352, 365,
396.

Σίγνον ἀργυροῦν, 45.

Στήλη καὶ εἰκὼν λιθίνη, 1117.

Termini et chorogrophia.

Λίθος (ἔρος), 657.

Ὅριοι, 1021.

Ὅροι, 709, 1291, 1445.

Περιορισμοὶ χώρας, 1021.

Περιορισμός, 1021.

Στήλη (= lapis terminalis), 828.
Χωρογραφήσας, 1365.
Χωρογραφίαι, 1021.
Ὅροι, 1021.

Ventorum nomina.
Ἀπαρχ(τ)ίας, Septentrio, 177.
Ἀφηλιώτης, Solanus, 177.
Βορέας, Aquilo, 177.
Εὐρόνοτος, Euroauster, 177.
Εὖρος, Eurus, 177.
Ζέφυρος, Favonius, 177, 194.
Θρακίας, Circius, 177.
Ἴαπυξ, Chorus, 177.
Καικίας, Vulturnus, 177.

Λιβόνοτος, Austroafricus, 177.
Λίψ, Africus, 177.
Νότος, Auster, 177.

Viae.
Ἀνδροβάμονες, 980, 1013, 1014.
Ὁδοί (in Creta), 980, 1013, 1014, 1021.
Ὁδός, 1021.
— Ἀππία, 195.
— καινὴ Ἀδριανὴ ἀπὸ Βερενίκης εἰς Ἀντινόου, 1142.
— Φλαμηνία, 653.
— Φλαμινία, 135.

XV

FORMULAE VARIAE

1111, 1112, 1115, 1122, 1131, 1132,
1133, 1135, 1136, 1137, 1151, 1170,
1176, 1178, 1179, 1180, 1184, 1185,
1205, 1226, 1228, 1272, 1274, 1275,
1281, 1283, 1288, 1289, 1310, 1312,
1314, 1321, 1324, 1326, 1334, 1337,
1340, 1341, 1344, 1347, 1351, 1352,
1354.

Ἐπ᾽ ἀγαθῷ σοι γένοιτο, 105.

Ἐπὶ ἀνδραγαθίαι καὶ λόγοις, 1070.

Ἐπὶ ἀρχόντων, 854.

Ἐπὶ ἀρχόντων (τοῦ τῶν Ἰουδαίων πολιτεύματος, Berenicae), 1024.

Ἐπὶ βασιλέως (in insula Samothrace), 844, 846, 848, 851, 852.

Ἐπὶ κόσμου, 1011.

Ἐπὶ κόσμων (in Creta), 959.

Ἐπὶ τῶν ἐν... κορμιόντων, 961.

Ἐπὶ (τοῦ δεῖνα) Κρητάρχα καὶ ἀρχῶ, 962.

Ἐπὶ ξυναρχίας, 746.

Ἐπὶ πρωτοκόσμω, 1022, 1509.

Ἐπὶ συλλόγου τῆς σκηνοπηγίας (apud Judaeos Berenicae degentes), 1024.

Ἐπὶ συναρχίας, 568, 682, 713, 747, 751.

Ἐποίησα vel ἐποίησε vel ἐπόησα vel ἐπόησε τὸ προσκύνημα, 1304, 1306, 1307, 1309, 1311, 1332, 1336, 1359, 1361, 1362, 1370, 1373.

Ἐρρῶσθαί σε εὔχομε, 363.

Ἐρρῶσθαι ὑμᾶς εὔχομαι, 860.

Ἐρρῶσθαι ὑμᾶς καὶ εὐτυχεῖν πολλοῖς ἔτεσιν εὔχομαι, 598.

Ἔρρωσο, 1118.

Εὐνοίας ἕνεκεν, 468, 507, 508, 509.

Εὐσεβείας χάριν, 883, 1111, 1132, 1137, 1161, 1184, 1205, 1267, 1272, 1288.

Εὐσεβίας χάριν, 1135, 1167, 1178, 1312, 1314.

Εὐχῆς χάριν, 72.

Ἤκουσα Μέμνονος vel ἤκουσα (Μέμνονος), 1188, 1189, 1193, 1194, 1196, 1200, 1202, 1203, 1204.

Ἤκουσε Μέμνονος vel τοῦ Μέμνονος vel ἤκουσε (Μέμνονος), 1186, 1187, 1192.

Ἵλεώς σοι, ἀλύπι, 107.

Καθ᾽ ὕπνον, 71.

Καλή σου πᾶσα ὥρα, Σάραπι, 105.

Κατὰ διαθήκην, 1043, 1205.

Κατὰ ἐπιταγήν, 540.

— ὀνείρου, 568.

Κατὰ κέλευσιν θεοῦ, 69, 106.

Κατὰ κέλευσιν, 717, 737.

Κατὰ τὴν κέλευσιν, 1452.

Κατὰ πρόσταγμα, 49. 511.

Κατὰ ὑπόσχεσιν, 745.

Κατ᾽ εὐσέβειαν, 1289.

Λευκαὶ πᾶσαι, 1024.

Πάσης τειμῆς χάριν, 630.

— καὶ ἀρετῆς χάριν, 631.

Περὶ τούτου τοῦ πράγματος οὕτως ἔδοξεν, 451.

Περὶ τούτου τοῦ πράγματος οὕτως εὐηρέστησεν, 450, 452, 453.

Προσεκύνησα vel προσκεκύνηκα (Isim,

XVI

CARMINUM INITIA

XVII

INDEX GRAMMATICUS

Auctore P. Boudreaux.

I. Assimilatio.

1. *Assimilatio* κ *finalis praeverbii in vocibus compositis.*

ἐγλογιστής, etc. : 1263, 36, 51, 53.

Σ]υνεγδή[μου : 917, 6.

  2. *Assimilatio* ν *finalis in confinio binarum vocum.*

    A. Ànte gutturalem.

μὲγ γὰρ : 194, 44.

    B. Ante labialem.

a) ἐμ παντί : 940, 69 ; 942, 58.

ἐμ πᾶσιν : 298, 3.

ἐμ πραπίδεσσι : 361, 5.

b) ἐμ βιότῳ : 336, 7.

c) ἐμ φιλότητι : 361, 5.

    C. Ante nasalem.

ἐμ μέσσοισιν : 742, 7.

  3. *Assimilatio* ν *finalis praeverbii praeter usum omissa.*

    A. Ante gutturalem.

a) ἐνκαταλιπεῖν : 674, 51.

ἐνκατέθηκε : 194 B, 31.

ἐνκαυστής : 232, 3.

ἐνκει[μένω]ν : 1263, 62.

ἐνκ[ε]λ[ε]ύσεως : 387, 11.

ἐνκεχαρα[γ]μένων : 1110, 16. — ἐνκε-
    χάρακται : 1183, 6.

Ἐνκολπίῳ : 1254, 5.

ἐνκυκλίου : 1285, 23, 27, 43.

ἐνκώμια : 368, 8.

Π]ανκρατὴς : 1085, 1.

Πανκρατιάδης : 836, 5.

πανκρατιαστὴς, etc. : 151, 6 ; 152, 4,
    11 ; 153, 3, 10 ; 155, 10 ; 447, 2.

πανκράτιον, etc. : 153, 18, 40 ; 445, 7,
    8, 9, 10, 11, 13, 16.

συνκάθεδρον : 933, 6.

συνκαμών : 236, 8.

συν[κατ]έχετε : 116, 50.

συνκατησχῆτε : 115, 10.

συνκλάσατε : 117, 5.

συνκλασθῆ : 117, 9.

c) ἐνψύχου : 944, 6 ; 945, 7, 9.

4. Consona ν et in vocibus non compositis.

A. Pro γ ante gutturalem posita est.

a) ἀνανκαίαν : 149, II, 9.

ἀνανκασθείς : 153, 39. — ἀνανκα[σθη... : 864, 36.

Ἀνάνκη[ν : 116, 16.

Ἀνκύρα : 138, 8.

ἀνκῶνας : 945, 52.

διοῦνκιν : 668.

Κονκορδίου : 854, 12.

Λυνκαῖον : 941, 23.

ἔνκο[ν : 408, 9.

σεσημάνκα[σιν : 1285, 14.

Σονκητηνῇ : 677, 1.

Τρανκουίλλιος : 453, 6.

Τρανκυλλεῖναν : 723, 6.

τρειοῦνκιν : 667.

b) ἀνγαρειῶν : 766, 42; 1262, 21.

ἀνγαρεύειν : 1262, 24.

ἀνγεῖον : 826, 4.

ἄνγελοι, etc. : 115, 42; 117, 1.

ἀρχανγέλους : 115, 76.

Λονγείν[η : 1195, 12.

Λονγινᾶτος : 1342, 3.

Λονγίνου : 1238, 2; 1240, 2; 1252, 1; 1339, 3, 8. — Λονγείνου : 604, 2; 1241, 2; 1353, 5; 1355, 5.

Λόνγος, etc. : 496, 9; 541, 4; 1332, 8; 1337, 9.

Μελίφθονγος : 469, 8.

σφινγία : 378, 1.

Σφονγέος : 495, 12.

c) ἐπανγωνίζετε : 115, 67, 68.

Ἐπιτυνγά[ν]οντος : 883, 15.

Ἐπιτύνγανος : 470, 6.

τυνγάνοντα : 766, 47.

d) λύνξ : 378, 15.

B. Pro μ ante labialem.

a) ἀμένπτως : 338, 5.

[κ]άνπτο[υ]σαν : 768, 3.

λανπρᾷ : 759, 4. — λανπροτάτη, etc. : 692, 5; 723, 9; 1422 (= 580), 5.

Ὀλυνπίῳ : 1413, 1.

παραπονπες : 497, 5.

Πονπηίου : 425.

Πονπωνία : 946, 35. — Πονπονία : 946, 8.

Πων[π(ώνιος) : 1461 (= 697), 5.

b) διαλανβάνειν : 118, 22.

c) νύνφες : 1387, 8.

II. Augmentum (cf. etiam XVI).

1. η pro ε.

ἠτέλεσ(αν) : 220, 6.

Cf. κατεισγη[κότος : 662, 24. — διακατεισγῆσθαι : 1021, 105.

2. Augmentum syllabicum omissum.

κατασκεύασεν : 289, 3; 1255, 4.

μνήσθη : 1345, 11. — μνήσ[θησαν : 1308, 8.

προσκύνησα : 1305, 5.

3. Augmentum temporale omissum.

ἀνοικοδόμησα : 925, 8. — ἀνοικοδομήθη : 926, 7.

ἀπαγόρ[ε]υ[σ]α : 1026, 2.

οἰκοδόμησε(ν) : 1161, 6; 1180, 2; 1327,

3. — οἰκοδόμησαν : 1287, 2. —

οἰκοδομήθη : 1168, 5; 1171, II, 1.

4. Augmentum duplex.

ἀπεκατέστησα : 924, 11. — ἀπεκα-

τέστησε : 899, 8; 916, 25. — ἀπε-

κατεστάθη : 1098, 9.

ἐπηνωρθωσάμην : 1263, 46.

5. Augmentum falso positum.

ἐπικ[α]τησχῆτε : 115, 11.

κατησχῆτε : 115, 35, 63; 116, 76.

συνκατησχῆτε : 115, 10, 79.

III. Casus.

1. Nominativus.

A. Nominativus absolutus.

τελευτῶ..., Φιλουμένη μήτηρ ἀχθό-

μενος : 1318, 3.

B. Nominativus pro genetivo positus.

δηνάρια μ(υριάδας) β΄ : 321, 2.

ἔτους ια΄ Ἀντωνῖνος : 1281, 2; 1282,

2; 1283, 2. Cf. 1330 [4991, 4994].

Τὸ προσκύνημα Ἀρυώθης etc. : 1236,

8. Cf. 1238, 2; 1242, 2; 1243, 2, etc.

ἑκατονταρχίας Λίβιος : 1344, 4.

Cf. 1244, 4-5; 1271, 6; 1337, 4; 1346,

3. V. etiam VIII, 1, B.

C. Nominativus pro dativo.

Εὐοδίων συμβίῳ : 308, 7. Vide etiam

VIII, 1, G.

2. Accusativus.

A. Accusativus pro genetivo.

a) προσκύνημα Λικίνιν τὸν etc. : 1310,

14.

b) ὄνκον σπληνὸς σωθεὶς : 39, 3.

μηδεμίαν etc. ἐπιθυμοῦντα : 950, 44.

c) ὥραν α΄ : 1192, 11.

V. etiam, VIII, 1, F.

B. Accusativus pro dativo. Vide VIII, 1, H.

3. Genetivus.

A. Genetivus cum παρά pro genetivo.

τῶν παρ᾽ αὐτοῦ πάντων : 1348, 5.

B. Genetivus pro accusativo.

a) βαρούνες τῶν ἵππων etc. : 951, 4.

κατάβαλε αουτῶν : 951, 10.

b) εἰς πέντε καὶ δέκα ἡμερῶν : 674,

144.

C. Genetivus pro dativo.

παρὰ τῶν κυρίων etc. : 1271, 4. Cf.

VIII, 1, I.

4. Dativus.

A. Dativus absolutus.

Περεγρίνῳ καὶ Αἰμιλιανῷ ὑπάτοις :

114, 5. Cf. 74, 7; 114, 8; 146, 24;

363, 8; 421, 19; 449, II, 1; 563, 6;

810, 11; 1019, 2; 1438; 1439, 2.

Αὐτοκράτορι Καίσαρι Τίτωι etc. :

1440, 2.

μηνὶ Παχὼν τρισκαίδεκα ἔχοντι etc. :

1195, 4.

B. Dativus loci.

τῷ οἴκῳ : 604, 1.

παντὶ τόπῳ : 943, 43.

Πηλουσίωι : 1109, 7.

C. Dativus pro accusativo.

a) γράμμασιν εἰσορόων : 245, 5.

b) κατὰ σοῖς δεσμοῖς : 946, 33.

c) ἔτεσιν ε' (= quinque annos) : 200,
9; cf. 202, 3; 205, 5; 212, 15; 214,
8; 366, 12-13; 644, 5; 1211, 8.

IV. Coniugatio.

A. Aoristum secundum activum et medium.

a) εἶπα[ν : 656, 5. — προεῖπα : 157,
26.

ἦλθα : 168, 4.

κατῆλθαν : 635, 8.

b) ἐπεβάλαντο : 1021, 47.

c) γενάμενος : 1044, 3.

B. Aoristum passivum.

ἐλασθεὶς : 1157, 3; 1158, 3.

ὠρύγη : 1098, 7; 1099, 11.

C. Imperativus.

κατάχων (= κάτεχε?) : 951, 10.

πείπτεται (= πιπτέτω?) : 952, 20.

D. Imperfectum.

ἦτον : 317, 3.

E. Verba in -μι formis in -ω cedunt.

ἀφείομεν : 911, 15.

ἐπεθόμην : 1500 (= 766), 31.

V. Consonae (cf. etiam IX, XI, XII, XVII).

1. Simplex pro geminis.

a) ἐπιπίο : 1407, 2.

ἱπέως : 1350, 2.

Φιλιπόπολ[ις : 1472, 5.

b) Ἀπολινάριος, etc. : 682, 8; 768, 4;
1179, 6.

Ἀπολῶνις : 1324, 6.

Βαλβίλου : 288, 2.

μεταλάρχῃ : 1236, 2.

c) ἀπορήξαντα : 950, 18.

d) γεγραμένους : 116, 74.

Κομόδου, etc. : 709, 6; 1121, 1; 1438;
1453, 1; 1509, II, 6.

e) ἐγενήθη : 1234, 1.

νάνῳ : 310, 2.

προσγενημάτων : 1263, 62.

f) ἀρχιραββδουγῖσα : 614, 14.

δυσεβὴν : 115, 29, 60, 65.

Κασίου : 1351, 3.

2. Geminae pro simplice.

a) ἔχκτο[ν : 344, 6.

b) ἀρχιραββδουγῖσα : 614, 14.

Σεββαστῶν : 670, 8.

c) Κόττυος : 924, 3. — Κόττιο[ς :
884, 2.

d) δάλλους : 861, 15.

πάλλαι : 674, 17.

Ῥουτιλλ(ίου) : 669, 10.

στ]ήλλῃ : 774, 4.

Ὠτ]αχιλλί[ας : 1479, 1.

e) Ἰσιδώρρου : 1096, 16.

f) καταχθοννίῳ : 115, 43.

Φάννης : 871, 16.

g) ἀντισστρατήγου : 1422 (= 580), 7.

κα]τασστρέ[ψητε : 116, 109.

νήσσου : 879, 4.

Παράσσιτον : 941, 7.

Παυσσικράτου : 1021, 6.

3. *Consona* ζ.

A. σζ pro ζ.

τιμωρισζώμενον : 115, 36.

B. ζ pro κ.

ζύκλα : 116, 114.

C. ζ pro i.

Ζουλία, etc. : 185, 3; 237, 2.

κοζους : 463, 6. — κοζου[γ]ε : 237, 2.

D. ζ pro d.

ζie : 947, 10, etc.

VI. DECLINATIO.

1. *Vocabula in* -α-.

a) gen. Δόμνας : 1185, 4.

b) gen. Γάλβα : 1263, 3, 65.

Γέτα : 1290 C, 6.

Κλευμενίδα : 987, 988, 989, 993, etc.

Cf. Κλευμενίδου : 1002; 1004.

Μουρήνα : 969, 3, 4.

Παντανδρίδα : 1005, 7.

Πλάντα : 1154, 6.

Φλάμμα : 1029, 15, 18 ; 1030, 9. . etc.

c) nom. Ἀκύλα : 1358, 7. — gen. Ἀκύλαι : 1055, 8 (v. autem Ἀκύλα : 1056, 11).

d) gen. Ἀ[κ]υλᾶτος : 1355, 8.

e) gen. Ζούρη : 1438.

Καλοπόδη : 977, 5.

μεταλάρχη : 1236, 2.

πρεσβευτῆ : 931, 9.

στρατιώτηι : 1236, 18?

f) gen. Ἀσκληπιάδους : 1060, 30

(v. autem Ἀσκληπιάδου : 1060, 16).

g) acc. Ἑρμῆ : 1362, 4. — dat. Ἑρμάῳ : 1358, 1.

2. *Vocabula in* -ο-.

a) Nominativi masculini generis in -ις, nominativi et accusativi neutrales in -ιν exeuntes. Vide XX, 5, G.

b) voc. ἀλύπι : 107, 11.

Ἀμαζόνι : 676, 9.

Βενάγι : 23.

Εὐμέλι : 225, 1.

Κῦρι : 30, 1.

Νικάσι : 24 ?

Προκόπι : 302, 8.

c) dat. sing. υἱεῷ : 648, 12.

d) dat. sing. Εὐστάθι : 535, 1 ?

3. *Vocabula quorum stirps in mutam exit.*

a) dat. sing. γυνηι : 910, 1.

b) acc. sing. Παρθενίν : 1009, 3.

c) acc. plur. μυριάδες : 819, 12, 16.

πόδες : 529, 3; 1162, 10. Cf. infra 4 b), 5 c).

d) acc. plur. ἀπόδους : 116, 49, 81, 111, 123.

4. *Vocabula in* -ν-.

a) acc. sing. Εὐλάμοναν : 115, 77.

b) acc. plur. μῆνες : 241, 4 ; 443, 3 ; 497, 5. Cf. supra 3 c), infra 5 c).

5. *Vocabula in* -ρ-.

a) voc. sing. πατήρ : 215, 1.

σωτήρ : 38, 1.

b) gen. sing. θυγατέρα[ς : 495, 11.

c) acc. plur. τέσσαρες : 1183, 28, 30.

χ[αρα]κτῆρες : 115, 78. Cf. supra 3 c),
   4 b).

d) dat. plur. χειρσὶν : ·368, 2.

    6. *Vocabula in -σ-.*

a) gen. sing. Διομήδου : 585, 1.

Ἐπικράτου : 1021, 8.

Καλλισθένου : 854, 9. Cf. l. 11 :
   ]θένου.

Λυκομήδου : 1021, 4.

μεγακύδου : 635, 5.

Παυσσικράτου : 1021, 6.

χειροτέχνου : 1183, 15.

b) acc. sing. δυσσεβὴν : 115, 46. —
   δυσεβὴν : 115, 29, 60, 65.

ἐ]πιφανὴν : 1319 A, 1.

Εὐσεβῆν : 1104, 4.

Εὐτυχῆν : 1100, 5.

Καλλισθένην : 854, 10.

c) acc. sing. Ἡρ[ακ]λῆ : 1092, 3.

d) gen. sing. Ἀγαθοκλῆτος : 1339, 6.

dat. sing. Ἡρακλῆτι : 83, 3.

    7. *Vocabula in -ι-.*

a) gen. sing. Μανδο[ύ]λεος : 1336, 3.

πόλεος : 1021, 46.

b) gen. sing. Κελύλιος : 1132, 6.

Πετεμενώφριος : 1230, 1.

Πλήνιος : 1228, 6.

etc.

c) dat. sing. [Μανδου]λίῳ : 1345, 6.

d) dat. plur. θλίψεις : 673, 17.

    8. *Vocabula in -υ-.*

a) nom. neut. sing. γλυκὺν : 317, 8, 9.

ἡδὺν : 317, 8.

b) gen. sing. ἡμίσου : 354, 3.

    9. *Vocabula in -ευ-.*

a) gen. sing. Ἀγυέος : 656, 2.

ἀρχιερέος : 964, 5.

γραμματέος : 1362, 2.

Δινέος : 682, 12.

ἱερέος : 681, 2.

ἱππέος : 1252, 1; 1334, 3; 1335, 2;
   1342, 2. — εἱππέος : 1253, 2.

b) acc. sing. ἀρχιερῆ : 990, 4; 991, 5;
   1001, 5; 1002, 6.

Στροφῆ : 648, 21.

    10. *Varia.*

a) dat. sing. Ζευ : 545, 1.

b) dat. sing. τούτη : 116, 75.

    VII. Diphthongi.

    1. *Diphthongus αι.*

    A. αι > α.

a) Κρηταεῖς : 1021, 23.

Νεικαεὺς : 590, 2; 1413, 3.

b) ἱερονείκας : 1413, 4.

Κάσαρος : 1343, 12.

    B. α > αι.

διαικρίνει : 396, 5.

δουπλικιαίριος (= duplicarius) : 1184,
   2.

    C. αι > ε.

a) ε pro αι.

Ἀθηνέου· : 69. 4.

ἀκέρεαν : 1291. 14.

γέῃ : 773, 13.

γείνετε : 157, 5.

γεννᾶτε : 207, 8.

γυνεχὶ : 648, 10 ; 819, 3.

Δέδαλος : 239, 2.

Δε[σί]ωι : 924, 14.

δίκεον : 667. — δίκεα : ibid.

εῖνε : 116, 50, 81, 112 ; 404, 6.

ἐκκέδεκα : 510, 7.

Ελεις (= Αἴλιος) : 394, 2.

ἐπικαλοῦμε : 946, 25 ; 947, 35.

ἐπιτρέψε : 145, 2.

eudemones : 242, 6.

εὔχομε : 157 b, 14 ; 363, 14.

ἑῶνα : 234, 8.

ἑωνίου : 694, 4 ; 695, 3 ; 1446 (= 669), 6. — ἑωνίῳ : 344, 7.

κατάκειμε : 293, 12.

κ[ατα]μαρέ[νε]τε : 115, 67.

καταψυχρένετε : 115, 67.

κατέχεσθε : 1291, 13.

κὲ : 116, 132 ; 563, 6 ; 590, 5 ; 648, 5, 9, 10, 11 ; 682, 2 ; 813, 5, 6, 11 ; 819, 3. 5 : 1422 (= 580), 2, 4, 9 ; 1435, 3. — κὲν : 336, 3.

κεῖμε : 293, 2 ; 510, 2 ; 773, 13? ; 774, 9. — κεῖτε : 220, 4 ; 239, 1 ; 278, 1 ; 368, 9 ; 404, 2 ; 492, 1 ; 661, 5. — κῖτε : 15, 1 ; 550, 1.

Κέσαρα : 1422 (= 580), 3. — Κεσάρων : 813, 9.

Κήρεον : 116, 13, 65.

κινέσε : 951, 10.

κ]ωμῆτε : 738, 2.

νύνφες : 1387, 8.

ὁδηπορίες : 346, 6.

πάλε : 742, 1 ; 1489, 1.

Παλε[σ]τείνη : 132, 3.

σέδετε : 178 b.

σώζεσθε : 157 b, 15.

ὑπετείων : 722, 10.

Φορρίνες : 1387, 9.

b) αι pro ε.

αἰπαρχίας etc. : 670, 7 ; 686, 7 ; 1479, 2.

Ἄραιως : 636, 10.

βασιλαίως : 924, 4.

ἐμνημονε[ύσ]αται : 1291, 3.

ἐποιήσασθαι : 1291, 14.

εὐφραίνεσθαι : 168, 10.

ἐ]φ[ρ]οντίσαται : 1291, 2.

ἡ[ξ]ιώσαται : 1291, 7.

D. αι (= ε) > η, ι.

κή : 819, 15 ; 823, 6.

κὶ : 926, 10.

2. *Diphthongus* ει.

A. ε pro ει.

a) ἀν]δρεὰς ? : 1185, 7.

ὑγέας : 1449 (= 672), 2.

b) σπέρης : 1340, 5.

φιλοτεμον : 648, 14.

c) Μανδούλε : 1340, 9.

σκεύε : 940, 7.

B. ηι pro ει.

Ἁρποχράτηι : 1168, 3.

Εὐάνθηι : 449, 2.

C. η pro ει.

a) Ἀλε]ξανδρήας : 1359, 5.

ἀνδρήας : 401, 9.

Ἄρη : 33, 7.

Βαρδίλληα : 153, 31.

Ἡρά]κληαν : 662, 35.

Και]σάρηα : 928, 3.
μνήας : 219, 5.
Νεμεσῆον : 1047, 3.
πρεσβήας : 662, 30.
σημηαφόρος : 1088, 7.
b) Ἁρποχράτη : 1171, 2.
δεήση : 674, 113.
Σωχράτη : 226, 3.
c) ἐχλιπῆν : 115, 54.
ἐπιγραφήτω : 1315, 7.

D. ει pro η vel η.
ἀνειρημένης : 1021, 46.
εἰ[ν]ιώχους : 116, 80.
καταστρέψει : 1489, 2.
κοπήσει : 1489, 3.
μήτειρ : 1195, 2.
τεθνειῶτας : 16, 11.
τολμήσει : 805, 3; 811, 1.

E. ει > ι.
a) ι pro ει.
γένι : 157, 3.
δώσι : 586, 9.
εὐρυθέμιλος : 96, 4.
εὐψύχι : 23; 207, 8.
θήσι : 586, 8.
χῖτε : 15, 1.
λυπηθὶς : 207, 5.
Μαντίνιαν : 153, 35.
μίζων : 188, 14.
μνίας : 198, 9; 207, 6.
πόλι : 586, 10.
σίσασα : 194 B, 16.
χιρῶν : 39, 5.
etc.

b) ει pro ῑ.
γείνετε : 157, 5.
εἰθυντῆρι : 14, 1.
ἐπιχρεῖσαι : 41, 17.
ἐτείμησαν : 144, 4.
ἱερονεικῶν : 146 b, 17; 149, II, 6.
μεισοπονήρῳ : 97.
νεικαφόρον : 109, 10.
νείχ[ης] : 51, 1.
νεικήσας : 153, 12, 15, 18, 39; 157, 23.
.περιοδονείχης : 147, 3; 151, 6; 152, 4,
    12; 153, 3, 10; 154, 2; 155, 10; 161 d.
πλευρειτιχῷ : 41, 7.
πολείτης : 153, 10.
σεβαστονείχη[ς : 21, 10.
στεφανειτῶν : 146 b, 17; 149, II, 6.
τειμήεις : 194 A, 35.
τειμὴν : 150, 9.
τεχνείτης : 157 a, 5. — τεχνεῖται :
    167, 8.
ὑμεῖν : 146, 19; 149, II, 7, 9.
φιλοτειμησαμένων : 130, 7. — ἐφιλο-
    τειμ[ήθη : 19, 9.
φιλοτειμ[ίαις : 19, 3.
χειλιάρχῳ : 10, 5, 6.
etc.

c) ει pro ῑ.
Διεὶ : 71.
εἰδίᾳ : 207, 4.
Εἰωνιχὸν : 167, 3.
ἐπαρχείας : 118, 40.
συνξενειτεύσαντα : 200, 9.
ὑγείαινε : 24.
etc.

F. ιει > ει.

a) Ἀσκλήπεια : 153, 32.

Σαραπείου : 1096, 6, 8.

ταμεῖον, etc. : 674, 9, 90; 736, 7; 819, 10; 841, 5; 842, 6; 1026, 4; 1027, 3.

Ὑγεία, etc. : 537, 2; 674, 138; 690, 3; 717; 778, 2: 787, 2 ; 1404, 3; 1452, 5. — Ὑγείη : 1399, 1 ; 1402, 1.

b) ἐπικίας : 1276, 8.

ὑγίας : 386, 1. — Ὑγίη : 541, 2.

3. *Diphthongus* οι.

A. οι > ο.

ἐπόει : 171, 2.

ἐπόησα : 216, 3; 1309, 3; 1359, 4; 1361, 3; 1362, 4. — ἐπόησε : 229, 10; 1304, 2; 1307, 2. — ἐπόησεν : 248, 6; 1328, 2. — π]όισεν : 279, 8. — ἐποίησαμεν : 1332, 9; 1336, 3. — ἐπόησαν : 471; 1272, 7.

πεπόηκεν : 324, 2.

B. οι > υ.

a) υ pro οι.

ἀνυκοδόμησ[ε : 1159, 2.

ἀνῦξαι : 186, 5; 1027, 2. — ἀνύξας : 823, 4. — ἀνύξει : 472, 2. — ἀνύξη : 1026, 2.

ἐπύησα : 317, 6, 10. — ἐπύησεν : 234, 4. — ἐπύεησεν : 394, 3.

Ζυλουζηνὺ : 738, 2.

λυπῶν : 1167 C, 7.

τὺς κυρίυς... θεὺς : 1269, 4.

Χύακ : 1330 [4980].

b) οι pro υ.

χοιρίῳ : 1407, 2.

λοιπήσασα : 317, 4. — λ]οιπο[ύ]μενοι : 348, 10.

μυριονοίμου : 1310, 17.

Παοινὶ : 1240, 6; 1362, 7.

σοὶ : 116, 54.

C. a) η pro οι.

ὁδηπορίες : 346, 6.

b) οι pro η?

αὐτοῖς : 585, 3.

D. οι pro ε.

σήμοιρον : 1355, 12.

4. *Diphthongus* αυ.

A. αυ > α.

ἀναπάεται : 277, 4.

ἀτοῦ : 1304, 4. — ἀτοῖς : 471.

ἑατοῦ : 1114, 3.

πᾶσον : 947, 37.

B. αυ > αν.

Ἀβρελιανὰ : 231.

C. ο pro αυ.

ποσον : 946, 28.

D. αου pro αυ.

αουτο, αουτων : 951, 10.

E. αω pro αυ.

Παωνὶ : 1312, 2.

F. αυ pro αο.

Λαυδίκειαν : 445, 17.

Λαυδίκη : 275, 7.

5. *Diphthongus* ευ.

A. ευ > ε.

ὑπατέοντος : 722, 8.

B. ευ > εν.

κ[α]τεσκέδασα : 648, 16.

6. *Diphthongus* ου.

A. ου > ο.

Ἀρτεμιδώρο : 1438.

Γαίο : 1333, 5.

(ἐ)νγράφος : 1021, 90.

παροϱόντων : 1021, 40.

Cf. etiam :

a) Ἀπολέιος : 116, 38. — Ἀπο-
λήιου : 1335, 1.

δεκορίωνες : 499, 1.

κεντορίας : 656, 7.

κεντορίωσι : 1300, 9.

Λέντολον : 1040, 1.

μορμίλλονε[ς : 840 B, 1.

ὀρβανῆς : 779, 2.

ῥοσέου : 941, 5, 22.

Σολπικιανὸ[ν : 1018, 2.

Σολπίκιον : 1021, 49.

Φολγεντία : 115, 38. — Φωλγεντία :
115, 18, 34, 35, 49, 62, 66, 71, 82.

b) Λυγδωνησίας : 622, 7.

　　B. ο > ου. V. XX, 5, B.

　　C. ου pro υ. V. XX, 6, B.

　　　D. ου eiecta.

Φεβράριος : 176, 2.

　　　7. *Diphthongus* υι.

　　　υι > υ.

Ἀγυέος : 656, 2.

VIII. Incongruentia.

1. *Incongruentia casuum.*

A. Post nominativum genetivus.

...Γερμαν]ικὸς Περσικοῦ Βριτανννικοῦ

etc. : 1291, 29. Cf. ἔγραψ(ε) κελεύ-
σαντος : 1356, 3.

B. Post genetivum nominativus.

ὑπὲρ Ἀρτβῶτος ἀνὴρ : 1167 A, 9.

Ἀπολλωνίου ἀδελφὸς : 1167 B, 2.

...Ἰουεντίου Ἀγαθόπους ἀπελεύθερος
etc. : 1236, 4.

Πτολεμαίου στρα[τ]ιώτης : 1247, 3.
Cf. 1333, 2-ss. ; 1339, 3 ; 1366, 3.

C. Post genetivum vocativus.

Ἀντωνίου Γορδιανὲ : 1330 [5006].

D. Post accusativum nominativus.

Ἄτ]τ[α]ν... [γρ]α[μμα]τ[εὺ]ς : 917, 9.

E. Post nominativum accusativus.

...ἀργυροταμίας καὶ γ΄ ἄρξαντα :
564, 2.

F. Post genetivum accusativus.

...υἱοῦ Διὸς Ἐλευθέλιον : 1322, 2.

...Ἀντονίνου... καὶ Ἀφροδίτης... καὶ
τοὺς φίλους μου : 1341, 2.

καὶ Κο[ρνηλ]ί[ου] κ[α]ὶ [Ἀ]μμ[ιαν]οῦ
κα[ὶ Ἰ]ουλιανοῦ τ[οὺς ἀδ]ελφοὺς
αὐτοῦ : 1352, 5.

G. Post dativum nominativus.

...ἀνδρὶ..., γένει Σιδήτης,... βιώσας :
344, 1 (vocibus Σέκκιος Τρόφιμος
nominativum attrahentibus).

...Σωσιβίῳ, ζήσας : 272, 3.

προτομῇ μαρμαρινῇ, ἡ ἀνατεθεῖσα :
144, 6.

Σαβίνα, ἡ καὶ Νήνης : 586, 3.

πραισιδίῳ Τάλμις : 1337, 2.

H. Post dativum accusativus.

...Εὐτάκτῳ... εὐνοήσαντα etc. : 200, 2.

Αὐτοκ[ρ]άτορι... καὶ τὴν... γυναῖκα etc. : 723, 2.

πρεσβευτῇ Χόρρασμον etc. : 926, 8.

τοῖς ἵπποις... Φαμῶσον etc. : 952, 21.

I. Post dativum genetivus.

σὺν τοῖς φίλοις..., ἀμφοτέρων : 1306, 7.

ἐφ' ἡγεμόνι Ποπλίου etc. : 1322, 5.

K. Post genetivum dativus.

Ἰουλίου Λίγυος ἐπιτρόπῳ : 8, 2.

προκαθεζομένου βασιλεύοντι Σεβήρῳ : 168, 5.

ὑπὲρ ἑαυτοῦ καὶ γυναιξὶ : 1160, 2.

Σεουήρου Ἀντονίνῳ : 1330 [4994].

Λουκίου.. Λούπῳ : 1347, 3.

2. *Incongruentia generis.*

a) ...μήτηρ ἀχθόμενος : 1318, 7.

b) πολλοῖς θλίψεις : 673, 16.

τὸν ἀπόβασιν : 940, 59 ; 942, 48 ; 943, 37.

3. *Incongruentia numeri.*

τὸ ὄστεα : 115, 69.

τῶν... κινδύνου : 777, 4.

τῶν κυρίου : 1312, 2.

4. *Incongruentia personarum.*

ὃς ἂν καταστρέψει..., δώσεις... : 1489, 2.

IX. LIQUIDAE.

1. ρ > λ.

Βαλβίλλεια : 446, 22. — Βαλβίλληα : 445, 11.

βαστοφόλου : 1322, 6.

Ἐλευθέλιον : 1322, 3.

2. λ > ρ.

Ζβερθούρδῳ : 58, 1.

Ψερχιοκωμήτης : 1226, 1.

3. *Metathesis.*

Καλπρονίου : 1333, 3.

Πουλβιανοῦ : 1495 (= 757), 10.

Στάλκιος, 422, 2.

4. ν > λ. V. XII, 3.

X. MODI. Vide XIX, 2.

XI. MUTAE.

1. *Dentales.*

A. δ > τ.

Ζμαράκτου : 1236, 2.

Ἴσιτι : 1050, 5. — Εἴσειτι : 1052, 2.

Σαλτοβυση[νῷ : 1405, 1.

B. δ pro z.

Ναβάρδῃ : 79, 3.

C. τ > θ.

ἀν]θέροτας : 949, 2.

θεν : 949, 22.

λαθω[μία]ς : 1284, 3.

παραθίθομε : 115, 60.

Θρίφιδι : 1150, 2. — Θρίφιδος : 1150, 3.

D. θ > τ.

καταχτονίοις : 347, 1.

Φαρμοῦτι : 1185, 10.

E. δ > θ.

μηθείς etc. : 1021, 31, 81, 128.

Βερηκούνδη : 297, 7.

βετερανὸς : 220, 3. — βετρανὸς : 394, 3, 5 ; 1408, 2. — β. : 463, 4.

Βετρούβιος, etc. : 415, 24, 26, 30.

Βετρουβία : 415, 25, 30.

Βεττίδιος : 805, 1.

Βέττιος : 470, 3.

Βῆρον : 1005, 1 ; 1016, 2.

βιγούλων : 178 g, 3 ; 1496, 5. — βί-[γ]λων : 142, 3.

Βικεντίας : 116, 102, 137.

Βίκτωρ, etc. : 701, 1 ; 944, 9, 21, 29.

Βικτωρία : 184, 2.

Βικτωρικοῦ : 944, 5, 17, 20, 28. — Βικτωρικτὸν : 944, 26.

βιξιτ : 189, 6 ; 264, 2. — βειξιτ : 428, 4. — βισιτ : 237, 1. — βεισ. : 463, 4.

Βολουμνία : 969, 10.

βουλνεργτουρ : 946, 39.

ήδοκᾶτ(ον) : 1496, 4.

Ἰουβενίου : 593, 5. — Ἰουβένιν : 944, 8, 19, 28.

Καλβεισι : 517, 3.

Λειβίαν : 835 B, 2.

Λειβίου : 1263, 65.

Ναβάρδη : 79, 3.

Ναίβ(ιον) : 134, 1.

Νέρβα : 122, 5 ; 964, 2 ; 989, 2.

νερβια : 946, 41.

Νοβεμ(βρίων) : 497, 2.

πρειβάτης : 402, 3.

προβοκάτωρ, etc. : 348, 6 ; 773, 4.

Σαλτοβυση[νῷ : 1405, 1.

Σεβηριανά, etc. : 142, 4 ; 178 g, 3.

Σεβῆρος, etc. : 134, 2 ; 168, 6 ; 491, 6 ; 523 ; 579, 2, 3 ; 752, 2 ; 787, 4 ; 965, 3.

σεπτιμβερα : 969, 5.

Σερβιλία : 50, 2.

Σερβ(ίλιος) : 109, 11.

Σιλβανῷ : 82 ; 808, 3.

σολβαντουρ : 946, 38.

Φλαβία, etc. : 319. 9 ; 403, 3 ; 449, II, 4 ; 630, 12 ; 969, 8 ; 1496, 9, 10, 21.

Φλαβιανὸς : 732, 5.

Φλάβιος, etc. : 448 b, 5 ; 449, I 1, 9, II 3 ; 597, 1 ; 730, 4 ; 817, 1. — Φλάβις : 1408, 2.

Φουλβίαν : 141, 1.

Φούλβιος : 453, 13.

F. β (= v) eiecta.

νοεμβρίοις : 810, 12.

Νοέμβριο[ς : 176.

ν]οεμβρίων : 945, 50.

XII. Nasales.

1. ν pro μ.

Αβρααν : 950, 1, 38.

2. μ pro ν.

ἐδεμέμων : 115, 62.

3. ν > λ.

Σατορνεῖλος, etc. : 1149, 8 ; 1509, I, 8. — Σατορνῖλος : 1332, 5.

4. μ eiecta.

a) ἐκλιπάνοντα : 115, 37.

Νύφεε : 115, 7.

b) Χερούβι : 944, 24.

5. ν eiecta.

a) Ἀλεξάδρας : 1366, 5.

ἰδάλλεται : 950, 35? ·

Μαδολος : 1341, 4. — Μαδούδολος :
1333, 7.

b) [ἀγί]α : 115, 77.

ἀν[οί]ξι (= ἀνοίξειν) : 819, 9.

αουτο : 951, 10.

Βασσιανή : 140, 3.

πάλι : 445, 10, 13.

παραδείδουμε : 115, 28.

παραθίθομε : 115, 60.

σαρκοφάγο : 222, 5.

τω : 1116, 4.

ὥσπερα : 115, 27, 44, 60, 66.

6. μ adiecta.

ἀνάλημψιν : 674, 33.

Μομψουεστίας : 444, 3.

ὀκτωμβρίας : 674, 144.

παραλήμπ[τ]ου : 1175, 5.

παραλημφθε[ὶς : 344, 7.

7. ν adiecta.

οὖν (= οὐ) : 1027, 2.

XIII. Particulae.

1. ἐάν pro ἄν : 944, 10, 22.

2. μήτε pro μηδέ : 950, 45.

3. ὅτι γάρ pro ὅτι vel γάρ : 674, 82.

4. ...τε... ἀλλὰ καὶ : 674, 41.

XIV. Praepositiones.

1. ἀπό cum verbo passivo pro ὑπό :
1083, 2, 9.

2. εἰς pro ἐν : 194, 6; 202, 4; 275, 10;
539, 6.

3. ἐκ τοῦ ἔτους ιδ' Νέρωνος = ἔτους
ιδ' etc. : 1319 A, 2.

4. ἐπὶ Πανίσκῳ... προστάτη : 1171, 7.
Cf. 1179, 5; 1254, 5; 1255, 5; 1256,
3; 1260, 1; 1280, 6; 1322, 4;
1498, 7.

5. κατά cum dativo :
κατὰ σοῖς δεσμοῖς : 946, 33.

6. πρός pro πρό :
πρὸς ις' ἰδῶν : 945, 49.

7. ὑπέρ... χάριν :
ὑπὲρ εὐσεβίας χάριν : 1314, 1; 1326,
2.
ὑπὲρ εὐχα[ριστ]ίας χάριν : 1321,
17.

XV. Pronomina.

1. Pronomina personalia.

A. αὐτ[ο]ῦ pro ἐμαυτοῦ : 1027, 2.

ἑαυτοῖς pro ἡμῖν αὐτοῖς : 421, 15.

B. a) τῇ συμβίῳ ἑαυτοῦ : 627, 9. —
τῇ γυνεκὶ ἑαυτοῦ : 648, 10. — Cf.
50, 6; 587, 7, 9; 648, 12; 735, 4;
950, 15.

ἑαυτῶν τὰ ὀνόματα : 920, 7.

b) τῶν αὐτοῦ τέχνων : 1307, 7. —
τῶν αὐτοῦ πάντων : 1334, 6; 1335,
4; 1340, 8; 1343, 5; 1346, 6;
1351, 9; 1353, 7. — Cf. 1343, 9;
1353, 6; 1437, 8; 1453, 2; 1474,
6.

[ὀκτω]καιδεχέτης : 263, 6.
παντεφόπτου : 950, 36.

XIX. Verbum (cf. etiam II, IV, XVI).
1. *Genera Verbi.*
Passivum pro medio :
ἀποτεθῆναι : 842, 6.
2. *Modi.*
a) ἵνα cum indicativi futuro :
φευξόμεθα..., ἵνα... δυνησόμεθα :
674, 88-95. Cf. ibid., 100.
b) ἵνα cum imperfecto vel perfecto
indicativi :
ἵνα... ἀνῆχεν : 363, 6.
c) ἵνα cum imperativo :
ἵνα πεσέτωσαν : 940, 68 ; 942, 57 ;
943, 42.
d) εἰ... ἂν cum conjunctivi aoristo :
Εἴ τις ἂν τολμήσει... : 811, 1.
e) εἰ cum conjunctivi aoristo :
εἰ δέ τις ἐκβάλῃ... : 477, 11. Cf. 661,
5? ; 819, 6 ; 842, 5?
f) κρίνω cum ὅπως et conjunctivo :
118, 23.

XX. Vocales.
1. *Vocalis α.*
A. αα pro α.
Μαάρκελλος : 489, 2.
Μάαρκος, etc. : 169, 1 ; 397 a) 1, 4, b)
1 ; 489, 2.
B. α > ε.
ἀλεὸν : 945, 11.

Δελματίας : 1107, 5.
Σεβαζίῳ : 679, 3 ; 744, 3.
C. ε > α.
μυαλοὺς : 115, 69, 81.
πιάσας : 117, 8. — πιάσῃ : 117, 7.
πύαλον : 624, 3.
Σαβαστιανῷ : 586, 2.
D. α > η.
Ἰωήνου : 111, 1.
E. α pro αι et αι pro α.
Vide VII, I, AB.
2. *Vocalis ε.*
A. εε pro η.
θαπεεν (= ταφὴν) : 949, 23.
B. ε pro η.
βαρούνες : 951, 4.
δὲ : 368, 9.
διαστέματι : 1291, 13.
Διοχλετιανὸς : 1291, 21.
ἐξέλθε : 946, 32. — ἐξέλθες : 946,
31.
εὐεπεράστῳ : 674, 14.
κινέσε : 951, 10.
μεδὲ : 946, 31 ; 951, 9.
μέτε : 946, 32.
μετρὸς : 1223, 4.
Σουένης : 1157, 2.
τὲν : 947, 44, 46. — θεν : 949, 22.
C. η pro ε.
ἐπιφανηστάτοις : 58, 1.
τρήχε : 951, 9.
φρήνας : 946, 9.
D. α > ε et ε > α.
V. supra 1, BC.

E. εα > α.

εὐεπεράστῳ : 674, 14.

F. ε > ι.

Βοναδίης : 212, 3.

λείων : 950, 34.

Cf. in cap. XXI ἀρία (= area), λεντιάριοι (= lintearii).

Cf. etiam VII, 1, D.

G. ι > ε.

Βαλβενον : 722, 4.

[Β]ρε[τα]ν[υ]ικὸς : 1291, 23.

Γεικεσηνῷ : 765, 1. Cf. Γινκισηνῷ :
764, 2.

Δομετιανοῦ : 862, 2; 1243, 7; 1333, 8;
1341, 7.

εἰναλέῳ : 203, 15.

ἐνφερνίον : 115,64.— ἐνφερνίων : 115,59.

Ἐσπάνων : 623, 5.

Καπετωλίνη : 347, 3.

Καπετωλίῳ : 61, 5; 66, 2; 68, 1.

κομετίῳ : 118, 15.

λεντιάριοι (= lintearii) : 479, 2.

Μεγὲρ : 1212, 6.

παρακατατίθημε : 942, 4.

Τε[βέρι]ον : 1011, 1. — Τεβερίου :
1011, 8; 1236, 1; 1366, 6.

φηχετ (= fecit) : 273, 3, 6.

V. etiam ε pro ει, VII, 2, A.

H. ε eiecta.

(ἐ)νγράφος : 1021, 90.

3. *Vocalis* η·

A. η > ι.

a) η pro ι.

Ἀκηλ[λ]εὺς : 116, 37.

Ἀρπῆκης : 1248, 5.

εἴμη : 157, 25.

Ἐμηλείου? : 1355, 7.

ἡδίων : 703, 5.

Ἡσιδῶρα : 1167, A 4, C 2.

μαηουρος (= maio<ra>rius) : 1220, 4.

μήσου (= missu) : 116, 127.

ὀρηχίου : 629, 7.

πρ[ειβ]άτης (= privatis) : 10, 11.

[Φ]αρμοῦ[θ]η : 1122, 8.

b) ι pro η vel ῃ.

ἀλιθινὸν : 945, 43.

ἀνθοφορίσασα : 841, 1.

Εὐτυχὶς : 642, 2.

θελήσι : 661, 6.

ἰνιώχους : 116, 120.

Μεριθάτι : 222, 6.

Μ[ε]σορὶ : 1273, 4.

μνιμεῖον : 665, 6.

πεπόικα : 317, 7.

πωλήσι : 735, 7.

συγγενὶς : 418, 3.

τολμίσι : 1430 [= 588], 16.

ὑμῆν : 1291, 14.

χῶρτις : 58, 2.

Cf. δοίη) : 229, 8.

B. ηι pro ει, η pro ει; ει pro η, ῃ.

Vide VII, 2, BCD.

C. η pro οι, οι pro η.

Vide VII, 3, C.

D. η pro ε, εε pro η, ε pro η.

Vide supra 2, ABC.

E. α > η.

Vide supra 1, D.

4. *Vocalis* ι.

A. ε > ι, ι > ε.

Vide supra 2, ·FG.

B. η > ι.

Vide supra 3, A.

C. ει > ι.

Vide VII, 2, E.

D. υ > ι.

Vide infra 6, F.

E. ρ pro ι.

ομορων : 947, 9.

F. ι eiecta.

Ἀπφου (= Ἀππίου) : 751, 4.

ἀρχερατικὸς : 577, 7. — ἀρχερατικὴ : 577, 8.

Ἀφροδεισεύς : 254, 4.

Δι (= Διὶ) : 1413, 1.

Συνφωνα : 115, 23.

G. ι mutum falso positum.

a) εὐ]εργεσίαι : 1263, 65.

ε[ὐ]χῆι : 919, 2.

μέρηι : 1263, 23.

πλήθηι : 1263, 6.

στρατιώιτης : 1366, 1.

b) ἤι : 1263, 55, 58, 65.

τῆις : 175, I, 11.

c) λεγομένηι : 1263, 55.

d) ἐγὼι : 1262, 29.

e) ὀκτώι : 1183, 10, 16.

f) ἀγνοῶι : 1263, 45.

ἄξωι : 1263, 12.

ἀπολύωι : 1263, 12.

δηλώσωι : 1263, 9, 64.

δώσωι : 1262, 30.

ἐκπράξωι : 1262, 29.

ἤκωι : 1300, 2.

κελεύωι : 1262, 21 ; 1263, 16, 21, 35, 41, 53.

φυλάσσωι : 1263, 28, 34.

g) ἀπελύθηι : 1263, 39.

ἐδηλώθηι : 1263, 19.

κατεκρίθηι : 1263, 30.

κατηνέχθηι : 1263, 60.

h) ἔξωι : 1263, 18.

ἦι : 1263, 10, 12, 14, 21, 22, 23, 24, 39, 49, 54.

ἤ̣ηι : 1263, 19, 40.

κάτωι : 1263, 48.

μηδέπωι : 1263, 29, 31.

μῆι : 1263, 5, 10, 16, 17, 18, 19, 42, 49, 60.

μηιδ' : 1263, 17.

μηιδαμόθεν : 1263, 18.

πόρρωι : 1263, 48.

i) ἐπειδῆι : 1263, 15.

etc.

5. *Vocalis* ο.

A. ω > ο.

Vide infra 7, A.

B. ο > ου.

Μεσουρή : 1242, 5.

Οὔσιρι : 115, 2, 3 ; 116, 24, 26, 95.

Οὐφεινία : 52, 5.

παραδείδουμε : 115, 28.

C. ου > ο.

Vide VII, 6, A.

D. υ pro ο.

ἀριστοπυλεῖται : 871, 9, 13 ?

Λαυδίκειαν : 445, 17.

τυσαῦτα : 1430 [= 588], 20.

E. ο pro υ.

Σοήνη : 1291, 4.

Σοηνίταις : 1291, 32.

F. ο eiecta.

a) Αἶλις : 510, 10. — Ἐλεις : 394, 2.

Αἰμίλις : 496, 12.

Ἀμμῶνις : 1259 D.

Ἄννις : 1108, 1.

Ἀπολλινᾶρις : 341, 4.

Ἀπολλῶνις : 682, 15; 1179, 7; 1180, 2.

— Ἀπολῶνις : 1324, 6.

Ἄ[τ]τις : 54, 4.

Αὐρῆλις : 113, 3; 544; 1499, 1.

Δημήτρις : 535, 3.

Διονῦσις : 234, 6; 417, 5; 635, 11.

Δομίτις : 1337, 4.

Εὐθῦμις : 116, 86.

Ἰανουᾶρις : 927, 1.

Ἰοῦλις : 635, 10.

Καλπούρνις : 626, 2.

Καραχοῦττις : 270, 7.

Κισάμις : 250, 4.

Κλαῦδις : 1407, 3.

Κλῶδις : 497, 1.

Κορ[ν]ῆλις : 626, 1.

Λοῦκις : 354, 3.

μαχελλᾶρις : 682, 16.

Μάρχις : 496, 9.

Μουσίχις : 639, 6.

Οὔλπις : 69, 5, 7.

Πετρῶ[ν]ις : 1222, 1.

Πομπῶνις : 354, 4.

Πτολεμᾶις : 1151, 4.

Σέππις : 496, 10.

σησκουπλιχιάρις : 1402, 2.

Σπουδᾶσις : 1224, 1.

Φλᾶδις : 1408, 2.

b) αὖριν : 944, 18, 31.

διοῦνχιν : 668.

εὐχαριστῆριν : 1499, 2.

[λα]τόμιν : 774, 3.

Λιχίνιν : 1310, 14.

Μαχάριν : 223, 18.

μεῖλιν : 669, 15; 670, 10.

μελίτιν : 317, 9.

μνημῆν : 288, 6.

Πολύμνιν : 1017, 1.

σημόδιν : 666.

στάδιν : 157, c) 8.

συνπόσιν : 1275, 4.

τρειοῦνχιν : 667.

χαριστῆριν : 534, 6.

6. *Vocalis* υ.

A. ου pro υ.

βαρούνες : 951, 4.

βουθουσίας : 421, 11, 26.

Σουήνης : 1158, 2.

B. υ pro ο.

Vide supra 5, D.

C. ο pro υ.

Vide supra 5, E.

D. οι > υ : υ pro οι, οι pro υ.

Vide VII, 3, B.

E. υ > ι.

a) υ pro ι.

Ἀχύλας : 430, 4; 737, 3; 1141, 3. —

Ἀκύλα : 1056, 11; 1358, 7. — Ἀκύλαι : 1055, 8. — Ἀ[κ]υλᾶτος : 1355, 8.

Βρυτ(αννικοῦ) : 577, 4.

Ζύζυφος : 116, 136.

Κυντ[ί]λιος : 968, 4.

Κυρείνᾳ : 10, 3, etc.

Κυρίνου : 1339, 10.

μυρμύλλων : 773, 1.

Σαλτοδυση[νῷ] : 1405, 1. Cf. Σαλδοουισσηνῷ : 1404, 3.

Τραγκυλλίνης : 672, 9. — Τρανκυλλεῖναν : 723, 6.

b) ι pro υ.

Κόττιο[ς] : 884, 2.

Cf. χρειφτὸν : 945, 11.

F. υ = v.

Ἰουυένκου : 945, 54.

Σευῆρος, etc. : 575, 4; 576, 2; 577, 3; 616, 2; 854, 3; 1022, β) 2; 1258, 4; 1437, 5; 1472, 2; 1492, 4.

Σευήρας : 695, 9; 757, 8.

Φλαυιανοῦ : 1050, 9.

[Φ]λάυιος : 1291, 29.

7. Vocalis ω.

A. ω > ο.

a) ο pro ω.

[ἀν]θέροτας : 949, 2.

Ἀντονείνου : 611, 1. — Ἀντονίνου : 1341, 2. — Ἀντονῖνον : 685, 3. — Ἀντονίνῳ : 1330 [4994].

Ἀντονίου : 1333, 1, 4.

βούλομαι : 804, 6.

δόσ[ι] : 1430 [= 588], 17.

ἐνφερνίον : 115, 64.

ἐξορκίζο : 115, 8, 58.

ἐπιπίο : 1407, 2.

ζοῆς : 116, 79; 344, 6.

ἡρόῳ : 661, 5.

θεον : 1151, 3.

Κομάστα : 984, 11.

Κονσταντίου : 813, 10.

μυριονοίμου. : 1310, 17.

νεοκόρος : 391.

Νέρονος : 1241, 6.

ὀπίσοθεν : 117, 8.

ὄρᾳ : 1327, 5. — ὄρας : 116, 22.

ὀρκίζο : 115, 42, 72, 76; 116, 14, 38, 112.

[Πομ]πονί(ου) : 1476 (= 723), 7.

Ποτιολανο : 553, 2.

προῖνὰς : 117, 10.

πρότου : 116, 127.

πυγίζον : 178 c.

ροσέον : 942, 4, 23.

σοτῆρα : 955, 3.

στρατιότου : 1340, 4. — στρατιοτῶν : 1241, 4. — στρατιωτον : 1339. 3.

τιμορίας : 115, 13, 36.

τον : 1321, 22.

τρογλοδύτης : 1277, 3.

ὕδορ : 291, 7.

φιλοτεμον : 648, 14.

Cf. etiam VI. 9 a).

b) ω pro ο.

αὐτωκράτωρος : 1330 [5001].

Βιάνωρος : 1431 [= 590], 2.

δύσμωρον : 115, 31.

ἐδεμέμων : 115, 62.

ἐπιλάμπων : 317, 8.

ἡνίωχον : 117, 5. — εἰ[ν]ιώχους : 116, 80. — ἰνιώχους : 116, 120.

[ἱ]ππωίατρος : 1373, 7.

λαθω[μία]ς : 1284, 3.

Μεσωρὴ : 1053, 5.

[π]αρωδεῖτα : 736, 8.

περίδωλον : 1167, 8.

πρωσορ[ελοῦντι : 1228, 2.

Πων[πώνιος] : 1461 [= 697], 5.

τιμωρισζώμενον : 115, 36.

τώπων : 947, 47.

ψυχρωφώρῳ : 115, 26, 79.

XXI. Voces latinae (praeter nomina propria) in sermonem graecum inductae.

ἀβιτωρίου : 599, 7.

ἀγραρίᾳ : 92, 2.

ἄκτων : 421, 20.

ἄλδου : 941, 6, 19, 22.

ἄλης : 623, 10.

Ἀπριλίων : 103, 23. — Ἀπρειλίων : 450, 2.

ἀρία, etc. (= area) : 940, 22; 941, 16; 942, 15, 39; 943, 14, 30.

ἀτρίῳ : 1048, 3; 1175, 3.

αὔγουρ : 376, 5.

Αὐγούστων : 563, 5; 1509, II, 12.

[α]ὐ[ρα]ρίοις ? : 782, II, 3.

βενεφικιάριος : 838, 2. — βενεφ.: 541, 5. — βφ. : 734, 2; 1397, 1; 1398, 2;

1399, 2; 1404, 4; 1407, 4; 1434, 2. — β. : 1179, 8; 1180, 2. — V. 626, 6.

βετερανὸς : 220, 3. — βετρανὸς : 394, 3, 5; 1408, 2. Vide οὐετρανὸς.

βί[γ]λων : 142, 3. — βιγούλω[ν] : 178 g, 3; 1496, 5.

βουκινάτωρ : 1481.

βουργαρίων : 766, 41.

γερούλων : 143, 3.

γράδῳ : 587, 6; 735, 6.

[δ]εκανῶν : 1046, 1.

[δ]εκουρίας : 143, 3.

δεκουρίων : 1336, 4; 1408, 3. — δεκυρίων : 1331. — δεκορίωνες : 499, 1.

δηνάρια, etc. : 299, 12; 321, 2; 421, 11, 13, 23, 25; 539, 1, 6; 553, 9; 586, 9, 10; 628, 8; 661, 6, 7; 699, 8; 735, 8; 736, 7; 780, 5; 804, 9, 10; 805, 5; 806, 10, 11; 807, 10, 12; 811, 3; 819, 12, 15; 823, 6, 7; 825, 7; 841, 5, 6; 842, 6; 961, 13; 966, 2; 1010, 7; 1026, 4; 1027, 3; 1489, 4, — δηναρίους : 421, 33.

δικτάτωρ : 175, 31.

δουκηναρίαν : 227, 2. — δουκηνάριον : 135, 6; 1496, 1, 15.

δουπλικιαίριος : 1184, 2.

εἴδοις, etc. : 449, II, 2; 497, 1; 810, 12; 1509, II, 11. V. ἰδῶν.

ἐνφερνίων : 115, 59. — ἐνφερνίον : 115, 64.

ἐξπλωρατ(όρων) : 10, 10; 1496, 14.

ἐπούλων : 969, 6.

ἐραρίου ; 402, 5.

στιπενδίων : 1089, 3.
στολάτα : 1097, 6.
ταβούλης : 325, 5.
τίτλῳ : 330, 3.
τούρμης : 1332, 6; 1342, 2. — τύρμα,
etc. : 1334, 4; 1335, 3; 1346, 3;
1350, 3; 1351, 6.
τριβοῦνον : 623, 5; 1496, 11.
τ[ριουμφᾶλις : 1481, 5.
Φεβ(ρουαρίων) : 147, 5.
φίσκῳ, etc. : 321, 2; 477, 14; 628, 8;
735, 7; 811, 2; 823, 5; 825, 7; 1263,
21, 25.
φρουμ(εντάριος), etc. : 29, 2; 134, 5.
χώρτης, etc. : 142, 3; 465, 2; 623, 5,
6; 779, 2; 1243, 3; 1275, 2; 1346,
2; 1350, 2; 1351, 4; 1353, 4; 1496,
2, 3, 6. — χόρ(τη)ς : 266, 8. —
χώρτις : 58, 2. V. κοόρτης, κώρτης.
ὠρδ(ιναρίῳ) : 137, 3.

XXII. Voces potiores, vel novae vel
rariores.

ἀγαθωτάτη : 291, 5.
ἀγιαγία : 115, 22.
ἀγωνοθετῆρα : 491, 5.
ἀεμύσου : 1276, A 4, B 2.
ἄλειπτος, etc. : 152, 5, 12; 153, 10;
155, 11; 442, 6.
ἀλίασμα : 468, 5.
ἀμενηνὰ : 350, 77.
ἀμίμητον : 1054, 2.
[ἀ]μφόδου : 1328, 3.

ἀναβολικὰ : 1263, 21.
ἀναγραφ(εύοντος) : 450, 12.
ἀναμετρήσεως, etc. : 1263, 59, 60.
ἀνανεάζοντος : 115, 39, 73.
ἀναφυρᾶσαι : 41, 8.
ἀνγαρειῶν : 766, 42; 1262, 21.
ἀνγαρεύειν : 1262, 24.
ἀνδροβάμονας : 980, 4; 1013, 5.
ἀνεγείρασα (τὴν στατιῶνα) : 131, 6.
ἀνέκκλητος : 152, 13; 153, 11.
ἀνενδεῶς : 674, 18.
ἀνενλείπτως : 19, 7.
ἀνεξοδίαστον : 735, 6.
ἀνεπάφη[ν] : 892, 10.
[ἀ]νεπηρεάστην : 892, 11.
ἀνῆκεν (c. dativo = alicuius esse) :
363, 6.
[ἀν]θέροτας : 949, 2.
ἀνοικοδομὴν : 1289, 5.
ἀντανύσης : 96, 5.
ἀντάρχων : 453, 6.
ἀπητίμησεν : 194, 55.
ἀπόδους : 116, 49, 81, 111, 123.
ἄποινον : 194, A, 11.
ἀπολιμπάνοντες, etc. : 674, 29, 77.
ἀπόπλωσις : 1021, 127.
ἀπωσικάκοις : 28, 1.
ἀργυρικῶς : 1118, 17.
ἀργυρισμοῦ : 1263, 37.
ἀργυροταμίας : 564, 2.
ἀριστοπυλεῖται : 871, 9, 13.
ἀρμελατῆρα : 350, 16.
ἅρπασμα (praeda) : 950, 34.
ἀρχίατρος : 461, 2.

ἐξάρθρωσον : 940, 15, 18 ; 941, 12, etc.

ἐξηγητεύσαντος : 1060, 27, 30.

ἐξήρτισεν : 625, 9.

ἐπανχωνίζετε : 115, 67.

ἐπαρχείῳ : 873, 12.

ἐπ᾽ εὐθεῖαν ὀρθὴν : 657, 3, 4, etc.

ἐπιγραφήτω : 1315, 7.

ἐπικρίματα : 1263, 28.

ἐπιξενώσεσι : 674, 154.

ἐπιστολεῖ : 136, 7.

ἐπιστρατηγοῦντος, etc. : 1102, 16; 1109, 6 ; 1112, 6, etc.

ἐπιτιμίοις : 1021, 81·

ἐσκλήτωι : 468, 2.

ἐτίας : 1291, 12.

εὐακούστῳ : 405, 3.

εὐ]γλυφέων : 84, 7.

εὐείλατος : 1237, 5.

εὐρυθέμιλος : 96, 4.

εὐσέμνοιο : 385, 1.

εὐστιχίην : 352, 6.

εὐτονεῖν, etc. (cum infinitivo) : 421, 10, 25.

ἐφήβαρχος : 1439, 6.

ἕως ὧδε : 813, 13.

ζωαλ[κέα] : 96, 4.

ἡρωΐς (mortua) : 1026, 5.

ἡρῷον (sepulcrum) : 321, 1.

ἥρως, etc. (mortuus) : 183, 3; 227, 1; 284, 6; 365, 1 ; 639, 4; 779, 3.

θεματείτας : 153, 33.

θερμαῖς : 146, 20.

[θε]ρμοπερίπατον : 1417, 4.

θιασεῖται, etc. : 900, 15 ; 912, 6.

θρησκία (neutr. plur.) : 1356, 9.

θυσιασταὶ : 832.

ἰδιοξένων : 864, 25.

ἱέρισσα : 1205, 4.

ἱεροπαρέκτης : 469, 7.

ἱεροσαλπιστὴς : 469, 6.

ἱεροσκόπος : 469, 5.

ἱεροῦ (gen. fem. sing.) : 1356, 5.

ἱεροφώνοις : 389, 18.

ἱλαρίας : 1134, 6.

ἱππαφίων : 940, 21, 49; 941, 16, etc.

ἱπποιατρῷ, etc. : 586, 2; 1373, 7. Cf. 1252, 2.

ἱρομάστορα : 900, 10.

ἰσοπύθιον : 802, 4.

καθαρουργῶν : 1117, 5.

καθολικὸς, etc. (rationalis) : 1211, 4; 1215, 4; 1219, 2; 1220, 2, etc.

καθόλου. — τὸν... ἐπὶ τῶν καθόλου λόγων : 1071, 3.

καίριον (carmen extemporale) : 350, 9.

καμάραν (sepulcrum) : 200, 4.

καπναύγης, etc. : 469, 9 ; 470, 5.

καταψυχρένετε (occidete) : 115, 67.

κοινοδούλου : 888, 13.

κονιατικοῖς : 743, 7.

κοπὴν (lapidem insculptum) : 1407, 1.

κοσμοκράτορα : 387, 8; 1063, 1.

κοσμ[οτ]ρόφῳ : 157, 19.

κουφοτελείας, etc. : 1263, 26, 29.

κρηπίδειον : 390, 3.

κριοβόλου : 93, 6.

κυκλεῦσαι (τοὺς καμπτῆρας) : 940, 22, 50.

κυριείας : 1021, 133.

κωμαρχία, etc. : 721, 4, 5; 728, 2.

κωμογραμ[ματείας] : 1078, 5.

λαξοῖ : 1151, 4.

[λα]ρνάκιον (sepulcrum) : 1026, 3.

[λα]τόμιν (sepulcrum) : 774, 3.

λαυκελαρχήσας : 430, 10.

λελογευμένον : 1262, 37.

λεμβαρχ[ούν]των : 817, 16.

λεπτουργικοῖς : 766, 55.

λογείαις : 1021, 100.

μεγακύδεος : 350, 67. — μεγακύδου : 635, 5.

μυρτείτης : 515, 2.

μυστιπόλοις : 93, 7.

νακόρον : 900, 7.

[νεαν]ισ[χ]άρχην : 917, 7.

νεχυδαίμων : 940, 1; 941, 1 ; 942, 1, etc.

νηλεόθυμος, etc. : 263, 8; 352, 3.

ξυλεύῃ : 1021, 82.

ξυστάρχης, etc. : 150, 4; 151, 3, etc.; 444, 2 ; 979, 5.

ξυστική, etc. : 146, 17; 149, II, 5; 150, 1.

ξυστοῦ, etc. : 146, 9; 149, 9 ; 150, 5, 8; 151, 3, 8; 152, 6, 15, etc.

οἰνοδότης : 473, 5.

οἰογένεια : 263, 6.

ὀκ[τω]καιδεχέτις : 249, 3.

ὀλκῷ (aquae ductu) : 1440, 4.

ὀροθέτου : 709, 9.

ὀρύσσω. — aor. 2. ὠρύγη : 1098. 7; 1099, 11.

οὐσιακάς : 1263, 11.

παλαιστοὶ : 1290 E, 8.

πάλι : 445, 10, 13.

πανάρετε : 364, 2.

πανδόκια : 493, 3.

πανηγυριαρχήσαντα : 633, 7.

πανο[π]τεύουσαν : 1299, 3.

πανταρχήσας : 1288, 5.

παντεφόπτου : 950, 36.

παραβολευσάμενος : 857, 2.

παραδοξονίκην : 446, 6.

[π]αραφιλάγαθ[ον] : 917, 7.

παρίον : 539, 6.

παροδοιπόρε : 305, 3.

παρορούσα, etc. : 1021, 40, 78.

πάρον (monumentum Pario lapide factum) : 358, 6.

παστοφόρος, etc. : 187, 10; 1322, 7.

[πε]ντάραβδον : 971, 5.

περιάμπαξ : 1021, 60.

περιαμπέτιξ : 1021, 63, 67.

περίβολον (ntr.) : 1161, 6; 1167, 8.

περιοιχοδομήμασιν : 1021, 70, 75.

περι[ο]ρισμὸς, etc. : 1021, 57, 65.

περιπολιστική : 446, 3.

πολύλυχνον : 390, 4.

[π]ονταρχή[σαντος] : 651, 6. — ἐποντάρχησα : 636, 9.

ποντάρχην : 630, 6.

πρακτόρειον : 1263, 15, 17.

πρατιστεύσαντος : 859, 3.

πρήγιστος : 1019.

πρηϋμενῆ : 350, 98.

προανακειμένης : 1315, 3.

προβατοκτηνοτρόφ[ω]ν : 1116, 5.

προκαθεζομένου : 168, 5.

προνοητὴς : 1236, 8.

προσγενημάτων : 1263, 62.

προσεξορκίζω : 945, 38.

προσκλήτω : 450, 6; 452, 7; 453, 6, 13, 18.

προσοδικὸς (publicanus) : 924, 7.

προσπαραμ[υθού]μενος : 662, 28.

πρωταρχοῦντος : 750, 4.

πρωτελληνοδίκης : 444, 5.

πρωτόκοσμον, etc. : 979, 4; 981, 9; 983, 9; 984, 10, etc.

πρωτοπραξίᾳ, etc. : 1263, 19, 26.

πύαλον (sepulcrum) : 624, 3.

πυθαύλας : 442, 10.

σεβαστόγνωστο[ς], etc. : 873, 7; 889, 5.

σεβαστονείκη[ς] : 21, 10.

σκάμμασιν : 153, 16; 156, 10.

σκληρουργοῦ : 1246, 5.

σκουτλώσει : 854, 7.

σορεῖον : 841, 3.

σοφοτεχνήιες : 810, 5.

σπονδαύλης : 469, 8; 470, 5.

στερεωμάτων : 945, 8, 16, 22.

στεφανειτῶν : 146, 17.

στηλεῖδα, etc. : 275, 5; 642, 10; 648, 16.

στήλιον : 567, 8.

στρατολογίαν : 824, 2.

συλλύσεως : 1021, 35.

συνιερέα : 601, 3.

συνκάθεδρον : 933, 6.

συνξενειτεύσαντα : 200, 9.

συνορίην : 1358, 3.

συνπρυτάνεις : 469, 3; 470, 2.

συνρέξαντε : 93, 5.

συροποιῶν : 1482, 3.

τελαμῶνα (lapidem cui titulus inscriptus est) : 787, 10; 871, 9; 899, 6; 916, 25; 918, 7; 920, 18.

τε[λετ]α[ρχ]ήσαντες : 817, 2.

τελωνείας, etc. : 1263, 10, 12.

τοπάρχου, etc. : 766, 18, 44, 64.

τριούγκιον, etc. : 527. — τρειουνκιν : 667.

[ὑ]παταγῷ : 654.

ὑπομνηματογράφος : 1071, 5.

ὑπόρυκτον : 804, 3.

φελ[λ]οχαλαστοῦντος : 817, 13.

φιλάγαθο[ς] : 900, 14; 1328, 1.

φιλόκαισαρ, etc. : 833, 6; 836, 1, 3, etc.; 837, 3; 871, 4; 872, 4, etc.

φιλοσάραπιν : 1063, 5.

φιλοσεβάστοις : 565, 6; 1413, 5.

φρέαρ. — Gen. sing. φρητὸς : 1167 C, 6.

φρήτορες, etc. : 432, 8; 439, 3; 449, 13.

φρητρίαι : 449, 7.

φρητρίοις : 433; 434, 2.

φυλαρχῶν, etc. (tribui praeesse) : 728, 11; 1400, 2. — φυλάρχῳ : 721, 12.

χιλιαρχέω. — κεχειλιαρχηκότων : 1148, 3.

χοραύλης, etc. : 21, 3, 7, 9; 310, 3; 442, 10.

χοροστασίηισιν : 194, 59.

χοροστατοῦντος : 562, 7.
χρύσωσιν : 1358, 5.
ψυχίον : 361, 4.

ψυχοδοσίας : 945, 12.
ψυχρωρώρῳ : 115, 26, 79.